21世纪经管权威教材译丛

领导学

（第5版）

（美）理查德·L·达夫特（Richard L. Daft） 著
范德比尔特大学欧文管理学院

杨斌 等译
清华大学经济管理学院

姚虹 审

Leadership, Fifth Edition

电子工业出版社
Publishing House of Electronics Industry
北京·BEIJING

Richard L, Daft：Leadership, Fifth Edition
9780538468282
Copyright © 2011，2008 South-Western, Cengage Learning.
Original edition published by Cengage Learning. All Rights reserved.
本书原版由圣智学习出版公司出版。版权所有，盗印必究。

PHEI is authorized by Cengage Learning to publish and distribute exclusively this simplified Chinese edition. This edition is authorized for sale in the People's Republic of China only (excluding Hong Kong, Macao SAR and Taiwan). Unauthorized export of this edition is a violation of the Copyright Act. No part of this publication may be reproduced or distributed by any means, or stored in a database or retrieval system, without the prior written permission of the publisher.

本书中文简体字翻译版由圣智学习出版公司授权电子工业出版社独家出版发行。此版本仅限在中国大陆（不包括中国香港、澳门特别行政区及中国台湾）销售。未经授权的本书出口将被视为违反版权法的行为。未经出版者预先书面许可，不得以任何方式复制或发行本书的任何部分。

本书封面贴有 Cengage Learning 防伪标签，无标签者不得销售。

版权贸易合同登记号　图字：01-2011-1331

图书在版编目（CIP）数据

领导学：第 5 版 /（美）达夫特（Daft,R.L.）著；杨斌等译. —北京：电子工业出版社，2011.10
（21 世纪经管权威教材译丛）
书名原文：Leadership，Fifth Edition
ISBN 978-7-121-14538-4

Ⅰ．①领… Ⅱ．①达… ②杨… Ⅲ．①领导学－高等学校－教材 Ⅳ．①C933

中国版本图书馆 CIP 数据核字（2011）第 181457 号

责任编辑：刘露明
文字编辑：王　璐
印　　刷：北京虎彩文化传播有限公司
装　　订：北京虎彩文化传播有限公司
出版发行：电子工业出版社
　　　　　北京市海淀区万寿路 173 信箱　邮编 100036
开　　本：787×1092　1/16　印张：24.5　字数：643 千字
版　　次：2008 年 4 月第 1 版
　　　　　2011 年 10 月第 2 版
印　　次：2020 年 12 月第10次印刷
定　　价：64.00 元

凡所购买电子工业出版社图书有缺损问题，请向购买书店调换。若书店售缺，请与本社发行部联系，联系及邮购电话：(010) 88254888，88258888。
质量投诉请发邮件至 zlts@phei.com.cn，盗版侵权举报请发邮件至 dbqq@phei.com.cn。
本书咨询联系方式：(010) 88254199，sjb@phei.com.cn。

译者序

"领导力"成为当下最为热门的话题,有着各种机缘巧合。对西方企业界而言,大公司中滋生的"管理过度,领导不足",加之在晦暗不明中的前景,人们渴望有领导者"树立远见"、"创建意义",更不要说创新、转型、变革中对领导力的热望与依赖。于中国企业家来说,领导力学科的许多主张,符合了中国管理中重视人的因素、强调关系的维度及统率组织的艺术,自然受到追捧。

但热闹中史需冷静。不少打着领导力旗号的演讲与培训,如果仔细审视其内容,就会发现其中有许多缺少认真推敲考量影响与操纵的分别,更像是"人治"、"治人"添上一些现代事例后的"一勺烩"。也有些初衷良善的领导力传播,但大多激情有余,理性欠奉,成了"励志"秀场。如此种种,都无法使人真正学到领导之道。

确实,因为领导力这个学科尚处于方兴未艾的丛林阶段,从不同的角度去探讨,会有不同的意蕴,也会对管理实践有各样的贡献。但是,变亦有宗,从心理学、社会学、经济学、伦理学、政治学的基础上发展起来的领导学科,业已形成有规可循的框架体系,值得诸位学习者、实践者、传播者在把握的基础上再行评判、升华与应用,而非"狂言诳语"或"重新发明车轮"。虽然教科书在今天的管理教育中颇受诟病,但达夫特的这本《领导学》(第5版),确实可以作为学习者、实践者按部就班探讨领导力学科的一个蓝本,也可以作为大家培训或自修按需取材的一个相当不错的材料。

作为组织、领导、伦理与文化领域的探索者,我对领导学方面的理论与实践略有拙见。此前曾翻译本书第3版,使我有机会与达夫特博士切磋相互之间的见解。虽未与其直面交流,然译文数十万字,使我多有所获。在本次更新版的翻译过程中,使我有机会对照回顾达夫特博士的前作,深感其研究和梳理称得上与时俱进。《领导学》(第5版)不仅每章都做了相当彻底的修订,更增加了许多与当今企业实践、组织变化密切相关的内容。

中国的政治进步、社会管理、经济发展与企业经营,正都面临着越来越多的不确定性和模糊性,没有太多的现成经验可以依循,"自己写菜谱"成为必须。不管是公共领域的政治领导者,还是商业领域的企业家和管理者,都迫切需要正确理解和熟练掌握推动众人解决难题的领导力,迫切需要与情境适应、与个性匹配的形成凝聚、达成追随的领导力。本书作者笔下洗练的文字、丰富的内容、生动的表达,为这种需要提供了一系列行之有效的实现步骤及有用的方法、技巧和工具,不仅适用于一般的学习研究者,而且适用于实际的使用者,使其更确切地了解自身的领导力水平,丰富领导学知识,并能更好地将理论与实践紧密结合,从而实现组织领导力水平的提升。

尽管我希望能亲自完成本书的全部翻译工作,但由于工作繁忙,精力有限,我不得不邀请几位专业译者来协助完成本书的翻译。他们分别是:高文娟、王宇、杨斯涵、李鹏程、仇慧华、马丹、孔祥熙、李菁、李治卿、孟思、孙巍、李志江、柏春洋、刘达、洪欣岩,感谢他们为本书初译所做出的艰苦努力。另外，在翻译本书期间，还有许多朋友主动帮助我做校对、通读工作，他们是：毛晓宁、刘征、郑莉平、张霜、张佩、迟兰兰、刘旸、陈扬、李超、王咏、董平、吕亚菲、杨洋、刘钊娜、周淑娟、田琦、张子慧等人。尤其是北京语言大学高级翻译学院的姚虹教授百忙之中为本书所做的审稿工作。在此一并表示感谢！

希望本书能够对读者持续的领导力修炼有所裨益！

杨 斌
清华大学经济管理学院 教授
清华经管领导力研究中心主任

Introduction

前　　言

　　近来众多领导者的组织经营理念备受质疑。2008年金融危机波及房地产、抵押贷款和金融行业，引发经济衰退。数家规模庞大、历史悠久的企业破产倒闭，而政府出台紧急援助力图挽救其他大企业，石油价格剧烈波动，道德丑闻层出不穷，世界政局动荡不安。这一系列相继发生的事件极大地改变了组织和经济格局。领导者绞尽脑汁去了解不断变化的局势，学习在纷繁复杂的情况下进行成功并有效领导的方法。《领导学》（第5版）将阐述与当前的混乱局面直接相关的课题和焦点。本书的目的是让学生从令人激动的、全面的视角来理解当今世界的领导实践。本书结合已有的学术研究，整合了当今一些管理思想和管理实践，从而使对领导话题的探讨更富有活力。领导和组织的世界正在经历一场变革，本书指出了领导者在这个快速变革的世界中需要的能力和技巧。

　　最近的纷杂局面，加上组织对创新能力日益增长的需求、电子商务的出现、虚拟团队的使用、全球化及其他正在进行变革的领域，都需要领导者具备超越课堂传授的传统的管理和组织行为理论。通过向学生和管理者们教授领导经验及与领导者们一起改变其组织的经验，笔者越发认识到，在强调了一些有价值的、新的理念和方法之后，传统的领导概念有了更深的内涵。

　　本书涵盖了领导学研究和传统理论的历史，除此之外，还包括一些整合的有价值的观点，如领导愿景，如何塑造文化和价值观，领导的勇气及道德领导的重要性。本书拓展了领导的含义，并辅以精彩的论述，以激励学生并促使他们发展自身的领导潜力。

第5版的更新之处

　　《领导学》（第5版）的更新之处主要在于将领导学概念和当今的动荡局势联系起来。每章都经过彻底修订，并根据领导者面临的最新焦点加以更新，特别是在一些章节加入了与当今快速变化的局势相关的实例、评论或话题。

　　本书增添或扩展的话题包括：华尔街的崩溃；培养领导者的勇气，将其作为一项技能；肯定式探询；软权力和硬权力；领导力训练；领导的操作角色、合作角色和咨询角色；联盟型领导；了解领导的优势；创业领导力；领导性格多样的不同人群；提高情商；乔哈里资讯窗；非语言沟通；团队的困境；团队领导者在制定规范时的角色；领导虚拟团队；领导参考框架；开放的创新；构建企业道德文化。本书也包括一些和当前焦点有关的全新案例分析。

　　本书还为读者提供了领导力自测与培养领导力的大好机会。学习如何成为领导者的一个重要方面就是要对自身有更多的了解，本书为此提供了大量机会。本书每章都新增了大量的调查问卷或练习，使读者能够了解自己的领导力观念、价值观、能力和技巧。这些练习能够帮助读者评估自己当前的立场，并能够将每章的相关概念及实例与想法联系起来，从而提高自身的领导水平。这些自测的内容包括：创新、联网、性格特点、领导不同的人、开拓个人愿景、精神领导力、领导勇气、用爱领导和用恐惧领导。与领导的基本能力有关的自测有：倾听技巧、情商、鼓励他人、运用权力和影响等。

本书结构

本书的结构建立在对下述问题的直观理解上：领导与管理的差异，领导如何确立目标，如何在组织和追随者间寻求联系，如何建立关系和创造变革等几个方面。本书分为5篇。

- 领导概述
- 关于领导的研究综述
- 领导者的个人侧面
- 作为关系建立者的领导者
- 作为社会建筑师的领导者

本书从宏观和微观两个角度，从学术和实践两个观点，从传统观点和最新的观点两个方面探讨了关于领导的话题。

本书特色

本书还有一些特殊的设计，使学生学习起来更实用、更有价值。

领导进行时

本书加入了很多在传统的和现代的组织中领导的新例子。每章都以与本章内容相关的实际案例开篇，同时在文中的"领导进行时"专栏穿插了许多其他的实际案例。这些独特案例涉及各行各业的组织，包括教育、军队、政府、企业及非营利性组织。

活学活用的领导之道

本书每章都包含一个"活学活用的领导之道"专栏，这是一个个性化的、引人注目的、真实的且鼓舞人心的专栏。这个专栏可能会引用某位著名领袖的名言或一则古老的谚语，提供了新鲜有趣的素材，以拓展读者对领导问题的思考。

领导者书架

本书每章都有对一本新近出版的与本章内容相关的书籍的评论。"领导者书架"将向学生展现当今世界正在被阅读和讨论的有关学术、企业、军事、教育、非营利组织的话题。

行为备忘录

"行为备忘录"帮助学生将每章中的概念运用于其自身的生活和领导活动之中，如指导学生进行与章节内容相关的自我测试。

领导者自察

"领导者自察"专栏为读者提供了一个在自我职业发展道路上具体实践和自我评估领导力的机会，这些练习一般以问卷调查、设置场景和开展活动等方式进行。

学生的自我测试

本书每章最后都配有讨论题和供学生练习的活动。"现实中的领导",主要是让学生将学到的概念应用于领导力实践。这些练习可以让学生在课内或课外以小组活动的形式完成,同时还提供指导建议,使课内学习活动更好地进行。书后附有"领导力开发:案例分析",包括两个比较短小的、以问题为导向的案例,它们测试了学生将概念运用到具体的、解决现实生活中的领导问题的能力。案例分析深化了学生对领导观念的理解,"现实中的领导"练习和调查问卷的反馈则评估了学生作为一位领导者取得的进步。

辅助材料

本书还有一个特色就是提供了一套全面的教学辅助材料,包括教师资源光盘(包括教师手册和题库、试题阅览)、PPT课件、视频录像、eCoursepacks等。想获得相关的这些材料,请采用本书做教材的授课教师填写本书最后所附的"教辅材料申请表",并按照联系办法寄送或传真至相应的办事处。

教师手册和题库

一套全面的教师手册和题库有助于备课。教师手册包括章节提纲,章末材料的参考答案和进一步学习的建议。题库中每章含大约60道题,可做笔试试题。问题类型包括判断正误、多项选择、完形填空、简答题和论述题。本版较第4版多项选择题的数量增加了一倍。

试题阅览

试题阅览包括印刷版题库中的所有问题。试题生成软件操作简单,兼容于Windows。教师可以增添或编辑试题、指令和答案,并通过屏幕预览(随机或用数字)选择答案。

PPT课件

PPT课件对任何一位教师来说都是一笔财富。课件提供每章的提纲、书中的图和额外的例子,方便教师为学生创造许多学习机会。

视频录像

视频经过特殊编辑,对应《领导学》(第5版)内容,运用现实世界中的实例解释书中提出的国际商业概念。视频能使学生身临其境,观察全球公司面临的情况和问题。

相关网站

www.cengage.com/international.面向教师和学生提供大量资源。

www.cengage.com/login.该网站的特色在于只提供文字资源,通过将概念融入生活来加强读者的理解。高效互动的学习设备包括在线小测试、闪存卡、PPT幻灯片、教学游戏等。

致谢

教科书的写作是一个团队合作的成果。本书就整合了很多观点,并得到了很多人的支持。我要特别感谢我的编辑助理 Pat Lane,没有 Pat 的帮助,我不可能完成本书的修订。她无比娴熟地为各章准备了素材,找到了引文出处,并帮我修订了审阅稿,完成了美术设计和清样。Pat 的才华和她的热情都使这本书大为增色。

在范德比尔特大学,我要感谢我的助手 Barbara Haselton 高质量地完成了大量工作,使我有时间进行写作。还有欧文管理学院的院长 Jim Bradford 和副院长 Dawn Iacobucci,他们保持了一种积极的学术氛围,并在时间和资源上予以大力支持,使我能完成本书的修订。我还要感谢给予我才智的启发与支持的欧文管理学院的朋友和同事们,他们是:Bruce Barry,Ray Friedman,Neta Moye,Rich Oliver,David Owens,Ranga Ramanujam,Bart Victor 和 Tim Vogus。

我还要感谢本书的评审者提供了一些反馈信息,他们的观点使我在很多方面提高了本书的水平。感谢休斯敦大学的 Thomas H.Arcy,普渡大学的 Janey Ayres,圣鲁克医院的 Ron Franzen,约翰布朗大学的 Delia J.Haak,橄榄山学院的 Ellen Jordan,华盛本大学的 Richard T.Martin,贝勒大学的 Chad Peterson,科罗拉多大学的 Gordon Riggles,俄亥俄大学的 Mary L.Tucker,贝勒大学的 Xavier Whitaker,威廉玛丽学院的 Jean Wilson,佐治亚州立大学的 Bill Bommer,罗伯特·莫里斯大学的 Nell Hartley,奥本大学的 Gregory Manora,蒙特瓦洛大学的 Shane Spiller,阿拉巴马汉茨维尔大学的 Dan Sherman,弗罗斯特堡州立大学的 Ahmad Tootonchi,桑佛德大学的 Bill Service,白求恩·库克曼学院的 Ranjna Patel,纽约州立大学的 Kristin Backhaus,纳瓦罗学院的 William Russel Brown,杜肯大学的 Glenn K. Cunningham,曼达尔学院的 Ann Horn-Jeddy,本特利大学的 Joseph W. Weiss,阿肯色大学的 Donald D. White,坦帕大学的 George A. Wynn,俄克拉荷马大学的 Jared Caughron,芬德雷大学的 Joseph Martelli,诺曼戴尔社区学院的 Mark Nagel,北达科他州立大学的 Bret Simmons 和杜肯大学的 Shand H. Stringham。

同样需要特别感谢的还有 South-Western 出版社的编辑:责任编辑 Scott Person 和 Joe Sabatino 很支持本书的观念,并为此寻找了一些必需的资料;策划编辑 Erin Guendelsberger 为本书的写作、修改和出版提供了重要支持;高级内容项目经理 Colleen Farmer 使本书顺利地通过了出版流程;艺术总监 Tippy McIntosh 完成了本书的版式设计;营销主任 Clinton Kernen 负责本书的营销。

我还要感谢得克萨斯大学的 Bob Lengel,他多年来对领导的热情激励使我开始阅读、教学,并在领导力开发领域得到锻炼。他的热情还促成了我们在一本书中的合作:*Fusion Leadership: Unlocking the Subtle Forces that Change People and Organizations*。我感谢 Bob 使我们保持了共同的、关于领导的梦想,这使得我有勇气写完这本领导学的教材。

最后我想把感谢献给我可爱的家庭。我的妻子 Dorothy Marcic 和女儿们。

理查德·L·达夫特

About of the Author and Translator

作译者简介

理查德·L·达夫特（Richard L. Daft）

哲学博士，现为美国范德比尔特大学欧文管理学院管理学教授。他的专长是组织理论及领导力研究。他是管理学会会员，一直在《管理学会杂志》（*Academy of Management Journal*）、《管理科学季刊》（*Administrative Science Quarterly*）和《管理教育杂志》（*Journal of Management Education*）担任编委会委员，并曾经担任《组织科学》（*Organization Science*）杂志副主编。他还在《管理科学季刊》杂志担任过三年的执行编辑。

达夫特教授独自或与人合作共有13本著作，包括《管理学》、《组织理论和设计》、《领导学：理论与实践》、《学习：发掘和培养研究问题》等。他最近还与罗伯特·兰吉尔合作出版了《错觉领导力：启动组织与人的变革动力》。他的新书《管理者和大象》已于2010年面世。他还发表了多篇学术文章、论文和研究报告。他的这些作品曾发表在《管理科学季刊》、《管理学会杂志》、《管理学会评论》（*Academy of Management Review*）、《战略管理杂志》（*Strategic Management Journal*）、《管理杂志》（*Journal of Management*）、《会计、组织与社会》（*Accounting Organizations and Society*）、《管理科学》（*Management Science*）、《管理信息系统季刊》（*MIS Quarterly*）、《加州管理评论》（*California Management Review*）和《组织行为学教学评论》（*Organizational Behavior Teaching Review*）等杂志上。由于他在组织设计、组织创新和变革、战略执行和组织信息流程等方面的出色贡献，达夫特教授曾多次被授予政府研究奖。

达夫特教授还是一位非常活跃的讲师和顾问。他曾主讲管理学、领导力、组织变革、组织理论和组织行为学等多门课程。他曾任学校副院长，组织营利性的剧场表演，帮助管理一家创业公司。他曾为许多公司及政府组织做过咨询工作，包括美国银行协会、贝尔加拿大公司、国家运输研究委员会、北方电信、田纳西流域管理局（TVA）、Pratt & Whitney公司、州立农场保险公司、Tenneco、美国空军、美国陆空、J. C. Bradford & Co.、Central Parking System公司、能源销售和服务公司、第一美国国家银行和范德比尔特大学医疗中心等多个机构。

杨斌

管理学博士，清华大学经济管理学院党委书记，企业战略与政策系副教授。杨斌博士专攻组织、领导、伦理与文化等领域的研究、教学与咨询，在清华MBA项目中教授"领导与变革"、"文化、伦理与领导"、"组织行为学"、"危机管理"等课程，深受学生喜爱。他曾获"2004年度清华大学教学优秀奖"，2003年、2004年连续获"清华经管学院教学优秀一等奖"，2004年还作为团队成员获"清华大学教学成果奖"。杨斌博士一直为清华经管学院高级管理培训中心讲授"卓越领导之道"、"商业伦理与组织信誉"、"组织行为学"、"再造领导表现"、"危机管理"、"知识管理"等培训课程，是培训学员最欢迎的教师之一，获得"最佳教学创新奖"与"培训突出贡献奖"。作为培训讲师，杨斌博士为中国银行、中国建设银行、中国人寿、国家体育总局、奥组委等公司与机构的内训授课。

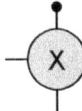

杨斌博士个人著有《企业猝死》（2003）、《中国管理教育报告》（2003）等；译有《管理者而非MBA》（2005）、《温和激进领导》（2004）、《沉静领导》（2003）、《极客与怪杰》（2003）、《商业伦理学》（1999，2001再版）、《企业战略规划》（2001）、《数字化变革》（2002）、《e流程优势：创造互联网时代的客户价值与商业财富》（2002）、《投资银行学》（1995）等；主持编译《工商管理国际大百科全书——管理教育卷》（1999）、《管理大师手册》（2000）、《国际工商管理手册》（2000）；作为作者之一著有《代价》（2001）、《知识经济与中国企业发展趋势》（1998）、《数据库管理系统》（1994，1997再版）等。

目 录

第1篇 领导概述

第1章 成为领导者意味着什么 ………… 2
1.1 领导的本质 ……………………… 3
1.2 现代组织中的新现实 …………… 5
1.3 领导和华尔街的崩溃 …………… 11
1.4 管理与领导的比较 ……………… 12
1.5 领导学理论的发展 ……………… 16
1.6 领导不是无意识的 ……………… 19
1.7 学习领导艺术和科学 …………… 20
1.8 本书的结构安排 ………………… 21
本章小结 ……………………………… 22
讨论题 ………………………………… 23

第2篇 有关领导的研究综述

第2章 特质、行为和关系理论 ………… 28
2.1 了解自己的优势 ………………… 28
2.2 特质理论 ………………………… 29
2.3 行为理论 ………………………… 34
2.4 个性领导 ………………………… 39
2.5 创业领导力 ……………………… 42
2.6 领导角色匹配 …………………… 43
本章小结 ……………………………… 44
讨论题 ………………………………… 44

第3章 权变理论 …………………………… 47
3.1 权变方法 ………………………… 48
3.2 菲德勒的权变模型 ……………… 50
3.3 赫西和布兰查德的情境
    领导理论 ………………………… 53
3.4 路径—目标理论 ………………… 56
3.5 VROOM-JAGO权变模型 ……… 59
3.6 领导的替代 ……………………… 63
本章小结 ……………………………… 64
讨论题 ………………………………… 65

第3篇 领导者的个人侧面

第4章 作为个体的领导者 ……………… 70
4.1 个性与领导力 …………………… 71
4.2 价值观和态度 …………………… 77
4.3 社会知觉及归因理论 …………… 82
4.4 认知差异 ………………………… 85
4.5 与不同个性类型的人一起工作 … 89
本章小结 ……………………………… 90
讨论题 ………………………………… 90

第5章 领导者的精神和心理 …………… 95
5.1 领导者的才能和能力 …………… 96
5.2 思维模式 ………………………… 97
5.3 培养领导者的思维 ……………… 100

5.4 情商——用心灵和头脑来领导 106
5.5 用爱领导和用恐惧领导 112
本章小结 116
讨论题 117

第6章 勇气和道德领导 121
6.1 当今的道德领导 122
6.2 以道德型领导作风行事 125
6.3 服务型领导 129
6.4 领导的勇气 134
本章小结 142

讨论题 142

第7章 追随者 146
7.1 追随者的角色 147
7.2 发展个人潜能 152
7.3 领导者对追随者的期待 154
7.4 有效追随策略 155
7.5 追随者对领导的期待 159
本章小结 163
讨论题 163

第4篇 作为关系建立者的领导者

第8章 激励和授权 170
8.1 领导和激励 171
8.2 基于需求的激励理论 173
8.3 其他激励理论 177
8.4 "胡萝卜加大棒"的争论 181
8.5 授权给员工以满足更高层次的需求 184
8.6 提升员工敬业度计划 187
本章小结 192
讨论题 193

第9章 领导的沟通艺术 197
9.1 领导者是如何进行沟通的 198
9.2 引导战略性对话 202
9.3 以说服和影响为目的的沟通 210
9.4 选择丰富的沟通渠道 212
9.5 非语言沟通 216
9.6 在危机中沟通 217
本章小结 218
讨论题 219

第10章 领导团队 223
10.1 组织中的团队 224
10.2 团队类型和特征 228
10.3 团队效率 234
10.4 团队领导者的个人角色 236
10.5 领导者的新挑战：虚拟团队和全球化团队 239
10.6 处理团队冲突 243
本章小结 247
讨论题 248

第11章 培养领导的多元化 253
11.1 领导与你不同的人 254
11.2 今日的多元化 255
11.3 少数族裔面临的挑战 258
11.4 女性领导方式 263
11.5 全球多元化 266
11.6 成为一名包容的领导者 270
本章小结 273
讨论题 274

第12章 领导力和影响力 276
12.1 3种有影响力的领导方式 277
12.2 权力、影响力和领导力 283
12.3 领导者权力的来源 286
12.4 通过政治活动增强权力 288
12.5 使用权力和政治中的道德考虑 294

本章小结...................................295
讨论题...................................296

第5篇 作为社会建筑师的领导者

第13章 创造愿景和战略方向..........302
- 13.1 战略领导...................303
- 13.2 领导愿景...................304
- 13.3 使命...........................311
- 13.4 战略行动...................315
- 13.5 领导者的贡献...............318
- 本章小结...............................322
- 讨论题...................................323

第14章 塑造组织文化和价值观......327
- 14.1 组织文化...................328
- 14.2 文化强度、适应性和绩效......332
- 14.3 文化领导...................335
- 14.4 采用竞争价值观塑造组织文化...................339
- 14.5 组织中的道德价值观...............344
- 14.6 基于价值观的领导.................345
- 本章小结...............................348
- 讨论题...................................349

第15章 领导变革......................354
- 15.1 变革还是毁灭...............355
- 15.2 领导变革的框架...............357
- 15.3 肯定式探询...................359
- 15.4 领导创新...................360
- 15.5 实施变革...................369
- 本章小结...............................373
- 讨论题...................................373

Part One

第1篇 领导概述

◇ 第1章 成为领导者意味着什么

Chapter 1

第1章 成为领导者意味着什么

通过本章的学习,你应该能够:
- 理解"领导"的全部内涵,并能在自己和他人身上发掘领导潜力。
- 认识并推动在当今组织和领导者中的六大根本性转变。
- 识别产生领导误区的主要原因,并掌握避免它们的新技巧。
- 认识管理的传统职能及领导与管理的根本不同。
- 认同指导、联盟、关系、个人品质和成果的重要作用。
- 了解领导学理论的发展过程及如何将过去的领导方法运用于当今的领导实践。

2008年10月初,杜邦公司总裁查尔斯·欧·霍利迪(Charles O. Holliday)有一种不祥的预感。在日本跟一个大客户(一位日本公司总裁)会面后,他回到美国的第一件事就是召集高级领导团队开紧急会议,因为这位日本公司总裁告诉他,为了防止不断蔓延的金融危机影响公司筹集资金的能力,这位总裁已经下令让所有的经理开始储备现金。霍利迪意识到这是一个警告——金融危机正在向各个行业蔓延,杜邦公司的销售额会大幅下降。霍利迪立即采取措施,确保公司所有员工对即将到来的危机有清醒的认识。在几周的时间里,每位员工都与经理进行了面谈,听经理分析正席卷而来的金融风暴及这场风暴将如何影响公司的生意,公司领导正在采取什么措施减轻公司和员工受到的影响,员工需要做什么。会后领导开展了民意调查以了解员工的想法。员工是否害怕?是否充满了干劲?是否感到困惑?他们为应对危机做好准备了吗?多亏霍利迪能够面对现实,激励整个领导团队和公司,在此次席卷全球的经济危机中杜邦公司比其他公司做得都好。

大卫·罗斯特普夫(David Rothkopf)在《华盛顿邮报》(Washington Post)中提到2009年3月的经济形势时说:"这不仅仅是全球经济危机,还是一次全球领导层危机。"但是查尔斯·霍利迪的例子告诉我们,有些领导者还是会努力应付危机的。霍利迪原定2008年年底退休。他本可以轻松度过最后几个月,把一切问题留给继任者埃伦·库尔曼(Ellen Kullman)去解决。但霍利迪是位出色的领导者,他明白要把事情做对,而不是只拣简单的事情做。"只说你有德行不管用,"霍利迪曾经这样说,"你必须通过每天的行动来赢得他人的信任。"除了小组会议之外,霍利迪还抽出时间跟公司的14位高级执行官单独讨论这次危机,讨论如何保证杜邦公司能渡过危机,并最终变得更强大。

你有能力在学校、社区或工作单位中担任领导角色吗?成为领导者意味着什么?很多人认为领导力源于促进他人和世界发展的渴望。成为领导者意味着相信自己,相信同事,热爱从事的工作,能够给他人带来活力和热情,共同创造美好的未来。不管是在杜邦这样的公司,还是在非营利组织、军队、教育系统、政府机构、运动团体、志愿者协会、大城市、农村等地方都有这样的领导者，他们每天都会带来改变。

很多人一提到领导者就会想起那些历史伟人。然而，无论其大小如何，每个组织都有领导者。事实上，领导就在我们周围，就在我们生活的方方面面，无论是家庭、学校、社区、教堂、俱乐部、志愿者组织，还是商界、体育界和军队，莫不如此。

例如，2009 年 1 月，美国 1549 次航班在哈德逊河成功迫降，机长切斯利·萨伦伯格成为新闻人物。在他的领导下，机组人员挽救了 155 名乘客和他们自己的生命，萨伦伯格因此被称为英雄。现年 59 岁的萨伦伯格成年后几乎一直都扮演着默默无闻的领导者的角色：先是空军战斗机飞行员，并且获得了上尉头衔，之后曾担任商业飞行员、飞行指导专家、安全顾问、志愿者协会官员及事故调查官。他在这次事故后的第一次公众讲话中说："我可以代表全体机组成员这样说，我们当时只不过做了我们所受培训要做的事。"一名事故现场的警官说："机长真的非常酷。他……当时的表现就像只不过是在办公室里度过了普通的一天。"不管是领导一个乘务组、军队、篮球队、志愿者团队、小公司还是大型国际公司，好的领导者应该具备的基本素质几乎是一样的。

1.1 领导的本质

在我们考察什么能造就一名出色的领导之前，需要了解领导的含义。从远古时代开始，领导就一直是历史学家和哲学家感兴趣的话题，但直到 20 世纪，关于领导的科学研究才真正开始。学者和作家对"领导"这个术语的定义多达几百种，其中一位权威人士将其定义为："地球上最容易观察到但却最不容易理解的现象。"之所以很难定义"领导"一词，皆因其本质的复杂性。有人甚至认为领导只是一个浪漫的神话，也许是因为人们还抱着不切实际的幻想，认为有人会来到自己身边，仅凭意志就能解决所有问题。

有证据显示，人们会对领导抱有不切实际的幻想。有些面临困境的公司会请名气和魅力兼备的总裁，把所有希望都寄托在他们身上，但却发现问题越发严重。例如，罗伯特·纳德利（Robert Nardelli）在接任家得宝（Home Depot）家具连锁店总裁一职时是公认的优秀领导者，公众对他抱有很大希望。纳德利在通用公司杰克·韦尔奇（Jack Welch）的领导下当执行官的几年间，外向、自信的性格让他闻名于商界。不幸的是，虽然纳德利为家得宝公司带来了一些短期效益，但是他的计划给公司带来更多的是麻烦。持股人不满意、人们担心纳德利的薪酬福利过多及其他一些因素让辞职成为纳德利和董事会的共同选择。纳德利给公司带来了麻烦，他是否受到了相应的指责我们不得而知，但是该例证很好地诠释了人们对传奇英雄般的领导者抱有如何不切实际的幻想。

尤其在遇到困难时，人们经常会期待伟人般的领导者消除他们的恐惧和不安。正如哈佛商学院的教授、美敦力（Medtronic）公司前主席兼总裁比尔·乔治（Bill George）所说，人们"容易陷入一种误区，就是在选领导者时更关注他们的行事风格和形象，而不是他们的实质内涵和正直品质"。近些年来，赋予领导的幻想或英雄色彩受到质疑。在理解领导本质方面的研究已取得了很大进展，人们也意识到领导对组织和社会的影响是真实而有力的。

1.1.1 领导的定义

有关领导的研究是一门新兴学科，而领导这一概念还会不断演进。鉴于本书的写作宗旨，我们仅关注其中一种描述领导过程基本要素的定义：**领导**（leadership）是存在于领导者与其追随者之间的一种有影响力的关系，在这种关系中，双方都寻求真正的改变并期待改变的结果能够反映他们共同的目标。

图 1-1 总结了这个定义的要点。领导意味着影响力，产生于人群中，人们期望重大变化，而这种变化反映了领导者和追随者的共同目标。影响力意味着人们之间的关系是积极的，同时这个定义本身也意味着这种影响力是多向且松散的。在北美的基本文化价值观中，领导被简化为领导者对追随者的一种行为。然而，领导实际上是一种相互行为。在大多数组织中，上下级之间是相互影响的。这种关系的双方都期待实质性的改变，而领导就创造了这种改变而非维持现状。此外，这种改变并非由领导者单独主导，而是反映了双方的共同目标。进一步讲，改变带来的是领导者和追随者双方所期望的结果、令人憧憬的未来和能激励他们向更有利的结果迈进的共同目标。领导就是促使人们为了一个共同的理想而走到一起。因此，领导意味着影响人们为了更美好的未来而不断改变。

图 1-1　领导的要点

同时，领导也是一种人的活动，区别于行政文书工作或计划行为。领导产生于人群中，而不是强加在人们身上。既然领导与人有关，就必然存在追随者。一名出色的科学家、音乐家、运动员或木雕艺人作为独立的个体可能是他所在行业的领导者，但如果没有追随者就不称其为本书中特指的领导者。追随者是领导过程中的重要组成部分，有时候领导者也是追随者。好的领导者知道如何去追随，并为他人做出了良好的示范。所谓意愿或意志是指领导者和追随者积极主动地追求变化和更好的未来。每个人都为实现这个目标而各负其责。

有一种老套的说法认为，领导者是与众不同、高高在上的，但实际上，成为卓有成效的领导者和追随者需具备的素质是一样的。有效率的追随者会从自己的角度出发，全身心地开展工作。他们认可自身利益之外的东西，并有勇气坚持自己的信念。好的追随者不是只会说"是"的盲从者。有效率的领导者和追随者有时是同一群人，只是在不同的时间扮演不同的角色。最好的情形是，领导者和追随者共享领导过程，每个人都全身心地投入其中并承担更多责任。

1.1.2　领导和生活事务

想出你熟悉的并认为是领导者的某个人，如你的祖父、上级、教练甚至是一名同学。也许你认为自己就是一名领导者，或者想成为一名领导者。如果我们不把领导与"伟大"和"公众视野"联系起来，就更容易发掘自身的领导机会并发现我们每天接触到的领导行为。领导者是多种多样的，而且很多真正的领导者还常常站在幕后。指引巨大成功的领导行为往往是从细节开始的。

- 温迪·柯普（Wendy Kopp）还在普林斯顿大学上四年级的时候，就产生了成立全国性组织"教师和平团"的想法，招收应届毕业生到美国一些最难管的公立学校教两年书。当她把这个想法告诉普林斯顿大学的教授时，教授认为她疯了。然而，之后柯普创建的组织"为美国而教"（Teach for America）成了美国最受尊敬的教育机构。2006 年，仅耶鲁大学就有 10% 的毕业生申请加入这一组织。
- 2005 年 8 月，"卡特里娜"飓风横扫墨西哥湾沿岸地区，然而官方救援和赈灾机构却来得相当缓慢。与之形成对比的是，维尔普拉特社区的非正式领导者在"如果我们不来，谁来"的口号下很快组织起了救援和赈灾工作。社区约有 11 000 名成员，每人平均年收入只有 5 300 美元，却要照顾 5 000 名卡特里娜灾民——救下受困屋顶的人，收集尸体，运送伤者到治疗中心，并且在自己家里收留无家可归的人。

- 格雷格·默特森（Greg Mortenson）有一个信念，他认为在巴基斯坦北部和邻国阿富汗对抗恐怖主义的最佳方法是修建学校和推行教育，特别是要让女孩子都能上学。他写了将近 100 封信并提交了 16 份捐赠申请，但只收到一份回复——一位叫汤姆·布卢克（Tom Brokaw）的人汇来了一张 100 美元的支票。默特森没有气馁，他变卖了所有家产，开始向普通人寻求帮助。学校的孩子们集腋成裘，捐出的硬币积累到了几百美元，这促使成年人开始捐款。1996 年，默特森用捐赠获得的 12 000 美元在科菲（Korphe，巴基斯坦的一个小村庄。——译者注）修建了第一所学校。如今，他管理的中亚研究所（Central Asia Institute）自 2008 年起已经建立了 78 所学校，招收了 33 000 名学生，并完成了其他很多项目，如饮用水项目、女性职业教育中心和农村健康营。中亚研究所一直以来致力于"便士创造和平"（http://www.penniesforpeace.org）这个项目，旨在让美国孩子了解大千世界，让他们知道自己可以发挥积极的作用。

- 在担任汽车销售的 5 年时间里，罗伯特·钱伯斯（Robert Chambers）非常厌恶那些压榨低收入者的商人和金融机构。他从事过各种职业，退休后，这位 62 岁的电器工程师决定做点什么，于是他建立了邦尼汽车贷款和咨询公司，指导低收入者以更好的贷款条件低价购买新型普通版的汽车。如今邦尼汽车贷款和咨询公司已经在新罕布什尔州、佛蒙特州和缅因州设立了分支机构。该机构已经与十几家汽车销售商协商价格并提供担保，还与银行合作提供低利率贷款。邦尼汽车贷款和咨询公司会保证客户的贷款，并与客户共同管理财务。

我们身边有很多领导机会，它们意味着影响力及为实现理想的目标或成果所做的改变。没有领导，我们的家庭、团体、组织将分崩离析。未来的领导者将来自各处，正如今天的领导者一样。你可以从现在做起，在生活中训练自己的领导能力。领导就是每天行动和思考的一种方式，与组织中的正式职位没有太大关系。正如我们将在下一节中讨论的那样，21 世纪的商业领袖要比以前更为深刻地理解这一意义。

行动备忘录

领导者应当善于识别领导机遇，通过行动影响他人，创造更美好的未来。

1.2 现代组织中的新现实

全球化、外包、地理政治学的发展、不断进步的科技、虚拟团队、电子商务——全世界各种组织的人们正在感受这些变化及其他趋势带来的影响，并且不得不适应新的工作方式。除此之外，近来经济发展的不稳定性，广泛存在的道德丑闻，由于爆发像"猪流感"这样的疾病而引发的对健康的担忧，战争和恐怖主义带来的恐惧等，这些挑战都是领导者之前想象不到的。创造性领导力研究中心（Center for Creative Leadership，CCL）的一项调查显示，84%受访的领导者认为有效领导的定义在 21 世纪的头几年里发生了巨大变化。

表 1-1 领导的新情况

旧模式	新模式
稳定	变化和危机管理
控制	授权
竞争	合作
一致性	多样化
自我中心	更高远的道德目标
英雄主义	谦逊平和

一些学者认为，世界正在经历的转变的复杂程度和深远程度远远超过进入现代社会和工业革命以来所经历的。环境的剧变带来了根本转变，从而对组织产生了巨大影响，并对领导者提出了新的挑战。表 1-1 总结了从传统模式到新模式的转变。所谓**模式**（paradigm）是指一种共享的思维范式，即思考、感知、理解这个世界的基本方式。

表 1-1 对比了新旧两种思维范式，尽管许多领导者还在采用第 1 列中所列的旧模式，但它们已经越来越低效。21 世纪的成功领导者越来越倾向于采用第 2 列中所列的新模式来应对新现实。

1.2.1 从追求稳定到寻求变化和危机管理

过去的许多领导者认为，只要他们能让组织稳定运行，即使有点倾斜，组织也能取得成功。然而当今世界不断变化，任何事情看起来都不是确定不变的。在新世纪，如果领导者还幻想维持稳定，那组织就要遭殃了。看看下面几个实例。

- 美国的抵押贷款和金融业进入了历史性的下滑期。拥有 85 年历史的贝尔斯登投资银行（Bear Stearns）在 20 世纪的每次危机中都幸存了下来，却在 21 世纪初期几乎一夜之间就崩溃倒闭了。随后另外一个华尔街大亨雷曼兄弟（Lehman Brothers）宣布破产。美国国际集团（American International Group，AIG）必须要政府紧急救助，美林证券公司（Merrill Lynch）被美国银行收购后才幸免于难。在这些事件发生后的一年里，金融服务领域的几乎每家公司都遭受了巨大的打击。
- 2008 年春夏两季石油价格迅速上涨，商界为之震惊，用户也觉得始料不及。人们改变了购物习惯、旅游线路和假期计划，这让那些疲于应对高成本的组织雪上加霜，零售商、航空公司、汽车制造商、食品加工厂、卡车公司、餐厅、学校、汽车租赁公司及其他各类组织也毫不例外备受煎熬。
- 在长达数年的销售业绩下滑、市场份额减少、成本大增的情况下，作为世界最大公司之一的美国通用汽车公司虽然一直以来被认为是美国经济的中心，也免不了濒临破产的命运，成为史上第二大工业破产公司。
- 中国和印度甩掉了贫困的帽子，成了全球商业的后起之秀。在 21 世纪的头 10 年，中国公司在跨国并购上花费了近 1 150 亿美元，包括购买加拿大持有的哈萨克斯坦石油公司（PetroKazakhstan）股份、美国摩根士丹利（Morgan Stanley）银行 10%的资本及南非标准银行（South Africa's Standard Bank）20%的资本。

无论其身处军队、商界、政界、教育界、公益事业行业、艺术行业还是体育行业，大多数领导者都意识到，在这个变幻莫测的世界里仅仅想保持稳定肯定会一败涂地。当今最好的领导者接受这些不可逆转的变化和危机，认为它们是潜在的能量和自我更新的源泉。他们没有臣服，而是发展了有效的危机管理技巧，帮助组织应对金融风暴，向更好的未来发展。领导者必须"每天很早起床、去工作、去为创造更美好的未来铺路"。每家公司都会经历不稳定和危机，领导有责任帮助公司实现自我更新。甚至经营得很成功的大公司也会倒闭，最近的几次事件证明如果领导者犯错误，整个公司就会迅速衰落。本章"领导者书架"介绍了领导者如何帮助公司避免重蹈贝尔斯登、雷曼兄弟和通用汽车公司的覆辙。

1.2.2 从控制到授权

过去组织里那些强悍有力的领导者认为，应该明确地告知员工应该做什么、怎么做、什么时候做及和谁一起完成工作。他们认为应该牢牢地控制组织，这样才能使其高效运转。森严的层级结构、结构化的工作流程，以及详细而不可违背的程序让所有人都知道，处在上层的人拥有权力，而处于下层的人则一无所有。

今天，关于权力分布的古老假设已经不再有效。强调控制和僵硬的制度只会消磨员工的工作动机和士气，绝不会带来任何理想的结果。今天的领导者懂得分权而不是集权，并不断寻找各种方法让每位员工参与并承担责任，这样才能不断提升组织的智慧能量。

产生这一变化的一个重要原因就是，信息成为当今经济的一个重要支柱，其重要性已经超过传统的有形资产如土地、楼房和机器。这就意味着人力资本要比金融资本重要，这也增加了员工的权力。以前的企业只需要员工一天8小时操作机器，传统的命令和控制机制可以良好运行，但是企业却未能利用员工的聪明才智获益。今天，企业的成功取决于所有员工的知识能力，而领导者最具挑战性的一项工作就是让人们有效地获得并使用这种能力。

领导者书架

强大企业的衰落——为什么有些公司从不屈服

吉姆·柯林斯

2008年年底，吉姆·柯林斯（Jim Collins）目睹了一些著名的公司接连破产，于是他开始思考为什么这些组织会从巨头变成无名小卒，《强大企业的衰落》（*How the Mighty Fall*）这本书就是他思考的结果，其实柯林斯早在金融危机爆发前就已经进行了多年的广泛研究，该书的内容就基于他的研究结果。"所有组织都不堪一击，不管规模有多大。"柯林斯这样写道。

末日的来临悄无声息

柯林斯的第1章标题指出，领导者一般很容易忽视某些预示公司正在走下坡路的征兆。但通过以下预示衰落的5个阶段，领导者可以在事态变得一发不可收拾之前有所察觉，或者在衰落开始之后采取措施防止公司的倾覆。

第一阶段：成功使人骄傲。领导者很容易为公司取得的成就而沾沾自喜，甚至认为这些成就都归功于自己。"许多成功源于幸运和机遇，而那些没有这种意识的人很容易高估自身的优点和能力，从而变得傲慢自负。"

第二阶段：一味追求更多。骄傲使领导者错误地认为他们能做任何事情，所以他们就会追求更大的发展、更多的权力、更多的赞扬。他们可能会涉猎那些他们根本不可能成功的领域。过度的追求预示了强大企业的衰落。

第三阶段：否认危机和风险。在这一阶段有很多内部迹象表明危机已经开始，但是公司表面上还很风光。领导者会忽视坏的一面，放大好的一面。他们认为问题只是暂时的。

第四阶段：寄希望于救赎。危机加重后公司就进入第四阶段，这时公司内外的人都能看见衰败迹象。明智的领导者不会去招聘富有魅力的新总裁，指望他们能快速拯救公司，而会让公司回到最初给公司带来成功的重点和规则上。

第五阶段：消亡。在第四阶段徘徊的公司如果寄希望于奇迹发生，那么公司业绩就会继续螺旋式下滑。在第五阶段领导者会完全放弃拯救公司的希望。

从不放弃

施乐（Xerox）、IBM、默克（Merck）、德州仪器（Texas Instruments）、诺德斯特姆公司（Nordstrom）、迪士尼（Disney）、纽克钢铁（Nucor）就是一些遭受过巨大损失后重生、并变得更加强大的案例。柯林斯在每一个案例中都指出："那些能够在公司下滑时采取措施改变现状的领导不会轻言放弃……"这本书详细描述了以上五个阶段，并且告诉领导者应该在每个阶段采取什么正确措施。

How the Mighty Fall, by Jim Collins, is published by HarperCollins.

1.2.3 从竞争到合作

虽然有些组织仍然鼓励内部竞争，但是大多数成功的组织还是强调团队精神，强调合作、妥协，这样才能让员工充分发挥自己的才能。自我管理的团队和其他形式的横向合作正在打破部门之间的界限，并促使知识和信息在整个组织内传播。

越来越多的组织注重跟其他组织的合作，它们把自己看做共同创造价值的团队，而不是与其他组织竞争的自治实体。全球经济的新模式由各个独立公司形成的网络组成，它们分担财务危机，共享领导才能，相互之间提供技术支持和市场机会。

行动备忘录

阅读"领导者自察1-1"，了解自己处理合作事务和应对组织面临的新现实的能力。

新的合作趋势向领导者提出了新的挑战，这种挑战远大于过去的竞争趋势带来的挑战。领导者要在组织内营造团队合作和相互支持的氛围，往往更加困难。对授权的渴望和对组织的理解（认为组织是一个流动的、生气勃勃的互动系统的一部分）使得运用威胁和操纵手段以激励人们达到目标的做法已经不合时宜。

领导者自察 1-1

你的学习风格：利用多元智能

多元智能理论认为了解事物可以有多种途径，所以需要多元智能，其中的5种是：人际智能（通过与他人互动学习）、自我认知智能（自己内心的状态）、数学逻辑智能（理智与逻辑）、语言智能（语言表达）和音乐智能（声音、音调、节奏）。多数人偏爱其中的一两种来作为学习方式，但是每个人都有潜力发展以上各种智能来作为自己的学习方式。

以下几个题目可以帮你发现你最频繁使用或偏爱的智能，也可以让你认识到自己不常用的智能。请用"基本不符"、"基本符合"作答。

	基本不符	基本符合
1. 我喜欢解决复杂的问题。	_____	_____
2. 最近我写了一些特别引以为傲的东西。	_____	_____
3. 我有至少三个朋友。	_____	_____
4. 我喜欢通过性格测试来了解自己。	_____	_____
5. 我会经常用收音机或MP3听音乐。	_____	_____
6. 数学和科学是我最喜欢的科目。	_____	_____

7. 语言学和社会学科是我最喜欢的科目。
8. 我经常参加社会活动。
9. 我愿意参加个人成长研讨会。
10. 如果音乐走调我能听得出来。
11. 我擅长解决需要逻辑思维的问题。
12. 我经常谈论读过或听过的东西。
13. 在陌生人中间，我很容易和人说话。
14. 我会一个人沉思、反省、思考。
15. 一首歌听过一两次旋律后我就能基本唱出来。

计分与解释

计算代表每种智能的题中选择"基本符合"的个数。

第1、6、11题，数学逻辑智能：基本符合=

第2、7、12题，语言智能：基本符合=

第3、8、13题，人际智能：基本符合=

第4、9、14题，自我认知智能：基本符合=

第5、10、15题，音乐智能：基本符合=

教育机构倾向于强调数学逻辑智能和语言智能这两种学习方式。你的各种智能跟这个变幻莫测的世界同步吗？你是比较依赖一种智能还是培养多种智能？如果你的某种智能得到3分，说明这种智能是你主要的学习方式，0分说明你可能根本不使用这种学习方式。你的智能和你的职业生涯规划相符吗？和你希望成为的领导者相符吗？

资料来源：Based on Kirsi Tirri, Petri Nokelainen, and Martin Ubani, "Conceptual Definition and Empirical Validation of the Spiritual Sensitivity Scale," *Journal of Empirical Theology* 19 (2006), pp. 37–62; and David Lazear, *Seven Ways of Knowing: Teaching for Multiple intelligences* (Palatine, IL: IRI/Skylight Publishing, 1991).

1.2.4 从一致性到多样化

今天的许多组织都是建立在一致性、分离和专业化的假设基础上的。那些想法类似、行为相仿、拥有相同工作技能的员工被划分到同一个部门，如会计或生产部门，并与其他部门相分离。同类的团体成员很容易相处、沟通和相互理解。然而，由此产生的这种思维的一致性，在一个越来越多国化和多样性的世界里，很可能成为一种灾难。

在组织中引入多样性能够吸引更好的人才，形成足够开明的组织思维方式，只有这样才能在多元文化的世界中繁荣发展。两名20多岁的商学院毕业生成立了自己的广告公司，在经营中他们体会了多样性的重要。他们努力工作，随着公司的不断壮大，他们雇用了一些和自己相似的员工：聪明、年轻且都是大学毕业生，有责任心并勤奋工作。公司在两年半的时间里雇用了约20名员工，然而利润却没有增长。两名年轻的创始人还没有来得及想清楚这是为什么，公司就宣告破产了。他们认为开广告公司还是有利可图的，于是再度创业，只是这一次他们采取了不同的做法。他们雇用的员工有不同的年龄层次、种族背景和工作经验。每位员工都有不同的处事方式，而公司看起来也运转得不错。每个人都各司其职，他们拥有的不同工作经验使公司能够适应独特的环境并满足不同组织和人群的要求。公司又开始壮大，并开始赢利。

1.2.5　从自我中心到更高远的道德目标

21世纪初发生的一些道德丑闻促使了领导者从自我中心的思维模式向更高远的道德目标转变的决心和意志。公众对商业领袖的信心一度跌入谷底，而政治团体、体育界和非营利性组织也受到影响。

不幸的是，旧模式强调个人能力、成功和繁荣，有时也迫使人们越界，引起大范围的组织腐败行为，也导致不断有报纸揭露许多公司领导者道德沦陷，中饱私囊。《美国新闻与世界报道》(*U.S. News & World Report*) 和哈佛大学公众领导中心的民意调查结果显示，一半以上的美国人说，美国的商界、政界、教育界及其他领域的领导者并不能让他们引以为豪，只有39%的人相信大多数领导者是道德模范。

在新模式中，领导者强调可靠、诚实和责任感，服务于那些远比员工、客户、组织和所有股票持有者的个人利益大得多的整体利益。本章"活学活用的领导之道"栏目中有10条法则，是建立在20世纪50年代的西方电影明星吉恩·奥特利（Gene Autry）的"牛仔法则"之上的，这些也适用于新型领导者。

卡尔森（Carlson）公司（拥有雷迪森连锁酒店、星期五连锁餐厅和丽晶油轮公司）总裁玛丽莲·尼尔森（Marilyn Nelson）说，一个真正的领导者需要"把自己的情感和欲望放在次要位置，甚至要做一些与自己的利益相冲突的决定来维护整体的利益"。举一个最贴切的例子，2009年春天，一艘挂有美国国旗的货船 Maersk Alabama 号被索马里海盗袭击并劫持。船上没有任何武器，船长理查德·菲利普（Richard Phillip）下令所有船员不准反抗，并以自己作为人质，让海盗释放了船员，让船离开。

活学活用的领导之道
领导者应该靠"牛仔法则"生存吗

1. 牛仔从不占人便宜——即使对方是敌人。
2. 牛仔从不食言或辜负别人的信任。
3. 牛仔总是说真话。
4. 牛仔善待小孩、老人和动物。
5. 牛仔没有种族或宗教偏见。
6. 牛仔总是乐于助人、雪中送炭。
7. 牛仔具有敬业精神。
8. 牛仔光明正大，言行一致，没有不良癖好。
9. 牛仔尊重女性、父母和国家法律。
10. 牛仔忠于祖国。

资料来源：Gene Autry's Cowboy Commandments are reported.

1.2.6 从英雄主义到谦逊平和

与新模式相关的一个转变是从"领导者即英雄"转变为"领导者是幕后指挥者"。通过支持培养他人而不是不停地标榜自己的丰功伟绩，领导者默默地领导公司经历风雨并使其发展壮大。

在《从优秀到卓越》（*Good to Great*）一书中，作者吉姆·柯林斯把这种新型领导者称为"五星级领导者"。与英雄式领导者相比，五星级领导者通常看起来比较害羞和谦逊。尽管对于错误、不好的业绩或失败，他们都勇于承担全部责任，但当成功来临之时，他们都把功劳归于他人，如马里兰大学足球队教练发现，最好的足球队队长通常不会将他人的注意力吸引到自己身上。

> **领导进行时**
> #### Scotty Buete 和马里兰大学"泥龟队"
>
> 作为马里兰大学"泥龟队"（粉丝都这么称呼这支球队）的首席教练，Sasho Cirovski 曾带领成绩垫底的"泥龟队"六次成功晋级全美大学生体育协会锦标赛。但是，他发现了一个问题，那就是他一直在招收很好的足球人才，但却没有选对足球队队长。
>
> 足球比赛期间不可以叫暂停，所以足球场上的领导者至关重要。Cirovski 于是打电话给担任卡地纳健康集团（Cardinal Health Inc.）人力资源副总裁的哥哥，向他咨询意见。他的哥哥协助他做了一项调查，并分析调查结果以找到"能避开公众视线的领导者"。那么他的哥哥最终建议谁担任团队领导者呢？就是 Scotty Buete。Cirovski 从没考虑过这个安静的大二学生。为什么？Buete 似乎太腼腆、太谦虚，没有当领导者所需要的大气。"就是这个孩子，以前选他加入球队时我还有些犹豫呢。"Cirovski 回忆道。
>
> 然而 Buete 正是其他球员遇到困难时愿意求助的人。调查表明，Buete 几乎赢得了每个人的尊敬，而且他也在很大程度上影响了队员。他并不引人注目，而是全心全意为团队服务。"Buete 是球队的黏合剂，我以前却没看出来。"Cirovski 说。

Buete 毕业前一直担任"泥龟队"的队长，而且干得很出色。Buete 代表了五星级领导者所需要的谦逊。这种领导的特征是几乎不考虑自己，但有强烈的集体荣誉感。一旦出现错误、表现不佳或团队失败，他们会承担全部的责任，但他们通常会把成功归因于他人。下面举一个公司的例子。高露洁—棕榄公司（Colgate-Palmolive）的总裁鲁本·马克（Reuben Mark）总是避免在公众面前曝光，拒绝媒体采访，因为他认为个人的成就都是集体努力的结果。在年会上，马克对所有员工表示感谢，即使他们在创新、增加市场份额、商业运作方面只尽了微薄的力量。虽然目前大多数的新型领导者研究只着眼于公司总裁，但我们要记住，新模式或五星级的领导者存在于任何组织的任何岗位。

1.3 领导和华尔街的崩溃

不幸的是，谦虚和强调更高远的道德目标对于一些总裁来说难以坚持，也很难实现。近些年来许多志存高远的公司，包括安然公司（Enron）、世界电信（WorldCom）、美国泰科（Tyco）和安达信（Arthur Andersen）都倒闭了，因为这些公司的一些高层领导者贪得无厌、傲慢自负、

> **行动备忘录**
>
> 领导者应该随机应变，应对危机，满足授权、合作、多样化与更高远的道德目标的需求。领导者应该明确自己奋斗的方向是要努力实现组织的目标，而不是满足自己的私利。

不负责任、欺上瞒下。那么后来的公司领导者从这些教训中学到什么了吗？很显然没有。跟华尔街的崩溃（即众所周知的美国次贷危机）比起来，以上这些失败简直是小巫见大巫。

麻烦的一部分来自贷款发放银行，如华盛顿互惠银行（Washington Mutual）、新世纪金融公司（New Century Financial）、美国全国金融公司（Country Wide），它们非常强势地向低收入和低信誉的借贷者推出次贷或无证明贷款。而诸如贝尔斯登公司、雷曼公司和美林公司这样的公司因为大量借钱投资高风险的房地产行业而陷入危机，然后它们把房地产包装成债券，当投资率稳定时卖给投资方。这些公司的领导者因为找到了新颖灵活的方法打包抵押资产赚取利润而沾沾自喜。而商业媒体和投资评估公司也美化投资，赞扬公司和领导者的创造力和雄心勃勃、具有侵略性的商业模式，从而间接导致了这场灾难。

法律专家和政府监督人员正在尽力弄清楚这团麻烦涉及多少非法活动，姑且不论合法与否，整个事件反映的是领导的失败——领导者不负责任。在媒体好评、高薪和红利的诱惑下，这些公司的总裁迷失了自己的判断力，做的大部分决定都是为了一己私利，而不是为了客户和公司的利益。例如，贷款发放银行为了增加贷款总量，经常向那些明显还不起房贷或借款的人提供贷款，在利益分配中抢食最大的一杯羹，根本不考虑谁会在这个过程中受到伤害。同样，那些把贷款债券化并打包的公司虽然损失了几十亿美元，但总裁照样拿高薪和红利。例如，美国国际集团仅红利就要支付1.65亿美元——首席执行官640万美元，其他6个执行官每人400多万美元。即使在公司宣布史上最大的季度亏损、获得美国政府1 700亿美元的紧急救助金后依然如此。尽管有些获得红利的执行官后来退回了钱，但这次事件让我们看到，组织的判断力和价值观可以扭曲到什么程度。

"当下危机不是由次贷危机造成的，也不是由信用违约交换或经济政策的失败造成的，"哈佛大学的比尔·乔治（Bill George）说，"根本原因在于领导的失败。"华尔街金融危机使得几万亿美元的投资金额蒸发，又从纳税人那里挖走1万亿美元，信用基金受损，大量员工下岗，无数小企业破产。尽管这段时期动荡不安，还是有负责、正直、理智的领导者在做好事，我会在本书中提到一部分。另外，新的领导者也会从此次危机中浴火重生，带领大家朝更新、更好的方向发展。

1.4 管理与领导的比较

所谓**管理**（management），就是通过计划、组织、人员分配、导向和控制组织资源等一系列活动有效地达到组织目标。那么，领导和管理的区别是什么？管理者和领导者并非天生不同的两类人。当代组织的各个阶层都有管理者，他们也是好的领导者，很多人能发展出好的领导者必需的品质。管理和领导在组织中都至关重要，它们必须有效整合才能共创佳绩。也就是说，领导不能取代管理，它应该是管理之外的。

图1-2从5个方面——提供指导、团结追随者、建立关系、培养个人素质和创造成果——比较了管理和领导，这5个方面在提高组织绩效方面起到了很重要的作用。

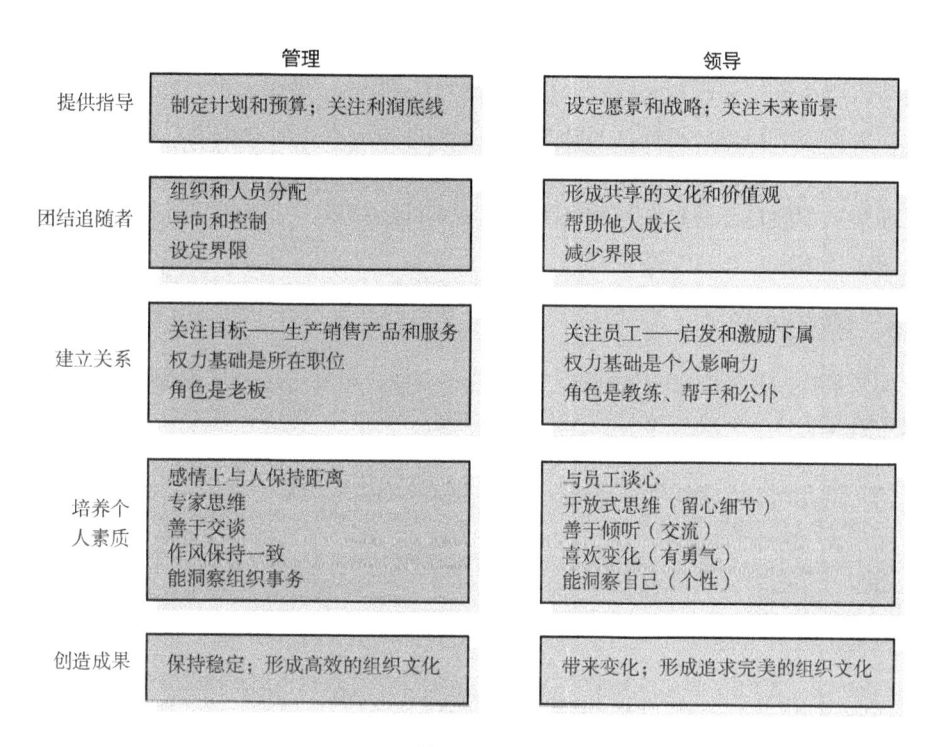

	管理	领导
提供指导	制定计划和预算；关注利润底线	设定愿景和战略；关注未来前景
团结追随者	组织和人员分配 导向和控制 设定界限	形成共享的文化和价值观 帮助他人成长 减少界限
建立关系	关注目标——生产销售产品和服务 权力基础是所在职位 角色是老板	关注员工——启发和激励下属 权力基础是个人影响力 角色是教练、帮手和公仆
培养个人素质	感情上与人保持距离 专家思维 善于交谈 作风保持一致 能洞察组织事务	与员工谈心 开放式思维（留心细节） 善于倾听（交流） 喜欢变化（有勇气） 能洞察自己（个性）
创造成果	保持稳定；形成高效的组织文化	带来变化；形成追求完美的组织文化

图 1-2　管理与领导的对比

资料来源：Based on John P. Kotter, *A Force for Change: How Leadership Differs from Management*(New York: The Free Press, 1990).

1.4.1 提供指导

领导者和管理者都要为组织提供指导，但二者又有所不同。管理侧重于为特定的结果设立详细的计划和日程，然后分配资源以完成计划。领导则需要创立能激发员工兴趣的愿景并制定长远战略，为实现该愿景进行相应的改变。管理关注利润底线和短期结果，领导则注重愿景和长远发展。

行动备忘录

你可以通过完成"领导者自察 1-2"中的测试来评估自己的领导潜能。

愿景（vision）就是为组织或团队描绘激动人心的、理想的蓝图。愿景既可以像摩托罗拉（Motorola）公司的目标那样崇高——"成为世界上最优秀的公司"，也可以像瑞典的宜家（IKEA）公司那样朴实——"为预算有限的人们提供买得起的家具"。

为了激发追随者的兴趣，必须使他们感到愿景与自己相关并能分享。根据《财富》（*Fortune*）杂志评选的"美国最佳雇主 100 强"，伟大的公司都具备两个特点，一是有强悍有力、富有愿景的领导者，二是有超越增加股东价值的目标。

1.4.2 团结追随者

管理需要搭建组织框架来完成计划，配备员工，制定政策、程序和系统来指导员工，并监督计划实施。领导者需要和员工沟通公司愿景，形成共享的组织文化及核心价值观，从而领导组织向理想的未来前进。愿景是组织的最终目标，文化和价值观确保了组织前进的方向。领导行为注重使每个人与组织目标保持一致。

与简单地指挥和控制员工达到一定目标不同,领导者"团结组织中的所有人,让他们了解并参与公司应该如何发展及为什么要如此"。领导者鼓励员工发散思维和培养能力,并为自己的行为承担责任。回想一下你在大学里学习过的课程。在一些课堂上,教师准确地告诉学生应该做什么及如何做,许多学生也期待这样的指导和控制。你是否上过这样的课:教师鼓励并启发你和同学们自己想办法解决问题?两种不同的授课方式显示了理性管理和领导方法的不同。

1.4.3 建立关系

在谈及关系时,管理注重的是机器、报告这些实物,以及通过一定的步骤制造产品和提供服务。领导则关注启发和鼓励员工。

领导者自察 1-2

你的领导潜能

下面第1~6题测试你目前的实际情况,第7~14题测试假设你是公司主要部门的管理者,会如何处理问题。如果题中的描述准确地表达了你的想法或作为管理者你将为此努力,则选择"基本符合";反之则选择"基本不符"。

目前的实际情况	基本不符	基本符合
1. 遇到任务繁杂时,我总能按优先顺序来处理它们,并在截止日期前完成。	___	___
2. 遇到重大分歧时,我会坚持讨论,直到问题完全解决。	___	___
3. 我宁可独自静坐,也不愿花很多时间与别人相处。	___	___
4. 组织活动或讨论时,我欢迎其他成员加入。	___	___
5. 我清楚自己的事业、家庭和其他事情的长远目标。	___	___
6. 解决问题时,我喜欢独自思考,而不是同他人一起分析解决问题。	___	___

假设你是公司主要部门的管理者	基本不符	基本符合
7. 我会帮助下属明确目标及实现目标的方式。	___	___
8. 我会培养员工长远的使命感,激励他们追求更高的目标。	___	___
9. 我会确保工作按时完成。	___	___
10. 我会寻找新产品和服务机会。	___	___
11. 我会表扬工作出色的员工。	___	___
12. 我会支持非传统的想法和价值观。	___	___
13. 我会制定程序,确保部门工作顺利进行。	___	___

14. 我会明确表达自己和组织的崇高价值观。　　_____　　　_____

计分与解释

计算偶数编号问题中选择"基本符合"的个数：_____。计算奇数编号问题中选择"基本符合"的个数：_____。将这两个数字进行比较。

偶数编号问题代表了典型的领导行为和活动。领导者通常会提出想法、价值观、愿景并倡导改变。他们通常根据直觉提出新想法，为部门或组织寻求新的方向。奇数编号问题则代表了更为传统的管理活动。管理者采用非个人的方式处理问题，做出理智决定，稳定高效地工作。

如果你回答"基本符合"的偶数编号问题多于奇数编号问题，这表示你具有领导潜质，反之，则说明你具有管理潜质。对于新上任的领导者来说，管理素质是十分重要的基础，因为组织的首要目标是高效率地运作。之后，领导素质能够为领导者加分。而这两种素质都可以通过有意识的努力和经验的累积来培养或提升。

资料来源： John P. Kotter, *Leading Change* (Boston, MA: Harvard Business School Press, 1996), p. 26; Joseph C. Rost, *Leadership for the Twenty-first Century* (Westport, CT: Praeger, 1993), p. 149; and Brian Dumaine, "The New Non-Manager Managers," *Fortune* (February 22, 1993), pp. 80-84.

管理关系建立在职位和正式权威基础之上，而领导关系则基于个人影响力。例如，在一种权力关系中，上下级都认同管理者可以规定下属早上7:00来上班，否则就要扣其工资。相反，领导关系依靠的是个人影响力，很少使用强制手段。领导的任务在于，通过具有挑战性的工作吸引并激发员工，而不是简单地采用奖励或处罚的方式刺激他们。力量源泉的不同是管理和领导的主要区别之一。试想，如果摘掉管理者的头衔，员工还会服从他吗？而领导则真正地依赖个人影响力，而不是职位。

1.4.4 培养个人素质

领导不仅是一套技能，它更依赖很多微妙的个人素质——热情、正直、勇敢和谦逊。它们很难被肉眼看到，却强大有力。首先，优秀的领导者对工作有一种天生的热情，并发自内心地关心他人。管理过程往往强调在感情上保持距离，领导则希望在感情上与他人拉近距离。领导所在之处，人们感到自己是团体的一部分，愿意为值得奋斗的事情而努力。管理意味着找出答案和解决问题，而领导则需要勇气去承认错误、澄清疑问、善于倾听，信任他人并向他人学习。

行动备忘录

作为领导者，你必须具有热情、正直、勇敢和高尚的道德情操这样的个人素质。你可以与追随者建立良好关系，提高领导效率。

培养领导素质需要下一番工夫。在承担领导工作之前，领导者需要经历自我发现与个人认知的过程。领导学专家一致认为，有效领导者身上最大的特点就是，他们明白自己是谁及自己代表的是什么。而且，领导者有勇气按照自己的信念行事。

真正的领导者思想不闭塞，也不批判新想法，他们思想开放，欢迎新想法。真正的领导者能够倾听并认识到人们的需求，而不仅仅是给予建议和命令。为了更高的利益，领导者愿意打破陈规，表达不同观点，并且勇于说"不"；领导者希望听到不同的声音，而不是将所有人的想法禁锢起来，使之一成不变。看看下面的例子

领导进行时

杰米·戴蒙和摩根大通集团

杰米·戴蒙（Jamie Dimon）是摩根大通集团（JPMorgan Chase）的主席兼执行总裁，他因带领摩根公司在次级抵押贷款证券化业务正处于火暴之际全身而退而受到赞誉，而抵押贷款证券化这一赚钱工具最终搞垮了雷曼兄弟和美林证券这样的大公司。

戴蒙是第一个承认自己有很多缺点并犯过许多错误的人。他将公司的成功归因于他的领导团队。"商业本身就带有风险，"戴蒙说，"但是尽管存在风险，也要满足客户的最大利益。"最初接任美国第一银行（该银行之后被摩根大通集团买下）执行总裁时，戴蒙意识到这家公司已经陷入困境。管理团队也知道公司存在问题，但是没有人采取行动。戴蒙则减少了额外补贴，如公司的车辆和俱乐部会员资格，然后他询问各位经理年终分红应为多少。大多数人认为削减10%~15%的年终分红是合理的。然而，戴蒙建议取消年终分红，并以身作则。

戴蒙认识到，作为声名显赫的大组织的领导者，容易养成傲慢和贪婪的品性，所以他时刻注意。他将自己的工作视为找到合适的人并创造合理环境以做出正确的决定。他鼓励员工表达自己的想法，即使这种想法并不被人们普遍认可；他还鼓励员工勇于承认错误，在必要时学会说"不"，即使是对执行总裁也不例外。一位新来的经理惊讶地看到，员工公开与戴蒙争论，质疑他的决定，指出他的错误。"我能为摩根大通做的是让这个地方云集正直、有能力的人。这些人能够不断学习，不断改变。"戴蒙说，"这种'基因'能够使公司再兴旺100年。"

虽然摩根大通集团不是次贷危机的受害者，但充满象征意义的是，据说戴蒙拒绝了他2008年的奖金。"有这样一个事实，"他谈到这次危机时说，"在那些破产的公司，许多人都拿到了大笔的钱。"

1.4.5 创造成果

管理和领导之间的区别会带来两种不同的成果，如图1-2所示。管理能够带来稳定，具有可预见性，并通过高效的企业文化使一切有序。好的管理能使组织不断实现短期目标并满足不同股东的预期。另外，领导带来变化，这种变化通常是根本性变化。在追求完美的文化氛围中，领导者鼓励开放思维、诚实及和谐的人际关系，并关注组织长期发展。领导使人有勇气做出困难而又打破传统的决定，虽然这些决定有时会损害组织的短期成果。

1.5 领导学理论的发展

为了理解现在的领导学观点和实践，必须认识到领导这一概念是随时间不断演进发展的。领导通常反映了大部分社会现实，而领导理论所包含的准则、态度和观点则随着不断变化的社会现实而发展。

1.5.1 领导学主要研究方法的历史回顾

各种不同的领导学理论可分为6种基本研究方法。以下对每种理论做简要介绍。其中许多思想仍适用于今天的领导学研究，并在本书各章节中有所讨论。

伟人理论

这一理论是领导学概念的鼻祖。最早的关于领导的研究认为，领导者（通常认为是男性）带有某种与生俱来的特定的英雄特质、力量和影响力。在组织、社会运动、宗教、政府和军队中，领导被概念化为"伟人"，他掌管一切事物，通过天生的特性、素质和能力影响下属。

特质理论

有关英雄式领导的理论激发了各种探讨领导特质的研究。从20世纪20年代开始，研究者开始关注领导者是否具有某些特质或性格，如聪明、身材高大、富有活力，他们相信这些特征使领导者区别于非领导者，并有助于其成功。研究者认为，如果能够确认领导者的某些特征，就可以预言某人是否能成为领导者，甚至可以训练出领导者。尽管研究没能给出一系列领导者具备的特征和性格，但学者对领导者特质的兴趣一直持续到今天。

行为理论

由于没能研究出普遍适用的领导特质，从20世纪50年代开始，学者们开始关注领导者的行为，而非他是谁。其中一项研究关注领导者在工作中都干些什么，这与管理行为、角色和责任相关。这项研究很快扩展到对有效领导者的研究，希望探寻出有效领导者在行为上与低效领导者有何不同。研究者们着眼于领导者如何对待下属，如他们究竟是采用独裁方式还是民主方式，而这些行为如何与领导效率相关。本书第2章将讨论特质、行为和关系理论。

权变理论

继行为理论之后，研究者们开始关注环境和情境变数如何影响领导者行为效率。权变理论背后隐藏的观点即领导者可以分析情形，并调整自己的行为，从而提高领导效率。主要的情境变数包括追随者的性格、工作环境和下属任务的特性，以及外在环境。权变理论有时也称做情境理论，强调不能在"真空"中理解领导，必须依据一定的组织情境或不同的团队成员情况。我们将在第3章讨论权变理论。

影响力理论

这一理论研究领导者和追随者之间的影响过程。其中一个主要话题是个人魅力领导（见第12章），它强调领导者的影响力不是来自职位或正式权威，而是依赖领导者的个人素质和魅力。与之相关的研究是领导愿景研究（见第13章）。相关领域的研究包括领导愿景研究和组织文化研究（见第14章）。领导者为下属勾勒未来的美好蓝图，确立实现目标的文化观与价值观，促使其改变。本书中有好几章都将讨论影响力理论，因为它对于理解领导非常重要。

关系理论

自20世纪70年代末以来，许多领导学的研究都集中在关系层面，也就是说，领导者与下属是如何相互作用、相互影响的。这种理论否认领导是领导者对下属单向的行为，它认为领导是一种关系过程，包括所有参与者的行为，并要求每个人都对实现愿景有所贡献。人际关系被看做有效领导的最重要的因素。两种重要的关系理论分别是"服务型领导"（见第6章）和"变换型领导"（见第12章）。

本书的其他章节还会讨论其他与关系理论相关的话题，包括有效领导需要的个人素质，如领导者的情商、思维方式、正直和很高的道德标准，以及个人勇气。此外，领导者通过激励和授权、善于沟通、进行团队合作和接受多样性等形式建立良好的人际关系。

1.5.2 领导模型的演变

图 1-3 展示了领导由伟人理论到关系理论的演变。模型中的每一部分都总结了当时主要的领导理论，但是有些理论也许如今已经不适用了。

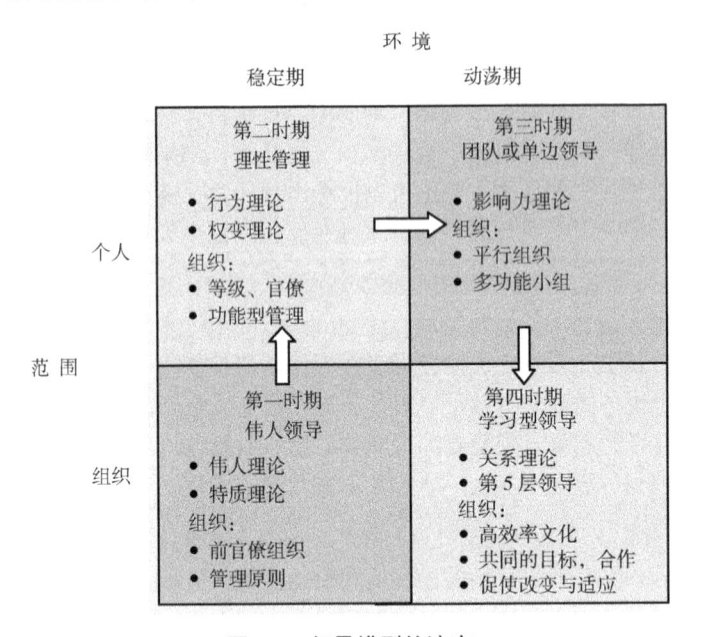

```
                            环  境
                    稳定期           动荡期
          ┌──────────────────┬──────────────────┐
          │  第二时期          │  第三时期          │
          │  理性管理          │  团队或单边领导     │
          │  • 行为理论        │  • 影响力理论      │
          │  • 权变理论        │  组织：           │
     个人  │  组织：           │  • 平行组织        │
          │  • 等级、官僚      │  • 多功能小组      │
          │  • 功能型管理      │                  │
          ├──────────────────┼──────────────────┤
 范围     │  第一时期          │  第四时期          │
          │  伟人领导          │  学习型领导        │
          │  • 伟人理论        │  • 关系理论        │
          │  • 特质理论        │  • 第 5 层领导     │
     组织  │  组织：           │  组织：           │
          │  • 前官僚组织      │  • 高效率文化      │
          │  • 管理原则        │  • 共同的目标，合作 │
          │                  │  • 促使改变与适应   │
          └──────────────────┴──────────────────┘
```

图 1-3 领导模型的演变

第一时期的领导

这一时期可以概括为工业化和官僚化之前。大部分组织规模较小，由个体经营，雇用朋友或亲人为员工，而不是任人唯贤。由于组织规模小且单一，环境稳定，一个人足以控制全局，协调并掌控一切活动，保证工作正常进行。这一时期为伟人领导时期，注重领导者的个人特质。领导者被视为英雄，他总揽全局，将所有事情安排得井井有条。

第二时期的领导

这一时期出现了等级制度和官僚制度。尽管世界和平稳定，但是组织已经开始大规模扩张，于是它们需要规章制度，确保各种活动有效进行。权力等级制度促使完善机制的产生，用来监督和控制员工，任何决定都必须得到领导者的同意，按照规定的程序进行。这一时期见证了"理性的管理者"的产生，他们用缺乏人情味的方法指导与控制员工。员工不能有自己的想法，他们只能按照指示去工作，根据制度和程序完成特定的任务。这一时期的领导者注重细节，而非全局。

理性的管理者非常适合在稳定的环境中工作。行为理论和权变理论在这一时期很适用，因为领导者能够分析情形，制定谨慎的计划，以控制发生的一切。但是理性管理对于当今世界来说已经远远不够了。

第三时期的领导

在这一时期，曾经被认为极为成功的理性管理不再适用。1972—1973 年，石油输出国组织实行石油禁运，继而 20 世纪 80—90 年代初期上演了激烈的全球竞争，许多管理者目睹外部环境变得混乱。日本开始主宰世界贸易，他们奉行团队合作和质量卓越的理念。对领导者来说，这是极为混乱的一个时期。他们尝试团队合作的办法、裁减人员、改造工程、提高质量，以及实行授权，来提高效益并激发员工更大的动力。

这一时期迫切需要团队领导者和求变的领导者。由于需要改变组织结构和文化理念，影响力这一因素变得尤为重要。这一时期见证了知识产业的兴起、对合作的重视及向影响力理论的过渡。这一时期人们不再把领导看做稳稳掌权的单一的个人，而是一个领导者团队，由团队中知识最渊博、能力最强的成员掌控大权。许多领导者赞同团队领导、实行授权、保持多样性和公开沟通的理念。

> **行动备忘录**
> 领导者可适时应用领导技巧，选择切合组织需要的理论，如影响力理论和关系理论。

第四时期的领导

当今时代是数字信息时代。所有事物似乎都在变化，而且变化得很快。这一时期以学习型领导者为主。他们能够放弃传统意义上的控制权，注重与员工建立关系，通过愿景和价值观而非权力和控制力影响他人。学习型领导者在生活和工作中不断摸索、学习、发展，并鼓励他人的发展和成长。这一时期体现了领导学的多种理论，而不仅仅是理性管理或团队合作领导。

启示

由伟人型领导到理性管理、团队领导，再到学习型领导的转变，反映了社会的变化趋势。由此我们得到一点启示，即领导学反映了组织和社会所处的时期和背景。当今大多数组织和领导者依然在努力适应由稳定环境到动荡环境的转变，并努力研发新技术，提高产品质量。因此，在第三时期，多样性、团队领导、授权和横向领导越来越重要。此外，许多领导者正快速进入第四时期，他们注重变动型管理，通过确立愿景和价值观，刺激员工高效工作，帮助员工适应新环境。第三时期和第四时期的领导是本书讨论的重点。

1.6 领导不是无意识的

许多领导者都从实践和原则两个层面经历了从工业时代到 21 世纪的转变。他们试图进行协作、授权并推广多样性，但都失败了。因为领导者和员工的信念和思想都停留在旧模式中，而旧模式推崇的是控制、稳定和一致性。对很多领导者来说，他们很难放弃那些在过去令他们和组织成功的方法和实践活动。然而，领导者也可以通过有目的的实践活动，以及采用新方法来适应新的模式。

向新模式转变的重要策略之一就是，有目的地利用人际交往能力，培养追求绩效、信任与合作的组织文化。创造性领导中心揭示了掌握新的领导技巧的重要性。该机构进行的研究对比了 21 名失败的公司管理者和 20 名成功升职为公司最高管理者的管理者。那些失败的管理者曾经都是成功人士，他们都很聪明，工作努力，都是技术方面（如会计或工程）的能手，并且有望取得更大的成就。但他们却就此停滞不前，结果遭到解雇或被迫提前退休。

这两组人员的最大差别在于与人相处的能力。失败组中仅有 25%的人能够较好地与人相处，而成功组中则有 75%的人具有这项能力。图 1-4 列出了管理者失败的七大原因。失败的管理者对他人不敏感，态度生硬、冷淡和傲慢，不值得信赖，太有野心，非常自私，不能委任他人或组织团队，找不到合适的雇员为自己工作。

赛琳娜·洛（Selena Lo）刚刚创办优科无线（Ruckus Wireless）公司时便意识到与人相处

的重要性。她曾经是阿尔泰网络系统公司（Alteon Web Systems）的副总裁，她的同事认为作为领导者的她容易伤害下属。虽然不够体恤下属，但这并没有导致她失败，因为她的老板能够帮她收拾残局。然而，当她自己开办公司时，她发现自己很难留住优秀人才。于是，她有意识地提高与人相处的能力。她开始倾听员工心声，询问员工意见，解释自己的决定，给员工更多自主权。尽管她并没有改掉自己咄咄逼人的性格，但她关心并尊重周围的员工，这样员工才能帮助她吸纳人才。

> 1. 感觉迟钝，不好相处，胁迫，威逼
> 2. 冷酷，不合群，傲慢
> 3. 背叛人们的信任
> 4. 野心过大，以自我为中心，总想着下一项工作，玩弄权术
> 5. 行事时不合时宜的表现
> 6. 权力过大，不能代表或组建团队
> 7. 不会挑选合适的下属

图1-4 管理者失败的七大原因

资料来源： Based on Morgan W. McCall, Jr., and Michael M. Lombardo, "Off the Track: Why and How Successful Executives Get Derailed" (Technical Report No. 21), (Greensboro, NC: Center for Creative Leadership, January 1983); and Carol Hymowitz, "Five Main Reasons Why Managers Fail," *The Wall Street Journal* (May 2, 1988).

如果一名领导者无法将好员工留在自己身边，帮助他们学习，促使他们对组织做出贡献，那他就不是一位好领导者。一名好的领导者，从各方面来说，能够真正关心他人，并帮助他人发挥最好的一面。此外，如今成功的领导者看重变化胜过稳定，看重授权胜过控制，看重合作胜过竞争，看重多样性胜过一致性，看重正直胜过自私自利，这些在前文已经提及。经理培训行业在一定程度上帮助人们过渡至新型领导模式。培训师鼓励领导者勇于面对自身的缺点和遇到的难题，教他们如何控制自己的情绪，以及如何提高与人交往的能力。

行动备忘录

领导者应该培养与人相处的能力，避免自己失败。领导者应亲切待人，关心他人，尊重他人，通过选择好的追随者和有效委派代表来避免过度操控他人。

由此产生一个有趣的问题：人们如何成为好的领导者？正如埃默里大学（Emory University）戈伊祖卡学院管理研究所副所长肯布尔·琼斯（Kembrel Jones）所说："如果能够很容易分析出领导能力的构成元素，我们就不会有现在的问题了。"

1.7 学习领导艺术和科学

正如我们在本章中所讨论的，领导这一概念是从许多方面演进的，而且还在不断地发展。如今的现实是旧模式不再管用，而新模式才刚刚形成。我们几乎可以随处听到对领导的呼唤，因为我们周围充满了许多令人痛苦的事件。

一本书或一门课怎样才能帮助你更好地成为一名领导者？需要记住的是，领导既是一门艺术，又是一门科学。领导是艺术，因为许多领导技巧和素质不能从书本上学到。领导需要实践和亲身体验并进行大量的个人探索和发展。但是，领导又是一门科学，因为有越来越多的知识和客观事实描述了领导过程及如何运用领导技巧来实现组织目标。

了解有关领导的研究可以帮助人们从各个角度分析情况，并学习如何成为更有效的领导者。通过探究商界和社会现实中的领导，学生们可以了解领导对于组织成功的重要性，以及作为领导者所遇到的困难和挑战。研究领导还能帮助你发现你从来不知道的能力。在沃顿商学院（Wharton）一次关于领导的讲座中，教授请学生们推选一位能代表班级的领导者，一位女同学当选，但她对此表示很吃惊。她的领导才能并不是表现在学生组织、志愿者活动或运动场上，而是表现在课堂上。

研究领导能教你学习领导技巧，从而在日常生活中进行实践。许多人从来没有试图成为领导者，因为他们完全不了解领导者都做些什么。本书旨在帮助你牢固掌握有关领导的知识，以及成为优秀领导者的一些技巧和素质。试着完成本书中的"领导者自察"测试，练习每章结束时的活动和案例，并把你学到的概念运用到课堂上、人际关系中、学生团体中、工作中及志愿者活动中。所有这一切都可以帮助你从艺术和科学两方面提高领导能力。尽管本书和你的教师都可以指导你的发展，但是只有你自己才能在日常生活中运用所学的概念和原则。美国运通公司（American Express）总裁肯尼思·切诺特（Kenneth Chenault）最喜欢的一句话是："只要用心，人人皆能成为领导者。"从现在开始，学习做一名领导者。你敢接受挑战吗？

1.8 本书的结构安排

本书的目的是反映表1-1中总结的管理新模式变化，以及图1-2中比较的管理和领导的不同。图1-5列出了本书的结构。第1篇介绍领导及其重要性，还有向新的领导模式的变迁。第2篇探讨在理性管理方法十分有效时，有关领导的基本研究。这些基本研究包括伟人理论、特质理论、行为理论、关系理论和权变理论等。它们都与处理特定任务和与特定的人相处有关。它们都建立了这样一个假设，即领导者都可预测和控制环境的各个方面，以确保组织能顺利运转。

第3、4、5篇转而研究在动荡的、不可预测的环境下，领导模式的转变。第3篇注重介绍领导者自身，探讨在新现实下有效领导者必备的素质和能力。其中各章节着重强调自我认识和自我了解的重要性、自我领导心智的成长、领导道德与勇气，以及对追随者心存感激。第4篇介绍有效领导的形成，包括激励和授权给他人、进行沟通、带领团队、接受现实的多样性，以及运用权力和影响力。第5篇将所有概念综合在一起，检验领导者作为社会体系的构建者，能否带领组织更好地发展。其中各章节涉及设立愿景、制定战略性方针、将文化与价值观结合起来使之为实现目标服务，以及领导变革。

本书所有的篇章勾勒出一幅完整的领导体验图，它经过不断演进发展到今天，强调新模式下领导者适应当前和未来需要的技巧和素质。本书综合了系统研究证据和实际经验与影响。

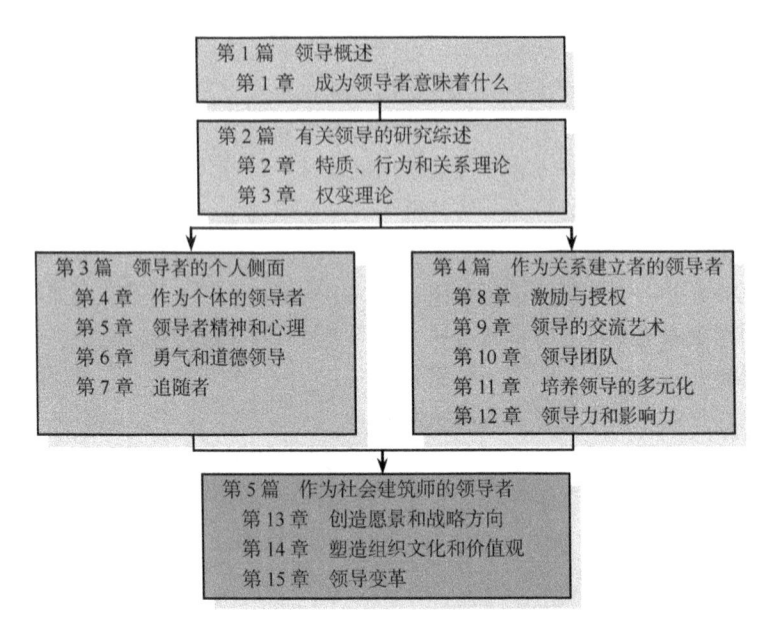

```
第1篇  领导概述
    第1章  成为领导者意味着什么

第2篇  有关领导的研究综述
    第2章  特质、行为和关系理论
    第3章  权变理论

第3篇  领导者的个人侧面              第4篇  作为关系建立者的领导者
    第4章  作为个体的领导者              第8章  激励与授权
    第5章  领导者精神和心理              第9章  领导的交流艺术
    第6章  勇气和道德领导                第10章  领导团队
    第7章  追随者                        第11章  培养领导的多元化
                                         第12章  领导力和影响力

第5篇  作为社会建筑师的领导者
    第13章  创造愿景和战略方向
    第14章  塑造组织文化和价值观
    第15章  领导变革
```

图 1-5 本书的结构

本章小结

- ☑ 本章介绍了领导的概念及如何成为领导者。领导是领导者和追随者之间的一种影响关系，领导者和追随者都渴望真正地改变，创造成果，反映共同的目标。因此，处于领导关系中的人们要相互影响，追求变化，形成共同的目标，并承担各自的责任去实现这一目标。大多数改变世界的领导行为其实是从小事开始的，也许仅仅是因为领导者本身遇到了困难，使他们不得不寻求改变，并激励他人追随自己进行改变。你的领导才能可以表现在课堂上、工作中、邻里之间、宗教活动中或志愿者组织中。

- ☑ 有关领导的概念是不断变化的。有关领导的主要研究方法包括伟人理论、特质理论、行为理论、权变理论、影响力理论和关系理论。所有这些方法仍然适用于今天的领导研究。

- ☑ 当今，领导者面对的最大挑战就是不断变化的世界需要一种全新的领导模式。这种新模式包括从稳定到变化和危机管理的转变、从控制到授权的转变、从竞争到合作的转变、从一致性到多样性的转变，以及从以自我为中心到追求更高的道德目标的转变。此外，"领导者即英雄"这一概念已不再适用。相反，领导者应为人谦虚，能够帮助他人发展并和他人分享成功果实。这些巨大的改变表明，以控制力和个人野心为主导的领导哲学在新时期将会遭遇失败。新挑战要求领导者转变思维，为人正直，注重与人相处的技巧和团队合作。

- ☑ 领导"软"技巧能够弥补管理"硬"方法的不足，而这两者都是有效领导所必需的。尽管领导通常被等同于良好的管理，但领导和管理是两个不同的过程。管理的目标是保持稳定，提高效率。而领导则需要为未来设立愿景，设计组织结构以形成文化和价值观，启发和激励下属，培养个人素质，在正直的文化氛围中追求改变。领导可以与管理相结合，以追求最大可能的产出。尤其在今天变幻莫测的环境中，组织更需要将管理和领导相结合。许多管理者已经具备有效领导者的素质，但他们可能还没有机会展示。领导是一种目的性行为。我们需要记住的是，对大多数人而言，领导技巧和素质不是与生俱来的，但它们可以通过后天的学习和培养获得。

讨论题

1．查看近期的杂志和报纸，找出一位英雄式领导者和一位为人谦逊的领导者。描述他们的不同特点。哪种领导者更常见？

2．作为领导者，你的优点和缺点各是什么？与其他同学互相讨论一下。

3．在图1-1所示的领导要点中，哪一点对你来说是最容易的，哪一点是最困难的？为什么？

4．由竞争模式到合作模式的转变给领导工作带来了什么困难？这是否能够给领导工作带来便利呢？

5．描述一位你熟知的优秀的领导者。他是如何培养自己的领导才能的？

6．为什么只有极少数人同时是成功的领导者和管理者？有人可以在管理和领导两方面都成功吗？为什么？

7．讨论最近发生的事件和社会变化（这些事件和社会变化有利于推动从英雄式领导者到谦逊领导者的转变），你是否认为为人谦逊有助于成为优秀的领导者？

8．你是否同意"领导比管理更重视关心他人"？为什么？

9．成为好的领导者需要具备什么素质？这与成为好的管理者有何不同？

10．为什么说领导既是一门艺术，又是一门科学？

现实中的领导：领导是与非

错误的领导

试想一种情况，你与某人一起工作，他处于领导地位，但他正在做一些损害你的利益的事情。这个人可能是你的教练、教师、团队领导者、雇主、顶头上司、家庭成员或任何其他处于领导地位的人。"损害你的利益"就是说他的行为降低了你的工作效率，减少了你或同伴的工作绩效，使你或同伴失去了动力。试写出这名领导者可能做出的损害你的利益的事情。

_____
_____
_____

再想出一件这名领导者可能做出的损害你的利益的事情，试着再描述一下。

_____
_____
_____

正确的领导

试想一种情况，你与某人一起工作，他处于领导地位，而他正在做一些有利于你的事情。这个人可能是你的教练、教师、团队领导者、雇主、顶头上司、家庭成员或其他任何处于领导地位的人。"有利于你"就是说他的行为能增加你或同伴的绩效，积极鼓励你或同伴，为你扫除障碍，取得成功。试写出这名领导者可能做出的一件有利于你的事情。

再想出一件这名领导者可能做出的有利于你的事情，试着再描述一下。

以上答案有助于了解领导者的行为对他人的影响。分析你写出的4件事——哪些领导素质能够促使你高效率地工作？和一名同学讨论一下你的答案。在你们二人列出的8件事中，有哪些关于领导主题的共同点？在这些答案中，哪些素质是你和同学都期待领导者具备的，哪些是你们都不希望领导者具备的？

课堂练习

在课堂上进行这一训练，让学生们在两块黑板上分别写下领导者的正确和错误做法（每人用词不超过5个）。教师可以请一组同学来总结哪些素质是有效领导必需的。在学生们总结出4~5个关键素质后，挑出其中一个最关键的素质，它使高效领导者区别于低效领导者。

资料来源： Based on Melvin R. McKnight, "Organizational Behavior as a Phenomenological, Free-Will Centered Science," Working Paper, College of Business Administration, Northern Arizona University, 1997.

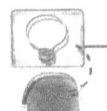

领导力开发：案例分析

工程销售部

当约翰·特里尔（John Terrill）成为DGL国际精炼设备公司工程销售部主管时，公司高层向他解释了部门目前的窘境。工程销售部有20位工程师，是公司里薪水最高、受教育程度最高，但产出最低的部门。特里尔得到的指示是：扭转现有局势。于是特里尔召集工程师们开会。对他们的个人福利表示关心后，特里尔直接问道："问题出在哪儿？为什么我们没有产出？为什么我们这个部门的绩效这么低？"

工程师们毫不犹豫地发了一通牢骚："我是来当工程师的，不是来当文书的。""我们花一大半的时间写又蠢又长的报告给高层，但他们谁也不看。""我们必须解释每一分钱的用途，我们根本就没有时间跟客户沟通或者去开发新业务。"

经过两小时的讨论，特里尔开始这样设想未来：工程师们可以自由自在地跟客户沟通，自己主导团队，促进产品开发。特里尔决定不再让董事会打扰工程师。他向工程师保证："我的工作任务就是不挡你们的道，这样你们就可以做自己的事情，我也会尽量不让董事会打扰你们。"他让大家交上当天的报告，然后立刻下令以后每天原件只需上交到他的办公室，不用再邮寄到总部。三周以来，技术报告在他的桌子上越堆越高。快到月底的时候，报告堆得差不多三英尺高了。但这段时间里总部没有人打电话要报告。其他经理在办公室看见那堆文件就会问他："这是什么？"特里尔回答说："这是技术报告。"也没人要求看一下。

最后，月底终于到了，财务部秘书打电话来要每月的差旅花费报告。特里尔说："明天早上来总裁办公室见我。"

第二天早上当特里尔推着满车的报告经过工程部时，工程师们欢呼起来——他们知道摊牌的时候到了。

特里尔走进总裁办公室，把报告放在他的桌子上，这让总裁和其他几位高级执行官十分不解。

特里尔说："这就是工程销售部产出低的原因。这些是你们每月要求的报告，可事实上这些报告在我办公桌上待了整整一个月却无人问津。因此，我建议让工程师的时间花在更有成效的事情上。我的办公室每个月会出一份简短的报告，我想这可以满足其他部门的需要。"

❓ 问题

1. 约翰·特里尔的领导风格符合图1-1的定义吗？请说明。
2. 从图1-4来看，特里尔处于领导力的哪个阶段？总部又处于哪个阶段？
3. 这种情况下你会采取哪种模式？

斯图特国际公司

早上7点30分，迪安·亚当斯（Dean Adams）第三次关掉了闹铃，但是他知道不能再睡了。于是他揉揉眼睛，尽力驱走头痛。亚当斯先看了看自己的黑莓手机，发现老板发的一条紧急信息：首席证券分析师陈苏（Sue Chan）今早辞职，务必尽快找人顶替他的位置。亚当斯心情沮丧，缓缓地朝浴室走去，希望冲个澡恢复活力，来面对新的一天。前一晚的管理层会议一直持续到午夜，他无论如何也没想到这家华尔街的大公司的经济正在持续下滑。

亚当斯挠挠头，思考着："斯图特公司作为全球最大的一家保险公司，怎么就从行业中的领先者沦落到苦苦挣扎以求生存的地步？"2007年年末，斯图特公司年收入1 000亿美元，拥有顾客6 500万人，在130个国家有员工96 000人。一年后，受到信用危机的影响，斯图特公司处于摇摇欲坠的边缘，迫切需要政府紧急救助。斯图特公司成为信贷市场崩溃的受害者。这家曾经响当当的金融机构垮掉了，世界为之震惊。

在斯图特公司的曼哈顿办公室里，亚当斯和同事们为了快速并有道德地应对这次金融危机，承受的压力越来越大。同事们的士气正在衰落，做决定也变得非常困难。新的项目被搁置了，公司的收益也欠佳，裁员迫在眉睫。高层管理者被人指指点点，有的干脆辞职走人，这些情况变得普遍起来。此时公司急需有力的领导，带领员工坚持到底。亚当斯的首要任务是找到能够替代陈苏的人。前一天晚上会议结束时，老板对他说："关键问题是，要想渡过这次危机，必须让高层管理者尽忠职守。即便留不住他们，也必须及时找到能够替代他们的人，顶住压力，做出艰难的决定，即使这些决定并不能得到大众的支持。"

亚当斯跑回到办公室，满身大汗，开始安排当天必做的几件事。首要任务是在公司内部找到可以代替陈苏的人。他在笔记本上潦草地写下了作为首席证券分析师应具备的条件：具备证券知识和管理经历，强有力的决策能力，高尚的道德品质，能够适当裁员，削减预算，领导沉着冷静、备受尊敬。亚当斯很快想到了资深分析师朱莉·科布（Julie Cobb）。朱莉·科布曾表达自己想升职的愿望，并在最近企业面临崩溃时表现出了较好的领导才能。

科布在企业中的地位逐步上升，渐渐成为其领域的佼佼者。她创建了一支行事干练、忠于职守的团队，还将培训和职业发展作为首要任务。她体恤员工，深得员工喜欢，另外她也善于谋求共识。公司很多管理者都曾做出令人质疑的业务决策，而她却能够用高道德标准要求自己，并创造出正直的文化氛围。科布着眼于未来，知道如何成事。

在公司的紧要关头，亚当斯想弄清楚科布能否克服困难。尽管他重视科布的团队合作能力，但在要求员工具有责任感时，她显得力度有点不够。这其中大部分原因是她希望员工都喜欢她。上次公司会议，她汇报收入下跌时，遭到指责。那时，她十分防范，不想批评应该受到责备的员工。实际上，亚当斯想到另一件事：一位员工因照顾生病的丈夫而出勤不佳，科布不愿开除她。她承认，在处理那些工作表现不好却尽力平衡家庭和事业的员工时，她总是心有不忍。

亚当斯搅拌着咖啡，内心充满疑惑："在这次危机中，朱莉·科布会因自己的仁慈之心被困难打败吗？能指望她做出正确决定，同时达到上线（总销售额）和下线（最终效益）目标吗？她是不是太过于同情员工了？这会影响她的领导能力吗？"

❓ 问题

1. 在企业动荡不稳时，需要哪些领导能力？朱莉·科布在她目前的职位表现出了这样的能力吗？

2. 你会将"取悦员工"的人升职到重要领导岗位吗？为什么？

3. 里奥·迪罗谢是1939—1972年的棒球经理，他曾说："好人难成功。"试将这种想法与组织领导结合起来。是否存在这样的管理者，在关心爱护员工的同时，达到上线（总销售额）和下线（最终效益）目标？

Part Two

第 2 篇
有关领导的研究综述

◇ 第 2 章 特质、行为和关系理论
◇ 第 3 章 权变理论

第 2 章 特质、行为和关系理论

通过本章的学习，你应该能够：
- 认识自己在领导方面的长处。
- 明确与有效领导者相关的特质和性格。
- 了解专制领导与民主领导的不同之处及各自的影响。
- 了解以人为导向和以任务为导向的领导行为有何不同及各自的适用情形。
- 理解个性化领导理论如何拓宽对领导者与追随者之间关系的理解。
- 区分领导者在组织中所扮演的不同的角色，如运营、建立合作及给予建议等，并找到自己的优势所在。

朱莉娅·斯图尔特（Julia Stewart）的第一份工作是在圣地亚哥的一家 IHOP 早餐连锁店（International House of Pancakes）当服务员，当时她 16 岁。数十年后，斯图尔特荣升为 IHOP 的首席执行官。帮助她取得如此巨大成就的性格特征包括雄心壮志、持之以恒、头脑灵活、说服力强及满腔热情。似乎这些特质是许多在组织中职位较高的领导者所共有的，因此，个人特质吸引了最早的领导学研究者，并激发了他们的想象。然而，当我们观察比较两个有效率的成功领导者时会发现，他们很可能会有一些共同的特质，但也有着截然不同的地方。事实上，每个人身上都有着自己独特的品质、特点和优势，如此才能当好领导者。

领导者通过一定的行为模式展示其特质。因此，许多研究者通过考查领导者行为来确定何种行为特点能形成领导者的风格，以及哪些特定行为与高效领导相关。后来的研究则详细研究了领导者与每名追随者之间的行为特质，将领导者对特定追随者的一对一行为与领导者对群体团队的行为进行了区分。

本章首先将探讨领导者认识自身在领导方面优势的重要性，随后对 20 世纪最初的领导学研究进行概述。我们将讨论特质理论和行为理论的发展，并向读者介绍个性领导理论。研究领导特质和行为的方法为领导学研究打下了基础，在解释领导者的成败时，仍有广泛的应用。本章的最后部分将讨论各种特质与行为是如何与领导者在机构中所扮演的 3 种不同角色相适应的。

2.1 了解自己的优势

在第 1 章中提到的"领导者即英雄"的观点让很多人产生了这样的想法——领导者必须"尽力满足所有人的需求"，必须要同时兼有全面的技术、特质和能力去面对出现的任何问题、挑战和机遇。然而，想要尝试这样做的领导者势必会失败。全能领导的荒诞说法会给领导者和追随者带来压力和挫败感，同时也会对组织造成损害。领导者与追随者之间的相互依存才是有效领导的关键。一项调查显示，有60%的领导者承认其所面对的挑战是单凭一己之力无法应对的。因此，最优秀的领导者往往能认清自身的优势，并将其发扬光大；同时信任他人，并与大家合作以弥补自身的不足。上述观点在本章的"领导者书架"中将做进一步阐释。

想成为一名高效的领导者，我们需要发现自己特有的优势和能力，并学会充分利用这些特质。每名领导者的能力都是有限的；优秀的领导者能利用自身特有的优势完成他人所不能完成的事。有些领导者可能非常善于分析复杂的局势并在时间紧迫的情况下做出上佳的决定；有的领导者可能会在有效利用时间上遇到种种困难，但在处理重大问题时却能得心应手；还有的领导者可能不太擅长对公众演讲，但在与追随者建立良好的一对一关系方面可谓专家。每个人都有自己的长处，但是许多领导者并没有认清自己，也没能很好地利用自身的长处，通常因为他们被"我应该样样精通"这一种观点所束缚。本杰明·富兰克林（Benjamin Franklin）曾将未被好好利用的长处比做"阴影中的日晷"。领导者唯有了解自身的长处后，才能够有效地运用自身的能力，做出最大的贡献。

因此，在阅读本章中关于高效领导的特质、行为和品质的内容时，请思考它们是否适合你的情况。记住，这样做不是为了要让自己拥有所有"正确"的领导特征，而是要找寻最能代表自己、最易于利用的领导优势和长处。

2.2 特质理论

早期关于领导者如何成功的研究主要关注领导者的个人特质。**特质**（traits）是指领导者区别于他人的个人特征，如才智、诚实、自信和外表。20世纪早期的领导学研究对象是那些取得伟大成就的领导人，这就是后来所谓的伟人理论。这一理论的基础是，有些人天生具备某些特质使他们生来便是领导者。伟人理论试图找出那些使领导者区别于非领导者的特质。研究发现，个人特质和领导者成功之间的关联程度很低。实际上，领导者拥有的个人特质种类繁多，不尽相同，这表明领导能力并不是天赋异禀。

然而，随着心理学在20世纪四五十年代的发展，研究者们开始通过能力倾向测试和心理测试扩大对个人特质的研究。这些早期研究所关注的是创造力和自信心等性格特质，年纪和体力等生理特质，知识和语言的流利程度等个人能力，受欢迎程度和社交能力等社会性特征，以及对优异表现的渴望和面对阻碍时坚持不懈的精神等与工作相关的特征。有效领导者通常具有以下几个特征：其追随者业绩优良，在机构中有很高地位，同时薪水也远远超过其他人。

领导者书架

优势领导：优秀的领导者、卓越的团队及人们追随的原因

汤姆·拉特和巴里·康奇

以优势为基础的领导力这一观点，是盖洛普咨询公司在一套系列丛书中提出的最新观点。该套丛书旨在揭示优秀领导者如何运用自己的独特优势，与追随者建立联系并建设团队以弥补自身不足。

如何让领导力更有影响的三堂课

"如果你研究温斯顿·丘吉尔或圣雄甘地等历史上的伟大领导人，你可能会发现他们之间

> 的不同点比相同点要多。其实也正是这些不同点决定了他们的人生，同时引领他们走向成功。"汤姆·拉特和巴里·康奇在书中这样写道。
>
> 他们回顾了过去几十年盖洛普咨询公司的领导学相关数据，并进行了一项涉及10 000多名来自世界各地的追随者的调查，在此基础上提出了"领导才能三堂课"。以下是这三堂课的要点，也是那些最具影响力的领导者所做的几点。
>
> - 不断巩固优势。伟大的领导者绝不试图让自己样样精通。他们的共同点是十分了解自己的优势，同时可以在需要的时候运用恰当的能力。此外，优秀的领导者对追随者的优势非常关注，并帮助他们发展自身的优势，进而使他们建立自信和产生进取的动力。
> - 团队最优化建设。"高效领导者选拔最适合的人才为其效力，并利用每个人的优势。"最好的领导团队包含具有以下4方面专长的人：执行力、影响力、建立关系的能力和战略思考能力。
> - 了解追随者的需求。10 000名接受调查的人回答最想和最需要从领导那里得到什么时，以下4种基本需求出现频率最高：信任、同情心、稳定性和希望。无论一名领导者具有的自身优势有哪些，他都可以运用这些优势来建立信任，表现出同情心，让追随者觉得安稳、有信心，同时点燃大家心中的希望。
>
> **运用以优势为基础的领导力**
>
> 没有人可以做到样样精通，但领导者可以学着最大限度地去运用自己的独特能力。本书提供大量资源帮助大家了解自身优势，同时明确如何在现实生活中运用让领导力更有影响的三堂课。
>
> *Strengths Based Leadership*, by Tom Rath and Barry Conchie, is published by Gallup Press.

　　斯道格笛尔（Stogdill）在其1948年的文献综述中调查了100多项有关特质理论的研究，并指出了一些与有效领导可能相关的特质，其中包括较高的智力水平、主动性、人际交往能力、自信心、责任感及诚实正直等。但是，斯道格笛尔的研究也显示，某一特质的重要性通常是与具体情境相关的。例如，主动性在一些情境中对领导者的成功很重要，但在另一些情境中很可能与领导者的成功无关。因此，拥有某些特质并不能保证领导者获得成功。

　　斯道格笛尔在1948年的发现使得许多研究者终止了对领导者特质的研究，并将注意力转向了领导者行为和领导情境。但是，仍有一些人坚持特质研究，他们找出了更多的特质，开展了更多的研究项目。斯道格笛尔在其随后的文献回顾中，调查了1948—1970年的163项特质研究，得出的结论是某些个人特质似乎确实与高效领导相关。此次研究得出的许多特质与1948年的研究结果相吻合。此外，他还找出了其他一些特质，包括个人野心、独立性和抗压能力等。不过，斯道格笛尔再次强调，某一特质或某一组特质是否重要仍然与组织的情境相关。

　　近年来，人们对领导特质研究的兴趣再次兴起。柯克帕特里克（Kirkpatrick）和洛克（Locke）在其评论中，提出了领导者区别于非领导者的数项个人特质，其中有些是斯道格笛尔曾经提到的。另一些研究则将重点放在了追随者的感受上，指出某些特质与人们心中对领导者的理解有关。例如，一项研究表明，诸如才智、阳刚和主导性等特质就与个人如何看待领导者有着密切的关系。另一些研究则指出，尽管缺少事实依据，人们仍然认为那些富有人格魅力的首席执行官比其他的领导者更有效率。总而言之，人格特质研究在20世纪的领导学研究中占有重要地位，其重要性已延续到21世纪的相关研究中。

　　图2-1给出了一些经过多年研究所得出的领导者的个人特质及其所属的类别。目前，仍有大部分研究者坚持主张某些特质对于高效领导是至关重要的，只是其重要性必须与其他因素共

同考虑才能体现。例如，图2-1中提到的个人魅力，很自然地可以和高效领导联系在一起。但并不是每名领导者都具有个人魅力，甚至许多优秀的领导者完全不具备这一特质。通常情况下，如乐观、自信、诚实、正直及动力等特质被认为对领导力有着极其重要的意义。

乐观与自信

新兴的研究指出积极乐观的态度是高效领导的关键要素之一。**乐观**是指关注事物好的方面，并期待事情进展顺利。大量调查显示乐观的态度是唯一一个大部分高层管理者共有的特质。这些人之所以可以荣升高位，是因为其他人看到的是问题和困难，他们却能从中看到机遇，并将对未来的希望灌输给他人。任何层次上的领导者，无论其职务高低，都应具有一定的乐观态度，能够在迷茫的情境下看到希望和可能，让身边的人看到美好的明天。一位领导学研究者甚至这样说过："领导的对立面不是追随者，而是悲观主义者。"

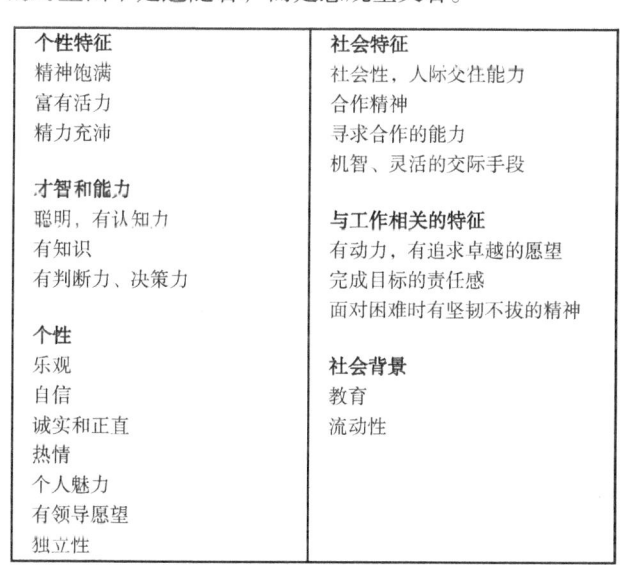

个性特征	社会特征
精神饱满	社会性，人际交往能力
富有活力	合作精神
精力充沛	寻求合作的能力
	机智、灵活的交际手段
才智和能力	
聪明，有认知力	**与工作相关的特征**
有知识	有动力，有追求卓越的愿望
有判断力、决策力	完成目标的责任感
	面对困难时有坚韧不拔的精神
个性	
乐观	**社会背景**
自信	教育
诚实和正直	流动性
热情	
个人魅力	
有领导愿望	
独立性	

图2-1 领导者的个人特质及所属类别

资料来源：*Bass and Stogdill's Handbook of Leadership: Theory, Research, and Management Applications,* 3rd ed.(New York: The Free Press,1990), pp. 80-81; and S. A. Kirkpatrick and E. A. Locke, "Leadership: Do Traits Matter?" *Academy of Management Executive 5,* no. 2 (1991), pp. 48-60

与此相关的一个性格特点是对自己有一种积极乐观的态度。那些了解自己的领导者可以树立自信。**自信**是相信自己的判断、决策、想法和能力的表现。自信并不意味着傲慢或自大，而是了解自己并相信自己。36岁时成为美国橄榄球职业联赛历史上最年轻的"超级腕"冠军主教练的匹兹堡铁人队麦克·汤姆林（Mike Tomlin）教练曾这样说："我的字典中没有'震惊'这个词。"这句话表现出了他对自己有能力获得成功、达成目标的信心。当年汤姆林放弃了法学专业的学习，开始了自己第一份年薪12 000美元的教练工作。这着实吓坏了他母亲，但汤姆林非常平静地跟母亲说他知道自己到底在做什么。自我形象积极并向他人展示对自身能力很自信的领导者，能够激发追随者的信心，获得尊敬和钦佩，并能直面挑战。领导者的自信能使追随者产生动力和责任感，更好地去完成手头上的工作。

一名积极的领导者必须拥有自信心和乐观的精神。我们之中有多少人愿意去追随那些没有激情、消极悲观，或者明显对自己缺乏自信的领导者呢？领导者需要进行变革，而且常常需要在信息不足的情况下做出决定。他们需要不断解决问题。倘若没有不断进取的精神和坚信事情总会得到解决的信心，即便是一个偶然的错误决定也会让领导者陷入进退维谷的僵局。他们必须有勇气克服挫折，承担风险，必须在存在争议的种种观点中做出抉择，尽管这会使一部分人感到不满。自信心与乐观精神能让领导者敢于去面对这些挑战。

> **行动备忘录**
>
> 自信、正直和动力等领导个人特质，在任何情况下对于一个机构的成功领导都十分重要。作为领导者，你应该培养自己的这些特质。此外，在工作中应该保持乐观心态，并在决策与行动中遵守道德规范。

诚实与正直

积极的态度必须由坚定的道德观作为指导，否则领导者会遇上麻烦。美国历史上最大诈骗案的主谋伯纳德·马多夫（Bernard Madoff）就是一个很好的例子。他因包括证券欺诈和作伪证等 11 项罪名而被判入狱。作为一名领导者，马多夫表现出强烈的自信心和乐观心态。这是他之所以能够吸引大量投资者的原因之一。他的问题在于缺乏坚定的道德观念与这些特质相配。马多夫的欺诈行为，使数以千计的人倾家荡产，慈善机构遭受沉重打击，养老基金荡然无存，而马多夫夫妇却过上了奢靡的生活。

高效领导者应是有道德观的领导者。而作为有道德观的领导者，要对自己的追随者、客户、股东和公众诚实，并时刻保持自己的正直作风。**诚实**（honesty）是指真诚，不欺骗他人，也是指受追随者欢迎的开放式态度。**正直**（integrity）是指领导者具有以坚定的道德原则为基础的健全人格，且其行为与这些原则保持一致。当领导者通过日常行为树立了诚实和正直的形象后，就会赢得尊敬、钦佩和忠诚。诚实与正直是领导者和追随者之间相互信任的基石。

然而令人遗憾的是，在公司丑闻泛滥、华尔街的贪欲四处蔓延的今天，许多组织内部都缺乏信任。领导者应具备诚实和正直的品质，以便在组织中重建相互信任、高效高产的关系。如今的员工对当权者和滥用职权非常敏感，因此，他们十分期待有很高道德水准的领导者。人们发现成功的领导者总是保持言行一致，所作所为与他们之前所说的完全一致，并以此证明自己是值得信赖的。他们坚持自己的道德基准，始终以这些准则规范自己的领导行为。此前，1 500 名经理人参与了一项关于他们最欣赏的领导者素质的调查。结果，诚实和正直成为大家的首选。由此，调查者做出如下结论。

> 诚实对领导者来说至关重要。毕竟，不管是一起上战场还是参加会议谈判，如果我们要追随某人，我们首先想确定的就是这个人是否值得信任。我们想知道他是否诚实，是否具有道德观念和原则。我们希望领导者的正直和诚实是完全值得信赖的。

动力

有效领导的第三个主要性格特征是动力。领导者常常需要负责启动新的项目，指导项目顺利完成。**动力**（drive）是促使领导者努力工作的一种强大推动力。有动力的领导者希望有所成就，他们精力充沛，性格坚忍，通常有远大抱负。人如果不付出努力，便不可能取得成就。个人抱负使领导者制定富于挑战的目标，并发挥自己的主动性去实现这些目标。美国黑石集团（Blackstone Group）创始人之一，总裁兼首席执行官斯蒂芬·施瓦茨曼（Stephen Schwarzman）就是对动力这一特质的很好诠释。

领导进行时

斯蒂芬·施瓦茨曼和黑石集团

尽管斯蒂芬·施瓦茨曼德身高只有1.68米，但在投资行业中，他却是个名副其实的"巨人"。在谈生意的时候，他总是为了力争胜利而不遗余力，而且往往能获得成功。他曾说道："我从不会通过让人损害我个人或黑石集团的利益来谋取成功。我不会先向对方宣战，但我也不会逃避退缩。"

选择让黑石集团上市对施瓦茨曼来说无疑是巨大的经济损失，但他认为金钱并不是他的追求，钱只是用来衡量成就的一种标准。从很小的时候开始，施瓦茨曼就显示出了很强的工作动力。他自15岁起，每个周末都在自家开设的费城零售店里帮工。施瓦茨曼曾劝自己的父亲开设更多的零售店，但却遭到了拒绝，为此，他十分沮丧。他不明白为什么一个人不想把业务做得更大，不想得到更多。

从那以后，施瓦茨曼便开始努力去得到更多东西。现在他还会很自豪地告诉别人：他在中学时候当过班长；曾在耶鲁大学毕业纪念日登上演讲台；甚至曾经担任哈佛商学院著名的世纪俱乐部（Century Club）的主席。硕士研究生毕业后，施瓦茨曼开始在雷曼兄弟公司工作，很快便得到升职。1985年，他与同事彼得·G·彼得森（Peter G. Peterson）决定开设一家并购公司，即如今的黑石集团。为成立黑石集团，彼得森建议募集5 000万美元作为启动资金。此时，施瓦茨曼的动力再次凸显，他决定筹集1亿美元，认为这是个更合适的目标。这样一笔钱在当时算是很大的数目。虽然他们没能达到这个目标，但最终募集到了8 300万美元。自此之后，黑石集团便接连获得成功，赢得了业界的信赖。当谈及自己的领导风格时，施瓦茨曼说："我是个始终如一的小人物。"

与金融界其他大多数公司一样，近来，黑石集团也经历了一段艰难的时光。2008年，在公司亏损的情况下，施瓦茨曼与彼得森尽管薪酬仍旧颇丰，但他们选择了降低自己的基本工资并放弃了自己的奖金。

强大的动力与充沛的精力是分不开的。领导者总是长年累月地超时工作。他们拥有超常的耐力、充沛的精力和生命力以适应领导者的工作节奏，满足各方要求，应对种种挑战。通用电气公司（General Electric）首席执行官杰夫·伊梅尔特（Jeff Immelt）也是具有强动力这一特质的典型代表。伊梅尔特宣称自己在晋升为通用电气公司首席执行官之前，曾在25年的时间里每周工作100小时。对此他说："每天有24小时，你可以将这24小时全部加以利用，因此你必须拥有过人的精力。"

当然，每周工作100小时对高效领导来说并不是必要的。但为了获得成功，所有的领导者都必需展示出他们拥有有动力和精力。很明显，诸如动力、自信心、乐观精神和诚实等特质对领导者来说有着重要的意义。全球性管理与人力资源咨询公司合益集团（Hay Group）的一项涉及600名公司经理的研究显示，在那些获得成功的经理中，有75%的人具有自信和动力这两种特质。本章的"活学活用的领导之道"部分将向大家介绍一个理念，即领导者的个性特征最终会决定领导的成效。

在本书第4章中，我们将进一步讨论影响领导效能的个人特征与品质。然而，正如前文所述，高效领导不能只依靠特质这一点来进行评价。正因为研究者无法单靠个人特质研究来解释高效领导，所以才引起了研究者的兴趣，从而对领导者的行为及其对领导者成败的影响进行了研究。

2.3 行为理论

关于领导者行为的各种研究项目试图找出的是高效领导者的行为模式而非其人格特质。相对于人格特征而言，行为更容易习得，因此任何人都有可能成为领导者。

2.3.1 独裁式领导和民主式领导

最早的行为理论研究将领导风格分为独裁式和民主式两种。**独裁式**（autocratic）领导者倾向于把所有权力集于一身，通过职位、对酬劳的控制和高压统治来获取权力。相反，**民主式**（democratic）领导者给予他人权力，鼓励他人参与，依靠下属的知识来完成任务，通过赢得下属的尊敬来获得影响力。

爱荷华大学（University of Iowa）的库尔特·卢因（Kurt Lewin）和他的同事最早进行了有关领导行为的研究。研究对象是几组孩子，每组孩子都配备了一名扮演独裁式领导者或民主式领导者的成年人。试验结果很有趣：独裁领导组的孩子只要其领导在场监督，都表现得很好，但是，孩子们对这种封闭、独裁的领导风格非常不满，时常会产生敌对情绪。而民主领导组的孩子的表现几乎与独裁领导组的一样好，而且他们表现的更多的是积极的态度，而非敌对的情绪。此外，民主领导组的孩子即使领导者不在场也表现良好。民主式领导者采用的参与和多数决定原则使孩子们表现相当好，不管领导者在场与否。民主式领导的这些特性也许能部分解释为什么现在赋予员工权利成为一种流行的管理趋势。

该项早期研究显示，领导者的风格要么是独裁式，要么是民主式。然而，坦南鲍姆（Tannenbaum）和施密特（Schmidt）在其进行的深入研究中指出，领导行为可能存在于一个由不同员工参与水平组成的连续集合中。因此，领导者可能是独裁式（以上司为中心）的，也可能是民主式（以下属为中心）的，还可能是两种风格的混合。

坦南鲍姆和施密特还指出，领导者集权或分权的程度与其所处组织的环境有关，领导者也可以通过调整自己的行为以适应环境。例如，在时间紧迫或下属学习如何做决定所花费的时间过长的情况下，领导者会倾向于采用独裁风格。反之，如果下属能很容易掌握做决策的要领，领导者便可采用民主风格。另外，领导者与下属的决策能力水平差异越高，领导者越倾向于采用独裁风格，因为要使下属达到领导者的专业水平是很困难的。

D·L·罗杰斯公司（D. L. Rogers Corp.）总裁杰克·哈特尼特（Jack Hartnett）拥有54家索尼可（Sonic）免下车餐馆，他就是一名典型的独裁式领导者。他告诉员工"我告诉你怎么做，你们就照我说的做"，而不会去询问员工的建议和观点。这种领导风格在快餐行业十分有效，因为该行业新老员工更替频繁，而且许多员工都比较年轻，缺乏技巧。与哈特尼特相反，有机天然肉类采购商，阿普尔盖特农场（Applegate Farms）首席执行官，则是民主风格领导者的典型例子。

> **行动备忘录**
>
> 作为领导者，你可以通过民主式领导风格来培养下属的决策能力，使他们在没有严格监督的情况下也能表现良好。而在时间紧迫或下属能力较低的情况下，独裁风格会比较适合。

领导进行时

斯蒂芬·麦克唐纳和阿普尔盖特农场

在阿普尔盖特农场的整个发展历程中，公司的首席执行官几乎从未出现在办公室里。大约20年前，斯蒂芬·麦克唐纳（Stephen McDonnell）收购了一家经营欠佳的肉制品公司（当时公司的名字叫朱敦山熏肉厂，Jugtown Mountain Smokehouse）。收购该公司后的最初6个月，麦克唐纳把全部时间都花在了实地考察上，随后的时间里，他几乎都是在家里办公。

麦克唐纳从他过去在其他公司工作的经验中发现，组织中的绝大多数问题由专业的团队或工作组来进行诊断和处理要比由高层经理处理更容易，更高效。因此，麦克唐纳认定让公司正常运转的最佳办法是让所有人都能获取相关的信息，赋予他们责任与自由，尔后自己只做一个局外人。

关于麦克唐纳最有趣的一点是他承认自己其实是一个控制欲很强的上司，满心焦虑，对实现目标到了着魔的状态。最终，他意识到让自己大多数时间在家里工作是避免让自己的控制欲影响公司运转的最好方法。麦克唐纳只在每周二到办公室去，处理各种事物，包括品尝实验中的新产品，与高级管理层讨论战略决策问题，以及处理一切可能影响公司平稳运行的员工问题。

在这种格外民主的领导风格下，阿普尔盖特农场得到了蓬勃发展。目前公司营业额已达3 500万美元，企业效益和生产能力逐年提高。对麦克唐纳来说，这种"放手不管"的领导风格并不意味着员工们不需要领导者，而是代表他们需要领导者预见并谋划未来。

爱荷华大学进行的最早的关于独裁式领导和民主式领导的研究表明，领导行为对诸如追随者的绩效和满意度等情况确实有影响。此项研究中一项具有同等重要性的结果是，有效领导不只受领导者个人特质的影响，还受领导者行为的影响。斯蒂芬·麦克唐纳的例子表明领导者在必要的时候可以采用与自己的性格特质截然相反的行为方式。阿普尔盖特农场的一名顾问杰伊·沃格特（Jay Vogt）这样评价麦克唐纳："有的时候他待在公司里带来的害处要比好处大，而他知道这一点。有多少首席执行官有这样的自知之明呢？"

2.3.2 俄亥俄州立大学的研究

领导力不只反映在个人特质方面，也反映在行为特征方面，这一观点成为后来调查研究的重点方向。俄亥俄州立大学在早期进行了一系列有关领导行为的研究。研究者通过调查来确定领导行为的尺度。他们把近2 000名领导者的行为最终浓缩到一份包含150项领导行为特征的问卷中，并将它发放给员工。该问卷被称为领导者行为描述问卷（Leader Behavior Description Questionnaire, LBDQ）。成百上千的员工根据其领导者的不同行为进行了回答。调查结果显示，有两类领导者行为分布广泛，后来被称为体谅结构型和主动结构型。

体谅结构型（consideration）是指领导者体恤下属，尊重他们的想法和感受，并建立相互信任关系。体谅型领导者还会对下属表示欣赏，仔细倾听问题，在做重大决定时希望能听到下属的意见。

主动结构型（initiating structure）是指领导者以任务为导向，引导追随者为完成目标而努力工作。这类领导者的行为包括分配任务、敦促员工努力工作、制定计划、为工作制定详细日程，以及采用铁腕统治。

尽管许多领导者同时符合体谅结构型和主动结构型两种类型，但这两类行为分类是彼此独立的。换句话说，一名领导者可以同时有很高程度的这两种行为，也可以同时表现出较低程度的这两种行为。此外，领导者还可能表现出较高程度的体谅型行为和较低程度的主动型行为，或者较低程度的体谅型行为和较高程度的主动型行为。研究显示这4种复合型的领导风格都可能在现实中存在。下面的"领导进行时"描述的是两名美国海军领导人，他们分别表现出了体谅结构型和主动结构型这两种不同的领导者行为类型。有时这两种类型可能是相互对立的。

领导进行时
美国海军陆战队的上校乔·D·道迪和少将詹姆斯·马蒂斯

在参加伊拉克战争几周后，美国海军陆战队上校乔·D·道迪（Joe D. Dowdy）完成了一项艰巨的军事任务，但他却被上司詹姆斯·马蒂斯（James Mattis）少将逐出了队伍。道迪上校被开除的原因非常复杂，且颇具争议，在这里就不做赘述了。我们要探究的是道迪上校和马蒂斯少将不同的领导类型，以及在艰难持久的战争时期所面临的"士兵还是任务"的压力。

马蒂斯少将被称为"僧侣战士"，他对战略的研究相当深刻，而且在伊拉克战场上他独特的作战计划也相当出色。马蒂斯认为，在伊拉克战争的早期，速度是取胜的关键。所以就算风险重重，他都要求军队迅速完成任务。而对道迪上校来说，如果有些任务风险过高，他会决定延迟完成任务，以更好地保护他的下属。道迪得到了下属的拥护和爱戴，因为他深切关心下属们的安全，重视他们每个人，平等地对待他们，甚至牺牲只属于军官的特殊权利。

尽管马蒂斯少将和道迪上校有着不同的领导风格，但他们都赢得了部下的尊重。美国海军陆战队的火炮射击教练军士罗伯特·凯恩（Robert Kane）曾经做过这两位军官的下属，当他谈及马蒂斯时，他说他会毫不犹豫地"再次追随他"。然而，当他听说道迪上校被逐出队伍时，凯恩说道："我愿意跟随道迪。如果他说'拿上你的武器，跟我走吧！'我一定会去的，即使这意味着自毁前程。"

马蒂斯少将是公认的以任务为导向的领导者，他采取的是主动结构型行为；而道迪上校则更加偏向以人为导向的领导方式，他代表的是体谅型领导行为。马蒂斯总是把任务放在首位，其次是关心他手下的海军士兵；而道迪则通常把他的下属放在第一位，而且他也会全力以赴地完成使命。

其他关于这两种领导风格及其影响的研究显示，在下属满意度方面，体谅型领导比主动型领导更易令下属满意。例如，当以下属是否自愿离职或抱怨程度为标准来评价领导者效能时，体谅型领导者的追随者中自愿离职人数较少，抱怨也比较少。但如果用业绩标准如团队产出和生产率来衡量的话，主动型领导行为则更有效。其他针对飞机机长和大学系主任的研究还显示，如果领导者体谅型行为和主动型行为程度都较高，下属则评价其领导效能高；而如果领导者这两种行为程度都较低，下属则评价其领导效能低。

2.3.3 密歇根大学的研究

密歇根大学的研究者采取了另一种不同的方法，他们直接对高效领导者和低效领导者进行了比较。高效领导者的效能来自下属团队的生产力。他们在不同工作场所进行的初步实地考察和访问形成了一种有别于领导者行为描述问卷的研究方法——组织调查（survey of organization）。

后来，密歇根的研究者确立了两种不同的领导行为类型，每种类型都包括两个方面。首先，**以员工为导向**（employee-centered）的领导者关注追随者的个人需要。这种领导行为的两个基本方面是领导者的支持和相互促进。这意味着以员工为导向的领导者除了支持其追随者外，还促进追随者之间的积极沟通并设法将各种矛盾最小化。以员工为导向的领导行为基本上等同于俄亥俄州立大学提出的体谅型领导行为。

与以员工为导向的领导者不同，**以工作为导向**（job-centered）的领导者以进度表、工作任务和高效率来安排各项工作。这种领导行为的两个要素是强调目标和促进工作。以工作为导向的领导行为关注实现目标和完成任务，因此基本上等同于主动型领导行为。

然而，与俄亥俄州立大学的体谅型领导行为和主导型领导行为不同，密歇根大学的研究者认为，以员工为导向的领导行为和以工作为导向的领导行为是两种彼此对立的风格。领导者可能属于这两种风格中的一种，但不会同时具有这两种风格。密歇根大学后来的一项里程碑式研究也表明，强调完成目标、加快工作、相互支持和促进相互沟通这些行为也可能由下属来完成，而不是领导者的专利。组织中的其他人也可以有这些行为，同样也能提高组织绩效。

此外，研究显示除了领导者行为影响下属的绩效和满意度外，其他与工作环境相关的因素也会影响绩效。我们将在第 3 章讨论环境因素。

2.3.4 领导方格理论

在俄亥俄州立大学和密歇根大学的研究成果的基础上，得克萨斯大学（University of Texas）的布莱克（Blake）和莫顿（Mouton）提出了一项二维领导理论——领导方格理论。在为期一周的研讨会上，研究者们根据两个标准来给领导打分，这两个标准是"对人的关心程度"和"对生产的关心程度"，分值从 1 到 9 不等。代表这两个标准的分值分别位于坐标轴的相应位置，横轴代表对生产结果的关心，纵轴代表对人的关心。

团队式管理（team management）（9,9）被认为是最有效的领导风格并受到推崇，因为组织成员通力合作实现目标。当首要重点是人而非工作产出时，就形成了**乡村俱乐部式管理**（country club management）（1,9）。当追求运作效率的趋势占主导地位时，就是**权威—服从式管理**（authority-compliance management）（9,1）。**中庸式管理**（middle-of-the-road management）（5,5）是指对人的关心和对产出的关心比例相当。**无力的管理**（impoverished management）（1,1）是指缺乏管理理念，领导者既不关心人际关系也不关心工作完成情况。

领导进行时

楚社伍公司的帕米拉·福布斯·里伯尔曼和金宝汤公司的道格拉斯·R·科南特

当帕米拉·福布斯·里伯尔曼（Pamela Forbes Lieberman）得知下属称她为"龙女"时，她接受了这个绰号并在办公室挂了一幅龙的水彩画。里伯尔曼并没有为自己的强硬管理作风感到抱歉。她强调制定强大的目标和完成底线的任务，这种做法帮助楚社伍（TruServ）硬件公司慢慢恢复元气，该公司为真实价值（True Value）硬件商店供货。当里伯尔曼刚接手成为公司首席执行官时，她就大幅度削减成本并制定了苛刻的业绩目标。里伯尔曼说："如果员工们成功完成任务，他们就会得到嘉奖；如果他们不能，我们就会再去招人来代替他们。"

比较一下楚社伍公司的总裁里伯尔曼的领导方式和金宝汤公司的总裁道格拉斯·R·科南特（Douglas R. Conant）的领导方式。科南特通过一种不同的方法，把原来缺乏生气的公司变成食品业最具创新性和营利性的企业。他并没有回避强硬的执行决策，不过他把重中之重放在了重振士气上。科南特向公司各层员工发放了 16 000 多份手写的感谢函。他说他不会去挑毛病，而是会尽量 "称赞那些做得对的事"。每半年，他都会同十几个下属共进午餐，以获取反馈信息，了解下属们的问题，并尽其所能地帮助他们，让他们更好地进行工作。

帕米拉·福布斯·里伯尔曼的领导风格是高度关注任务和生产，对人只是中等偏下程度的关心。与之相反的是，道格拉斯·科南特高度关注人，对工作则是适度关心。领导方格图中所示的两种关注对象在这两个案例中都有所体现，只是两种对象在不同案例中所受到的关注程度不同而已。

2.3.5 "双高"领导者理论

俄亥俄州立大学、密歇根大学和得克萨斯大学对领导风格的研究属于基本一致的类型：体谅结构型和主动结构型；以员工为导向和以工作为导向；关注人和关注生产，这些都在表 2-1 中有所体现。行为理论的研究最终形成两类占主导地位的行为：以人为导向的领导行为和以任务为导向的领导行为。

表 2-1　领导者行为研究的主题列表

研 究 者	以人为导向	以任务为导向
俄亥俄州立大学	体谅结构型	主动结构型
密歇根大学	以员工为导向	以工作为导向
得克萨斯大学	关注人	关注生产

领导行为的二维划分和领导行为可能在这两方面都表现出高水平的研究结果，引发了 3 个需要思考的问题。第一个问题是，这二维是否是最重要的领导行为。当然，这两个因素是十分重要的。它们抓住了组织成功必须考虑的两个基本的、重要的因素。这两个因素之所以重要的一个原因在于：这个发现是建立在实证研究基础上的，也就是说研究者们是在各种不同的现实环境中寻找真正的领导者来进行研究的。如果不同的、相对独立的现场调查研究得出的结论是相似的，就说明研究成果确实代表了领导行为的基本主题。最近一项有关近 50 年来的领导研究综述表明，在许多研究中以任务为导向的领导行为和以人为导向的领导行为都是与高效领导相关的主要行为。对任务的关心和对人的关心要由领导者或组织中的其他人以合理的水平向追随者传达。尽管在本书中我们将看到，这些行为并不是唯一重要的，但毫无疑问我们需要关注它们。

第二个问题是，领导者是否可以同时表现出以人为导向和以任务为导向，以及如何表现。从领导方格中可以看出，答案是肯定的，只要人们一起工作或通过他人的协助完成任务，这两种行为就能同时出现。尽管领导者可能在其中一种行为上表现出高水平，但最好的领导者是在两个方面都做得最好。约翰·弗赖尔（John Fryer）是美国佛罗里达州杜威县（Florida Duvall County）学校系统的主管，他就是高度体谅型和高度主动型的成功结合的典范。弗赖尔曾是美国空军军官，他为学校教育系统制定了一系列战略计划，对教师和学生都实行高标准严要求，并指导所有人去完成具体的任务和目标。尽管许多教师最初对这位新上任的主管表示怀疑，但他们最终还是站到了他这边，因为他真正关注他们的想法和忧虑。教师们支持弗赖尔的另一个原因是他让他们参与整个改革过程并学习他们获得成功所需的东西。教师工会主席特瑞·布雷德（Terrie Brady）说："我们终于迎来了一位愿意倾听的主管。"

> **行动备忘录**
>
> 作为一名领导者，你在很多情况下都可以通过表现出对任务和人的关注来获得成功。以人为导向的领导行为通常会赢得较高的下属满意度，而以任务为导向的领导行为则一般会收获较高的产量。

第三个问题是人们能否真正改变自己，成为以人为导向或以任务为导向的领导者。在20世纪五六十年代，当俄亥俄州立大学和密歇根大学的研究还在进行中时，研究者们假定，任何希望成为成功领导者的人都可以模仿那些成功领导者的行为。通常情况下，人们似乎都可以学习那些新的领导行为。一般而言，"双高"领导是一种理想状态，因为它能够同时满足两种需要。尽管研究显示"双高"领导并不是唯一有效的领导方法，研究者们还是认为这种领导能在各种不同的环境中取得成功。然而，我们会在第3章中看到，新一代的领导理论更加准确地剖析了在各种环境中最有效的领导方式。

2.4 个性领导

传统的特质理论和行为理论认为，采用某种领导风格的领导者在与组织内的所有人相处时都采用同一种方式。最近的一项有关领导行为的研究——"个性领导"——主要研究领导者与不同的组织成员之间的特定关系。**个性领导**（individualized leadership）理论的基础是假设领导者和每位下属或组织成员培养独特的关系，这种关系包含领导者如何对待下属及下属如何回应。这种观点认为，领导是一系列的成对关系，或者说是两个人的一系列互动。二元论关注"沟通"，领导者和追随者双方既有付出又能得到回应。

最早的个性领导理论出现在近40年前，从那以后，这个理论就不断稳步完善。图2-2展现了这种发展过程。研究的第一阶段是意识到领导者和单个组织成员之间的关系，而不再是领导者和一群下属之间的关系。第二阶段则研究这种相互沟通的关系特质。第三阶段关注领导者是否能够有意识地和每位成员培养关系。

2.4.1 垂直二元连接模型

垂直二元连接（Vertical Dyad Linkage，VDL）模型强调了领导者和每位组织成员之间形成二元关系的重要性。最初的研究发现，不同下属对同一名领导者的评价有很大区别。例如，一些下属认为他们和领导者之间的关系是高度信任、互相尊重和负责的。这种高水平的关系表现为领导者同时高度关注人和任务。其他下属则认为他们和该领导者之间的关系很差，表现为双方不信任、不尊重，也没有责任感。这些下属认为他们的领导者在重要的领导行为方面表现很差。

```
┌─────────────────────────────┐
│ 第一阶段：垂直二元连接        │
│   领导者的行为和个性特征对追  │
│   随者有不同的影响，从而产生  │
│   群体内成员和群体外成员      │
└─────────────────────────────┘
            │
            ▼
    ┌─────────────────────────────┐
    │ 第二阶段：领导者与成员交换    │
    │   领导者采用不同方式对待每位  │
    │   下属。每个二元关系包含独特  │
    │   的交换和沟通，不同于其他关  │
    │   系                        │
    └─────────────────────────────┘
                │
                ▼
        ┌─────────────────────────────┐
        │ 第三阶段：建立伙伴关系        │
        │   领导者可以和每位下属建立良  │
        │   好沟通，从而提高业绩        │
        └─────────────────────────────┘
```

图 2-2　个性领导理论的发展阶段

资料来源：Based on Fred Danereau, "A Dyadic Approach to Leadership: Creating and Nurturing This Approach Under Fire," *Leadership Quarterly* 6, no. 4 (1995), pp.479-490, and George B. Graen and Mary Uhl-Bien, "Relationship- Based Approach to Leadership: Development to Leader-Member Exchange (LMX) Theory of Leadership Over 25 Years: Applying a Multi-Level, Multi-Domain Approach," *Leadership Quarterly* 6, no. 2 (1995), pp. 219-247.

在这两种极端表现的基础上，研究发现追随者和领导者的关系有"**群体内**"（in-group）和"**群体外**"（out-group）两种。表 2-2 比较了领导者对"群体内"成员和"群体外"成员的不同行为表现。我们大多数人都曾是某一个团体的成员，如大学班级、运动队、工作小组等。我们总能发现一些领导者总是花过多时间与一些人相处，而领导者总是高度信任这些"内部人"并给予他们特别的权利。用垂直二元连接模型的术语来说，这些人被认为和领导者处于同一群体内，而那些没有获得领导者信任和额外照顾的人则被认为处于群体外。

表 2-2　对群体内成员和群体外成员的不同领导行为

群　体　内	群　体　外
• 讨论目标；员工可自由地采用自己的方法解决问题，实现目标	• 就如何完成任务和实现目标给予员工严格的指导
• 听取员工有关如何工作的建议和想法	• 对员工的意见和建议毫无兴趣
• 将错误视为学习机会	• 批评或处罚错误
• 给员工布置有趣的任务；可以让员工选择任务	• 布置常规任务并密切监督
• 有时听从下属的意见	• 通常把自己的看法强加给员工
• 对任务完成给予表扬	• 关注业绩不好的部门

资料来源：Based on Jean-François Manzoni and Jean-Louis Barsoux, "The Set-Up-to-Fail Syndrome," *Harvard Business Review* (March-April, 1988), pp. 101-113.

那些给予领导者高度评价的群体内成员和领导者关系密切，经常会成为领导者的助手并在组织的各项职能中起到关键作用。那些群体外成员则不能扮演关键角色。

因此，通过研究领导者和每个人之间的关系，垂直二元连接研究发现了同一团体内对领导风格和影响的不同看法。

2.4.2 领导者—成员交换

个性领导理论发展的第二阶段更加详细地研究了领导者—成员交换（Leader-Member Exchange, LMX），发现它对结果的影响取决于随着时间推移领导者—成员交换如何进行。领导者与成员交换是一种个性领导模型，探索领导者与成员关系的发展过程及交换质量对成果产出的影响。对 LMX 特征评估的研究分析了如下几个方面：沟通频率、价值观认同、追随者的个性特征、工作满意度、绩效、工作风气及责任承担。领导者倾向于和那些与自己个性特征类似的追随者建立群体内的关系，这些相似点包括背景、兴趣、价值观等，还包括对工作有高度兴趣并有很强的工作能力。总的来说，研究发现群体内成员的 LMX 关系水平都很高。LMX 理论认为，这种高质量的关系会为群体内成员带来更好的业绩和更高的工作满意度，这一点也得到了研究的普遍认同。高水平的 LMX 关系对领导者、追随者、工作单位和组织的产出来说都是积极有效的。对追随者来说，高水平的 LMX 关系可能意味着更有趣的工作任务、更大的责任和权力，以及更多的奖励（如加薪和升职），群体内成员会有更大的主动性并更加努力工作，从而成功完成工作任务，领导者和组织也会从中受益。

> **行动备忘录**
>
> 完成"领导者自察 2-1"的问题，理解领导者—成员沟通理论在你的实际工作中是如何应用的。

领导者自察 2-1

你与领导之间的关系如何？回想一下在你曾经做过的工作中，领导给你留下了怎样的印象；或者在当前的工作中，你的主管给你的感受是什么。

用"基本不符"和"基本符合"来回答下列题目。

	基本不符	基本符合
1. 我非常欣赏我的主管。	_____	_____
2. 如果我在工作中出现错误，主管会替我在上级面前辩护。	_____	_____
3. 我为主管所做的工作总是异乎寻常的出色。	_____	_____
4. 我崇拜主管的专业知识和技能。	_____	_____
5. 和主管一起工作我感到非常愉悦。	_____	_____
6. 为了提高工作团队的业绩，我自己申请加班。	_____	_____
7. 主管在团队的其他人面前维护我。	_____	_____
8. 我尊重主管的管理能力。	_____	_____

计分与解释

领导者与成员交换理论探索的是领导者与成员之间的关系。如果你的答案中"基本符合"个数达到 6 个或 6 个以上，那么正如图 2-4 中所示的第二阶段（领导者与成员交换），你和主管的关系非常好，你们拥有成功的二元关系。如果你的答案中有 4 个或 5 个是"基本符合"，那么你的主管与下属的关系还不错，这也就是图 2-4 中所示的第三阶段（建立伙伴关系）。如果你的答案中"基本符合"个数低于或等于 3 个，那么你的主管可能还处于第一阶段（垂直二元连接），他与不同的下属之间关系各不相同，其中有一部分（也可能是所有）的关系都是失败的。在你看来，是什么影响了你和其他同事与主管之间的关系（包括积极的和消极的）？与同学讨论一下，为什么有些主管拥有良好的 LMX 关系？

资料来源：Based on Robert C. Liden and John M. Maslyn, "Multidimensionality of Leader-Member Exchange: An Empirical Assessment Through Scale Development," *Journal of Management* 24(1998), pp.43-72.

2.4.3 建立伙伴关系

研究的第三阶段关注的是领导者能否和大多数下属建立良好的关系。早期领导者—成员交换理论的批评家指出，领导者对群体内和群体外成员采取截然不同的态度是很危险的，可能会引起群体外成员的怨恨甚至敌意。如果群体外成员感到领导者给予群体内成员过多的利益和好处的话，他们有可能进行反抗，这将会危及整个组织。此外，研究还发现，那些区分群体内和群体外成员的领导者在与成员接触仅仅 5 天后，就倾向于进行分类了。

> **行动备忘录**
> 作为领导者，你应当与下属建立良好的个人关系，从而营造公平的工作环境，提高公司、下属和个人的绩效。

因此，研究的第三阶段开始关注领导者是否能和所有下属建立良好关系，而不仅仅是和一小部分"亲信"建立良好关系。

根据这种观点，领导者独立地看待每个人，采用不同却积极的态度对待每个人。领导者积极地同每位下属发展伙伴关系，尽管这种关系可能有各种不同的形式。例如，领导者可能采用体谅型方式对待一位下属，用主动型方式对待另一位下属，这取决于追随者对参与的感知和对成功的要求不同。

根据领导者与成员交换的研究分析，如果领导者能为所有成员提供建立良好关系的机会，那些能抓住机会的追随者就能极大地提高自己的业绩。当这种关系逐渐成熟时，整个组织就会变得更有效率，而回报也是巨大的。领导者能依靠追随者的帮助来提高绩效，而追随者也能更好地参与并影响决策。这一发现的意义是，领导者可以和每位下属培养"一对一"的良好关系，从而真正提高绩效和产出。

2.5 创业领导力

在当今日新月异的时代，引起人们特别关注的另一个话题便是创业领导力（企业家领导力）。创业领导力是指创建企业，组织必备资源，承担相关风险，享受相关利益的过程。企业家是创新和变革的领导者，负责为企业的产品或服务寻找可行性理念，并收集、整合一切必备资源，如财力、人力、机器、场所等，然后将其理念付诸实践，从而实现企业的运营。企业家承担风险，收获企业的利润和利益。

杰夫·弗卢尔（Jeff Fluhr）就是一名非常出色的企业家，他从斯坦福大学研究生院辍学，建立了 StubHub 公司，专门从事票务转卖活动。他成功地说服了来自维亚康姆集团（Viacom Inc.）、家庭影院频道（Home Box Office）和麦迪逊花园（Madison Square Garden）的高管投资他的计划，以重振在线转售门票产业，他的执著得到了回报。StubHub 公司免费让售票人在网上列出他们的票务信息，然后进行拍卖或明码标价地销售。

现有的组织机构中也存在创业领导者。这些领导者承担风险，创建新的方法来解决企业所面临的，尤其是其产品及服务的发展和提高上所面临的竞争性挑战。创业领导者是公司创新和变革的源泉。创业领导者积极寻找新机遇，并把新的想法投入到实际应用中去。创业领导者展现出创造力、魄力、活力，以及对企业未来的愿景。他们坚持不懈，独立自主。他们为新机遇所吸引，他们是实践派，并且鼓励员工大胆创新，提高绩效，从而获得更加丰厚的利润。创业领导者更加注重创新，努力取得新进展，而远非止步不前。他们全力以赴，甘愿冒风险以求得进步。

2.6 领导角色匹配

> **行动备忘录**
>
> 作为领导者，你应当找到你的最佳领导角色类型，使你的个人特质和行为方式既行之有效又令人满意。你可以根据你的先天条件来选择操作角色、合作角色或咨询角色。

正如我们在第1章所讨论的，尽管很多特征与有效领导力有关，但每名领导者都有不同于他人的长处，都有独一无二的个性和行为方式。近期研究表明，不同的人格特征和行为方式可能适合于不同的领导角色类型。如图2-3所示，合益集团（Hay Group）的一组专家提出，在当今企业中领导角色有3种类型。研究者发现，尽管拥有一套核心能力是所有领导者都必须具备的，但不同的成功领导者在个人特质和行为技能方面也存在着显著差异。

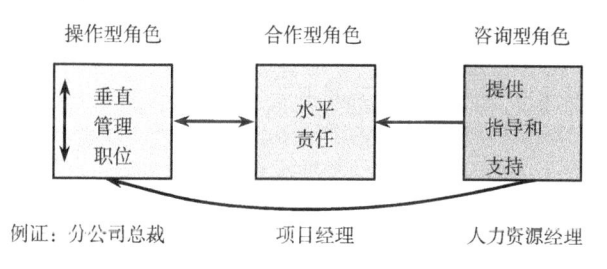

图 2-3　3 种类型的领导角色

操作型角色与传统领导角色最接近，它是一种垂直管理角色，公司主管直接控制人力以实现目标。操作型领导者制定策略，并主导职位管理。他们确立目标，制定计划，通过垂直等级和职位权力来完成任务。他们拥有强大的自信心，行事果断，期望不断前进，更上一层楼。成功的操作领导者拥有典型的分析能力，他们知识渊博，同时也有能力将他们的知识转化为激励别人的愿景。

合作型角色是水平角色。在当今偏重水平管理的公司内，合作角色包括项目经理、矩阵管理者及小组负责人等。这一角色是近几年才飞速发展起来的，它极具挑战性。典型的合作型角色领导者没有操作型角色领导者那样多的职权。他们通常在幕后工作，通过个人力量带动其他人共同完成任务。因此，合作型领导者如果想建立起人际关系网，并通过个人影响与他人达成共鸣，就必须具备出色的沟通技巧。同时，他们还要非常积极坚定，并且拥有极强的灵活性以应对与合作型角色相关的不协调性和不确定性。

扮演咨询型角色的领导者向企业内部的其他人员和部门提供指导和支持。咨询领导角色通常出现在法律、金融和人力资源一类的部门。那里的领导者负责培养广泛的组织能力，而不是完成具体的企业成果。咨询型领导者需要具备与人沟通的技巧，还应当能够通过自己的沟通技能、知识储备和说服能力来影响身边的人。此外，咨询型领导者还需要诚信正直，提高自己的信誉度，从而使企业在坚实的道德基础上运行。

合益集团通过研究得出的对领导角色类型的全新阐释，在当今企业中随处可见。它强调个人特质和行为对特定领导角色的绩效影响。领导的成功，部分取决于领导者和其角色的匹配，当在该角色中，领导者的个人特质和自然行为模式达到最佳效果时，就实现了有效领导。

本章小结

- ☑ 本章的重点在于理解特质理论和行为理论在领导理论和研究发展中的重要性。人格特质包括乐观、自信、诚实和动力。对领导者来说，认识到自己的长处，同时明白相互依存对有效领导的重要性是必需的。有一系列人格特质和能力使成功的领导者区别于非领导者，但人格特质本身并不能确保有效领导。

- ☑ 行为理论研究对比了独裁式领导和民主式领导，体谅结构型和主动结构型，以员工为导向的领导和以任务为导向的领导，以及关注人和关注生产的领导。在这项研究中，人和任务是贯穿始终的主题，表明只有通过这些基本行为，领导者才能满足追随者的需要。有关领导者是否可能同时以人和任务为导向的研究存在分歧。今天，关于领导者能实现"双高"领导风格这一点得到了一致认同。

- ☑ 另一种研究是针对领导者和追随者之间的二元关系的。追随者和领导者之间有不同类型的关系，而领导者积极地和每位追随者建立良好关系的能力有助于组织绩效的提高。领导者—成员交换理论认为，这种高质量的关系对领导者、追随者、工作单元和整个组织都有益。领导者可试图与每位下属建立个性化的关系，以同时满足体谅结构型和主动型结构两个方面的需要。

- ☑ 本章就领导理论的发展介绍了一些重要观点。尽管某些个人特质和能力是成功领导的重要因素，但它们本身并不足以造就一名成功的领导者。更恰当地说，领导行为同样重要，本章中几所大学的研究已经证明了这点。因此，个人所表现出的领导风格在很大程度上决定了其领导行为是否成功。通常情况下，融合各种领导风格的领导行为最有效。为了理解领导行为对结果的影响，研究领导者和每位追随者之间的特定关系也很重要。

- ☑ 创业领导者在当今复杂的社会中受到人们的广泛关注，因为企业领导是创新变革的重要源泉。企业领导者承担风险，建立新的企业，明确新的解决方案以应对企业面临的竞争性挑战。

- ☑ 最后，本章阐释了3种领导角色：操作型角色、合作型角色和咨询型角色。近期研究表明，不同的特质和行事方式适合于不同的领导角色类型；如果岗位与领导者自身的特质实现了最佳匹配，那么领导者必将发挥更加有效的作用。

讨论题

1. 为什么领导者应当了解自身的长处？你认为领导者是否也应该花同样的时间来了解自身的缺点？

2. 举例说明一些你所知道的领导者的个人特质。你认为哪些特质是最重要的？为什么？

3. 本章认为乐观是领导者的一项重要特质。然而，有一些职员抱怨说，乐观的领导者给他们带来的压力十分巨大，因为他们不会考虑可能遇到的问题，只是一味希望下属完成不切实际的目标。你同意吗？为什么？

4．特质理论和行为理论的区别是什么？

5．你喜欢为体谅型领导者工作还是为主动型领导者工作？说明你的理由。

6．垂直二元连接模型认为，每位追随者都会独立地对领导者做出回应。如果这个理论是正确的，你会建议领导者如何采用以人为导向的领导或以任务为导向的领导？

7．你认为领导者是否应和每位追随者建立特定的关系？说明这种方法的优点和缺点。

8．为什么在领导者不在场的情况下，民主式领导者的下属能比独裁式领导者的下属表现得更好？

9．为什么企业领导者对一个组织来说至关重要？这一领导角色和其他的领导角色有何不同？

10．在图2-1的列表中找出你认为对于一名操作型领导角色来说最重要的3个特质。同样，再找出你认为对合作型领导角色来说最重要的3个特质。解释你的选择。

现实中的领导：你理想中的领导者特质

花时间想想谁是你理想中的领导者。第一步，选一个你听说过但并不认识的理想领导者。这个人可能是德兰修女（Mother Teresa）、鲁道夫·古连尼（Rudolph Giuliani）、马丁·路德·金（Martin Luther King）、亚伯拉罕·林肯（Abraham Lincoln），或任何一个世界闻名或在本国知名的、你所敬仰的领导者。把这个人的名字写下来：_____。

现在，在下面的空行里写下你尊敬这个人的3点原因，比如他做过的事情，或者他的某些特质。

_____
_____
_____

第二步，选一个你现实中所认识的理想的领导者。把这个人的名字写下来：_____。

现在，在下面的空行里写下你尊敬这个人的3点原因，比如他做过的事情，或者他的某些特质。

_____
_____
_____

你选择的第一个领导者代表根据你所听、所读的内容投射出的印象。你想象的领导者具备你列出的特质。你列出的行为和特质其实更多的是关于你理想中的领导者而不是你实际写下的这个领导者所具备的。这就像墨迹测试，但它很重要，因为你赋予这个领导者的特质是你意识到的、有潜力去培养的，并且你确实有能力形成这些特质从而发展成为一个领导者。你列出的特质或成就其实是一些指标，它们显示了你希望自己发展成为领导者后能表现出来的特质。

你选择的第二个领导者是你认识的，因此不是投射出的内容，而是你亲身体验过的。你了解这些特质对你来说很管用，在你成为领导者的过程中很可能会加以培养并有所表现。

在你列出的这两个领导者的特质中，有哪些是相似的？有哪些是不同的？和班里另一位同学交流一下，看看他欣赏的领导者特质是什么。通过这些特质，你对这位同学有哪些认识？你和这位同学列出的领导者特质有哪些共同点？在你列出的这些特质中，你自己能做到多少？你在未来会开发更多的领导者特质吗？

领导力开发：案例分析

Sunshine Snacks 公司的 D·L·伍德赛德

D·L·伍德赛德（D.L.Woodside）最近成为一家大型快餐公司 Sunshine Snacks 的研发主任。他曾在 Sunshine 公司的竞争对手 Skid 公司做了几年的研究副主任。但他意识到自己晋升的机会渺茫，因此，当 Sunshine 公司在寻找新主任时，伍德赛德抓住了机会。

在 Skid 公司工作时，伍德赛德从收发室做起，职位不断得到提升。他还从夜校拿到学士学位，最终拿到了博士学位。管理层很欣赏他的干劲和决心，以及他能和每个刚认识的人和睦相处的能力，于是在几年时间内安排他在公司的各个岗位上任职。基于这些实践，伍德赛德发现自己热爱新产品开发。他在 Skid 公司几乎独自一人承担了 4 条新产品线的开发。他有丰富的技术知识，并非常了解研发部门的需求。此外，他还是一个不知疲倦的人——当他开始一个项目时，总是不停歇地工作，直到成功完成项目。

撇开他的抱负和干劲不谈，伍德赛德还是一个极易相处的人。他喜欢交谈和开玩笑，每当大家有困难的时候，伍德赛德总是愿意帮助他们，而且大家也总是去找他而不是向自己的主管求助。不仅如此，如果有人家里有事或在某个项目遇到了困难，伍德赛德总是加班帮助他们解决问题。伍德赛德知道主管是一个很苛刻的工头，因此他不想任何人因为自己无法控制的事而陷入困境。事实上，从他当上助理主管以来他就一直在替一名有酗酒毛病的员工乔治遮掩错误。现在，乔治能为自己负责了，伍德赛德也得为自己的前程考虑了。Sunshine 公司的职位使他终于能独立领导一个部门，而不再当二把手。

在 Sunshine 公司，伍德赛德顶替的是亨利·米德（Henry Meade），米德曾任部门主管达 30 年之久。然而，在过去几年里，米德似乎放慢了脚步，把越来越多的工作交给助手哈蒙·戴维斯（Harmon Davis）。当伍德赛德第一次接触 Sunshine 公司研发部门的员工时，他意识到他们对戴维斯的忠诚。要不是戴维斯缺乏专业技术知识，不能干一些高技术难度的工作，他早就当上主任了。伍德赛德同时也感到员工们对他成为新主任有抵触情绪。

伍德赛德知道自己必须尽快和整个团队尤其是和戴维斯建立良好的关系。公司很明确地表示，希望研发部门尽快开始几个新项目。他们选择伍德赛德的原因有一个便是他在 Skid 公司有开发新产品的良好记录。

资料来源：Based in part on "The Take Over," Incident 52 in Bernard A. Deitzer and Karl A. Shilliff, *Contemporary Management Incidents* (Columbus, OH: Grid, Inc., 1977), pp. 161-162; and "Choosing a New Director of Research," Case 2.1 in Peter G. Northouse, *Leadership Theory and Practice*, 2nd ed. (Thousand Oaks, CA: Sage Publications, 2001), pp. 25-26.

问题

1. 在伍德赛德就任新职位时，他的哪些特质或许对他有帮助？哪些可能会对他不利？
2. 你认为伍德赛德是一位以人为导向还是以任务为导向的领导者？对 Sunshine 公司的研发新主任来说，哪种风格是最适合的？
3. 讨论一下，在伍德赛德所处的情况中，应如何运用个性领导理论？

第 3 章 权变理论

通过本章的学习，你应该能够：
- 理解领导是如何受人和环境影响的。
- 应用菲德勒的权变模型分析领导风格、有利环境和团队任务完成之间的主要关系。
- 运用赫西和布兰查德的情境领导理论分析追随者的主动性。
- 解释关于领导的路径—目标理论。
- 使用 Vroom-Jago 模型，判断在特定的决策环境中追随者的参与程度。
- 理解如何运用环境变数来代替或削弱对领导的需要。

史蒂芬·西诺夫斯基（Steven Sinofsky）是微软公司一个软件工程师团队的负责人，其领导的团队负责开发新一代 Windows 操作系统软件。而苹果公司的伯特兰·瑟利特（Bertrand Serlet）则正领导他的团队致力于研发新的 Macintosh 操作系统，力求使其更好。尽管两人工作性质相当，但他们的领导风格却迥然不同。西诺夫斯基计划周详，管理严格。曾有一位工程师说："在西诺夫斯基手下做事，你得有计划，然后严格依计划行事。"与之相比，瑟利特则不喜欢按部就班。他并不严格按照章法、程序行事，而是喜欢灵活、自在的办事风格。有一位程序员在这两位领导者手下都做过事，他将西诺夫斯基的风格比做军队的行进乐队，而把瑟利特的风格比做即兴的爵士乐队。

两位领导者都是技术精英，都很成功，但是他们展示了两种截然不同的领导风格。这种不同验证了那些研究领导者特质和行为的研究者们的最终发现：许多不同的领导风格都可能是有效的。那么，究竟是什么决定了领导风格的成功呢？

本章将会讨论领导的有效性与其所处环境之间的关系。经过多年观察，研究者发现，领导者的行为随环境的改变而不断改变，也就是说，领导者根据所处环境的不同因素来调整自己的领导风格。在本章中，我们将讨论领导者、追随者和环境这 3 个要素，以及它们之间的相互影响。我们会探讨几种不同的理论，看看领导风格、追随者的特质和组织特质是如何一起影响成功领导的。本章的重要观点就是大多数有效领导依赖许多不同因素。理解权变理论有助于领导者调整他的领导方式，但同时也要意识到，领导者也是不断通过实践和经验来提高自己的适应和改变能力的。

3.1 权变方法

由于研究者不能找到一种放之四海皆准的领导特质或行为来确保成功的领导，因此他们又开始了新的研究方向。尽管研究者依然关注领导者行为，但这次的研究重点放在了领导行为发生的环境上。研究的基本原则集中于在某些环境下有效的方法可能在其他不同的环境中失去效用。因此，领导行为的有效性取决于组织环境的变化。研究者给这些理论起名为权变方法，指的就是它可以解释特定环境下领导风格和有效性之间的关系。

图 3-1 比较了第 2 章中介绍的普遍适用的领导方法和本章中讨论的权变方法。在前面的章节中，研究者致力于讨论在任何环境或所有环境中能够提高业绩和满意度的领导者特质或行为。他们试图找到普遍适用的领导者特质和行为。**权变**（contingency）则意味着某一事物依赖其他某些事物，因此，领导者要进行有效领导，必须在领导行为、风格和环境条件之间找到平衡。适用于某一环境的领导风格也许并不适合另一种环境。没有所谓的最佳领导方法。权变意味着"它依赖（某些条件）"。本章的"领导者书架"探讨了今天的组织可以采取的一种新的权变领导方法。

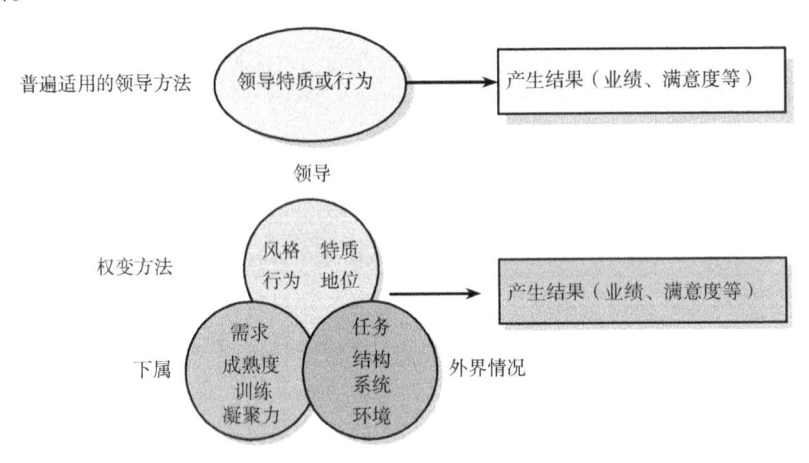

图 3-1　普遍适用的领导方法和权变方法的比较

如图 3-1 所示，对领导来说最重要的权变因素是环境和下属。研究显示，环境变数如任务、结构、背景和外界情况对领导风格来说都非常重要。下属的特征也是一个关键的权变因素。因此，下属的需求、成熟度和凝聚力都会对最佳领导方式产生极大的影响。

领导者书架

领导和新科学
玛格丽特·J·惠特利

华尔街的崩溃和最近的经济危机带给我们一点启示：在当今世界，领导者需要应对巨大的、突如其来的变化。领导者需要用一种新的方式来思考和认识组织。

为了更好地理解组织和领导，玛格丽特·惠特利（Margaret J. Wheatley）向科学索求答案。在牛顿物理学中，每个原子都在独一无二的、可预测的轨道上运动，这个轨道是由作用于原子之上的各种作用力决定的。为了预测并控制原子运动，可以将整个原子分为几部分并仔细调节作用在其上的作用力。将这种理论应用到组织上，则组织必须进行严格的垂直层级分类、劳动分工及任务描述，同时还必须严格遵循运作流程，以得到可预测、可控制的结果。

然而，正如对微观元素的发现和对更广阔世界的发现给牛顿物理学体系带来的严重冲击一样，在一个信息即时化、改变持续化、竞争全球化及危机影响深远化的世界里，那种刻板的、以控制为导向的领导再也行不通了。牛顿物理学的失灵导致了新的量子力学理论的诞生；而惠特利在《领导和新科学》一书中则探讨了领导者如何在量子世界中重新设计组织，以求得生存。

混乱、关系和领域

从量子力学和混沌理论中，人们对秩序、混乱和变化有了新的认识。个体行为，无论是原子运动还是个人行动，都不能再轻易地被预测或控制。原因有以下几个方面。

- 如果没有和其他事物的关系，任何事物都是不存在的。不是事物本身，而是它们之间的相互关系才是决定秩序井然的系统的关键。秩序的产生，来源于对整体关系网络的建立，而不是对个体部分的控制。
- 事物之间的空隙中充满了各种域——各种无形物，它们把各种元素连接在一起。在组织中，这些把人们连接起来的域包括愿景、共享的价值观、文化和信息。
- 组织和其他所有的开放系统一样，在遇到不均衡时能进行调整变化，并得到成长。混乱也可能是新秩序的来源。

对领导的启示

这些新发现提供了一种新方法来观察、理解和引导今天的组织。这种新科学能影响领导者，使他们：

- 通过清晰的愿景、价值观陈述、表达关怀、分享信息及从严格的规定和控制中解放出来，能够和员工培养良好的关系，并拉近与员工之间的距离。
- 关注整个决策方案而不只是某一部分。
- 减少部门之间、组织之间的界限，形成新的关系模式。
- 面对不确定性能从容应对，能意识到任何解决方案对当时的情况来说都是暂时的、特定的，能通过人和环境之间的关系得到不断发展。
- 意识到只有在不均衡而不是稳定的情况下，人和组织才能得到健康的发展。

惠特利认为，领导者可以从这一新科学中学习如何在今天这种快速发展、混乱的世界中进行领导。她建议："组织在面对今天的一些常见事件时，如变化、混乱、信息过量、循环行为等，只要我们意识到组织是有意识的实体，并拥有许多和其他有生命的系统一样的特征，那就完全不必感到绝望。"

资料来源：*Leadership and the New Science*, by Margaret J. Wheatley, is published by Berrett-Koehler Publishers.

目前已有数种有关情境领导的模型。本章将介绍菲德勒（Fiedler）及其同事开发的权变模型，赫西（Hersey）和布兰查德（Blanchard）的情境理论，路径—目标理论，决策参与的Vroom-Jago模型，还有领导替代性问题。**权变方法**（contingency approaches）试图描绘环境和追随者的特征，并探讨行之有效的领导方法。假设领导者能正确地分析环境，并有足够的灵活性采取相适应的领导方法，他们就极有可能获得成功。

根据不同环境条件采取的两种基本领导行为是任务行为和关系行为，这在前面的章节中已经有所介绍。研究将这两种行为定义为**元分类**（meta-categories）或更广义地称为行为种类，它们是在各种不同环境和时间中都适用的领导方法。领导者可调试自己的风格，形成或高或低的任务和关系行为。图 3-2 列出了 4 种可能的行为方式：高任务—低关系方式、高任务—高关系方式、低任务—高关系方式和低任务—低关系方式。图中展示了典型的任务和关系行为。高任务行为包括计划短期活动，明确任务、目标和角色期待，监督运作和业绩等。高关系行为包括提供支持和认可，培养追随者的技能和自信心，在决策和解决问题时征求追随者的意见并予以授权。

	高任务—低关系方式	高任务—高关系方式
高	• 权威型风格 • 计划短期活动 • 明确任务、目标和角色期待 • 监督运作和业绩	• 成果导向型的指导风格 • 结合任务和关系行为
低	低任务—低关系方式 • 授权型风格 • 对任务和关系都较少关切	低任务—高关系方式 • 参与或支持型风格 • 提供支持和认可 • 培养下属的技能和自信心 • 在决策和解决问题时征求下属的意见

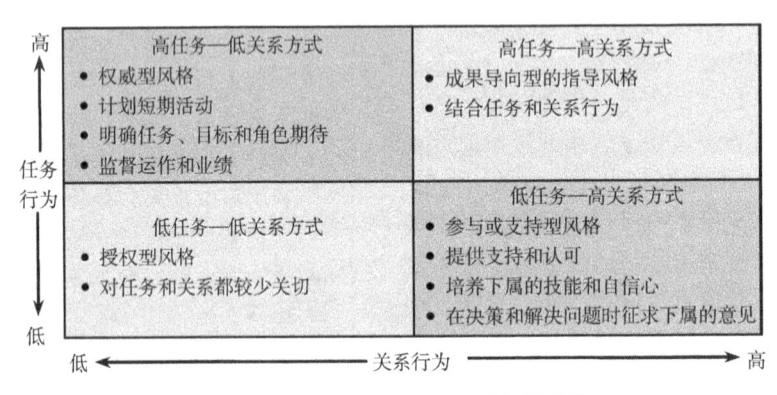

图 3-2　领导行为元分类和 4 种领导风格

资料来源：Based on Gary Yukl, Angela Gordon, and Tom Taber, "A Hierarchical Taxonomy of Leadership Behavior: Integrating a Half Century of Behavior Research," *Journal of Leadership and Organizational Studies* 9, no.1 (2002), pp.15-32.

下面要介绍的菲德勒权变模型及赫西和布兰查德情境理论都采用了这两种领导行为的元分类，但将它们运用于不同的环境变数中。

3.2　菲德勒的权变模型

菲德勒及其同事最早进行了领导风格与组织环境之间关系的研究。他们的基本想法很简单：将领导风格与环境联系起来，使之最有利于领导者的成功。**菲德勒的权变模型**就是用来帮助领导者分析领导风格和组织环境的。

3.2.1　领导风格

菲德勒理论的基石是领导者应在何种范围内采取以关系为导向或以任务为导向的领导风格。以关系为导向的领导者关注的是员工。正如在第 2 章中讨论的体谅型领导风格一样，以关系为导向的领导者建立彼此的信任和尊重，关注员工的需要。而以任务为导向的领导者则主要以完成任务为己任。与前面提到的主导型领导风格类似，以任务为导向的领导者指出清晰的奋斗方向并设定业绩目标。

我们可以用一种最不受欢迎的合作伙伴问卷图表（Least Preferred Coworker, LPC）来测试领导风格。这种表格用 8 分制来评判 16 个反义词。菲德勒在 LPC 表中采用的反义词类似于：

开放—————————保守

分歧—————————和谐

高效—————————低效

自信—————————踌躇

　　　　　　　　郁闷————————高兴

如果领导者用正面的词汇来描述他心目中最差的合作伙伴，他就是一名以关系为导向的领导者，即关心他人，善于察觉他人的感受。反之，他就是一名以任务为导向的领导者，即他总是看到别人的缺点，对任务的重视超过对人的关心。

3.2.2　环境因素

菲德勒模型使用了3个关键因素来描述领导环境，包括领导者—成员关系、任务结构和职位权力，这些因素可能对领导者有利也可能不利。

领导者—成员关系是指团队内的气氛及成员对领导者的态度和接受程度。如果下属信任、尊敬领导者并对领导者有信心，那么领导者—成员关系就是好的。反之，这种关系就很糟糕。

任务结构是指任务完成的程度，包括如何确定任务，是否包括特定程序，以及是否有清晰、直接的目标。常规性的、定义明确的任务，如流水线工人的工作，就是有高度结构的工作。有创造性的、定义不那么明确的任务，如研发工作或战略规划等，其任务结构就比较低。当任务结构很高时，环境对领导者是有利的，反之则不利。

职位权力是指领导者对下级拥有的正式权力。如果领导者有权力对下属的工作进行计划、指导、评估、奖励或处罚，那么领导者拥有的职位权力就很高。如果领导者在下属面前缺乏威信，不能评估或奖励他们的工作，则领导者的职位权力就很低。如果领导者的职位权力很高，那么环境对领导者来说就是有利的，反之则是不利的。

3.2.3　权变理论

当菲德勒在分析领导风格、环境优劣性和团队业绩之间的关系时，他发现了如图3-3顶部所示的模式。当环境条件很好或很不好时，任务导向型领导者比较高效。当环境条件一般时，关系导向型领导者更有效。

任务导向型领导者在环境条件有利时表现良好，因为所有员工都很团结，任务明确，领导者拥有权力，所需要的只是有人来承担责任并对其加以引导。类似地，如果环境条件十分不利，就需要大量的结构化工作和任务指导。强硬的领导者会指定任务结构，树立对追随者的绝对权威。因为此时领导者—成员关系很差，因此很强的任务导向也无损于领导者的受欢迎程度。美国芝加哥大学的研究人员对多家处境艰难的公司的首席执行官进行了研究，这些公司通常债台高筑，急需改善现状。研究人员发现，这种情况下，讲求实际、以任务为中心的特质（如善于分析、注重效率及设立高标准）要比关系能力（如沟通能力、倾听能力及团队合作能力）更为可贵。

关系导向型领导者在环境条件一般时表现得较好，因为此时要想获得较好业绩，人际关系技巧尤为重要。在这种条件下，领导者受到员工一定程度的爱戴，拥有一定权力，对一些不明确的工作进行指导。拥有良好人际关系技巧的领导者能创造积极向上的组织氛围，有利于改善人际关系，明确任务结构和加强职位权力。

要采用菲德勒理论，领导者需要明确两件事情：首先，他必须了解自己属于关系导向型风格还是任务导向型风格；其次，他必须会分析环境，了解领导者—成员关系、任务结构和职位权力是否有利于自己的领导。

看看惠普公司（Hewlett-Packard）的首席执行官马克·赫德（Mark Hurd）的领导风格是如

何适应公司的现实环境的。

领导进行时

马克·赫德和惠普公司

2009年春季，《财富》杂志中的一篇文章将马克·赫德形容为经济衰退时期负责公司运营的理想人选。自2005年接任惠普首席执行官以来，赫德显示出了在不利环境中带领公司蓬勃发展的领导才能。近些年，由于市场环境的变化和全球竞争，所有的计算机公司都竭尽全力苦心经营。在赫德接任惠普首席执行官时，惠普公司可以说是"计算机行业的受气包"，但4年之后，它竟成为世界最大的科技公司，在《财富》杂志"世界最受赞赏公司"的榜单中名列第30位。

赫德是出了名的"盖世无双的控制狂"，习惯用电子表格跟踪、分析自己每天的任务。他将自己的任务导向型领导风格带到了不景气的惠普公司。赫德采取的第一步行动就是裁员10%，并且制定了保证运作效率的严格标准。他承认自己更喜欢用数字说话，从他的领导风格也能看出，比起与人打交道，他更喜欢处理报告和分析结果。

"马克是个机架汇编式的家伙，我自己也是这样。"宝洁公司（Procter & Gamble）首席执行官拉弗利（A. G. Lafley）如是说，"我们见面时，没有闲聊，没有热身活动，上来直接就谈生意。"在惠普，赫德对经理和普通员工一视同仁，他强调纪律和责任感，对谁的表现不满时就会直接提出来。他给经理定下艰巨的任务和严格的标准，但也会给予他们一定的自主权，让他们用自己的方式解决问题、达到目标。

赫德接任CEO时，有些观察家不相信有人能使惠普重铸辉煌，更加不看好名不见经传的赫德。但到了2009年，惠普成为业内表现最好的公司之一，而赫德也进入美国企业界最优秀经理之列。尽管经济衰退也使得惠普及其员工备感煎熬，但赫德任职早期采取的举措使公司在对抗危机过程中的处境好过其他大多数公司。

马克·赫德可被看做在不利的环境中采用任务导向型风格的领导者。当时惠普的员工士气空前低迷，导致领导者—成员关系也不好，另外公司内的许多任务也缺乏组织性。尽管赫德处于高位，拥有很大权力，但员工对他缺乏信心，不相信他能让公司好转。总之，惠普当时的处境就是图3-3中所示的非常不利的环境，而赫德的任务导向型领导风格正好适用于这种情况。

菲德勒研究的一个重要贡献是超越了对领导风格的研究，试图指明领导风格是如何与环境相适应的。学者们进行了很多相关研究来验证菲德勒模型，研究成果看起来也为这一理论提供了某些支持。但是，菲德勒模型也遭到了批评。一些研究者认为，采用LPC得分来评价领导者究竟是关系导向型还是任务导向型看起来似乎过于简单，而判断环境是否有利的各项标准的权重也定得过于武断。此外，一些观察家还指出，这一模型缺乏实证支持，因为在大多数研究中的相关性检验并不具有统计意义上的显著性，而这个模型是建立在相关性研究结果基础上的。随着时间的推移，这一模型是否有效还是个

> **行动备忘录**
>
> 作为领导者，无论组织环境对你非常不利还是非常有利，你都可以有效地采用任务导向型的方式进行领导。当环境相对有利时，应采用关系导向型的方式，因为人际关系方面的技巧可以营造一种积极的氛围。

疑问。例如，如果像马克·赫德一样的任务导向型领导者在不利的环境中取得了成功，那么组织环境就会如之前惠普的情况一样有所改善，变成适合关系导向型领导风格的外部环境。然而，在相对有利的环境下，赫德的任务导向型领导风格还能够继续奏效吗？他可以或应该尝试向关系导向型领导风格转变吗？关于这一问题，菲德勒模型并未给出答案。

最后，菲德勒模型及之后的一些研究并没有针对中级 LPC 领导者，而他们在大多数环境中都比较高程度的 LPC 领导者或较低程度的 LPC 领导者更有效。在 LPC 表中处于中间部分的领导者能较好地平衡关系和任务，比处于较高程度和较低程度的领导者都好，因此他们也更能适应各种不同的环境。

新研究在不断地完善菲德勒模型，而它也仍被认为是对领导学研究的一个重要贡献。但是，菲德勒模型的主要影响是促使其他研究者更认真地思考环境因素的作用。从最初的菲德勒研究到现在，已经出现了很多环境因素理论。

3.3 赫西和布兰查德的情境领导理论

情境领导理论（situational theory）是由赫西和布兰查德共同研究得出的，它是第 2 章所描述的领导方格理论的有趣延伸。这种方法着重研究追随者的特征，并将其作为环境因素的一个最重要的组成部分，因此也是有效领导行为的决定因素之一。赫西和布兰查德的观点是员工具有不同程度的主动性：有些员工的主动性较低，因为他们缺乏能力或缺少培训，或者缺乏安全感；有些员工的主动性较高，因为他们有较强的能力、技巧和自信心，并且有强烈的工作欲望。因此，对待这两种不同的员工就应该采取不同的领导方法。

3.3.1 领导风格

根据这一理论，领导者可以在结合关系（关注人）和任务（关注成果）行为的基础上，采用 4 种领导方法中的一种。哪种方法更为适合则取决于追随者的主动性。

图 3-4 总结了领导风格和追随者主动性之间的关系。图的上半部分展示了 4 种领导方法：命令型、劝说型、参与型和授权型。命令型方法反映领导者高度关注任务，不太重视员工和关系。这是一种指令性的风格，领导者就如何完成任务给出清晰的指令。劝说型方法高度关注关系和任务。领导者向员工解释决策，并给予员工机会提出问题，让他们清楚地了解工作任务。参与型方法重视关系，对任务不是太关注。领导者和追随者分享看法，鼓励他们参与，并促进制定决策。授权型方法对任务和关系都不大重视。这一类型的领导者很少提供指导或支持，因为他们把决策责任和执行都交给追随者。

3.3.2 追随者主动性

赫西和布兰查德情境理论的核心是领导者判断追随者的主动性，并根据追随者的主动性程度来选择合适的领导方式，追随者的主动性是由其受教育程度、技能、经验、自信心和工作态度决定的。

主动性较低

当某个或某些追随者表现出很低的主动性时，领导者必须非常明确地告诉追随者应该做什么、如何做及何时做。例如，菲尔·哈根斯（Phil Hagans）在休斯敦东北部拥有两家麦当劳的特许经营权，许多年轻人的第一份工作就是为他服务。他就是一名命令型领导者，从如何着装到清洁烤架，他把每件事都清楚地告诉员工，给予他们很强的指导，帮助他们提高自己的技能和自信心。

主动性中等

当追随者的主动性处于中等水平时，领导者采取劝说方式就比较合适。比如追随者可能缺乏一些工作上所需的教育和经验，但是他们有高度的自信、能力和兴趣，并愿意学习，这种情况下采用劝说方式就比较有效。领导者可以给予一定指导，但需要追随者也提出意见，领导者为下属指明任务，绝不仅仅是告诉他们应该如何完成。谢丽尔·桑德伯格（Sheryl Sandberg）作为美国流行的社交网站 Facebook 的新任首席营运官，采用的便是劝说方式。很多 Facebook 的员工都是刚毕业的大学生，他们虽然缺少经验，但富有活力，充满激情，而且乐于奉献。桑德伯格的方法是将决定性的领导与劝说和建立共识相结合。她运用逻辑和数据来说明自己的决定，同时也希望员工提出意见并给予反馈。她把自己描述成一个试图"既指导又命令"的领导者。

主动性较高

如果追随者的主动性较高，参与型领导方式就比较有效。追随者拥有必要的受教育程度、技能和经验，但他们对自己的能力缺乏自信，需要领导者提供一些指引，这种情况下参与型领导方式就比较有效。通过采用参与型领导方式，领导者能指导追随者不断发展，并为他们提供建议和帮助。Industrial Light and Magic 公司的视觉效果主管埃里克·布雷维格（Eric Brevig）就采用了参与型领导方式，通过积极鼓励参与，使艺术家和漫画家最大程度地发挥了创造性。布雷维格不会告诉员工怎么工作，他向他们提出挑战，然后和他们一起工作，用最好的方法解决问题。

主动性很高

如果追随者的受教育程度很高，经验丰富，并且愿意为自己的工作行为承担责任，那么授权型领导方式就会很有效。领导者提出总目标并给予下属足够的权力来完成任务。受教育程度很高的专业人员，如律师、大学教授和社会工作者，就是这类典型。几乎每个组织中都有主动性很高的追随者。例如，很多快餐大排档都雇用退休人员工作，这一做法很成功。这类比较年老的员工通常主动性都很高，因为他们经验丰富、态度积极，因此领导者可以有效采取授权型领导方式。

总之，命令型方法适用于追随者主动性很低，不愿为自己的任务行为承担责任的情况；劝说型和参与型方法适用于追随者主动性处于中等或较高水平的情况；而授权型方法则适用于追随者主动性很高的情况。当今的工作地点聚集了几代人，他们处于不同年龄阶段，有着不同的主动

行动备忘录

作为领导者，如果追随者缺乏技能、经验或自信心，你可以告诉他们如何完成任务。如果追随者拥有中等程度的技能，并表现出学习的热情和意愿，领导者应当提供指导，但同时征求追随者的意见，并对所做的决定进行说明。

行动备忘录

作为领导者，如果追随者拥有较高的技能、较丰富的经验及较强的责任感，你可以扮演提供建议和协助的角色。如果追随者拥有很高的技能，且态度积极，则可以把决策责任和执行授权交给追随者。

行动备忘录

回答"领导者自察 3-1"中的问题，测试自己的主动性程度，以及作为追随者的你最适用哪种领导风格。

性程度，但都在一起工作，因此许多领导者发现他们不得不采取多种领导方式。亚伦·布朗（Aaron Brown）在 IBM 管理一个团队，其雇员的年龄跨度达 40 岁，工作经验从 3 年到 30 年不等，这些雇员们的工作态度、工作预期及工作方式都不尽相同。对布朗来说，要使成员差别如此之大的团队做到最好，正如在如今更加快速、竞争更加激烈的企业环境中生存一样，十分具有挑战性，但也同样能够激人奋发。

领导者自察 3-1

你准备好了吗？

领导者的风格可能取决于追随者的主动性。想想自己现在或上一份工作的情景。根据你在工作中的状态，回答以下问题是"基本不符"还是"基本符合"。

	基本不符	基本符合
1. 基本上我只完成规定的任务，不会多也不会少。	____	____
2. 对于我不得不完成的任务，我经常感到无聊、毫无兴趣。	____	____
3. 只要有机会，我就让自己长时间休息。	____	____
4. 对这份工作，我很有兴趣，并充满热情。	____	____
5. 我是同事公认的专家。	____	____
6. 我觉得有必要发挥自己能力的极致。	____	____
7. 对于这类工作，我有相关的教育背景和丰富的工作经验。	____	____
8. 我参加委员会等业余工作。	____	____
9. 我区分工作的优先次序，并能合理安排时间。	____	____

计分与解释

根据情境领导理论，追随者主动性越高，领导者就越倾向于参与型和授权型方式。第 1~3 题若答案为"基本不符"，则每题得 1 分，第 4~9 题若答案为"基本符合"，则每题得 1 分；其他均不得分。8~9 分表示主动性非常高，7~8 分表示主动性较高，4~6 分表示主动性中等，0~3 分表示主动性低。就你的主动性程度而言，你认为你最适合哪种领导风格？你的上司对你采用的是哪种领导风格？你认为你的上司为何采用这种风格？与同学讨论测试结果，看看对于主动性程度不同的下属，领导者采用的是哪种风格。

赫西和布兰查德的权变模型比菲德勒模型更容易理解，因为它只关注追随者的特征，而不是更大范围内的环境情况。领导者需要评估下属的特点并采取相应的领导风格。领导方法可以根据单个下属的不同而进行调整，与第 2 章中领导者—成员交换理论类似。如果某个下属主动性很低，领导者就必须非常明确地告诉他应该做什么、怎么做及何时做。如果某个下属的主动性很高，领导者就只需要提供大目标，给予下属足够的权力自由地完成任务。领导者需要仔细地判断追随者的主动性程度，并相应地采用命令、劝说、参与或授权方法。

教师在领导方面遇到的最严峻的挑战之一就是他们常常要面对主动性程度不同的各种学生。看看密歇根州底特律市教育系统的卡罗琳·麦格劳（Carole McGraw）是如何应对这一挑战的。

领导进行时

卡罗琳·麦格劳和底特律公立学校

卡罗琳·麦格劳（Carole McGraw）描述了她第一次走进公立学校教室时的情景："到处都是孩子们令人难忘的脸：Jamie 的眼睛闪动着求知的光芒。Terrell 刚从家里赶来，没吃早饭，没人监督他做家庭作业，而且肩膀上还有面包屑，因为他每晚要一直做汉堡包做到 22:00。还有 Matt，懒洋洋地靠在课桌上，尽管服了利他林（Ritalin，中枢兴奋药——译者注），但还是睡熟了。由于被认为有学习能力方面的困难，医生认为他需要治疗以纠正其行为……"

麦格劳仔细分析了这些孩子的共同特点，希望能找出最佳方式来帮助这些主动性程度不同的孩子。她意识到这些孩子每天都要花费大量的时间上社交网站，看电视节目，听 iPod 和电台音乐节目。同时他们也花很多时间运动，吃垃圾食品，发短信，打电话，玩电脑游戏，看电影，阅读流行杂志，和朋友出去闲逛，并避免和成人在一起。考虑到这些情况，麦格劳开发了自己的教学方法，其主要有 3 个特点：不需费劲、有趣味性、令人愉快。现在麦格劳教授的生物课的学生在实验室或学习小组中几乎都能完成所有作业。在实验室里，同学们总会选一个队长作为小组领袖。在小组活动中，同学们选定一个可研究的问题进行调查，然后把内容分成几块。他们利用书本、网络和实验来进行研究。小组同学还花很多时间进行讨论和头脑风暴。麦格劳常常会抛出一个问题，然后让学生们进行讨论。

麦格劳的教学方法综合了命令和参与两种方式。她给学生们提供一些必须掌握的概念、词汇等，同时给出一些指导。这样她就为那些主动性较低的学生提供了任务结构指导和一些纪律。但是，麦格劳的引导多数集中在为学生提供支持，使他们按自己的方式学习和成长。麦格劳的创新方法奏效吗？60%的学生考试成绩都得了 A，而且在客观题测试中，所有学生都做得不错。她班上的学生在标准化考试如 SAT 考试中都得了高分，因为他们不仅学到了很多知识，还增强了自信，知道该如何用自己的方法学习。"多年来困扰孩子们的压力消失了，"麦格劳说，"教室里充满着孩子们新奇的主意和独特的想法。"

3.4 路径—目标理论

另一种权变领导理论称为**路径—目标理论**（path-goal theory）。根据这一理论，领导者的责任是提高下属的积极性，使他们能够实现个人目标，从而实现组织目标。领导者通过两种方法来提高下属的积极性：1）明确奖励并指明如何才能得到奖励；2）提高员工看重和期望得到的奖励。明确路径意味着领导者和下属一起工作，帮助下属了解哪些行为能使他们成功完成任务并得到组织嘉奖。如果要提高奖励，领导者应该多向下属了解，对他们来说什么是重要的——就是说，要了解员工们看重的是工作本身的奖励还是一些外在的奖励，如加薪或升职。领导者的工作就是要增加下属完成目标后得到的奖励，并让他们了解如何才能得到这些奖励，以及这些奖励并不是遥不可及的。

这一模型称为权变理论，因为它包含了 3 个权变因素：领导风格、追随者和环境、满足追随者需要的奖励。菲德勒理论提出假设，认为随着环境的变化，会有新的领导者来接替工作；而路径—目标理论认为，领导者会调整自己的行为来适应环境。

3.4.1 领导者行为

路径—目标理论为领导者行为的划分提供了一种四分法。这几种分类是领导者可以采用的行为类型，包括支持型、指导型、成就导向型和参与型。

支持型领导者关心下属的幸福感和个人需要。这种类型的领导行为是公开的、友好的、亲切的，而且领导者营造了一种团队氛围，平等对待每个下属。支持型领导行为和之前提到过的体谅型或以人为本的领导方式类似。

指导型领导者明确地告诉下属他们需要做的是什么。这种类型的领导行为包括制定工作计划、日程、目标和行为标准，并且强调要坚持原则、遵守规定。指导型领导行为和之前提到过的主导型或任务导向型领导风格类似。

参与型领导者征求下属对决策的意见。这种类型的领导行为包括向下属询问意见和建议、鼓励他们参与决策、在工作现场与员工沟通。参与型领导者鼓励在团队内进行讨论和提出书面建议，与前面提到的赫西和布兰查德模型相似。

> **行动备忘录**
>
> 作为领导者，你应当为下属指明他们如何才能获得奖励，或者增加下属获得所期待奖励的可能性；并通过这种领导行为，来提高下属的积极性、满意度和工作业绩。

成就导向型领导者为下属设定明确和具有挑战性的目标。这种类型的领导行为强调高水平业绩和在现有业绩基础上不断提高。成就导向型领导者对下属充满信心，并帮助他们学习如何实现高水平的目标。

为了理解成就导向型领导行为，了解一下美国预备役军官训练营的军官训练情况。这一训练远不止指挥一个排那么简单。它包括如何激励、承担责任，以及如何组建一支团队，使团队成员都能参与决策。训练的基本目标是培养军官们适应任何环境，而不只是训练手册中列出的情况。成就导向型领导行为可以概括为：设定具有挑战性的目标，要求不断提高，并对下属能力充满信心。

这4种领导行为并不像前面提到的特质理论中的行为那样，是领导者固有的。更确切地说，这些行为是每个领导者都能根据不同的环境而相应采取的行为。就如下面的例子，塑胶材料公司（Plastic Lumber Company）的艾伦·罗宾斯（Alan Robbins）就从参与型风格转变为指导型风格，并使员工有了更佳工作成效。

领导进行时
艾伦·罗宾斯和塑胶材料公司

塑胶材料公司是利用塑料材质的牛奶瓶、苏打水瓶等原材料，生产类似于木材制品的公司。由于看到这一行业不但有环保的功能，还能变废为宝、创造经济效益，艾伦·罗宾斯成立了他的塑胶材料公司。关于公司的运营，罗宾斯有着非常明确的见解，他发誓既要当老板又要做员工的朋友。他的领导风格强调团队合作和参与，他花了很多时间在车间和工人讨论他们的想法。然而，他很快意识到，那些技能较低的工人们根本不关心是否有机会参与，他们只需要清晰的方向和始终一致的标准。只有这样，每个人才知道公司期望他们干什么。

罗宾斯所采取的参与型领导方式给工人们带来了一定的自由度，但这却导致了一些严重的问题。工人们常常不打电话报告就离开岗位或迟到，常常喝得醉醺醺的来上班，他们还在工厂里打架。让员工们参与决策也削弱了罗宾斯在他们心目中的权威。那些真心想干好工作的工人感到很失望,因为工厂秩序相当混乱,而且有些工人看起来甚至可以为所欲为而不受惩罚。

尽管罗宾斯天生倾向于做一名参与型的领导,但他还是改变了自己的风格,成为一名指导型领导者。他制定了一本全面的规则和政策手册,对所有工人进行健康测试,并设定明确的行为规范。经过这一系列举措,公司氛围和业绩都有了显著改善。

过去,罗宾斯原以为员工会喜爱他的参与型领导方式。但是当他开始使用指导型方式,明确哪些行为是公司期待的,哪些行为是不能忍受的之后,员工的满意度却得到了提升。这种领导方式通过确立明确的流程和方针,能够使员工专注于达到业绩标准。因此,尽管罗宾斯比较喜欢参与型领导,他最终还是意识到那并不是适合公司的最佳方案。关于不管变化过程而坚持单一行为方式的缺点,"活学活用的领导之道"列表中提供了一个很有趣的观点。

活学活用的领导之道

"过犹不及"这个词用在领导学中很确切。行为上的过激也是一种缺点,最终会导致事与愿违。

两极对立

所有的行为都包含对立的两极。某件事你一直做、反复做,那么极端就会出现。举例来说,一个拼命想让自己变漂亮的人反而会呈现出丑态,使出浑身解数想让自己看起来和蔼的人反而会给人严厉的感觉。

任何一种过度的行为都会导致相反的效果出现。

- 对于生的迫切渴望其实正暗示了对死的恐惧。
- 真正的简单其实并不简单。
- 我们是很久不见,还是才见面不久?
- 自夸者最有可能觉得自己很渺小,而且没有安全感。
- 第一名的人最终往往会变成最后一名。

了解了两极的运行规律,明智的领导者就不会极力推动事物的发展,而是让其顺乎自然地发生、发展。

资料来源:John Heider, *The Tao of leadership: Leadership Strategies for a New Age* (New York: Bantam Books, 1986), p. 3. Copyright 1985 Humanic Ltd., Atlanta, GA. Used with permission.

3.4.2 情境权变因素

路径—目标理论的两个重要情境权变因素是:① 团队成员的个人特征;② 工作环境。个人特征类似于赫西和布兰查德提出的主动性程度,包括能力、技能、需要和动机。例如,如果某位员工的能力或技能水平很低,领导者就需要提供额外的培训或指导,这样他才能提高业绩。如果某位员工比较以自我为中心,那么领导者可采用金钱奖励方法去激励他。如果某位员工需要清楚的方向指引,那么领导者就要采用指导型方法,明确地告诉他应该做什么。但是,对手工艺人和专业人士则需要用参与型领导方式,因为他们需要更多自由和自主才能达到最佳工作状态。

工作环境权变因素包括任务结构、正式权威系统的性质和工作团队的特征。任务结构与菲德勒模型中提及的概念类似:它包含任务是如何定义的,有清楚的工作描述和工作流程。正式权威系统包括领导者能使用的正当权力的大小，以及公司政策和制度约束员工的程度。工作团队的特征包括下属的受教育程度和他们之间的关系水平。

3.4.3 采取奖励措施

如前所述，领导者的责任就是帮助追随者明确如何才能获得奖励，或者增加奖励数量来提高下属的满意度和工作业绩。在某些情况下，领导者和下属一起工作，帮助他们获得能够完成任务并得到奖励的必需的技能和自信。在另外一些情况下，领导者可以开发一些新的奖励方式来满足某些下属的特殊需要。

图 3-3 列出了领导行为如何适应环境的 4 种情况。在第一种情况下，下属缺乏自信，领导者需要采用支持型领导，鼓励下属为完成工作和得到奖励而采取相应的行为。在第二种情况下，员工的工作任务不太明确，员工不能有效工作。此时需要采用指导型领导，明确任务目标，给予员工指导，这样员工才知道如何完成工作，并获得奖励。在第三种情况下，员工觉得任务没有挑战性，因此需要采用成就导向型领导方式，设定更高的目标，这样就能为员工指明如何才能获得奖励。在第四种情况下，某些员工获得的奖励并不恰当，因此需要用参与型方式来改变这种情况。领导者可与下属沟通，了解他们的需要，这样才能知道为了激励员工完成任务应该采用什么样的激励手段。在这 4 种情况中，领导者通过调整自己的行为来适应环境，并激励员工付出更多努力。所有这一切都是通过指明下属应如何获得奖励或改变奖励方法以满足他们的需要来实现的。

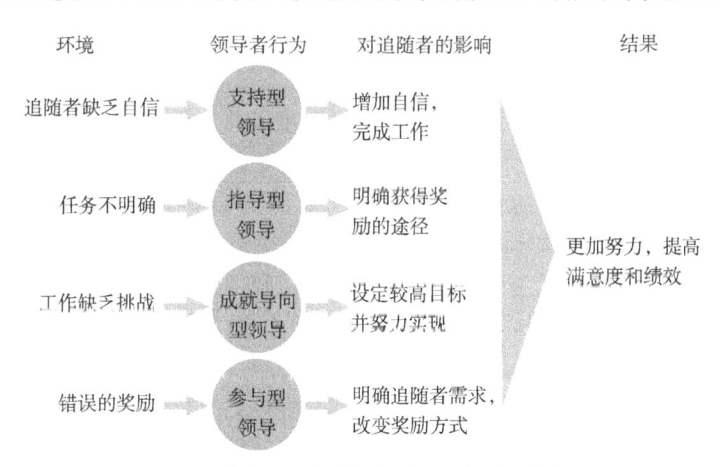

图 3-3　路径—目标情境及相适应的领导行为

路径—目标理论可能比较复杂，但相关研究都取得了令人振奋的成果。使用这一模式处理具体的精确关系或对员工的工作成果做确切的预测可能有些困难，但是这 4 类领导行为及将这些行为调整到适合情境权变因素的想法为领导者激发员工积极性提供了有效的方式。

3.5 Vroom-Jago 权变模型

Vroom-Jago 权变模型（Vroom-Jago Contingency Model）与前面的模型有一些相似的基本原则，但也存在很多显著的不同。这个模型着重分析不同程度的参与型领导，以及不同程度的参与如何影响决策的质量和可靠性。许多环境因素共同决定究竟是参与型领导还是独裁式领导会带来最好的成果。

这一模型的出发点是，所有领导都需要解决问题，制定决策。解决问题的决策可能由领导者一人做出，也可能由许多追随者一起参与做出。

Vroom-Jago 权变模型的应用性很强，因为它使领导者准确了解在制定某个决策时，应让下属有多大程度的参与。这一模型主要包括 3 个方面：领导者参与模式、一套用于分析决策情况的检测性问题及一系列决策规则。

3.5.1 领导者参与模式

这一模型包含 5 种决策制定中的下属参与程度，从高度独裁（领导者独自决定）到高度民主（领导者授权给团队）。共有 5 种决策方式：领导者独自进行决策（专断型）；听取每个下属对问题的建议，然后做出决策（分别磋商型）；向整个团队提出问题，集中听取他们的想法和建议，然后进行决策（团队磋商型）；和工作团队一起面对问题，作为问题推动者帮助团队最后做出决策（促进型）；授权给团队，提出问题，允许他们在设定的范围内进行决策（授权型）。这 5 种方式涵盖了一个连贯的区域，领导者可以根据情况选择其中一种方式。

3.5.2 检测性问题

领导者应该如何确定使用这 5 种方式中的哪一种呢？恰当的决策参与程度依赖许多环境因素，如对决策质量的要求、领导者或下属的专业程度，以及要求下属参与决策的重要程度等。领导者可以通过以下 7 个检测性问题来分析适合下属参与决策的程度。

（1）决策的重要性。这个决策对项目或组织有多重要？如果这个决策对项目或组织的成功至关重要并需要进行高水平决策，那么领导者就必须积极参与其中。

（2）下属参与决策的重要性。下属执行决策的参与有多重要？如果决策执行需要下属高质量的付出，那么领导者应该让下属参与决策过程。

（3）领导者的专业技术。领导者处理这个问题的相关专业技术如何？如果领导者没有足够的信息、知识或专业技术，那么应该让下属一起参与来解决问题。

（4）下属支持决策的可能性。如果领导者独自决策，那么下属支持这个决策的可能性有多大？如果下属总是支持领导者的决定，那么是否让他们参与决策过程就没那么重要。

（5）下属对目标的支持度。下属对团队或组织目标的支持度在多大程度上影响这个决策？如果下属不太支持组织目标，那么领导者就不应该让团队独自对这个问题进行决策。

（6）与目标相关的专业知识。团队成员拥有多少与这个问题相关的知识和专业技术？如果他们有很多与之相关的专业技术，领导者应该把决策的大部分权力下放给他们。

（7）团队合作能力。团队成员合作解决问题的技巧和决心如何？如果下属有很强的愿望进行合作并善于合作，领导者可以将大部分决策权力授予他们。

这些问题看起来过于看重细节，但采用这 7 个问题可以很快缩小选择范围，确定在决策过程中应在多大程度上让下属参与。

> **行动备忘录**
>
> 作为领导者，你可以在做决策时使用 Vroom-Jago 模型，以决定下属的参与程度。如果时间因素较为重要，可以采取以时间为基础的模型来决策，但是如果培养下属的决策能力也很重要，就可以采取以下属发展为基础的模型。

3.5.3 决策规则

Vroom-Jago 模型的进一步发展，增加了对时间限制和下属发展的考虑，把它们引进来作为判断决策参与度的两个明确标准。也就是说，领导者在选择决策方案时会考虑时间和下属发展的相对重要性。这样就产生了两个决策矩阵：如果时间因素很关键，如组织遇到危机必须马上做出决策，则选择以时间为基础的模型；如果培养下属的思考和决策技能显得很重要，而此时时间和效率不那么重要，则选择以下属发展为基础的模型。

试想一下一个小型的汽车零件制造商，只有一台机器专门焊接消声器。如果这台机器坏了，整个生产都停下来了，此时决定是否需要购买一台新机器的决策就很关键、很急迫，因为这关系着能否马上恢复生产。在这种情况下，领导者需要根据时间模型来进行决策。但是，如果机器要在 3 个月内进行常规的更换，那么时间就显得不那么重要了。此时，领导者就需要考虑是否让员工参与决策，从而培养他们的技能。这样，领导者可能就会采取以下属发展为基础的模型，因为此时时间因素并不是很重要。

有两个决策矩阵：以时间为基础的矩阵和以下属发展为基础的矩阵。领导者可以通过依次回答检测性问题来确定下属的参与程度。我们再回到焊接机的例子，如果机器坏了，领导者必须马上决定是否要购买一台新机器，那么就应该运用图 3-8 中的时间基础模型。领导者先填写左边的"问题陈述"，从左到右依次回答 7 个情境问题，每个问题回答"高"或"低"，不要超过每条水平线。

第一个问题是，这个决策对项目或组织有多重要？如果答案是"高"，领导者就继续回答与参与程度相关的问题：下属执行决策的参与有多重要？如果答案是"高"，下一个问题就是与领导者的专业技术相关的：领导者处理这个问题的相关专业技术如何？如果领导者有很高的知识和专业技术，领导者就需要考虑下属支持决策的可能性；如果领导者独自决策，那么下属支持这个决策的可能性有多大？如果下属很可能支持，决策矩阵就会直接得出专断型决策模式，领导者只需独自进行决策并告知团队这一决策即可。

如前所述，以时间为基础的模型把时间和效率看做最重要的判断标准。但是，如果领导者有几个月时间来考虑是否更换焊接机并认为培养下属的技能比时间因素更重要，就需要采用不同的决策模式。在这种情况下，领导者就需要采用图 3-9 中的以下属发展为基础的决策矩阵。还是从矩阵的左边开始，这个决策对项目或组织有多重要？如果答案是"高"，接着回答与参与程度相关的问题：下属执行决策的参与有多重要？如果答案是"高"，下一个问题是下属支持决策的可能性（此时不考虑领导者的专业技术，因为以下属发展为基础的模型是以下属参与为主的，即使领导者有相关的知识和专业技术也不予以考虑）；如果领导者独自决策，那么下属支持这个决策的可能性有多大？如果可能性很大，领导者需要考虑下属对目标的支持：下属对团队或组织目标的支持度在多大程度上影响这个决策？如果对目标的支持度低，领导者就应该直接采取团队磋商型决策模式。然而，如果下属对目标的支持度很高，领导者就应该考虑：团队成员拥有多少与这个问题相关的知识和专业技术？如果答案是"高"，则应采取授权型模式，领导者允许团队在一定范围内进行决策。

值得注意的是，为了确保决策质量和下属的接受程度，以时间为基础的模型建议领导者采取第一种决策模式；而以下属发展为基础的模型则有其他考虑。采用独裁式决策（专断型）比用促进型或授权型让下属参与所花的时间更少。但在许多情况下，时间和效率与下属的发展相比，显得不是那么重要。在今天的许多组织中，知识分享和下属的广泛参与被看做组织成功的关键因素。当时间不是那么急迫时，领导者把下属的发展看得更为重要。

领导者可以很快学会如何采用相应的模式来适应环境。研究者们也开发出了一套计算机程序在更复杂和更精准的情况下使用 Vroom-Jago 模型，并把时间要素和下属的发展都融入程序里，而不是将它们分离在不同的决策矩阵里。

尽管有人批评 Vroom-Jago 模型不够完美，但它对决策者十分有用，并且对这一理论的支持研究在不断发展。领导者可以学会使用这一模型做出及时、高质量的决策。让我们试着用这一模型来解决下面的问题。

领导进行时

阿特·文思登和 Whitlock 制造公司

Whitlock 制造公司和一家大型汽车制造公司签订了一份合同，为该汽车制造公司王牌跑车制造引擎。阿特·文思登（Art Weinstein）被任命为这一项目的经理，对此他感到十分激动。这种引擎是日本设计的，非常复杂，并得到了诸多汽车媒体的高度赞扬。这个项目极大地提升了 Whitlock 公司的声誉，因为它以前只被看做生产船舶外用引擎的公司。

文思登和他的工程师团队为能得到这一任务感到非常自豪，但是他们的兴奋很快被最近的一份报道浇灭，报道称消费者购买这款跑车出现了严重的引擎问题。在第一个月生产的跑车卖出后，有 14 名客户都遇到了引擎熄火问题。公司采取了紧急措施，延缓了跑车销售，停止了现有的生产，并通知使用现有车款的客户停止驾驶。每个参与其中的人都知道这是一场灾难。除非能够很快地解决引擎问题，否则 Whitlock 制造公司很可能被起诉。此外，公司与这家世界上最大的汽车制造公司之一的合作可能就会永远结束。

文思登最了解这一引擎，他花了两个星期在现场检测那些被查封的引擎，并调查了安装这些引擎的工厂。此外，他还仔细调查了生产引擎的工厂的操作流程。根据这些广泛的调查，文思登相信他已经找到了问题所在和最佳解决办法。但是，他倾向于让尽可能多的成员参与制定决策和解决问题。他不仅重视他们的意见，他还认为鼓励他们更多地参与有助于提高他们的思考能力，这样就能帮助他们为团队和整个公司做出更多贡献。因此，在做出最后决定前，文思登选择向他的团队请教。

那天下午，整个团队召开了长达数小时的会议，仔细讨论相关问题，分享自己的不同看法，包括文思登在调查中收集到的种种信息。经过团队讨论，文思登做出了决策。他会在第二天的会议中宣布他的决定，之后就会开始引擎测试和修正工作。

在上面 Whitlock 制造公司的例子中，领导者可以采用以时间为基础的模型或以下属发展为基础的模型来确定决策方法。尽管时间因素很重要，但领导者认为让下属参与其中也同样重要。你认为文思登采用的决策方法正确吗？既然文思登关心成员的发展因素，就让我们用以下属发展为基础的模型来看看他做得是否正确。在图 3-9 中从左至右回答相关问题：这个决策对项目或组织有多重要？当然是非常重要。决策质量非常关键，很可能关系公司的存亡。那么下一个问题：下属执行决策的参与有多重要？也很重要。团队成员必须支持并执行文思登的决策。问题三（领导者的专业技术）跳过，因为正如图 3-9 所示，在以下属发展为基础的模型中不考虑领导者的专业技术。那么下一个问题就是如果文思登独自决策，成员们支持他的决策的可能性有多大呢？答案仍然是"高"，因为成员们尊敬文思登，他们很有可能接受他对问题的分析。

这样就引出下一个问题：下属对团队或组织目标的支持度在多大程度上影响这个决策？当然是"高"。那么下一个问题：团队成员有多少相关的知识和专业技术？答案可能是"较低"，那么最后得出的决策方式就是团队磋商型。因此，文思登采用的正是 Vroom-Jago 模型推荐的决策模式。

现在，设想文思登更看重时间因素而不是下属的参与和发展。用图 3-8 中以时间为基础的矩阵，根据前面提供的信息来回答这些问题（在回答问题三时将文思登的专业技术评定为"高"）。记住不要超过任何水平线。最后得出的是哪种决策模式？与以下属发展为基础的矩阵推荐的决策模式是否相同？

3.6 领导的替代

迄今为止的权变方法侧重于研究领导风格、追随者特质和环境特征。最新的权变研究显示，环境变量是如此重要，以至于它实际上已经替代了领导或削弱了对领导的需要。这一研究列出了一些组织环境，在这些环境中任务导向型和员工导向型领导方式都不太重要或没有必要。

表 3-1 列出了一些环境变量，它们趋向于替代或削弱领导的作用。对领导的**替代**（substitute）将使领导方法显得多余或没有什么必要。例如，如果下属的受教育程度很高，具有很强的专业技术，知道应该如何完成任务，那么就不需要领导者为他们勾勒出任务结构并告诉他们应该怎么做。此外，长时间的教育可以培养个人的独立意识和自我激励意识。因此，任务导向型和员工导向型领导就会被专业教育和社会化所替代。

表 3-1　环境变量对领导的替代与削弱

环境变量		任务导向型领导	员工导向型领导
组织因素	企业凝聚力	替代	替代
	正式化	替代	无
	缺乏灵活性	削弱	无
	较低的职权	削弱	削弱
任务特性	任务高度结构化	替代	无
	自动反馈	替代	无
	自我满足	无	替代
追随者特质	专业	替代	替代
	有经验	替代	无
	低奖励	削弱	削弱

对领导的**削弱**（neutralizer）将抵消领导方法的作用并阻碍领导者采取某些行为。例如，当领导者远离下属时，领导者对下属的指导作用就会被大大削弱。举例来说，Kinko 公司是一家全美性的复印公司，在各地拥有多家分公司。由于各店之间距离遥远，地区经理与店长和雇员之间很难进行沟通和交流。因此，他们的支持和引导作用就被削弱了。

表 3-1 中的环境变量包括组织因素、任务特性和追随

> **行动备忘录**
> 作为领导者，应该避免过度管理。要按照组织情况，采取能够同时满足任务需求和个人需求的互补型领导方式。

者特质。例如，当追随者具有较高专业水平时，如 Merck 公司和 Monsanto 的科研人员，两种领导方法就显得不那么重要了，因为员工既不需要指导也不需要支持。关于任务特征，如果任务结构化程度很高，就可以替代任务导向型领导，而令人满意的任务则可以替代员工导向型领导。

当任务很常规并且结构化程度很高时，如现金审计工作，领导者需要提供任务本身没有的个人考虑和支持。对态度满意的员工不需要给予特别的考虑。至于组织本身，其凝聚力可以替代任务导向和员工导向这两种方式。例如，机场控制员和飞行员之间需要保持密切联系，不断进行合作性训练。这种凝聚力提供的支持和指导就可以替代正式的领导。正式的规章和流程可以替代任务导向型领导，因为规则已经明确了员工应该做什么。领导者和员工的隔离往往会削弱领导的作用。

> **行动备忘录**
> 作为领导者，如果任务高度结构化，并且员工受到正式的规章和流程所制约，那么就可以使用员工导向型领导方式。如果团队凝聚力和员工固有的工作满意度能够满足他们的社会需求和情感需求，则可以采用任务导向型领导方式。

表 3-1 中列举的各种情况能帮助避免领导的过度管理。领导者应该采用与组织环境相适应的领导风格。例如，银行出纳的工作环境高度正式化，缺乏灵活性，任务高度结构化。因此，领导者不能采用任务导向的方式，因为组织本身已经提供了指导和工作程序，而应该采用员工导向型领导方式。在其他组织中，如果团队凝聚力或以前提供的培训能满足员工的社会需要，领导者就应该专注于任务导向行为。领导者应该采用能补充组织环境的领导风格，确保追随者的任务要求和个人要求得到满足。

最近的研究开始关注如何使替代（环境）比领导者行为更能对一些要素如员工满意度产生较大影响。之所以进行这项研究，是希望通过利用替代变量来弥补现有领导的不足，在缺乏领导时能起到相应作用，并能提供更多更全面的领导选择。例如，保罗·里夫斯（Paul Reeves）是 Harmon Auto Parts 的一名工长，他每天都要花半天时间和工人们在一起，通过他们来共同完成任务。当里夫斯晋升到中层管理者后，他的团队就不再需要工长了，工人们学会了自己采取行动。因此，当追随者通过训练提高能力后，许多领导行为就不再需要了。

> **行动备忘录**
> 作为领导者，如果员工训练有素，你可以只提供最小限度的任务向导和个人支持。追随者的专业度和自我满意度能替代任务导向型和员工导向型领导方式。

利用环境替代来弥补领导的不足对组织来说通常是有利的。事实上，领导替代研究的基本假设是有效领导能明确并提供那些任务、团队和组织本身并不能提供的支持和指导。

本章小结

- ☑ 本章最重要的观点就是环境变量能影响领导结果。权变理论经过不断发展，能系统地阐明领导者和组织之间的关系。权变方法的重点在于研究领导风格、下属特征和环境因素如何相互作用。菲德勒模型、赫西和布兰查德的情境理论、路径—目标理论、Vroom-Jago 模型及领导的替代理论讨论了不同环境下需要采用不同行为方式的领导风格。

- ☑ 根据菲德勒理论，领导者可以确定他们的领导风格是否与环境相适应。任务导向型领导者在非常有利或不利的环境中能发挥出色，而员工导向型领导者在环境条件一般时能干得不错。赫西和布兰查德主张领导者可根据下属的主动性程度来确认究竟是采取任务导向还是关系导向的方式。路径—目标理论认为，领导者可以明确告知下属如何获得奖励。Vroom-Jago 模型认为，领导者应该根据决策质量要求、参与要求或领导者的知识及专业技术等权变因素来确定下属的参与方式。此外，还应考虑时间（是否需要迅速做出决定）和下属的发展这两个因素。领导者要对各种环境进行分析，回答一系列问题，从而决定恰当的下属参与程度。最后，领导的替代理论建议领导者通过自己的领导方式来提供那些组织环境中并不具备的资源。

☑ 通过分析任务、下属和组织的特征，领导者能确定采用何种领导方式，从而增加成功领导的可能性。因此，有效领导需要培养分析技巧，同时保持灵活的领导行为。

讨论题

1. 参考图 3-3 中的菲德勒模型，你认为在现实生活中，领导者遇到有利环境、一般环境和不利环境的情况各占多少比例？试讨论一下。

2. 你认为领导风格是固定不变的还是可以调整的？为什么？

3. 试想在律师事务所中合伙人的位置，哪些任务、下属和组织因素可以作为这一领导的替代？

4. 比较菲德勒模型和目标—路径理论，二者的相似点和不同点是什么？你认为哪种方法更好？

5. 假如你是某电话销售团队的一级主管，你将如何评定下属的主动性程度？你认为领导者能轻易转变他们的领导风格以适应下属的主动性程度吗？

6. 回想一下你过去的教师，根据路径—目标理论，判断他们中谁是支持型领导风格，谁是指导型领导风格，谁又是参与型领导风格或成就导向型领导风格。你觉得哪种领导风格最有效？为什么？

7. 为了用最有效的方式做出决策，你认为领导者是否应该采用参与型方式？是否还有其他原因促使领导者让下属参与决策？

8. 考虑一些情境特征，如团队凝聚力、组织正式化程度和距离分割性。这些因素是如何替代或削弱任务导向型领导或员工导向型领导的？分别解释一下。

现实中的领导：任务和关系角色扮演

假设你是新任法式谷物面包公司（French Grains Bakery）的分销经理，5 名司机向你汇报在大城市配送公司货物的情况。司机们需要完成配送报告，记录实际的配送量和任何变化情况。配送报告是存货控制的关键因素，并为公司给杂货店开发票提供相关数据。如果司机们每天都不能完成配送报告，就会出现许多错误，尤其是当杂货店经理需要不同的存货品种时，错误会更多。因此，很可能由于配送报告中的一个小错误而使公司每天都有几条面包的账得不到支付，其结果就是收入减少，存货控制也越来越糟糕。

其中一名司机所犯的错误占了整个配送报告错误数的 60%。这名司机人不错，也比较可靠，但有时会迟到。他的主要问题是总是不能按时上交配送报告。另外还有一名司机所犯的错误占总错误数的 30%，第三名司机所犯错误占总错误数的 10%。还有两名司机交上来的配送报告基本没有错误。

假设你是一名高度任务导向（较低程度的关系导向）型领导者，打算和司机谈一下配送报告的事情，希望以后的报告更完整、更准确。在下面的空白处写出作为一名任务导向型领导者，你将如何解决这一问题。你会单独和每名司机谈话还是和整个团队谈话？会在什么时间、什么地方和他们谈话？你会和他们具体谈什么？如何能让他们听你的建议？

_____
_____
_____

现在换成关系导向型方式（较低程度的任务导向）。在空白处写下你会说些什么，以及你会做些什么。你会单独和每名司机谈话还是和整个团队谈话？你会对他们怎么说？怎样让他们听取你的建议？

_____
_____
_____

课堂练习

在课堂上，教师可以让学生自愿选择扮演分销经理和司机。请一些学生在全班同学面前轮流扮演任务导向型和关系导向型领导，看看他们如何处理司机的问题。教师还可以让另外一些学生回答这些"领导者"的做法是否有效，哪种方式看起来更有效及为什么。

资料来源：Based on K.J. Keleman, J. E. Garcia, and K.J. Lovelace, *Management Incidents: Role Plays for Management Development* (Dubuque, LA: Kendall Hunt Publishing Company, 1990), pp. 69-72.

领导力开发：案例分析

财政厅

肯·奥斯本（Ken Osborne）凝视着窗外，思考着怎样做才能让一切回到正轨上来。当他成为州政府财政厅的厅长时，接手的是一支经过训练、非常专业、热爱工作又富有活力的团队。每个人看起来都非常喜欢来上班。尽管工作任务有时比较乏味，但大多数员工都喜欢这种高度结构化和常规的工作性质。此外，同事间的友情还弥补了工作本身可能缺乏的乐趣和刺激。

肯知道在过去几年他的工作是比较轻松的——他的部门可以自行运转，而他的主要精力用在了和其他部门维持良好关系及每个月提交复杂的工作报告这些事情上，直到现在。问题出在了部门最好的职员之一——拉里·吉布森（Larry Gibson）身上。部门里每个人都喜欢吉布森，他是一条新的在线会计系统的主要开发者，肯希望依靠他来实施这套系统。但是，吉布森参加了一所著名大学举办的专业发展研讨会后，一切都改变了。肯希望他的注意力能放回到工作上来，因为现在出现了较多问题，但是，拉里把更多时间放在了工作外的专业活动上。每当回想起拉里请他在自己修改过的个人发展计划上签字的那天，肯总是想："如果在事情刚变成这样的时候我能多注意一下，现在就不会这样了。"在签署计划的时候，肯和以前一样只和拉里聊了几分钟，粗略地看了一下修改的地方，就在计划上签名了。拉里修改后的发展计划包括在州会计师协会里发挥更积极的作用，因为他认为这会提高他对部门的价值，以及个人技能和专业联系。

不到一个月，肯发现拉里的精力和热情几乎都用在协会里而不是财政厅的工作上。在"第一个星期四"——那天是协会的午餐会时间，拉里几乎花了一上午时间打电话，以便通知大家参加每月一次的午餐会，并和主讲人确定各项细节。他在上午 11 点左右离开办公室，去检查会议的各项准备工作，通常要到下班时间才回来。如果拉里一个月缺席一天，肯可以忍受，但是过多地投入协会事宜已经使这位过去的明星员工现在成了部门的兼职人员。拉里总是开会迟到，也不积极参与会议，看起来对部门内的事务也没有多大兴趣。由于拉里没有花时间培训员工有效使用新的会计系统，这套系统现在进展困难，因此肯也开始收到其他部门的抱怨。更严重的是，原本和谐的部门现在开始为一些小事请和决定进行争吵和抱怨。肯还注意到，那些过去他每天早晨都能看到在努力工作的员工现在一天比一天来得晚。

"自从拉里去参加那个研讨会回来之后，每件事都出了问题，"肯郁闷地想，"我觉得自己是厅里面最好的部门领导之一。现在，我意识到自己并没有进行足够的领导。也许我把事情想得太简单了。"

资料来源： Based on David Hornestay, "Double Vision," *Government Executive* (April 2000), pp. 41-44.

❓ 问题

1. 为什么在过去两年内肯·奥斯本没有对部门进行太多领导，而部门却能够如此成功？
2. 你认为奥斯本现在的领导风格如何？根据路径—目标理论，你认为他应该采取哪种最有效的领导方法来改变拉里·吉布森带来的影响？
3. 如果你是奥斯本，你将如何评估形势并如何解决问题？

Part Three

第3篇 领导者的个人侧面

- 第4章 作为个体的领导者
- 第5章 领导者的精神和心理
- 第6章 勇气和道德领导
- 第7章 追随者

Chapter 4

第 4 章 作为个体的领导者

> **通过本章的学习，你应该能够：**
> 识别主要的个性维度并理解个性如何影响领导和组织内关系。
> 阐明你的手段型和结果型价值观，并认识价值观如何指导思想和行为。
> 定义态度并解释它与领导行为的关系。
> 解释归因理论，识别知觉如何影响领导和下属的关系。
> 理解个体在认知模式上的差异，拓宽自己的思考方式以培养领导潜质。
> 明确如何领导不同个性特质的人，并与他们合作。

人们一谈起 Robort A. Becker Euro RSCG 医疗广告公司前任首席执行官桑德·A·弗劳姆（Sander A. Flaum），就会用诸如"强硬"、"勤奋"、"争强好胜"、"有野心"之类的词来描述他。弗劳姆一生的大部分时间都把工作放首位。而他的儿子乔纳森·弗劳姆（Jonathon Flaum）在人们眼中却是一个感性、自立自主、追求工作与生活平衡的人。价值观和个性特质的差异使两人的关系长期紧张，最近他们合著了一本书，名为《100英里的路程：父子探寻领导的本质》（*The 100 Mile Walk: A Father and Son on a Quest to Find the Essence of Leadership*）。

我们都知道人与人在很多方面是不一样的。像父亲桑德·弗劳姆这样的人重视工作和业绩，而像儿子乔纳森·弗劳姆这样的人更重视家庭和人际关系；有些人争强好胜，待人严厉，还有些人不爱争抢，很好相处；有些人喜欢深思熟虑，不苟言笑，另一些人则随心所欲，爱开玩笑。就像会影响弗劳姆父子关系甚至所有的人际关系一样，个体不同也会影响领导者和下属的互动。个性、态度、价值观等的不同都会影响人们对任务的理解，包括他们是否喜欢被要求干什么，他们如何处理挑战，以及他们如何与他人互动等。领导者的个性和态度，还有他们理解员工个体不同的能力都深深地影响领导效果。今天有许多组织都采用个性和其他心理测试方法来帮助员工更好地了解他人和更好地与他人相处。

在第2章中，我们讨论了一些与有效领导力相关的个性特质、个体特征和行为。第3章探究了领导行为与环境之间关系的权变理论，其环境包括下属和组织环境。很显然，组织领导力既是个体行为又是组织现象。本章将更加深入地把个人作为研究对象，探讨一些影响领导能力和成功的个体差异。我们会首先研究个性和一些与领导者相关的个性维度，然后讨论价值观如何影响领导，以及领导者对自己和他人的态度如何影响行为。我们还会探讨知觉、归因理论及认知差异，并讨论思考和决策制定模式和大脑主导的概念。最后，本章会涉及一些与不同个性类型的人共事的技巧。

4.1 个性与领导力

个性（personality）是指一系列不可见的特质和过程，是对周围环境中的想法、目标或人的一种相对稳定的行为模式。理解个体个性差异的领导者可以利用自己的这种理解来提高领导效率。

4.1.1 个性模型

大多数人从特质角度来考察个性。如我们在第2章中讨论的，研究者往往就特质是否经得起科学验证来进行调查研究，而我们则关注那些与有效领导力相关的特质。尽管多年来研究调查已经考查了成千上万的特质，但它们最终可以归为5类描述个性的维度，称为**五大个性维度**（big five personality dimensions），用以描述一个人外向性、随和性、责任感、情绪稳定性和愿意有各种经历的程度。每个维度都包含了特定特质的一个范围。例如，你原来描述教师、朋友或老板的所有个性特质都可以归为五大维度中的一个。这些因素在表现程度上是连续的，一个人可能在各个维度表现出高、中、低的不同程度。

领导者自察 4-1

测量你的特质

每个人都有一组不同于他人的个性特质，正是这些特质使每个人都与众不同。但是，尽管每组个性特质不尽相同，仍有一些特质是我们所共有的。下面的语句描述了不同的特质和行为。评估一下每条对你来说的符合程度，1—完全不符合；2—很大程度上不符合；3——一般；4—很大程度上符合；5—完全符合。请根据自己现在的真实情况而不是理想情况作答。答案无对错之分。

外向性

我通常是聚合中的灵魂人物	1 2 3 4 5
我在人群中感到很自在	1 2 3 4 5
我很健谈	1 2 3 4 5

愿意有各种经历

我想象力丰富	1 2 3 4 5
我倾向于参加各种活动	1 2 3 4 5
我十分喜欢艺术	1 2 3 4 5

情绪稳定性

我常觉得自己至关重要	1 2 3 4 5
我妒忌别人	1 2 3 4 5
我喜怒无常	1 2 3 4 5

责任感

我做事有条理、有效率	1 2 3 4 5
我注重细节	1 2 3 4 5
我课前总是准备齐分	1 2 3 4 5

随和度

我善良、有同情心	1 2 3 4 5
我从不说人坏话	1 2 3 4 5
我从不侮辱人	1 2 3 4 5

以上哪些是你最主要的特质？和同学们比较一下答案，共同讨论。

资料来源：These questions were adapted from a variety of sources.

外向性（extraversion）由影响群体内行为的特质和特征组成。外向性是指一个人开朗、喜欢社交、乐于交谈及与陌生人会面和交谈时感到轻松自在的程度。外向程度低的人往往表现为安静，沉默寡言，在人际交往中不自信。这个维度还包括支配（dominance）特质。一个具有高度支配特质的人喜欢控制事情并影响他人。这类人通常非常自信，追求有权力的职位，富有竞争性而且果断。他们喜欢管理别人或对他人负责。很显然，具有支配和外向个性对领导者来说是很可贵的。但是，并不是所有有效领导者都必须具备较高程度的这些个性。

例如，很多成功的高层领导者都是内向型性格，包括微软公司（Microsoft）的比尔·盖茨（Bill Gates）、伯克希尔·哈撒韦公司（Berkshire Hathaway）的沃伦·巴菲特（Warren Buffett）、沙拉·李公司（Sara Lee）的首席执行官布伦达·巴恩斯（Brenda Barnes）、建立了在线约会网站 Plenty of Fish 的马库斯·福瑞德（Markus Frind）等。他们被棘手的社交事务弄得精疲力竭，需要一些独处的时间来反思自己，给自己充电。一项研究发现，每 10 位高层领导者里就有 4 位是内向型性格。因此，外向特质并不像人们之前认为的那样重要。此外，如果没有令人愉快和稳定情绪这类特质互补，高度的支配性甚至会损害有效领导力。

> **行动备忘录**
>
> 回答"领导者自察 4-1"里的问题，看看自己在外向性、随和度、责任感、情绪稳定性和愿意有各种经历的程度 5 个方面情况如何。

随和度（agreeableness）是指一个人能够采取友善、合作、宽容、富有同情心、理解及信任的态度与他人相处的程度。在随和度维度上得分较高的领导者看上去总是很热心和容易接近，而那些得分较低的领导者则看起来很冷淡、有距离感和感觉迟钝。

在当今的组织合作中，随和度这个特质对于领导者尤其重要。强势的经理通过打压别人而获取升职的日子已经不复存在。今天成功的领导者不再是过去那些强硬派，而是懂得如何让别人喜欢自己、信任自己的人。高盛投资公司（Goldman Sachs）的首席执行官劳埃德·C·布兰克费恩（Lloyd C.Blankfein）指出，近来的金融危机让他和其他高层领导意识到了这一点。布兰克费恩表示，在危机最严重的时候，沟通、团队合作、善于培养大家的合作意识和团队精神成了最重要的领导技巧。布兰克费恩开始每天向全公司发送语音邮件，还四处走动与大家交谈，解答大家的问题，从中寻求建议，并在员工中建立起自信。多年以来，关于"首席执行官傲慢症"这一"白领罪名"的报道层出不穷，员工对首席执行官过高的薪水也是怨声载道，而现在的领导者正不遗余力地向大众和合资人展示更加友好的面孔。埃克森美孚公司（Exxon Mobil）前首席执行官李·雷蒙德（Lee Raymond）曾为投资者们赚了不少钱，却被一些合资人描述为"顽固、以自我为中心、粗鲁"。相反，雷蒙德的继任者雷克斯·蒂勒森（Rex Tillerson）在一次年度会议上得到赞誉，大家纷纷感谢他的"友善、幽默和坦率"。

最近有人认为工作和生活中成功的秘诀就是**亲和力**（likability）。人们更愿意为他们喜欢的人效劳，而不是为讨厌的人，不管这人是他们的队友、邻居、老师还是主管。领导者可以通过培养令人愉快的性格来增加亲和力，这些性格包括：以友善、合作的态度待人，以真诚的方式理解他人，努力促使他们肯定自己。

第三个个性维度是**责任感**（conscientiousness），是指一个人负责、可靠、坚持而且以成就为导向的程度。一个尽责的人会专注于一些目标，具有很强的目的性，而不那么尽责的人则容易精力分散和冲动。这个维度与工作本身相关，而不是和与其他人的关系相关。许多企业家都是高度尽责的人。例如，红犀牛服饰公司（Marc Ecko Enterprises）的创始人马克·埃克（Marc

Ecko）是一名城市街头风格服装生产商，他从 8 年级就开始制作、销售喷绘图案 T 恤衫。尽管高中辅导员说服他去读大学，埃克还是在大学三年级时退学去追逐自己的梦想。在创业之初，他很用心地绘制 T 恤衫、运动衫、夹克衫，并亲自到商店和街头集市上出售。尽管开始时困难重重，但埃克一直坚持他的目标。不到 15 年时间，红犀牛服饰公司员工数达量 1 500 名，全球销售额达 15 亿美元。

情绪稳定性（emotional stability）是指一个人的调试能力、冷静和可靠的程度。情绪稳定的领导者能很好地应对压力和批评，而且不会把错误或失败看成个人的错误。情绪稳定的领导者一般能够培养积极的人际关系，还能够改善与其他人之间的关系。例如，鲍勃·伊格尔（Bob Iger）在沃尔特·迪士尼公司（Walt Disney Company）面临"自大狂敌对的混乱局面"时能够保持情绪稳定，帮助其成为一个和睦的高盈利组织。

领导进行时

鲍勃·伊格尔和沃尔特·迪士尼公司

鲍勃·伊格尔曾认为他会成为大都会美国广播公司（Capital Cities/ABC）的首席执行官。不料他原希望执掌的美国广播公司被沃尔特·迪士尼公司收购，伊格尔只得在迪士尼公司前首席执行官迈克尔·艾斯纳（Michael Eisner）手下工作了 10 年，几年前才接任艾斯纳的职务。但伊格尔并没因失意而消沉，而是在艾斯纳手下工作时吸取一切经验，时至今日，与前首席执行官共事时学到的东西仍使他心怀感激。

然而，尽管迈克尔·艾斯纳任首席执行官期间功绩不少，但伊格尔接任时的迪士尼内外关系都十分紧张。艾斯纳是众所周知的事必躬亲、独断专行和争强好胜的领导者。选择伊格尔这个性格安静的幕后型领导者带领迪士尼重入正轨，许多人都觉得不合常理。"当时有很多人反对，"一位投资人回忆说，"人们管他叫'小艾斯纳'，说他对艾斯纳唯命是从。"这一次，伊格尔仍然没有被批评声困扰，而是开始了重振公司的艰难工作。措施之一就是修缮与史蒂夫·乔布斯（Steve Jobs）的皮克斯动画电影公司（Pixar Films）已经决裂的关系。如今，皮克斯并入迪士尼旗下，乔布斯也成为迪士尼忠实的董事会成员。提到伊格尔，乔布斯说："他真是一个值得信赖的人。"

和谐的内部工作关系同样重要。伊格尔大可以把艾斯纳的死党踢出公司，但他留下他们继续共事，一同实现公司的计划与目标。他给经理们更充分的自主权管理各个部门，让他们自己做决策，以此重树大家对"自己能行"的信心。伊格尔认为管理应该靠共识而不是靠强制命令，而且他喜欢退居幕后，让成功的聚光灯打在别人身上。伊格尔的随和、善良和谦逊使迪士尼的交困局势在极短的时间内得到扭转，最终促使公司在创新和财务方面重新振作起来。"这是世上最幸福的地方。"伊格尔说。而他计划让这个地方永远保持这样。

与伊格尔这种情绪稳定的领导者相反，那些情绪稳定性差的领导者很容易变得紧张、焦虑或沮丧。他们一般不够自信，在遇到压力或批评时很容易爆发。我们将在下一章详细讨论情商问题。

五大维度的最后一个——**愿意有各种经历**（openness to experience），是指一个人有广泛的兴趣，富有想象力和创造力，愿意考虑新想法。这类人求知欲很强，经常通过旅行、艺术、电影、广泛阅读或其他活动来寻找全新的经历和感受。在这个维度处于较低程度的人通常兴趣狭窄，总是采用经过验证的方法来做事。思想开放对领导者来说非常重要，正如我们在第 1 章中讨论的那样，领导力不是稳定的，而是不断变化的。在对 3 位 19 世纪的领导者约翰·昆西·亚当斯（John Quincy Adams）、弗雷德里克·道格拉斯（Frederick Douglass）和简·亚当斯（Jane

> **行动备忘录**
>
> 作为领导者，你需要了解自己基本的个性维度，并在与下属打交道的时候激发自己个性的积极方面。

Addams）进行的有趣研究中，一位研究人员发现，早期的旅行经历及接受不同的想法和文化这些因素在培养这些领导者的技能和素质方面显得极为关键。在成长岁月中的旅行经历使这些领导者培养了非常愿意去经历的能力，因为旅行使他们经常需要适应环境。

很少有研究仔细分析过五大维度和成功领导之间的关系。在一份关于 70 多年来个性和领导之间关系的研究总结中，确实找到了五大维度中有 4 个与成功领导相关的证据。研究者们找到相当多的证据来证实，那些在外向性、随和度、责任感和情绪稳定性 4 个方面处于较高程度的领导者会比其他领导者更成功。对愿意尝试各种经历的研究则没有得出较为一致的结论，就是说，在一些案例中，在这一方面程度较高的人成就更大，而另外一些情况则不是这样。然而，最近的一份心理学家进行的对美国历史上最伟大总统的个性研究中（这些伟大的总统是由历史学家选出的），愿意有各种经历的这个维度与历史学家评出的伟大程度具有很高的相关性。研究指出，亚伯拉罕·林肯（Abraham Lincoln）和汤姆斯·杰弗逊（Thomas Jefferson）在这个维度上就很突出。研究团队得出的其他与伟大总统相关的个性特质还包括外向性和责任感，包含的特质有进取心、设定远大的目标及努力取得成就等。尽管随和度和伟大程度并不那么相关，但能对他人报以同情和关心可被看做情绪稳定的特质，而情绪稳定性与伟大程度相关。

五维模型的基本价值在于帮助领导者了解自己的基本个性维度，然后尽量发挥自己个性中的长处，同时避免短处。例如，内向的人往往在晋升的路上停滞不前，特别是在大公司里，因为他们总是默默无闻，辛勤工作却难以得到回报。实验表明，经常表达自己观点的人成为成功领导者的比率更大，尽管有时候他们的能力不如那些安安静静的同事。表 4-1 给出了一些诀窍以帮助内向性格和外向性格的人成为更好的领导者。

有许多因素影响了领导的有效性。正如我们在前面两章讨论的一样，在确定哪些特质最重要时环境因素起到了很大作用。此外，领导者的智力、专业知识、价值观和态度、解决问题的方式，尽管都没有在五维模型中进行衡量，但它们对有效领导也很重要。在本章后半部分，我们将讨论价值观和态度，并分析一些影响领导的认知差异。首先，让我们来近距离关注与领导者密切相关的两大个性特质。

表 4-1 将领导效果最大化

给外向个性者的提示	给内向个性者的提示
• 不要沉浸在自己个性的光环里。在必要情况下要学会克制，并注意倾听他人	• 说出来并行动起来。克服把自己藏起来的想法
• 不要过于充满激情。你天生的充沛精力可能是一种威胁，会使你忽略一些重要的事实和想法	• 试着在工作之外的地方表现得友善和合群，然后把这些新技巧带到工作中
• 少说多听。树立这样的原则，即先让别人对某件事情发表看法，这样就能避免让你看起来很傲慢	• 先打个草稿。在说话前找到一些谈资，使自己不至于在谈话中变得沉默
• 不要成为个性先生或个性女士。外向型个性的人为了获得别人的喜爱通常会很快地同意别人，但这种随便的同意方式会反过来搅得你心神不宁	• 微笑。皱眉或严肃内省的表情可能会被误解。明朗的脸色代表自信，表示你知道自己应该干什么并希望其他人能够追随

资料来源：Based on Patricia Wallington, "The Ins and Outs of Personality," CIO (January 15, 2003), pp.42, 44.

4.1.2 个性特质和领导者行为

对领导行为有重大影响并对领导研究有特殊意义的两大个性特质是控制核心和权力主义。

控制核心

一些人认为，他们的行为可以强烈地影响发生在自己身上的事情。换句话说，他们相信"能够掌握自己的命运"。一些人认为，生命中发生的事情是运气、机会或外界的事情和人促成的，他们觉得自己不能控制自己的命运。控制核心（locus of control）是指个人主要由自己还是主要依靠外界力量来承担责任。认为自己的行为能够影响所发生的事情的人具有较高的内部控制点（内在的），而那些认为外部力量影响发生在自身的事情的人具有较高的外部控制点（外在的）。内部控制点较高的领导者的典型代表就是克里斯·休斯（Chris Hughes），社交网站Facebook.com的共同创始人之一。

领导进行时

克里斯·休斯和Facebook.com及MyBarackObama.com

克里斯·休斯在北卡罗来纳州（North Carolina）的海克里（Hickory）长大，是家里的独子。他的父母老年得了，父亲是纸业销售员，母亲曾是公立学校的教师。休斯进入高中之后，他认定自己不想循规蹈矩地走从当地学校毕业然后去城里谋份工作的老路。实际上，他想要的是去读一所著名的预科学校，然后进入一所常春藤联盟大学。

以他家庭的背景，这个想法可以算是雄心壮志了，但是休斯相信他的命运掌控在自己手中。他开始瞒着父母研究并申请各所寄宿学校。最终他收到了马萨诸塞州安多佛市菲利普斯学院（Philips Academy）慷慨的资金援助。几年以后他从那里毕业的时候，他已经是哈佛大学的奖学金生。

在哈佛的第一年，休斯认识了马克·扎克伯格（Mark Zuckerberg）和达斯汀·莫斯克维奇（Dustin Moskovitz），他们三人一起创建了Facebook。之后，在2008年美国总统竞选中，他又突发奇想，利用新科技帮助巴拉克·奥巴马（Barack Obama）竞选。他的网站MyBarackObama.com自创建之日起，志愿者的点击就如洪水般涌现。休斯随后登上《快速公司》（Fast Company）杂志封面，题为"助奥巴马当选总统的年轻人"。

克里斯·休斯身上体现了与内部控制点相关的很多个性。有关控制核心的研究显示，处于较广范围的内在和外在行为之间存在真正的差异。通常内部控制点的人更能自我激励，能更好地控制自己的行为，更积极地参加社交和政治活动，并更积极地搜寻信息。还有证据显示，内部控制点的人能更好地处理复杂信息和解决问题，他们比外部控制点的人更倾向于成就导向。此外，具有较高内部控制点的人比外在控制点的人更倾向于影响他人，因此更可能承担或追求领导机会。具有较高外部控制点的人通常更喜欢机构化和直接的工作环境。他们比内部控制点的人更能处理那些需要顺从和一致性的工作，但在那些需要主动性、创造性和独立行动的环境里，他们通常不能高效地工作。因此，由于外部控制点的人在依赖别人指导才能成功的环境中能做得最好，所以他们很

> **行动备忘录**
>
> 你认为是运气、机会或他人的行为在你的生活中扮演着重要角色，还是自己能够掌握命运？通过"领导者自察4-2"中的问卷来了解你的控制核心特点。

少能在领导的位置上干得愉快或取得成功。

领导者自察 4-2

衡量你的控制核心程度

采用下面的程度范围来说明你同意或不同意下面 10 个问题。

1＝完全不同意　　　　　5＝有点同意
2＝不同意　　　　　　　6＝同意
3＝有点不同意　　　　　7＝完全同意
4＝既不同意也不反对

	完全不同意					完全同意	
1. 如果我得到了我想要的东西，那是因为我努力工作的结果。	1	2	3	4	5	6	7
2. 当我制定计划时，我几乎可以肯定能实现这些计划。	1	2	3	4	5	6	7
3. 我喜欢掺点运气的游戏胜过纯粹靠技巧的游戏。	1	2	3	4	5	6	7
4. 如果我下定决心，我几乎可以学会任何事情。	1	2	3	4	5	6	7
5. 我主要的成就全部都归功于我的努力工作和能力。	1	2	3	4	5	6	7
6. 我基本上不设定目标，因为我很难完成它们。	1	2	3	4	5	6	7
7. 竞争阻碍卓越表现。	1	2	3	4	5	6	7
8. 人们能够进步经常是因为运气好。	1	2	3	4	5	6	7
9. 遇到任何考试或竞争，我总是想知道自己和他人相比做得怎么样。	1	2	3	4	5	6	7
10. 对我来说坚持做某些太困难的事情毫无意义。	1	2	3	4	5	6	7

计分与解释

计算分数时，把第 3、6、7、8、10 题的得分倒转计算（即 1＝7 分，2＝6 分，3＝5 分，4＝4 分，5＝3 分，6＝2 分，7＝1 分）。例如，如果你完全不同意第 3 题的说法，你应该选择 1，但得分为 7 分。以此类推。现在把所有 10 道题的得分加起来。

你的分数：_____

这份问卷用于衡量对信念的控制。研究者们在一组大学生中采用这份问卷进行研究，发现男生的平均得分为 51.8，而女生的平均得分为 52.2，他们的平均方差均为 6。得分越高，就说明你越认为自己应该为所发生的事负责；换句话说，高分意味着较高的内部控制点，低分则表示较高的外部控制点。得分较低意味着你倾向于信任那些不可控制的力量，如有权力的人、命运或机会，你认为是这些因素主宰了影响你的事情。

资料来源：Adapted from J. M. Burger, Personality: Theory and Research (Belmont, CA: Wadsworth, 1986), pp. 400-401, cited in D. Hellriegel, J. W. Slocum, Jr., and R.W. Woodman, *Organizational Behavior*, 6th ed. (St. Paul, MN.: West Publishing Co., 1992), pp. 97-100. Original Source:D.L. Paulhus "Sphere-Specific Measures of Perceived Control," *Journal of Personality and Social Psychology* 44（1983），pp. 1253-1265.

权力主义

认为组织中应当存在权力和地位差别的信念被称为**权力主义**（authoritarianism）。具有较强权力主义的个人倾向于坚持传统规则和价值观，服从已经确立的权威，崇尚权力和强权，批判地对待他人，并不赞成表达个人感受。领导者的权力主义程度将会影响其发挥和分享权力。具有较强权力主义的领导者很可能较强地依赖正式权威，而不愿与下属分享权力。高度权力主义者与传统的理想管理方法有关，如我们在第1章中提到的。新的领导模式要求领导者少一点权力主义，尽管人们认为在这方面程度较高的领导者也会很有效。领导者还应注意，下属的权力主义程度将会影响他们对领导者权力和权威的反应。如果领导者和下属的权力主义程度不同，那么要想实现有效领导会更困难。

与权力主义相近的特质是教条主义，它是指一个人对他人想法和意见的接受能力。一个高度教条主义的人思想闭塞，不愿意接受他人的想法。当处于领导地位时，教条主义的个人经常根据有限的信息迅速做出决策，而且他们不接受那些与自己的意见和决定相冲突的想法。而有效领导者通常具有较低程度的教条主义，这意味着他们思想开放，愿意接受他人的意见。

理解个性特质和维度如何影响行为对领导者来说很有价值。了解个人的不同能够帮助领导者洞察自己和下属的行为。它能为领导者提供基本框架，用于分析环境并进行改变，最终使组织受益。

> **行动备忘录**
> 作为领导者，你可以通过考察权力主义、控制核心等特性对你与下属关系的影响来提高你的领导有效性。你可以通过降低权力主义和教条主义的程度以给大家带来动力。

4.2 价值观和态度

除了个性差异外，人们所持的价值观和态度也不同。这些差异会影响领导者和下属的行为。

4.2.1 手段型和结果型价值观

价值观（values）是个人认为很重要的基本信仰，它一般相对稳定，因此会对态度、知觉和行为产生影响。价值观会影响个人的做事方式，使其倾向于一种方式而不是其他的方式。不管我们是否意识到，我们一直在不停地评判一件事情、一个人或一个想法是好是坏，令人愉快还是不高兴，合乎道德与否，等等。如果某人在某些方面有很强的价值观，这些价值观就会对行为产生很强的影响。例如，如果高度看重诚实和正直价值观的下属遇到一个爱撒谎的领导者，即使这些谎无关痛痒，这位下属也很有可能因此不尊敬他的领导者，不愿承担他交与的任务。

考察价值观的一种方法是采用手段和结果方式。社会学家米尔顿·罗基奇（Milton Rokeach）总结出18种手段型价值观和8种结果型价值观，经证实，它们或多或少可跨文化使用。**结果型价值观**（end values）有时又称为终极价值观，是对值得追求的目标或结果的信仰。例如，有些人认为安全、舒适的生活和良好的健康状态比生活中其他事情都重要，是值得奋斗的目标；另一些人则更看重社会认同、乐趣和刺激的生活。**手段型价值观**（instrumental values）是对那些能达成目标的行为的信仰。手段型价值观包括帮助他人、保持诚实或显示勇气等。

尽管每个人都有手段型和结果型价值观，但每个人对它们给予的优先性不同，因此造成了人与人之间的巨大差异。这些差异的部分原因在于文化。例如，在美国，独立是高度推崇的价值观，因此很多组织都强调独立性，包括学校、宗教组织和公司等；另一些文化并不那么看重独立，反而更强调与某个团体的紧密联系。个人的家庭背景也会影响他的价值观。价值观是习得的而不是遗传的，但一些价值观往往在人们很小的时候就进入了他们的思维。一些领导者就

行动备忘录

"完成领导者自察 4-3"中的练习,看看你自己的价值观如何以及它们是如何影响你的决定和行为的。你是否对自己的某个手段型或结果型价值观感到吃惊?

曾举例说自己的父母是其领导能力的主要来源,因为父母帮助他们形成了价值观。例如,时代华纳有线公司(Timer Warner Cable)杰克逊—梦露分公司(Jackson-Monroe)(密西西比)总裁比尔·法莫(Bill Farmer)曾说,母亲对他潜移默化的影响,使他认识到了回报社会的重要性。法莫曾在杰克逊州立大学学习中心(Jackson State University's Learning Center)做志愿读者,曾服务于众多非营利性组织委员会,还积极地加入了当地商会的倡议活动,呼吁创建一个积极的社会环境。

领导者自察 4-3

手段型和结果型价值观

在下面每列价值观中,选出 5 个你认为最重要的价值观,然后,把选出的价值观进行排序,1 表示最重要,5 表示最不重要。

结果型价值观	手段型价值观
舒适的生活	抱负
平等	宽广的思维
刺激的生活	能力
家庭安全	高兴
自由	清洁
健康	宽容
内心的和谐	有益
成熟的爱	诚实
国家安全	想象力
乐趣	知性
救助	逻辑性
自尊	爱的能力
成就感	忠诚
社会认同	顺从
真正的友谊	礼貌
智慧	责任
和平的世界	自我控制
美好的世界	

计分与解释

罗基奇认为,结果型价值观分为两类:个人的和社会的。例如,成熟的爱属于个人的结果型价值观,而平等则是社会的结果型价值观。分析你选出的 5 个结果型价值观及它们的排序,看看你的主要结果型价值观是属于个人的还是社会的。这 5 个价值观对你来说意味着什么?在生活中做出决定时,这些价值观对你有什么影响?和另一位同学比较你的结果型价值观,解释一下通过这次练习你对每个价值观有了什么理解。

手段型价值观也分为两类：道德的和能力的。人们用来实现目标的方法可能会违反道德价值观（如不诚实）或破坏某人对自己能力的认可（如没有逻辑）。分析你选出的5个手段型价值观及它们的排序，看看你主要的手段型价值观是属于道德的还是能力的。这些价值观对你来说有什么意义？在你追求生活目标时，这些价值观对你有什么影响？和另一位同学比较你的手段型价值观，说说你从这次练习中学到了什么。

提醒：上面两列价值观并不能代表所有的手段型和结果型价值观。如果给出另外一些选择，你的答案又会不同。本练习仅用于讨论和学习，并不能作为衡量实际的结果型和手段型价值观的准确方法。

资料来源：Robert C. Benfari, *Understanding and Changing Your Management Style* (San Francisco: Jossey-Bass, 1999), pp. 178-183; and M. Rokeach, *Understanding Human Values* (New York: The Free Press, 1979).

人们的价值观通常在成年早期就已经形成了，但也可能在整个人生历程中有所改变。本章的"活学活用的领导之道"就介绍了在危机中影响领导者行为的价值观是如何经过长时间形成的。价值观可能在很多方面影响领导者和领导。还有一点，领导者的价值观会影响其对环境和问题的理解。价值观还会影响领导者如何对待他人。如果一名领导者看重服从、一致和礼貌等价值观，而下属比较独断、独立、有创造性和有点反抗精神，那么领导者与这名下属相处就会比较困难。意识到价值观的不同将有助于领导者更好地理解不同的下属并和他们一起工作。个人价值观影响领导者对待机会、环境和问题的态度，也会影响他们如何决策以回应这些事务。请看以下例子中体现的不同价值观。

活学活用的领导之道
个性是如何形成的

"那些在做关键选择时起作用的个性早就形成了。它是在之前看似不太重要的时刻所做的千百个决定中形成的。它是由过去那些'小'选择决定的——在每次良知和诱惑交战的时刻，自我欺骗说'这没什么大不了'。它是由日常所做的决策决定的，就在生活看似悠闲，危机看似遥远的时候，这些决定逐渐地、一点一滴地塑造了纪律性或惰性，塑造了自我牺牲或自我放任，塑造了承担责任的习惯、荣誉感和正直或耻辱和羞愧。"

资料来源：President Ronald Reagan, quoted in Norman R. Augustine, "Seven Fundamentals of Effective Leadership," an original essay written for the Center for the Study of American Business, Washington University in St. Louis, 首席执行官 *Series*，no. 27 (October 1998).

领导进行时

免费广告分类网站Craigslist每天拥有几千万名来自世界各地的用户，但它的创建者克莱格·纽马克（Craig Newmark）和吉姆·巴克马斯特（Jim Buckmaster）还是让商界大惑不解。为什么呢？因为赚钱不是他们的价值观之一。瑞士联合银行投资银行分析师本·沙克特（Ben Schachter）曾在一次全球媒体会议上问巴克马斯特，Craigslist公司打算如何将收益最大化，巴克马斯特却回答说"这不是我们的目标之一"。沙克特顿时哑口无言。

巴克马斯特和纽马克一向更看重社会而不是金钱。Craigslist网站对大多数信息发布都是免费的，不像易趣网（eBay）那样对成功的交易抽取费用。华尔街分析师曾透露，该公司每年仅凭边栏广告和增加几种收费条目就可以轻松赚到5亿美元。但纽马克和巴克马斯特说，这是不可能的，我们更喜欢安于现状，多谢了。

这种指引Craigslist公司的"迂腐价值观"在领导者的个人生活中也得到体现。尽管纽马克开一辆旧丰田车而巴克马斯特连车都没有，但他俩都认为自己过得很舒服。"我们认识一些很有钱的人，他们过得并不比其他人更幸福，"纽马克说，"钱成了他们的负担。这就更加坚定了我和吉姆的价值观，那就是过简单的生活。"有多简单呢？当巴克马斯特想买一部黑莓手机时，他会去网站上选一款已经停产的手机（当然是自己的网站！）。

对许多生意人来说，Craigslist公司遵循的价值观即使算不上彻头彻尾的愚蠢，至少有些古怪。然而，近年来重创华尔街的金融危机凸显了过于重视收入和利润最大化的危险性。例如，和许多银行一样，瑞士联合银行投资银行部正饱受煎熬，充满风险的以按揭贷款支持的证券产品和声称被银行领导者误导的投资者们的索赔给公司带来了巨大的损失。2009年初，瑞士联合银行报告的年度损失超过了史上任何一家瑞士公司。

价值观会指导领导者的选择和行动。例如，如果一名领导者看重富有勇气和坚持自己信仰的事情，他很可能会做出一些不那么受欢迎的决定，尽管他认为这些决定是正确的。价值观决定领导者如何获得及运用权力，如何处理矛盾，如何做出决定。一名重视竞争和抱负的领导者与一名看重合作与宽容的领导者在行为上会有很大的差异。道德价值观会有助于判断什么是对，什么是错。考虑最终目标的价值观将会帮助领导者确定工作中的行为和选择。如果领导者能认清自己的价值观，了解它们如何指导自己的行为并影响组织，那么领导就会更有效。另外，对今天的许多组织来说，阐明和确定公司价值观（如道德价值观），已经成为组织运作的重要部分。

4.2.2 态度如何影响领导

价值观会影响领导者对自己和追随者的态度。**态度**（attitude）是一种对人或事情的正面或负面的评价。正如我们在第2章讨论过的，一般说来，用一种乐观或积极的态度看待生活是领导成功、有效的关键。

行为学家认为态度有三大要素：认知（思想）、影响（感觉）和行为。认知因素是个人对态度目标持有的想法和认识，如领导者对某位员工的业绩和能力的了解和想法。影响因素是指个人如何感觉态度目标。也许领导者讨厌回答常规问题或帮助员工完成特定任务。行为因素是指个人倾向于采用一定方式实施行动。例如，领导者可能会避开某位员工或不让他参加团体的某些活动。尽管改变态度比改变价值观容易，但态度总是反映个人的基本价值观、背景和生活经历。如果一名领导者看重宽容、同情和帮助他人，而另一名领导者看重个人抱负和能力，那么他们两个人对下属的态度就会有很大不同，所采取的行为也会有很大不同。

> **行动备忘录**
>
> 作为领导者，你可以认清你的价值观，这样你就知道自己的立场，还有自己的价值观和组织其他成员有何种冲突。你可以培养积极的态度来待人待己，学着信任下属。

> **领导者书架**
>
> ## 今天不比以往
>
> 马歇尔·戈德史密斯和马克·雷特
>
> 执行教练马歇尔·戈德史密斯（Marshall Goldsmith）说，成功让许多人觉得必须要把所有事都做对。因此，他们无法意识到并改正在人际关系方面犯的错误，这阻碍了领导有效性的延续和职业发展。他在《今天不比以往》（What Got You Here Won't Get You There）一书中写到："如果其他条件相同，那么你的位置越高，你与别人的交往技巧（或缺乏这种技巧）的作用就会变得越明显。"戈德史密斯和合著者马克·雷特（Mark Reiter）指出了破坏组织人际关系、阻碍领导者发挥能力的20种行为习惯。
>
> **没有人是完美的**
>
> 每个人都有些习惯、消极的行为或态度可能影响自己的效率。下面是戈德史密斯和雷特提出的一些人的性格弱点。你是否发现自己的态度和行为中也有这些弱点？
>
> - 无时无刻不惜代价地追求成功。我们都见过这样的人——觉得自己一定要做每次争论的赢家，自己每次都是对的。他们在任何事情上都要赢。如果他们同意了同事的想法，但这想法到头来并不奏效，他们就会采取"我早就告诉过你"这类态度。在工作中，领导者想要追求凡事正确，或者证明自己是正确的，都会对人际关系及团队合作造成损害。
>
> - 抓住过去不放。回顾过去从而接受自己的过去或吸取经验，这没什么不妥。可是人们常常把回顾过去当成指责别人曾犯下的错误的手段，把过去当成是控制他人、惩罚他人未按领导要求行事的武器。
>
> - 永远不说对不起。"爱就代表着永远用不着说对不起"，这并不对。道歉是表达爱的一种行为。比起其他人际裂痕，拒绝道歉很可能招致更多的憎恨——无论是爱人之间、亲人之间还是工作伙伴之间。"在工作环境中不道歉的人，无异于穿了件写着'我可不在乎你'的T恤。"戈德史密斯说。
>
> **改变是可能的**
>
> 作为执行教练，戈德史密斯整个职业生涯都致力于帮助领导者找到并解决他们的行为盲点。他关于成功的建议对于任何真正想要提高人际关系技巧的领导者都是有益的。第一步是收集反馈信息，这些信息可以帮你找到自己需要改变的行为。下一步，要对自己人际关系方面的裂痕道歉，要展示自己正在努力改变，要倾听别人的劝说，若有人在你的改变过程中帮助你，要表示感谢，要把改变进行到底，通过这一切来解决问题。戈德史密斯指出，当你承认自己需要依靠他人时，他们通常不只会帮你进步，还会使他们自己变得更友善。
>
> *What Got You Here Won't Get You There*, by Marshall Goldsmith and Mark Reiter, is published by Hyperion Books.

我们需要考虑领导者对自己的态度。**自我定义**（self-concept）是指我们对自己的全部态度，包括自尊等因素，指个人对自己的态度是积极的还是消极的。有总体的正面自我定义的个人有很强的自尊心，而有负面的自我定义的个人通常自尊心不是很强。一般而言，有正面自我定义的领导者在所有情况下都更有效。那些有负面的自我定义的领导者由于经常感到不安全和自尊心不强，从而经常营造出限制员工成长和发展的环境。他们也可能会破坏自己的职业生涯。本章的"领导者书架"就描述了某些态度和行为模式是如何限制领导效率和职业发展的。

领导者对待下属的方式也极大地依赖他对其他人的态度。领导者风格主要基于对一般人类天性的态度——激励人的想法和情绪，人们是否诚实和值得信任，能在多大程度上进行发展和改变，等等。道格拉斯·麦格雷戈（Douglas McGregor）根据自己的管理和咨询经验，以及作为心理学家所受的训练，形成了一种理论来解释风格的不同。麦格雷戈对人类天性进行了两种假设，称为X理论和Y理论，代表两种不同的态度，即如何与下属互动及影响下属的态度。

一般而言，X理论假设人们基本上是懒惰的，没有工作的动力，天生规避责任。因此，持有X理论看法的主管会认为员工需要强迫、控制、指导或威胁，这样才能使他们付出最大努力。在有些情况下，主管给人的印象是专横、傲慢、急躁、不理会他人的感受和问题。参考第2章内容，X型的领导者很可能是任务导向型，高度关心成果而不是员工。Y理论假设人们并不是天生讨厌工作，而且如果他们喜欢这份工作的话，就会愿意为工作付出。Y理论还假设在适当的条件下，人们会寻求承担更大的责任，会在解决组织问题时发挥想象力和创造力。持有Y理论看法的领导者认为不必强迫或控制员工，以使他们有效工作。这类领导者通常以员工为导向，看重人们之间的关系，尽管有些Y型领导者也可能是任务或成果导向的。麦格雷戈认为，在看待下属和形成领导者态度两方面，Y理论是更实际和更有效的方法。有关领导者态度和成功之间关系的研究支持了麦格雷戈的观点，尽管这种关系还没有得到仔细探究。

4.3 社会知觉及归因理论

知觉（perception）是人们在社会环境中通过对信息加以选择、组织和解释来感知社会对象的过程。价值观和态度影响知觉，反之亦然。例如，一个人发觉自己的经理傲慢麻木，一段时间后，这个人可能就会产生一种态度，即认为经理都这么傲慢和麻木。这个人一旦换了新的工作，这种态度也会继续影响他对新环境中上级的看法，即便新工作环境中的领导者有可能竭尽全力地体谅、满足员工需求。再如，非常看重抱负和职业成功的领导者会将问题和下属的错误看做其个人成功的绊脚石，而看重助人为乐、服从命令的领导者则会将此视为帮助下属成长的好机会。

由于在态度、性格、价值观、兴趣和经验方面的个体差异，人们经常以不同的方式"看"同一件事。一项对美国将近2 000名员工进行的调查显示，92%的领导者认为他们在管理员工方面做的"很好"或"棒极了"，但是只有67%的员工认同这一看法。再如，在金融行业，40%的女性称，她们发现女性面临着一个"玻璃天花板"，让她们无法到达管理层的顶层，但是只有10%的男性有同样的感觉。

4.3.1 知觉偏见

知觉偏见（perceptual distortions）是领导者特别需要关注的问题。知觉偏见是指感知过程中某个环节的偏差引起的知觉判断错误。其中一些错误非常普遍，包括刻板效应、晕轮效应、投射效应和知觉防御等。领导者应该熟知这些类型的错误。认识到这些知觉偏见，领导者就能更好地调整自己的知觉，使知觉更加贴近客观实际。

刻板效应（stereotyping）是指把某个人归属到某个群体中（如女人、老年人或男人、残疾人），再把对这个群体的评价加到这个人身上的一种倾向。这样，如果有人见到新来的同事坐在轮椅上，就会将他归为"身体残疾"一类，并且可能会用对待残疾人的态度来对待这位同事，或者认为这名残疾的同事没有其他同事能干。但是，不能行走并不代表在其他领域也缺乏才能。事实上，认定别人能力不足不仅会冒犯对方，还会阻碍自己从别人所做的贡献中受益。刻板效应让人们无法真正了解他们用这种方式进行归类的人。并且，负面的刻板效应还会阻止有才能的人进步，让他们无法为组织的成功充分发挥自己的才能。

晕轮效应（halo effect）：观察者根据自己喜欢或不喜欢的某个特征来形成对某个人或某种处境的总体印象时，就会产生晕轮效应。换言之，晕轮效应让观察者看不到做全面评价时需要注意的其他特征。

晕轮效应在人的行为评价中发挥着很重要的作用。例如，一个出勤记录良好的人可能得到负责、勤奋、高效这样的评价；而另一位出勤次数比一般人要少的人就可能被认为是表现差的人。以上任何一个评价都有可能是如实的评价，但应确保评价是根据与工作相关的各个方面得出的，而不只是出于领导者自身对出勤良好的偏好，领导者有责任这样做。

投射效应（projection）是观察者在他人身上看到自身一些品质的倾向，也就是将自身的需求、感情、价值观和态度投射到对他人的评价中。以成就为导向的领导者可能会认为他的下属同样看重成就。这可能会导致领导者不顾员工的实际满足感而重新安排工作，使工作不那么循规蹈矩，变得更加有挑战性。防止因投射效应引起错误的最好措施就是自知自明和理解体谅。

知觉防御（perceptual defense）是观察者保护自身免受有威胁的思想、物体或人的影响的一种倾向。人们能察觉到让人满足、愉悦的事物，却容易忽视令人烦恼、厌恶的事。事实上，人们在感知过程中形成了盲点，因此负面的知觉资料就不会伤害到感知者。例如，田纳西州的一个非营利性教育组织的主管讨厌处理矛盾，因为在他的成长过程中，他的父母经常争吵，并且将他卷入争吵之中。在事态没有发展到不可控制之前，这位主管就会一直忽视员工之间的冲突。一旦事情爆发，这位主管就会大惊失色，感到大失所望，因为他一直都觉得员工之间非常和谐。认识到感知盲点能够帮助人们对事实有一个更清晰的认识。

4.3.2 归因理论

人们在梳理观察到的事物时，经常会对涉及的物体、事件或人下结论。**归因理论**（attribution theory）是指人们解释事件或行为的因果关系的理论。例如，许多人将组织的成败归因于最高领导者，而实际上组织表现的好坏可能取决于许多因素。人们通常也会总结、判断引起人们行为的原因——有关人或环境的一些事情。内部归因是指人的性格引起人的行为（如"我的下属因为懒惰无能而错过了截止日期"）。外部归因是指环境因素引起人的行为（如"我的下属错过了截止日期是因为他没有得到团队的帮助，而且缺少他需要的资源"）。归因很重要，因为归因帮助人们决定在遇到某种情形时如何应对。在下属错过截止日期这件事情上，把问题归咎于员工个人性格特点的领导者可能会训斥这名员工，或者采取更有效的方式，即提供额外的培训和指导。而将问题归咎于外部因素的领导者可能会尽力阻止问题将来再次发生。例如，领导者会确保组员有他们需要的资源、为解决困难提供帮助，并且确保截止日期是切实可行的。

社会学家对人类的归因进行了研究并发现了3种影响归因的因素，这3种因素适用于外部归因，同样适用于内部归因，图4-1对这3种因素进行了说明。

- 特异性，指某种行为对行为者来说是否异常（如与多数情况下做同类事情时的行为表现对比）。如果这种行为是不同以往的，观察者很有可能进行外部归因。

- 一贯性，指被观察的人在过去是否有过同样的行为。对于一贯的行为，人们通常会进行内部归因。
- 一致性，指他人在面对相似情形时是否会做出同样的反应。观察到其他人会用同一种方式来应对相似的情形时，观察者很可能进行外部归因。也就是说，看起来是环境导致了这种行为的产生。

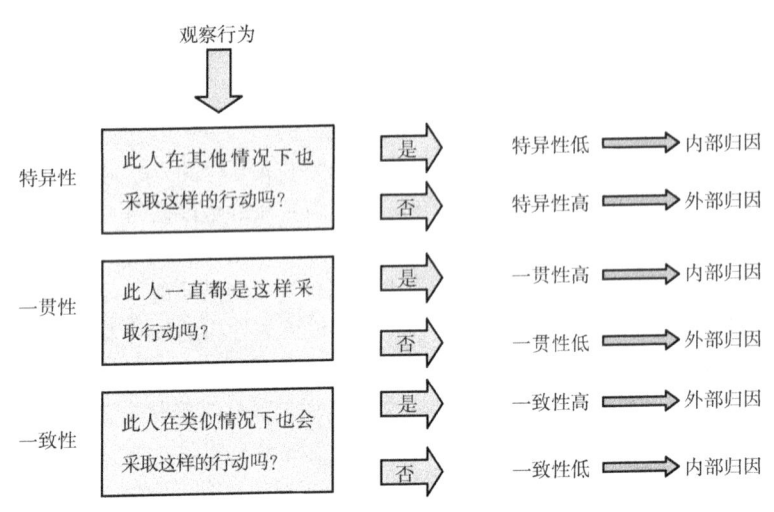

```
                        观察行为
                           ↓
特异性    此人在其他情况下也     是 → 特异性低 → 内部归因
          采取这样的行动吗？    否 → 特异性高 → 外部归因

一贯性    此人一直都是这样采    是 → 一贯性高 → 内部归因
          取行动吗？          否 → 一贯性低 → 外部归因

一致性    此人在类似情况下也会  是 → 一致性高 → 外部归因
          采取这样的行动吗？   否 → 一致性低 → 内部归因
```

图 4-1　影响内部归因和外部归因的因素

除了这些大体的规则外，人们在进行归因时还容易加入自身偏见。评价他人时，人们很容易低估外部因素的影响而高估内部因素的影响。这种倾向称做**基本归因错误**（fundamental attribution error）。我们来仔细思考一下某个人晋升为首席执行官这件事。员工、外部人员和媒体通常都将焦点集中在能够获得晋升的那个人的性格上。然而，事实上之所以选择那个人有可能是受到了外部因素的影响，如由于生意状况，在那个特殊时期需要一个有深厚的金融和营销背景的人。

另一种导致归因偏差的偏见出现在人们对自己的行为进行归因的时候。人们在成功时，容易高估内部因素的贡献，而失败时则容易过度归因于外部因素。这种倾向称做自我服务偏见（self-serving bias）。也就是说，人们会在做得好的事情上过度肯定自己，而失败时又会过分埋怨外力的影响。因此，如果领导的下属说自己听不明白，领导者又认为下属不能很好地沟通时，事实上很可能是中间的某个环节出了问题。Emerald 包装公司的凯文·凯利（Kevin Kelly）通过克服自我服务偏见来检验自己的归因并提高了领导效率，具体事例如下。

领导进行时

凯文·凯利和 Emerald 包装公司

身为位于加利福尼亚的家族企业 Emerald 包装公司（一家为食品产业制作塑料包装的公司）的最高领导者，凯文·凯利认为自己掌控着整个公司的运营，自己是公司日益上升的营业额和利润的缔造者。当公司停滞不前时，凯利则认为是由于他的经理拒绝接受能够让生意兴隆的新理念。他认为除了自己以外，每个人都需要改变。

一段时间以来，凯利的领导方式一直都是对员工训斥和发牢骚。后来，他决定换一种角度看事情。真的全都是经理们的错吗？当他意识到因为业务多年的快速增长，每个人的压力都很大时，凯利决定雇用一批新的经理人来援助他这支筋疲力尽的队伍。但是奇怪的是，情况看起来更糟糕了，新的经理人感到无法融入组织，而老员工看起来更心不在焉了。凯利不得不面对一个残酷的事实：他并不是组织中唯一一个无须改变的人。他认识到了自己也是问题的一部分。

认识到自己也需重塑自我之后，凯利感到既紧张又兴奋。他向顾问咨询并参加课程以提升自己与人相处的技巧。他开始定期和新老员工沟通，让他们彼此团结成为一个集体。通过检验自身归因并转换对自己、组织环境和经理人能力的看法，凯利所做的改变成功地让两个小组团结成为一个集体。

4.4 认知差异

我们要探讨的个体差异的最后一个方面是认知类型。**认知类型**（cognitive style）是指个人感知、处理、解释和利用信息的类型。因此，我们讨论的认知差异，指的是如何用各种不同的方法来感知和吸收数据，进行决策，解决问题，以及学会如何与他人相处。认知方式是一种偏好，并不一定是固定不变的，但大多数人倾向于只有一些偏好的思维习惯。一种最广为人知的认知差异是所谓的左脑思维模式和右脑思维模式。

4.4.1 思维模式和大脑主导

神经学家和心理学家早就发现大脑有两个半球。而且，科学研究还显示，左半球控制身体右边部分的运动，而右半球控制身体左边部分的运动。在 20 世纪六七十年代，科学家们还发现这两个界限分明的半球影响思维方式，从而引发了对左脑思维模式和右脑思维模式的兴趣。左半球与逻辑、分析性思维及解决问题的线性方法有关，右半球则与以创造力、直觉、价值观为基础的思考方式相关。最近的 JC Penney 电视广告就提供了一个简单的例证。广告中一位女士的右脑告诉她出门去花钱，买些喜欢的衣服，而她的左脑却告诉她要有理智，要省钱。另一个简单的例子是，那些擅长口语和书面语言的人（与线性思维过程相关）使用的是左脑，而偏向通过视觉形象来理解信息的人通常使用右脑。

尽管有关左脑思维和右脑思维的概念从生理学上来说并不是完全准确的（并不是所有与左脑思维相关的过程都发生在左脑，同样也不是所有与右脑思维相关的过程都集中在右脑），但是这个概念为这两种不同的思维方式和决策方式提供了一个很好的比喻。值得注意的是，每个人都会用左脑和右脑进行思维，只是程度不同罢了。

> **行动备忘录**
>
> "领导者自察 4-4" 是一个经简化的测试，帮助你了解自己的思维偏好。在继续阅读之前，根据指导完成练习，根据赫尔曼的全脑模式对自己主要的思维模式有个了解。之后阅读对每种模式的描述。

就在最近，这些观点被拓展为全脑理论（whole brain concept）。奈德·赫尔曼（Ned Herrmann）在 20 世纪 70 年代末成为通用电气公司的经理时，就开始发展全脑理论。多年来，他调查了成千上万个个人和组织，不断完善他的理论。全脑理论不仅研究个人对右脑和左脑思维的偏好，还研究理论和经验思维。赫尔曼的全脑思维模型定义了不同思维方式的 4 个象限。尽管全脑理论从生理学上来说也不是完全准确的，但它对于理解不同思维模式也是一个绝佳的比喻。在大多数情况下，一些人很强地依赖某个象限，而另一些人则可能依靠两个、三个甚至所有象限进行思维。通过赫尔曼大脑主导工具（Herrmann Brain Dominance Instrument, HBDI）可以确定个人对每种方式的偏好，这个调查已经对成百上千个人进行过实验。

全脑理论为了解个人思维偏好提供了一项有用方法，这种偏好反过来也会影响沟通、行为和领导。

领导者自察 4-4

你的思维方式是什么

下面的特征与赫尔曼全脑理论的 4 个象限有关。想想你自己是如何处理问题和进行决策的。此外，想想你是如何进行工作、完成课堂作业及与他人相处的。从下面的词汇中圈出 10 个你认为最能描述你的认知模式的词。尽量诚实地、按照你的本性而不是你可能喜欢的模式进行选择。答案没有对错之分。

A	B	C	D
分析的	有组织的	友好的	顾全大局的
实事求是的	有计划的	善于接受的	富有想象力的
指导性的	有自制力的	热情的	直觉的
严谨的	注重细节的	善解人意的	综合的
实际的	保守的	有表现力的	好奇的
聪明的	有纪律的	感情投入的	自发的
客观的	实践的	可信任的	灵活的
知识渊博的	勤勉的	敏感的	思想开放的
伶俐的	坚持的	充满激情的	概念化的
清晰的	有执行力的	人道主义的	喜欢冒险的

A 列词汇与逻辑、分析性思维有关（象限 A）；B 列词汇与有组织的、细节导向的思维有关（象限 B）；C 列词汇与以感情为基础的思维方式相关（象限 C）；D 列词汇与综合型和想象型思维有关（象限 D）。你偏好的思维方式主要落在某个象限内，还是平均分布在这 4 个象限中？如果你的偏好集中分布在某个象限内，你是否对此感到吃惊？

象限 A 与逻辑思维、事实分析和数据处理有关。受象限 A 支配的人通常比较理性和实际，能评判性地思维，喜欢处理数字和技术问题。这类人喜欢了解事情是如何进行的，并遵循逻辑顺序。象限 A 主导思维的领导者喜欢发号施令和掌握权威。他们专注于任务和活动，喜欢处理具体的数字和事情。对他们来说，观点和感觉通常没有事实重要。

象限 B 与计划、组织事实及细节回顾有关。强烈偏好象限 B 进行思维的人能做到有条不紊，可靠和整洁。这类人喜欢设定计划和程序，并按时完成。象限 B 主导思维的领导者一般比较保守和传统。他们喜欢规避风险，力求保持稳定。因此，不管环境情况如何，他们会坚持遵守规则和程序。

象限 C 与人际关系有关，影响直觉和感情思维过程。处于象限 C 的个人对他人较为敏感，喜欢与别人互动和指导别人。他们通常感情丰富，善于表现，性格外向，支持他人。象限 C 主导思维的领导者很友好，值得信任并富有同情心。他们关心员工的感受胜过关心任务和程序，强调员工个人发展和培训。

象限 D 与概念化、综合性及整体化事实和模式有关。偏好象限 D 思维的人富有远见，总是看到全局而不是只关注细节，充满想象力，喜欢推测，打破常规，乐于冒险，还有可能冲动。这类人好奇心较强，喜欢实验和有趣的事。象限 D 主导思维的领导者具有全局观念，富有想象力。他们喜欢变化、实验和冒险，给予下属极大的自由和灵活性。

并没有哪种方式是更好或更差的，但任何一种方式超过了极限都可能变得有害。每种方法对领导者和下属来说都有积极和消极的结果。要记住的是，任何个人，哪怕对某个象限有很强的偏好，实际上都会有对这 4 个象限偏好的结合。

因此，象限 A 主导思维的领导者可能也会有其他象限的思维方式，同样也会影响其领导有效性。例如，有象限 A 偏好的领导者可能也有象限 C 的偏好，即关注人际关系。因此，尽管他主要关注任务、事实和数字，他也会关心员工的感受。

此外，赫尔曼还认为人们应该学会利用"全脑"，而不应仅仅依赖某个或某两个象限思维方式。他的研究显示，很少有人能在这 4 个象限中实现完全的平衡，但是人们可以认识到自己的思维偏好，并从事一些活动和行为来加强那些不太偏好的思维象限。根据赫尔曼的研究，那些成为组织最高领导者的人总是有比较平衡的大脑思维。实际上，典型的首席执行官一般会有至少两种甚至四种强烈的思维偏好，这样他们就有广泛的思考意见供选择。较广范围的思考模式对组织高层来说尤其重要，因为这些领导者需要面对各种不同的人，处理各种不同的复杂事件。

每个人都有不同的思维方式，理解这一点可以帮助领导者更有效地与下属相处。有些领导者认为，每个人对同样的事情和行为有同样的反应，因此采用同样的方法对待他们，但事实不是这样的。一些人喜欢事实和数字，一些人则想了解关系和模式；一些下属偏好自由和灵活性，一些则渴望结构和秩序。杰夫·科易（Jeff Koeze）从前是一位法学教授，他放弃了他的工作，接管了销售果仁和糖果的家族企业。科易对认知差异的理解帮助他完成了从教师到企业领导者的艰难转变。

领导进行时

杰夫·科易和科易食品公司

科易食品公司（Koeze Company）是一家有着 86 年历史的从事果仁和糖果生意的家族企业，但杰夫·科易从来没有想过亲自经营这家公司。当他的父亲斯科特·科易告诉杰夫他已经厌烦生意场时，杰夫答应接管企业。好家伙，他要学的东西太多了。其中最大的一个挑战就是如何和员工相处。

杰夫的思考方式与沟通方法非常接近象限 A 的主导方式——过于理性，严谨，受数据主导，还有一些象限 D 主导的特点——乐于学习，敢于尝试，综合全面。他与员工沟通的方式就是呈现许多事实和数据，以得到取得成功的最有力度的论据。有时由于他总是考虑太多而很难做决定。员工都感到很迷茫。他们希望身为老板的科易能告诉他们应该去做什么，而不是让他们去辩论。

慢慢地，通过大量阅读并同顾问合作，科易转变了自身的方式。他不再依赖一些事实和论据，而是开始建立自己的人际关系网。科易同员工分享他的想法和关注的问题，这让员工不再感到那么拘束。他开始培养耐性，并且尝试着根据员工的要求而不是根据自己的要求同员工接触。例如，他近乎强制性地安排了一名员工计划并组织建立新的程序。他懂得了有时他需要停止做调查，直接做决定。对一些员工来说，比起讨论和辩论，他们更喜欢直接的命令。

杰夫·科易依然讲求逻辑，依然注重数据，但是他也更能理解在思维模式上的个体差异。员工更加开心，科易也注意到许多员工和他越走越近。

杰夫·科易意识到作为一名领导者，他需要有更加平衡的思维模式，同过去作为法学教授使用的思维模式相比，他需要更多的象限 C 的思维模式。在上面的例子中，领导者可以改变自己的风格和行为，更有效地与下属沟通，从而帮助他们实现自己的最大潜能。领导者还可以通过录用不同认知风格的员工来实现组织目标。

4.4.2 解决问题的方式：Myers-Briggs 分类指标

另一项认知差异研究来自心理学家卡尔·荣格（Carl Jung）。荣格认为，个体行为差异是由于人们在解决问题和进行决策时，收集和分析信息的方式不同。在美国广为运用的一种个性测试被称为 **Myers-Briggs 分类指标**（Myers-Briggs Type Indicator，MBTI），它是用来衡量个人在这些方面的不同差异的。MBTI 已经被全世界人广泛使用，能帮助个人更好地理解自己和别人。《财富》杂志评选的前 100 强公司的领导者有近 90%称其在雇用和晋升员工时使用 MBTI 帮助做决定。

> **行动备忘录**
>
> 作为领导者，你可以争取用"全脑"思维有效地应对各种人和复杂的问题。你可以认识自己本来的思考方式并体会其他帮助你开阔思路的愿景。

MBTI 采用 4 对不同类型的个性来测试个人属于 16 种不同个性中的哪一种。

（1）内向型和外向型。这点侧重于了解个人如何获得人际交往能力和思想活力。外向型个人（E）从与他人接触和互动中获得思想活力，而内向型的人（I）则从个人思想和感受中获得精神活力。

（2）感觉型和直觉型。这点侧重于了解个人如何吸收信息。那些偏好感觉（S）的人通过 5 种感觉收集和吸收信息，而靠直觉的人（N）较少依赖直接的感知，他们更多地依靠模式、关系和预感，而不是对事实和细节的直接感受。

（3）思考型和感情型。这点是关于个人在进行决策时是否给予感情上的考虑。感情型（F）倾向于更多地依靠自己的价值观和是非判断，他们会考虑自己的决策将如何影响他人感受。思考型（T）倾向于更多地依靠逻辑，在进行决策时非常客观。

（4）判断型和感知型。这点是指个人对模糊性的态度及如何快速做出决定。有判断偏好的个人喜欢确定性和封闭。他们喜欢有目标和期限，会根据可利用的数据快速做出决定。感知型的人喜欢模糊性，不喜欢有期限，在做最后决定前可能会改好几次主意。感知型的人在决策前喜欢收集大量数据和信息。

把这些偏好进行不同组合就能得到 16 种不同的个性类型。网上还有大量可供打印的练习可以帮助人们确定自己的 MBTI 思维偏好。由于个人对外向和内向、感觉和直觉、思考和感情、判断和感知等不同类型的偏好，会形成独特的优势和弱点。采用全脑理论，MBTI 个性类型不能被看做根深蒂固或不可改变的。人们对自己的偏好、培训和生活经历的认识能够随着时间的推移而影响其偏好。

此外，领导者还应记住每种类型的个性都对行为有积极和消极的影响。通过了解自身的 MBTI 类型，领导者能够学会如何最大程度地发挥优势，减少弱势。GMAC 家庭服务（GMAC Home Services）首席执行官约翰·比尔登（John Bearden）采用 MBTI 来进行测试，发现自己是一名 ENTJ 型（外向、直觉、思考和判断）领导者。在进行较困难的决策时，ENTJ 型的人充满活力，富有激情，非常自信。但是在做判断时，他们会很傲慢，不考虑别人感受，而且很草率。比尔登开始有意识地修正自己的领导模式，他下定决心要努力对硬性数据给予更多考虑，并倾听同事的意见。比尔登在最近的一次全公司大会上把自己当做例证。"在过去，我会很早地以自己的立场介入问题，很可能在整个决策过程中带有偏见，"他说，"但是现在，我很愿意让其他人站在自己的立场上陈述自己的想法，并进行创造性的争辩。我需要做的只是坐下来吸收他们的理解。这个过程真令人愉快。"

近年来，MBTI 在领导研究中得到越来越多的运用。这些研究证实并不存在所谓的"领导型"，所有 16 种 MBTI 类型都可以使领导者有效工作。通过全脑理论的 4 个象限，领导者可以了解如何利用自己的偏好，以及如何平衡自己的方法，使其最能适应下属和环境情况。但是，研究也揭示了一些有趣的但可能是暂时的发现。例如，尽管外向被认为是对领导者很重要的个性特质，但现实中的领导者实际上是处于外向和内向之间的。在感觉和直觉方面，数据显示，感觉型的人所在的大部分领域需要进行的决策是立即的和可见的，如建筑、银行和制造业。但是，在那些需要开疆拓土或进行长期规划的领域，直觉型领导者占了多数。思考型（与感情型相对）领导者更多地存在于商业、工业和科学领域。此外，思考型甚至还更多地成为那些看重"感情"的组织的领导者，如咨询中心等。最后，最一致的发现是，判断型在所研究的领导者中占了绝大多数。

因此，根据有限的研究，与成功领导最相关的两种偏好是思考型和判断型。但是，这并不意味着有其他偏好的人不能成为有效领导者。必须进行更多研究才能对 MBTI 类型与领导之间的关系得出准确的结论。

4.5 与不同个性类型的人一起工作

就像本章前面所提到的，领导者要和不同的人一起工作，他们的不同表现在许多方面。特别是个性的不同，它可以让领导者的生活丰富多彩，有时也会让人感到气愤。这些不同可以创造一个勇于创新的环境，也可能带来压力、矛盾和消极的情感。

领导者可以依照以下原则更好地同性格类型不同的人一起工作。
- 了解自己的个性及对他人做出的反应。避免根据有限的信息评判他人，要懂得每个人的个性都有许多侧面。学会控制挫败感，来帮助自己确保不同个性的人都能投入到要实现的目标和要完成的任务中。
- 尊重每个人。每个人都喜欢让人接纳，让人欣赏。即使你发现有些人的个性让你反感，你仍然要保持你的职业素养，控制住你的愤怒。不要说别人的闲话，也不要取笑他人。
- 每个人都希望自己特有的才能够获得别人的赏识，因此，要确保注意到别人有价值的个性特点并加以利用。例如，个性悲观的人可能很难相处，但是这些忧郁的人注意到的一些合理的问题有时会对你的想法或计划有帮助。
- 与自己个性迥异的人相处的一个好办法就是在每次可能出现理解错误时澄清问题。在提每个问题或每个要求时都要解释清楚你为什么想要这样做，这样做会对组织和个人有什么帮助。
- 要牢记，每个人都想融入集体。无论人们的个性如何，他们通常采取的行为都会符合这个环境中的规范。领导者可以制定一些规范，让每个人保持积极和高效。

在任何小组或组织中，偶尔发生个性冲突可能是无法避免的，但是利用这些技巧，领导者大体可以维持一个积极、高效的工作环境。

本章小结

- ☑ 本章考察了影响领导者和领导过程的一些个体差异。个体间的不同有许多表现形式，如个性、价值观和态度，以及思考和做决定的方式。
- ☑ 五大个性维度模型可以检验不同的人在外向性、随和度、责任感、情绪稳定性、愿意有各种经历5种维度中的表现值是高还是低。虽然在每种个性维度中表现值高表示领导会很成功，但是在不同维度中表现值低的人也有可能是高效的领导者。对领导者行为有重要影响的两种个性特质分别是控制核心和权力主义。
- ☑ 价值观是个人的基本的信仰，是人们为什么喜欢用一种方式而不是另一种方式做事的原因。考察价值观的一种方法就是采用结果型价值观和手段型价值观的方式。结果型价值观是对值得追求的目标的信仰，手段型价值观是对那些能达成目标的行为的信仰。领导者对自身和他人的态度影响着领导者如何对待下属，如何与下属合作。X理论（Theory X）和Y理论（Theory Y）假设，代表了领导者可能对人们持有的两种截然不同的态度。
- ☑ 个性、价值观、态度的不同会影响知觉，知觉是人们选择、组织和解释信息的过程。知觉偏见包括刻板效应、晕轮效应、投射效应和知觉防御。归因理论是人们解释事件或行为的因果关系的理论。根据感知，人们可以做内部归因或外部归因。
- ☑ 另一类个体差异是认知类型。全脑理论不仅研究个人对右脑和左脑思维的偏好，还研究对理论和经验思维的偏好。它对于理解不同的思维模式是一个绝佳的比喻。人们应该学会利用"全脑"，而不应仅仅依赖一种思维模式。另一种考察认知差异的方式是MBTI，它用来衡量个人在内向和外向、感觉和知觉、思考和感情、判断和感知几个方面的偏好。
- ☑ 最后，本章提出了一些有关领导者如何与不同个性类型的人有效合作的建议。通过了解领导者自己的个性、尊重每个人、看到他人特有的才能、避免沟通矛盾及营造积极的氛围，领导者可以更好地让各种各样的人保持工作高效，将注意力集中在目标上而不是个性差异上。

讨论题

1. 外向通常被看做领导者具有的"好"素质。为什么内向没有同样被看做具有积极效果的素质呢？

2. 数据显示，79%的首席执行官属于"高度乐观型"，而属于"高度乐观型"的首席财务官的比例就小的多。你认为这些差异体现了个性特点还是工作要求的不同？讨论一下。

3. 本章提出一种与不同个性的人高效合作的方式是尊重每个人。如果下属一直很粗鲁、麻木并且不尊重他人，领导者会怎样应对呢？

4. 为什么"愿意有各种经历"这一维度被历史学家认为与美国最伟大的总统有很高的相关性，而与商业领导者的相关性却比较低呢？你认为这一维度对今天的商业领导者来说是否比过去更重要？试讨论一下。

5．今天，在许多组织中，领导者利用性格测试的结果决定雇用和晋升。对此种方式的利弊进行讨论。

6．从"领导者自察4-3"中，找出4~5种可能引起领导者和追随者的矛盾的价值观（可以是手段型价值观，也可以是结果型价值观），并解释一下。

7．你认为根据全脑理论理解自己的偏好会帮助你成为更好的领导者吗？试讨论一下。

8．领导者如何运用对大脑支配的理解来提高组织各部分的职能？

9．根据MBTI，为什么思考和判断这两大特征与有效领导力最相关？你如何理解？

10．一位社会评论家指出，领导者过于乐观的态度部分导致了最近发生的金融危机。你认为是这样吗？领导者如何能防止"乐观"危害到组织？

现实中的领导：过去和未来

在下面画一条线能标注出你生活中高低起伏的经历。想想那些关键决定、关键时刻、高峰体验和最主要的让你失望的时刻——所有那些形成了今天的你的时刻。从左至右画这条线，并在高低起伏的地方写上一两个词。

出生那年：   今天的日期：

是什么促使你形成了这些宝贵的经验？它们是如何影响今天的你的？

_____
_____

现在再来回顾一下你的生活。在未来10年中，写下你希望拥有的领导经验。采用过去时来描述每个10年（比如，下一个10年：很高的起薪、开始讨厌第一份工作、提升到公司中层管理层）。

下一个10年：
_____
_____

第二个10年：
_____
_____

第三个10年：
_____

第四个10年：

你将使用哪些个人技巧和优势来实现这些未来目标？

在你所画的生命线和上面的答案中，核心目的或主题是什么？

理想中未来的你会对现在的你说些什么？

上面的答案与你在本章"领导者自察4-6"问卷中的分数有什么联系？

领导力开发：案例分析

国际银行

纽约一家大型国际银行的高层和董事会正在开会决议一个新职位的最后三位人选。获胜的人将得到一个备受瞩目的职位，管理一组最近在拉丁美洲使银行卷入一些风险财务合约的高级信贷员。当墨西哥比索崩溃时，银行采取了一些金融措施，董事会投票同意雇用一个人来直接管理这些高级信贷员，以便在责任进一步明确前确定主要贷款的负责人。尽管银行喜欢做一些能尽可能地接近执行层面的决策，但银行认为这些信贷员已经失去控制，需要对他们加以限制。担任新职位的人是否能起作用对银行的未来有至关重要的影响。经过仔细审查简历后，董事会挑选了六名候选人进行第一轮面试，之后确定了三名最后人选。他们三人看起来都有足够的才智和经验来胜任这份工作。在进行第二轮面试前，董事会请银行常用的咨询公司来审查这些候选人，进行更广泛的背景审查和个性测试。下面是对三名候选人的审查报告。

A.M.：这名候选人相对缺乏自我意识，对未知事物表现出恐惧。她有点内向，对公开和明显地运用权力感到不安。A.M.认为所有人生来都是高贵的、和善的，会做正确的事情，因此可以通过讲道理和解释原因来影响和修正任何人的行为。一旦了解到某人的缺点，A.M.会尽力帮助他改正。她认为所有人都会为组织的目标感到高兴、满足，并致力于为之奋斗。

J.T.：J.T.是一名外向型的人，强烈追求成就和权力。他喜欢新的经历，容易冲动，喜欢冒险。他对自己的能力十分肯定并高度自信，但对他人的动机和能力却高度怀疑。J.T.认为一般人天生不喜欢工作，会尽可能地逃避责任。他要花很长时间才能信任他人，但经过足够长的时间后能和他人建立起密切而信任的关系。总体来说，J.T.认为大多数人需要强制、控制和威胁才能很好地完成工作，对组织做出贡献。

F.C.：这名候选人也是外向型的，但在富有竞争力的同时，她不像很多外向型个性的人那样有很强的支配欲。F.C.具有高度的责任心和目标导向，为了实现目标，她会做任何她认为必要的事情。F.C.对他人的态度总体而言是积极的，相信大多数人都愿意为组织做最大的贡献。但F.C.看起来很难和别人建立亲近密切的关系。她活泼、外向的性格使她很容易与许多人建立比较表面的关系，但她似乎不信任自身和他人内心的感情并且有意回避，从而无法与他人建立密切关系。

资料来源：This case is based on information in "Consultant's Report" in John M. Champion and Francis J. Bridges, *Critical Incidents in Management: Decision and Policy Issues*, 6th ed. (Homewood, IL; Irwin, 1989), pp. 55-60; and James Waldroop and Timothy Butler, "Guess What? You're Not Perfect," *Fortune*, (October 16, 2000), pp. 415-420.

❓ 问题

1. 根据咨询师的报告，你会在三名候选人中选谁作为信贷员的领导者？讨论并为你的观点辩护。

2. 选拔委员会现在对候选人的分歧意见比以前更大，你认为还需要哪些其他信息来帮助筛选最佳人选？

3. 你认为个性评估应在筛选中占多大比重？你认为在确定一个人是否适合某项工作时使用个性评估有用吗？试讨论一下。

国际环境设计公司

李惠子（Lee Keiko）草草吃完午饭，回到公司就浏览邮箱的收件箱，看看自己一直担心的那封邮件在不在。果然，她在十几封邮件里找到了这封标记为"最优先级"的邮件。惠子让身体陷入椅子里，心里做好了打开它的准备。惠子点击邮件的时候胃不由得抽搐了一下，但她还是下定决心面对自己的老板巴里·卡佛（Barry Carver）的痛斥。巴里·卡佛是惠子在国际环境设计公司（EDI）的老板，这家迅速发展的"绿色"公司专门翻新改造商业大厦，以提高其能源使用效率。

EDI 公司的主要客户是摩天大楼的物主，他们希望通过改造大楼来减少能源消耗和全球变暖的主要因素——温室气体的排放。在这些高耸的摩天大楼里，主要的能源消耗在于照明、制冷和供暖这三方面。比如，纽约市帝国大厦（Empire State Building）的物主希望对这栋78年的大楼进行改造，这样每年可以节省440万美元，到2013能源消耗可以减少38%。

惠子料到会收到卡佛言辞尖刻的邮件，也知道他会劈头盖脸地斥责她和她的团队，因为芝加哥一栋60层的摩天大楼需要翻新以达到联邦政府的绿色标准，而他们错过了上周五翻新计划书的递交截止期。惠子曾经提醒过卡佛，由于联邦政府的能源效率条例不停变化，计划书也许无法如期完成,她对此无能为力。她甚至还与客户协商,提醒他们可能逾期,客户也同意延后截止日期。

但不管怎样,卡佛还是对逾期一事大为恼火,给惠子发了这样一封言辞生硬、毫不顾及别人感受的邮件。"我还指望着你能按期提交计划书,和监管机构合作时效率高点儿。你的无能差点儿让我们失去这个重要工程。"他在邮件里吼道,"你怎么就不能像我一样,对这个工程做到尽职尽责呢?我一个人哪干得了这么多事情!"卡佛经常让下属的日子不好过——把他们骂来骂去,逼他们取得成绩,这又是一个例子。卡佛对自己的同事也开始疏远。在近一次讨论芝加哥摩天大厦的上千扇窗户更换问题的会议上,卡佛指责一位同事没比较价格就选定了一个供货商,弄得那位同事十分难堪。"如果你没完成前期准备工作,特洛伊,我该怎么评价你的提议?礼拜五前必须给我新报价!"卡佛嚷道。

卡佛是位技艺精湛的建筑师,对 EDI 公司芝加哥办事处设计师团队的管理尽职尽责。尽管之前强硬的个性让他在公司步步高升,但现在他咄咄逼人的沟通方式开始给他制造麻烦,也阻碍了他得到想要的结果。看了自己的工作表现考核,卡佛意识到,周围对他的抱怨越来越多,和他共事已经成了一种煎熬。就连老同事也在尽量躲避他,想尽办法不和他共事。察觉到了身边越来越重的敌意,卡佛开始重新思考他和下属及同事之间相处的方式。他非常想应用一些他最近在管理者教育课程上学到的方法。

卡佛在一次技巧评估活动中了解到,如果沟通时态度更温和,与他人建立起共识,并且工作时多从团队角度出发,就会取得更好的效果。而且,他意识到,在与联邦政府监管机构打交道及重要建筑工程因无法避免的逾期进度受阻时,他要找到控制自己的愤怒与懊恼的方法。想到技巧评估,卡佛不由得想到是否可以柔化自己的形象,没准还可以让自己得到期待已久的 EDI 洛杉矶办事处高管职位。

资料来源: Based on information in Gerry Yemen, Erika H. James, and James G. Clawson, "Nicholas Gray: The More Things Change . . . ," Darden Business Publishing, University of Virginia, Copyright 2003; and Mireya Navarro, "The Empire State Building Plans a Growth Spurt, Environmentally," *The New York Times* (April 7, 2009), p. A25.

? 问题

1. "作为高层领导人,你会因为能力而受聘,你也会因为性格问题而被解雇。"你认为这个论述正确与否?这与巴里·卡佛及他现在的领导方式又怎样的相关性?

2. 指出本案例描述的对巴里·卡佛工作中人际关系造成损害的行为。一个经理人为什么会这样处事?这些行为对他的同事及下属有哪些消极影响?

3. 卡佛(或任何人)改变自己的领导技巧有何现实意义?他会需要怎样的帮助?

Chapter 5

第 5 章 领导者的精神和心理

通过本章的学习，你应该能够：
- 意识到思维模式能指导你如何行事和建立各种关系。
- 保持思想上的警惕，进行批判性思考，行事谨慎留心而非粗心大意，并在这样的基础上进行独立思考。
- 打破分类思考模式，开放思想，接受各种新想法和不同的视角。
- 开始把系统思考和自我控制的方式运用到学校或工作的各种活动中。
- 培养情商，包括形成自我意识、调控自己的情绪、自我激励、认知他人的情绪及处理各种人际关系。
- 区分用爱激励和用恐惧激励这两者的不同。

陆军中校霍华德·奥尔森（Howard Olson）在向眼前的这群人做调查时，他清楚地知道这些人中大部分的职位都比他高。但是，他依然使用了这样一段开场白："你们每个人的身上都有缺点，这些缺点会让你们变得愚蠢……而且在有些人身上，这样的缺点还不止一处。因为在此之前我和你们每个人都谈过，所以我很清楚你们的这些缺点。"

这个讲座是被美国陆军非正式地称做"魅力学校"课程的一部分，课程为期一周，每年都会为少数几个即将被提拔为准将的军官开设。每个人都听说过美国陆军擅长用一种全新的方式思考和行动在新兵训练营里训练新兵，但却很少有人亲眼看到过他们如何去培训高级别的军官，从而使他们能够在精神和情感上都实现质的飞跃。在"魅力学校"，人们鼓励新提拔的将军勇于触碰其内心深处的缺点，并努力克服自己性格中的这一缺点。

在这项训练中，另一些反复出现的主题包括避免出现不道德的行为，用道德勇气进行领导，以及克服骄傲自大的心理，这些是"将军最致命的错误"。长期担任步兵司令的约翰·基恩（John Keane）中将，提醒军官们必须"身先士卒；把自己置于危险之中……对于恐惧、孤独和绝望，你必须和他们感同身受……"这是提醒他们记住，那些真正关心自己下属的军官才是伟大的军官。

美国的企业界没有这种类似的培训，但是如今，"魅力学校"的这一课程受到了许多企业的关注，这些企业的领导者正在学会将工作关系建立在信任、谦逊、关怀和尊重的基础上。

人们不可能与自己的感情分离，领导者只有通过感情才能使员工对共享的愿景和使命负责，接受组织的价值观和文化，关心工作和他人。著名的领导学方面的作者和学者沃伦·本尼斯说过："成为一个真正出色的领导者和成为一个完整全面的人没有区别。"在本章和第 6 章中，通过对领导者心理和精神的研究，我们将对当今社会中的一种思想，即领导者作为完整的人的重要性，进行探讨。人格完整的领导者可以帮助他人完全发挥自己的潜能，并为组织做出自己的全部贡献。我们将首先定义什么是领导者能力，然后对前面章节中提出的一些观点进行扩展，思考一下如何能将让我们的思想和感觉得到转变的那些能量用于帮助领导者去改变自身的行为，影响他人，以及使工作更加高效。我们将讨论思维模式的概念，看看诸如独立思考、开放式思维和系统思维等因素是如何对领导者起到重要作用的。之后，我们会进一步讨论情商概念中的人类感情，以及在领导者和下属关系中爱和恐惧这两种情感的对立。第6章将转向讨论道德领导和勇气中反映出来的精神。

5.1 领导者的才能和能力

从传统角度看，有效的领导就如同出色的管理一样，被认为是在一系列的技巧上具备的能力。一旦具备了这些特殊技巧，只需要将它们付诸实践便可成功实现有效的领导。但是，如同我们从个人经验了解到的一样，与他人一起有效工作绝不只是实践那些特殊的、理性的技巧而已。它经常意味着要利用我们自身微妙的部分——思想、信仰或感觉，并且使这些部分对他人而言显得有吸引力。任何参加过运动队的人都知道思想和感情对成绩的影响是多么大。有些运动员，从技术角度看，水平并不出众，但是通过用心比赛，同样可以取得骄人的成绩。那些能帮助其他人注意到这种积极情感和思想的运动员往往就会成为队中的领袖。

就如同在运动场上一样，在组织中技巧能力固然很重要，但拥有这些还远远不够。尽管领导者必须致力于诸如生产日程、结构、财务、成本、利润等组织事宜，但同时他们也要十分关注人的问题，尤其是在情况不确定且变化迅速的时候。在几乎每天都会发生重大变化的情况下，如何让人们感受到其自身的意义和目的；在大量裁员和工作得不到保障的今天，如何让员工感到自己是有价值的，是得到尊重的；在公司面对破产解散、道德丑闻和经济危机的时候，如何保持较高的士气和充足的动力。解决当今的这些问题，领导者要做的不仅仅是使用一些理性的技巧。

行动备忘录

作为一名领导者，你可以不断参与一些能发挥自己各方面特长的活动，通过这些活动来拓展你的头脑、心灵和精神层面的能力。你可以思考自己的经历，从中学习并成长。

在本章中，我们要讨论的不是技能，而是个人的思维和心理能力。技能是有限的、可以衡量的，但能力是无限的，而且是通过其扩展和成长的潜能来界定的。**能力**（capacity）是指每个人所具备的比现在做得更多、做得更好的潜能。美军的领导术语"是，知道，做"把"是"放在第一位，因为一个领导者是怎样的人——他的个性、价值观、精神和道德核心——都会影响其他的事情。

培养领导能力远不止学习一些技巧，如组织、计划或控制别人。它还包括一些比我们在第2、第3章中所讨论的特质和风格更深、更微妙的东西。基于我们的能力去生活、工作和领导意味着要投入全部的自我，包括智力、感情、精神能力和理解能力等。很多著作也已强调过，做一个完整的人意味着要从思想、心灵、精神和身体各个方面进行投入。尽管我们不能像学习技能那样学习"能力"，但我们可以扩展和培养领导能力。我们思想、心灵和精神方面的能力同样可以通过有意识地培养和经常使用而得到加强。在前面的章节中，我们介绍了个人如何根据价值观、态度和思维模式来思考、决策及解决问题，本章将在此基础上提供一个有关领导者思考能力和精神能力的更广阔的视角。

5.2 思维模式

思维模式可被看做影响领导者行为和与他人关系的内在画面。**思维模式**（mental models）是指人们对世界上的特定系统和对其期待的行为所持的理论。系统是指相互作用形成一个整体并产生某种特定结果的任何一系列要素。每个组织都是一个系统，如一个足球队、大学生联谊会宣誓活动、婚姻、大学注册系统，或者向保险公司索赔的过程等。

领导者有很多可以影响着他们如何诠释经验、应对他人和环境的思维模式。例如，一种有关如何形成高效团队的思维模式就是让成员们有主人翁精神，感到自己在团队的行动和成绩上既享有权利也负有责任。有这种思维模式的领导者就会让团队中的每位成员都享有权利、权威，都可以制定决策，并努力形成这样的规范，即很强的团队意识和团员之间的相互信任。有的领导者的思维模式是认为每个团队都需要由强有力的领导者来控制和进行决策，但拥有这一思维模式的领导者很少鼓励那种能形成高效团队的规范。图 5-1 显示了谷歌（Google）的高层领导在公司核心产业搜索技术已经成熟的情况下，为使公司始终处于领先地位而使用的思维模式。在谷歌，为了创新，冒险、一点点的疯狂和犯错误是被鼓励的，太多的框架和控制对公司来说是致命的。

> **行动备忘录**
>
> 作为一名领导者，你能意识到自己的思维模式，并了解它们是怎样影响你的思维和行为的。你能够学会把自己的设想看做暂时的想法并努力拓宽自己的思维。

- 保持不安的状态
- 让失败和成功并存
- "管理"稍微放松一些
- 拒绝惯例
- 行动迅速，一边行动一边理清思路

图 5-1　谷歌高层领导的思维模式

资料来源：Based on Adam Lashlnsky, "Chaos by Design," *Fortune* (October 2, 2006), pp.86-98.

和其他公司的领导者一样，谷歌的领导者也在努力创造与公司需求、目标和价值观一致的思维模式。但是，个人价值观、态度、信仰、偏见和成见都会影响思维模式。一名领导者做出的假设在他的思维模式塑造中起着非常重要的作用，但是，为了保持组织良好运转，领导者可以在必要时审视自己的假设并改变思维模式。

5.2.1　假设

在前面的章节中，我们讨论了领导者对下属的两种截然不同的态度和假设，即 X 理论和 Y 理论，以及这些假设是如何影响领导者行为的。领导者的假设自然是他思维模式的一部分。那些假设他人是不可以信任的人与那些假设他人基本上是可以信任的人在行动上会有很大差别。领导者也会对事件、情况、环境和他人做出假设。有些假设是危险的，因为人们容易将那些假设当做"事实"。例如，近期一本以美国对伊拉克发动战争为题材的书的作者指出，最初决定向伊拉克开战就是基于一系列错误的假设，如伊拉克拥有大规模杀伤性武器。而当时政府官员们对自己做出的假设深信不疑，因此他们只顾寻求各种各样的情报来支持他们的观点，却忽略了对这些假设持反对意见的军方领导者和专业情报人员的忠告。

美国商界也不乏这样的例子，汽车制造业就是其中之一。这些公司的领导者长久以来一直认为，几十年以来，他们的经营方式一直在为公司盈利，因此即使环境发生了剧烈变化，他们的这种经营方式仍将继续奏效。而奥巴马政府之所以让里克·瓦格纳（Rick Wagoner）辞去通用汽车公司的主席兼首席执行官一职，就是因为政府的汽车行业专项小组认为这个遭受重创的公司需要一套新的假设。

领导进行时
通用汽车公司的新假设

大家一致认同里克·瓦格纳是热爱通用汽车公司的，并且完全相信他所做的一切对公司来说是正确的。"他每天早上来工作时，态度都犹如牧师般虔诚。"通用的一位行政主管说道。但问题出自瓦格纳在一步步成为首席执行官的过程中做出的那套假设。他从1977年开始就一直为通用公司工作，而那时的通用公司仍然还是汽车制造业的龙头老大。因此，以这些因素为基础形成的假设，在今天看来显然是无法成立的。

当瓦格纳接手通用时，通用公司就已经处于困境了。事实上，从20世纪60年代起，通用公司的市场占有率就不断下降，而且从80年代开始，就一直处于"无休止的转折"状态。该公司的一个问题就是它的企业文化强调遵守制度和保持一致，通用公司的领导者，包括瓦格纳在内，都很难打破这样的思维模式。在他担任首席执行官的9年时间里，即使裁员人数高达数千人，市场占有率锐减，股票价格从70美元暴跌至不到4美元，瓦格纳始终坚信公司的经营模式是有效且稳健的。当环境发生改变，他仍然不能接受这样的事实，即生产这么多品牌的汽车，只会让公司接下来的路越来越难走。想想通用公司旗下众多的品牌吧，每个品牌都需要昂贵的技术和市场支持，而瓦格纳却决定只将奥兹莫比尔这一个品牌停产。2006年瓦格纳还拒绝了与日产（Nissan）和雷诺（Renault）的合作，因为他相信通用公司能够并且应该靠自己。同样，他也从没有采取过大的措施来改变公司昂贵的劳动力支出和福利结构。换句话说就是，瓦格纳的经营方式跟20世纪七八十年代的方式几乎相差不多。直到2009年他被要求下台前不久，他才意识到公司需要一种新型的经营方式。

通用公司新任首席执行官，之前任职于通用公司的弗里茨·亨德森（Fritz Henderson），是否拥有拯救公司所需的正确的思维模式，我们将拭目以待。然而，在通用公司遭遇破产重组之后继任总裁的亨德森和埃德·惠特克（Ed Whitacre Jr.）表示，他们会致力于公司的彻底改革。在这场由政府主导的公司重组中，两位新任总裁大大削减了公司冗赘的管理层人员：辞掉了几百名中高级管理人员；对一多半的老董事会成员进行了大换血，引进了在思考和做事方面不拘泥于窠臼的新成员；任命了一位专门负责通用公司内部企业文化改革的行政官；并成立了一个跨部门领导小组来加快公司决策的制定。

任何一个关注美国汽车工业的人都希望新的领导者可以提出更多实事求是的设想，以应对彻底改造通用公司带来挑战。惠特克是一名才能出众的领导者，在他的带领下，西南贝尔公司（Southwestern Bell）从一个微不足道的地区性公司成长壮大为规模遍布全美的大型公司，并重新命名为ＡＴ＆Ｔ（美国电话电报公司）。他已明确表示之前的董事会对总裁里克·瓦格纳表现出的耐心似乎是无穷无尽的，而他将不会容忍这样的状况继续下去。他说董事会每天都会对亨德森和他的管理团队进行评估，看他们是否具备可以带领通用公司长期走下去的正确思维模式。"他誓要带领通用重铸辉煌，否则他死也不会罢休。"惠特克从前的一位同事说道。

通用公司的例子表明，对领导者而言，把自己的设想看做暂时的想法而不是确定的事实，这一点很重要。一名领导者对自己的设想意识得越清楚，他就越能理解自己的设想是如何指导行为和决策的。此外，一名领导能够勇于对他长期持有的设想提出质疑，重新考量这些设想是否符合当下的情况。质疑自己的设想能帮助领导者理解并转变自己的思维模式。

5.2.2 转变思维模式

最高领导者的思维模式往往对组织的成功起着重要作用。哈佛大学曾对 20 世纪最杰出的 100 名企业领导者进行过一项研究，研究显示他们有一个共同点，研究者称之为"情境智力"，即他们能够感知所处时代的社会、政治、技术和经济环境，并能够采用一种思维模式帮助自己的组织提高适应社会的能力。在瞬息万变的世界中，能否拥有转变一个人的思维模式的能力，也许就是决定组织和其领导者成功与否最重要的因素。

对企业领导者来说，当今环境的不确定性和不稳定性是难以被忽视的，一个值得反思的例子就是 2008 年年末和 2009 年年初股票市场自由落体式的下滑。股票分析师的研究报告都开始使用"衰减"这个词来描述企业盈利能力的普遍下降和收益能力的大幅减弱。《财富》杂志专栏作家杰夫·科尔文 2006 年一篇文章中的话似乎更符合当今世界的环境，他这样写道："对大多数公司来说，这种混乱将持续下去，甚至还有可能演变成灾难。"对大多数领导者而言，处理这种不稳定性要求思维模式的巨大转变，但是很多领导者被自己的设想和思维模式禁锢住了。他们发现不管是经营一个像通用一样的制造业公司，管理一个基金会，处理保险索赔，销售化妆品，还是指导篮球队，自己都是在沿用传统的方法做事。他们甚至都没有意识到在制定决策和付诸实践的时候，早已被局限在自己有限的思维模式框架中了。

斯蒂芬·莱万多米斯基（Stephan Lewandowsky）是克劳利市西澳大利亚大学（University of Western Australia）的一位心理学教授，他的一份研究表明思维模式能够对人们的思想产生巨大的影响。研究者在澳大利亚、德国和美国三个国家向 860 多人发放了一份问卷，上面列举了与美国发动入侵伊拉克战争有关的一些事件。有些事件是真实的，有些最开始曾作为事实由媒体报道，但后来又进行了更正，还有一些则完全是为了这项研究而编造的。研究过这些调查结果之后，研究者判定人们倾向于相信那些和自己心目中的伊拉克战争相符的事实，即使那些"事实"很明显不是真的。对于这场战争，那些相信美国政府官方解释的人，即使他们知道那些报道已经进行了更正，但仍会继续相信那些美化美国政府、丑化伊拉克军队的报道。而那些怀疑美国政府动机的人们就很容易对这些报导的真实性产生怀疑。莱万多米斯基表示，这场战争的支持者坚信他们最开始听到的"事实"，即使他们知道那些事情已经进行了更正，"因为这符合他们的思维模式，所以无论付出什么代价，人们都会力图保留最初的看法。"这就是很重要的一点：人们倾向于相信他们愿意相信的，因为让他们相信他们不愿相信的事情"会混淆他们的世界观"。

尽管让自己的思维模式受到挑战甚至颠覆可能会使自己心里不舒服并产生迷失感，但是领导者必须学会面对。意识到自己的设想和理解是如何影响感情和行为的是他们转变思维模式、用全新的方法看世界的第一步。这样领导者才能打破陈旧思维模式的束缚，并认识到昨天奏效的方法也许今天就起不到丝毫作用了。墨守成规的做事方式也许是最容易导致失败的。出色的领导者要学会不时地质疑自己的信念、设想和感觉，以寻求一种新颖的看问题的方式，并应对未来的挑战。领导者也应鼓励他人去质疑现状，寻求新理念。转变别人的思维模式可能比转变自己的思维模式更难，但是正如本章"领导书架"中描述的那样，领导者可以使用各种各样的技巧来实现别人思维上的转变。

5.3 培养领导者的思维

领导者怎样才能转向一种全新的思维模式呢？领导者的思维可以通过4个关键的方面进行培养，从而超越非领导者：独立思考、开放式思维、系统思维和自我控制。这4个方面的训练可以为领导者提供一个良好的基础，从而帮助他们审视自己的思维模式，克服盲点，因为这些盲点可能会限制其对组织进行有效的领导并可能阻碍组织走向成功。

5.3.1 独立思考

独立思考（independent thinking）是指根据自己的信仰、想法和思考，而非事先建立起来的规则、常规或别人限定的类别来质疑假设、解释数据和事件。那些独立思考的人愿意提出自己的意见，说出自己的想法，根据自己的想法而不是别人的想法或说法来决定行动方针。优秀的领导者不会遵循他人的做事规则，而是根据自己的信念，采取对组织最有利的方法和措施。

要想进行独立思考就意味着要保持思想上的警惕，并可以进行批评性思考。独立思考被认为是领导者"有心"的一部分。**有心**（mindfulness）是指在信息和环境不断变化的情况下，不断地对已经形成的做事方法进行重新评估。有心包括独立思考，它要求领导者要对事物充满好奇心并不断学习。有心的领导者具有开放性思维，能通过自己的好奇和提问来激发他人进行思考。有心的反面是无心，是指盲目地接受他人创造的规则和做出的指示。无心的人让别人替自己思考，但有心的领导者总是寻找新的想法和新的途径。

领导者书架

转变思维：转变自己和他人思维的艺术和科学
霍华德·加德纳

心理学家霍华德·加德纳（Howard Gardner）认为一个人大约在10岁之后，便倾向于固守旧的观念而不是接受新的可能性。"我想说的不是指在一些小事情上改变一个人的思维很难，"加德纳写道，"而是指在一些基本观点上，如世界如何运行的，你的企业是什么样的，你的生活目标是什么，你靠什么生活，等等，改变这些观点确实很难。"

为什么呢？因为随着时间的推移，人们获得越来越多的正规和非正规的知识，思维方式逐渐会在脑海里变得根深蒂固，因此转向新的思维方式就变得很困难。但是加德纳相信，如果领导者使用一些改变思维的具体方法，那么就可以使思维方式不断得到改变。

让他人以不同的角度看待事物

基于几十年来大量的心理研究和观察，加德纳详细介绍了7种可以改变人们思维模式的"变革方法"。他建议领导者把自己想象成"箭筒中的箭"，可以在不同的场合下使用不同的组合。以下是加德纳的一些经验和教训。

- **不要心急，利用各种有利的机会来接近改变**。领导者应该在不同的时间以不同的方式，通过各种各样的方法和标志，来传递想要表达的信息。加德纳称其为**表征重述**，意思就是找到不同的方法，让这些不同的方法最终都可以达到相同的目标，即如你所期望的那样去改变他人的思维方式。"从多种渠道传递信息，安排事情，**听者的感受会完全不同**。"例如，"谈话"这样一件简单的事情，在一种非正式的环境下，如喝咖啡的时候或工作之后喝杯东西的时候，有时会非常有效，这是因为在这种情况下平时的设想和抵制情绪可能会减弱。

- **不要单纯相信理性**。用理性方式，同时以研究和统计数据作为辅助，固然可以支撑自己的论点，但出色的领导者明白他们还要触动人们的情感，这就是加德纳所说的**共鸣**。使用故事、意象和真实世界中的一些事件是实现改变的一种十分有效的方法。加德纳用英国前首相玛格丽特·撒切尔（Margaret Thatcher）的例子阐释了这一观点。撒切尔有效地改变了她的支持者们的观念，让他们相信英国可以重新崛起，成为世界大国，就是因为她所传达的信息与人们产生了共鸣。作为一个贫穷的杂货店老板的女儿，撒切尔通过勤工俭学完成了学业，并在她进入政界之前就开始养活全家。

- **不要低估抵制力量的强大程度**。作为孟山都公司（Monsanto）的总裁，罗伯特·夏皮罗（Robert Shapiro）坚信转基因食品是有益的，他还认为世界上其他的人也会欣然接受这种食品。但是他错了，因为他没能理解也没能有效地处理他所遇到的抵制力量，他的公司遭受了严重的打击。加德纳明确了有关抵制力量的几种具体类型，并建议领导者试图改变人们的思维时，要像上战场一样去武装自己。

持续改变是自发改变

有些人往往认为遮掩和操控是实现改变的最快方式，加德纳也承认，从短期来看，欺骗是很有效的。然而，他强调，除非人们自愿做出改变，否则这种改变是不会持久的。通过操控的方法让他人改变反而会适得其反。因此领导者若想不断改变人们的思维模式，就要通过公开的、符合道德标准的方法去展开改变的行动。

Changing Minds, by Howard Gardner, is published by Havard Business School Press.

在组织中，情况总是在不停变化。这次行得通的方法下一次就不一定管用。在这种情况下，思想上懒惰和接受他人的答案就会伤害组织和全体成员。因此，领导者需要采用批判性思维从各种角度来探究形势、问题或难题，把所有可获得的信息综合起来形成可能的方案。当领导者进行批判性思考时，他们会质疑所有假设，积极地寻找各种存在分歧的意见，试图在各种选择中进行权衡。

在当今那些业绩最佳的组织中，领导者总是有意地寻找一些能独立思考并愿意挑战高层领导者或其他董事的董事会成员。看看 Medtronic 公司的这位董事在一项并购案中是如何反对公司总裁和其他 11 位董事会成员的。董事会已经同意了并购案，但是其中一位持反对意见的董事提出的担忧有力地说服了总裁比尔·乔治，使其重新召开了董事会电话会议。这位董事的理由让人信服，他指出这项并购案将使 Medtronic 进入一个一无所知的市场，而且会分散公司在核心业务上的精力。董事会在听取上述原因后，重新考虑了并购案，并最终同意取消并购。

独立思考和批判性思考十分不易，大多数人都很容易放松对自己的要求，陷入无心状态，接受那些绝对性的答案，依赖那些所谓的标准的做事方式。近年来陷入困境的那些公司就是因为其高层管理者和董事会成员没能对现状提出充分质疑和挑战。例如，美国联邦住宅银行（Federal Home Loan Banks）的一些主管曾因加深了金融危机而受到指责，联邦住宅贷款银行是美国国会在1932年为了支持当时的房地产市场创立的，由12个区域合作性银行组成。但是位于华盛顿的一家研究公司——联邦金融分析公司（Federal Financial Analytics）的分析师指出许多公司主管都只是不假思索地听从了银行经理的决定，买入大量由华尔街出售的次级抵押贷款支持证券，而没有针对其中存在的风险提出一些棘手的问题。

> **行动备忘录**
>
> 通过"领导者自察5-1"中的练习，从包括智力激发在内的"有心"的3个方面来评估自己的技巧。

优秀的领导者还应鼓励下属成为有心人，而不是处于无心状态。曾经学习过魅力领导和变革型领导的伯纳德·巴斯（Bernard Bass），在谈到**智力激发**的价值时表示，智力激发可以唤醒员工的思想和想象力，并激发他们识别问题和有创造性地解决问题的能力。而能够唤起人们的好奇心，挑战人们去思考和学习，鼓励人们打开思想，接受各种新的、有启发的想法和选择的领导者会受到人们的尊敬。

领导者自察 5-1

有心

回想在工作或团队中，当你处于某种正式或非正式的领导地位时，你是如何对待他人的。根据每种行为在你身上发生的频率来回答下列问题，看是"基本不符"还是"基本符合"。

	基本不符	基本符合
1. 喜欢听新想法。	_____	_____
2. 激励他人采用新方法来思考旧问题。	_____	_____
3. 试图把谈话引入更高水平。	_____	_____
4. 欣赏他人的观点。	_____	_____
5. 会询问他人支持领导者的建议的假设是什么。	_____	_____
6. 不管别人怎么想，会自己做出决定。	_____	_____
7. 能用开放的态度对待他人。	_____	_____
8. 鼓励他人表达不同的想法和观点。	_____	_____
9. 捍卫自己的观点。	_____	_____
10. 会问傻问题。	_____	_____
11. 对数据或事情做出有见地的评价。	_____	_____
12. 向他人提出问题，促使他们想得更深入。	_____	_____
13. 会表达有争议的意见。	_____	_____
14. 鼓励不同的观点。	_____	_____
15. 会建议改善自己和他人做事的方法。	_____	_____

计分与解释

第1~8题和第10~15题，每题选择"基本符合"计1分，第9题选择"基本不符"计1分，总分达到12分或以上被认为是总体上十分有心。有3个次级计分能代表领导者是否有心的三大方面：有关是否有开放式思维或初学者思维，请把第1、4、7、9、14题的得分相加；有关是否具备独立思考能力，请把第3、6、11、13、15题的得分相加；有关智力激发，请把第2、5、8、10、12的得分相加。

我的得分是：

开放式思维或初学者思维：_____

独立思考：_____

智力激发：_____

这些分数代表了领导者是否有心的3个方面，即开放式或初学者思维、独立思考和智力激发。在任何一个方面的得分大于等于4都被认为是高分，因为许多人在领导中或团队工作中都没有用心。3分是平均水平，2分或少于2分就是低于平均水平。比较一下你的3项次级得分，看看自己是如何用心做事的。分析一下那些没得分的具体问题，以便更深入地了解自己在这方面的优势或劣势。开放式思维、独立思考和智力激发是为了实现出色的领导所要培养的宝贵品质。

资料来源： The questions above are based on ideas from R. L. Daft and R.M. Lengel, *Fusion Leadership*, Chapter 4 (San Francisco: Berrett-Koehler, 2000); B. Bass and B. Avolio, *Multifactor Leadership Questionnaire*, 2nd ed. (Menlo Park, CA: Mind Garden, Inc.); and P.M. Podsakoff, S.B. MacKenzie, R.H. Moorman, and R. Fetter, "Transformational Leader Behaviors and Their Effects on Followers' Trust in Leader, Satisfaction, and Organizational Citizenship Behaviors," *Leadership Quarterly* 1, no. 2 (1990), pp.107-142.

5.3.2 开放式思维

独立思考的方法之一就是试着打破束缚思维的盒子，摒弃那些我们已经习惯地认为正确的各种类别的思维模式。领导者必须"保持思维肌肉放松"。

条件作用的力量指引着我们的思考和行为，所谓的**"派克鱼效应"**（Pike Syndrome）就说明了这一点。在实验中，北方的派克鱼被放到一个巨大的玻璃鱼缸中，这个鱼缸被玻璃隔成两半，另一半里放着很多鲦鱼。这条饥饿的派克鱼想要去捕捉那些鲦鱼，但它一次又一次地撞在玻璃上，以失败告终，最后它终于明白要想捉住那条鲦鱼是没有希望的。之后有人拿走了鱼缸中间的玻璃，但是派克鱼再也不试图去捕捉那些鲦鱼了，因为它已经习惯地认为想要抓住它们是不可能的。当人们根据过去的经验而认为他们对某事已有完全的了解时，他们就会表现出"派克鱼效应"，这是一种由习惯所导致的无能，人们死板地拘泥于过去的某种事实，拒绝考虑其他可能性或从不同角度来看问题。

领导者必须忘掉许多习惯性的想法，这样才能以开放的态度接受新想法。这种开放——把成见放在一边，暂时搁置自己的信念和意见——可称为**"初学者思维"**（beginner's mind）。专家可能会由于过去的经验和知识而拒绝新想法，但是初学者的思维则像刚开始认识世界的孩子一样，开放而又天真。我们可以在本章"活学活用的领导之道"中看出初学者思维的价值。

活学活用的领导之道

空洞型思维

思考小熊维尼（Winnie the Pooh）是如何找到驴子Eeyore丢失的尾巴的

"空洞型思维有助于你找到珍珠，发现踪迹，探明事情，因为这样的思维能让你看到面前有什么，而如果头脑中塞的东西过多，你就无法办到了。清晰的头脑会聆听鸟儿歌唱，而所谓的"塞满了知识和智慧"的脑袋则会思考是什么鸟在唱歌。脑袋塞得越满,能通过自己的耳朵听到、通过自己的眼睛看到的东西就越少。知识和智慧容易使人关心错的事情。塞满了知识、智慧和抽象思维的脑袋往往会追求那些并不重要的,甚至并不存在的事情,而不是真正地去看、去欣赏和利用就在他们面前的事情。"

资料来源: Benjamin Hoff, *The Tao of Pooh* (New York: E.P. Dutton, 1982), pp.146-147.

丽萨·德雷克曼(Lisa Drakeman),从普林斯顿大学的一位宗教学教师到一家生物技术公司的首席执行官,她的例子就说明了保持开放式思维的重要性。德雷克曼发现作为一名企业领导,意味着她需要用一种全新的方式思考和行动。她必须学习如何分派任务,怎样让员工分享自己的观点和看法,而不是像一个教师那样,心里早已清楚所有问题的答案。德雷克曼学到的最重要的经验之一是什么呢?"不要因为害怕让自己显得愚蠢,就不敢对一些基础性的问题提出疑问。"她说道。

出色的领导者总是致力于保持开放式思维,并在组织中营造一种鼓励好奇和求知的氛围。他们清楚过去的经验具有局限性,总是试图从各种不同的角度来看问题。他们并没有把对自己想法的质疑看做威胁,而是在整个组织内部鼓励每个人公开地讨论假设,勇敢地面对悖论,对他人的观点提出质疑,以及表达自己的感受。

> **行动备忘录**
>
> 作为一名领导者,你可以训练自己独立思考。在得出结论之前,要对一切事物充满好奇心,保持一种开放式思维,并从多个角度看待问题和环境。

领导者可以用各种方法让自己和他人保持开放式思维。在麦肯锡公司,资深全球董事拉雅·古普塔(Rajat Gupta)会在合伙人定期会议结束时朗读诗篇。他说:"诗歌和文学作品能使我们意识到我们面对的问题很棘手,而且我们几乎无法找到完美的答案。"

5.3.3 系统思维

系统思维(systems thinking)是指着眼全局而不只是各个独立的部分,并学习加强或改变整个系统模式的能力。把一个复杂系统(如一个组织)分散成几个部分,使每个部分都能很好地运转,从而将问题解决,许多人都受过这样的训练。但是,每个部分的成功累加起来并不等于整个系统的成功。事实上,有时候对某个单独部分的改进反而会降低整个系统的效率。想想看,近几年新药物研制的成功成为艾滋病患者的救星,但死亡率的下降却降低了人们的危机意识,因此更多危险的行为随之发生。经过几年的死亡率下降后,艾滋病感染率又再度升高,这表明人们并没有很好地理解整个艾滋病治疗系统。再举一个例子。一座小城市为了解决交通堵塞问题,决定启动一项修路计划,但这项计划却没有考虑整个城市的交通系统。随着新路的开通,更多的人开始搬住郊区。这个方案其实加剧了交通堵塞和城市污染,因为它使郊区的范围扩大了。

事实上,对于任何系统来说,形成整个系统的各部分之间的关系才是关键。系统思维使领导者能随着时间推移寻找前进模式,关注那些事关整体效果的节奏、流程、方向、形状和关系网络。系统思维是用于关注模式和相互关系的思维原则和标准框架。

由于组织内各系统具有复杂性,因此把它们看成一个整体十分重要。复杂性可能会使领导者不知所措,也可能使他们的自信心受到打击。如果领导者能看到复杂的情况背后隐藏的结构,他们就能推动组织向前发展，但要做到这一点，就需要他们关注整个大局。领导者可以试着培养自己的"外围景象"能力，这一概念由加拿大施乐公司前任首席执行官大卫·麦卡缪斯（David McCamus）提出，是指通过广角镜而不是望远镜来观察组织的能力。通过这样的方式领导者就可以观察自己的决策和行动是如何影响整个组织的。

系统思维的一个要点是认识因果关系循环。《第五项修炼》（*The Fifth Discipline*）的作者彼得·圣吉（Peter Senge）指出，现实是由循环而非直线组成的。

但另一个因果关系的循环也受到影响。由于研发费用增加，工程人员和研究人员数量随之增加。这些增加的技术员工变得越来越难以管理。管理的重担落在资深的工程师肩上，于是他们用于开发新产品的时间变少了，导致新产品开发的速度减慢了。新产品开发速度的放缓对新产品产生了消极影响，而这正是这家公司获得成功的关键所在。在面对管理问题日益复杂的情况下依然保证新产品的研发时间，这依赖资深工程师的管理能力。因此，理解了这一因果循环就会使领导者在培训和提升资深工程师的管理能力和开发新产品两个方面合理配置资源。如果不能理解整个系统，最高管理者就不能理解为什么研发费用的增加本该使新产品获得更多的研发时间，但却导致投入市场的新产品数量最终变少了。

系统思维的另一个要素是学会通过强化反馈——无论是作为增长或下降的引擎——来影响系统。在新产品研发的例子中，管理者在理解了系统如何工作后，就可以更好地分配资源，要么雇用更多工程师，要么对资深工程师的管理和领导技能进行培训，从而加快新产品的问世。当他们能从概念上理解系统的意义时，就能对系统进行领导了。如果缺乏这种理解，管理者就会遇到各种形式的障碍，这些障碍或许是看似在发展上的瓶颈，或许是抵制变化的力量，因为要控制这一庞大而复杂的系统似乎是不可能的。系统思维就是一种重要的解决办法。

> **行动备忘录**
>
> 作为一名领导者，你应该培养一种分析和理解团队、组织、家庭或其他系统各部分之间关系的能力，以避免做出改变时带来不想看到的消极后果。

5.3.4 自我控制

圣吉介绍的另一个概念是**自我控制**（personal mastery），是指个人在成长和学习中，进行自我控制，从而促进自己的领导才能，达到理想结果。

自我控制包含三大素质：个人视野、面对现实的能力和保持不断创新的紧迫感。第一，实行自我控制的领导者知道并能明确什么对自己是重要的。他们关注最后结果，关注能激励自身和组织的视野和梦想。他们对理想的未来有清晰的视野，而他们的目标就是去实现这一未来。因此，自我控制的一大特征就是不断关注和明确自己想要的未来和视野。

第二，面对现实是指坚持事实。领导者在揭露那些限制和欺骗自己的思维模式时是毫不留情的，他们愿意挑战假想的事情和一贯的做事方式。这些领导者坚持事实，能纠正自己和他人否定现实的一面。对事实的渴望引导他们对自身、对所经营的更大的系统及处理的事情进行更深刻的认识。坚持事实能使他们面对现实，这也增加了他们实现理想结果的机会。

第三，通常个人的设想和现实之间存在巨大差距。理想的未来和现实之间的差距（如要自己创业的梦想和没有资金的现实之间的差距），会让人气馁。但这种差距也是创造力的源泉。承认并正视现实与理想之间的距离，坚定地面对它，是激励人们决心向前和不断创新的动力源泉。为了减小这种差距，出色的领导者会让自己的设想推动现实不断向目标靠拢。换句话说，就是重组当前行为，努力向目标靠近。领导者采用向着目标前进的方式来工作。而低效的方法则是把目标向现实靠近，这意味着降低目标，如避开某个问题或降低解决问题的标准。降低解决问题的标准的确可以减缓压力，但同样会导致平庸。善于自我控制的领导者能学会同时接受梦想和现实，并不断向梦想靠近，缩小它们之间的差距。

思维的五大要素是相连的。独立思考和开放式思维能提高系统思维能力，并使人产生自我控制的能力，帮助领导者改变和扩展思维模式。由于这几大要素是相互依赖的，因此即使领导者只努力改善其中一个要素，他们也能在控制自己的思维方面取得显著进步，变得更加高效。

5.4 情商——用心灵和头脑来领导

人们早就意识到认知智力（或者说智商）在决定一个人成功与否和效率高低方面的重要性。研究表明，领导者在认知能力方面，一般都要高于大部分人，而且认知能力和领导者的效率成正相关。但是领导者和研究者渐渐认识到情商也是至关重要的。一些人指出，情感能超越认知能力，推动人们去思考、决策，建立人际关系。**情商**（emotional intelligence）是指个人感知、明确、理解、成功控制自己和他人感情的能力。高情商意味着能高效地控制自己和自己周围的各种关系。

情感理解力和技巧对人们工作的成功和幸福及个人生活都有影响。领导者可以驾驭和引导感情力量，提高下属的满意度，鼓舞士气和增强动力，从而提高整个组织的效率。美国空军在了解到最优秀的新兵在情商测试中得分更高这一情况后，便开始把情商列为选拔应征人员的参考条件之一。此外，莱塞拉尔理工学院（Rensselaer Polytechnic Institute）在对企业家进行的一项调查中发现，那些善于表达自己的感情并能与他人融洽相处的人更能赚大钱，如图5-2所示。

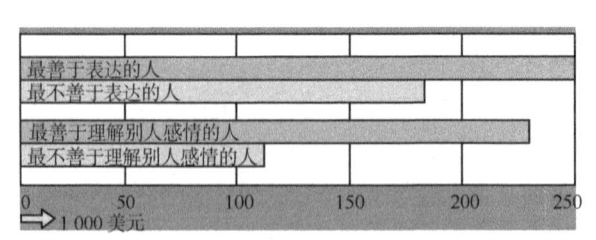

那些在这两类得分中居于前10%的企业家比那些处于最后10%的企业家更能赚钱。

图 5-2 情商和收入能力

资料来源：Rensselaer Polytechnic Institute, Lally School of Management and Technology, as reported in *BusinessWeek Frontier* (February 5, 2001), p.F4.

一些领导者做事的时候让人觉得他们好像是那种出来工作时就把所有感情都丢在家里的人，但我们知道这不是事实。的确，领导学的一个重要内素就是要在情感上和他人建立联系，并去理解情感是如何影响工作关系和绩效的。

5.4.1 什么是情感

世界上有成百上千种情感和微妙的情愫，这远不是我们用语言能描述的。领导者需要具备的一个重要的能力就是理解人们的各种情感及这些情感是如何表达的。如图5-3所示，将情感分为8种类型是被大多数研究者接受的。但这些分类并不能回答有关情感分类的所有问题，因此相关的科学讨论也一直在继续。之所以会存在一系列核心情感这样的观点，部分原因是人们普遍认可4种特殊的面部表情（恐惧、生气、伤心和快乐）。全世界不同文化背景的人在看到这些面部表情的图片时，都能辨认出这几种基本情感。下面列举的就是这些基本情感和由它们衍生的一些情感。

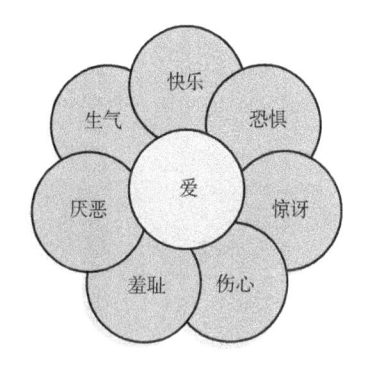

图5-3 8种情感分类

- 生气：狂怒、愤怒、怨恨、恼怒、愤慨、敌意、烦恼、易怒、暴虐。
- 伤心：忧伤、悲痛、忧郁、郁闷、自怜、孤独、沮丧、绝望、消沉。
- 恐惧：焦虑、忧惧、紧张、关心、谨慎、急躁、畏惧、惊骇、恐怖、惊慌。
- 快乐：幸福、欢乐、安慰、满意、高兴、乐趣、自豪、感官享受、兴奋、狂喜、自足、兴高采烈。
- 爱：认同、尊重、友好、信任、和善、共鸣、热爱、爱慕、迷恋。
- 惊讶：震惊、惊愕、惊异、惊奇。
- 厌恶：轻视、蔑视、轻蔑、憎恶、厌恶、嫌恶、反感。
- 羞耻：内疚、困窘、委屈、懊悔、羞辱、后悔、屈辱、悔悟。

那些能协调自我情感和他人情感的领导者能利用这种理解来提升组织。例如，对职场幸福感的研究发现，职员的幸福感对企业的成功至关重要。《盖洛普管理学刊》（*Gallup Management Journal*）的一项调查显示，职员在工作中保持积极情绪还是消极情绪与领导者尤其是一线主管息息相关。

5.4.2 情商的组成要素

情商包含4个方面的才能和能力，如图5-4所示。需要注意的是，情商是可以学习和培养的。每个人都可以加强自己这4个方面的能力。

自我意识（self-awareness）叫视为其他情商的基础。它包括认识和理解自我情感及了解它们如何影响自己的生活和工作的能力。那些了解自我情感的人能更好地指引自己的生活。自我意识程度较高的领导者会学着去相信自己的直觉，并认识到这些感觉能对艰难的决定提供有用的帮助。对领导者来说，无论是提出一笔大生意，解聘一名员工，还是重组一个公司，修正工作职责，答案都不一定明确。如果不能从外部资源中找到答案，领导者就需要依靠自己的感觉来判断。自我意识还包括准确评定自己的优势和劣势，以及有健康的自信心。

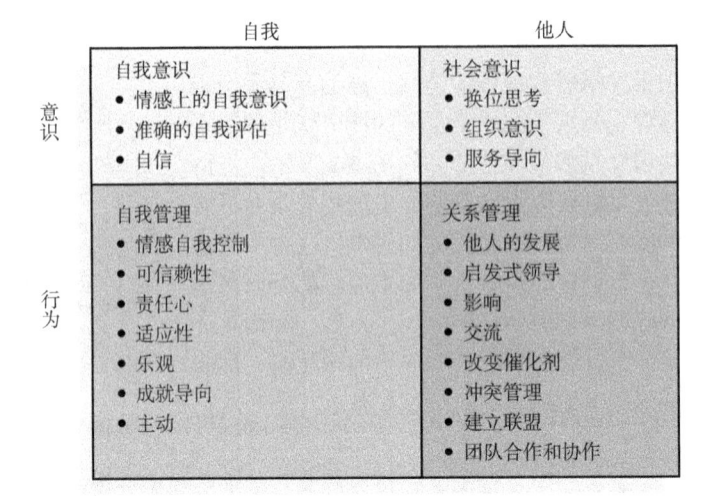

	自我	他人
意识	**自我意识** • 情感上的自我意识 • 准确的自我评估 • 自信	**社会意识** • 换位思考 • 组织意识 • 服务导向
行为	**自我管理** • 情感自我控制 • 可信赖性 • 责任心 • 适应性 • 乐观 • 成就导向 • 主动	**关系管理** • 他人的发展 • 启发式领导 • 影响 • 交流 • 改变催化剂 • 冲突管理 • 建立联盟 • 团队合作和协作

图 5-4　情商的构成要素

资料来源：Adapted from Richard E. Boyatzis and Daniel Goleman, *The Emotional Competence Inventory – University Edition* (Boston, MA: The Hay Group, 2001).

自我管理（self-management）是情感智能的第二个要素，包括控制那些具有破坏性或有害的情感的能力。在20世纪60年代，一个有趣的实验揭示了自我管理的强大力量。实验的对象是一群四五岁的孩子。研究人员让孩子们围坐在桌子旁，并在每个孩子面前放了一块棉花糖，然后他告诉孩子们，他要去办点事，几分钟后回来；如果谁能等到他回来以后再吃棉花糖，就可以再得到一块棉花糖。有些孩子禁不住面前那块棉花糖的诱惑，立刻就把它吃了。而另一些孩子却用尽办法来抵制自己想吃棉花糖的冲动，如唱歌、自言自语，或者藏到桌子底下，最终他们得到了两块棉花糖。后来，研究人员对这些孩子进行了二十年的跟踪调查，发现了一些有趣的结果。这些孩子在长大成人后，当年能够抵住棉花糖诱惑的在应对压力、面对挑战时表现出更强的能力；而且，他们更自信，更可靠，也更能执著于自己的追求。孩子们在童年时期培养的自我管理能力在他们成年后依旧伴随着他们。

> **行动备忘录**
> 作为一名领导者，你应该能够了解并管理自己的情绪，从而避免让消极情绪蒙蔽你的思想，歪曲判断，或者削弱你的领导能力。

人们在任何时候学习如何控制情感、抑制冲动都不算晚。领导者要学会平衡自己的情感，避免让担忧、欲望、焦虑、害怕或生气这样的情绪对自己造成阻碍，从而能够更清楚地思考，更有效地工作。管理情感并不意味着抑制或否认自己的情感，而是需要理解它们并运用这种理解来有效地处理各种情况。

这一要素还包括可信赖性、责任心和可适应性。可信赖性是指一贯地表现出诚实和正直；责任心是指管理并尊重自己的责任；可适应性是指有能力适应不断变化的环境并能克服障碍。能主动抓住机会并能达到较高的内在标准也是自我管理的一部分。善于自我管理的领导者在遇到障碍、挫折甚至彻底失败时，也能心存希望并保持乐观。宾夕法尼亚大学（University of Pennsylvania）心理学教授马丁·赛里格曼（Martin Seligman）曾经建议MetLife保险公司雇用一批在乐观程度测试中得分高但没通过常规销售能力测试的应聘者。与那些通过常规测试但在乐观程度测试中得分低的销售人员相比，乐观的员工第一年的销售额多出21%，而第二年则多出57%。

社会意识（social awareness）是指个人理解他人的能力。有社会意识的领导者懂得换位思考（认同他人），即把自己置于他人的位置，体会他人的情感，从他人的角度进行理解。这些领导者知道有时候高效领导意味着要带给员工压力，会在情感上让他们感到不舒适，但同时也要对员工的恐惧和挫折保持敏感。他们要学习如何表现出"职业亲密感"，也就是说要表现出对员工的怜惜和关爱之情，但又不能完全沉溺于他们的情感当中而影响自己的判断力。这类领导者能理解各种有分歧的观点，有效地和各种不同类型、有着不同情感的人进行互动。与此相关的组织意识是指在现有的组织生活中游刃有余，形成关系网，有效地运用政治行为来达到积极的结果。这一要素还包括认识并满足员工、客户或客户需要的能力，即服务导向。

关系管理（relationship management）是指联系他人并建立积极关系的能力。高情商的领导者对他人富有同情心，敏感而又和善。这一要素包括培养他人，用强有力的洞察力激励他人，学会倾听和清楚而有说服力地沟通，以及通过情感上的理解用积极的方式影响他人。领导者能够通过自己对情感的理解去激发改变，引导人们进入更好的状态，开展团队合作，并解决那些不可避免的冲突。这些领导者能在组织内外形成并维系广泛的关系网。

例如，吉姆·迈克纳尼（Jim McNerney）就是运用他自身的关系管理能力重振波音公司的。吉姆·迈克纳尼被人们称为一位好的倾听者、激励者和一位能够用其视野和真诚鼓舞员工的团队建立者。在升任首席执行官的前6个月中，他花了大量时间和公司的员工谈心，以此了解公司的优势和所面临的挑战，并强调团队合作的必要性。

> **行动备忘录**
> 作为一名领导者，你应该学会换位思考，对人要有同情心，善于察觉他人的情感变化，开展团队合作，学会倾听，理解他人的情感，并能够解决人与人之间的矛盾。

如图5-4所显示，以上四大要素形成了情商强有力的基础，领导者可以利用它们来有效领导团队和组织。一项研究表明，所有有效的领导风格都来自情商的不同要素。最优秀的领导者采用所有要素来形成自己的风格，或者根据环境和经手的问题来不断改变自己的风格。这些领导者对自身和他人的情感都很敏感，因此能意识到自己对下属的影响，并能在别人毫无察觉的情况下适时调整管理策略，最终达到积极的效果。看看下面例子中杜克大学蓝魔队（Duke University Blue Devils）教练迈克·沙舍夫斯基（Mike Krzyzewski）是如何利用自己的情商来激发队员们做到最好的。

领导进行时
杜克大学蓝魔队教练迈克·沙舍夫斯基

迈克·沙舍夫斯基并没有把自己当成一名篮球教练。他认为自己是一名领导者，只是碰巧领导指挥的是一支篮球队。对沙舍夫斯基来说，领导能力几乎只取决于一个因素，即人际关系。

虽然沙舍夫斯基是一个要求苛刻且相当严厉的人，但是他仍被指责"训练的时候像个女孩子"，这是因为训练时他喜欢和队员互动，从情感上对他们进行管理。例如，每当这位传奇教练招募新球员时，他总是告诉球员："我们要在球队里建立一种关系，如果你不感兴趣的话，尽快告诉我。" 沙舍夫斯基之所以如此强调教练和球员的关系，部分原因来自他自己在西点军校打球和教球的经历。他把西点军校称为"世界上最著名的领导学校"，因为那里教会军官如何与士兵紧紧联系在一起。现在，作为篮球教练，沙舍夫斯基更强调团队协作，而不是个人表现。他试图在球队中营造一种家的感觉，并表示他是通过"感觉"来训练队员的。也就是说，他要了解每位队员,并且要知道怎样才能使队员之间形成最佳互动,从而获得成功。他在队员之间建立了牢固而积极的关系,使他们在球场上可以持续且轻松地进行互动交流,有时甚至连一句话也不用说就能明白对方的意思。

沙舍夫斯基认为,领导一支篮球队和管理其他任何组织都是一样的。"你需要了解组织中的每个成员,并且深入他们的内心。"

迈克·沙舍夫斯基营造的工作氛围是今天大多数组织都需要的。在以往的"命令与管制"模式中,领导者要在各个层面上进行领导与决策,个人目标是通过团队合作实现的。而在迈克·沙舍夫斯基营造的这种工作氛围中,领导者与员工之间的互动更加频繁。在领导者与员工和客户的关系变得比技术和物力资源更重要的环境下,人们也越来越关注开发领导者的情商。所有领导者都必须注意组织内部的情感氛围。近期的一些世界性事件和挑战已经把感情推向个人和组织的最前端。

行动备忘录

完成"领导者自察 5-2"的调查问卷来评估你情商的水平。

领导者自察 5-2

你的情商有多高

以下每个问题都将对你拥有的情商能力进行评估。在回答前,尽量考虑在实际情况中你运用这些能力时的情形,判断是"基本符合"还是"基本不符"。

	基本不符	基本符合
1. 能把各种不同的内在心理暗示与不同的情绪联系起来。	_____	_____
2. 在承受压力的情况下能放松心态。	_____	_____
3. 懂得自己的行为会对他人产生影响。	_____	_____
4. 能成功解决与他人之间的矛盾。	_____	_____
5. 知道自己什么时候会生气。	_____	_____
6. 在别人痛苦时能有所察觉。	_____	_____
7. 能和他人达成一致意见。	_____	_____
8. 在做无趣的工作时能设法产生动力。	_____	_____
9. 能帮助他人控制感情。	_____	_____
10. 能让他人感觉不错。	_____	_____
11. 能觉察到自己情绪的变化。	_____	_____
12. 当别人生自己的气时,能够保持冷静。	_____	_____
13. 当自己处于防卫状态时能有所察觉。	_____	_____
14. 能实践自己的诺言。	_____	_____
15. 能与他人进行亲密交谈。	_____	_____
16. 能准确回应他人的感情。	_____	_____

计分与解释

数一下你对以上16个问题回答"基本符合"的个数,得出你的情商总分。第1、5、11、13题的总分是你的自我意识得分;第2、8、12、14题的总分是你的自我管理得分;第3、6、9、15题的总分是你的社会意识得分;第4、7、10、16题的总分是你的关系管理得分。这份问卷能够在一定程度上反映你情商的高低。14分或以上，你无疑是个具有较高情商的人。10~13分，说明你有一个良好的情商平台来培养你的领导能力。7~9分，说明你的情商水平一般。低于7分，说明你的情商低于平均水平。至于情感智能的四大要素——自我意识、自我管理、社会意识和关系管理——任何一项要素的得分在4分以上为较高，得分在2分或以下为较低。回顾本章前面对四大要素的讨论，看看针对那些得分较低的要素你可以采取哪些方法来改进。把你的得分与其他同学的得分进行比较，并思考怎样才能提高你的得分。

资料来源：Adapted from Hendrie Weisinger, *Emotional Intelligence at Work* (San Francisco: Jossey-Bass, 1998), pp.214-215.

5.4.3　在情感方面称职的领导者

谈到亚伯拉罕·林肯的领导哲学，著名历史学家多丽丝·卡恩斯·古德温（Doris Kearns Goodwin）指出，这位美国第16任总统创造的领导界的神话并不是因为他的个人魅力，或者是他的政治睿智，而是因为他的情商。那么，情商与有效领导之间有什么关系呢？高度的自我意识及控制自我情感的能力可以使领导者展示出自信，赢得他人的尊重与信任，并能考虑到他人的需求。在情感方面称职的领导者韧性更强，更能适应不断变化的环境，更愿意走出让他们感觉舒适的区域，听取他人的观点和意见。

情商之所以对领导者很重要，是因为领导者的情感状态会影响整个团队、部门或组织。大多数人都意识到"捕捉"他人的情感是有可能的。如果某人面带微笑，表现热情，那他身边的人很快会感受到这种积极的情绪。相反，如果某人情绪不佳，他身边的人也会觉得情绪低落。梅萨航空公司（Mesa Airlines）首席执行官乔纳森·奥恩斯坦（Jonathan Ornstein）的前任行政助理说，她之前曾负责观察脾气多变且易怒的领导的情绪变化，并提醒其他主管何时需要离领导远远的。她说："有时领导走进办公室的时候，心情特别糟糕……他的这种负面情绪会奠定整个办公室的基调。"情绪感染是指那些能维持自身情感平衡并不断激励自己的领导者能够作为正面榜样来激励和启发身边的人。如果领导者乐观而充满希望，而不是愤怒或心情沮丧，那么整个组织的活力就会增加。能和他人产生情感共鸣并较好地处理人际关系也有助于领导者激励和启发他人，因为这样可以创造团结的氛围并建立团队精神。

> **行动备忘录**
>
> 作为一名领导者，你应该能提高自己的情商，乐观而富有激情，从而为下属树立一个正面的榜样。

也许最重要的是，情商使领导者认识到下属是有感情、有见解和有想法的，并且应该对他们的感情、见解和想法表示尊重。领导者可以运用自己的情商帮助下属成长和发展，帮助他们发现并提升自我形象和实现自我价值，以及帮助他们满足自身需要和实现自己的目标。

一项研究表明，水平较高的领导者和水平一般的领导者之间，有2/3的差距在于其情感能力，1/3的差距在于其领导技巧。人们可以通过许多培训项目来培养情商，也可以自己采取一些简单的措施达到此目的。以下就是一些值得推荐的提高情商的方法。

- 对自己的人生负责。每当事情进展不顺利时，有些人总想责备其他人。负责任就意味着要做自己生活的主人，这是情商的基础。出了问题想责备其他人或归咎于其他事情是很自然的，但是承担责任能够给你力量，帮助你控制自己的情感，从而获得他人的尊重。
- 选修一门演讲课。很多人害怕演讲，因此，演讲也就成为一个练习自我管理的好方法，如学习控制紧张情绪和提高自我意识。此外，一个优秀的演讲者要能够理解听众。最优秀的演讲者更关注听众，而不是自己。所以，练习演讲可以使自己学会如何和他人产生共鸣，并顾及他们的需求和兴趣。

- 练习冥想或瑜伽。冥想和瑜伽可以提高前文所提到的"有心"，同时能让人放松身心，使人学会控制自己的情感，从而避免让压力、沮丧、消极想法和情绪影响自己的判断力，甚至控制自己的行为。

5.4.4 团队的情商

今天，组织中的许多工作都是由团队而不是个人来完成的，即使是最高管理层的工作也不例外。尽管大多数对情商的研究都是针对个人的，但对情商与团队之间的关系的研究已经开始出现。有研究发现，由较高情商水平的成员组成的团队，尽管没有受过任何训练，也能取得和那些受过训练但情商水平较低的团队一样的业绩。那些没受过训练的团队成员所具有的高水平情商有助于他们评估并适应团队合作的要求和手头的任务。

此外，研究还指出，情商能作为团队能力而非个人能力来进行培养。这就是说，不仅是团队成员个人，团队本身也可以有自己的情商。领导者通过建立一些支持感情发展并以一种建设性的方式影响情感的情感规范，来培养团队的情感智能。团队的情商规范是指形成很强的团队认同感；建立成员之间的相互信任；使成员坚定这样一种信念，即作为一个团队，他们能变得高效并能取得成功。

那些了解团队情感状态的领导者会找出阻碍合作与团队和谐的不健康或低效的规范。培养团队的情商意味着去发现那些不健康的规范，审慎地让情感显露出来，并理解它们是如何影响团队工作的。提出这些问题可能会令人不舒服，因此领导者在这一过程中需要同时拿出勇气和个人情商来引导团队。只有使情感公开化，才能使团队建立新的规范，从而使团队成员的满意度达到更高水平，使团队的业绩更加辉煌。领导者要通过鼓励团队在每天的工作中发现并利用情感，来不断培养团队的情商。

5.5 用爱领导和用恐惧领导

从传统上看，许多组织的领导都是建立在恐惧的基础上的。在许多高层管理者中存在一个不言自明的观念：对组织来说，恐惧是一件好事，对组织有利。但是，现在很多领导者逐渐认识到，让人们在一个充满关爱和尊重的环境中工作，比让他们在整天都提心吊胆的环境中工作要有效率的多。如果组织的成功主要依赖成员盲从命令，那么用恐惧来领导就能满足组织的要求。然而在今天的组织中，成功依赖每个人的知识、智慧、责任和热情。用恐惧领导的组织会失去那些最优秀的人才和他们所拥有的知识。此外，即使这些人留在组织中，他们也不会发挥自己的真实才干。人们在积极的情绪下工做业绩更好，这是有据可查的。

用恐惧进行领导的一个主要缺点是它会引起规避行为，因为没有人愿意犯错，这就会阻碍组织的发展和变革。领导者可以学习用一些更积极的力量，如关心、同情、倾听及与他人建立比较私人的联系，把人们团结起来，去完成一个共同的目标。能吸引人们愿意冒险、学习、成长并推动组织前进的情感是爱，而不是恐惧。第 2 章提到的金

> **行动备忘录**
> 完成"领导者自察 5-3"，以了解你的行为动机是出于爱还是恐惧。

宝汤公司首席执行官道格拉斯·柯南特说过，真正的领导者首先要将自己完全融入员工之中，给予员工应有的尊重，以此让员工"爱上公司的工作"。

领导者自察 5-3

爱还是恐惧？

以下每道题都是对你的工作动机的描述。**每个问题回答两次**，第一次回答时，想象你在做自己并不喜欢的工作（或做业），第二次回答时，想象你在做自己喜欢的事，**仔细考虑以下每个问题**，根据自身情况和经历回答是"基本符合"还是"基本不符"。

	基本不符	基本符合
1. 我认为好的表现很重要，因此我的表现并不差。	___	___
2. 我不得不强迫自己完成任务。	___	___
3. 我不想要糟糕的结果，也不想得到差的成绩。	___	___
4. 我不想让自己丢脸，或者比别人表现差。	___	___
5. 这件事终于结束了，让我感觉松了一口气。	___	___
6. 我的注意力完全集中在我所做的事上。	___	___
7. 我真的很享受这次经历。	___	___
8. 时间似乎过的比平时快。	___	___
9. 我完全专注于手头上的工作。	___	___
10. 这次经历让我感觉棒极了。	___	___

计分与解释

以上几项反映出你做事的动机是出于爱还是恐惧。第 1~5 题，回答"基本符合"的个数就是你"害怕失败"程度的得分。第 6~10 题，回答"基本符合"的个数就是你"热爱工作"程度的得分。4~5 分说明你喜爱或害怕这项任务的程度很强烈。0~2 分说明程度并不强烈。也许你在做自己感兴趣的事情或运动时，"热爱工作"的得分比做作业时"热爱工作"的得分高。

有些人对自身要求很高，害怕自己达不到这些要求。这也可以称为"对失败的恐惧感"，这种心理常常会激发人们取得了不起的成就。对工作的热爱可以带来内心的愉悦，但并不一定总能给你带来很好的成绩。对工作的热爱和"沉浸理论"息息相关，也就是说，人们如果爱这份工作的话，他们就会全身心地投入到工作中，并且能从工作中获得极大的满足感。如果你成为一名领导者，爱和恐惧是否也会影响你的选择？你将怎样激励别人呢？和同学讨论一下，在你的生活中，做一件事是出于爱还是恐惧？

对工作的热爱意味着真诚地关心他人，分享各自的知识，互相理解，拥有帮助他人成长和成功的同情心。

尊重和信任不仅会使人们做得更好，还会使人们感到自己的情感与工作紧密相连，这样人们的生活才能更丰富、更平衡。领导者可以依靠消极的情感（如恐惧）来推动员工有效地工作，但这样做会慢慢地摧毁他们的精神，并最终会对员工和公司造成伤害。

5.5.1 组织中的恐惧

工作中存在很多恐惧，包括对失败的恐惧、对变革的恐惧、对个人损失的恐惧及对上司的恐惧。所有这些恐惧都可能阻碍人们做到最好，阻碍他们去冒险，阻碍他们挑战和改变现状。恐惧阻碍人们对工作、对自身和对组织的好感。它营造的氛围让人们觉得自己很无能，因此他们的自信心、责任心、热情、想象力和动力也都会被削弱。

> **行动备忘录**
> 作为一名领导者，你可以选择用爱而不是用恐惧去领导。你可以向员工表示你对他们的尊重和信任，帮助他们学习、成长，让他们尽其所能达到组织的目标。

恐惧的几个方面

在工作中，恐惧所带来的独特破坏性在于它会削弱信任和阻碍沟通。员工担心说出与工作相关的顾虑会产生不利的影响。一项对美国 22 个组织中的员工进行的调查显示，70%的人因为担心后果而"三缄其口"，有 27%的人担心如果直言会失掉信用或名誉。报告还显示，其他的恐惧还包括害怕失去职业晋升的机会，害怕可能破坏与上司的关系，害怕被降职甚至丢掉工作，以及担心在众人面前感到尴尬或丢脸。如果人们害怕讲出来，重要的议题就会被压制，问题也就会被隐藏起来。有很多事情是员工们害怕谈论的，而他们最不敢谈论的事情是管理者的行为，尤其是管理者的人际关系技巧。当一名领导者引起员工的恐惧感时，同时也失去了让自己获得反馈的机会，从而只能继续无视现实，拒绝改正会造成损害的决策和行为。

和领导者的关系

领导者控制着组织中的恐惧程度。用爱领导的组织更加开放可靠，它尊重不同的观点，并注重培养积极的人际关系。而在用恐惧领导的组织中，员工会很谨慎，做事遮遮掩掩，还会互相埋怨；领导则进行过度的管制，成员之间情感隔阂较大。员工和直属上司的关系是决定工作中的恐惧程度的主要因素。在传统等级制度中，上级下达命令，员工严格服从，其后遗症就是恐惧和不信任，不幸的是，这些理念仍然影响着今天的组织。领导者有责任营造一种新环境，使人们感到说出自己的想法是安全的。领导者应该用爱而不是恐惧来领导，这样才能把员工和组织从过去的枷锁中解放出来。

5.5.2 充满爱心地工作

组织一般都有奖励具备优秀素质员工的传统，如对能理性思考、有抱负和有竞争力的员工进行表彰。这些素质固然重要，但过分强调就会使许多领导者失去柔情、爱心和创造能力，不能与他人建立情感联系，害怕表现出任何"软弱"的迹象。换句话说就是，许多领导者都带着他们自身的恐惧去做事，这样也会把恐惧感带给别人。傲慢、自私、欺骗、不公平和不尊重他人等，都是他们恐惧感的表现。

领导者可以培养自己在积极情感方面的能力，包括爱和关心等。嘉信理财（Charles Schwab）的首席执行官沃尔特·贝丁尔（Walt Bettinger）上大学时学到了重要的一课，而且此后他都尽力将其应用于日常工作和学习中。当时，教授给每个学生发了一张白纸，并给他们出了一道期末考试题：我们这座教学楼搞清洁卫生的女士叫什么名字？同学们一周有两个晚上在这座教学楼里上课，每次上 4 小时，连续 10 周都是如此，他们买饮料或上厕所时都会遇到这位清洁阿姨。贝丁尔说："我当时不知道多蒂的名字——她叫多蒂——但是，从那以后，我已经试着去了解每个'多蒂'了。"

第5章 领导者的精神和心理

大多数人都在生活中感受过爱的力量。爱有很多种，如母亲对孩子的爱、情人之间浪漫的爱、兄弟之间的爱、对祖国的爱，以及一些人对某项运动、爱好或娱乐的爱。爱在许多方面都与工作关系和组织业绩直接相关。

爱，作为一种激励，是一种内在力量，它使人们朝气蓬勃、紧密团结、精力充沛，在工作和生活中都"沉浸在爱里"。西方文化往往强调头脑和理性方式，然而，心灵往往比头脑更能鞭策人们前进。回想一下当你全心全意想做某件事时，你拥有的是怎样自然洋溢的激情与活力。再回想一下当你的头脑说你必须要完成某项任务，而你却满心不愿意的时候，你的动力大大减少，往往还会导致拖沓延迟。领导者已经越来越有兴趣去帮助人们对工作产生真正的热情。那些参与到工作中而不是被疏远的员工通常会更满足，效率更高，更容易成功。

爱，作为一种感觉，包括吸引力、魅力，以及对他人、工作或其他事情的关心。这是人们最常想到的爱，尤其是涉及情人之间的浪漫的爱。然而，作为感觉的爱也与工作环境相关。对他人的同情和关心显然是爱，而宽容、真诚、尊重和忠诚也都是爱，它们对健康的工作关系非常重要。约瑟夫·坎贝尔（Joseph Campbell）在 PBS 电视剧及其与比尔·莫耶斯（Bill Moyers）合著的书籍《神话的力量》（*The Power of Myth*）中，向世人清晰地阐述了被称为"极大的幸福"的个人感情。找到属于你的这种极大的幸福意味着去做那些你发自内心想做的事，那些可以从中得到纯粹的快乐而不仅仅是物质回报的事。大多数人在专心致志地进行令自己感到愉快的工作时，常常感到时光飞逝，而那时，我们就能体会这种极大的幸福。这种对工作的感觉和关心就是个人魅力的主要来源。在进行一项自己真正热爱的工作时，每个人在他人眼里都会变得更有魅力。

爱，作为一种行动，意味着比感觉要更进一步，它被转化为行动。斯蒂芬·科维（Stephen Covey）指出，在所有的文学巨著中，爱都是动词而不是名词。爱是你做的某件事，是你做出的牺牲和你对别人的付出。下面所举的有关伊拉克战争的深刻的例子就解释了爱的这一意义。

领导进行时

爱的行动

当人们问美国陆军军士伊恩·纽兰（Ian Newland），在敌人向他们的悍马车扔出手榴弹时，为什么他的朋友罗斯·麦金尼斯（Ross McGinnis）会扑向炸弹，他只回答道："因为他爱我们。"麦金尼斯牺牲了，其他士兵虽然负了伤，但都活了下来。

伊拉克战争期间，至少 4 位美国军人——美国海军中的杰森·邓纳姆（Jason Dunham）和拉斐尔·佩拉尔塔（Rafael Peralta），海军爆炸性军械处理技术员迈克尔·蒙苏尔（Michael Monsoor）和陆军预备役中士詹姆斯·维特科夫斯基（James Witkowski）——为了保护战友，用自己的身体挡住敌人的炸弹而牺牲。"这是怎样的一种决定啊！"研究勇气的教授弗兰克·法利说，"我不知道在人性中还有没有比这更深刻的东西。"

一些士兵活了下来，因为他们的战友牺牲了自己去保护他们，对这些活着士兵来说，他们最典型的特点，就是因内疚、沮丧、焦虑而痛苦挣扎。他们非常需要他人提出一些建议，帮助他们接受所发生的事情。不过，另一种结果是：他们大多数人都认为应该对死去战友的心怀敬重地生活下去。对于麦金尼斯的死，纽兰这样说道："他为了我们而牺牲，我们一定不能让自己的生命虚度。"而对于佩拉塔的牺牲，一位中尉也说了类似的话，他表示"佩拉塔的牺牲改变了很多事"。

这些士兵都是英雄般的人物，但是罗斯·麦金尼斯的父亲汤姆·麦金尼斯（Tom McGinnis）说他不想让儿子被描述成那种比普通人伟大的人物。"他并没有什么特别，和你我都一样。他只不过是在瞬间做了一个决定，做了自己认为正确的事。"汤姆·麦金尼斯的一席话提醒了我们：我们都有机会以行动证明我们的内心充满爱和同情心，而不是恐惧和冷漠。

大多数人从不会为别人而牺牲自己，但是，在很多团队和组织中，同情、尊敬、忠诚等这些情感都已转化成实际行为，如友好、团队合作、协作、倾听和为别人服务。这就是情感向行为的转化。

5.5.3　为什么追随者会响应爱

大多数人对工作的要求并不仅仅是一份薪水。那些用爱领导的领导者有超凡的影响力，因为他们能满足员工5种未说出口的需要。

- 倾听并理解我。
- 即使你不同意我的观点，也不要判定我是错的。
- 认可我的过人之处。
- 记得发现我是有爱心的。
- 充满同情地告诉我真相。

当领导者能直接满足这些微妙的需要时，员工就会用热爱自己的工作、充满感情地致力于解决各种问题和服务客户作为对领导者的回报，他们对工作和组织的热情也会高涨。人们愿意相信领导者是真正关心他们的。从下属的角度来看，爱和恐惧产生的激励是不同的。

- **以恐惧为基础的激励**（fear-based motivation）：我需要一份工作来满足基本需要（满足生理这种较低层次的要求）。你给我一份工作，我只会付出适当的努力以保住这份工作。
- **以爱为基础的激励**（love-based motivation）：如果这份工作和领导者让我感到自己的个人价值，感到工作的意义和我对整个组织做出的贡献（满足心灵、思想和生理更高层次的需要），我就会付出自己的全部努力。

本书中有许多例子都展示了使用正面情感时带来的结果。一名管理咨询顾问甚至还建议说寻找创造性的方法去爱他人能解决领导中可能遇到的所有问题。理性思考和专业技能很重要，但用爱来领导可以建立信任，激发创造力和责任心，并创造无穷的力量。

本章小结

- ☑ 在当今纷乱变化的环境中，领导者运用情感力、智力和理解力来引导组织，帮助员工在面对快速变化、不确定性和对工作缺乏安全感时能感到精力充沛、充满动力并得到关怀。领导者可以通过有意识的培养和实践来扩展自己的心智能力。
- ☑ 领导者应该意识到自己的思维模式会影响其思考，并有可能产生盲点，从而限制其对事物的理解。意识到思维模式的存在是用全新的方法看世界的第一步。扩展和培养领导者思维的四大要素是独立思考、开放式思维、系统思考和自控能力。
- ☑ 领导者还应懂得情商的重要性。情商的四大基本要素包括自我意识、自我管理、社会意识和关系管理。具有较高情商的领导者能给组织带来积极影响，因为他们能帮助员工成长、学习和发展；能营造使命感和目标感；能灌输团结和团队合作精神；能在信任和尊重的基础上建立相互关系，这样就能使员工愿意为组织冒险并贡献自己的全部才干。现在组织中的大部分工作都是由团队完成的，情商对个人和组织都适用。领导者可以通过以下 3 种方法来培养团队的情商：形成规范来培养强烈的团队认同感；在成员间建立信任关系；在成员间灌输他们能成为高效而成功的团队的信念。

- ☑ 传统组织将恐惧作为推动力。尽管恐惧能激励人们，但它也会阻碍人们对工作产生好感并经常引起规避性行为。恐惧能降低信任度，减少沟通，从而使重要的问题或争议被隐藏或压制。领导者可选择用爱而不是恐惧来领导。爱可以成为一种动力，它使人们生气勃勃、团结一致、精力充沛；爱也可以成为一种感觉，如喜欢、关爱和极大的幸福；爱还可以成为一种行为，如帮助、倾听和合作。爱的这几个方面都与组织中的关系相关。人们对爱做出回应，因为爱满足了他们未说出口的需要，即希望得到尊重和肯定。理性思维对领导很重要，但只有爱才能建立信任，带来创造力和热情。

讨论题

1．你认为要成为出色的领导者，在组织中培养自身和他人情感素质的做法如何？讨论一下。
2．人们有能力培养和发展自己的脑力和心理素质，使其超过现有能力，这种说法你同意吗？能举出一个例子吗？讨论一下。
3．为什么改变一个人的假设很难？领导者需要注意自己的思维模式的具体原因是什么？
4．讨论思维模式和开放式思维的相似之处和不同之处。
5．自我控制的概念是什么？对领导者来说它的重要性何在？
6．你认为对出色的领导者来说，在情商的四大要素中，最重要的要素是什么？为什么？
7．假设恐惧和爱都是潜在的激励因素，对大学生来说哪一种是最好的激励方式？对开发新产品的团队来说呢？对媒体垄断集团的最高管理层来说呢？为什么？
8．你曾经在工作中从领导者那里感受过爱和/或恐惧吗？你是如何反应的？是否有这种可能：由于领导者在工作中投入太多爱的成分，反而产生了消极结果而不是积极结果？讨论一下。
9．你认为领导者应该花时间培养团队的情商吗？为什么？
10．把学习本章的课堂活动当做一个系统。如果没有对整个系统进行思考而做出改变的话，会给学生们带来什么问题？

现实中的领导：指导者

设想有人以指导者或教练的身份接近你的情景。当时可能是你碰到了某些困难，而这个人伸出手来帮助你，是因为关心你而不是为了自己的利益。

在下面的空白处简要描述当时的情况，指导者是谁及他为你做了什么。

_____
_____

发自内心的指导是一种慷慨的行为，通常会受到接受者的感激。回想一下当指导者帮助你时，你的感觉如何？

和同学分享你的体会。根据你们共同的经验,描述指导者有哪些共同特征。

课堂练习

以小组为单位讨论有关遇到指导者的那些经历。教师可以请每个小组总结指导者的共同特征,并把结论写在黑板上。通过这些条目,可以总结出指导者的共性。教师可以提出以下关键问题:指导者的主要特征是什么?根据这些主要特征,是否可以看出更有效的指导是基于个人的心灵还是头脑?你(学生)会在生活中去指导别人吗?你会怎样做?哪些因素可能会阻碍你这么做?

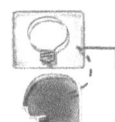

领导力开发:案例分析

新上司

萨姆·诺兰(Sam Nolan)在房间里点着鼠标,又开始了一局纸牌游戏。他已经玩了一个多小时了;妻子早就放弃劝他一起去城里看场电影,或共度一个难得的周六晚上。只有这种看起来能使大脑麻木的游戏才能让萨姆冷静下来,忘记工作中的烦恼,忘记他的工作是如何变得一天比一天糟糕的。

诺兰是世纪医药公司(Century Medical)的首席信息官。世纪医药公司是康涅狄格州一家大型的医药生产企业。从他4年前进公司时起,世纪医药就已经在把技术引入系统和流程方面取得了很大进步。诺兰已为公司设计和建立了两个相当成功的系统,其中一个是为人力资源部门设计的福利管理系统;另一个是复杂的网络购买系统,该系统的建立简化了购买物资和资本货物的过程。尽管这一系统才投入使用几个月,但保守估计它每年能为公司节省大约200万美元。这个新型网络系统大大减少了处理请求和下订单的时间,因而采购经理们现在有更多时间与重要的股东一同协作,挑选出最好的供应商,与更有前景的合作伙伴洽谈协商。

诺兰在疲倦中回忆起他花了大量时间去和全公司的人建立互相信任的关系,向他们解释新技术不但能节省时间和金钱,还能支持团队合作,鼓励信息共享,使大家能更好地管理自己的工作。当他想起一个工龄很长的人力资源部员工——61岁的埃塞尔·摩尔(Ethel Moore)时,他微笑了一下。他还记得第一次向摩尔介绍公司局域网时他战战兢兢的神态,而现在摩尔是他最有力的支持者之一。实际上,最早向他提出设计一个网络职位发布系统的人就是摩尔。于是他们两人组织了一个团队,提出了把公司的管理者、内部招募专员和工作应征者联系起来的设想,而联系工具则是基于网络的人工智能软件。当诺兰向他的上司——执行副总裁桑德拉·艾维(Sandra Ivey)提出这一设想时,她表示极力赞同。几星期内,他们的团队便得到授权并开始实施这一项目。

但6个月后,当艾维辞掉副总裁一职去纽约接手一份肥差时,一切都变了。艾维的继任者汤姆·卡尔(Tom Carr)似乎对这个项目不感兴趣。在第一次会议上,卡尔就公开指出这个项目是在浪费时间和金钱。他很快否决了公司内部招募专员提出的几项新建议，尽管项目团队指出，这些建议可以使内部招募效率翻倍，并能节约上百万美元的培训费用。"只要坚持原来的计划并把它完成就好了，我们所需要的材料毕竟还是要经过人工处理的，"卡尔反对说，"从计算机中获取的东西不可能比与人沟通收获的更多。至于内部招募，如果那些应征者早已在公司里工作了，要和他们交谈也不是那么困难。"看上去卡尔对于为什么要运用科技、怎么运用科技根本就是一窍不通。当摩尔告诉他这个系统是基于网络的时候，他居然发怒了。他还自夸自己从未使用过公司的局域网，并且暗示说这种"因特网热"顶多流行几年，之后就会被人淡忘。即使是摩尔的热情最终也没能感染他。"科技是为那些信息系统部门的人员服务的。我的工作对象是人，你的工作对象也应该一样。"卡尔吼道。在会议快结束时，卡尔甚至开玩笑地建议项目团队只需要买一些好的文件柜，这样既节省了每个人的时间，也节省了公司的开支。

诺兰叹了口气，靠在椅背上。整个项目开始变得像个笑话。他的团队曾经想象过的那个充满活力和富有创造性的人力资源部现在看起来只不过是场白日梦。尽管诺兰很受挫，但他却有了一个新想法："卡尔究竟是顽固不化、思维偏执呢，还是他认为人力资源部门从事的是有关人的工作，不需要高科技来支持职位发布系统呢？"

资料来源：Based on Carol Hildebrand, "New Boss Blues," *CIO Enterprise*, Section 2, (November 15, 1998), pp. 53-58; and Megan Santosus, " 'Advanced Micro Devices' Web-Based Purchasing System," *CIO*, Section 1 (May 15, 1998), p. 84. A version of this case originally appeared in Richard L. Daft, *Organization Theory and Design*, 7th ed. (Cincinnati, OH: South-Western, 2001), pp. 270-271.

? 问题

1. 描述故事中两种不同的思维模式。
2. 形成萨姆·诺兰思维模式的设想有哪些？汤姆·卡尔呢？
3. 你认为卡尔的思维模式有可能转变吗？如果你是萨姆·诺兰，你会怎么做？

美国潜艇佛罗里达号

一般而言，一艘三叉戟核潜艇上的气氛总是安静无声的。为了避免发出声响引来跟踪者，即便是管道接口处也要包上护垫。三叉戟核潜艇速度快、辐射噪声低，而且艇上配备了24枚远程导弹，装有192颗核弹头，被认为是世界上最危险的武器装备之一。三叉戟船员是美国海军的精英，即使是修理管道的船员也体现出白领阶层应有的礼仪。船上的文化氛围低调而文雅，船员们学着轻声讲话，与频繁更换的执勤船员在狭小的空间里和睦相处。服从于严格的安全约束提高了船员们的经营意识和自豪感。在海军中，晋升成为三叉戟潜艇的指挥官是一项了不起的荣誉——符合要求的人当中，只有不到一半的人能获此殊荣。因此迈克尔·阿方索（Michael Alfonso）成为USS佛罗里达号的指挥官时，全体船员都对他的到来表示欢迎。他们知道他和大家一样，是一名职业海军，很年轻的时候就参军了，之后一步步晋升到现在。过去他给舰友们留下的印象基本是独来独往，虽然有时脾气粗暴，但总的来说还算和蔼可亲。邻舰的人认为阿方索绝对是一个彬彬有礼的人，只是有些沉默寡言。

然而船员们对新指挥官到来的喜悦只维持了一小会儿。阿方索很快就进入了指挥状态，他告诫船员们他将会对他们进行严格管理。他并没有开玩笑——在佛罗里达号潜入深水，开始一次全面检修后的试水不久，新指挥官便当众大声训斥了那些他认为表现欠佳的人。航行分队的队长，海军上士唐纳德·麦克阿瑟（Donald MacArthur）就是其中一位遭到训斥的船员。在训练中，由于海底凹凸不平，麦克阿瑟很难把潜艇控制在潜望镜的深度。于是阿方索便大声宣布："你不合格。"然后就贸然取消了阿瑟的潜水任务，并下令他通过额外练习再次达标后才可归队。这件事很快就传得沸沸扬扬，船员们也大吃一惊，毕竟他们早已习惯了"公开表扬，私下批评"的海军格言。船员们很快就受到这种行为的影响，士官亚伦·卡摩迪（Aaron Carmody）说："即使出了什么差错，也没有人会向他汇报。按说你不应该害怕自己的舰长，应该对他直言不讳。但没有人愿意这么做。"

舰长大发雷霆不总是因为工作表现。一天，他对着军需官、主任参谋和舰务长大喊大叫，只是因为他想要一杯可乐，但饮水机里一出来的却是 Mr. Pibb（一种软饮料——译者注）。还有一次他突然去吃夜宵，发现自己的刀叉不见了，又暴跳如雷。一份以"地下"为题的小报很快在管道工中流传开来，他们用简单的幽默四处传播让指挥官大发雷霆的琐事。潜艇抵达夏威夷进行"战术准备评估"（这是一项由参谋官进行的为期一周的密集检查）时，船员之间已经完全疏远了。尽管舰艇检测良好，但是检查员还是向海军上将保罗·沙利文（Paul Sullivan）报告，船上似乎出了什么问题，舰长和船员之间的关系非常紧张。三叉戟航行的最后一个夜晚，许多船员通过看电影来庆祝。他们挑选了《叛舰凯恩号》（*The Caine Mutiny*）和《红潮风暴》（*Crimson Tide*），这两部电影都是关于海军舰长面临兵变时在海上被革职的故事。当汉弗莱·博格特（Humphrey Bogart）扮演的美国军舰凯恩号舰长因为一夸脱草莓不见了而暴跳如雷时，有人大叫起来，"嘿！听起来多熟悉！"

回到船籍港时，船员们一个个垂头丧气地上了岸。"无论是身体上还是精神上，我们都受到了沉重的打击。"一名船员回忆说。考虑到有关船员"沮丧失望"的报告，沙利文上将开展了一次非正式调查，最终他决定解除阿方索的指挥官一职。之前还没有三叉戟潜艇指挥官被免职的先例，这是第一次。"本来他得到了一个千载难逢的机会来体验指挥官这一职务的魅力，但他却白白地浪费掉了，"沙利文说，"恐惧和恐吓一定会带来毁灭。"阿方索本人似乎对沙利文上将的决定惊讶不已，他指出在他的指挥下，佛罗里达号获得了"三叉戟潜艇在全面检修后的评估检验中最佳的成绩"。

资料来源：Thomas E. Ricks, "A Skipper's Chance to Run a Trident Sub Hits Stormy Waters," *The Wall Street Journal*, (November 20, 1997), pp. A1, A6.

问题

1. 从爱和恐惧的角度分析阿方索对船员们的影响。作为佛罗里达号的指挥官，是什么原因使他表现得如此强悍？

2. 你认为对核潜艇的领导者来说，应该更多地关心什么？是高水平的验证成绩还是高质量的人际关系？你同意沙利文上将对阿方索革职的决定吗？讨论一下。

3. 按照本章中提出的情商四大要素，讨论指挥官阿方索的情商水平。你会给他什么建议？

Chapter 6

第 6 章 勇气和道德领导

通过本章的学习，你应该能够：
- 将理性的领导方法与关心他人和注重道德伦理相结合。
- 认清自己所处的道德发展阶段，了解促进自己道德成熟的方法。
- 了解并运用有助于改善组织道德文化的机制。
- 运用代管型和服务型领导原则。
- 发现他人的勇气，释放自己的潜能，勇敢地生活和行动。

2000 年，安尼·麦卡伊（Anne Mulcahy）出任施乐公司首席执行官，当时施乐公司正在走下坡路，前途令人堪忧。刚上任的麦卡伊并没有掩盖当时的困境，恰恰相反，她坦率地告诉各位股东，公司无法继续当前的经营模式，必须采取一系列重大的行动来拯救施乐。投资者们开始抛售施乐的股票，令本已暴跌的股价又再度下跌。投资顾问劝麦卡伊宣布破产，但她却在考虑如何才能帮助施乐公司恢复往日的辉煌。她需要去一一安抚评论分析家、愤怒的股东，还有投资银行家们，但她并未因此丧失斗志，一蹶不振。她四处奔波，不断与公司客户沟通，与公司员工谈心。她采取措施大幅度削减成本，但同时又坚决反对削减产品研发资金，尽管有股东提出关闭所有的研发部门。

麦卡伊成功地使公司境况得到彻底好转，导演了近代商业史上最辉煌的一幕。到 2009 年年中麦卡伊退休之时，人们对她赞誉有加。她所采取的一系列措施成效颇丰：公司还清了债务，重振了生产线和技术基础力量，销售额突破 170 亿美元。经同行们推选，麦卡伊当选为"年度首席执行官"[此项荣誉由《首席执行官》（Chief Executive）杂志评选产生]，成为世界上首位获此殊荣的女性。她随即发表讲话，表示这项殊荣实际上"代表着全世界施乐人所取得的辉煌成就"。在麦卡伊所取得的诸多成就中，最让人震惊的可能还要数她"敢于向华尔街说'不'的勇气"。对于设法突破困境的领导者，有着类似经历的麦卡伊会有些什么样的建议呢？或许她会说：面对现实；忠实于你自己的价值观；关注员工与客户；不言放弃，让你的团队心怀东山再起的信念。

2000 年，麦卡伊作为新上任的首席执行官，当然不愿意看到公司的股价下跌，信用评级下降。但是与其试图隐瞒真相，她"认为坦率承认公司濒临破产的事实，反而更加让人感到可信"。贝尔斯登首席执行官艾伦·施瓦茨（Alan Schwartz）的做法却恰恰相反。他曾信誓旦旦地对 CNBC 的记者表示：公司的"资金流动和资产负债表状况十分良好"，但就在短短的 36 个小时以后，贝尔斯登便为了免遭破产命运而向美联储寻求紧急贷款，并最终被摩根大通收购。2000 年初的麦卡伊是新闻界嘲弄的对象，但是她勇敢面对现实，义无反顾地投身于她认为正确的事情当中，包括始终遵循崇尚道德的价值理念，这一理念正是曾将施乐公司造就成商业巨头的因素之一。

作为一名真正的领导者，你需要了解你是谁，你代表什么，并要有勇气来实践你的信仰。领导者要对自己的信仰和行为充满自信心和责任感。正如安尼·麦卡伊那样，对超越个人利益的某项事业或目标的全身心投入会点燃你付诸实践的勇气。此外，真正的领导者不会利用他人而是竭诚为他人服务。还是以麦卡伊为例，她抑制住自己的焦虑与不安，竭力为已经泄气、绝望的人们带来希望和力量。"麦卡伊是一位以身作则的领导者。"一位施乐公司的债权人这样形容她，"每个施乐人都知道她的努力，而且这种努力是为了他们而付出的。"无论在政治、战争、教育、运动、社会服务或商业中，先人后己都是成就成功领导的关键。

本章将讨论领导勇气和道德领导的相关理论。成功的领导包含三大要素。在第 5 章中，我们讨论了其中的两种——头脑和心灵。本章将讨论第三大要素——精神，即反躬自省、思考人类所处的环境、辨别是非、探求世上哪些东西有真正重要的能力，以及为价值和正义挺身而出的勇气。首先，我们将考察大多数公司当前的经营环境，当代社会领导者面临的两难处境，以及那些经常引发组织中不道德风气的行为。其次，我们将研究领导者如何能以道德的方式来行事，分析个人道德发展模式，以及代管型和服务型领导的重要性。本章最后将研究什么是勇气及领导者如何增加自己的勇气来使道德领导蔚然成风。

6.1 当今的道德领导

不论是政界、社会还是公司，每隔 10 年，就会出现一些反面角色，这倒不足为奇，但近年来道德堕落的普遍程度却令人震惊。企业界更是因为丑闻而步履蹒跚，那些曾经受人尊敬的公司的名字如今成了贪婪、欺骗、自大和缺乏道德意识的代名词，如美国国际集团、雷曼兄弟、安然公司、贝尔斯登、美国国家金融服务公司、世界通信公司。美国最近一次民意调查显示，76%的美国受访者表示美国公司的道德罗盘针正"指引我们向一个错误的发展方向"；69%的受访者表示主管们在做决定的时候很少考虑公共利益；而认为主管们在做决定时主要以个人事业的发展为出发点的受访者人数则多得惊人，比例竟高达 94%。

6.1.1 美国商界的道德氛围

道德堕落存在于组织的各个层面，但是由于高层领导者的行为方式是该组织的其他成员的参照标准，因此他们不得不面临更加严格的考察。对《财富》杂志排行榜前 100 位公司的一份研究调查显示，多达 40%的公司在近期卷入了道德丑闻。此外，研究人员还得出这样一个结论：在很多情况下高层管理人员都是这些不道德行为的源头，因为他们未能做到推行并严格遵守道德标准。

不道德行为和违法行为都会给组织带来严重后果。一方面，如果公司员工对领导者丧失信任，则员工士气、责任心和业绩都会受损。另一方面，如果客户对某公司失去信任，他们就会退避三舍。有证据显示，安达信（Arthur Andersen）由于被查出曾暗助安然公司销毁大量有问题的文件而被起诉妨碍公正，此后它流失了大量客户。如果投资者认为某公司失去了诚信或自己被欺骗，他们也可能撤资甚至起诉这家公司。例如，美国国家金融服务公司的高管们就被其投资者告上了法庭，原因是他们在把公司卖给美国银行的 18 个月之前，抛售了价值 8.48 亿美元的股票。该公司的首席执行官安吉罗·莫兹罗（Angelo Mozilo）一面向投资者宣称市场动荡会为美国国家金融服务公司带来绝佳的投资机会，一面却偷偷地抛售了价值高达 4.74 亿美元的公司股票。

所有层级的领导者都承担着创造良好道德氛围的巨大责任，并且有能力发挥道德榜样的作用。然而他们又面临许多压力，这些压力不断考验他们能否做出正确的选择。对领导者来说，最危险、最易犯的错误并非彻头彻尾的腐败，而是被个人缺点和私欲打败。削减成本、增加利润、满足供应商或合作伙伴的要求及要看起来非常成功等都给领导者造成压力，也极可能导致道德缺失。例如，房地产市场势头正旺的那些年，许多贷款方、评估师、建筑商、房地产经纪人，还有投资公司都坚信房价会持续上涨。他们完全被这种错误的信念蒙住了双眼，因此不管不顾，一心追逐商业利益。再来看看股市泡沫的成因。用股票期权奖励管理者的最初目的只是为了把领导者的利益与股东利益结合起来，但后来有些领导者试图抬高公司股价以获取暴利，最终致使贪欲无法控制。领导者都希望自己的组织看起来很成功，甚至有时候他们为了让别人觉得自己光鲜亮丽而做一些傻事。世通公司前首席执行官伯纳德·埃伯斯（Bernard Ebbers）正是如此。他确信自己可以让公司状况好转，并能挽回自己和公司的声誉，因此，即便公司行将垮台，他依然不断买入股份，而且命令下属对公司财务状况发表虚假的声明。所以，对领导者来说，关键在于是否足够坚韧，能否不顾外界压力而坚持正确的事情。正如哈佛商学院的理查德·特德罗（Richard Tedlow）所说："人的一生都处在光滑的斜坡上，只有那些有品性的人才知道哪些底线是不能跨越的。"

> **行动备忘录**
>
> 作为一名领导者，你要将道德价值观付诸行动并为追随者树立道德榜样。你可以顶住压力，不做不道德的行为，不要听不进批评意见或追求短期利益。

6.1.2 领导者的哪些行为会带来负面影响

领导者的行为对他人有暗示作用，如果领导者本身自私而贪婪，许多员工就会认为不道德的行为也是可以接受的。我们以现已倒闭的贝尔斯登公司为例，该公司的高管们公然表现得傲慢自大，并极力追逐个人成功。他们一手建立起"相互排挤，推崇投机"的企业文化，为了达到个人目的，全然不顾公平、荣誉这些基本准则。一位前贝尔斯通首席执行官说过他要"寻找拥有'PSD'学位的管理者"，即出身贫穷（poor），头脑聪明（smart），急切渴望获取财富（a deep desire to get rich）。让我们将他的用人理念与第 1 章所讲述的摩根大通的首席执行官杰米·戴蒙做个比较。戴蒙曾说过他从未、"一次也没有"录用过仅仅冲着钱来的应聘者。他说："我希望他们选择进来是因为他们愿意通过长期的努力打造出一个伟大的公司。"

> **行动备忘录**
>
> 练习"领导者自察 6-1"，回答问题，了解自己的马基雅维利分数及是否适应"以我为中心"的环境。

表 6-1 通过列举 10 种会给组织带来损害的领导者行为，将道德型领导者与不道德型领导者做了比较。第一列中所列举的行为可能使一个组织丧失道德氛围，甚至违法犯罪。第二列中列举的是一些相反的行为，可以为组织营造信任、公平的气氛，并促使其成员正确行事。

表 6-1　不道德领导者和道德领导者的比较

不道德领导者	道德领导者
傲慢、自私自利	谦逊
过度追逐个人利益	关心大家的利益
有欺骗行为	诚实正直
违反约定	信守承诺
进行不公平交易	坚持公平
推卸责任	承担责任
摧毁别人的自尊	尊重他人
忽略下属的发展	鼓励并帮助他人发展
吝于帮助和支持	为他人服务
缺乏与不公平的行为斗争的勇气	有坚持真理的勇气

资料来源：Based on Donald G. Zanderer, "Integrity: An Essential Executive Quality," *Business Forum* (Fall 1992), pp.12-16.

某些高层管理者认为只有自己最重要，因此抓住每个机会满足自己的贪欲或谋求自身利益。他们关注的是薪水够不够高，办公室够不够大，以及其他象征身份地位的东西，却不关注有利于组织的事情。这类领导者通常都会更多地关注自身利益而不会为组织或更广泛的群体谋利。美国国际集团的高层们刚从美国政府那里得到 850 亿美元的救助贷款，几个星期后就斥资 40 万美元在加利福尼亚一个豪华的海滨度假胜地修筑了一个供他们自己享受的休闲度假处所。华盛顿互惠银行（Washington Mutual）为了使房地产危机造成的巨大损失不影响高管们的薪水，专门修改了高管奖金的评定方法。英国景顺基金在公司客户损失数十亿美元的情况下，仍然带着房地产经纪人去玩飞碟射击这种贵族式的运动而受到外界的严厉指责。如果高层管理者在公司客户损失惨重、员工大量失业这种举步维艰的时期仍然希望得到高薪酬和补贴，那么他们就不可能在公司里营造出信任和正直的氛围。

从表 6-1 中还可以看出，不道德的领导者可能对员工、合作伙伴、客户、供应商和股东都缺乏诚信，经常不能履行与他人的协议或承诺。《今日美国》（*USA Today*）所做的一项调查显示，有 82% 的首席执行官承认自己在高尔夫球得分上没有讲实话。这看起来虽是小事，但久而久之不诚实就会成为他们生活和从商的方式。不道德的领导者还常常不能公平地对待他人，给予逢迎拍马的下属特别的好处或特权，或者基于个人喜好而不是实际的业绩来提拔下属。

不道德的领导者把所有成功都归功于己，一旦出现问题就责难他人。他们掠夺下属的功劳，阻止他人参与决策或发挥重要作用，无礼地对待他人，摧毁他人自尊。不道德的领导者只把下属当做实现目标的工具，从不关心他们的想法，也不帮助他们发挥潜能。如果说道德领导者是为他人服务的，那么不道德的领导者则只关心自己的需要和目标。

最后，领导者之所以会造成组织风气不正，甚至引起腐化堕落，原因之一就是他们不会当面指正错误的行为。例如，同事在办公室里讲不合时宜的笑话，如果领导者为了使自己显得合群而保持沉默，那么实际上是默许了这类行为。如果领导者知道有员工遭到不公平对待而坐视不管，那么实际上是为以后的不公平对待开了先例。同事和下属在宽松的道德标准下会恣意妄为。通常坚持正义是很困难的，但唯有如此，领导者才能营造正直、诚实的氛围。

领导者自察 6-1

你的马基雅维利分数是多少

不同的领导者对人性有着不同的看法；如何通过其他人来完成任务，不同的领导者也有着不同的策略。想一下你自己是如何看待他人的，然后回答下列问题，看看这些描述对你来说是"基本符合"还是"基本不符"。

	基本不符	基本符合
1. 总体来说，平庸与诚实好过成功与欺骗。	____	____
2. 完全信任一个人实际上是自掘坟墓。	____	____
3. 领导者的行为应符合道德标准。	____	____
4. 对待他人的最好方式就是说些他们喜欢听的话。	____	____
5. 没有理由去撒谎，即使那是一个善意的谎言。	____	____
6. 恭维重要的人物是合情合理的。	____	____
7. 大多数成功领导者都拥有高尚的道德。	____	____
8. 除非对你自己有利，否则不要告诉别人你做某件事的真正理由。	____	____
9. 大多数人都是勇敢、善良、友善的。	____	____
10. 如果不能时而走走捷径，那么很难到达顶峰。	____	____

计分与解释

第1、3、5、7、9题，每题选择"基本不符"得1分；第2、4、6、8、10题，每题选择"基本符合"得1分。这些题目源自意大利政治哲学家尼可罗·马基雅维利的著作。他于1513年发表著作《君主论》(*The Prince*)，书中阐述了君主应该采用什么样的手段来保住自己的政权。

8~10分为高分，4~7分为中等分数，0~3分为低分。在马基雅维利生活的时代，人们相信任何成功的政治都需要借助某些手段来实现，而在今天看来，这些手段不仅十分自私，而且强调操控、利用他人，与道德领导恰恰相反。但是在这个测试中获得高分并不意味着你就一定是个险恶、凶残的人，但是可能表明你很冷漠，你只将生活看成一场游戏，私下里不愿意与他人打交道。和你的同学一起讨论一下你的得分，然后就下面这个话题谈谈自己的看法：一些政治家或像贝尔斯登这样的大公司的高管们的马基雅维利分数是高还是低呢？

资料来源: Adapted from R.Christie and F.L.Geis, *Studies in Machiavellianism* (New York:Academic Press, 1970).

6.2 以道德型领导作风行事

一旦领导者忘记了商业不只等于经济上的业绩，还与价值标准有关，组织就会蒙受损失，广泛的社会群体也会因此受到伤害。公司的高层领导者之所以遭遇困境，通常都是因为将季度收入和股价视为商业的主要目的，并以此作为衡量个人和组织成功与否的最重要标准。道德领导并不是要忽略盈亏、股价、生产成本或其他可度量的实体，但它的确要求认可并遵守道德价值观，承认人的价值、品质和更高目标的重要性。一个世纪前，亨利·福特（Henry Ford）的一句话似乎就是针对今天道德环境的缺失而言的："长久以来人们认为工业的唯一目的是获取利润。他们错了，工业的目的应该是为大多数人谋福利。"

尽管公司里存在贪婪、竞争及为了达到目标和获取利润而奋斗的动机，但领导者的行为还是要遵循道德标准，并鼓励其他人在工作中培养和践行道德价值观。一个组织能否做出符合道德标准的决策，关键要看领导者是否在谈话尤其是行动中坚守道德。员工则通过观察领导者来学习组织所推崇的价值观。

图 6-1 列出了领导者为了营造一个良好的氛围所采用的一些具体方式，以允许和鼓励人们按照道德标准行事。领导者通过创立组织制度及制定相关政策来支持道德行为。例如，制定开放式政策，鼓励员工大胆地对任何事情发表自己的看法；建立清晰的道德规范，奖励道德行为，对违规行为毫不留情等。

> **行动备忘录**
>
> 作为一名领导者，你可以在组织内营造良好氛围，这样追随者就能大胆地汇报问题或不道德行为。你可以建立清晰的道德规范，奖励道德行为，并对违规行为毫不留情。

```
1. 明确表述并支持高标准的道德准则。
2. 关注有益于组织及组织成员的事情。
3. 为他人设定想要他们学习的模范标准。
4. 诚实对己，诚实待人。
5. 消除恐惧，杜绝独断专权。
6. 建立道德政策，并展开相互沟通。
7. 坚定决心——绝不容忍那些违反道德规范的行为。
8. 奖励道德行为。
9. 无论等级，公平对待组织中的每一个人，维护他们的尊严，尊重他们的人格。
10. 即使没有旁人监督，在日常生活和工作中都要做正确的事。
```

图 6-1　如何像道德领导者那样行事

资料来源：Based on Linda Klebe Treviño, Laura Pincus Hartman, and Michael Brown, "Moral Person and Moral Manager: How Executives Develop a Reputation for Ethical Leadership," *California Management Review* 42, no. 4 (Summer 2000), pp. 128-142; Christopher Hoenig, "*Brave Hearts,*" CIO (November 1, 2000), pp. 72-74; and Patricia Wallington, "*Honestly?!*" CIO (March 15, 2003), pp. 41-42.

例如，美国航空航天业的巨头波音公司在经历了一系列的丑闻风波之后，该公司的首席执行官吉姆·麦克纳尼（Jim McNerney）竭力将符合道德标准的行为植入公司的组织架构中。麦克纳尼为全世界的波音员工建立了道德培训机制，并将领导者的收入与其能否坚持道德领导直接挂钩。许多公司都聘请了高级首席合规经理，以对领导者与员工的行为进行监管。大多数公司已经建立了道德准则来指导员工的行为，如图 6-2 中所示的美国环球娱乐公司所采用的清晰简洁的声明。这份声明中的每个关键点都在该公司完整的道德准则中得到了详细的阐述。但是仅仅一份道德准则还远远不够。最为重要的是，领导者要指明高水平的道德标准的含义并大力支持这些标准，做到在无人监督的情况下依然按此标准做事。那些走捷径或违反规则的领导者认为自己可以侥幸逃脱，但最终要为此付出沉重的代价。

此外，领导者要意识到他们在个人生活中的行为最终会延伸到其专业领域。领导者每时每刻都是整个组织的模范。来看看麦克·普莱斯（Mike Price）的例子。作为阿拉巴马大学的足球教练，他甚至还没有来得及指挥一场比赛就被解雇了，因为普莱斯在佛罗里达州参加一次高尔夫比赛时，花了数百美元用于吃喝和给外来的舞者小费。他还背着他的妻子和一个女人在酒店过夜，花了高达1 000美元的客房服务费。校方解雇普莱斯的做法清楚地表明：学校再也不能容忍体育部门这种以"本性难改"为借口的做法。领导者必须承担起责任，无论在生活和工作中都要用道德的方式行事。领导者要表现出为他人和社会服务的重要性，这与赢得足球比赛的胜利、增加公司利润和为自己赚钱是同样重要的，只有这样才能在组织中营造道德氛围。下面，让我们来看看伯克希尔·哈撒韦公司的传奇首席执行官沃伦·巴菲特的事迹。

政策声明
- 以诚待人，处事公正，包括遵守法律精神和法律条文。
- 避免个人利益与公司利益发生冲突，甚至不应让这种冲突存在。
- 避免向政府重要职位的候选人或政府官员提供资金支持。
- 遵守为人们普遍接受的财务原则与管制。
- 维护公司声誉，避免任何可能有损公司名誉的行为。
- 诚实、正直地处理公司财产。

图6-2　美国环球娱乐公司的道德标准

资料来源：Trans World Entertainment Corporation Code of Ethics.n.d.Retrieved February 7,2007, from http://www.twec.com/corpsite/corporate/code.cfm.

领导进行时

沃伦·巴菲特和伯克希尔哈撒韦公司

最近的这场经济危机所带来的负面影响，伯克希尔哈撒韦公司和沃伦·巴菲特本人都没能成功幸免。巴菲特经历了从商40年来最难熬的一年，报道称其公司的净收入下跌了62%。在2009年初一封致公司股东的信中，他承认自己对公司业绩的下滑负有一部分责任，但是他也同样谴责了那些没有道德的首席执行官（虽然没有指名道姓），指责他们留下了一个十分混乱的信贷和股票市场。尽管损失惨重，但是巴菲特手上仍然拥有约250亿美元的现金，因此当许多公司的股价开始下滑时，他便开始以低价买入。

巴菲特之所以能成为全美最佳的企业领导者，最关键的并不是他的投资能力，而是他的道德领导力。从某种程度上说，这两者是联系在一起的。巴菲特一直十分关注公司的内在价值，而非仅仅着眼于股票。他因致力于建立良好的道德规范、公开揭露错误和失败而闻名。在公司年会上，他和合作伙伴花了4小时来回答股东的提问。尽管来自华尔街的重重压力迫使董事会解雇不能带来短期利润的首席执行官，但巴菲特从来都不会轻易这样做。当所罗门兄弟公司（Salomon Brothers）卷入一桩与美国财政部有关的丑闻时，巴菲特曾向该公司的员工这样建议："你不需要在比赛中违规，老老实实遵守规则就已经能赚到很多钱了。"而如今看来他的建议似乎十分适合当前的大环境。

巴菲特确实赚了很多钱。2006年，他的举动让全世界为之震惊——他将名下400亿美元的财产大部分捐赠给了慈善事业，主要是捐给了比尔和梅琳达·盖茨基金。该基金旨在为全世界的穷人提供保健、教育和财政服务。而巴菲特本人依旧保持着朴素的生活方式。他还住在1956年花了31 500美元买来的那栋房子里，开着一辆旧车，在便宜的餐厅吃简单的食物。"我不想像国王一样生活，"他说，"我只热爱投资。"

巴菲特的事例说明，领导者可以通过以道德原则为基础，实现对组织的成功管理。巴菲特曾经说过他最大的愿望就是在自己去世之后，伯克希尔哈撒韦公司依然能遵守这些原则。

证据表明，如果股东、员工、客户和整个团体都能规矩行事，那么好的业绩便唾手可得。例如，一些美国大型公司被评为"最佳企业公民"，一项针对其财务状况的调查发现，这些公司不仅拥有较好的声誉，而且在财务状况上表现不俗。同样，国际治理标准公司（Governance Metrics International）是纽约一家独立的公司管理排名机构，其最新研究发现，那些经营理念更加无私的公司的股价要好于那些只顾自己利益的公司。

6.2.1 成为道德型领导者

领导行为是一系列与是非对错密切相关的行为实践。所有领导行为都可以充当正义或邪恶的手段，因此需要道德尺度加以约束。领导者可以选择自私、贪婪的方式损害他人利益，也可以帮助和激励他人发挥其作为一名员工乃至一个人的全部潜质。**道德型领导**（moral leadership）是指在行为中明辨是非，在实现目标的过程中追求正义、诚实和善良，以及做正确的事情。领导者对他人有深刻影响，有道德的领导者会给予他人活力并改善他人的生活。不道德的领导者只能损人利己。道德型领导有助于他人的提高，如果没有这样的领导，他们也不会做得如此出色。

个人特质如自我意识、自信心和独立意识等会使领导者在遇到反对意见时也能以道德方式行事。更重要的是，领导者可以通过自身的不懈努力来培养这些特性。是否要依照道德的标准行事，完全取决于个人选择。维克托·弗朗科（Viktor Frankl）曾被关押在纳粹德国的一个死亡集中营里，他这样回忆当时的艰难时光：

> "那些身陷囹圄但依然有高尚行为的人给我们这些在集中营里待过的人留下了深刻的印象。他们走遍每个屋子去安慰别人，与人分享自己仅有的一片面包。这样的人或许并不多，但他们充分证明了一点：人身上的所有东西都可以被夺走，唯独态度和生存方式在任何情况下都由我们选择。
>
> 生活中充满了抉择。每时每刻我们都要为自己做决定，在巨大的权势压迫下，我们有可能丧失自我和内心的自由，这时我们就需要做出决定——是否要向这样的权势屈服？"

领导者的道德抉择能力与其道德修养层次有关。图6-3是一个简化了的个人道德发展模型。在**非常规层次**（preconventional level）上，个体都是以自我为中心的，其关心的是如何获得额外奖赏和避免受到惩罚。他们服从权威，遵守规定，趋利避害。他们对世界的基本倾向就是得到自己能得到的一切。有这种倾向的人如果处于领导者的位置，就会独断专行，并利用手中职权来达到晋升目的。

在第二层次即常规层次（conventional level）上，人们学会让自己的行为符合那些来自同事、家人、朋友和社会的期望。处于这一层次的人遵守公司的规章制度，坚守公司的文化价值观。如果规章中明文规定不许偷窃、不许欺骗、不许背信或不许违法，那么常规层次上的人就会严格遵守。他们恪守周围大环境的行为标准。然而，如果其所属的社会体系认为向政府虚报账目、赚取最后一分钱比正直更重要，常规层次的人也会盲从。因此很多时候，即便公司从事非法业务，许多管理者和员工也只会睁一只眼闭一只眼，不闻不问。

超常规层次（postconventional level）也称原则性层次，在这一层次上，领导者遵循自己内心的是非原则，而这些原则也为大家所普遍接受。他们甚至会公然违反不符合这些原则的规章和法律。对他们来说，内在的价值观比组织和团体中其他人的期望更重要。处于这一层次的领导者富有远见，敢于授权，献身于为他人服务和更伟大的事业中。

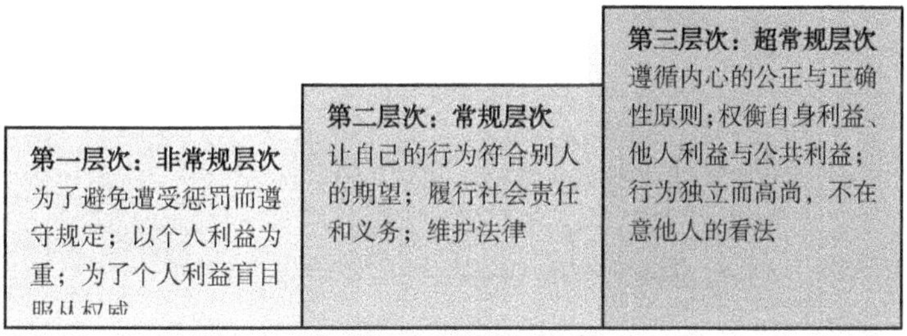

第一层次：非常规层次	第二层次：常规层次	第三层次：超常规层次
为了避免遭受惩罚而遵守规定；以个人利益为重；为了个人利益盲目服从权威	让自己的行为符合别人的期望；履行社会责任和义务；维护法律	遵循内心的公正与正确性原则；权衡自身利益、他人利益与公共利益；行为独立而高尚，不在意他人的看法

图 6-3 个人道德发展模型

资料来源：Based on Lawrence Kohlberg, "*Moral Stages and Moralization:The Cognitive-Developmental Approach*," in Moral Development and Behavior: Theory, Research, and Social Issues,ed. Thomas Likona (Austin, TX:Holt, Rinehart and Winston, 1976), pp.31-53; and Jill W.Graham, "*Leadership, Moral Development, and Citizenship Behavior*," Business Ethics Quarterly 5, no.1 (January 1995),pp.43-54.

大多数成年人都处于道德发展的第二层次，有些人还没有超越第一层次。在美国成年人中只有20%达到了道德发展的第三层次，即超常规层次。第三层次的人行为独立而高尚，他们不在意组织内外其他人的看法，也不顾及个人名誉或安全是否受到威胁。在解决道德矛盾时，他们公正无私，用具有普适性的标准进行评判，权衡个人利益与公共利益。研究发现，高层次的道德水平与工作中的良好道德行为密切相关，表现为诚信无欺、乐于助人，以及为了揭露不道德或非法行为，不惜被称做"告密者"。

领导者可以通过对这三个层次的理解来促进自身和下属的道德进步，并通过并办道德培训课程把人们的道德理性提高到新的水平。当领导者处于道德发展第三层次时，他们会坚持更高的原则，致力于鼓励他人独立思考，加深和拓宽人们对道德问题的理解。

6.3 服务型领导

领导者对下属负有哪些道德责任？是通过限制和支配他们以满足组织需要？是付给他们公平的酬劳？还是让他们有机会成长、发挥创造力，使个人能力有所延伸？

当今的诸多领导学思想指出，道德领导包括鼓励下属成长为领导者，发掘他们的潜力，而不是用领导权力来约束、限制他们。这种领导方式称为**服务型领导**（Servant Leadership）。通过与其他领导方式的比较，我们将会对其有一个更详细、更全面的理解。图6-4展示了领导理论与实践的联系。传统的组织构筑在领导者对下属的管理之上，组织的成功也取决于领导者对下属的控制。在第一阶段，下属是被动的——他们不需要进行独立思考，对领导者唯命是从。处于第二阶段的下属能更积极地完成自己的工作。第三阶段是代管阶段，代表着观念上的巨大变化——责任和权力从领导者转移到下属身上。

服务型领导是超越代管领导的更高阶段，在这一阶段，领导者放弃操纵权，选择服务于员工。随着这一延续性的发展，领导力的重心由领导者自身转向下属。下面我们将对图6-4中的每个阶段进行详细的讨论。

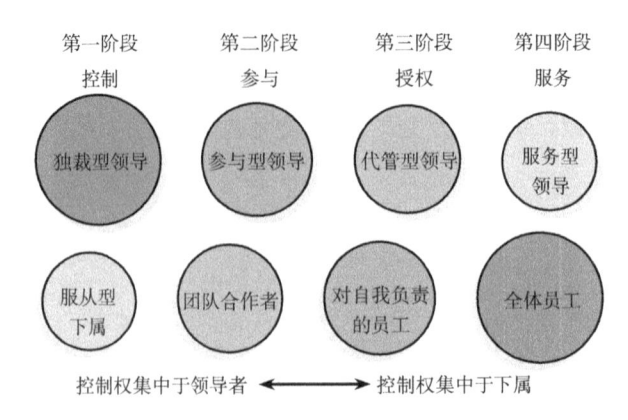

图 6-4　领导力的重心由领导者自身转向他人

6.3.1　独裁型领导

对领导学的传统理解是：领导者是指挥和控制员工的管理者，而追随者只能是服从命令的下级。在第 2 章中，我们讨论了独裁型领导者，他们自作主张，向下级发号施令。只有位于组织顶层的人才拥有权力、目标和特殊待遇。在这一阶段，领导者制定战略和目标，并决定其实现方式及奖励办法。组织的稳定和效率至高无上，下属被牢牢控制。他们无权决定自己工作的意义和目标，也无权对自己的工作表现进行自我评定。这种领导方式强调严格的自上而下的控制、员工的规范化和专业化，管理也完全遵循客观尺度和客观分析。

6.3.2　参与型领导

20 世纪 80 年代以来，许多组织积极地致力于让员工参与管理。领导者通过施行员工提案制度、职工参与计划和质量圈（quality circle），使员工的参与度有所提高。团队合作已成为许多组织完成工作的重要组成部分。研究发现，70%以上的美国大型公司都采用了员工参与计划或已开展了团队建设。然而大多数计划并没能把权力分配到职务较低的员工身上。这种理念带有变相的家长式作风，仍然是由高层领导者制定目标、做出最后决策和分配奖酬等。虽然领导者期望员工对如何提高质量提出建议，期望他们多多参与团队合作，对自己的工作担负更多责任，但是却不允许他们成为企业真正的合作者。领导者依旧对经营结果负责，而且还可能充当顾问和指导。他们虽然放弃了部分控制权，但仍然负责鼓舞员工的士气，调节员工的情绪，保证员工的业绩。这种做法就像是把员工当做不能独立思考的孩子一样。

6.3.3　代管型领导

代管型领导是领导理念上的重要转变。它赋予员工决策的权利，并且让员工自主安排工作。领导者使下属有权影响公司目标、规章制度和公司结构，甚至使他们自身成为领导者。**代管型领导**（Stewardship）的理念是：领导者对公司和他人而言，应该可信可靠，而不是试图操纵他人，决定他人的意愿和目标，或者仅仅照顾他人。事实上，"代管"曾作为"领导"的另一选择，它所重视的是那些参与工作、从事生产、提供服务或直接与客户打交道的人。代管的框架包括 4 项原则。

（1）重新定位伙伴关系。只有当权力与控制力从领导者转移到核心员工身上时，伙伴关系才真正存在。合作伙伴有权对对方说"不"。他们彼此之间完全坦诚相待，既不隐瞒信息也不掩盖错误。此外，合作伙伴（此处指领导者及其下属）共同策划愿景和目标，并共同对结果负责。

（2）把决策权和执行权交给一线工作者。工作在哪里展开，决策权和行动权就应该属于哪里。这意味着重新整合"管理"和"操作"概念，因此每个人都有机会参与公司的某些核心工作。没有人仅仅凭借制定计划和管理他人得到报酬。

（3）承认劳动价值并给予嘉奖。薪酬制度把所有人的财富与企业的成功紧密相连。代管型领导通过设计薪酬系统重新分配财富，从而使核心员工在做出特殊贡献时得到丰厚的回报。每个人都因贡献价值而获得薪酬，而公司也尽可能多地给予他们回馈。

（4）期待核心工作组构建整个组织。作为公司或部门核心力量的员工小组能制定奋斗目标，进行管理，营造教育氛围，并不断对小组自身进行组织和调整，以适应不断变化的环境，迎合市场要求。

> **行动备忘录**
> 作为一名领导，你可以运用代管型领导的原则，把下属看做真正的伙伴，通过与他们分享权力和权威来设定目标、做出决策及对其工作和行为进行监管。

代管型领导者对组织进行引导而不是支配，对员工进行帮助而不是控制。在代管的领导方式下，领导者和下属之间可以相互协作，各自自觉为组织成功做出巨大贡献。此外，它使下属能全身心投入到工作中，从而成为更"完整"的人。

6.3.4 服务型领导

服务型领导把对领导者和下属的代管设想向前推进了一步。罗伯特·伍德·强生（Robert Wood Johnson）使强生公司（Johnson & Johnson）从一家小型的私人公司成长为一家世界级的大公司。他把自己的管理理念总结为"服务于人"。"在我们的管理哲学中，"伍德说道，"领导者的责任就是服务于他的下属。"如今伍德已经过世几十年了，但是其有关领导者道德责任的理念依然如当年他写下这种信念时一样，新颖独到，引人关注（或许也同样富有争议）。

服务型领导（servant leadership）是一种自上而下的领导方式。服务型领导者超越个人利益的局限，为他人服务，帮助他人成长和发展，并取得物质上和情感上的收获。在组织中，这类领导者的最高目标就是为员工、客户、股东和大众服务。在他们心中，自己存在的目的就是为他人服务；领导之所以是一种服务行为，是因为它可以使他人不断成长，帮助他们发挥潜力，成就自己。

正是基于这种服务型领导的原则，阿里·维兹威格（Ari Weinzweig）和保罗·萨吉诺（Paul Saginaw）成功创办了价值3亿美元的集餐饮、住宿、培训于一体的金爵曼美食坊（Zingerman's Community of Business）。

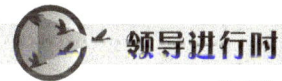

领导进行时
阿里·维兹威格、保罗·萨吉诺和金爵曼美食坊

阿里·维兹威格和保罗·萨吉诺想要给客户呈上世界上最美味的三明治，于是两人在密歇根州的安阿伯开了一家小规模的熟食店。熟食店生意异常火爆，受到《纽约时报》（*New York Times*）、《时尚先生》（*Esquire*）、《食品与宴请》（*Bon Appetit*）和其他许多杂志的热捧。但经营了十几年后，这两位合伙人发现了一个问题：虽然生意依旧很好，但熟食店却不能再给员工提供挑战和成长的机会。当一位有着工商管理学硕士学位的经理决定开一家自己的面包店为熟食店供应面包糕点时,维兹威格和萨吉诺想到了一个主意——为什么不让员工开创一个由众多小店组成的美食坊呢?每家小店都叫金爵曼,但同时又有自己的特色,由创店的员工担任店主。于是金爵曼美食坊就此诞生。到 2007 年,它已拥有 545 名员工,分布在 8 个不同的行业,包括食品烘烤、餐饮、咖啡烘焙和酒席承办。

热衷给别人提供成长的机会只是维兹威格和萨吉诺践行服务型领导的一个方面。此外,他们两人还相信,一个人在组织中的职位越高,就越要努力为别人服务。他们把员工当成客户一样看待,即使下达指令也都合情合理。到各个店铺考察时,他们经常会问员工:"我可以帮你做什么?""有时我是点餐员……有时我会趴在地板上清理客人弄洒的食物。"维兹威格说道。

这两位合伙人践行服务型领导的第三个方面就是,他们总是将组织和员工的利益置于个人目标和欲望之上。金爵曼经营的要旨就是互信互重,正直无私。利润对他们来说并不是动力。"我们有过很多很多的机会让出特许经销权,出售公司名字,拿到支票然后走人。"萨吉诺说。然而他们并没有这么做,因为正如维兹威格说的那样,他们的目标是"让我们的世界变得比过去更美好"。

阿里·维兹威格和保罗·萨吉诺的例子表明,优秀的领导者更热衷于服务他人而不是关心自己。其他组织的领导者也很欣赏这点。例如,罗伯特·汤森(Robert Townsend)接任美国运通公司(American Express)投资部门的负责人时,他给自己定的任务就是不阻止员工发展,并花时间和精力帮他们从组织中取得应得的薪资、头衔和认可。美国达美航空公司(Delta Airlines)前任执行总裁吉拉尔德·格林斯坦(Gerald Grinstein)在他 74 岁时加入到一线员工的队伍,彻底清洁飞机,擦拭座位,甚至趴在地上擦洗地毯,一线员工做什么他也一样做什么。此外,IBM 也已将服务的理念融入公司新的领导者发展计划中,该计划旨在培养颇具发展潜力的员工。他们先在公司内部选拔出优秀员工,之后由这些员工组成的工作团队将通过"企业全球服务志愿队"这一项目与一些小公司和非营利组织合作,到加纳、坦桑尼亚、罗马尼亚和土耳其这样的地方工作。近几年由于组织中强调授权、参与、权力共享及建立一个充满信任的团体,人们对服务型领导这一概念的关注与日俱增。

服务型领导最初由罗伯特·格林里夫(Robert Greenleaf)在他的《服务型领导》(*Servant Leadership*)一书中进行描述。格林里夫自从读了赫尔曼·黑塞(Hermann Hesse)的小说《东方之旅》(*Journey to the East*)之后,就有了这个想法。小说中主人公里奥在一群旅行者中充当仆人的角色。他干着低贱的体力活,为这群人服务;同时,他还用美好的心灵和动听的歌声鼓励他们。一切都好好的,直到有一天里奥突然失踪,整个旅程陷入了一片混乱。数年后,当书中的叙述者被带到最初资助那次旅行的"命令"的总部时,他邂逅了里奥。在那里,他发现里奥实际上就是"命令"的名誉领袖,是一名伟大的领导者。鉴于黑塞小说中服务型领导者的缩影毕竟只是虚拟人物,于是有人质疑:现实组织中的人能否像里奥一样无私地服务他人?事实上,正如之前举出的事例所示,很多组织的领导者已经证明,即使在商业社会中也能按照服务型领导原则经营运作。

格林里夫的服务型领导模型有 4 条基本原则。

(1)把服务置于个人利益之上。服务型领导者做出了一个清楚的抉择,即发挥自己的才能来帮助他人与公司改变和发展。与得到正式领导地位和对他人的控制权相比,他们更热衷于帮助别人。服务型领导者总是做一些对他人有利且正确的事，哪怕这些事情并不能给他们带来经济上的回报。从这个角度看，公司之所以存在，是为了给个人提供尽可能多的有意义的工作；而个人之所以存在，则是为了替公司完成这些工作。

（2）**认识他人从倾听开始**。服务型领导者给予别人最好的礼物之一就是用心倾听，完全了解他人所面临的问题，并坚定对他们的信心。服务型领导者努力明确集体的意愿，然后尽可能地实现这一意愿。他们绝不把自己的意愿强加于人，而是通过对他人的了解，引导出他们的最佳表现。

（3）**通过诚信待人，赢得他人信任**。服务型领导者可以获得他人的信任是因为他们能做到言必信、行必果，能以诚待人，放弃控制他人的权力，并关注他人的幸福。他们分享所有信息，不论是好是坏。他们做出的决定有利于集体而不是自己。此外，他们还充分相信别人独立决策的能力，这样的做法也增强了别人的自信心。服务型领导者得到信任，因为他们放弃了一切——权力、控制、奖励、信息和认同。

（4）**培养他人，帮助他们臻于完美**。服务型领导不仅关心下属的身体健康和心理状况，还十分关注他们的精神世界。服务型领导者相信每个人独特的潜能都能给世界带来积极的影响。服务型领导者帮助他人发现人类精神的力量，并承担自己的责任。这需要开放的态度，以及愿意与他人分享自己的痛苦和困难。与他人如此亲近也意味着领导者需要不掩饰自己的弱点，愿意流露自己人性的一面。

> **行动备忘录**
>
> 作为一名领导者，你可以优先考虑他人的需求、利益和目标，并通过运用个人才干来帮助他人发掘自身潜力。完成"领导者自察6-2"调查问卷，根据独裁型领导、参与型领导、代管型领导和服务型领导的分类方法，评价自己的领导方式。

领导者自察 6-2

你的服务型领导倾向

想想你在某个团队或组织中担任正式或非正式领导的情形，设想一下你个人的领导方式。下面的描述在何种程度上刻画出了你的领导风格？请根据自身情况如实回答下面各项是"基本符合"还是"基本不符"。

	基本符合	基本不符
1. 我做事时先满足他人需求，再考虑自己的需求。	___	___
2. 我明确地让别人感到他们的工作由他们自己掌控。	___	___
3. 决策时我会与别人一起商议。	___	___
4. 我是个完美主义者。	___	___
5. 我喜欢为他人服务。	___	___
6. 我尽量了解他人的需要和看法。	___	___
7. 我有意识地利用他人的技能和才华。	___	___
8. 我对如何正确地做事十分自信。	___	___
9. 我信任并认同他人。	___	___
10. 我相信他人有好的意图。	___	___
11. 我会及时通知他人影响其工作的各项进展。	___	___

12. 我常常不自觉地负责指挥。
13. 我鼓励他人成长，对此不求回报。
14. 我认为合作比竞争更能激励别人。
15. 在制定计划和目标时，我让他人一同参与。
16. 必要时我把他人置于压力之下。

计分和解释

有4种分类方法代表了4种领导类型。对于独裁型领导，第4、8、12、16题选择"基本符合"各得1分；对于参与型领导，第2、6、10、14、题选择"基本符合"各得1分；对于代管型领导，第3、7、11、15题选择"基本符合"各得1分；对于服务型领导，第1、5、9、13题选择"基本符合"各得1分。

我的领导类型得分是：

独裁型：_____

参与型：_____

代管型：_____

服务型：_____

这些分数代表了前文提及的和图6-4中涉及的4种领导类型，即独裁型、参与型、代管型和服务型。任何一类的得分为3~4分为就说明超过了平均水平，得分为0~1分则表明低于平均水平。

把你的4项得分与别人的比较一下，看看你的代管型领导和服务型领导潜质如何。在这4种类型中，你希望得分最高的是哪一种？得分最低的又是哪一种？分析一下那些你选择"基本符合"或"基本不符"的问题，看看你个人领导方式的优势和劣势。你不可能同时展现这4种领导特质，因此你可以思考一下自己想要突出哪种类型的特质，来体现你的领导理念。

服务型领导其实可以很简单，如鼓励他人的个人发展，帮助他人理解工作中更大的目标。ServiceMaster公司就是一个很好的例子。这是一家主要从事医院、学校和其他建筑的清洁和维护工作的公司。领导者关心员工如何看待自己，看待工作，以及如何看待接触的人。该公司的领导者使员工在从事打扫厕所和清洗地板这样不太体面的工作时依然充满尊严、责任感，并感受到工作的意义。例如，一名在医院负责打扫工作的员工说，她把自己看成帮助病人恢复健康的团队中的一员。

6.4 领导的勇气

服务于人和做正确的事情并不容易。领导者有时需要深刻剖析自己的内心，在别人嘲笑自己或在经济上、感情上面临问题时找出力量和勇气来拒绝诱惑，坚持道德原则。

或许有人会说，没有勇气就没有领导力。但对许多领导者来说，尤其是那些大组织的领导者，勇气的重要性很容易被忽视——因为他们的工作要务是与人搞好关系，与环境配合默契，干那些能带来升迁或加薪的事情。在稳定和富足的环境中，领导者很容易忘掉勇气的意义，因此在需要它的时候又怎么会知道到哪里去寻找呢？在下面几节里，我们将研究领导勇气的来源，讨论在组织中表现勇气的几种方式，并在最后一节探究勇气的来源。

6.4.1 什么是勇气

许多人凭直觉意识到,在蒙受损失、受到嘲弄、遭到拒绝时,勇气可以帮自己渡过难关,使自己获得真正想要的东西。对领导者来说,勇气关乎道德,也关乎现实。正是缺乏勇气才使得贪婪和自私凌驾于公共利益之上。正如"活学活用的领导之道"中讨论的那样,具备敢于冒险的勇气从来就是生活得充实而有意义的重要前提。然而具备拒绝随波逐流的勇气,拒绝为不必要或不道德的事以身犯险的勇气也相当重要。对今天的公司来说,事物在不断变化,领导者在一次次试验和失败中寻找成功解决问题的途径。他们面对未知不断前行,抓住机遇,勇敢地行动,创造自己的未来。**勇气**(courage)的定义特征是战胜恐惧不断向前的能力。勇气并不意味着没有疑虑或恐惧,而是指尽管面对这些因素,但仍然具有行动的能力。正如美国参议员约翰·麦凯恩(John McCain)所阐述的那样:"恐惧是展现勇气的机会,而不是对胆小懦弱的证明。"

活学活用的领导之道
它们值得冒险吗?

笑——冒的危险是看起来很傻;

哭——冒的危险是看上去多愁善感;

伸出手——冒的危险是被卷进去;

暴露感情——冒的危险是暴露真实的自我;

公开你的主张和梦想——冒的危险是遭受拒绝;

爱——冒的危险是得不到爱的回报;

生存——冒的危险是会死去;

希望——冒的危险是会失望;

尝试——冒的危险是会失败。

但是我们必须冒险,因为生活中最大的灾难是什么险也不冒。

那些什么险也不冒的人,什么都不做,什么也得不到。

他们可能逃避了痛苦和悲伤,

却不能够学习、感觉、改变、成长或爱。

"确信"束缚着他们的手脚,让他们成为奴隶。

他们失去了自由。

只有敢于冒险的人才是自由的。

资料来源:Janet Rand.

事实上,如果没有恐惧或疑虑,就不需要勇气了。人们经历着各种各样的恐惧,诸如害怕死亡、犯错、失败、尴尬、改变、失控、孤独、痛苦、无常、毁谤、拒绝、成功和当众讲话等。人们在遇到真正的危险时,感到恐惧是自然而正常的事,不论这危险是失去生命、丢掉工作、不被同伴接纳还是身败名裂。试想一下,如果查尔斯·达尔文(Charles Darwin)由于害怕公众和同僚的嘲笑而推迟 20 年出版《物种起源》(*Origin of Species*),结果会怎样。但许多恐惧确实存在，并阻止人们做自己真正想做的事。真正的领导者会摆脱这些恐惧的羁绊，承担责任，担负风险，进行改革，说出自己的观点，并为自己的信念而战。

勇气意味着担负责任。 当领导者决心站出来担负个人责任时，他们确实能够扭转乾坤。有些人只是听天由命，而领导者掌握自己的命运。有勇气的领导者创造机遇，带动组织和社会的变革。其中一个例子就是芭芭拉·琼斯（Barbara Johns），虽然年仅 16 岁，但她给美国南部的人权运动带来了非同寻常的变化。琼斯就读的高中实行种族隔离政策，一次一辆载满白人学生的公车拒绝让她搭载，于是她带领学生们进行了为期两周的罢课运动。美国有色人种协进会介入此事，并帮助她起诉学校，要求取消种族隔离。同年，琼斯的家被烧毁。其他年轻人也站出来抵抗这种不道德的行为，而一些小学生由于抗议在便餐馆、社区活动中心或体育俱乐部实行的种族隔离政策甚至被关进监狱。

领导者的勇气还体现在不逃避责难或不把责任推给他人，而是通过公开承认自己的失败和错误。但是，勇于承担责任在今天的许多大型组织中似乎并不存在。例如，在雷曼兄弟公司处于破产边缘之际，执行总裁理查德·福尔德（Richard Fuld）还拒绝承认错误。在公司由于季度亏损高达 40 亿美元，且与美国银行的控股收购谈判破裂而宣告破产后，福尔德竟然把这一切归咎于美国政府的不作为和人们对金融市场普遍丧失信心。在向美国国会听证会提交证词之时，他平静地声称，他采取了所有谨慎且恰当的措施以完成托付给自己的责任。

勇气通常意味着打破陈规。 领导者的勇气意味着能提出反对意见，打破传统，减少障碍，开拓创新。领导者愿意为更高更合乎道德标准的目标而冒险，并鼓励他人也这样做。下面来看一则来自美国军队的事例。

领导进行时

勇气的力量

美国陆军上校肖恩·麦克法兰和上尉特拉维斯·帕特里奎在伊拉克战争中被派往拉马迪（Ramadi），他们意识到美国的规定和传统手段并不适用于伊拉克。他们发现当地的一些逊尼派酋长的忠诚已经在战争中动摇，因此两人凭借自己会讲阿拉伯语的优势开始与当地逊尼派酋长进行协商。协商的策略包括将部队从偏远的大型根据地直接转移到拉马迪附近最危险的地区，以及想尽办法满足各酋长的要求。长官们都很谨慎，还有一些人公开反对这个策略，但麦克法兰和帕特里奎迎难而上，用"雪茄和无数杯茶"来讨好当地酋长。经过长期而又复杂的谈判，最后终于有 50 多个部落酋长和美国军队结成联盟共同讨伐伊拉克的基地组织。麦克法兰的部队离开拉马迪之后，又有 150 多个酋长加入了联盟。

麦克法兰说，为了能赢得大多数人的支持以减少暴力事件，他愿意尝试一切可能的手段。"在镇压反叛斗争中获胜的奖赏并不是土地，而是人民，"麦克法兰说道，"当你成功地安抚民心之时，也就赢得了战争的胜利。而在这里，酋长领导着人民。"

尽管高级军官们对这种战略心存疑虑，但麦克法兰和帕特里奎（以及部落酋长们）依然勇敢地采取了非常规手段来减少伊拉克的暴力行为。帕特里奎后来死于一起路边炸弹爆炸事件，Sattar Al-Risha 酋长以他的名字命名了拉马迪当地的一所警察局。不到一年后，Sattar 酋长也被杀害。然而，他们两人的勇敢行为给拉马迪带来的和平却长存于世。

反对现状是很不易的。比起大胆进行改变，维持现状会更容易，尽管这样可能导致失败。

一位海军飞行员曾说，很多飞行员的死都是因为他们在飞机已经失控的情况下仍然不愿离开。相对于不熟悉的降落伞来说，他们更愿意留在熟悉的驾驶舱里。同样地，许多领导者也选择维持现状而不是面对改变的困难，最终导致自己的事业和企业都蒙受损失。大多数提倡改革的领导者都能找到一些合作者和支持者，但他们也面临着阻挠、拒绝、孤立甚至讥讽。抓住机会意味着犯错，意味着忍受嘲骂或指责，意味着被别人否定，有时甚至还会一败涂地。

> **行动备忘录**
> 作为一名领导者，你有时需要培养自身毅力，学会为赢得期望的结果、反抗现状和坚定个人信念而担负起个人责任。你有时需要学会放弃安逸，克服恐惧，超越自我。

勇气意味着放弃安逸。 抓住机遇，实行改革，意味着领导者必须放弃安逸的生活。当人们选择放弃安逸时，他们就会在内心遭遇到一面无形的"恐惧之墙"。30年前的一项社会实验表明，当人们放弃安逸时，这面"恐惧之墙"就会出现。为了研究纽约地铁上支配人们行为的那些不成文的规定，斯坦利·米尔格拉姆（Stanley Milgram）博士让他硕士研究生一年级的学生坐上一趟拥挤的地铁，然后要求别人给他们让座。米尔格拉姆的注意力很快就转移到这些学生身上，因为这一看似简单的任务结果却变得极为困难，甚至痛苦

> **行动备忘录**
> 完成"领导者自察6-3"中的练习，评价你的领导勇气。

不堪。大多数学生认为唐突地要别人让座很明显会令别人不舒服。其中一名学生回顾当年的实验时说道："我当时很怕自己会吐。"当人们要想和某人约会、与上司对抗、中断某种关系、开始一项花费大的项目或要跳槽时，他们都会在内心遇到这面"恐惧之墙"。而面对这堵墙时，他们最需要的就是勇气。

勇气意味着争取你想要的，说出你所想的。 领导者必须说出自己的想法去影响他人。但是想要取悦他人、尤其是上司的愿望，有时会阻碍他们说出真实的想法。所有人都希望得到赞同，因此他们很难说出一些觉得别人不会同意或赞成的话。身为作家兼学者的杰瑞·哈维（Jerry Harvey）讲了这样一个故事。一次，他的一家人在汽车空调坏了的情况下，还是决定在大热天里开车到40英里以外的阿比连（Abilene）地方吃饭。一路上他们受尽了煎熬。事后谈起这件事，所有人都承认他们其实压根不想去，这样做只不过为了取悦他人。"阿比连矛盾"（Abilene Paradox）被哈维用来形容人们为取悦他人而隐瞒自己真正想法的倾向。而勇气就是在你明知道会遭到反对甚至讥笑的情况下，依旧直言不讳。它还意味着争取你想要的东西，以及划清界限。它既是对别人不合理要求断然拒绝的能力，又是为了实现自己的愿景而努力争取自己想要的东西的能力。

勇气意味着为信念而战。 勇气意味着为有利于全局的、有价值的成果而奋斗。领导者承担风险，但这是为了追求更高的目标。例如，曾任美国辉瑞制药厂（Pfizer Inc.）医师的皮特·罗斯特（Peter Rost）呼吁通过立法，允许从加拿大和其他国家进口价格较低的药品。这一举动遭到辉瑞制药厂和其他美国制药公司的强烈反对。罗斯特之所以冒着丢饭碗的危险去做这件事，是因为他相信这一立法将会造福美国大多数无力购买所需药物的病人。但是，为一些无法带来价值和体现道德的事去冒险，可以说是一种愚蠢行为甚至是罪恶。例如，雷曼兄弟公司和贝尔斯登公司的领导者们，他们的确把风险降到了最低，但那样做不过是为了一己私利。有勇气不是欺凌弱小，满足个人利益，或者伤害别人，它是指做你认为正确的事，即使这样做会有违现状，甚至可能导致失败的结果，牺牲个人利益。

领导者自察 6-3

评价你的道德勇气

设想一下你在团队或组织中承担或被给予领导角色的情形。想象作为领导者你会如何运用自己的勇气。下面的陈述可以在何种程度上刻画出你的领导特质？请根据自身情况如实回答下面各题是"基本符合"还是"基本不符"。

	基本符合	基本不符
1. 我甘愿承担可能使我个人遭受重大损失的风险来实现组织愿景。	_____	_____
2. 为了捍卫我的信仰，我甘愿承担个人风险。	_____	_____
3. 即使我将遭受巨大损失，我也会说"不"。	_____	_____
4. 我有意识地将自身行为与更高的价值观相联系。	_____	_____
5. 我会毫不犹豫地反对他人的意见和认可。	_____	_____
6. 我总是很快告诉别人真相，即使它是负面的。	_____	_____
7. 大多数时候我都很放松。	_____	_____
8. 对组织中不公平的事，我能大胆指出。	_____	_____
9. 对出言无礼的人我敢于当面指出。	_____	_____
10. 我按良心行事，即使这样做我会丢掉职位甚至不被认可。	_____	_____

计分与解释

上面每个问题都与领导情境中所展示出的某方面勇气相关。把你所有选择"基本符合"的个数加起来，1个为1分。你的得分为：_____。如果你的得分大于等于7，你就是一名有勇气的领导者。低于3分意味着你逃避困难的事情，或者你还没有遇到过对你的道德领导力形成挑战的情形。你的得分与你所了解的自己的勇气相符吗？看看你选"基本符合"或"基本不符"的题，找出自己的优势和劣势。把你的分数与其他同学的相比较。你将如何增加自己作为领导者的勇气？你想要增加吗？

6.4.2 如何将勇气用于道德领导

组织中有许多富有勇气的人，他们敢于打破传统，站出来承担责任，去做他们认为正确的事情，并用人性的方式对待员工和客户，因为在他们眼中这些人值得这样对待。要在公司利润和员工福利、个人利益和公共服务、控制和代管之间寻求平衡，就需要个人的道德勇气。

进行道德领导需要个人勇气。 要实行道德领导，领导者必须有自知之明，了解自己的优点和弱点，清楚自己的立场，而且经常需要特立独行。诚实的自我剖析可能是痛苦的，通过认识自己的不足来了解别人的长处更需要个人性格的力量。此外，道德型领导意味着与他人建立关系，这需要注意倾听，具备相当的与人交往的经验，以及将自己脆弱的一面暴露于人前——这一点令许多人感到害怕。但正是通过与他人保持密切的关系，并采取对他人来说最有利的行为——与他们一同分享悲喜，分担痛苦，排解愤怒，庆祝成功，共享喜悦——领导者才能发掘他人身上最出色的品质。

西屋公司（Westinghouse）合成燃料部门的总经理威廉·皮斯（William Peace）不得不下

令裁员的事件就是这样一个例子。皮斯勇敢地把裁员的消息亲自通知员工。在与被解雇员工面对面的会见中，他遭到了痛斥，但他相信在这种场合下，允许员工把自己的伤心和怒气发泄在他头上是道义所需。他的行为使员工们感受到，领导者是把他们当做有血有肉的人来对待的。因此雇员们重新致力于帮助挽救这个部门。而对皮斯来说，尽管他个人在短期内会感到痛苦，但是他勇敢面对被裁员工并实施道德型领导的行为为他赢得了尊敬，赢得了让员工再度尽心工作和争取更好表现的决心。

反对不道德行为需要勇气。揭发（whistleblowing）是指员工披露组织中违法的、不道德的行为。最近一个相关的例子是有关日本 Meat Hope 公司的销售主管 Kiroku Akahane 的。尽管会丢掉工作、遭到圈内人士甚至一些亲戚的排斥，Akahane 还是揭发了自己的公司经常在标着纯牛肉末的产品中掺入猪肉、牛肉和鸡肉。

虽然近年来揭发行为比以往更加普遍，但对员工来说，这仍是非常冒险的事。他们很可能会因此而丢掉工作，被同事们排斥，或者被降职。特灵公司（Trane）是美国标准公司（American Standard）旗下一家生产空调的企业，其前任财务主管大卫·温德豪斯尔（David Windhauser）在举报公司经理在财务报表上作假后遭到解雇。大多数揭发者知道自己会在经济上和情感上蒙受损失，但他们仍然勇敢地挺身而出，做自己认为正确的事情。

领导者书架

勇敢去工作：如何打造信心、提升绩效、达到目标

比尔·特雷热

《勇敢去工作》（Courage Goes to Work: How to Build Backbones, Boost Performance, and Get Results）一书作者比尔·特雷热（Bill Treasurer）从小在一个视勇气与历史或算术课同等重要的家庭中长大。这让他很早就知道勇气是一项在实践中培养的技能，能随着运用不断增强。在这本书中，作为大跃步咨询公司（Giant Leap Consulting）的创始人兼首席勇气构建顾问的特雷热，凭借其帮助个人和组织变得更加有勇气的经验，给了我们一些提示。

三种勇气类型

"通常来说，勇气是面对挑战时的一种行为反应，"特雷热写到，"作为一名管理者，你有责任，更确切地说你有义务去激发周围人的勇气。"若要挖掘并加强自身及其下属的勇气，领导者需对职场中 3 种重要的勇气类型有所了解。

- **勇敢去试**。即要有勇气去主动采取行动，而非事事谨慎。要帮助下属实践"勇敢去试"这一技能，领导者需帮他们从自身优势出发，布置需要竭尽全力才能完成的具有挑战性的任务，鼓励他们采取新颖的方法和实验，容忍他们所犯的错误并奖励那些面临困难依然坚持不懈的员工。

- **勇敢去信**。第二种勇气是指有勇气去信任并依靠他人。领导者只有信任别人才能得到别人的信任。他们愿意相信别人是无害的，并且在如何完成任务这一点上给予下属充分的自由。领导者通过尊重下属，诚实、善意且有礼地对待他人，以及从情感上了解别人等方法可以做到勇敢去信。通过鼓励下属敞开心扉畅谈自己的感情、欲望、梦想和恐惧，领导者还可以帮助他们试着勇敢去信。

- **勇敢去说**。"我现在开始相信勇敢去说是最需要填充的'勇气桶'。"特雷热说。正如许多领导者近几年发现的那样，当

员工不敢承认错误，不敢表达相反意见，不敢质疑领导者，不敢指出不道德行为时，公司会蒙受重大损失。领导者可以通过鼓励员工自由发表意见，做到真心聆听他人倾诉，公私分明，同时避免指责别人或处处设防，并且在适当的时候对听到的意见采取相应行动等方法做到勇敢去说。

塑造勇气

"当你在勇气的推动下行事时，你所展现的是你最优秀、最勇敢的一面。"特雷热写到，"其他人注意到你新的行为方式之后……他们也会渐渐地找到自己的勇气。"要帮助他人发掘并发展勇气需要领导者首先发掘并发展自己的勇气。

Courage Goes to Work,by Bill Treasurer,is published by Berrett Koehler.

6.4.3　个人勇气的源泉

一名领导者怎样才能找到勇气去穿越恐惧和迷惘，不顾风险地勇敢行动呢？其实只要能够克服自身的恐惧，所有人都有勇敢生活和行动的潜力。大多数人都了解恐惧会限制安逸的程度，妨碍做到最好和实现目标。人们被要求循规蹈矩，不要捣乱，接受那些他们觉得错误的事情，以便获得别人的接受和喜爱。人们要解放心中的勇气有很多种办法，包括为其坚信的事业献身，与别人交往，控制愤怒，以及发展自身技能。

行动备忘录

作为一名领导者，你可以通过投身你坚信的事业来发掘自己的勇气。你可以坦然面对潜在的错误，将其视为促进自身成长与发展的途径，还可以同家人、朋友和同事建立一种相互关心、相互支持的关系，由此来减少个人的恐惧。

坚信更伟大的目标

当我们为了自己真正的信仰而战斗时，就很容易获得勇气。那些对投身更伟大的前景或目标有着强烈意愿的领导者就有勇气克服恐惧。克拉什·赛拉提（Kailash Satyarthi）是南亚反对童工奴役联合会（South Asian Coalition on Child Servitude）的负责人，他经常受到威胁，两个同事也被杀害了，但为了解放印度数以百万计被迫参加抵押劳动的儿童，他依然坚持斗争。他拿生命冒险不是为了寻求刺激，而是为了他深信不疑的事业——为全人类的尊严而战。在企业中，拥有勇气同样有赖于坚信更高的目标。劳伦斯·费什（Lawrence Fish）是花旗集团的主席、总裁兼首席执行官，于2009年退休。他在职期间将花旗银行打造成了银行业的一大巨头，但他却说："如果我们只知道挣钱，那我们就输了。"费什之所以被人们知晓称颂，是因为他热衷于志愿者工作和回馈社会，他不拘一格的经营方法行之有效又充满爱心。在职业生涯中，费什经历了大起大落，但他仍然保留着追求这样一种信念的勇气，即做生意不仅仅是为了挣钱，同时也是为了造福世界。

学习他人的长处

在一个混乱的世界里，关心别人并得到别人的支持是获得勇气的强大来源。那些发自内心关心员工的领导者会甘冒风险去帮助员工获得成长和成功。得到别人的支持也是勇气的来源之一，所以最优秀的领导者从不惧怕在需要的时候依靠他人。而在世上感到孤单的人则不愿去冒险，因为他们害怕自己会失去更多。如果你所在的团队支持你，关心你，或者你有个可爱温馨的家，那么这些都会减少失败给你带来的恐惧，帮助你去冒原本不会冒的风险。下面来看一个例子。丹尼尔·林奇（Daniel Lynch）是英克隆（ImClone）制药公司的首席执行官，当他接管这个最高职位时，情况糟得不能再糟。公司创办者山姆·瓦克萨尔（Sam Waksal）由于涉嫌内幕交易而被逮捕，公司财务状况一片混乱，此外，公司递交美国食品和药物管理局审批的一种重要抗癌药物的申请也被驳回。但是在两年时间内，林奇整顿了公司财务状况，重新获得了员工的信任，并使新的抗癌药通过批准，从而彻底扭转了不利局势。他毫不犹豫地告诉员工他需要他们的帮助，因此经理和员工们愿意同他一起迎接挑战。据首席财务官迈克尔·豪尔顿（Michael Howerton）说，不管情况有多糟糕，大家共同克服困境时所产生的同志情谊会给予他们勇气继续前进。

利用挫折感和愤怒

如果你真正愤怒过，你就会知道愤怒可以使你忘掉对失败、尴尬或别人不喜欢你的恐惧。在组织中，我们同样可以看到挫折和愤怒的力量。一场摩托车祸使格伦·麦金泰尔（Glenn McIntyre）瘫痪，从那之后他每次入住酒店时都会非常生气。酒店简陋的残疾人设施让他深感愤怒和受挫，但这带给了他极大的勇气，让他不再悲观，并开始了一项新的事业——成立了一家名为 Access Design 的设计公司。该公司帮助像 Quality Suites 和 Renaissance Ramada 这样的酒店重新进行设计，以便更好地为残疾客人服务。

领导者可以利用自己的愤怒来应对困难的处境。即使公司有正当理由辞退某人，上司往往还是要拖延到一些使他足够愤怒的事情发生时，才会克服恐惧来宣布决定。有时，对不公正的狂怒可以使一个性情温顺的人有勇气对抗他的顶头上司。此外，对自己的愤怒会刺激一个人改头换面。适度的愤怒是一种健康的情感，可以为不断前进提供动力。人们需要面对的挑战是利用好愤怒的情绪并恰当地运用它。

培养自己的技能

尽管利用挫折感和愤怒有助于获得勇气，但大发雷霆通常不会对达到积极结果有所助益。在组织内，大多数情况下，寻找勇气是一种刻意行为而非即刻反应。你可以在如何增加勇气方面逐步培养自己的技能，先从在小的场合展现勇气开始，不断锻炼自己以迎接更大的挑战。具备勇气的领导者并不鲁莽行事；他们通常具备一定的技能和资源，而这些技能和资源有助于他们坚持某种艰难的立场和追求某些艰难的事业。此外，正如本章"领导者书架"中所描述的，有勇气的领导者既在自己的行为中表现出勇气，也帮助别人在行动中表现出勇气，通过这样的方式培养出有勇气的员工。

要想勇敢行事，领导者需明确个人和组织的目标，并且要知道达到这些目标需采取什么步骤。对于即将产生的问题，要衡量它的重要性；对于将要采取的行动，要衡量可能产生的风险和收益。例如，美国陆军第一位三星级的女将官陆军中将克劳迪娅·J·肯尼迪（Claudia J. Kennedy）曾举报一名军官在陆军学校就读期间抄袭他人论文。在此之前她做了一番缜密的风险—效益评估。她不想被别人看成告密者，也不想伤害同事，但同时又强烈地感到应忠诚地遵循陆军的高标准严要求。最后肯尼迪决定，她个人的正直及对陆军规则的忠诚是最重要的，于是她慎重地向上级报告了这件事。勇气可以被看做一项做决策的技能，这项技能是在自觉的思考和实践中培养出来的。

本章小结

☑ 本章研究了许多与道德领导和领导勇气相关的问题。人们希望有诚实可信的领导者，然而许多组织的风气都比较差。领导者面临的压力对他们正确处理事情的能力提出了挑战。这些压力包括削减成本、增加利润、满足不同股东的要求，以及要让自己看上去很成功。要创建道德的组织就要求领导者根据道德原则行事。

☑ 如果领导者过分追求个人利益，进行欺骗，违反约定，没有勇气处理不公平的行为，就很容易使组织中出现错误的事情。道德型领导者谦逊、诚实、坦率。他们关心大多数人的利益，追求公平，有勇气站出来为真理直言。像道德领导者一样去行动意味着既要展示增加利润、提高个人报酬的重要性，也要表明服务员工、奉献社会的重要性。

☑ 领导者需要考虑的个人问题之一是自己的道德发展水平。领导者通过了解自己的道德发展水平，促进自身和员工在道德上的进步。处于较高道德发展水平的领导者更关注员工的需要和具有普适性的道德准则。

☑ 关于领导者对下属是控制还是服务的观念在不断地改变和扩展，这反映在领导者和下属的关系图（图6-4）中。图中所示的领导类型各不相同，从独裁型、参与型到代管型、服务型。代管型和服务型领导者能帮助创建道德的组织。

☑ 本章最后一节讨论的是领导者的勇气，以及领导者如何发掘自己的勇气。勇气意味着超越恐惧挺身而出，意味着承担责任，意味着冒险革新，意味着直言不讳，意味着为自己的信念而战。在组织中，勇气的两种表现形式是道德领导和道德揭发。勇气的源泉包括对更高目标的信仰、与别人的接触、利用愤怒及把勇气作为一项技能来培养。

讨论题

1. 作为学生，你认为有哪些事情会挑战你采取正确行动的能力？如果成为领导者，你认为面临的压力会更大还是会更小？讨论一下可能会有哪些压力。

2. 如果大多数成年人都处在道德发展的普通水平上，这对他们的道德领导潜力意味着什么？

3. 你认为独裁型领导和代管型领导之间的差异是否可以解释成道德差异？试讨论。

4. 假如你面对的情况与本章中 Meat Hope 公司的 Kiroku Akahane 相似，你觉得你会怎么做？为什么？

5. 从道德层面看，服务他人是否比服务自我更崇高？试讨论。

6. 如果你发现自己在逃避某种情况或行为，你该如何找到克服它的勇气？回答并解释。

7. 如果阻止你身边的人发挥他们的全部潜力是不道德的行为，那你的行为合乎道德标准吗？

8. 美国国际集团的领导者们主张，由于公司跟高级管理层签了合同，所以即使在公司接受美国政府援助的情况下，他们仍需给高级管理层发放奖金。你觉得从道德角度来看，这一主张合理吗？试讨论。

9. 即使别人永远不会知道，领导者也应该做正确的事。你是否同意这个观点？试阐明理由。

10. 一名顾问最近提出，强调公司治理和社会责任已分散了领导者在服务客户和击败对手等重要的经营问题上的注意力。你同意这一观点吗？领导者应该把经营问题还是道德问题放在首位？

现实中的领导：令人恐惧的人

想想在你当前生活中让你比较恐惧的某个人。那些令人恐惧的人是你所不了解的，因为你觉得你不会喜欢他们，可能是因为你不喜欢他们行事的方式或对他们的印象不好，因此你避免和他们有所关联。令人恐惧的人可能是学校的某个学生、工作中的某个人、某个邻居，或者是你社交圈中的某个人。

令人恐惧的人多少会引起我们的恐惧，这就是我们为什么避免与他们接触，不想了解他们的原因。下面是一个和勇气有关的测试，看你能否超越恐惧。作为领导者，你会常常感到恐惧。

在这个练习中，你的任务是去接触某个或更多让你恐惧的人。邀请这个人与你共进午餐或一起散散步，介绍一下你自己，开始你们之间的谈话。或者你可以主动要求和这个人一起完成某项任务。关键是你要克服自己的恐惧，好好认识这个人，了解他的真实情况。

完成这项任务后，把你所经历的事情与另一个人分享。你能真正接触这个令你恐惧的人吗？你发现他是怎样一个人？通过这次任务，你对自己有什么发现？如果你觉得这项任务很傻并拒绝这么做，那么恐惧就占了上风，因为你说服自己相信了"这项任务没有价值"这样一个借口。

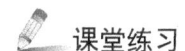

课堂练习

教师可以在课前布置这项任务。在课堂上，同学们可以分组讨论他们与令自己恐惧的人之间的经历。教师可以请学生向小组其他同学讲述这个令自己恐惧的人，在自愿的前提下，尽可能多地讲一些细节，解释自己是如何鼓起勇气去接触这个人的，结果如何。当小组成员交换完感受后，教师可以请几位同学自愿向全班同学汇报他们的经历。然后同学们可以提问，诸如回想一下这次经历，说说什么是勇气？在这次经历中，勇气是怎么体现出来的（或没有体现出来）？恐惧和勇气，将如何成为组织领导的一部分？

领导力开发：案例分析

西克莫制药公司

"你看到昨晚CNN的报道了吗？说西克莫操控骨桥蛋白（Osteoprin）的科学研究？"科勒·多明格斯（Cole Dominguez）冲进约翰·布莱克（John Blake）的办公室，急急忙忙地关上门后张口就问，"简直不能相信这事居然泄露出去了。如果食品和药物管理局让那批药品下架，我们就可以和下个季度的奖金说拜拜了。"布莱克显然已经看过报道，并能想象西克莫制药成为众矢之的的情景。西克莫作为一家世界级的药品公司，不顾科学研究对其药效提出的质疑，大力推销其广受欢迎的骨桥蛋白。该药品原用于治疗类风湿性关节炎，如今还用于治疗类似于克罗恩病（Crohn's disease）和狼疮这样的疾病。而当这个对西克莫不利的研究结果出来时，营销宣传已经进行得如火如荼。于是西克莫的高层决定掩盖这一不利结果，并继续施行系统性的营销策略，以制造一种骨桥蛋白效果极好的假象；同时还通过回扣贿赂医生们，让他们在开处方时加上这种药，哪怕药不对症，没有实效也照样开。

约翰·布莱克背靠坐椅，急得直抓头。长叹一声后，他看着多明格斯说道："科勒，我们知道当时是在冒险，大张旗鼓地推广营销，却没有科学研究支撑我们所宣称的药效。CNN 的报道只是个开始，你和我都能想到，自己应该会被叫去一五一十交代清楚。从道德上来说，西克莫也有责任公布药品的检测报告，即使结果不太理想。"

多明格斯知道自己当前所处的状况。他会和西克莫的管理团队站在一边，无条件地支持他们。他需要这份工作，也知道自己一向听命行事。多明格斯想起首席执行官 2008 年在一封电子邮件里说过："……我们应当避免公布一切妨碍骨桥蛋白营销成功的消息。不要报道任何负面消息。在法律允许范围内尽可能推迟这些报告。"多明格斯不由得怀疑："我们只要听命行事就行吗？"

继 CNN 报道之后，西克莫制药的通信部开始全面戒备并进入危机状态。他们通过媒体和公司博客发布同一声明以建立信誉，平息愈演愈烈的外界攻击。公司声明中提到："无论结局怎样，西克莫公司都会对骨桥蛋白的安全使用负责，并会公布所有医学或科学研究的重要结果。"

看到博客上的这一声明，布莱克无奈地瞟了一眼几近抓狂的同事："科勒，你早就知道会出事，对吧？难道纸包得住火吗？病人天天吃我们的药片是因为他们觉得那对他们有好处，但事实并不见得是那样。难道我们不该对他们负责么？这让我感觉糟糕透了。"说着，他把头深深地埋进了双手里。

一阵敲门声打断了二人的谈话。布莱克招手示意总经理进来，原来他是来询问布莱克和科勒是否愿意下午单独接见食品和药物管理局的专员，并就骨桥蛋白治疗克罗恩病和狼疮的研究时间和内容回答一些问题。布莱克的直觉告诉他，他应该向食品和药物管理局坦白；然而他也知道，如果不站在管理层这一边，就可能被降职甚至丢掉饭碗。他还明白，如果让骨桥蛋白下架，西克莫公司会因此损失惨重，他的大笔奖金也会化为泡影。

Source: Based on Gardiner Harris, "Document Details Plan to Promote Costly Drug," *The New York Times* (September 2, 2009), http://www.nytimes.com//business/02drug.html?_r=l&emc=eta l (accessed September 30, 2009); and Keith J. Winstein, "Suit Alleges Pfizer Spun Unfavorable Drug Studies," *The Wall Street Journal* (October 8, 2008), p. Bl.

? 问题

1. 你认为布莱克应该怎么办？为什么？向 FDA 坦白的利弊各是什么？
2. 你认为布莱克诚实地说出研究时间及内容需要很大勇气吗？他可以从哪里寻求这些勇气？
3. 最初导致多明格斯和布莱克纵容欺诈行为的原因有哪些？如果换做是你，你也会帮助掩盖不利的研究结果吗？为什么？

男孩、女孩、渡船船长和隐士

从前有个小岛上住着一个女孩。不远处的另一个小岛上住着一个男孩。他们深爱着对方。

男孩要离开小岛进行一次长途旅行。旅行时间会很长，女孩觉得在男孩上路之前，她必须再见他一面。要在他们居住的小岛之间通行只有一种方法，就是坐渡船。于是女孩来到船坞，请船长送她到男孩的小岛上。船长同意了，问她要摆渡费。女孩说她没有钱。于是船长说不一定非得要钱，"如果你今晚和我待在一起的话，我就送你到那个岛上去。"

女孩不知所措，她回到自己的岛上，跑到山里去，在一个隐士居住的小屋前停了下来。我们把他称为第一个隐士。女孩把事情原原本本地告诉了隐士，求他指点迷津。隐士认真听了她的故事，然后对她说："我不能告诉你该怎么办。你必须权衡里面所包含的选择和代价，靠自己的心做出决定。"

于是女孩回到了船坞，接受了船长的提议。第二天，当女孩抵达男孩的岛时，男孩在船坞等着迎接她。他们紧紧拥抱，然后男孩问她是怎么来的，因为他知道她没有钱。女孩讲述了船长的提议和她所做的事。男孩一把推开她，说："我们俩完了，一切都结束了。离我远点儿，我再也不想见到你！"说完便离开了她。

女孩感到孤独和迷惑。她走到山里，看到了第二位隐士的小木屋。女孩向他讲述了事情始末，问他该怎么办。隐士说她没什么可做的，但是她可以待在他的小屋，分享他的食物，在他的床上休息。隐士则到城里去乞讨，为她积攒回去的摆渡费。

当隐士带着钱回来，女孩问应该怎么报答他。隐士说："你不欠我什么，这是我们对彼此应该尽的义务。能帮得上忙我感到很高兴。"于是女孩到了船坞，回到了自己的小岛上。

? 问题

1. 按照你个人的喜好顺序排列故事中的角色，从最喜欢到最不喜欢。你评判的依据是什么？
2. 评价每个角色的道德发展水平，并解释原因。
3. 评价每个角色的勇气水平，并进行讨论。

Chapter 7

第 7 章 追随者

通过本章的学习，你应该能够：

- 认识自己的追随风格，并努力成为更有效的追随者。
- 理解领导者在培养有效追随者的过程中所起的作用。
- 运用有效追随者原则，包括责任、服务、挑战权威、参与改革和急流勇退。
- 将有效追随者战略运用到学习或工作中。
- 了解追随者和领导者对彼此有怎样的期待。
- 通过信息反馈和领导力训练帮助追随者成长并发挥其潜能。

精神病学家爱芮文·亚龙（Irvin D. Yalom），曾著有《躺在睡椅上》（Lying on the Couch）和《当尼采流泪时》（When Nietzsche Wept）。在为患者提供一对一治疗或集体治疗的过程中，他发现了十分有趣的事情。在一次集体治疗中，一位女士滔滔不绝地向大家抱怨她的老板是多么刚愎自用和不尊重人。事实上，有个不尽如人意的老板并不稀奇，但有趣的是：随着治疗持续进行，亚龙发现那位女士换了三份工作，但每个老板都让她不满。可以想象，不只她本人，她的上司、同事，甚至整个公司都会因为她与领导之间不和谐的关系而蒙受损失。

下面让我们把这位女士看待问题的方法和处理问题的方式与玛西娅·雷诺兹（Marcia Reynolds）做个比较。雷诺兹以前的一个老板是典型的"微观管理者"，监管事无巨细——不停地批评、指正雷诺兹的工作。然而，雷诺兹决定不去怨恨这个乐于"挑刺"的上司，而是把他看成拥有世界一流员工的世界一流老板。每次他吹毛求疵，雷诺兹绝不发牢骚，也不表示抗拒，而是给予积极的回应，把自己变成老板的得力助手。后来她发现有趣的情况出现了："当我不再表示抗拒，他反倒开始信任我了，好像也没有要一争到底的意思了。积极配合让我赢得了更大的自主权。"后来，随着老板对雷诺兹信任度的增加，她的管理也不那么"微观"了。两人之间的关系不断改善，双方都能更开心地投入高效的工作。

领导力和追随力是密切联系的。有效的追随者能帮助领导者塑造高效的领导行为，有效的领导者也能够培养出优秀的追随者。在本章中我们将研究追随力的重要性，包括追随者角色的本质，每个人表现出的不同追随风格，以及高效追随者的行事方法。本章还会研究追随者该如何开发个人潜能从而变得更加有效，领导者对追随者有怎样的期待，以及追随者如何与领导者一起在组织中营造共同体的感觉。最后，我们会探讨追随者对领导者的期待，以及领导者如何通过信息反馈和课程培训来培养有效的追随者。

7.1 追随者的角色

在关于领导学的讨论中，追随是一个非常重要的话题，其原因有以下几个方面。

第一，追随者是领导者存在的前提。组织层级，不论是在人类世界还是在动物王国都是很自然的现象。研究者发现，不仅狼群、黑猩猩群，甚至鸡群中都有部分个体担当领导者角色，其余的充当追随者角色，因为它们清楚地认识到种群内部的权势等级分明有利于整个族群的发展。人类社会亦是如此。任何组织机构想要有所作为，就必须有部分人自愿并有效地担当追随者和领导者。领导者和追随者是两个基本角色，在一定条件下二者相互转换。所有人——包括领导者在内——都有扮演追随者的时候。事实是大多数人，甚至那些处于权威地位的人也有老板或上司。所以，人们在大多数情况下是以追随者而不是领导者的身份存在的。

第二，回忆一下第1章中对领导者的定义，它是指领导者和追随者之间的具有影响力的关系。这意味着在领导岗位上的个人会受到追随者行为和态度的影响。实际上，第3章中介绍的权变理论的基础就是领导者如何调整自身行为来适应环境，尤其是适应下属。因此，领导者与追随者的关系本质上包含一种交互作用，即影响力的相互沟通。下属对领导者的影响能帮助领导者进步或凸显其缺点。

本章开篇的例子就很好地阐明了这一点。

第三，领导者的许多理想品质，有效的追随者同样应该具备。除了表现出开拓性、独立性、对共同目标的献身精神和勇气以外，追随者还可以热情地支持领导者，然而这并不意味着追随者可以对危及组织价值观和奋斗目标的领导者行为置若罔闻。例如，某公司管理顾问指出：若一个组织违反道德准则或法律规定，不仅失职的领导者需要承担罪责，没有起到任何矫正作用的追随者也难辞其咎。也就是说，当领导者做错事时，追随者有责任站出来予以指正。

领导者和追随者都是具有主动性的角色，如果通力合作，他们可以达成共同的目标。军队里就经常为领导者与追随者互动提供一些感悟。一项有关美国海军人员工做业绩的研究发现，那些表现出色的舰艇上的船员都很支持其领导者，他们富有开拓性，总是直接向上级提出问题或自己的看法。下面让我们一起来看看西点军校如何通过强调追随者的重要性来培养未来的军事领导人。

领导进行时
美国军事学院之西点军校

在西点军校，每个人都是领导者，同时也是追随者。这里是一个24小时的领导学试点，学员在这里能够明白其实领导和追随只是同一事物的两个不同方面。没有追随者就没有领导者，这一点十分重要。一位名叫乔·贝贾格里奥（Joe Bagaglio）的学员说："从一开始你就会被灌输这样一种思想：你可能处于领导地位，但那并不是因为你比其他人更聪明、更优秀。如果你妄自尊大，认为自己无所不知，那么你一定会沦为众矢之的。"

每年春天都有近1 000名学员从西点军校毕业，获得学士学位和美军少尉的军衔。为期六周的假期过后，这些毕业生就会以军官身份到科索沃、关岛、阿富汗和伊拉克等地赴职。我们通常认为西点军校是一个纪律严明、组织架构刻板、严格服从上级命令的地方。从很大程度来说，的确是这样，因为在那里，学员们需要学会"牺牲小我成就大我，个人利益服从集体利益"，而这恰恰是他们毕业后将要完成的使命。除此之外，学员还要学着去依靠下属的能力和他们自身的判断力。因为无论级别高低，每个人都是集体的一个重要部分，而非以孤立形式存在的个体。这种相互依赖是集体赖以存在的基础。

在西点军校,每次行动都是一次学习的机会,让人从中积累经验,发展思维能力。正式的领导总是鞭策自己及学员去尽量发展自己的领导才能,而不要一味地依恋"舒适区",即不费力便能让结果刚好让人接受的做事方法。学员克里斯·凯恩(Chris Kane)是西点军校 C-2 连的排长,谈起西点军校,他说:"在这里每个人都是老师。这就是我热爱这个地方的原因。"

在任何组织中,领导者都能在培养高效追随者的过程中发挥重要作用;同样,高效的追随者也能帮助促进领导者的进步。追随者、领导者及整个组织的表现是相互依赖的三个变量。

7.1.1 追随者风格

尽管追随者在组织的成功中发挥重要作用并扮演关键角色,但对这一课题的研究还很有限。罗伯特·凯利(Robert E. Kelley)曾提出一个有关追随的理论,在采访了大量的领导者和追随者后,他总结出了 5 种追随者风格并依两种范畴将其归类。第一类范畴指独立性、批判性思维与依赖性、非批判性思维的对比。批判性思维指带着缜密的思维和公正的态度来讨论课题、处理情况或解决问题;客观地收集、评价来自各方面的思想与信息,并能深入挖掘不同可能性的内在含义。独立思维正如第 5 章中讨论的留心;独立且具有批判性思维的人十分留意他人为实现组织目标而采取的行为效果,并能认识到自己和他人行为的价值。他们能够权衡领导者的决策对实现组织目标会有怎样的影响,并提供有建设性的批评、创意和改革方案。相反,依赖性强、没有批判精神的思考者除了被告知的东西外,考虑不到其他任何可能性,对组织建设没有任何贡献,只知道盲目接受领导者的想法。

凯利用来划分追随风格的第二类范畴是积极表现和消极表现的对比。积极的个人全身心地投入组织工作并参与到超出工作范围外的事务中,表现出强烈的主人翁意识,主动解决问题,参与决策。消极的个人则需要领导者持续不断地监督和鞭策。消极常被视为懒惰。消极的人除了完成分内的事,对附加的责任唯恐避之不及。

一个人是积极的追随者还是消极的追随者,是有批判精神的独立思考者还是依赖性强的非独立思考者,决定了他是一个不合群的追随者、被动追随者、循规蹈矩者、实用主义生存者还是有效的追随者。

不合群的追随者(alienated follower)指那些虽然不主动,但有主见的批判性思考者。通常,他们曾一度是高效追随者,但由于遭受过挫折和打击,如遭到上司的背叛而形成这样的风格。因此,他们虽然有能力,却过分关注组织和别人的缺点。由于愤世嫉俗,不合群的追随者虽能独立思考,却从不帮助解决问题或弥补不足。巴里·帕里斯(Barry Paris)曾经为《匹兹堡邮报》(Pittsburgh Post-Gazette)撰写文章达十几年之久。在那里,他以性情乖戾、缺乏热情和团队精神闻名。最终帕里斯认识到,他把所有的时间都浪费于反思他所谓的"伪善的新闻客观性"。"我没法对这种事听之任之。"帕里斯说。他没有尽自己最大的努力并帮助他人保持正直和客观,而是任凭敌意和玩世不恭充斥于他的作品中。

循规蹈矩者(conformist)积极参与到组织活动中,却不在工作中运用批判性思维。换句话说,循规蹈矩者的典型做法是无视工作本质,唯命是从。循规蹈矩者总是乐于参与,但从不考虑自己按要求办事的结果——哪怕他们的行为是助纣为虐。举例来说,由于美国国家金融服务公司、范尼梅公司(Fannie Mae)和印地麦克银行(IndyMac Bank)等一些次贷巨头的高管纵容次级贷款（有时称为"骗子的贷款"）大肆发放，导致成千上万人由于难以偿还抵押贷款而无家可归。然而这些高管并非唯一的责任者，那些盲目听从上级指示的管理者及职员也难辞其咎。循规蹈矩者只知道避免冲突。事实上，这种风格常常形成于严苛的制度和独裁的环境，因为在这种环境中，领导者把下级的建议看做对他们的挑战或威胁。

实用主义生存者（pragmatic survivors）可能集四种极端的特点于一身——要看什么样的风格合乎时宜。这一类型的追随者总能采用当前最适合自己职位的风格，尽量减少风险。在任何公司里，总有25%~30%的实用主义生存者。他们多半是出于政治原因而逃避风险，恪守现状。政府官员常常表现出这种追随风格，因为他们要在很短的时间里完成自己的工作。他们或许会向一些必要的人求助，可这些人自己也是疲于奔命，因此为了能在日理万机中苟延残喘，他们甘愿做任何事。实用主义生存者通常还会现于组织濒临绝境的时候，一些追随者会为了摆脱困境而不择手段。

被动追随者（passive follower）既没有批判的独立思考能力，又不会积极主动参与。他们既无进取心，又乏责任感。他们只做别人让他们做的事，而且要在严密的监督下才能完成任务。一家大酒店的经理助理发现老板的女儿不仅不按程序办事，甚至需要别人一遍又一遍地告知她完成任务的时间和步骤，而且她对自己的工作毫无兴趣，这就是典型的被动追随者。而且这种风格往往是由领导者的纵容和鼓励造成的。被动追随者把思考的任务留给领导者。一旦追随者发现表现出主动性、责任感和创造性不仅得不到奖励，反而可能会遭到领导的惩罚时，他们就会变得越来越被动。那些过分控制他人、严惩错误的领导者，常常促使被动追随者的产生。

有效追随者（effective follower）既是批判的独立思考者，又能积极参与到组织活动中去。有效追随者对所有人一视同仁，不因其地位不同而区别对待。他们不规避风险或冲突。相反，为了组织的最高利益，有效追随者有勇气倡导革新，敢于担当风险或与别人发生冲突，即使是面对他们的领导者也不在乎。

有效追随者既能处处留意，又乐于行动，他们是组织变得高效的根本所在。他们善于自我管理，了解自身和组织的优势和弱点，并投身于高于自我的事业中。提高自身能力、寻求解决方案及产生正面影响是其工作目标。Pathmark超市的收银员道恩·马歇尔（Dawn Marshall）就是一名典型的有效追随者。

领导进行时

道恩·马歇尔和 Pathmark 超市

道恩·马歇尔在宾夕法尼亚州上德比（Upper Derby）的 Pathmark 超市做收银员，每次轮班时间是5小时。这天，四名疯狂扫货的客户排在她的收银台前，短短8分钟后，这四名客户就提着马歇尔为他们打包好的27个购物袋离开了超市，脸上洋溢着满意的微笑。几乎没有人会认为马歇尔的工作多么光鲜或有多大的影响力，但她却把它当做世界上最伟大的工作来对待。

马歇尔善于让人们在采购日常所需的食品杂货时也享受到奢华的待遇。她是一名很好的收银员，但她的专长其实是装袋。马歇尔知道如何利用不太结实的塑料袋把物品都装好，从而保证鸡蛋无损，面包完好，绞好的牛肉馅不会漏到装麦片的盒子里。2002年，她在全美杂货店协会举办的比赛中获得"最佳装袋员"奖，而那项比赛是根据装袋速度、装袋技巧和风格及态度来进行评判的。"我认为这是一门艺术，因此要认真对待。"马歇尔是这样看待自己的工作的。许多曾光顾 Pathmark 超市的客户都同意这点。他们厌倦了那些只知道把客户的东西扔进塑料袋，全然不顾客户方便或需要的收银员和装袋员。有位客户说，因为马歇尔，她宁愿舍弃离家更近的商店而跑到 Pathmark 购物。"我喜欢她的态度，克隆她吧！"这位客户如是说。

尽管马歇尔每天都站着上班，有时还会碰到粗鲁或不通情达理的客户，但她都用积极的态度来对待这一切。对马歇尔来说，她的工作不仅是装袋，更是便利人们的生活。因此，她对工作充满了活力和热情，并尽其最大努力将每次服务做到最好。她不需要任何人监督她或督促她更加努力地工作。工作越忙她越喜欢。

马歇尔承担了一个在常人看来乏味且收入低的工作，然后通过自己的努力为其注入了意义和价值。她为实现个人价值而承担责任，通过各种方法来扩展自己的潜能并发挥自己的能力来满足他人和组织的需要。像马歇尔这样的有效追随者，同时也扮演了领导者的角色，她不仅为别人树立了榜样，还以其积极的态度去激励和振奋他人。

有效追随者并非无能为力——他们自己也很清楚这一点。因此虽然处在追随者这样一个地位，但他们并没有心灰意冷，也从未想过仇视或操纵他人。本章的"活学活用的领导之道"节选了尼尔森·曼德拉（Nelson Mandela）演讲词中最精彩的一部分，让我们来看看他是如何理解有效追随这一概念的。

> **行动备忘录**
>
> 身为领导者，你也可以成为一名有效的追随者。你可以进行独立的批判性思考，而不是盲目地听从上级指示。你可以主动寻求解决方法，而不是盯住他人的缺点不放。

活学活用的领导之道

我们最深的恐惧

我们最深的恐惧并非自身存在缺陷。我们最深的恐惧是我们能力无限，难以估量。

是身上的闪光点，而非阴暗使我们深深畏惧。

扪心自问：我到底何德何能，集聪明绝顶、才华横溢、天资超群、美妙绝伦于一身？

事实上，你凭什么不能如此？你是上帝的孩子。

如果你甘于渺小，低调行事，就不能服务世界。

为使他人安心而退缩是不明智的。

我们之所以存在，就是为了彰显流淌在我们身体里的光荣。

它不只存在于我们中的某些人身上，它属于每个人。

当我们自己绽放光芒，也在无意中促使他人闪亮。

当我们从自己的恐惧中解放出来，也在无形中帮助他人从桎梏中挣脱。

资料来源：From the 1994 Inaugural Speech of Nelson Mandela.

7.1.2 对有效追随者的要求

要做到有效追随并不是件容易的事。我们在第 6 章中讨论的勇气和正直既适用于追随者，又适用于领导者。实际上，追随者有时候更需要这些品质，因为他们处于下属的地位。为了成为有效的追随者，他们必须了解自己的立场并愿意向领导者表明自己的想法和意见，即使这样做可能让他们丢掉工作、被降职或觉得自己能力有限。有效追随者有勇气承担责任，挑战权威，参与变革，为组织的需要服务，并适时隐退。

承担责任的勇气

有效追随者对组织及其使命负有责任感和主人翁精神,因此勇于为自己的行为及其对组织的影响承担责任。有效追随者并不认为领导者或组织有义务为其提供安全感、行动许可或个人成长机会,相反,他们主动寻找机会来促成个人发展,训练个人潜能,并为组织发挥他们的最大能力。巴拉·米利(Barela Millie)在威尔的安特勒——位于科罗拉多的一家滑雪旅社当了32年的清洁工。她以自己的工作为荣,因为她的辛勤工作能让客户更舒适。巴拉认为自己有义务去了解客户,并把他们的利益和需求放在第一位。

挑战的勇气

尽管有效追随者服务和支持他人,但他们绝不会为了一团和气而牺牲个人的正直或组织利益。如果领导者的行为和决策与组织的最高利益相冲突,有效追随者就会站出来指正。举例来说,虽然绝对服从是军队所重视的道德,但美国军队教育士兵:他们有责任反对非法或不道德的命令。好的领导者期望下属敢于为了组织的利益向自己发起挑战。梦工厂的后期制作总监罗伯·胡默尔(Rob Hummel)曾经提拔了一位出了名的难相处的经理。为什么?因为他知道这位经理对上司直言不讳的性格有利于公司的发展。人无完人,领导者也会犯错误。有效的领导者依赖那些有勇气挑战他们的追随者。

> **行动备忘录**
>
> 作为追随者,你应该为自身发展、个人行为及工作表现负责。你应该找机会改变自己以迎合组织需要,服务他人,并为达成共同目标而努力。

> **行动备忘录**
>
> 作为追随者,你应该帮助你的领导者渡过难关;在上级的决策与组织的最高利益有冲突时,也应该有勇气予以指正。

参与变革的勇气

有效追随者把组织的改变和变革看做所有人共同经历的过程。当组织处在艰难的转变期时,有效追随者能支持领导者和组织。他们并不害怕面对在重塑组织的过程中产生的工作和改变。大卫·奇斯利特(David Chislett)在帝国石油(Imperial Oil)一家炼油厂工作时,就曾面临这种考验。该炼油厂是行业里最低效的,董事会给工厂管理者9个月的时间来扭转这种局面。作为工厂变革战略的一部分,奇斯利特被上司要求放弃自己的管理职位,重新从工薪阶层做起。奇斯利特同意了这项变动,为整个工厂的变革做出了自己的贡献。

服务的勇气

有效追随者了解组织的需要并积极行动去满足这些需要。在前面的章节我们谈到了领导者可以服务他人,追随者也同样如此。追随者可以通过支持领导者的决策,在组织中做一些对领导者职位有利的工作来帮助领导者。通过展示为他人服务的意愿,追随者能够为实现组织目标积极行动,他们具有的激情绝不亚于领导者。苹果集团(Apple Inc.)的领导者提摩太·库克(Timothy D. Cook),就是这样一位特殊的追随者。

领导进行时

提摩太·库克和苹果集团

作为苹果集团的首席执行官,史蒂夫·乔布斯(Steve Jobs)的决策和想法总能使其职员和公众为之一振;而在他身后,是提摩太·库克在确保一切按计划进行。一位前行政人员这样评价库克:"他是故事背后的故事。"

1998年，库克以运营副总裁的身份进入苹果集团，尔后职位一路攀升，现已成为苹果集团的"二把手"——首席运营官。与乔布斯急躁、阴晴不定的脾气相反，库克的思维更加冷静和周详。多亏了库克，乔布斯才可以着眼大局，集中精力构思夺人眼球的新产品，而不必操心运营中烦琐的细枝末节。但库克绝非唯命是从的奴仆，对于做事方法他常有自己独到的见解。业内人士共同见证了库克给苹果集团带来的变化。如果说乔布斯是位指明方向的船长，那库克则甘心做他的舵手，并以其缜密的逻辑思维弥补了乔布斯"跟着感觉走，过于情绪化"的性格。库克从不避讳逼近乔布斯的底线，帮他改正错误，从而让他和整个集团更上一层楼。同样，乔布斯在身体抱恙期间，总能放心地让库克掌管一切大小事务。

就目前来看，库克总是低调行事，但他在苹果集团有很大的影响力。他本人对这种状态非常满意。他的作为显然也引起了业内其他一些技术公司的关注，这些公司争相聘他出任首席执行官。如果某天库克成为最高领导者，他应该会期待拥有一个像他自己一样的"得力助手"。

离开的勇气

有时追随者不得不因组织与人事的变动而从某种领导者—追随者关系中抽身。例如，当追随者发现自己需要新的挑战，即使对他来说离开一个有很多好朋友和重要同事的工作环境实在很艰难，但如果追随者面发现他的领导或组织不愿意做出必要改变，此时追随者就应果断地离开，另谋高就。还有一种情况是：追随者和领导者之间存在严重的意见分歧，追随者意识到自己不可能再支持领导者了，因此有道德义务离开。美军将军约翰·巴蒂斯特（John Batiste）拒绝了升职机会并递交辞呈，因为他无法支持上级对伊拉克的军事决策。军官有权向上级提出建议，但如果双方意见无法统一，军官还是要无条件执行上级的决策。一方是使命感和对上级指挥系统的尊重，另一方是万千将士的呼声，巴蒂斯特将军连续几周纠结于两者之间，不知何去何从。最终，他觉得自己不能再为上级服务了，便毅然决然地离开了他一辈子珍视的事业。

7.2 发展个人潜能

追随者应如何扩展自己的潜能，从而成为对组织有积极贡献的、批判性的独立思考者？在本章后半部分，我们将讨论领导者在培养有效追随者中所起的关键作用。然而追随者也可以在个人生活和工作中培养和运用个人的领导潜质，从而提升自己的能力。在帮助人们勇敢面对生活中的变化和挑战方面，斯蒂芬·科维（Stephen Covey）的《高效能人士的七个习惯》（*The 7 Habits of Highly Effective People*）被广为称道。科维认为：习惯是由知识、技能和愿望交互作用形成的；要获得个人和人际间的效率，要养成7个习惯。从依赖到独立再到互相依赖，这7个习惯以成熟联结图的形式分布。每个习惯都是在前一个的基础上形成的，因此个人在不断发展自己的有效习惯时也可以沿着这个成熟模式图不断成长。

在组织中，许多人习惯养成依赖性思维，指望其他人考虑所有事情并做出决定。依赖型的人与我们前面提到的被动追随者类似，既没主动性，又乏责任感。依赖型的人指望别人来照顾自己，然而一旦出现问题，就指责别人。相反，独立型的人有自我价值意识和自我依赖态度。独立

> **行动备忘录**
>
> 无论你是领导者还是追随者，都可以通过自觉地在生活和工作中培养领导素质来发挥自己的潜能。你可以改掉依赖、被动的缺点，并通过塑造积极、高效的人际关系将自己变得更加独立，与他人之间形成相互依赖的关系。

型的人承担个人责任，懂得采取行动自取所需。然而要成为真正的有效追随者甚至领导者，还需要更进一步——发展到相互依赖，即通过与他人合作将事情做到最好。当个人享受与他人密切互动带来的硕果时，生活和工作都会变得更美好。

7.2.1 从依赖到独立

科维提出的前3个习惯与自我依赖和自我管理有关。他把这些习惯称为"个人的胜利"，因为它们仅仅包括个体追随者从依赖发展为独立，不涉及追随者与他人的关系。

习惯1：积极主动

积极主动并不只是率先行动，它指的是为自己的人生负责。积极主动的人知道自己有能力去选择并依照正直的原则行事。他们不会因为结果不理想而埋怨别人或周围环境。埃莉诺·罗斯福（Eleanor Roosevelt）把自己观察到的这种积极主动描述为"除非你自己乐意，否则任何人都不能让你觉得自己低人一等"。积极主动的人知道，重要的不是发生了什么，而是他们是如何应对的。

习惯2：以终为始

这意味着从一开始就要对自己的目标有一个清晰的认识。以终为始意味着知道你想要的是什么，什么对你来说才是真正重要的，因此你所过的每一天都会为你在脑海中构建的未来增砖添瓦。这个习惯还需要你建立指导原则和价值观，用以实现这些目标和计划。

习惯3：要事第一

这个习惯鼓励人们把时间和事件与自己的目标相联系，并有效地进行个人管理，从而实现合理安排。这意味着我们不该纠结于处理事情及安排时间和活动，我们应该关注如何保持和改善关系，以及如何收获成果。

7.2.2 有效的互相依赖

前3个习惯为独立打下了基础，个人也可借此发展到互相依赖这一步——一种与他人相互关心、相互得益的关系，科维称之为"公共的胜利"。有效的互相依赖要求坦率的沟通、有效的团队合作，并在信任、关心和尊重的基础上建立积极的关系，以上几点都是本书着重讨论的内容。不管你在组织中处于什么职位，一旦你走到互相依赖这一步，你就进入了领导者角色。

习惯4 双赢思维

具备双赢思维意味着对"没有合作，组织就不可能成功"这一点的认同。如果追随者能了解这一点，他就会以一种共赢的方式与他人合作，并允许每个人都成为赢家。这种思维方式旨在寻求对双方都有利和使双方都满意的约定或解决方案。

习惯5：知彼解己

这项原则是有效沟通的关键。许多人根本不愿意为了理解而倾听，因为他们忙于思考自己想说的话。理解这一环节首先要求人们不按个人道德标准进行评定，而且能对别人的处境感同身受。感同身受地倾听能帮助人们了解他人内心的偏好，从而能更好地理解他人。我们将在第9章中详细讨论沟通和交流。

习惯6：统合综效

统合综效是指人们一起工作、创造新的选择和解决方案时的共同行为。此外，当人们持有不同观点时统合综效最为常见，因为多元和区别创造机遇。统合综效的核心是重视和尊重不同，并充分利用它们来巩固优势，弥补劣势。

习惯7：不断更新

这一习惯包含了前面6种习惯并使其成为可能。"不断更新"是一个不断使用和更新个人体力、脑力、精神和社会层面的过程。生活平衡是成为有效的追随者或领导者的必要前提。例如，约翰·巴尔（John Barr）创建了Barr Devlin投资银行，专门从事公共事业公司的兼并；但与此同时，他又是一位发表过4部诗集的作家。

7.3 领导者对追随者的期待

不称职的追随者会让领导者和组织蒙受损失，而成为优秀追随者的条件之一就是了解领导者的需求和期待。虽然不同的领导者和组织各有差异，但以下几点追随者的素质却是所有领导者都十分青睐和欢迎的。

- **有志者事竟成（一切皆有可能）的态度**。领导者不喜欢听借口，他们重视结果。如果追随者积极向上，充满工作激情，能独立、出色地完成任务，而且十分有责任感，那么领导者的工作就会变得相当顺利。领导者欣赏那些能发现问题并主动解决问题的人。此外，想象力和创造力丰富，能提出新想法、新主张的追随者也有助于领导者取得成功。你是否经历过这样的场景：会议室里的所有人，包括老板都纠结于某个问题而理不出头绪。突然某个人提出了一个很有价值的新想法，至此谈话的进程瞬间加快，一切都有条不紊地向下进行。所以说，领导者依赖追随者的想法和行动。

- **通力合作的意愿**。领导者对整个组织所担负的责任不仅仅是任何追随者个人的关注点、情绪和表现。每个追随者都是大局中的一部分，所以他们应该认识到自己的一言一行都会对整个组织产生影响。拉里·博西迪（Larry Bossidy）曾任美国联信公司（Allied Signal）和霍尼韦尔有限公司（Honeywell）的董事长兼首席执行官，他向我们讲述了曾发生于生产部经理和市场营销部经理间的争端：由于两个部门经理间缺少沟通，库存总是出现状况。拉里不得不同时解雇了二人，因为两个部门经理的不配合已然妨害了整个公司的利益。后来两人共同致电公司，表明自己已意识到了错误并承诺会加以改正，才得到了复职的机会。

- **与时俱进的精神**。领导者期望追随者了解公司所在行业或他们所从事领域的近况。此外，领导者希望追随者对客户和竞争对手的情况了如指掌，并能预见科技进步和国际事件将对组织产生怎样的影响。大多数人为了得到某项工作机会而拼命学习该领域所有知识，但常常因此而过度自满，与工作范围以外的大环境脱节。

- **自我提升的热情**。同样，领导者青睐那些主动提升自我而非完全依赖领导者助力的人。本章的"领导者书架"介绍了一个追随者用于提升自我的方法，并指出，通常最佳表现者并非天资聪颖的人，而是那些坚持不懈地促进自身进步的人。他们通常选择参加培训课程或研修班，或者采取其他一些有助于个人在专业方面有所进步的途径。任何有助于个人与他人沟通或接触新思想的事物都有可能帮助个人在人际交往和专业领域有所发展。例如，追随者在组织内外都积极与他人沟通联络；追随者主动承担棘手的工作，表现出他们敢于面对挑战的勇气、打破自身局限的意愿及乐于学习的热情。

> **领导者书架**
>
> ### 哪来的天才：练习中的平凡与伟大
>
> 杰夫·科尔文
>
> 在《哪来的天才：练习中的平凡与伟大》一书中，《财富》杂志的资深主编杰夫·科尔文（Geoff Colvin）提出，无论是做销售、搞投资、打高尔夫球，还是领导一个团队，所有的努力都需要经过刻意练习才能获得成功。也就是说，有明确目标、旨在提高表现的练习能使人们在现有的水平上更进一步，并能提供结果反馈。
>
> **一些原则在日常生活中的运用**
>
> 科尔文向我们展示了该如何将刻意练习这一原则运用到日常生活中，并以此来掌控自身的发展与提高。
>
> **工作前**：首先要做的就是设立一个清晰、具体的目标，明确在工作的某些方面自己希望获得怎样的进步。这一目标应该是当天就能够立即实现的，而无须过于远大。除此之外，要关注实现目标的过程而非结果。例如，这个目标是了解客户的潜在需求，而不是争取到一个大客户的订单。接下来，就实现目标的途径开始制定具体的计划，培养相应的技能。
>
> **工作时**：在这一阶段，密切的自我观察最为关键。例如，优秀的长跑运动员会专注于他的步法、呼吸等方面。即使从事纯脑力工作，也可以练习"超越自我"，由此来监控自身的大脑活动，分析自己的思维方式，思考事物的进展。例如，在谈判中如果客户突然发难，就可以稍事停顿，转而关注自身的思维进程：我完全明白客户持反对意见的原因吗？我现在的感觉如何？我该试试哪些不同的策略？
>
> **工作后**：该阶段为反馈阶段，人们会对自身的练习活动做出评价。关键在于将个人表现同一些超过现有能力的标准进行具体比较，即便在做超越能力范围的事时，人们往往容易犯错。最后一步就是决定反馈的方式。假设最后你未能与该客户就合作事宜洽谈成功，而且所有与会者都显得垂头丧气，在这种情况下如果想要进步，就不要一味抱怨客户提出了怎样无理的要求，而是要好好想一想，下次该如何更好地满足客户的需求。
>
> **听起来困难重重，值吗？**
>
> 科尔文写道："超越过去、不断提升业绩不单单是企业的需求。"他坚称人们正"由临前所未有的压力，比起过去，提升自身能力显得更有必要"。在当前严峻的全球环境中，是否能对自身的发展负责是决定成败的关键。
>
> *Talent Is Overrated*, by Geoff Colvin, is published by Portfolio/Penguin Group.

7.4 有效追随策略

越来越多的人认识到，正如领导者可以管理追随者一样，追随者也能对其领导者进行有效地管理。大多数追随者都会多多少少地抱怨领导者的某些缺点，如领导者不善于倾听或鼓励、不能认识到追随者的努力等。然而有些时候，在将产生这种让人失望、没有效益的关系的原因归咎于领导者之前，追随者或许应当先进行自省。有效的追随者不是一味抱怨领导者，而是通过不断帮助领导者改变从而改善与领导者之间的关系。为了追求高效率,追随者要根据相关任务,在自己和领导者之间塑造一种有意义的关系,这种关系能使双方即使在意见不统一时,也能为组织贡献价值。你可能曾碰到这样的一位老师或教练。例如,学生们若对一门课非常感兴趣,他们有时便会在某个题目上挑战一下老师,这样既可以拓展老师的思维,还能帮助每个人提升学习经验。

追随者也应意识到某些行为会触怒领导者,损害彼此之间的良好关系。某商业杂志采访了一些有权力的人,询问哪些事容易触怒他们,总结出 30 个追随者易犯、易忽视的小毛病。

> **行动备忘录**
>
> "领导者自察 7-1"可以帮助你检验自己是否是容易惹怒领导者的下属。

领导者自察 7-1

你是一名令人讨厌的追随者吗?

1. 如果你觉得自己做的某件事中可能有个错误,你会怎么做?
   A. 坦白承认。把你的顾虑告诉上司,这样他就能判断问题是否存在,并在他脸色变得难看,发怒生气前把错误纠正过来。
   B. 试图掩盖错误。也许它并不会构成真正的问题,因此没必要使自己显得无能。

2. 你如何对待上司的批评?
   A. 频繁光顾他的办公室或在餐厅的某个角落找他谈话,以便维持彼此间的关系。
   B. 接受建设性的批评,明确上司对你的要求并继续你的工作。

3. 在某次重要会议中,你们谈成了一笔上百万美元的生意。会议结束后,你和上司一起进了一部拥挤的电梯,你会:
   A. 与上司交谈这次战果和会谈的细节,以此来庆祝你们的胜利。
   B. 保持沉默或与上司谈些与生意无关的事情。

4. 你的上司采取开放式政策,欢迎任何人随时到他办公室去找他谈任何事情。午饭后你突然闯进他的办公室,发现他正在打电话,这时你会:
   A. 马上离开,一会儿再来。
   B. 等待。你知道他的电话一般都很短,因此他几分钟后就会有空。

5. 上司叫你到他的办公室,但你并不知道他要找你谈什么。
   A. 你准时到了他办公室,但什么也没带,然后问他需要你带哪些东西。
   B. 你准时到了他办公室,带着纸、笔、日程表。

6. 几个星期以来,你一直试图找到和上司面对面交谈的机会,你恰好在卫生间遇到了他。你会:
   A. 解决完自己的事情然后马上离开。
   B. 抓住机会与上司交谈。因为也许最近都不会再有这样的机会了。

以下几个选项为适宜的追随者行为。

1. A. 诚实的自我评价及向上司承认错误的勇气能促进双方之间的信任和尊重。没有什么比出事后才暴露出无能更容易摧毁信任。

2. B. 帝国蓝十字和蓝色盾牌(Empire Blue Cross and Blue Shield)前总裁兼首席运营官大卫·斯诺(David Snow)把那些没有安全感、敏感的人称为左右摇摆者,这些人总是在遭到批评后频繁地到处打听。在工作和生活中，左右摇摆者总是让人讨厌，对比我们只需要继续做自己的事情，不必理会他们。

3. B. 如果你不认识电梯里的其他人，最好保持沉默。事后你可以私底下庆祝你们的胜利。

4. A. 在打电话的人身边徘徊最招人厌恶。给上司的助手留便条或过会儿再来。

5. B. 你应该知道上司不会无故找你闲聊的。会面时一定记得带上纸笔以便做好记录。

6. A. 利用在卫生间的机会试图引起上司的注意只能说明你已经走投无路了。这还说明你缺乏策略和判断。

上述大部分得当的追随者行为看起来都是应当做到的，但根据对领导者的采访，下属总在工作中总是一而再再而三地犯类似的错误。因此我们应该把这些教训牢记于心，不要让自己成为一名令人讨厌的追随者。

资料来源：Based on William Speed Weed, Alex Lash, and Constance Loizos, "30 Ways to Annoy Your Boss," *MBA Jungle* (March-April 2003), pp. 51-55.

领导者和追随者之间的关系大多以权威和服从为基础，以情感和行为的方式呈现。领导者是权威人物，会在追随者心中扮演"大人物"角色。领导者和追随者之间的关系与父母和孩子之间的关系类似，人们在建立"领导—追随"关系时，往往会沿用古老的家庭模式。相反，有效的追随者认为自己和领导者是平等的，而非天生的上下级关系。图 7-1 所示的方法，使追随者能超越以权力为基础的关系，并与其领导建立一种有效的、相互尊重的关系。

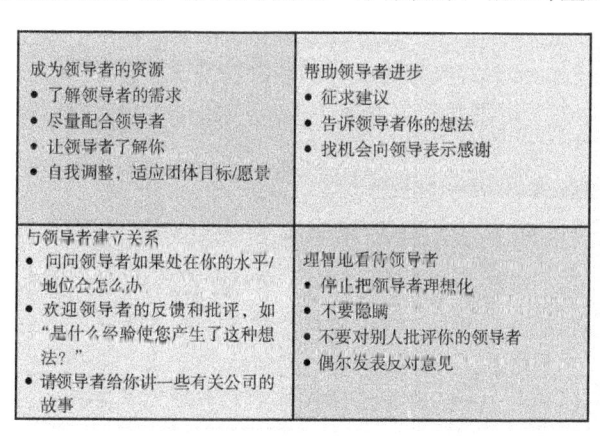

成为领导者的资源 • 了解领导者的需求 • 尽量配合领导者 • 让领导者了解你 • 自我调整，适应团体目标/愿景	帮助领导者进步 • 征求建议 • 告诉领导者你的想法 • 找机会向领导表示感谢
与领导者建立关系 • 问问领导者如果处在你的水平/地位会怎么办 • 欢迎领导者的反馈和批评，如"是什么经验使您产生了这种想法？" • 请领导者给你讲一些有关公司的故事	理智地看待领导者 • 停止把领导者理想化 • 不要隐瞒 • 不要对别人批评你的领导者 • 偶尔发表反对意见

图 7-1 影响领导者的方法

7.4.1 成为领导者的资源

有效追随者把自己和组织联系起来。他们主动询问并帮助领导者实现这些目标与愿景。因此，追随者就成了领导者汇聚力量和支持的源泉。他们理解领导者的目标、需要、长处、不足，以及在组织中受到的约束。因此，有效的追随者可以用自己的长处弥补领导者的不足。同样，有效的追随者会展示出个人目标及自己能给组织带来的资源，也会把自己的想法、观念、需要和所受束缚告诉领导者。领导者和追随者越了解对方的日常工作，就越能成为彼此的资源。例如，一些残疾人利用一次董事会开会的机会，提出了为成员租用轮椅的请求，这样他们就能坐在轮椅上在工厂内活动。董事会了解到员工面临的问题后，立即采取措施改善了工厂内斜坡的路面状况，使这些残疾员工能更好地工作，从而成为公司更优秀的资源。

7.4.2 帮助领导者进步

好的追随者向领导者征求建议，并在领导者的帮助下提高自己的技能、能力，为组织创造更大的价值。他们坦白地告诉领导者，为了成为优秀的追随者自己需要什么，这样也能帮助领导者变得更优秀。如果领导者认为追随者看重自己的建议，就更倾向于给出建设性的指导意见而不是毫不留情的批评。

追随者对领导者有益行为的称赞和感谢（如倾听、奖励追随者的贡献、和追随者共同分享成就）可以使领导者变得更优秀。如果领导者了解追随者看重什么，他往往会把这些受人喜欢的行为坚持下去。而有时，有效的追随者也需要用这种策略性的方式让领导者知道哪些行为可能会产生反效果。

征求建议，感谢领导者的帮助，塑造自己所期许的行为方式，坦言需要改进的方面，这几点都是追随者用来影响领导者行为、帮助他们进步的重要途径。

> **行动备忘录**
>
> 作为一名领导者，你应当采用一些策略与下属建立一种公平公正、相互尊重的良好关系。例如，可以让下属认识到领导者也可能犯错，帮助他们摆脱一味顺从的心理模式与行为习惯，做最好的自己，使之成为领导者的资源。

7.4.3 与领导者建立关系

有效追随者努力与领导者建立真诚的关系，包括培养信任感，并在信任的基础上讲真话。通过与领导者建立关系，追随者可以使每次沟通都变得对组织更有意义。此外，这种关系中灌注更多的是相互间的尊重，而不是权力与服从。本章"领导进行时"中的韦斯·沃尔什（Wes Walsh）就有意识地与他的上司建立关系，使自己对上级的影响力实现了最大化。

领导进行时
韦斯·沃尔什与独裁领导者的相处之道

韦斯·沃尔什目前是一名独裁领导者的下属，他的前任曾警告他要么离那位声名狼藉的独裁上司远一点，要么准备放弃任何干涉部门运作的想法。沃尔什把这个警告抛到脑后。相反，他开始频繁地进出上司的办公室，讨论一些生产进展的问题。同时，沃尔什努力在一些上司不可能反对的小事上得到赞同。沃尔什将这种频繁的、非正式的沟通持续了很久，后来才逐渐把精力转移到更重要的事情上。

终于，他被允许负责一些重要的项目了。例如，由于要处理的原材料越来越多，沃尔什所在部门的工作效能已经不能完全满足生产增长的需要。对此，沃尔什首先提出需要上司在近期预留出几小时的时间。等到了约定的时间，沃尔什带着上司在工厂里进行了一次长时间的参观，把那些散乱放置、等待加工的原料指给他看。他还用事实和数据对这一形象的证据进行了补充。

上司不得不承认问题的存在。于是，他问沃尔什有什么计划，而沃尔什早就对此做了认真的准备。虽然上司曾拒绝过沃尔什前任同样的计划，但这次他即刻批了15万美元进行设备更新。

沃尔什有意地与上司进行沟通，让他愉快地认同一些小事，从而构建了一种先期的尊敬模式。这种方法即使对这样一位独断专行的领导者也十分有效。

追随者可以通过向领导者提问题来培养尊重感，如询问领导者在做下属时的经历，或者积极寻求反馈，并请领导给出某反馈与批评的依据。追随者还可以请领导者讲述一些公司的故事。这样一来，领导者就会明白要对自己的批评负责，要考虑追随者的立场，分享双方在同一组织内服务的共通经历，从而使追随者摆脱只能唯命是从的局面。

7.4.4 理智地看待领导者

追随者对领导者抱有的不现实期望是建立有效的领导者—追随者关系的最大障碍。理智地看待领导者意味着放弃对他们过于理想化的想象。要理解领导者并非完人，这样人们就能接受领导者所犯的错误，也能为双方建立公正的关系打下基础。追随者对领导者的看法是二者之间关系的基础，它帮助人们认识领导者的真实情况，而不是追随者想象中的样子。

同样，有效追随者也会呈现完全真实的自己。他们不会试图隐瞒自身的弱点或遮掩自己的过失，更不会向其他人批评自己的领导者。掩盖事实是循规蹈矩者和被动追随者的特征。向别人批评自己的领导者只能导致与领导者的疏离，进一步加固不合群的追随者思维模式。这些不合群的和被动的行为可能对领导者、追随者及组织产生消极的有时甚至是灾难性的影响。因此，追随者只能将其对领导者的积极评价与他人分享。不合群的追随者只会抱怨，而不会采取什么建设性的行为。在关系到公司或部门工作的情况下，坦率地反对领导者远比向别人批评自己的领导者更有建设性。

7.5 追随者对领导的期待

本章的大部分内容都在讨论对追随者的要求及使追随者在组织中变得更有效的途径。但是，责任并不都在追随者身上。想要有好的追随者，那些处于领导者位置上的人也应该重新审视自己的职责和要求。领导者有责任创造一种领导者—追随者关系，让所有人都积极参与组织的活动，而不是把追随者当做被动、驯服的下级，只让他们盲目地听从命令和服从领导。

研究结果表明，追随者都期待拥有理想的领导者。通过调查追随者对领导者和同事的期望，表 7-1 列出了 4 种最受欢迎的理想的领导者和同事的特质排名。

表 7-1 理想的领导者和同事的特质排名

理想的领导者	理想的同事（追随者）	理想的领导者	理想的同事（追随者）
诚实	诚实	鼓舞人心	可靠
前瞻性思维	合作	有能力	有能力

资料来源：Adapted from James M. Kouzes and Barry Z. Posner, Credibility: *How Leaders Gain and Lose It, Why People Demand It* (San Francisco: Jossey-Bass, 1993), p. 255.

追随者希望他们的领导者诚实、有前瞻性思维、鼓舞人心且富有能力。领导者必须值得信任，对组织的未来富有远见，能鼓励他人为组织做出贡献，还能有效处理那些与组织息息相关的事务。就能力而言，领导者的角色有时需要从正式的领导职位转变为在某一领域具有专业知识的专家。

追随者希望他们的同事不仅诚实、有能力，还值得信赖，能协同合作。因此，对同事的期望与对领导者的期望在两点上是一致的——诚实可信和有能力。然而，追随者自己更希望同事既可靠又配合，而不是高瞻远瞩和鼓舞人心。区分领导者角色和追随者角色的特征不是权威、知识、权力或其他传统观念中追随者所不具备的一些特征，两者之间清晰的界限恰恰在于领导者需要勾画未来的愿景，还需要鼓舞他人为实现此愿景而努力。我们将在第 13 章中详细讨论愿景，并在第 14 章中描述领导者是如何通过塑造自身的文化价值观来实现愿景的。表 7-1 的调查结果同样说明了：一些对有效领导者来说恰当的行为也适用于有效追随者。追随者不希望因为领导者的行为而使自己失去做出有价值贡献的机会。领导者有责任使追随者完全贡献自己的想法和能力。通过明确目标、给出真诚且具有建设性的反馈及提供训练这 3 种具体的方法，领导者可以提升追随者的能力及其对组织的贡献。

> **行动备忘录**
>
> 作为一名领导者，你需要学会提供和接受反馈，从而带领追随者成长进步，而不是让他们觉得畏惧不安。

7.5.1 明确目标

向追随者阐明团体或组织的目标及设立该目标的原因是领导者的工作。但创造一个鼓舞人心的愿景仅仅是设定目标的一个方面，追随者还需要明确地认清个人目标和集体目标。许多研究都已表明，清晰、具体且有挑战性的目标有助于调动积极性，使人们有更好的表现。目标明确的好处在于，它能让人明白该把自己的精力和注意力集中在什么地方，并在达成目标的时候给予人们自豪感和成就感。明晰的目标能让追随者对自身行为严格自律，并详细记录成长进步的过程。此外还有助于追随者理解领导者关于加薪、发奖金或提拔员工的决策。

明确目标的另一好处在于，它能帮助追随者认清自己是否适合某团队、部门甚至整个公司。这也正是许多领导者采用财务资讯共享管理（open-book management）的原因。当人们看到更广阔的金融图景时，他们就能了解组织当前所处的位置，明白自己需要做出怎样的贡献。

7.5.2 经常提供具体即时的反馈

在一次调查中，麦肯锡公司的管理者被问及公司发展壮大的秘诀。他们的答案显示："坦率、透彻的反馈"是最重要的因素之一。然而遗憾的是，大多数人指出他们的上司并不能很好地提供这样的反馈。有效的领导者将反馈视为一种提高、发展的途径，而不是让人讨厌或畏惧的东西。如果一名领导者提供了反馈，这就意味着他关注追随者的成长与职业发展，并且愿意为追随者发挥个人潜力提供帮助。

领导者用评价与沟通的方式来帮助追随者了解自我、提高自我的方式就是**反馈**。提供或接受反馈（尤其是消极反馈），对许多人而言都是一种挑战。人们通常会把反馈"存"到年度评估总结的时候，这本身就是个问题。而有效的领导者则会不断提供富有建设性的积极和消极反馈。例如，如果有人面临一项困难的任务，有效的领导者会即时给出反馈，而不是让这个人搜肠刮肚找出最合适的解决方法。又如，你做了一次课堂发言，却没能从教师或其他同学那里得到任何反馈，那么你很可能会认为自己的表现糟糕透了。一位广告业务经理瑞安·布罗德里克（Ryan Broderick）说："听到些什么总比什么都没听到要强。"

追随者喜欢积极的评价，但他们也同样希望在做得不够好时得到反馈，并且希望这个反馈足够具体，这样下一次就能做得更好。从不给出任何批判性反馈的领导者可以一时赢得"好人"的美名，但长此以往只会落得个'没心没肺'的恶名，因为他对提高问题员工的水平没有任何帮助。以下是领导者提供反馈的一些方式，可以在惠及追随者的同时，照顾到领导者与追随者的感情。

- **及时反馈**。不要等到年会的时候再告诉下属，他们表现得如何及该怎样提高。看到想要纠正或表扬的行为时，领导者应当尽可能及时地给出反馈，例如，一位领导者说："发表做得很好，萨尔。你充分利用了图表，我想唯一还需要改进的地方是，如果能加一些具体数据，如过去的销售金额，那样就更好了。知道上哪儿可以找到那些信息吗？要同销售经理一块儿开个会吗？"如果领导者决定等一会儿再给出反馈，那么唯一的可能应该是他想再收集一些必要的信息，或是想组织思路，整理观点。
- **关注表现，而不是针对个人**。反馈不应仅仅是为了批评某人或指出错误。当一个人觉得自己受到了人身攻击时，他通常不会从反馈中学到任何东西。因此反馈应当始终着眼于帮助追随者进步。领导者必须指出不好的表现，但同时大力表彰优秀表现也同样重要。这能帮助追随者汲取优点，并减轻消极反馈所带来的打击。
- **具体反馈**。有效的反馈能具体说明某一行为和它带来的结果，并阐明领导者赞赏该行为或期待该行为得到进一步改善的原因。领导者可以用举例的方法来说明什么样的行为是有效的，并确认追随者确实理解了自己的意思，而不是想当然地觉得他们都明白。
- **关注未来，而不是过去**。优秀的领导者不会翻一些陈年旧账来说事。此外，如果追随者的错误显然只是一次无心之过，不会再犯，领导者应当就此作罢，而不是给出负面反馈。有效的反馈关注的是未来而不是过去的错误，并且会说明什么是理想的行为和结果。

7.5.3 通过训练开发潜力

训练是在反馈的基础上更进一步，帮助追随者提升其技能，促进其职业发展。**领导力训练**是一种引导、促进追随者进步的方法，它通过设立目标来帮助追随者提升某项技能或在某一方面取得发展，如更有效地管理时间、增加个人产值或为新的职责做好准备。例如，在施乐公司，前首席执行官安妮·马尔卡希（Anne Mulcahy）给她的继承人乌苏拉·伯恩斯（Ursula Burns）当了一回领导力训练教练。伯恩斯在解决问题方面称得上是好手，但她也承认自己需要学会倾听，而不是"用我那张大嘴推动整场讨论"。她还缺乏马尔卡希那样的耐心、外交手腕及让所有人都鼎力支持的感召力。马尔卡希在这些方面训练伯恩斯，帮助她成为一名合格的首席执行官。训练的目的并不是要改变一个人，让他彻彻底底地改头换面，而是为了帮助追随者了解自身的潜力。

> **行动备忘录**
>
> 作为一名领导者，你需要形成一种即时反馈的习惯，并且要做到积极反馈与消极反馈并举。作为一名追随者，你可以将获得反馈看做一种自我提高的方法。换个角度来看待负面反馈可以让你在工作和生活中朝着目标积极努力。

要理解教练的职责，请仔细思考"管理"与"训练"对实施者心态与行为的不同要求。

管理	训练
指示	放权
评判	促进
控制	发展
引导	支持；清扫障碍

传统管理者需要做的是给追随者下达指令，引导、控制他们的行为，然后评判他们的表现。然而训练的不同之处在于：它赋予追随者自己探索的权力，帮助他们理解学习事物，为他们提

供支持，扫清他们成长成才途中的障碍。

如图 7-2 所示，训练通常包括 4 个步骤。第一步是**观察**。**观察**是指领导者通过某一事件发现了追随者的一个弱项，或者找到了一个可以帮助他在某方面获得提高的机会。例如，拉贾是某社会服务机构的副理事。他发现负责工作服务的项目经理哲妮纳经常为了给下属返工或替他们完成任务待到很晚。据此观察，拉贾下一步的工作就是同哲妮纳谈谈她的工作方法并努力让她认识到其中存在的问题，或者告诉她通过学习更有效的委派任务的方法，她有机会提升自己的领导力。第二步是**讨论并协商一致。这**是训练的关键步骤。如果领导者想训练一位追随者，但追随者本人完全感觉不到训练的必要性，那么整个过程只会是浪费时间。训练的前提是：追随者必须有意愿提升自我，并且同领导者就需要提高的方面达成一致看法。第三步包括**制定与执行计划**，计划中应当包括具体目标、行动步骤、评价标准和时间表，这样哲妮纳就能更有效地委派任务。计划中可能还包括拉贾和哲妮纳为努力达成目标所需要的具体的训练时间和阶段。领导者还应当充分利用现场的机会来进行训练。例如，如果拉贾看到哲妮纳忙于一项部门常规任务，他可以建议她去找一位下属来代替完成该任务，由此促进哲妮纳在任务委派方面的进步。在整个动态的训练中，领导者需要不间断地提供反馈，并随时倾听追随者对训练过程的感悟。

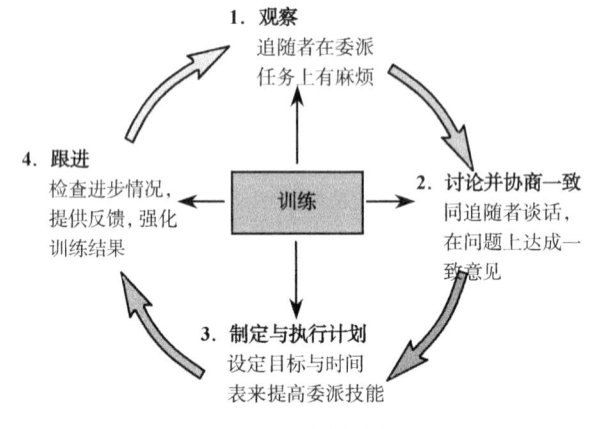

图 7-2　领导力训练步骤

资料来源：Based on "Closing Gaps and Improving Performance: The Basics of Coaching," except, originally published as Chapter 4 of *Performance Management: Measure and Improve the Effectiveness of Your Employees* (Boston, MA: Harvard Business School Press, 2006).

跟进是训练的最后一个步骤，意思是安排一个时间来检查追随者的进步情况，强化训练结果，讨论碰到的问题并提供可以提供的帮助，让受训者有机会寻求获得额外训练和额外反馈的机会。

领导者可以采用指导式训练或支持式训练。**指导式训练**包括向追随者展示或指示其需要做的事，这种方法与传统管理者的角色相近。如果受训者对某项工作极不熟悉，或者他的表现急需提升，这个方法最为有效。假如想要培养一名新员工的领导力，运用指导的方式则再好不过了：向他展示最有效的处理事物的方法，并回答他所提出的问题。**支持式训练**在前面已经有所提及，安妮·马尔卡希给乌苏拉·伯恩斯安排的训练就属于支持式训练。它包括帮助追随者探寻自己特有的解决问题的方法。支持式训练的前提是要与追随者建立更为融洽的合作关系。领导者要做的不是提供直接的答案或给追随者下达指令，而是促使追随者学习。例如，可以通过提问的方式来启发追随者，让他从不断的尝试与错误中汲取经验教训；并在追随者发现与发展的过程中成为他的资源，担当一名支持者的角色。领导者帮助追随者学会批判性地看待自身的表现，学会自己判断目标的达成状况。

领导力训练的好处之一是追随者能够就其表现得到直接明确的反馈。之前我们也提到，该训练强调客观事实，而这恰恰是许多领导者未能有效地在反馈中提出的。反馈还包括追随者所认为的训练的其他优点，如可以从新角度来看问题，获得处理具体情况的建议，应用组织的各种政策，以及获得鼓励与支持等。

本章小结

- ☑ 越来越多的人逐渐意识到追随者的重要性。通常人们以追随者的身份出现，而有效的领导者和追随者具有相似的特征。有效追随者在组织中既积极又独立。要成为有效的追随者，就不能疏离他人，不能唯命是从，不能消极被动，也不能为了明哲保身而碌碌无为。
- ☑ 有效追随不是一件容易的事。有效的追随者有勇气去承担责任，服务他人，挑战权威，能够参与变革，并能急流勇退。成为一名有效追随者的策略包括让自己成为领导者和他人的资源，帮助领导者变得更加优秀，与领导者建立和谐的关系，以及理智地看待领导者。
- ☑ 领导者希望追随者乐观主动，拥有实干精神，具有责任感，并能出色地完成任务。追随者希望他们的领导者和同事都能做到诚实和称职。除此之外，他们还希望领导者富有远见，善于鼓舞人心。后两种特性区分出领导者和追随者的不同角色。追随者希望被领导，而不是被操纵。他们希望领导者能营造一种和谐、积极的氛围，使自己贡献出最大的力量。给出明确的目标、提供具有建设性的反馈及开展训练活动是领导者帮助追随者提高自身的能力的3种具体途径。
- ☑ 追随者希望获得及时、具体的反馈，并且希望反馈所关注的是他们的表现而不是他们本人，注重的是未来而不是过去的错误。领导者可以使用指导式训练和支持式训练来帮助追随者提升特定的技能或发展目标。

讨论题

1. 讨论追随者的作用。在组织中人们往往只关注领导者的作用，而忽视追随者，你觉得原因有哪些？

2. 比较不合群的追随者和被动追随者。你能分别举例说明这两种类型吗？如果你是领导者，将如何对待这两类下属？

3. 假如你是一名领导，你最希望你的追随者有怎样的表现？反过来，假如你是一名追随者，你最希望你的领导有怎样的表现？这两种期待的区别与共同点是什么？

4. 你认为针对有效追随者的5种要求中，哪一种最重要？哪一种最不重要？试讨论追随者如何获得勇气和力量从而变得更加有效？

5. 在你看来，传统的定期业绩回顾与每日提供反馈相比，哪一种更好？你会对哪一种做出更好的反应？试讨论。你认为领导者应如何提供消极反馈来获得好的结果？

6. 讨论你最喜欢的向上管理的策略，并解释原因。

7. 某位组织观察家提出：如果追随者犯错，而领导者从不提供负面反馈，长此以往所造成的危害将远大于当场严厉训斥。你赞同这个观点吗？试讨论。

8. 与参与变革的勇气相比，追随者是否需要更大的勇气来决定离职？对你来说哪一个更困难？

9. 对你来说领导力训练有什么意义？领导者应该如何确定受训对象？

现实中的领导：追随者角色扮演

假设你是超链接系统公司（Hyperlink Systems）的生产主管，而你的工厂正在为诺基亚手机和IBM计算机生产电路板。工厂在价格战中遇到了问题，于是高层管理者请了一名咨询师对生产部门进行分析。工厂经理苏·哈里斯要求立即执行咨询师的建议，并想当然地认为产量会立即增加，继而将每周的目标产量定得比以往更高。在你看来，工厂经理没有把学习新流程需要的时间考虑进去，而工厂工人会因此承受巨大的压力。同时，一部分工人拒绝采用新方法，因为使用旧方法，他们反而能生产更多电路板。大多数工人改用了新方法，但生产率并没有提高。一个月过去了，许多工人还是认为旧方法更快更有效，生产率更高。

对于哈里斯，你还有其他一些意见。她曾叫你参加一个运作会议，但最后又临时决定让另一名主管去参会，而且没有给你任何合理的解释。她也曾承诺给你的部门新增一些供给和设备，却始终没有兑现。她行动很快，但总没有恰当地执行和跟进。

你思考了自己作为下属的责任，决定直接向哈里斯汇报。在下面的空白处写出你将如何处理这件事情。你会运用自己的知识和她正面交涉吗？你会在什么时间、什么地点与她会面？你会说些什么？你将如何说服她？

_____
_____

哪一种风格更好地展现了你在此种情况下的反应——是有效的、循规蹈矩的、被动的，还是不合群的？你将采用图7-3中的哪种策略来帮助哈里斯？

_____
_____

课堂练习

在课堂上，老师可以请学生自愿扮演工厂经理和生产主管。几名学生可以轮流扮演生产主管，让他们展示追随者发挥作用的不同方式。老师可以向其他学生提问，请他们对每位生产主管的有效性给予反馈，讨论哪种方法在此种情况下更有效。

资料来源：Based on K. J. Keleman, J. E. Garcia, and K. J. Lovelace, *Management Incidents: Role Plays for Management Development*, (Dubuque, Iowa: Kendall Hunt Publishing Company, 1990), pp. 73-75, 83.

领导力开发：案例分析

通用制造英国分公司

卡尔·米切尔在接到通用制造公司英国分公司（General Products Britain）的聘书时非常高

兴，该公司从事跨国消费品的生产。然而两个月后，米切尔却痛苦不堪。问题出在米切尔的顶头上司乔治·盖罗身上，他是英国分公司的总经理。

盖罗在工作中秉承"不惹是非"、"但求无过"的原则，避免有争议的、冒险的决策，才一步步坐到了总经理的位置。

就像米切尔对妻子抱怨的一样："不管什么时候只要我让他做决定，他都只是让我们更深入地研究，再提供30页的资料数据，大多数还是无关紧要的。我根本得不到任何进展。"

例如，盖罗似乎非常害怕改变现状，但米切尔却在考虑改造自己负责的速冻早餐食品生产线，并且急需盖罗的支持。竞争对手已经引进了新的速冻早餐产品，而盖洛却还在坚守20世纪90年代设计的旧式高脂肪高钠含量产品。这种产品的销售业绩持续下降，商店已经开始将其下架，让位给更畅销的产品。米切尔的耐心与积极性逐渐耗尽，他决定做最后一搏，希望能说服盖罗改进速冻食品生产线。盖罗答应听听他的想法，于是米切尔开始准备工作：广泛收集各种盖罗可能要求的数据，好让他答应开设一条新生产线，生产符合消费者要求的健康速冻早餐食品。

接下来的几周，米切尔和他的两位生产主管加班加点收集数据，撰写计划。他们研究了竞争对手，调查了消费者的用餐习惯，还雇用了一个芝加哥设计公司设计了新包装。他们甚至拜见了一名营养学家，请他分析最受欢迎的早餐食品中糖与脂肪的含量，并开发出更合理的配方。确信自己的计划无懈可击后，米切尔召开小组讨论调整了计划中的某些细节。最后，他和生产主管制作了幻灯片并进行了预演。他们做好了向盖罗展示计划的一切准备。

在展示当天的早上，米切尔极度兴奋。他真挚地对生产主管说："这个计划实在是棒极了。能在这么短的时间里做出如此富有创意的计划，真的非常感谢你们所有人。我简直是等不及要展示我们的数据还有产品计划了。虽然大家都很累，但一定会有回报的。"

然而不幸的是，盖罗完全不受他们激情的感染。在整场陈述中，他表现得很平淡，甚至频繁看表。米切尔感觉到了盖罗的态度，很快结束了他的陈述，并说道："根据今天上午展示的调查结果，我确信通用制造公司可以成功启动这样几个低脂低糖的速冻早餐项目：居家有机小麦威化饼，还有由低脂酸乳和全麦薄脆饼干做成的三明治。"

一阵难堪的沉默过后，盖罗清了清嗓子，起身说道："米切尔，你知道这需要一大笔投资吗？我希望你能提出一个更完善的计划，再做些调查比较一下这两种早餐。难道我们不该也提个低碳方案？还有青少年呢？你没在演示中提到他们。这些人难道不吃早餐吗？你能给我这些问题的答案吗？还有，让我们慢慢来吧，米切尔。耐心一点就好。我们不能急；我们需要考虑周全。"

这次会议后不久，因为缺乏支持，还有对数据无止尽的要求，米切尔两位最得力的生产主管终于耐心告罄，愤然辞职离去。

? 问题

1. 你如何评价作为追随者的米切尔？评价一下他的勇气和风格。
2. 如果你是米切尔，你会去找盖罗，向他坦言你的感受与失望吗？
3. 如果你是盖罗的上司，而米切尔来找你，你会怎么答复他？

杰克的宠物乐园

杰克的宠物乐园是面向周边居民的一家小型连锁宠物商店。这天，坐在收银机前的亚当·格利特抬起头瞟了一眼光临宠物店的第一位顾客。这是个愁眉苦脸的小男孩，极不情愿地把一个大鞋盒放到了柜台上。"我们有麻烦了,"孩子的父亲低语道,"所以我想退款。"亚当小心翼翼地掀开盒盖,发现一只黑色的小栗鼠蜷缩在盒子一角的木屑中,艰难地呼吸着。通常这种栗鼠都是十分活泼机灵的,很明显这只生病了。孩子的父亲是这家店多年的老主顾,他把收据递给了亚当。退款条例亚当早已烂熟于心:"本店在7日之内保证外来动物的健康,逾期不予退款。"这只栗鼠是10天前购买的,但作为老员工的亚当知道,他的老板在这种情况下一定会稍作变通给顾客退还全款。暂时把退款条例搁在一边,亚当如数返还了125美元,并对那个小男孩说:"我很抱歉你的小宠物不能陪伴你了,你想不想再选一只新的呢?"虽然亚当没有完全依照条例规定行事,但他相信他的分店经理菲利普·乔丹先生一定会赞同他这种做法。

的确,乔丹支持亚当这种为留住"回头客"而暂且搁置公司制度的决定。尽管公司那本厚厚的制度手册要求雇员们严格依照制度行事,乔丹依然鼓励员工站在顾客的立场上具体问题具体分析。此外,乔丹还十分重视培养一种员工友谊,虽然这可能和制度要求有出入。举例来说,闭店后留下员工打扫仓库卫生,如果员工们表现出积极的工作态度,乔丹就会请所有人吃披萨、喝饮料。在整理货架、清理地板的同时,员工们会讲故事,说笑话,互相帮助并快速完成任务,整个过程其乐融融。虽然有时候高一级的地区经理对乔丹的某些决策颇有微词,但乔丹对他创造的这种高效又和谐的企业文化十分自豪。

乔丹宠物店的营业额一路稳定上涨,年收入比去年高出5.4%。然而这一点儿也不出人意料,因为员工有高涨的积极性和工作热情。员工流动率低也是该店成功的原因之一:抛开公司硬性规定,乔丹用稍高一点的薪资来留住老员工,通过升职来增加员工的责任感和使命感,甚至为"VIP"员工提供免费的主题公园度假游。因为该店的所有员工本人都饲养宠物,乔丹便允许员工将仓库多余的宠物用品带回家,并为他们的宠物提供免费试吃品。他这种对员工无微不至的关怀造就了该宠物店的成功。当然,乔丹心里清楚,一旦他的这些做法被地区经理发现,员工们就不能再享受到这些福利了,所以他学会了坚守秘密。

当乔丹调到离家更近的一家店时,麻烦来了。新上任主管简·威特奥的管理风格完全不同。她恪守规章,纪律严明,一切都必须按照规定程序来。威特奥在上任的第一天,就宣布了她在任期间的规定:"在店里,大家必须严格遵循公司的补偿政策。根据新出台的工资标准,你们当中一些人的工资要减少。我也不想这样做,但是没有办法,你们前任主管的决策有点问题。"于是包括亚当在内,表现最佳的员工们士气骤然下降。威特奥在第一个月末便开除了一名员工,理由是他违反了店里的退货政策——给一位超过七天时限的球蟒买家全额退了款。另一名员工因为将新到的有机宠物粮试吃品在顾客购物前就送给了她而遭到当场训斥。新主管的行为及她的高压政策,使员工们觉得既震惊又愤怒。曾经友好温暖的文化氛围消失了。亚当·格里特向他的同事透露:"我已经到街尾的宠物超市申请了一个职位。不过在辞职前,我会和威特奥谈谈,看看她能不能在规定上放宽些。"

亚当鼓起勇气敲响了威特奥的办公室门,询问是否可以和她谈谈。威特奥放下她的阅读放大镜,将面前的财务报表推到一边,示意亚当坐下。"我很担心大家的士气,"亚当开始说明,"我们一些最好的员工正在离开,而我也在考虑辞职。前一任主管还在的时候,我喜欢上班,也很享受员工和顾客间的友谊。但现在每个人的情绪都很糟,顾客也在流失。"他深呼吸了一下,继续说道:"如果您能在政策上更宽容一些,我很愿意留下来。"但威特奥似乎并不赞同,仍旧坚持自己的立场,她解释道:"亚当,我有责任做一名严格的主管。并且我一直怀疑你们的前任并没有遵守公司的政策。我就是希望按照上面的指示来做好我的工作。很遗憾听说你要走了。"

看着亚当垂头丧气地离开办公室，威特奥心想：地区主管肯定会为我能坚守立场而感到骄傲。事实上，地区经理近来确实对她的处事方法赞赏有加。但两人都没有预料到，下季度的销量将会急遽下降。

? 问题

1. 你希望给谁工作，菲利普·乔丹还是简·威特奥？这两位领导者的风格如何影响了宠物店的文化？试解释。

2. 亚当·格里特是哪一种追随者？你比较赞赏什么样的追随者品质？当追随者为你工作时，你希望他们表现出什么样的品质？

3. 如果你是地区经理，你希望哪位商店主管做你的手下，为什么？在你看来，在向上管理方面，哪位主管做得更加出色？那向下管理呢？

Part Four

第 4 篇
作为关系建立者的领导者

- 第 8 章　激励和授权
- 第 9 章　领导的沟通艺术
- 第 10 章　领导团队
- 第 11 章　培养领导的多元化
- 第 12 章　领导力和影响力

Chapter 8

第8章 激励和授权

> 通过本章的学习，你应该能够：
> - 识别内在激励和外在激励的区别，并会应用这两种激励。
> - 通过满足他人更高水平的需要来激励他人。
> - 应用基于需要的激励理论。
> - 使用个人激励和系统范围内的奖励。
> - 避免"胡萝卜加大棒"式激励的不足。
> - 通过员工敬业度项目和授权来满足更高水平的需要

当幸福生活酒店集团（Joiede Vivre Hospitality）接管位于旧金山的卡尔顿酒店（Hotel Carlton）时，该酒店的年员工流动率约为50%。这在约90%的员工为低技能、低收入的酒店业而言，仅是平均数据。但是，这一新的领导团队深知这一状况是可以改善的。所以卡尔顿酒店新上任的总经理荷夫·布隆代尔（Hervé Blondel）决定要像对待合作伙伴一样对待员工。他首先着手了解员工的需要。对前台领班西奥菲勒斯·麦金尼（Theophilus McKinney）来说，现在他只用上晚班，白天不用工作了，电话也进行了重新安排，更便于接听。哦，对了，他现在还可以穿自己喜欢的新潮鞋子！对客房部的阿妮塔·林（Anita Lum）和她的同事来说，现在事情也变得很简单，因为新的真空吸尘器能正常工作了。以前的管理部门不同意更换老化的真空吸尘器，但是布隆代尔为每位客房部的员工都购置了全新的吸尘器，而且公司同意每年更换一次。另外，员工在为客人提供服务的同时，新的领导者还给予了他们更多灵活性，并鼓励他们参与到直接影响其工作的决策中去。

在新领导团队的带领下，仅仅几年的时间，卡尔顿酒店的年员工流动率就下降到了10%以下，同时，客户满意度也有所上升。卡尔顿酒店从幸福生活酒店集团旗下业绩几乎最低的水平一下跃居到了前列。阿妮塔·林说："我们感觉公司很关心我们……"，前台员工艾米丽·黛拉·克鲁斯（Emelie Dela Cruz）补充道："我们就是比以前工作得愉快了。"关心员工、帮助员工发现工作的价值与乐趣是幸福生活酒店集团领导者的首要任务。集团总裁奇普·康利（Chip Conley）说"关注员工所带来的影响，而不仅仅是刷厕所这一任务完成得怎么样"是十分重要的。

许多领导者都已经意识到，营造一种让员工感到自己受重视的工作氛围，是较高激励水平的关键所在。本章将研究组织中的激励因素，以及领导者如何能使员工发挥出自己的最好水平。我们将考察内部激励和外部激励的不同，以及它们如何满足员工的需要。每个人都有低层次和高层次的需求，有许多不同的激励方法来满足这些需求。本章将论述几种激励理论，特别关注领导学和传统管理方法在激励员工方面的不同。本章最后一部分将讨论授权、提升员工敬业度项目和其他不依赖传统奖励和惩罚方法的激励方式。

8.1 领导和激励

大部分人都是按自己可预计的方式来行动和生活，对周围的环境和人做出反应时通常很少有想法，很少想到为什么要努力工作，为什么在某些事情上投入额外的时间和精力，为什么会觉得某些娱乐活动或志愿活动很有意思。事实上，这些行为都是被某些事情激发的。**激励**（motivation）是指引发人们的热情和坚定信念去采取某些行动的内部或外部力量。对员工的激励会影响工作效能，因此领导者的部分工作就是找到渠道去激励员工，实现组织愿景和目标。对激励的研究可帮助领导者了解：是什么使员工采取行动，是什么影响他们对行动的选择，以及他们为什么可以长时间地坚持这种行动。

图 8-1 展示了一个简单的激励模型。人们有最基本的需求，如对友情、认同感或赚钱的需求，这些都转化成了内部压力，激发出特定的行为来满足这些需要。当这些行为获得成功，个人需求得到满足，也就是对行为的奖励。这种奖励还使个人了解其所采取的行为是正确和合适的，可以在将来再次采用。

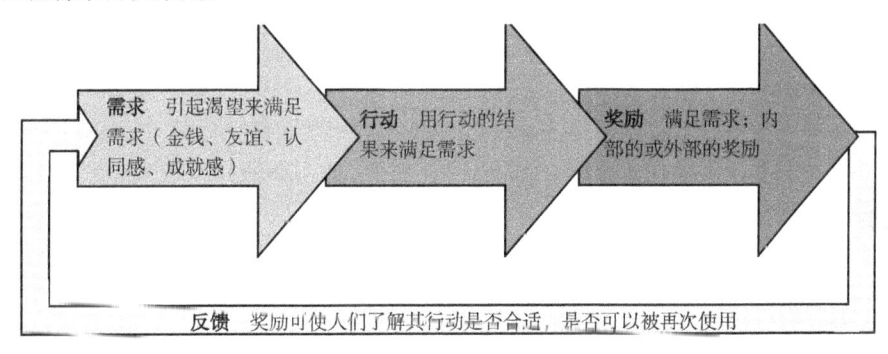

需求 引起渴望来满足需求（金钱、友谊、认同感、成就感） → **行动** 用行动的结果来满足需求 → **奖励** 满足需求；内部的或外部的奖励

反馈 奖励可使人们了解其行动是否合适，是否可以被再次使用

图 8-1 一个简单的激励模型

如图 8-1 所示，激励的重要性在于它可以引起行动，从而在组织内带来高绩效。研究表明，较高的员工激励、较高的组织业绩和利润是结合在一起的。盖洛普（Gallup）最近完成了一项广泛的调查，结果显示，当整个组织的员工都得到较高的激励，并做出自己的最佳业绩时，客户忠诚度会上升 70%，人员更替会下降 70%，利润会上升 40%。领导者可采用激励理论来满足员工的需求，同时鼓励更优秀的工作表现。如果员工没有得到激励从而实现组织目标，通常都是领导者的错。

8.1.1 内部和外部奖励

奖励可以是内部的，也可以是外部的，可以是系统范围内的，也可以是个人的，包括内部和外部奖励，以及应用到整个系统范围内的和针对个人的奖励。**内部奖励**（intrinsic rewards）是个人在完成特定行动过程中得到的满足感。解决一个对他人有益的问题可以满足个人的使命感，完成一项复杂的任务也会引起一种愉快的成就感。内部奖励是内在的、处于个人控制下的，如参与某项任务以满足对能力和自我肯定的需求。

与此相反，**外部奖励**是他人给予的，通常来自上级主管，包括升职和加薪。外部奖励是由于愉悦他人产生的，因此通常会促使个人为了满足自身需求的外部因素而从事某项工作，如在现代社会中人们为了生存而对金钱的需求。设想这样情况——两种不同情况下擦洗车辆所需的激励，一种情况是自己的车，另一种情况是在洗车行工作。将自己的车擦得干净光亮所获得的喜悦是内部奖励，而在洗车行的擦车工作就是一天中需要获得薪金的外部奖励的许多工作之一。

奖励还可能是给予整个系统范围内的或只是给予个人的。**整个系统范围内的奖励**（systemwide rewards）是对组织内所有人或某个特定分类或部门的人给予的奖励。**个人的奖励**（individual rewards）可能对整个组织或部门内的人有所不同。外部的、系统范围内的奖励可能是针对整个组织或某个部分的人的保险收益或休假时间，比如，那些在组织中工作半年或超过半年的员工。例如，Logical Choice Technologies 公司的创始人兼总裁辛西娅·贝图西-凯（Cynthia Bertucci Kaye）在公司内实施了一项利润共享计划，这就是一种外部的、系统范围内的奖励。她设定了一个毛利润目标，并告诉全体员工，如果能在年底实现该目标，那么就把公司利润的10%平分给在公司工作超过一年的员工。内部的、系统范围内的奖励可能来自自己对公司成功所做贡献的一种自豪感。例如，在2008年《财富》杂志评选出的"100家最佳雇主"（100 Best Companies to Work For）中，网络抵押贷款公司 Quicken Loans 排名第二位，尽管其他公司大力推动次级抵押贷款，但 Quicken Loans 公司仍坚持着一种相对保守并合乎职业道德标准的经营模式。该公司的员工也为在这样一家精明道德的公司工作而感到自豪，从而体验着内部的、系统范围内的奖励。

外部的、个人的奖励可能是一次升职、加薪或分红。在瓦莱罗公司（Valero）旗下负责管道操作和炼油的纽星能源公司（NuStar Energy），其员工根据表现可以拿到最多1万美元的分红。内部的、个人的奖励可能是个人从自己的工作中获得的自我实现的感觉。拿奥普拉·温弗里（Oprah Winfrey）来说，她是获得美国艾美奖（美国电视最高荣誉奖）的脱口秀节目主持人，据估计，其身价高达15亿美元。然而，温弗里却说她工作从来不是为了金钱或权力和名誉。相反，她在节目中服务于观众，鼓励、启发并转变人们如何看待自己，这个时候，她就会感觉得到了回报，实现了自我价值。

> **行动备忘录**
> 作为一名领导者，你不仅要为员工提供如升职、加薪或赞扬等外部的奖励，还要帮助他们获得内部的奖励，从而满足他们对成就、成长及自我实现等高层次的需求。

虽然外部奖励很重要，但领导者特别致力于使追随者得到内部奖励——包括个人的和系统范围内的。他们还努力营造这样一种环境：使员工感到自己受重视，能贡献有价值的东西。

8.1.2 高层次需求和低层次需求

内部奖励倾向于满足个人的"高层次需求"，如成就感、能力、自我实现和自我肯定。外部奖励则倾向于满足个人的"低层次需求"，如说舒适的物质环境、基本的安全感和保障感。图8-2列出了传统管理和现代领导方法在运用激励来满足人们需求上的不同。传统管理方法通常满足人们低层的、基本的需求，通常是通过外部奖励和惩罚来激励下属按理想的方式工作。这些方法很有效，但它们是通过影响人们的行动来控制其行为的。如果人们以劳力来换取外部奖励，那他们高层次的需求就不能得到满足。在传统管理中，人们会以适当的努力来得到奖励或避免惩罚，因为他们并不一定能从工作中得到内部的满足感。

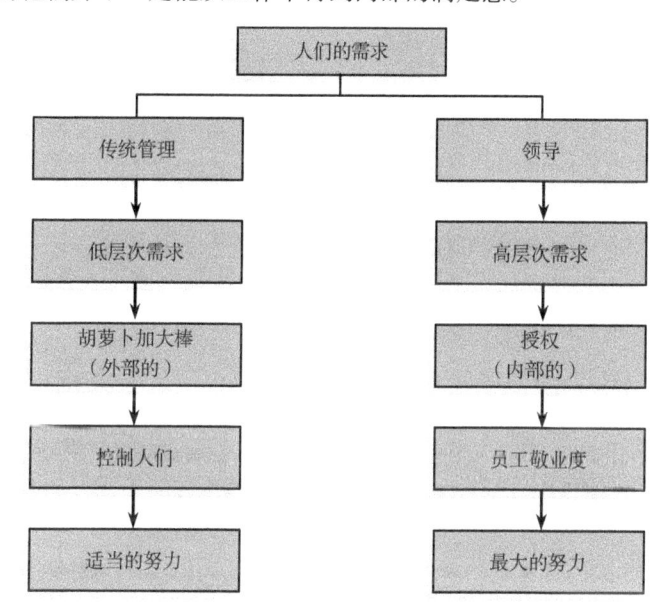

```
                    人们的需求
                   /         \
              传统管理         领导
                ↓             ↓
            低层次需求      高层次需求
                ↓             ↓
            胡萝卜加大棒      授权
             （外部的）     （内部的）
                ↓             ↓
             控制人们       员工敬业度
                ↓             ↓
             适当的努力      最大的努力
```

图 8-2　人们的需求和激励方法

资料来源：Adapted from William D. Hitt, *The Leader-Manager: Guidelines for Action* (Columbus, OH: Battelle Press, 1988),p. 153.

领导者通常通过给予下属机会来满足他们高层次的需求，使他们得到内部奖励，从而获得激励。例如，如果公司员工富有社会使命感或能丰富他人的生活，他们通常就会受到很大的激励，因为他们从帮助他人中获得了内部奖励。任何公司的领导者都应使员工发现其工作的意义。例如，在联邦快递，许多员工都为给别人及时送到快递而感到自豪。要记住的是，内部奖励的来源是员工自身。因此，对某位员工形成的内部奖励可能对另一位员工不能奏效。领导者使所有员工得到内部奖励的一个方法是，让他们对自己的工作有更多控制，并有更多权力去影响结果。当领导者向下属授权，让他们自由决定自己的行动时，下属就会因为得到这些内部奖励而做出很好的成绩。他们会变得具有创造性、革新性，并能对自己的目标更多地投入。下属所受的激励如此之强，他们通常会做出自己能做到的最好的成绩。

理想的情况是，工作行为既能满足员工的低层次和高层次需求，又能为组织使命服务。遗憾的是，实际情况往往并非如此。领导者的激励作用就是创造一种环境，将人们的需求——尤其是高层次需求——与组织的基本目标结合起来。

8.2　基于需求的激励理论

基于需求的理论强调那些能激励人的需求。正如图 8-1 所示，这些需求是激励人们行动的内部来源，激励人们采取行动来满足这些需求。个人需求就像一份隐形目录，其中罗列的是其想要并愿意通过工作来得到的东西。如果领导者了解员工的需求，就可以设计奖励制度来引导员工的精力和处理事情的优先级，从而实现共同目标。

8.2.1 需求层次论

或许最著名的需求理论要属亚伯拉罕·马斯洛（Abraham Maslow）提出的需求层次论（hierarchy of needs theory）。他的需求层次论认为，人们受多种需求的激励，这些需求是按等级次序存在的，如图 8-3 所示。只有当低层次需求被满足之后，高层次的需求才有可能被满足。马斯洛将激励人们的需求分成 5 个层次。

- **生理**（physiological）**需求**。人们最基本的生理需求包括对食物、水和氧气的需求。在公司设置中，生理上的需求反映在对合适的温度、空气和能保证基本生存的工资的需求上。
- **安全感**（safety）。安全感是人们对生理和心理上的安全感及免受威胁的需求，也就是说，避免暴力和对秩序社会的需求。在公司工作场所中，对安全的需求反映在人们渴望安全的工作、工资以外的福利和工作保险等。
- **归属感**（belongingness）。人们都渴望被同行接受，渴望友谊，渴望成为群体的一部分，还渴望被爱。在组织中，这些需求会影响同事间的良好的关系，如参与一个工作组、与上级保持良好关系等。
- **被尊重**（esteem）。对尊重的需求与人们对积极的个人形象、被人注意和认可及渴望得到别人的欣赏有关。在组织中，对尊重的需求反映在希望得到被认可的激励、责任感的增强、地位的提高，以及由于为组织做出贡献而获得的荣誉等。
- **自我实现**（self-actualization）。最高的需要等级是自我实现，代表了自我满足的需求：发展个人全部潜力，增强个人能力，使自己变得更优秀。在组织中要满足自我实现的需求可通过给予员工成长机会、授权使其具有创造性、获得培训来挑战工作和进行提高等。

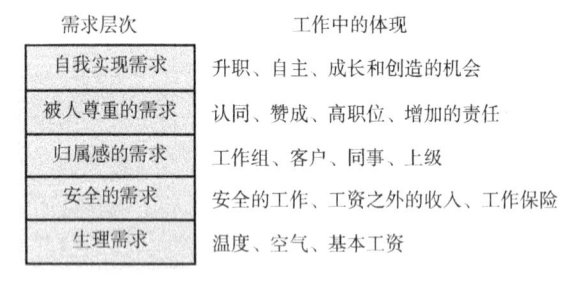

需求层次	工作中的体现
自我实现需求	升职、自主、成长和创造的机会
被人尊重的需求	认同、赞成、高职位、增加的责任
归属感的需求	工作组、客户、同事、上级
安全的需求	安全的工作、工资之外的收入、工作保险
生理需求	温度、空气、基本工资

图 8-3 马斯洛的需求层次

根据马斯洛的理论，生理、安全、归属感是缺乏性需求。这些低层次的需求具有优先权——它们必须在高层次需求或成长性需求之前被满足。需求的满足有一定的顺序：生理需求在安全需求之前得到满足，安全需求在社会需求之前得到满足，以此类推。一个渴望安全感的人会投入自己的全部精力来获得一个更安全的环境，而不会考虑尊重和自我实现等需求。一旦某个需求得到满足，这个需求的重要性就会下降，另一个更高层次的需求就被激活了。当工会为员工提供了很好的报酬和工作环境时，基本需求就得到了满足；员工此时希望得到的就是尊重的需求。

8.2.2 双因素理论

弗雷德里克·赫兹伯格（Frederick Herzberg）提出了另一种流行的激励理论，称为双因素理论。赫茨伯格访问了成百上千的员工，询问他们觉得被高度激励的时候，以及他们觉得不满、没有得到工作激励的时候，会有怎样的感受。他的调查表明，与不满相关的工作性质和那些与满意相关的工作性质有很大不同，从而得出两个影响工作激励的因素。

双因素理论如图8-4所示。坐标中间代表中立状态，表示员工既不是满意，也不是不满意。赫兹伯格认为，这两个相互独立的维度影响着员工在工作中的行为。第一个维度称为**保健因素**（hygiene factor），包括工作中不满因素的存在或不存在状态，如工作条件、工资、公司政策和人际关系。当保健因素匮乏时，工作就令人不满意。这点与马斯洛所述的缺乏性需求相似。好的保健因素可以消除不满，但其本身并不能使人们感到高度满意进而积极地投入到工作中。

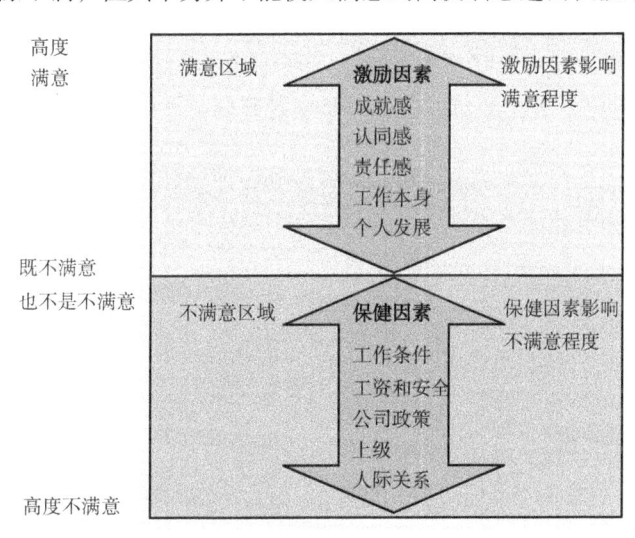

图 8-4　赫兹伯格的双因素理论

第二个维度是影响工作满足感的激励因素。**激励因素**（motivator）能满足高层次的需求，包括成就感、认同感、责任感和发展机会。赫兹伯格认为，当激励因素存在时，员工就被高度激励，并得到满足。这样，保健因素和激励因素就代表了两种影响激励的不同因素。保健因素对低层次需求起作用，缺乏保健因素会引起员工不满。薪资水平低下、不安全的工作条件或吵闹的工作环境都会引起员工不满，但这些因素的具备不会带来高水平的工作热情和满足感。高水平的激励因素如挑战、责任和认同感，必须得到适当的使用，这样员工才能得到高度激励。Pizza Express 公司的领导者成功地运用了双因素理论，为员工提供了保健因素和激励因素，进而满足了员工的高层次和低层次的需求。这一做法培养了快乐、富有活力的员工，构建了成功的组织。

领导进行时

朱莉·麦克唐纳和 Pizza Express 公司

Pizza Express 公司在英国有 350 家连锁店，公司人力资源部主管朱莉·麦克唐纳（Julie MacDonald）认为公司在激励那些希望晋升的员工方面做得很好，但她也意识到公司忽视了那些想要安于现状的地方连锁店经理。结果，本来很优秀的员工不但没有得到激励，反而转向了应聘竞争对手公司的管理职位。

于是，麦克唐纳与其他领导者开始着于改变这一状况。Pizza Express 公司已经为员工提供了大量保健因素，其中包括丰厚的工资与福利，如最高年薪30%的奖金，充足的产假和陪产假、育儿补贴及免费的工作餐等。所缺少的就是一项满足员工高层次需求的措施，其中包括责任感、成就感及职业与个人成长。解决这一问题的答案就是后来的"探索"项目，其中有一项叫做A-俱乐部，这是所有 Pizza Express 公司的高级餐厅（公司每年都会为各家餐厅进行从 A+ 到 D 的评级）的管理者都有资格参加的。俱乐部的成员每年有两到三次聚会，有时是参观烹饪学校或最佳餐厅等社交活动，有时是参与重要的公司级别的决策。各位经理还可以将个人对公司发展的想法告诉老板。例如，有人提出要培养意大利葡萄酒方面的专门知识，那么申请人就可以对此进行介绍，并简要阐述其观点，包括该项目的优点、运行模式及成本。随后，高层领导小组就会现场决定是否对该项目提供资金支持。同时，级别相对较低的餐厅经理也没有被忽视。他们可以参与个人职业发展项目，其目的在于提高经理的交际能力和专业技能，使其所在餐厅得到进一步发展。

随着这些高层次激励因素的增加，Pizza Express 公司越来越确信，这些餐厅经理致力于本职工作，不会去其他地方寻求满足了。后来，这家公司成了业界员工流动率最低的公司。

双因素理论的意义对领导者而言是很清楚的。员工有多种需求，而领导者的责任就是在消除员工不满因素的基础上使用激励因素，来满足员工的高层次需求，并激励员工取得更大成就，获得更多满足。

8.2.3　获得需求理论

大卫·麦克莱兰（David McClelland）提出了另一个需求理论，即获得需求理论。**获得需求理论**（acquired needs theory）认为，某些需求是人们在生活中习得的。换句话说，人们不是天生就有这些需求，而是在生活中学习到这些需求的。例如，比尔·斯特里克兰（Bill Strickland）的父母创立并经营了曼彻斯特·伯德维尔（Manchester Bidwell）这一非常成功的非营利性组织，它为问题青年提供课后及暑期项目。斯特里克兰的父母总是鼓励他追随自己的梦想。20 世纪 60 年代，他想去美国南方声援"自由骑士"（1961 年美国南部黑人民权主义者为抗议长途汽车种族隔离而采取的抗议行动），他的父母非常支持；后来他要把地下室改装成摄影工作室，也同样得到了父母的支持。因此，斯特里克兰就形成了一种"对成就的需求"，从而使他在后来的人生中获得了惊人的成就。最常被研究的这类需求有 3 种。

- **对成就的需求**——克服困难、达到高标准的成功、征服复杂的任务和超过其他人的愿望。
- **对关系的需求**——建立密切的人际关系，避免冲突和建立亲密友谊的愿望。
- **对权力的需求**——影响和控制他人、对他人负责和拥有对他人的权威的愿望。

麦克莱兰研究人们的需求及其对管理的意义长达 20 多年。对成就有很高需求的人倾向于从事那些具有开创性和革新性的工作。对关系具有较高需求的人常常是成功的"整合者"，他们的工作是协调个人和部门间的工作。整合者包括品牌管理者和项目管理者，这种工作需要杰出的技巧。对权力有较高需求的人通常能成功地到达组织层级的较高水平。例如，麦克莱兰对 AT&T 的管理者进行了长达 16 年的研究，发现那些对权力有很高需求的人总是在追求不断升迁。

总之，需求理论关注的是激励人们如何行动的潜在需求。需求层次论、双因素理论和获得需求理论都明确了激励人们的特定需求。领导者可以通过满足员工的需求来引导员工适当和成功的行为。

> **行动备忘录**
>
> 作为一名领导者，你可以通过提供良好的工作环境、令人满意的薪酬及愉快的人际关系来降低员工对工作的不满情绪。要想获得员工更大的满意度和工作热情，你可以运用激励因素，如挑战、责任感及认同感。

8.3 其他激励理论

强化理论、期望理论和公平理论是另外3个激励理论，它们主要关注外部奖励和惩罚。基于外部奖励和惩罚的方法有时也称为"胡萝卜加大棒"政策。产生期望结果的行为就得到"胡萝卜"，如涨工资或升职。与此相反，不被期望的或没有收益的行为会得到"大棒"，如降职或停止加薪。"胡萝卜加大棒"的方法更多的是关注低层次需求，虽然有时也能满足高层次需求。

8.3.1 强化理论

强化理论（Reinforcement theory）对员工的激励方法避开了需求层次论中的那些深层次需求。**强化理论**只关注行为和结果之间的关系，主要通过适当使用直接的奖励或惩罚来改变或修正员工的工作行为。

行为修正（behavior modification）是强化理论用来修正行为的一套技术名称。行为修正的基本假设是**效果定律**（law of effect），是指正向的强化行为容易被重复，而未被强化的行为不容易被重复。**强化**（reinforcement）是指任何导致特定行为被重复或被抑制的方法。领导一般采用4种方法来修正或塑造员工行为：正向强化、反向强化、惩罚和消除。

正向强化（positive reinforcement）是指管理行为之后所产生的好结果和奖励。一个很好的正向强化例子就是对员工完成了一些额外工作后立即给予称赞。这种好的结果会增加这种好的工作行为再次出现的可能性。研究表明，正向强化确实能够改善员工的工作表现。此外，诸如正反馈、社会认同和关注等非金钱强化与金钱奖励同样有效。甚至许多人认为这些因素其实比金钱还要重要。例如，一项针对快餐汽车外卖店员工的研究显示，绩效反馈及上司认同在激励员工向客户踊跃推销商品方面有十分显著的作用。尼尔森激励公司（Nelson Motivation Inc.）对各行各业的750名员工开展了一项调查，意在评估各种奖励方式在员工心中的地位。结果显示，现金及其他金钱奖励排在倒数第一位。最受重视的奖励包括赞扬、主管支持及员工参与。

反向强化（negative reinforcement）有时被称为回避性学习，是指行为一旦改进就停止不好的效果，从而鼓励并加强期望的行为。意思就是说，如果一种行为会引起不被期望的结果，那么人们就会改变这种行为来避免不被期望的结果。最简单的例子是，上司对在工作中游手好闲的员工不厌其烦地提醒、唠叨，当员工改正以后，上司也停止唠叨，这就是在应用反向强化。

惩罚（punishment）是指将不好的结果施加在员工身上，以此来阻止并减少不被期望的行为。例如，之前提到的那位上司可能会给那位游手好闲的员工分派一项又脏又累的任务来度过下午工作的时间。这位上司希望这种负面的结果可以作为一种惩罚，以减少相同行为再次出现的可能性。在组织中使用惩罚是有争议的，并经常受到批评，因为它不能指出什么是正确的行为。

消除（extinction）是指停止使用正面奖励，如领导的注意、表扬或加薪，其实就是无视不被期望的结果。换句话说，如果某种行为一直得不到正面注意或奖励等形式的强化，那么它就会逐渐消失。一位《纽约时报》的记者曾写过一篇幽默的文章，讲的是她在研究了专业人员如何训练动物之后，不再对丈夫喋喋不休，而是运用强化理论来塑造丈夫的行为。如果丈夫做了她喜欢的事，如把脏衬衫放到了洗衣篮里，那么她就会利用正向强化理论谢谢丈夫，或者给他一个拥抱或亲吻；相反，如果是她不喜欢的行为，如把脏衣服丢到地上，那么她就根据消除原则对此置之不理。

领导者可以运用强化行为来影响员工的行为。他们可以在员工每次行为之后强化此行为，这就是持续强化，或者也可以选择间歇的强化，称为部分强化。如今，一些公司就在采用持续强化项目，只要员工表现得好，他们就会得到现金、游戏币或可以兑换奖品的积分。例如，LDF饮料分销商的领导者为了降低库存损失，就采用了由管理学教授布鲁克斯·米切尔（Brooks Mitchell）研发的 Snowfly Slots 特殊激励计划。员工每次对运载货物重量进行复核时，就会得到电子币。自从 LDF 采用 Snowfly 这一计划至今，库存损失已降低了 50%，每年可为公司节约 31 000 美元。

有了部分强化，被期望行为强化的程度会达到足以使员工相信该行为是值得重复的，但不需要每次都如此。持续性强化对于确立新行为很有效，但研究表明间歇性强化对于在长时间内保持某一行为更有效。

> **行动备忘录**
>
> 作为一名领导者，你可以通过适当的奖励或惩罚来改变员工的行为。想要快速确立新行为，可以选择持续强化；想要在长时间内保持某一行为，可以尝试间歇强化。

期望理论

期望理论（expectancy theory）认为，激励依赖个人对自己能完成任务和得到期望奖励的能力的心理预期。期望理论主要由维克托·弗鲁姆（Victor Vroom）提出，另外一些学者也对此做出过贡献。期望理论并不关注对几种需求的理解，而是着重理解个人希望获得奖励的思考过程。

期望理论依赖个人努力、高水平绩效的可能性与随之而来的理想结果这三者之间的关系。图 8-5 描述了这些要素及它们之间的相互关系。"努力→绩效的期望"意味着付出努力就能带来良好绩效的可能性。要使这种期望值达到较高水平，个人需要有能力、工作经验、必备的工具、信息和机遇。"绩效→结果的期望"是指成功的绩效是否会带来期望的结果。如果这个期望值较高，个人就会得到较高的激励。结合能力是指结果能给个人带来的价值。如果通过很大努力带来的结果和良好的绩效不被员工看重，那激励的作用就会降低。同样，如果结果有很高价值，激励的作用就会提高。图 8-5 以钻石礼品店销售人员阿尔弗雷多·托雷斯（Alfredo Torres）为例来说明这三者之间的关系。如果阿尔弗雷多认为更努力的销售会带来更高的个人销售业绩，他的"努力→绩效的期望"值就高。进一步说，如果他还认为较高的个人销售业绩会带来升职或涨工资，那么"绩效→结果的期望"值也较高。最后，如果阿尔弗雷多看重晋升和提薪，那么这几者的结合能力就高，他所受的激励程度也高。要使一个员工被高度激励，期望模型中3个要素的值都要高。

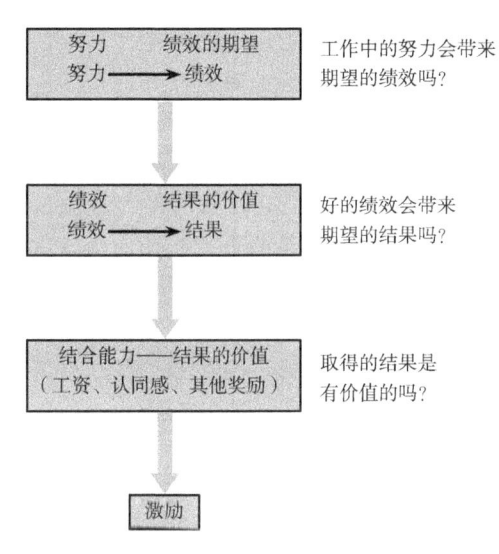

```
   努力 ——— 绩效的期望        工作中的努力会带来
   努力 ——→ 绩效              期望的绩效吗?

   绩效 ——— 结果的价值        好的绩效会带来
   绩效 ——→ 结果              期望的结果吗?

   结合能力——结果的价值      取得的结果是
   (工资、认同感、其他奖励)   有价值的吗?

              激励
```

图 8-5 期望理论的基本要素

和第 3 章中讨论的路径—目标理论一样,期望理论也是把下属的需求和目标进行个人化。领导者的责任是帮助员工满足他们的需求,同时实现公司目标。费尔蒙酒店度假村(Fairmont Hotels & Resorts)实施了一个员工认同项目。在该项目中,获奖者和领导者共同工作来设计他们想要的奖励。这样一来,他们自己设计出来的奖励价值更高,员工也更有工作动力。

根据期望理论,要增强激励,领导者需要清楚员工的需求,提供期望的结果,并确保员工有能力且能够得到支持来达成他们期望的结果,从而提高员工的期望值。Wesley Willows 公司将期望理论应用到公司范围内的员工健康项目中,结果令人满意:员工健康状况得到改善,医疗开支也有所减少。

领导进行时

比尔·普瑞特和 Wesley Willows 公司

美国的公司领导们都受到了《减肥达人》(*The Biggest Loser*)的启发。鉴于这个节目在荧幕上轰动一时,或许这种竞赛制的激励计划也能帮助员工来瘦身、戒烟或实现其他健康目标。

在 Wesley Willows 公司,总裁比尔·普拉特(Bill Pratt)每年向这个基于激励的减肥计划投资 2 万~3 万美元,其中包括给 Tangerine 健康公司的费用及给实现目标的员工的奖励。愿意参加该计划的员工会和 Tangerine 的代表举行会谈,代表记录下员工的身高、体重,并帮助他们制定目标和计划。员工可以以个人或团体的形式参加该计划。一家网站使这些员工可以跟踪整个团队的进展情况。对那些想增肥或保持当下健康体重的人来说,该项计划也同样有激励措施。

该计划取得了成功。公司 290 名员工有大约一半都参加了这项计划,他们在一年期间累计减重 750 磅。在计划实施的前 6 个月,医疗保险的费用也降低了 19%。另外一项意料之外的好处是员工流动率下降了 30%,普拉特将此归功于该计划轻松愉快的团队氛围。"在公司的每个角落,我都能看见 15~20 人的团队在定期散步。"他说。

Leadership

Wesley Willows 公司健康计划的参与者与 Tangerine 健康公司的业务代表们一起设定合理的减肥目标，确定行动步骤，因而他们相信只要付出努力，就能实现目标。而且，他们知道一旦实现了目标，就会获得价值可观的奖励，如现金、身为"成功团队"一分子的认同感及形体上的改善等。也就是说，图 8-5 所示的期望模型中 3 个基本要素的值都很高，从而使员工受到的激励程度也得到了提高。

> **行动备忘录**
>
> 期望理论和前面讨论的强化激励理论都被各种组织和领导者广泛运用。"领导者自察 8-1"中的问题使你有机会看看自己在运用这些激励方法时是否有效。

领导者自察 8-1

激励他人的方法

回想一下你在某个组织或团队中担任正式或非正式领导者的情况。设想一下作为领导者，你运用的个人技巧和方法，并按实际情况回答下列问题。

	基本不符	基本符合
1. 我询问其他人其希望良好的业绩能带来的奖励是什么。	_____	_____
2. 我会决定某人是否有能力去完成那些需要做的事情。	_____	_____
3. 我会向我试图激励的那个人解释需要做的事情。	_____	_____
4. 在给予某人奖励前，我试图找出他需要的是什么。	_____	_____
5. 我会与下属商谈，如果他们完成某个目标会得到什么。	_____	_____
6. 我会确认下属有能力完成业绩目标。	_____	_____
7. 如果他人的工作特别出色，我会给予特别肯定。	_____	_____
8. 我通常只奖励那些达到业绩标准之上的人。	_____	_____
9. 我采用各种奖励去强化杰出的成绩。	_____	_____
10. 我对那些业绩不错的人总是慷慨地给予表扬。	_____	_____
11. 如果某人的工作超过平均水平，我总是立即给予表扬。	_____	_____
12. 如果某些人的工作尤其出色，我会对他们进行公开表扬。	_____	_____

计分与解释

以上问题代表了激励理论的两个相关方面。每题选择"基本符合"计为 1 分，选择"基本不符"计为 0 分。第 1~6 题的总分与期望理论有关，第 7~12 题的总分与强化理论有关。

我的激励方法得分是：

我采用期望理论的得分：_____

我采用强化理论的得分：_____

这两个分数代表了你如何看待自己在领导工作中采用期望和强化这两种方法。在期望理论方面高于等于 4 分，说明你通过管理期望来激励他人，就是说你理解个人的努力会带来好的业绩，并确保好的业绩会带来有价值的奖励。在强化理论方面高于等于 4 分说明你用积极的方式来修正他人的行为，采取一种经常的、立即的、正面的强化方式。新上任的领导者通常先学习使用强化理论，随着经验的积累才能学会使用期望理论。

和其他同学沟通一下，看看你们的分数有什么不同，也就是你们在运用这两种不同的激励理论方面有什么不同。记住，领导者需要掌握这两种激励理论的运用。如果你没有得到平均分或更高一点的分数，你可以在以后处于领导者位置时有意识地多运用期望和强化理论。

资料来源：These questions are based on D. Whetten and K. Cameron, *Developing Management Skills*, 5th ed. (Upper Sdaddle River, NJ: Prentice-Hall, 2002), pp. 302-303; and P.M. Podsakoff, S.B. Mackenzie, R.H. Moorman, and R. Fetter, "Transformational Leader Behaviors and Their Effects on Followers' Trust in Leader, Satisfaction, and Organizational Citizenship Behaviors," *Leadership Quarterly* 1, no. 2 (1990), pp. 107-142.

8.3.2 公平理论

有时，对员工的激励不仅受期望和奖励的影响，还受员工对自己在与他人的关系中如何被公平对待的感知的影响。**公平理论**（equity theory）认为，人们被激励去寻求由他们的成绩所带来的社会公平性。根据这一理论，如果人们觉得自己所得的报酬与同等贡献的人所得的报酬一致，他们就认为自己受到了公平对待，就会被更大程度地激励。如果他们觉得自己没有受到公平对待，激励作用就会下降。

人们通过投入与产出比来评价公平性。也就是说，员工将自己的工作投入与所得报酬之比同组织中其他同类人员进行比较。投入包括所受教育、经验、努力和能力等，报酬包括工资、认同、晋升和其他奖励。只有某人的投入—产出比同组织中其他人的投入—产出比相同，此时才存在公平。如果投入—产出比不平衡，如当某个有丰富经验和能力的员工与一名新来的、受教育程度低的员工得到的工资相同时，就产生了不公平。

对一家邮购公司来说，当领导者不得不在紧俏的劳动市场中快速招入新员工，并需向新员工支付比现有员工更高的薪水，以求与其他公司新入职员工薪资保持一致时，这家邮购公司的经营就出现了问题，老员工的干劲和责任感急剧下降，他们的表现也大不如前。因为他们感觉受到了不公平的对待。如今，与此截然相反的状况正在涌现。在一些公司里，如美国汽车制造公司和零件供应商，老板支付给新入职员工的工资要远远低于那些在公司工作时间长的员工。一位老员工说："要是我做同样的工作，付出同样的努力，却只得到与新员工同等的薪水，我会感到很不满。"

这些讨论只提供了公平理论的一些大致介绍。这个理论的实际作用是有争议的，因为理论中一些关键问题并不是很明确。然而，公平理论的要点在于，对许多人而言，激励既受相对报酬又受绝对报酬的影响。这个观点提醒领导者要认识到，如果追随者感受到激励和业绩方面的不公平性，有可能带来什么样的后果。

> **行动备忘录**
>
> 作为一名领导者，你应该把下属期望获得的奖励阐释清楚，以确保他们具备相应的知识、技能、资源和支持来获得这些奖励。你也要记住奖励中可感知到的公平与不公平都会影响一个人的动力。

8.4 "胡萝卜加大棒"的争论

在组织中采用奖励和惩罚的激励手段是很盛行的。据美国人力资源管理协会统计，美国84%的公司采用金钱或非金钱形式的奖励机制，69%的公司会依据员工表现发放奖金，如红利。然而，其他研究表明，超过80%的老板声称他们的激励计划只是在某种程度上取得了成功，或者完全不起作用。

如果运用得当，经济上的激励是很有效的。给员工加薪或奖金可以表明领导者重视他们对组织所做的贡献。一些研究者指出，用金钱作为激励几乎无一例外地能发挥更好的工作表现。然而，尽管很多公司采用这种激励计划都有积极的效果，但对这种"胡萝卜加大棒"政策的效果的争论却越来越多。评论家认为这种外部奖励既不合适，又不能产生有效激励，甚至可能与公司利益发生冲突。批评家的理由包括以下几点。

- 外部奖励削弱了内部奖励的作用。这里有一则故事。一位店主厌烦了每天下午在他店外玩耍的一群孩子制造出的噪声。一天，他让孩子们离开，并允诺他们明天再回来玩时会给每人1美元。当然，这群孩子第二天又出现了。店主又说如果明天还来，就会给他们每人50美分。以此类推，再下一天允诺会给每人25美分。最终，孩子们说他们再也不会来了，因为只为了得到那25美分根本不值得。店主通过转移孩子们玩耍的动机——由获取内心的快乐转向得到外部的奖励，从而获得了他想要的结果。这则故事的意义就在于：寻求外部奖励的激励——无论奖励形式是红利还是赞许——会导致员工关注奖励，而不是那些使他们得到奖励的工作本身。当人们缺乏工作的内部奖励时，他们会失去工作兴趣，表现水平就会下降，因为他们的表现仅仅是为了得到外部奖励。最坏的情况是，人们还可能产生破坏行为，如为了得到实现安全目标的红利奖励，而将某一工作事故掩藏起来。

- 外部奖励是暂时的。给予人们外部奖励可能实现短期的成功，但不能带来长期的成功。达成短期目标的成功伴随着无法预料的结果。因为人们只关注奖励，而对工作没有任何兴趣。如果对工作没有兴趣，那么探险、革新和创造性潜能就荡然无存了。当前的工作截止日期可能能赶上，但不会激励出更好的工作方法。

- 外部奖励假设人们是由低层次需求驱动的。草率的夸赞和加工资与工作表现相连，其建立的假设是，人们主动行动和坚持的主要原因只是为了满足低层次需求。然而，行为的基础还有对自我表现的渴望、自我尊重及积极的情感。例如，有关员工满意度的调查显示，位居前列的奖励通常并非金钱，而是可以给予员工责任感与成就感的相关工作。外部奖励关注由激励计划确定的特定目标和最终期限，而不能促进实现对美好未来的愿景，也就是说，并不有助于员工满足自我发展和自我实现的高层次需求。

- "胡萝卜加大棒"政策对组织而言过于复杂。今天的组织面临的环境充满了不确定性，部门之间及组织与其他组织之间相互高度依赖。简言之，构成组织的关系和伴随的行动过于复杂。相比较而言，"胡萝卜加大棒"政策十分简单，将这样过于简单的激励计划用于高度复杂的运作中常常会产生误导。对领导者而言，很难去解释和奖励员工需要展示的那些行为，这些行为的目的是为了使复杂的组织在长期内保持成功。因此，外部激励常常导致奖励的行为与那些组织想要和需要的行为相反。虽然许多管理者支持长期发展，但他们奖励季度性收入。因此，员工为得到快速回报而采取行动。

近年来，由于奖励计划使用不当而导致的破坏性后果已显现出来。普林斯顿经济学及公共事务教授艾伦·布林德（Alan Blinder）指出最近爆发的金融危机的根本起因就在于"不正当的爆炸式奖励"。这种奖励方式对人们使用他人的金钱追逐高风险的行为给予奖励。公众对这种导致公司倒闭和全球经济危机的歪曲的奖励方式极为愤怒，这促使美国国会要求已接受联邦救助金的公司的董事会对补偿计划进行投票。而其他公司在危机初期就率先主动采取了所谓的"股东决定薪水"的措施。

领导进行时

安进医药、佛莱森电信和美国家庭人寿保险公司

穆迪投资服务公司（Moody's Investors Service）的首席国际经济学家皮埃尔·加里图（Pierre Cailleteau）认为，目前还不清楚现存补偿机制是否可以有效确保交易人为其所服务的银行的长期利益着想，如该银行的生存问题。他指出，奖励机制只让交易人关注完成交易时所获得的利益，而不顾该交易是否可以长期有效地运作。

在2008—2009年经济下滑时期，金融体系的各阶层人们都因短期表现而受到奖励的这一事实变得显而易见。当整个金融体系土崩瓦解时，所有领域的公司都有着强烈的需求，即确保他们的激励计划与股东和大众的利益相一致。安进医药（Amgen），一家生物技术公司，当时采取了不同寻常的措施。在其2008年股东大会上，公司要求股东回答如下问题：提议的2009年补偿计划是否是根据绩效而定的，业绩目标是否清晰合理，激励计划是否与长期战略相联系等。

其他公司也采用了相似的方法。美国家得宝公司（Home Depot）的主管们或单独会见股东，或以小组形式听取股东就激励计划有哪些关注和意见。佛莱森电信（Verizon Communications）和位于乔治亚哥伦布的美国家庭人寿保险公司（Aflac）让股东们投票决定高级管理者的工资。随着公司寻求方法来平息股东们的怒气及创建更为道德、更具社会责任感的激励计划，公司管理监督者们认为上述行为还会增加。

像安进医药、佛莱森通信和美国家庭人寿保险等公司正竭力确保他们的激励计划不会因疏忽大意而激发员工的错误行为。在金融业，激励最初被用于鼓励创新和有益的风险行为，并无意促使人们将规则推到极限。然而不幸的是，奖励短期表现的激励计划仍是许多华尔街公司的惯用方式，而补偿金改革仍是热门话题。本章"活学活用的领导之道"将进一步讨论某些激励方式是如何导致错误行为的。

- "胡萝卜加大棒"政策破坏了员工作为团队的一分子而一起工作的动力。外部奖励和惩罚带来的是竞争文化而不是合作文化。在竞争环境中，某人的成功就是对他人目标的威胁。进一步说，一起解决问题、分享解决方案是不可能的，因为同事之间可能会利用对方的弱点来对付对方，或者上司会把帮助看做不值得奖励的行为。相反，采用满足高层次需求和低层次需求的方法可以带来合作文化，大家的目标是兼容的，所有组织成员都努力实现大家共同的愿景。如果不试图通过硬性的奖励来控制个人行为，人们会把同事当做自己成功的一部分。每个人的成功都和他人分享，因为每个成功都会使组织受益。

报酬制度有可能很成功，尤其当员工受金钱和低层次需求驱动时。但是，对个人的激励很难激发那些使整个组织受益的行为。领导者解决"胡萝卜加大棒"政策争议的一个办法是找到某个激励计划的优点和不足，承认外部激励的积极作用及其局限性。领导者还应注意满足人们较高层次的需求，不能让任何一位下属的工作只能得到诸如每年涨工资的激励而不能满足一些自我实现的需求。更重要的是，奖励还应直接与那些满足个人和组织更高层次需求的行为相联系，如奖励质量、长期发展或合作文化等。

> **行动备忘录**
>
> 作为一名领导者，你应该避免完全依赖"胡萝卜加大棒"的激励机制。你应该了解外部奖励效果有限，注意员工内部满足的高层次需求。

活学活用的领导之道
奖励行为与实际期望行为的背离

那些抱怨员工缺乏动力的管理者们也许应该检查一下其奖励机制鼓励的行为是否与他们期望的不同。人们通常先确定哪些工作能得到报酬,然后开始行动,实际上就排斥了那些得不到报酬的工作。然而,仍然存在很多糟糕的激励机制,奖励了那些管理者们不期望的行为,而那些期望的行为却根本得不到奖励。

例如,在体育运动中,大多数教练强调团队合作、正确的态度和整体的团队意识。然而,奖励通常根据个人表现进行分配。大学篮球运动员将球传给队友而没有直接投篮,就不能得到分数,也不太可能被职业队看中。棒球运动员如果只是更多地提高跑垒技能,而不是垒打得分,也不太可能得到高工资。在大学中,一个基本目标就是由教授将知识传授给学生;然而,教授的奖励却主要来自研究和出版,而不是高的教学质量。学生们也是因为好成绩而不是所学得的知识得到奖励。他们还可能为使自己不至于在大学成绩单上留下很低的分数而冒险作弊。

在商业中,期望行为和实际奖励之间也存在类似矛盾。请看下面的列表。

管理者想要的是	但他们奖励的是
团队和合作	最优秀的个人
创新思维和勇于承担风险	已证明有效的方法和不犯错误
发展员工技能	技能成就
员工参与和授权	对经营和资源进行严格控制
很高的成就	一年又一年的常规努力
对质量负责	准时完成工作,即使存在缺陷
长期发展	每个季度的收入

大多数管理者认为这种颠倒的激励机制的主要障碍是什么呢?

1. 不能从陈旧的对报酬和认同的思维方式中跳出来。这包括向员工授权的心理障碍,以及管理者对修正工作表现回顾和奖励体系的抗拒。

2. 缺乏整体的检查工作表现和行为结果的体系。这对那些以牺牲整个组织的利益来获得小组和部门成果的行为影响尤其大。

3. 管理者和股东持续关注短期结果。

激励机制一定要健全正确,因为人们会根据所受的奖励来行动。但要到什么时候组织才能学会奖励那些它想要的行为呢?

资料来源:Steven Kerr, "An Academy Classic: On the Folly of Rewarding A, While Hoping For B," and "More on the Folly," *Academy of Management Executive* 9, no. 1 (1995), pp. 7-16.

8.5 授权给员工以满足更高层次的需求

领导者正在进行转变,从通过"胡萝卜加大棒"的方法来控制员工行为转变到向员工提供权力、信息和权威,使他们能从工作中获得更大的内部满足。**授权**(empowerment)是指权力的分享,将权力或权威分享给组织成员。

授权能带来很强的激励,因为它满足了个人较高层次的需求。研究表明,个人对自我能力有需求。自我能力是指有能力制造结果或成果,感到自己是高效的。大多数人加入组织的愿望是好好工作，授权能使领导者释放早已存在的动机。不断增加的责任感能激励大多数人做到最好。

此外，由于员工的参与能扩展他们的能力，领导者也从中大大受益，这使领导者能把更多精力投入到组织愿景和更宏伟的蓝图中去。如果员工能对市场进行更好、更快的反应，这也会减轻领导者的压力。一线工人在某些方面比领导者有更好的理解和经验，如如何改善一项工作流程、满足客户或解决某个生产问题。通过授权给员工，领导者使员工理解自己的工作对实现组织使命和目标有多重要，同时也向他们提供了自由行动的方向。例如，在"卡特里娜"飓风毁坏了为 195 000 名用户供电的电力设施后，密西西比电力公司仅仅用了 12 天就恢复了电力服务。这一切都归功于授权的运用，使得员工可以在特定的指引下富有革新地工作。全体员工不用等待自上而下的指令，而是能够设计出自己的解决办法。授权给员工让他们自治可使组织具有灵活性，使员工更有干劲，表现更佳。

8.5.1　授权的要素

在向员工真正授权让他们成功完成工作之前，有 5 个必备要素：信息、知识、判断力、意义和奖励。

（1）员工应得到有关公司业绩的信息。在向员工完全授权的公司里，没有任何信息是保密的。例如，美国办公家具制造商 KI 公司就教导员工要将自己当做企业的所有者。每个月，经理会跟所有员工分享各个地区、客户部及工厂的业绩，以便每名员工都清楚哪些生产环节滞后了，哪些超前了，哪些运作处境艰难，以及他们可以做些什么来帮助公司达成目标。

> **行动备忘录**
>
> 作为一名领导者，你可以赋予员工权利或权威，以满足其高层次的激励需求。你可以通过向员工提供以下 5 种要素来授权：信息、知识、判断力、意义和奖励。

（2）员工应获得知识和技能，为实现公司目标做贡献。公司应培训员工，使他们具备完成公司业绩所需的知识和技能。知识和技能可提高能力，也会使员工相信自己有能力成功完成自己的工作。例如，生产宠物用品的 DMC 公司给予员工权力和责任来负责生产线的关闭，还为员工提供广泛的培训，让他们了解如何检测和解释生产线故障，以及生产线关闭和开启消耗的成本。员工们通过个案研究来练习生产线的关闭，这样他们就会觉得自己有能力在实际操作中做出正确的决定。

（3）员工有权力做出独立的决定。今天很多最具竞争性的公司都给予员工权力来影响工作流程和公司发展方向，这种权力主要是通过质量圈和自我指导工作组来实现的。美国的 BHP 铜业公司综合利用车间的员工团队，让他们自行确定和解决生产问题，组织成员来完成工作。此外，他们甚至可以决定自己工作的具体时间。例如，员工可以选择工作 4 小时后离开，然后再回来工作剩下的 4 小时。

（4）员工应理解自己工作的意义和影响。得到授权的员工认为自己的工作重要且有意义，认为自己有能力和影响力，认识到自己的工作对客户、股东和公司的整体成功的影响。理解自己每天的工作和组织目标之间的联系，可以给员工一种方向感。这使员工将自己的行动与公司愿景相匹配，从而对他们的工作成果产生积极影响。

（5）根据公司业绩对员工进行奖励。研究显示，公平的奖励和认可机制在支持授权方面具有重要作用。通过肯定员工们正朝着目标前进，奖励可以使激励作用保持高水平。领导者要仔细检验并重新设立奖励机制来支持授权和团队合作。公司可以根据公司业绩对员工进行两种经济奖励：利润分享和员工股份所有计划（Employee Stock Ownership Plans，ESOP）。电子零件批发商 Van Meter，通过执行员工股份所有计划，使得公司的股权 100%掌握在员工手里，包括经理、专职人员、技术专家与一线工人。美国家庭人寿保险公司对全体员工实行利润分享政策，范围从客户服务中心员工到高级领导。与传统的"胡萝卜加大棒"政策不同的是，这些奖励关注团队的表现而不是个人的表现。另外，奖励只是授权的一个组成部分，而不是激励的唯一基础。

8.5.2 授权的应用

今天许多组织都有授权计划，但它们授予员工权力的程度却不尽相同。在某些组织中，授权意味着鼓励员工提出意见和见解，但管理者掌握着最后的决定权；在另一些组织中，授权意味着给一线员工几乎全部权力来做决定，行使主动性和发挥想象力。

现在的授权方法沿着一个连续统一体下降，如图 8-6 所示。这个连续统一体从一线员工没有决定能力的起点（如在传统装配线上）出发到完全授权——公司员工甚至参与公司战略的制定。完全授权的一个例子是，自我指导的工作组有权力雇用、惩罚、开除小组成员，有权设置报酬比例。很少有组织能达到这种程度的授权。这方面的一个例子是 Semco 公司，巴西的一家制造、服务和电子商务公司。里卡多·塞姆勒（Ricardo Semler）（其父亲于 20 世纪 50 年代创办了该公司）认为，人们会自我行动，甚至，如果给予他们完全的自由，就能实现组织的最大收益。Semco 公司允许员工选择他们的工作时间、工作场所，甚至薪酬支付方式。员工还参与公司的所有决策，包括 Semco 应该经营什么样的业务。员工可以否决任何新的生产理念和商业冒险。他们选择自己的领导者并设法达到目标。公司信息完全公开，并被广泛分享以便所有员工都能了解他们和公司所处的立场。此外，公司还鼓励员工寻求挑战，探究新理念，搜寻新商机，以及质疑他人的见解。

> **行动备忘录**
>
> 你曾在自己的工作中感到被授权吗？"领导者自察 8-2"中的问题可帮助你评价自己的授权经历，你也可以和同学比较各自的经历。

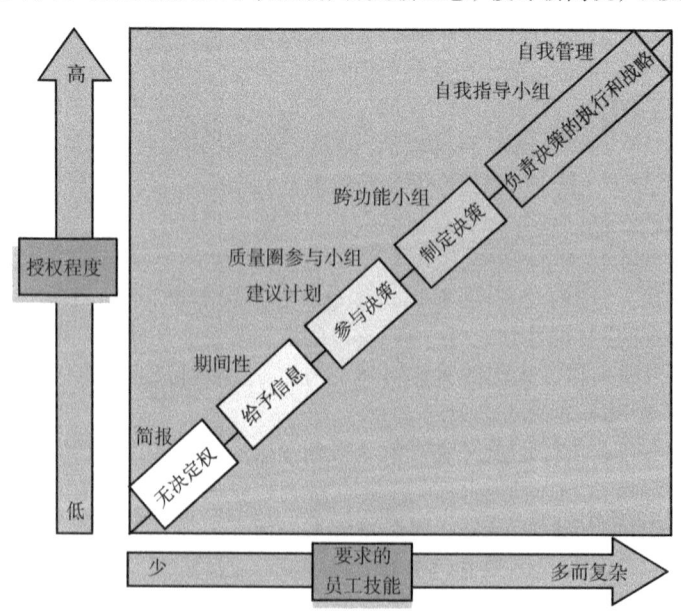

图 8-6　授权的连续变化

资料来源：Based on Robert C. Ford and Myron D. Fottler,"Empowerment: A Matter of Degree," *Academy of Management Executive* 9, no.3 (1995), pp. 21-31; Lawrence Holpp," Applied Empowerment ," *Training* (February 1994), pp. 39-44;and David P. McCaffrey, Sue R. Faerman ,and David W. Hart, "The Appeal and Difficulties of Participative Systems," *Organization Science* 6, no.6(November-December 1995), pp. 603-627.

领导者自察 8-2

你得到授权了吗？

回想一下某份对你而言很重要的工作（当前的或以前的），根据你的上司的某些情况回答下面的问题，看是基本不符还是基本符合。

	基本不符	基本符合
一般而言，我的上司/经理		
1. 给予我较好完成工作所需的支持。	____	____
2. 给予我较好完成工作所需的业绩信息。	____	____
3. 向我解释最高管理层对组织构建的战略和愿景。	____	____
4. 让我承担很多责任。	____	____
5. 信任我。	____	____
6. 允许我设定自己的目标。	____	____
7. 鼓励我控制自己的工作。	____	____
8. 在进行决策时会采用我的想法和建议。	____	____
9. 让我为自己的行为负责。	____	____
10. 鼓励我找出问题的原因和解决办法。	____	____

计分和解释

10个问题中每选择一个"基本符合"就得1分，然后算出你的总得分。这些问题代表了员工在工作中可能得到的授权。如果你答完问题后的得分大于或等于6分，你可能在工作中得到了授权。如果你的得分小于或等于3分，你很可能没有得到授权。在这份工作中你觉得受到了怎样的激励？你所受的激励与授权有何联系？哪些因素能解释你感受到的授权程度？授权主要来自你上司的领导还是公司的文化氛围？把你的分数与其他同学的分数进行比较。轮流描述一下各自的工作及所经历的授权程度。你希望得到一份完全授权的工作吗？为什么？

资料来源：These questions were adapted from Bradley L. Kirkman and Benson Rosen, "Beyond Self-Management: Antecedents and Consequences of Team Empowerment," *Academy of Management Journal* 42, no. 1 (February 1999), pp. 58-74; and Gretchen M. Spreitzer, "Psychological Empowerment in the Workplace: Dimensions, Measurements, and Validation," *Academy of Management Journal* 38, no. 5 (October 1995), pp. 1442-1465.

8.6 提升员工敬业度计划

最新的有关激励的思考是关于哪些方法能促使人们愿意全身心投入到工作中，并且愿意再努力一点，将他们的创造力、精力和激情都释放到工作中去。其中一个方法是在组织中营造一种氛围，使员工找到工作的真正价值和意义；第二个方法是在组织中实施员工所有权计划、丰富工作内容或采用新的激励计划。

8.6.1 通过敬业让工作有意义

在本章中，我们讨论了从内部奖励到较高激励的重要性。人们在工作中得到内部奖励的一个途径是让他们深深感受到工作的重要性和意义，如某些为社会原因或特殊使命工作的人。然而，如果领导者能营造出一种环境，使所有人都能发光闪耀，则无论人们为哪种组织工作，都能感到工作的意义。当员工感到自己是一项特别事业的一部分时，他们就会受到高度激励，认为自己对组织和全体成员的成功负有责任。

让工作有意义的一个途径就是实行员工敬业度计划。研究人员已经发现员工敬业度可以提升员工在公司的表现，并为公司带来更高的利润。美国网上鞋业零售商 Zappos 就非常重视员工的敬业度，以至于如果员工在工作中没有激情，该企业会支付资遣费辞退该名员工。2008 年，该企业的资遣费是 1 500 美元。这一数目随着领导者的试验不断变化，以确保清除掉所有该清除的人。员工敬业度是指员工很享受其工作，对工作环境感到满意，满腔热情，愿意为实现团队和公司的目标做贡献，对公司有归属感和责任感。全身心投入的员工在情感上与公司有联系，并积极主动地效力于自己的使命。

领导者的行为最大限度地影响了员工在工作中的投入度。领导者的作用不是控制他人，而是让每个人都能置身于一个可以学习、贡献和成长的环境中。盖洛普咨询公司的研究人员设计了一种衡量方法，称为 Q12，用 12 个问题来评价领导者通过满足员工高层次需求、提供内部奖励来激励员工的表现。这 12 个问题中有一个是关于人们是否有机会在工作中做自己最擅长的事。回顾在第 2 章中讨论过的优势及每个人都拥有独特的天赋和才能。当人们有机会做与其天赋和才能相匹配的工作时，他们的满意度和敬业度就会大幅提升。盖洛普的一项最新研究发现，在那些领导者致力于最大限度地发挥员工天赋和才能的公司中，员工敬业度平均一年可上升 33%。Q12 评价的内容还包括员工是否了解自己被期望的是什么，员工是否拥有提升表现所需的资源，员工是否觉得自己因工作优异而受到赏识或得到认可，员工是否觉得自己的意见很重要，等等。Q12 调查涉及的所有问题可在研究员马库斯·巴克林汉姆（Marcus Buckingham）和卡特·科夫曼（Curt Coffman）所著的《首先打破所有的陈规》（First Break All the Rules）一书中找到。如果大多数员工都能积极回答 Q12 中的问题，那么组织就拥有受到高度激励的、全心奉献的、高效的员工队伍。巴克林汉姆最近又出版了一本新书，我们将在"领导者书架"中对其进行探讨。书中更深一步地探讨了构成高级领导的要素。

行动备忘录

作为一名领导者，你要营造一种环境，让员工可以释放潜能并找到工作的意义所在。你还可以采取一些方法，如员工所有权计划、丰富工作内容及新的激励措施等来激发员工加强合作和团队工作。

那些在 Q12 调查中得分很高的公司的人员流动率较低，生产效率更高，利润更高，员工和客户的忠诚度也更高。然而，遗憾的是，盖洛普最新的半年一次的 Q12 调查显示美国有 18%的员工主动脱离组织。主动脱离就意味着员工正在主动破坏组织取得成功。

领导者可先确定本公司的员工敬业度，然后制定策略使员工全力以赴，提升员工表现。我们可以参考"领导进行时"中描述的布兰诺医疗中心（Medical Center of Plano）的例子，看该医疗中心是如何运用 Q12 来进行组织变革的。

领导进行时

哈维·费舍罗，布兰诺医疗中心

美国布兰诺医疗中心是一所世界级的医疗机构。该机构拥有 427 个床位，1 300 多名员工。其中医师 900 名，分布在 70 个科室和副科室。但是该医疗机构要与得克萨斯州达拉斯—沃斯堡地区的其他 29 家世界级医院竞争。那些医疗机构都拥有优越的地理位置、最先进的医疗技术及丰富的公关经验。

布兰诺医疗中心的领导者们清楚，要想在该行业中名列前茅，就需要每位员工都全力做到最好。然而，不幸的是，该医疗中心员工流动率高且大部分人道德品行低下。领导者们也无法确切地指出原因何在。他们决定采用盖洛普Q12来检测员工的期望值及该机构在满足员工期望方面做得如何。结果令人震惊：只有18%的员工投入工作，55%的员工无法投入，而27%的员工更是主动脱离。

首席执行官哈维·费舍罗（Harvey Fishero）及其他领导者决定引导该医疗中心进行转型，有目的地解决Q12中所涵盖的每个问题，如确保员工了解自己被期望的是什么，确保员工拥有提升表现所需的材料和设备，确保员工感觉到自己因工作优异而受到赏识等。

不到5年，该机构员工主动疏离的比例降到9%，而全身心投入工作的比例猛增至61%。由于员工敬业度提升了，因此员工流动性下降了，客户的满意度上升了，成本减少了，进而使利润增加了。依据对员工进行的调查，布兰诺医疗中心被《达拉斯商业期刊》（*Dallas Business Journal*）评为达拉斯—沃斯堡地区最佳工作场所。

通过在Q12的基础上认真修改计划，以满足员工需求，领导们显著提升了员工的敬业度，并帮助该医疗中心跻身优秀医疗机构的行列。然而，领导者们也清楚长远的成功取决于不断地寻求方法将员工敬业度保持在较高水准。此外，领导者们还加大力度来衡量和提高患者的满意度及入住率。

8.6.2 其他方法

要提高整个组织的激励水平，还有很多其他方法。其中一些最常用的包括丰富工作内容实行员工所有权计划、收益分享、按知识支付薪水及按工作表现支付薪水等。各种灵活的报酬支付方式是当今非常关键的激励方式，在许多公司中越来越成为比固定工资更常用的方式。

员工所有权计划（employee ownership）有两种好处：首先，授权能使员工对公司使命产生责任感，从而表现得像公司"所有者"，而不仅仅是员工；其次，通过持有所在公司的股票，员工受到激励，做出自己最好的成绩。

热狗一棒快餐店（Hot Dog on a Stick）共有1 300名员工，其中85%为女性，而25岁以下的员工占92%。"员工自己安排工作场所，安排餐饮，关注收益亏损表，"首席执行官弗雷德里卡·陶德（Fredrica Thode）说道，"他们就好像是自家店的首席执行官。"给予每位员工所有权是一个十分有效的方法，可以激励员工为整个公司的利益服务。员工所有权计划还意味着领导者承认每个人在实现组织目标中的作用。员工所有权计划通常由开放式管理支持，这使所有员工都能清楚地理解公司财务状况，以及自己的行动是如何帮助公司实现目标的。

收益分享（gainsharing）是另一种鼓励员工进行团队合作而不是只注重个人成就和奖励的方法。收益分享是指当员工为提高整体业绩做出努力时，能得到额外报酬。员工们被要求寻找各种方法来改善生产过程，如果能带来任何收益，就会在团队成员中进行分享。一个体现收益分享的例子就是Meritor公司。由于该公司在部门内和全公司对业绩改善进行奖励，这种做法被证明是在团队工作中十分有效的激励方法。

按知识支付薪水（pay for knowledge）是指将员工工资与其所具有的工作技能挂钩。如果员工能掌握更多技能，他们就能得到更多薪水。如果团队成员拥有各种技能，能完成多项任务，那么这个团队就会更灵活、更高效。例如，BHP铜业公司的领导者就采取了一种按知识支付薪水的计划，从而支持团队进步。员工们可以轮换不同的工作来增加自己的技能，争取得到更高的报酬。工资水平从初级水平到领先的技工水平不等。水平领先的技工是指那些熟练掌握技术，能够教授和领导他人，并能有效自我指导的个人。

按工作表现支付薪水（pay for performance）是指某个职位员工的金钱奖励是根据工作效果或完成情况给予的，这是现今组织中的一个发展趋势。收益分享是按工作表现支付的一种类型，其他方式包括利润分享、红利及业绩工资。除了更多潜在收入外，按工作表现支付薪水可以让员工感觉到自己对努力结果有更多控制。在之前提到的Semco公司中，员工根据11种报酬支付方式来选择其报酬领取方式，这11种方式可任意组合。图8-7列出了Semco公司的11种支付方式。Semco公司的领导者指出，这个有弹性的支付计划激励了革新和冒险，激励员工既为自己也为公司的最大利益做贡献。

Semco是美国南部的一家公司，主要从事制造、服务、电子商务等业务。公司允许员工根据其所提供的11种报酬支付方式进行选择。

1. 固定工资
2. 红利
3. 利润分享
4. 佣金
5. 销售特许权
6. 利润特许权
7. 根据利润总额分配佣金
8. 股票或股权
9. 当公司某个业务单元上市或被出售后，管理人员可以将上市或销售担保凭证兑现
10. 如果管理人员完成预设目标，可以自行决定每年都要调整的报酬
11. 公司目前和3年后价值不同的佣金

图8-7 Semco公司的11种报酬支付方式

资料来源：Ricardo Semler, "How We Went Digital Without a Strategy," *Harvard Business Review*(September-October 2000), pp. 51-58.

然而，几年来，一些按工作表现支付薪水的计划，特别是以红利为核心的计划，正受到人们的攻击。因为这些计划激励人们去关注可以获取个人奖金的短期成就，而对公司的长期健康却置之不顾。例如，在一些公司如美国国际集团、美林证券及贝尔斯登中，员工都只重视那些能为他们带来高额红利的工作。在意识到补偿金是导致华尔街危机的部分原因后，许多公司的领导者正在搜寻方法来修改按工作表现支付薪水的计划，以便员工是因为促进了公司的长期运作而获得奖励，而非因为短期成就。例如，摩根士丹利提高了有价值的员工的基本薪资，以使旗下员工减少对年度分红的关注度，并使固定补偿金与变动补偿金之间的平衡得到恢复。在Analytrical Graphics软件公司，高级经理只有在公司实现其增长目标的110%时，才能100%收到红利。

领导者书架

你需要知道的一件事……有关伟大的管理、伟大的领导及持久的个人成功

马库斯·巴克林汉姆

马库斯·巴克林汉姆花了 20 年时间，其中包括在盖洛普咨询公司工作的 17 年，来研究经理和领导者及他们如何创建有效的工作场所。他最新的一本书《你需要知道的一件事……伟大的管理、伟大的领导及持久的个人成功》集中体现了他的思想。巴克林汉姆指出："领导的工作就是召集员工，共同迈向美好的未来。"然而问题就在于激励也会减弱，因为大多数人惧怕未来。因此，领导者应该了解如何做才能"使员工兴奋起来并对将要来临的事情充满信心"。

做一件事情：清晰

巴克林汉姆认为清晰是将恐惧转化为自信和兴趣的最有效的方法。领导者可以通过自己的行动、经历、偶像、形象、衡量标准及奖励等方式，用这些清晰生动的条件来定义未来，以使每个人都可以看清企业现在所处的位置、企业想要到达的位置及怎样才能到达。巴克林汉姆给出了 4 点领导者应该处理的关于清晰的方面建议。

- **清楚谁是服务对象。** 领导们要让员工准确地知道他们在为谁服务。例如，总经理丹尼·克莱蒙特（Denny Clements）就很明确地指出丰田雷克萨斯（Toyota's Lexus Group）只为将时间视做最珍贵商品的客户服务。巴克林汉姆声称领导们并不总是正确的，因为他们常常面临没有正确答案的情况。他们只需专注。
- **清楚组织的核心力量是什么。** 人们都知道竞争的激烈。如果领导者期望员工对未来充满自信，他需要告知员工组织会胜出的原因。对于百思买（Best Buy）首席执行官布莱德·安德森（Brad Anderson）而言，这一核心竞争力就是一线店员的素质，所以这些店员接受了能为客户提供更好服务的培训。
- **清楚组织核心的衡量标准是什么。** 与具看 15 个不同的衡量标准，领导们不如确定一个标准分数来记录员工的进步。在百思买，核心的衡量标准就是建立在盖洛普 Q12 调查基础上的员工敬业度（前文中已有讨论）。
- **清楚现在可以采取什么行动。** 领导者应认真挑出几个行动稍加强调，以便向员工展示未来的方向。一些行动具有象征意义，显示了领导者对未来的愿景。还有一些行动具有系统性，迫使人们以不同的方式做事。

领导者三原则

巴克林汉姆指出："有效率的领导者不必满腹激情、魅力无穷、才智过人，但他必须具备的特质是头脑清晰。"为达到这种清晰，他为领导者制定了 3 条原则。第一，领导者要利用时间反思，以便从复杂的局面中梳理出一条通向未来的清晰的道路。第二，领导者应利用关键词、形象和经历来向员工描绘出期望他们前行的方向。第三，领导者要挑选和颂扬公司中那些可以清晰地将未来具体呈现出来的杰出人物。通过掌握这 3 条原则，领导者就能够为员工提供一条清晰的道路，并激发他们的自信、动力和创造力，引领他们迈向梦想中的未来。

The One Thing You Need to Know, by Marcus Buckingham, is published by The Free Press.

最后一种激励手段，**丰富工作内容**（job enrichment）有机地将高水平的激励和工作——包括工作责任感、认同、成长机会、学习及成就感——结合起来。在内容丰富的工作中，员工掌

握着实现更好表现所需的资源，决定如何开展工作。

要使一项过于简单化的工作变得丰富，方法之一就是扩充它，即将工作责任从覆盖一个任务延伸到多个。Ralcorp 谷物制造厂的领导者就进行了丰富工作内容的改革，他们将几个包装职位的工作结合在一个职位中，对员工进行跨职位培训，让他们能操作所有包装生产线的设备。员工在部门中既有能力又负有责任来完成所有不同的职能，而不仅仅是一项任务。另外，生产线上的员工不仅负责挑选和面试所有新员工，还要对新员工进行培训和指导。他们控制着生产流程，从上游到下游的合作者，因为他们了解整个生产过程，知道自己的工作将如何影响产品质量及其他部门员工的生产。Ralcorp 公司在培训方面投入很大，以确保员工既有所需的操作技能，又有能力做决定、解决问题、管理质量和为持续发展做贡献。丰富工作内容提高了员工的激励和满意度，公司也从更高的长期生产率、成本降低和更快乐的员工中受益匪浅。

本章小结

- 本章介绍了激励员工的很多重要观点。人们受到激励而采取行动来满足一系列的需求。领导者所使用的激励方法倾向于满足员工高层次的需求。领导者的作用就是要营造一种环境，使员工的高层次需求和公司的需求可以同时得到满足。
- 基于需求的理论关注的是激励人们如何行动的需求。马斯洛的需求层次论提出，人们必须先满足低层次需求，才能进一步满足高层次需求。赫兹伯格的双因素理论认为，必须消除令人不满的因素，然后采用激励因素来满足员工。麦克莱兰认为人们由于习惯的需求不同，所受的激励也不相同。
- 其他激励理论包括强化理论、期望理论和公平理论，以及主要关注外部奖励和惩罚，有时称为"胡萝卜加大棒"的激励方法。强化理论认为人们的行为可以通过使用奖励和惩罚来加以修正。期望理论认为人们受到激励是因为其将特定行为会导致的奖励的期望联系在一起。公平理论提出，个人的激励并不只受奖励的影响，还受其所感觉到的与其他人相比是否得到公平待遇的影响。人们在看待自己的业绩所受的奖励时总是去寻找社会公平性。
- 尽管"胡萝卜加大棒"的政策在北美公司中很常用，但是有许多批评者认为外部奖励削弱了内部奖励，导致组织没有达到期望的结果。这种方法过于简单，不能与公司复杂的实际情况相配合，并导致不健康的竞争取代了员工之间的合作。
- 取代"胡萝卜加大棒"政策的激励方法是授权。这种方法可以使员工了解公司发展方向，并可以自主采取行动以与公司发展方向相适应。领导者向员工提供其为公司做贡献所需的知识、做出相应决定的权力及完成工作所需的资源。授权通常可以满足个人的高层次需求。
- 授权与帮助员工找到工作价值和意义的趋势相连，帮助营造使人人都能发光发热的环境。当员工完全投入到工作中时，满意度、业绩和利润都会上升。领导者营造的环境能决定员工的敬业度。一个测试员工工作投入程度的方法是 Q12 调查，这项调查列出了 12 个问题来调查员工的日常工作现状。其他当前适用于公司范围的激励计划还包括员工所有权计划、收益分享、按知识支付薪水、按工作表现付薪水及丰富工作内容等。

讨论题

1. 描述人们带给组织的需求种类。正如第 4 章讨论的，人们的价值观和态度将如何影响其工作中的需求？

2. 伴随着经济衰退，一些公司悄悄停止了加薪，甚至削减了一些员工的工资，以此为那些表现突出的员工发放高额薪水。作为一种激励手段，你认为此种方法合适吗？有没有什么缺点？

3. 你认为领导者在激励员工方面应发挥的作用是什么？例如，思考下员工是否有责任来激励自己？

4. 你同意赫兹伯格的双因素理论中所说的保健因素不能增强责任感和提供激励吗？试讨论。

5. 如果你拥有一家小型公司，你更愿意使用哪种手段激励员工：是员工所有权计划、利润分享计划，还是红利？为什么？你还会采用哪些其他的激励手段？

6. 是什么因素使强化理论和期望理论看起来很像"胡萝卜加大棒"的激励方法？为什么它们在组织中会有效？

7. 为什么领导者对公平理论有基本理解很重要？你认为当前流行的一些报酬支付方式，如收益分享或按工作表现支付薪水，会在员工中间形成不公平的感觉吗？

8. 你同意本章中所提的领导者的行为很大程度上决定了员工的敬业度吗？你认为还有哪些其他因素可能会影响员工敬业度？

9. 领导者的作用是帮助员工找到工作的意义吗？在快餐店，领导者应如何帮助员工找到工作的意义？对于在机场工作的清洁工，领导者应如何帮助他们找到工作的意义呢？

10. 在一些学校，年龄小的学生会因为成绩优异和出勤率高而被奖励麦当劳开心乐园餐，而大一点的孩子就会获得现金奖励。你认为本章中所描述的激励理论哪一个最能说明这一情况？这种做法能产生积极的激励效果，从而提高学生成绩和出勤率吗？它又存在哪些潜在的问题呢？

现实中的领导：应该、需要、喜欢、热爱

回想在学校或工作中的某项任务，你觉得自己应该去完成它，但是你其实真的不想做这件事。将答案写于此处。

回想在学校或工作中的某项任务，因为你需要去完成，这样做可能还有好处，如金钱或学分。将答案写于此处。

回想在学校或工作中的某项任务，你喜欢去做，因为这项任务有意思，很好玩。将答案写于此处。

回想在学校或工作中的某项你热爱的任务，你被它深深吸引，当任务完成后，你得到了深深的满足感。将答案写于此处。

现在回想一下这4项任务，看看它们对你来说意味着什么。在完成这4项任务的过程中，你觉得自己所受到的激励如何（很高、中等、很低）？在完成每项任务时，你需要的精神努力如何（很高、中等、很低）？

现在把你每周的任务用应该、需要、喜欢和热爱来评分，4项的总和应该是100%。

应该：____%　　　　　　　喜欢：____%

需要：____%　　　　　　　热爱：____%

如果你的"应该"和"需要"的得分远远高于"喜欢"和"热爱"的得分，这对你来说意味着什么？是否意味着你逼迫自己干一些令你不愉快的工作？为什么？为什么不在生活中加入更多让你喜欢和热爱的工作？或者那些"应该"和"需要"的工作已经令你厌倦，你是否应该重新选择生活的重心或一份新工作？仔细考虑一下这些情况，和同学进行讨论。

你"热爱"的工作使你的生活充满创新精神。那些从事自己热爱的工作的人总是有某种魅力，其他人希望能追随他们。那些你"喜欢"的工作总是能适应你的才华和能力，或者能使你做出某些贡献。那些你"需要"完成的任务总是比较实际，能为你带来想要的结果，但这些任务通常不能带来像"喜欢"或"热爱"的任务所带来的满足感。那些你觉得自己"应该"完成的任务通常不包括"热爱"、"喜欢"或"需要"，对你来说很困难、很讨厌，需要很大的努力才能完成。如果只是完成"应该"完成的任务，你就很难成为领导者。

每项任务所占的比例在你的生活中意味着什么？这些任务如何影响你的热情和对生活的满足？你为什么不能有更多"喜欢"和"热爱"的工作？作为领导者，你将如何增加下属"喜欢"和"热爱"的工作比例？请具体谈一下。

课堂练习

在课堂上，教师可以让学生分组讨论自己每项任务的比例，以及这意味着什么。教师可以让学生谈谈"应该"、"需要"、"喜欢"和"热爱"的各种工作与本章讨论的各种激励理论有什么关系，以及领导者是否有责任引导下属做他们"喜欢"和"热爱"的工作，或者只是让他们在工作中做"应该"和"需要"的任务就足够了。

教师可以把同学的各项比例写在黑板上，这样每个人都可以与他人进行比较。教师可以请学生来解释他们从各项任务中得到的不同程度的满足感，以及这些比例是如何影响学生的个人生活的。

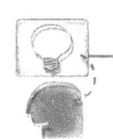

领导力开发：案例分析

蒙特哥湾

丽莎·玛哈尼（Lisa Mahoney）全神贯注地盯着计算机屏幕，快速浏览着那令人失望的季度销售报表。玛哈尼在帕萨迪纳高端户外商业区经营着一家特色女装专卖店。3 年来，她一直都是蒙特哥湾地区一位成功的专卖店经理。但自去年开始，销售量下降了 3.5%，这让玛哈尼很受挫，同时迎面而来的严峻挑战也让她感到身心疲惫。她知道，在接下来一年半的时间里公司会关闭 20 家业绩不佳的专卖店。她想要守住自己这一家，不让员工们失业。她想知道如何才能让员工们在经济衰退时期仍充满希望，努力工作。

蒙特哥湾商业区的运营主管特丽萨·达利（Theresa Daley）邀请玛哈尼共进午餐，商讨新的急救方案。她们坐在一家露天咖啡厅里，达利一边往水杯中挤鲜柠檬汁，一边对玛哈尼说："要想提升业绩，我们面临的压力还很大。我想在你的店里尝试一种新的计算机排班系统，为期半年，看是否可以提高工作效率，降低薪酬开支。丽莎，你的业绩记录一直很突出。如果半年后我们发现你们专卖店的业绩提升了，我们会将这一系统应用到蒙特哥湾商业区的其他店家。"

玛哈尼了解到这一新的系统有以下三大目标：(1) 通过决定既定时间内工作的员工人数来提高劳动效率；(2) 自动安排最有效率的销售人员在客流高峰时段工作；(3) 通过将更多的看客转变成买主，进而增加销售量。玛哈尼同意进行试验，但也担心新的系统会扰乱她在帕萨迪纳店里所营造出的颇有成效的、平等的工作氛围。

尽管有所顾虑，玛哈尼还是向下属们宣布了这一新的计划，准备进行一番尝试。新的系统记录员工每日的业绩表现，包括每小时的销售量、套装的销售量及每笔交易的金额。依据这些数据，系统为每位员工安排工作时间，让最优秀的销售人员在店里顾客络绎不绝的高峰时段充当主力。此外，系统还记录下每位员工的销售总量。销售额低的员工被安排在顾客稀少的时段或根本不予安排。果然，一经执行，玛哈尼的忧虑就变成了现实：员工士气骤降，一些老员工开始抱怨这一新的系统。

"什么意思？我不能在周六工作？"西尔维娅（Sylvia）发着牢骚，对于系统认为她的工作效率不足以在主要销售日工作而感到震惊。"我以前周六都是有班的，而且我这周的工作时间竟然从 40 小时被削减到了 12 小时！"她大声地叫嚷着，"就工作这么点时间，我根本连生活开销都应付不了！"西尔维娅已经丢掉了周六轮班和全职工作的资格，她输给了一名新来的售货员，与她相比，这名售货员更加积极主动，业绩甚佳。在意识到要赢得这场游戏就是要赢得最佳时段后，西尔维娅开始排挤其他员工，对待顾客也变得更为积极。而其他员工也如法炮制：顾客一进门就把他们一把拉入自己的阵营，并强行推销他们不想要的产品。员工们你争我斗，都想提高自己的销售额，心里满是愤怒和挫折。他们看起来好像受到了激励，工作异常努力，但却不是玛哈尼所希望的方式。半年的试验期结束后，员工们都道出了她们心里的强烈不满。

玛哈尼用心聆听，然而她也清楚自己的选择权有限。系统安装之前，她可以制定一周的排班计划并对个人偏好进行调和。但是新的系统仅仅依照业绩量来自行安排工作。她手下那些表现突出，有动力的员工都觉得自身的价值被贬低了，而融洽的工作环境也遭到了破坏。尽管有这样的缺陷，半年的试验期过后，销售额却提高了 2.8%，而工资成本也降低了 5%。

? 问题

1. 新的计算机排班系统所使用的是哪种激励理论？为什么员工更加努力，却不开心？
2. 如果你是丽莎·玛哈尼，在评估这半年试验期的成效时，你会考虑哪些因素？你会坚持使用这一自动排班系统吗？你要向特丽萨·达利提出怎样的建议来规划未来？
3. 就你看来，新的系统对顾客产生了哪些影响？员工的行为会怎样改变顾客的购物经历？

Chapter 9

第 9 章　领导的沟通艺术

通过本章的学习，你应该能够：
- 在行动中做一名沟通高手，而不仅是信息处理者。
- 运用有效倾听的关键要素，理解在领导者进行沟通时为什么聆听十分重要。
- 认识到对话和讨论的区别并加以应用。
- 为领导信息的传达选择合适的渠道，并有效地运用非语言的沟通方式。
- 运用沟通去影响和说服他人。
- 面对压力或危机时，仍能有效地进行沟通。

强生公司在全球 57 个国家大约拥有 250 家运营公司，其首席执行官比尔·韦尔登（Bill Weldon）身为该组织的最高层领导者，事务十分繁忙。然而在韦尔登看来，他最重要的工作之一便是到世界各地与公司的员工、尤其是那些即将进入公司管理层的员工进行面对面的沟通。现在，他们的谈话与以往相比，更加关注道德问题，更加关注如何把著名的强生信条（强生公司针对目标及价值观的公开声明）应用到现实的环境之中。韦尔登表示，对于"怎么会发生这种事情"、"在你所负责的领域是否可能曾经发生过这种事情"、"为了确保你所负责的领域不会发生这种事情，你采取了哪些措施"等类似的问题，他们会通过开放式的对话互动进行解决。他深知，领导者需要与组织内各个部门建立起强而有力的沟通，并从各个部门得到及时充分的反馈，从而了解组织当前的情况，并确保企业正常运转。

韦尔登强调开放而坦诚的沟通方式，这种强调已自上而下、全面彻底地渗入到了强生公司之中。例如，强生下属麦克尼尔保健品公司的全球总裁黛布拉·桑德勒（Debra Sandler）通过对员工进行培训，确保他们能够就一些较难处理的话题与人进行沟通，这样她可以从员工那里获取那些她不想听但又需要知道的事情。这一做法有助于形成一个较好的沟通环境，正如麦克尼尔保健品公司市场营销部全球副总裁卡尔文·施密特（Calvin Schmidt）所说："在这种环境下，人们可以真正做到不论所得的消息是好是坏，都能进行分享，而且不会产生任何不良影响。"

领导者沟通在保持强生的优秀业绩平稳不变、保持公司良好的企业信誉方面发挥了关键性作用。2009 年，哈里斯互动顾问公司（Harris Interactive）做了一项调查，请人们对 60 家美国大型企业进行信誉评价。结果表明，美国公司的总体信誉已降至有史以来的最低点。尽管如此，强生公司依然稳居榜首。该调查已进行了 10 年，每年举办一次，而强生公司已经 8 次获此殊荣。此外，2009 年的调查还显示，金融服务业与烟草业的信誉在各个行业中居于末位，但各行业下属企业的信誉都有所下滑。

在信用下降、前景不明且被经济危机笼罩的时期，领导者尤其需要良好的沟通技能。在第8章中，我们对激励进行了讨论，而能否激励员工在很大程度上取决于领导者的沟通能力。我们可以再回顾一下之前的内容，领导意味着影响人们，让人们根据组织的愿景或组织想要的未来做出改变。领导者通过沟通与员工分享愿景，激励员工为之努力，并建立起价值观和相互间的信任，从而推动形成高效的工作关系，促成组织目标的实现。

成功的领导者沟通还包括一些从表面看较为简单的方面，如主动提出问题、注意非语言沟通、积极倾听他人的话语等。例如，金宝汤公司的首席执行官道格拉斯·康耐特（Douglas Conant）每6个星期就会与来自公司各部门的12名员工共享一次午餐，以这种方式从他们那里得到反馈信息。英特尔则定期召开"越级"会议，让管理者与职位比他们低两级的员工进行沟通，听取他们的想法及见解。然而遗憾的是，研究表明，许多公司主管并没有花费时间和精力与员工进行有效的沟通。例如，许多高层领导者不想听到负面信息，因此他们不愿听取员工的反馈。而没有了反馈，领导者就可能漏掉某些重要信号，错失这些信号所传达出的出错状况，组织及全体员工也会因此面临困境。除此之外，这些高层领导者在做出决策和安排计划时，还常常忽略员工的需要或看法，导致决策和计划难以顺利实施。

现在，各个机构在沟通方面都普遍存在问题。本章将会介绍克服这一方面问题的方法和技巧。同时，我们还会讨论领导者应如何运用沟通技巧来为组织和下属的生活带来积极的改变。

9.1 领导者是如何进行沟通的

你是否有过这样一位主管或指导者，他的沟通技巧如此差劲，以至于你完全不明白他对你的期望是什么，完全不明白他希望你如何完成工作？你是否曾遇到过这样一位富有沟通技巧的教师、上级或教练，他能够"用语言勾画蓝图"，既能鼓舞你，又能使你明白该如何达成目标？

领导是指通过沟通来影响和激励他人，让他们为推动共同目标和理想结果的实现而采取行动。**沟通**（communication）是一个过程。在这个过程中，信息和理解在发送者和接收者之间进行转移，如管理者和员工之间、教师和学生之间、教练和足球运动员之间。图9-1列出了沟通过程中所涉及的关键要素。沟通刚开始时，发送者（如一名领导者）用编码传达出了一个观点或想法，即选择一些符号（如语言）来组成并传输一条信息。这条输送给接收者的信息是对某一观念或想法的真实陈述，而信息传送的媒介则被称为渠道。渠道可以是一份正式的报告、一个博客、一次电话、一封电子邮件、一条短信或一次面对面的交谈。接收者通过解码这些符号来获得信息的真正含义。个体差异、知识、价值观、态度和背景会起到过滤效果，可能会在将信息从符号转换成意思的过程中制造出一些"噪声"，因此编码和解码有时会引起沟通上的错误。由于人们很容易误解信息，所以在沟通时可能会遇到种种问题。而反馈是沟通过程的一个重要因素，它可以使一个人了解到接收者是否正确地理解了他所发出的信息。当接收者对领导者的沟通做出回应时，反馈就产生了。如果没有反馈，这一沟通圈就是不完整的。有效沟通包含了两个方面：信息的传递和对信息的相互理解。如图9-1所示，信息发送者和接收者可能需要经过好几次的信息沟通才能达到相互理解，因此有效沟通从本质上说是一种循环。通过发送、接收和反馈，验证理解的过程就构成了管理和领导沟通的基础。

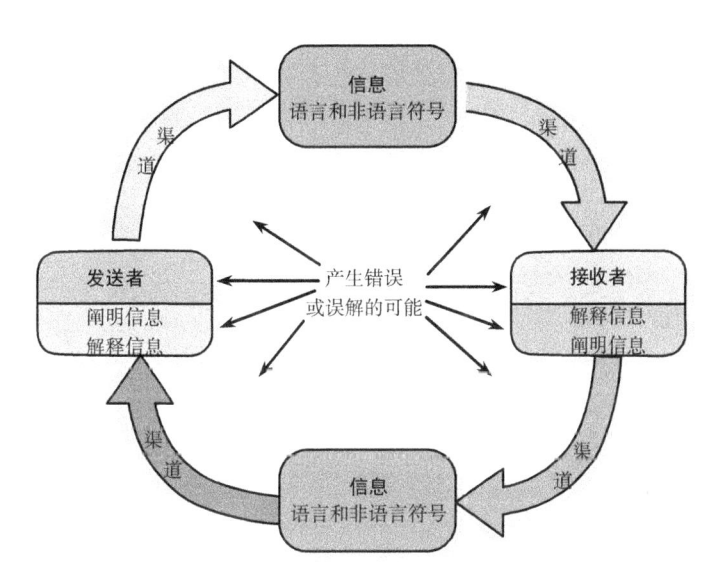

图 9-1　人际沟通过程的循环模式

资料来源：Based on Gabriela Moise, "Communication Models Used in the Online Learning Environment", *The 3rd International Conference on Virtual Learning 2008*, ICVL (http://www.icvl.eu/2008), pp.247-254; and Wilbur Schramm, T*he Process and Effects of Mass Communication*, 6th ed.(Urbana, IL: University of Illinois Press, 1965).

9.1.1　管理沟通

在传统意义上，管理者所扮演的角色是"信息处理者"。管理者每天用于和他人进行沟通的时间占全部工作时间的80%。换句话说，管理者每小时用在会议、电话或与其他人进行的非正式谈话上的时间为48分钟。管理者会仔细审视周围的环境，以寻找重要的书面和个人信息，收集事实、数据和创意，再把它们传递给下属或其他能利用这些信息的人。在此之后，管理者会收到下属给出的信息和反馈，并通过这些信息与反馈来检验下属是否理解了信息内涵，决定是否需要对信息进行修正，以保证其准确无误。

管理者指引和控制着整个组织，因此其在沟通方面肩负着重大的职责。他们会传递事实、统计数据，并做出决策。卓有成效的管理者会让自己成为信息网络的中心，以便推动各项任务的完成。然而与管理沟通相比，领导沟通有着不同的沟通目的。

> **行动备忘录**
> 人际关系网是领导信息分享的重要渠道。请回答"领导者自察 9-1"中的问题，看看你是否与成功的领导者一样，同他人建立了良好的关系。

领导者自察 9-1

你"联网"了吗？

如果你是公司员工或学生，请思考一下你目前的生活。根据自己的情况在每个问题旁边选择"基本符合"或"基本不符"。

	基本不符	基本符合
1. 我能较早地发现组织中正在发生且会对我或我的工作产生影响的改变。	_____	_____

2. 我坚信积极主动的人际交往会带来很多益处。
3. 我擅长与别人保持联系。
4. 在人际交往活动中，我既帮助自己解决了问题，也帮助他人解决了问题。
5. 我对他人及他人所做的事很感兴趣。
6. 我常在午餐时间认识并结交新朋友。
7. 我定期参加慈善活动。
8. 我通过寄送节日卡的方式与一些朋友和同事保持联系。
9. 我与性别不同、种族不同或国籍不同的人交朋友。
10. 我与以前的同事和校友保持联系。
11. 我主动向我的下属、同级和上司提供信息。
12. 我认识其他组织中的同级并会与他们聊天。

计分与解释

把选择"基本符合"的个数相加，所得到总分是：____。如果总分大于或等于9分，表明你在人际交往方面很优秀，能够成为善于沟通的领导者。如果总分小于或等于3分，表明你需要更加关注人际关系的建立，或许你可以从事一份节奏较慢的工作，或者避免处于领导者的位置。如果你的总分为4~8分，则表明你在人际交往方面的水平高于平均水平。

建立人际关系是积极建立并管理有益关系的过程。在这一过程中，人们建立了社会关系、工作关系和职业关系，促进了双方的互相理解，推动了双方的互惠互利。在大多数情况下，领导者不会借助正式的级别关系，而会通过人际关系网去完成工作。

资料来源：The ideas for this self-insight questionnaire were drawn primarily from Wayne E.Baker, *Networking Smart: How to Build Relationships for Personal and Organizational Success* (New York: McGraw-Hill,1994).

9.1.2 作为沟通能手的领导者

尽管领导沟通中也包括发送、接收和反馈等方面，但这与管理沟通有所不同。在领导沟通中，领导者经常会阐述较大的蓝图，如第1章中所定义的愿景，而不是事实和零散的信息。领导者可以被看做沟通能手。

沟通能手（communication champion）认为，在建立员工信任、使员工为实现愿景付出努力这两个方面，沟通发挥着至关重要的作用。他们深信这样一种哲学理念，并以此作为他们沟通的依据。领导者运用沟通鼓舞员工，使他们在对目标的理解和身份的认识方面达成共识，团结在一起。沟通能手能帮助追随者将愿景贯穿到他们的日常行动之中。本章"活学活用的领导之道"就强调了领导沟通的这个重要作用。人们需要用愿景来激励自己为未来奋斗。愿景可以鼓舞人们努力学习、解决问题、做出决定和进行战略规划，而这些方面的最终目标也是为了实现愿景。此外，沟通能手还会明显地或象征性地从事基于沟通的活动。无论他们四处走动主动提出问题还是仔细聆听下属的问题，沟通能手的行动都表达出他们对沟通活动的全身心投入。沟通并不仅仅意味着偶尔举行会议、做正式演讲或展示报告。领导者每天都会通过语言和行动与别人进行积极的沟通。在和下属建立良好的个人关

> **行动备忘录**
>
> 作为一名领导者，你可以成为一名沟通能手。你可以通过语言、非语言及符号沟通的方式引导大家向着同一愿景共同努力，促进战略性对话的进行，并且建立起信任关系。

系、激发他们为实现公司的愿景与目标而向同一方向努力这两个方面，日常沟通都发挥了至关重要的作用。

图 9-2 的模型显示了领导者作为沟通能手的一面。通过建立开放的沟通环境、主动提出问题、积极倾听他人的话语、学会分辨潜藏的信息、运用对话实践及乔哈里资讯窗（Johari Window），领导者能促成战略性对话的进行并对其提供支持，以帮助组织不断前进。领导沟通具有目标导向的特点，它把每个人的注意力都引向了组织愿景、价值观和期望实现的结果，并说服所有人朝这个方向努力，从而最终实现组织愿景。

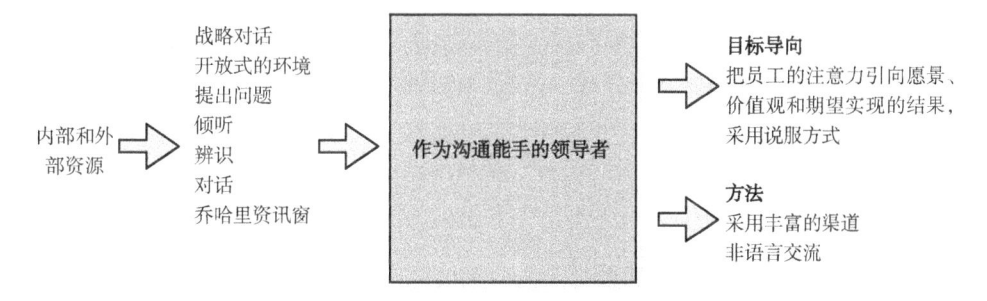

```
内部和外    战略对话                              目标导向
部资源      开放式的环境                          把员工的注意力引向愿景、
            提出问题      作为沟通能手的领导者    价值观和期望实现的结果，
            倾听                                  采用说服方式
            辨识
            对话                                  方法
            乔哈里资讯窗                          采用丰富的渠道
                                                  非语言交流
```

图 9-2　作为沟通能手的领导者

领导者可以使用的沟通方法有很多种，其中包括挑选丰富的沟通渠道和运用非语言形式的沟通方法。他们经常使用富有象征含义的语言或行为来阐明自己的观点，并对他人产生影响。以美国前总统罗纳德·里根（Ronald Reagan）为例，他曾因其出色的沟通能力而家喻户晓。当他在传达联邦预算这一信息时，曾提到 1 万亿美元堆放起来有帝国大厦那么高。他采用这种方式来表达这一信息，既重新定义了 1 万亿美元这一概念，同时也让听众对这一数字有了新的实际认识。

活学活用的领导之道
开启一扇窗户，迎接更光明的未来

一位盲人被送进了医院。他十分沮丧，病得也很厉害，和另外一位病人住在一间病房里。有一天他问道："外面都有些什么呢？"另一张病床上的病人向他描述了一些细节：外面阳光灿烂，人们在人行道上走来走去。第二天，这位盲人又问道："请告诉我今天外边都有些什么，好吗？"室友给他讲了一个故事，告诉他马路对面的公园里的人都在干什么，告诉他池塘里有鸭子，池塘旁边还有人在喂鸭子。第三天和此后的两周里，盲人每天都要问外面有些什么，而室友都会为他描述一幅画面，每次描述的内容都不一样。盲人很喜欢这样的交谈，外边发生的事情使他变得快乐起来。

后来盲人的室友出院了，新的室友坐着轮椅进了病房。这位室友是一名想法强硬的商人，他心情很糟糕，却一心想着把工作做完。第二天，盲人问道："你能告诉我外边都有些什么吗？"这名商人觉得很不舒服，他并不想自找麻烦来给盲人讲故事，于是他回答道："你在说什么呢？我看不见外面。这里没有窗户，只有一面墙而已。"

于是，盲人又变得沮丧起来。几天后他的病情恶化，被移到加护病房去了。

资料来源： Based on a story the author heard at a spiritual service in Santa Fe, New Mexico.

9.2 引导战略性对话

战略性对话（strategic conversation）是指人们跨越技术界限和层级关系所进行的对话，对话内容包括组织愿景、关键的战略问题，以及能帮助实现期望结果的价值观等。领导者可以通过以下方法来促进战略性对话：1）提出问题并积极倾听他人的话语，从而理解他们的态度和价值观、需求、个人目标和愿望；2）通过强调那些对组织成功十分关键的战略问题，合理安排对话议程；3）选择正确的沟通渠道，促进对话。以电器用品制造商皇家飞利浦公司为例。其总裁杰勒德·克里斯特里（Gerard Kleisterlee）定义了四大关键技术，这也是他为飞利浦公司设计的未来行业定位：展示、储存、连接和数码摄像处理。这些主题有意识地跨越了技术界限，因此需要员工进行跨部门和跨领域的沟通和合作。公司就每个技术主题都进行了战略性对话，还分别进行了为期一天的高峰会议，把每个拥有相关信息的人聚到一起——不管他们拥有怎样的头衔和职位。通过这种方式，大家能对目标有清楚的认识，并在工作中建立起合作关系。

战略性对话的六大关键要素包括开放的沟通环境、提出问题、积极倾听、辨识、对话和被称为"乔哈里资讯窗"的沟通模型。

9.2.1 创造一个开放的沟通环境

开放的沟通（open communication）是指在全公司范围内、尤其是在各个职能部门和各个层级之间分享各类信息。在传统意义上，公司采取的是自上而下、有选择性的信息传递，这种传递方式与开放的沟通是相对立的。优秀的领导者希望进行全方位的沟通。跨越传统界限的沟通能帮助领导者倾听下属的心声，组织也能因此集思广益。在高层领导者之间来回传递的内容相似的见解并不足以带来效果显著的改变，也不足以创造出能使组织繁荣昌盛的强烈的共同愿景或强大的人际关系网。加入来自不同领域的人及其不断的交谈，会使沟通更富活力、更有成效。

为了形成开放的沟通环境，领导者会消除那些可能阻碍沟通的传统层级和部门界限，使员工对公司愿景、目标和价值观有更好的理解，使他们能够承担更多的责任。在开放的沟通环境中，领导者对愿景的沟通会遍布公司的每个角落里，如图9-3所示。如此一来，组织中的员工就有了明确的方向，能清楚地知道他们可以以何种方式为组织出力。开放的沟通也是艾伦·穆拉利（Alan Mulally）用来帮助福特汽车公司渡过汽车业萧条时期的重要方法。

自然法则1：实现所谈论的（目标）
愿景在组织中的传播必须有充足的时间，领导者必须利用每个机会来分享和实践愿景

自然法则2：组织环境是对组织领导者的一种反映
如果领导者不能传达出组织的愿景和价值观，那么整个组织也不可能体现出这样的愿景和价值观

自然法则3：不能指望一蹴而就
愿景不可能在一夜之间就被理解和接受。沟通必须循序渐进，在日常交往中渗透，才能逐步使员工将之内化

图9-3 创造开放的沟通环境的原因

资料来源：Based on Bob Wall, Robert S.Slocum, and Mark R.Sobol, *Visionary Leader* (Rocklin, CA: Prima Publishing, 1992), pp. 87-89.

领导进行时

艾伦·穆拉利和福特汽车公司

福特汽车公司首席执行官艾伦·穆拉利经常说这样一句话："沟通，沟通，一定要沟通。"他认为"每位员工都需要了解各项计划的内容、所处地位及需要特别注意的各个方面"。目前，福特公司是美国汽车公司中唯一一家没有申请政府援助的公司，而穆拉利这种公开坦诚的沟通方式可能是其中的一个原因。

穆拉利特别重视与员工进行沟通。举例来说，每周四上午穆拉利都会举办商业计划评论。他初到福特的时候，只有六七个人直接向公司高层报告企业经营状况，然而穆拉利迅速改变了这一局面，将其管理职能覆盖的范围扩展至整个经理团队，因为他认为"在经理位置的人都必须参与其中，并知晓企业的各项活动"。他是第一个在报告中使用颜色编码的领导者：绿色代表进展良好，黄色代表谨慎行事，红色代表存在问题。起初，经理们在报告他们的管理状况时全都使用绿色。穆拉利指出："你们都知道，去年我们亏损了几十亿美元。难道就没有什么地方出问题吗？"管理者马克·菲尔德（Mark Fields）决定冒险一试，承认一款新型汽车的生产问题。他说完之后，整个会议室陷入死一般的安静。然后穆拉利开始鼓掌，并告诉菲尔德他感谢菲尔德坦诚的态度和清晰的思路，也只有这样公司才能解决问题。从那以后，人们在报告时都开始既报喜又报忧了。在会议中不允许使用手机，不允许自顾自的谈话和夸夸其谈。穆拉利曾因副总裁们"以为自己太重要了，必须不停地说话"而将他们解雇。

穆拉利同时主张把这种开放的沟通方式自上而下地渗透到组织的管理中。他指出，在福特不再有什么秘密，管理者们会鼓励大家齐心协力向同一目标努力。穆拉利基于"一个团队，一份计划，一个目标"的主题做了一份新的企业愿景声明，并把这一声明印在塑料卡片上分发给每一位员工。他说道："这是一项艰巨的任务，其奥妙就在于每个人都知道这一计划。"

许多组织的领导者都希望建立一种开放式沟通环境，因为它能舒缓紧张气氛，减少各部门的冲突，从而建立信任关系，加强员工向共同愿景努力的决心，并使企业更具竞争力。

9.2.2 提出问题

> **行动备忘录**
> 作为一名领导者，你可以通过分享好坏两方面信息的方式来创造一种开放的沟通环境，并促进各个团队、部门及级别间的沟通。

管理者通常认为他们应是给予正确答案的人，而领导者则应是提出好问题的人。问题的存在能够激励人们去思考，激励人们去寻找答案。然而许多领导者——事实上大多数人都未能认识到问题所能发挥的巨大作用。在当今社会，人们比较习惯针对某些问题给出答案。孩子们的脑袋里总是充满了问题，但是他们提问的兴趣却很早就被扼杀了。人们可能会告诉孩子，向大人提问是粗鲁或不敬的。学生应该在课堂上举手并正确地回答问题，可一旦他们答错了则常会受到惩罚。领导者常常认为如果下属带着问题来找他们，他们就需要给出正确的答案。反之，他们就将失去下属的尊重。这种想法大错特错。

提出正确的问题会使领导者和下属在很多方面共同受益。领导者需要提出的重要问题是什么？领导者在提问时一般会使用两种基本方法。其中一种方法是在提问时以领导为主，旨在使领导者获悉与问题有关的具体细节，调查存在的问题和面临的机遇，并收集相关的信息、想法或见解。这种提问方式的意义十分重大，因为它能帮助领导者发现并了解下属的专业能力和想法。随着技术的发展与沟通的深入，在应对挑战时大多数组织所需的数据和信息不是一个人能够完全掌握的。此外，主动提问还能表明领导者珍视他人的知识，关心下属的感受，并乐于接受新思想。这样有助于建立互相信任、互相尊重的关系。

领导者提问的另一种方法是以下属为主导，旨在开发新见解，鼓励批判性思考，扩展人们的意识，并激发人们不断学习。一项研究表明，在参与调查的高层领导者中，有99%的人认为批判性思考方式在各方面对组织的成功都至关重要。长久以来，优秀的教师都知道苏格拉底式的教学方法——提出问题而非给出答案能够激发学生的批判思维，并引发他们进行更深入、更长久的学习。这种提问方式会赋予下属力量，帮助他们树立积极的态度，并增强他们的自信心。

9.2.3　积极倾听

积极倾听与提出问题同样重要。在领导者的沟通工具中，最重要的工具之一就是倾听——倾听追随者和客户的心声。只有通过倾听别人，领导者才能明确战略问题，理解应如何通过影响他人来实现想要的结果。当人们觉得有人在倾听他们的话并真诚地看重他们的想法时，他们就愿意分享自己的意见、建议和问题，因此倾听还有助于创造开放的沟通环境。如果领导者不能认真倾听员工的想法，就会发出这样一种信号——"你并不重要"，这无疑会使员工减少对工作的投入程度，减退工作动力。

倾听（listening）是指领会和解释信息真正内涵的技巧。记住，信息接收是沟通过程中十分重要的一环。然而，许多人在倾听时并不能取得预期的结果。他们只是集中注意力来构思自己接下来应该说什么，而不是听别人已经对他们说了什么。如果让一个人先听一条10分钟的消息，然后用他48小时之后理解和记住的信息量的多少来衡量倾听效果的话，其能记住的信息量平均不过25%。

良好的倾听效果是由哪些方面组成的呢？表9-1给出了有效倾听的十大要素，还给出了一些区分较好的倾听者和较差的倾听者的方法。有效倾听很关键的一点在于注意力集中。一个好的倾听者会把全部注意力集中在谈话者传递的信息上，他根本不会去想其他事情，一个较好的倾听者会以一种积极的态度去倾听，找出他感兴趣的方面。他既灵活多变，又会努力倾听，而且一边倾听一边还会在脑中总结、权衡，预测谈话者接下来要说什么。

表9-1　有效倾听的十大要素

要　素	较差的倾听者	较好的倾听者
1. 积极主动地倾听	被动、散漫	提出问题，总结所听内容
2. 找出关心的领域	对枯燥的主题不理不睬	寻找机会，进行新的学习
3. 抵制注意力分散	很容易分散注意力	抵制注意力分散，忍受坏习惯，知道如何集中注意力
4. 利用思维快于语言的特点	当说话者语速慢时就开始空想	挑战、期望、总结，会注意倾听弦外之音
5. 有责任感	很少参与到谈话中去	会表示同意、感兴趣，也会积极做出反馈
6. 评价谈话内容而不是谈话形式	如果谈话形式不好，就容易走神	评价内容，忽略谈话方式上的错误

续表

要　　素	较差的倾听者	较好的倾听者
7. 控制自己的怒火	有先入为主的偏见，喜欢批评	直到对别人所谈的事情全部理解后，才会对内容进行评价
8. 倾听目的是了解想法	倾听目的是了解事实	倾听目的是了解中心思想
9. 努力倾听	不付出任何努力，注意力是假装的	会努力倾听，表达出积极的肢体语言，会和别人进行眼神的接触和沟通
10. 训练自己的思维	抵制有难度的材料，喜欢轻松消遣的资料	使用更难的材料来锻炼头脑

资料来源：Adapted from Sherman K. Okum, "How to Be a Better Listener," *Nation's Business*（August, 1975），p. 62；and Philip Morgan and Kent Baker, "Building a Professional Image: Improving Listening Behavior," *Supervisory Management* (November 1985), pp. 34-38.

行动备忘录

你可以通过回答"领导者自察 9-2"中的问题来评价自己的倾听技巧。

领导者自察 9-2

倾听：自我测试

回答下面的问题，在每个问题旁边选择"是"或"否"。根据你最近几次参加会议或聚会时你的行为，尽量真实地回答以下问题。

	是	否
1. 我经常试图同时听好几个人谈话。	___	___
2. 我喜欢别人只给我提供事实，然后由我自己来理解。	___	___
3. 我有时假装注意别人（谈话）。	___	___
4. 我觉得自己对非语言沟通有很好的判断。	___	___
5. 我总是在别人要说什么之前就知道他要说的内容了。	___	___
6. 当某人结束谈话时，我总是立即做出反应。	___	___
7. 当谈话正在进行时，我就开始评价其内容。	___	___
8. 当别人还在谈话时，我就已经想好回答的内容了。	___	___
9. 谈话者的方式总是会分散我对谈话内容的注意力。	___	___
10. 我总是请谈话者解释他们所说的内容，而不是自行猜测。	___	___
11. 我和说话者一起努力来了解他的观点。	___	___
12. 大多数人觉得我理解了他们的观点，即使我们的意见并不一致。	___	___

计分与解释

根据沟通理论，正确答案如下：第 1、2、3、5、6、7、8、9 题的答案是"否"，第 4、10、11、12 题的答案是"是"。

如果你只错了 2~3 道题，这就说明你的倾听习惯很不错，而且你正朝着做一名有效倾听的领导者的道路前进。如果你错了 4~5 道题，你就能发现自己的倾听效果中存在一些问题，你对如何倾听的理解存在一些缺陷。如果你错了 6 个或更多问题，你可能对自己的倾听方式不太满意，你的下属或同事也可能觉得在他们说话时你没有注意倾听，对此应继续努力提高你的倾听能力。

有效倾听是一种投入的倾听。较好的倾听者会提出许多问题，强迫自己走出办公室去与人沟通，为人们搭建倾听平台，让他们可以说出自己心中的任何想法，并对这些想法给予反馈，使人们了解倾听者已经用心倾听了他们所说的全部内容。积极主动的倾听是领导者工作中每天必做的、时刻都在进行的重要部分。

9.2.4 辨识

实现积极倾听的一个极佳方式是**辨识**（discernment）。通过这种倾听，领导者能够觉察出在言语互动、抱怨、表现和行为这些表面现象背后所隐藏的那些没有表达出来的信息，尤其是那些需要领导者进行干预的"棘手问题"。

棘手问题通常带有强烈的情感和极端的不确定性，因而不能通过摆事实讲道理的方式来解决。由棘手问题所引发的各种问题具有较大风险。例如，每当领导者对公司决策做出巨大改变时，员工常会因不确定这种改变对他们的影响而产生恐慌和不满的情绪，而这些情绪又常常被隐藏在表面之下，不易被人察觉。他们会失去工作吗？他们会在没有加薪的情况下被要求做更多的工作吗？他们能够适应新的工作方法吗？领导者通过辨识来察觉这些潜在的问题及隐藏的情绪。一家高级餐馆的经理在处理问题员工时，直接追问为什么副厨师长以前一直表现很好，但现在却变得懒懒散散，还经常不来上班，但什么也没有问出来。于是她一连几天待在厨房工作，一直注意倾听和观察。最后经理发现，这名安静、内向的副厨师长在餐馆雇用了一名具有浮夸个性的厨师长后开始感到不安，觉得自己不能胜任自己的工作。了解这一情况后，经理和这两名厨师进行了沟通，帮助他们解决了问题。

最近几年，由于经济衰退的影响，员工所面临的压力越来越大，许多公司开始对领导者进行培训，教会他们如何辨识那些需要领导者干预的问题。工作的不确定性、高额的债务、信贷通道收紧及裁员带来的高工作量，种种压力使越来越多的员工在工作中急躁易怒、出言不逊、蛮横无礼。据一项调查显示，有将近一半的美国工人在工作中会出现大吼和漫骂的情况。另一项调查表明 2%~3%的人承认其在工作中会推搡、掌掴甚至殴打别人。还有更为严重的情况，曾有一名运输部门的员工在倒班后枪杀了一名工头和一名技工。一些公司，如皮特尼鲍斯公司（Pitney Bowes）的领导者，会在事情恶化之前就提前发现问题，并向痛苦压抑的员工提供帮助。

> **行动备忘录**
>
> 作为一名领导者，你应该学着做一名更好的倾听者。你可以集中精神关注其他人说的话并努力倾听。你可以使用眼神沟通，提出问题并解释信息内容，还可以给予积极的反馈。

领导进行时
皮特尼鲍斯公司的辨识方式

皮特尼鲍斯公司为员工设立了一条帮助热线，如果有人发现有同事表现异常或行为暴躁就可拨打该热线。皮特尼鲍斯公司发现，那些压制于内心尚未爆发的暴力其实更加危险。例如，该公司的一名保安某天突然辞职了，几天以后他又回来了并杀死了他的继任者。现在皮特尼鲍斯公司专门培训管理者，使他们能够辨识出那些并不明显的，或许与工作毫不相关的，但又表现出员工苦恼的迹象。皮特尼鲍斯公司的高级副总裁兼总顾问米歇尔·科尔曼·梅耶斯（Michele Coleman Mayes）说："人们带着各种情绪来工作……这可不是像他们想的那样自己就能解决的。"

皮特尼鲍斯公司有位心理医生，同时也建立了为顾问提供推荐就诊人员的项目。尽管如此，第一步的工作还是需要由一个具备辨识力、关心他人的领导者来完成。上级督管和管理者经培训后要成为敏锐的观察者和感同身受的倾听者。他们注意到哪些人遇到困难，就会与他们交谈，鼓励他们接受帮助，摆脱自我封闭。辨识潜在的问题并阻止混乱甚至暴力的行为已经成为领导者工作的一个重要方面。

其他公司也在建立能够帮助领导者识别潜在危险信号的项目。不是所有的棘手问题都会导致工作场所的暴力行为，但领导者仍需对扰乱顺利沟通、影响高效工作的冲突保持警惕。辨识棘手问题要求领导者能够真正关心员工，注意员工的言行举止。如果一名以前工作非常认真的员工现在不能专心，那肯定有问题。这时领导者就需插手以防问题继续。

9.2.5 对话

当棘手问题涉及所有的员工时，一种被称做"对话"的沟通方式就能派上用场了。**对话**（dialogue）一词可以理解为"意思的流动"。在对话时，人们可以一起组成信息流并共同分享，还可以借助信息流相互理解并分享各自的世界观。刚开始时，人们可能持有完全相反的观点，但通过积极倾听和相互真诚的交谈，他们就会发现彼此间存在共同的立场、共同的议题及建立更美好未来的共同理想。

大多数人在听别人谈话时，往往会掺杂一些自己的意见，而不会真正单一地接收别人所讲的内容。另外，大多数西方国家的传统商业价值观十分赞赏那种极力主张自己的观点并设法否定或抵触他人观点的人。但只有在不存在预先判断、没有规定个人议程且不存在"正确"答案的交谈中，人们才能进行真正意义上的对话。对话参与者无法推测最终的结果，也不能向他人推销自己的信念。

如果想要深入了解对话的特点，可用的方法之一就是把对话和讨论进行比较。图9-4列示了对话和讨论的不同。通常来说，讨论的目的就是提出自己的观点，同时说服团队中其他人采纳这一观点。讨论经常是通过逻辑推理的方式来说服对方或驳倒对方的观点。另外，对话要求所有参与者把自己的某个观点先搁置在一边，这样就能进行更深层次的倾听、整合，就能形成整个团队共同表达的含义。对话关注的是提出各自的感受，建立共同的立场，重点在于询问而不是辩护。在处理与困难和情感相关的谈话——棘手问题时，对话这一方式尤其有效，本章"领导者书架"将会对其做进一步讨论。

举例来说，一家网上市集NECX公司就应用对话的方式来解决棘手问题。该公司的合伙创始人兼首席执行官亨利·伯特伦（Henry Bertolon）把对话引入公司，从而改善了公司的内部沟通，缓解了经济高速发展所带来的内部压力。"我们需要一些特别的会议，不为别的，只是为了让大家彻底放松，"他说，"每个人都可以相互大声尖叫，然后离开。"伯特伦聘用了拥有MBA学位的心理学家威尔·卡尔迈斯（Wil Calmas），卡尔迈斯设计了一系列计划，使员工互相之间以一种更加信任的态度进行更加深入的交谈和倾听。公司鼓励员工表达他们的担忧、

行动备忘录

作为一名领导者，你可以使用对话来使人们对意义和目标形成共识，让人们能够表达自己的希望和担忧，让他们搁置己见，发掘新的可能，并鼓励他们寻找共同的立场。

反对意见、挫败感、秘密心愿，以及任何影响他们生活和工作的感受。这种对话会议构建了一个安全的环境，使员工能展现自己的感情，表达自己的想法，并建立起共同的立场。它还帮助员工自由、灵活和开放地对待各种新想法——让他们为应对身边随时发生的各种变化做好准备。

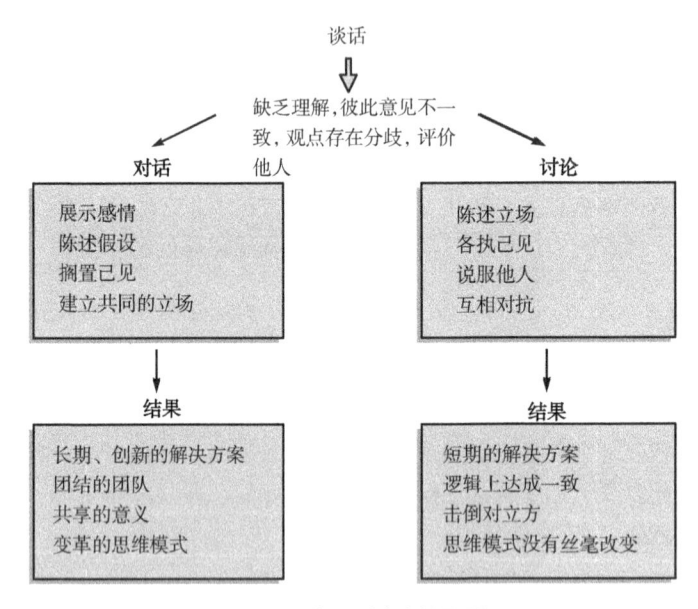

```
                        谈话
                         ↓
              缺乏理解,彼此意见不一
              致,观点存在分歧,评价
              他人
        ↙                           ↘
      对话                           讨论
   ┌─────────────┐            ┌─────────────┐
   │ 展示感情     │            │ 陈述立场     │
   │ 陈述假设     │            │ 各执己见     │
   │ 搁置己见     │            │ 说服他人     │
   │ 建立共同的立场│            │ 互相对抗     │
   └─────────────┘            └─────────────┘
        ↓                           ↓
      结果                           结果
   ┌─────────────┐            ┌─────────────┐
   │ 长期、创新的解决方案│      │ 短期的解决方案  │
   │ 团结的团队   │            │ 逻辑上达成一致 │
   │ 共享的意义   │            │ 击倒对立方    │
   │ 变革的思维模式│           │ 思维模式没有丝毫改变│
   └─────────────┘            └─────────────┘
```

图 9-4　对话和讨论的不同

资料来源：Adapted from Edgar Schein, "On Dialogue, Culture, and Organizational Learning," *Organizational Dynamics*（Autumn, 1993），p. 46.

对话和讨论这两种形式的沟通都会引起组织的变化。但是，进行讨论后，得到的结果只局限于某个特定的题目，而进行对话后，人们可以在团队内达成一致，每个人的意思都为大家所了解，思维模式也得以转变。这种结果具有深远意义。一种新的、共同的思维模式并不等同于达成一致，这是因为它能为以后的进一步沟通提供可做参考的起点。随着新的、更好的解决方案的形成，沟通者之间建立了一种信任关系，这对日后的所有沟通都具有非常重要的意义。因此，对话改变了沟通的效果，进而改变了整个组织。

9.2.6　乔哈里资讯窗

乔哈里资讯窗是另一种框架，可用于理解如何改善人际沟通。这一资讯窗是用两位发明者乔瑟夫·勒夫（Joseph Luft）和哈里·英格拉姆（Harry Ingham）的名字命名的，它可以用来确定领导者所采用的沟通方法（如对话、倾听、辨识偏激话题、通过提问改善关系等）的影响力。

乔哈里资讯窗包含了事实、感情、经历、意见、态度、目的、动机等信息，这些信息都涉及个人或个人与集体中其他成员之间的关系，可以根据个人是否知晓和集体是否知晓进行分类。乔哈里资讯窗有 4 个分区，如表 9-2 所示。各分区在下文中都有描述。4 个分区间的分隔线随着各分区间相互作用的发展而移动。

领导者书架

关键对话：高风险下的谈话工具

克里·帕特森，约瑟夫·格瑞尼，阮·麦克米伦，艾尔·斯维茨勒

大部分人都经历过关键谈话所带来的不舒适感。这种谈话充满了强烈的感情、不同的意见，还会伴有高风险。而且，关键谈话涉及的都是可能引起冲突的问题。举例来说，在工作中可能会出现以下情况：1）面对同事充满攻击性的建议或行为；2）试图接近就要打破自己安全原则的上司；3）与一个没有履行职责的团队成员谈话。对大多数人来说，谈话越关键，就越不能很好地处理它。《关键对话：高风险下的谈话工具》一书的作者从领导者自身和他人身上，循序渐进地发掘了可用来创造条件的工具，并利用这些工具有效处理难题。

关键对话中领导者的作用

当讨论变成关键对话时，领导者可运用对话技巧来帮助自己和对方保持冷静和集中注意力。下面是一些指导建议。

- **鼓励自由的信息流动**。当遇到有争议的、冒险的和充满感情的谈话时，行为卓有成效的领导者能找到相应方法，将所有相关信息开放化，无论这些信息来自领导者自身还是他人。对每次成功进行的关键对话而言，其核心都是信息和想法的自由流动。这时，人们有足够的安全感去公开和诚实地表达自己的意见和理论。
- **用心开始**。对话的关键原则是领导者要以一个正确的心态开始对话。在一个高风险的对话开始时，领导者必须要摆正动机，保持冷静，不管发生什么事都能集中注意力。为了保持注意力的集中，领导者必须知道自己希望得到什么，希望为他人得到什么，以及希望为这种关系得到什么。
- **当人们处于各个目标之间时，想想CRIB**。C（commit）是指追求共同目标的承诺；R（recognize）是指意识到战略后的目标；I（invent）是指形成共同的目标；B（brainstorm）是指集体讨论形成新的战略。当人们因为各自不同的需要而产生意见分歧时，领导者可以采用这种方法来使人们回到对话中来。领导者首先让人们承诺在某些问题上达成一致，接着努力辨识人们话中隐藏的真正目的，寻找更广泛的目标作为共同目的的基础，再以此共同目的为基础，一起讨论如何满足每个人的需要。

当事情发展到最关键时进行沟通

当人们愤怒、难过、沮丧、焦虑或是情绪激动时，谈话常常会变得越来越糟糕，直至发展为言语暴力或沉默不语——用语言攻击他人或不说话保持沉默。而在这种时刻，沟通最为重要。《关键对话：高风险下的谈话工具》提供了一些想法，供人们思考和为困难的对话做准备，还提供了一些特殊的技巧和方法，帮助领导者正确地说话办事。

Crucial Conversations: Tools for Talking When Stakes Are High, by Kerry Patterson, Joseph Grenny, Ron McMillan, and Al Switzler, is published by McGraw-Hill.

（1）公开区包括的是个人与集体均知道的信息。公开区的信息不仅包括事实，还包括感情、动机、行为、欲望、需求和渴望。新团队刚组建时，由于人们对彼此知之甚少，公开区往往较小。随着人们的互相了解越来越多，分隔线向下或向右移动，将更多的信息归入到公开区中。我们的目标是扩展每个参与者的公开区。人们如果对自己有深入的了解，而且坦率面对他人，

工作效率就会提高。在公开区，人们会进行较好的沟通，合作也会比较愉快。

表9-2　乔哈里资讯窗

	个人知道	个人不知道
集体中他人知道	公开区	盲区
集体中他人不知道	隐藏区	封闭区

资料来源：Based on the Johari Window Model by Joseph Luft and Harry Ingham, as depicted in Alan Chapman, "Johari Window", http://www.businessballs.com/johariwindowmodel.htm(accessed May 18, 2009); and Duen Hsi Yen, Johari Window", http://www.noogenesis.com/game_theory/johari/johari_window.html(accessed May 18, 2009).

（2）盲区包括其他人都知道，但个人并不知道的关于他自己的信息。人们经常在许多复杂的问题上存在盲点。例如，团队成员可能注意到领导者从不与人做眼神沟通，这让成员怀疑领导者是否真诚。而领导者本人却没有意识到自己不常做眼神交流。通过寻求反馈和给予他人会引起共鸣的反馈，领导者可以逐渐减少盲区，让他人更深入地了解自己。

（3）隐藏区包括的是个人知道，但不让他人知道的个人信息。人们在某些感情、恐惧和欲望上都有所隐瞒。虽然想要保留隐私是很自然的事，不过影响到自己的工作表现或人际关系的信息就需要公开，即把这些信息从隐藏区移动到公开区。例如，团队中一位成员隐瞒了自己对坐飞机的恐惧，总是在必须坐飞机出差的前几天情绪暴躁且极不配合别人。只要这位成员告诉团队伙伴自己对坐飞机的恐惧，他就把这条信息从隐藏区移出，扩大了公开区。其他团队成员也因此明白为何平日里性情和善、与人协作的伙伴会变得脾气粗暴。缩小隐藏区可以降低误解与冲突发生的可能性。

（4）封闭区包括的是个人与集体中其他人都不知道的信息。封闭区的问题可能包括未知的疾病、被压抑的或潜意识里的感情、未被发掘的能力或天赋、受限的行为或态度等。通过自我发现的过程，人们可以缩小封闭区，把更多的信息移到隐藏区或公开区。个人可能发现有些事情是有关自己的极其私密的信息，这些信息一直都在隐藏区，也可能发现自己组织才能高超或热爱演讲，这些信息就会被移到公开区。

以上仅对乔哈里资讯窗模型做了一个简要的概述。而关键在于，领导者可以创造一个环境，在这个环境中人们能更了解自己，更坦诚地对待别人。优秀的领导者鼓励人们自我发现、提出建设性的反馈和开诚布公地相处，这样人们在沟通时才不会分心、猜疑与产生误解。

9.3　以说服和影响为目的的沟通

本章在前面提到过，作为沟通能手，领导者的目的不仅是传递信息、与人沟通，更主要的是说服和影响他人。领导者运用沟通技巧向他人传达组织愿景，影响他们的行为，从而使他们实现目标，并帮助组织实现愿景。

说服他人的能力在今天显得尤为关键。那种管理者"指挥—控制"的思维模式（即管理者告诉下属做什么及应该怎么做的模式）已经过时了。员工不仅想知道自己应该干什么，还想知道自己为什么应该做这些事。此外，因为工作中出现了新型的合作关系，许多领导者遇到了权力界限模糊的情形。为此，加利福尼亚联合银行（Union Bank of California）、Gerdau Ameristeel 与 IBM 等公司增设了培训项目，帮助领导者学习用影响力而非命令的方法来领导别人。领导者可以采用下面4个步骤来实践说服的艺术。

（1）**建立可信度**。领导者的可信度建立在其知识、专业和与他人的关系等基础之上。当领导者展示出自己消息灵通，且能做出正确明智的决策时，追随者就会对领导者的专业知识产生信任。领导者还可以通过和他人建立良好关系及显示自己真诚关心他人的利益这两种方法来建立可信度。

（2）**在共同背景的基础上形成目标**。要想有说服力，领导者需要解释清楚自己要求的东西如何能使所有人包括自己受益。例如，大卫·郑幼什（David Zugheri）想在休斯敦第一抵押公司（First Houston Mortgage）使用无纸化办公系统。于是他对员工强调说，用电子方式存储客户记录，意味着员工在休假或孩子生病时可以在家工作并随时掌握重要的账目信息。"我简直从他们的肢体语言中就可以看到，他们的观点正在变化。"郑幼什说。如果人们可以看到做某件事会给他们个人带来什么收益，他们通常就会十分乐意去做。如果领导者不能找到一些共同的好处，这就表示需要调整目标和计划。

（3）**使个人所处的位置具有说服力**。领导者不仅可以依赖事实和数据，还可以运用象征、比喻和讲故事的方法来表达自己的意思，这样就可以从感情的角度吸引别人。通过激发追随者的想象力，领导者可以激励追随者取得惊人的成果。在美国全国农庄共有公司（National Grange Mutual，一家产物意外保险公司），理赔部门的领导者采用了公司一位独立代理人的陈述来煽动人们的情感，激发人们的想象。在讨论理赔部门应该怎样与客户建立关系时，这位代理人说："客户来索赔时，我希望他能感到你们在拥抱他。"领导者利用这个唤起感情的形象，让员工们调整理赔程序，让服务做得更好、更快、更体贴。

（4）**在感情上与他人建立联系**。回想一下第5章中讨论的情商。优秀的领导者能察觉他人的情绪，并随之调整自己的方法，以适应听众接收信息的能力。领导者运用自己对感情的理解积极地影响他人。此外，通过观察人人如何理解组织中过去发生的事件、观察他们对这些事件做出了何种反应，领导者能更好地把握追随者，了解他们可能会对现在的想法和提议做出怎样的反应。

说服是一个很有价值的沟通过程，领导者可以利用这个方法引导他人达成共同的解决方案或承诺。国际司法桥梁组织（International Bridges to Justice）的创立者及总裁谢家伦（Karen Tse）就是一名有说服力的领导者的绝佳例子。创建这个组织的时候，她仅37岁。国际司法桥梁组织通过培训公共辩护人及引起公众对侵犯人权现象的重视，改变成千上万名囚犯的生活。不论是劝说商业人士给予捐助，还是鼓励狱警允许囚犯每天锻炼身体，谢家伦都会使用情感诉求这一方式。她说自己不是在与"恶"做斗争，而是想在每人身上发现好的一面，与这一面合作进行变革。一位柬埔寨监狱长起初告诉谢家伦，他常常把囚犯"像老鼠一样"打翻在地，可他最终选择了与她合作，不仅改造了监牢黑暗潮湿的环境，建起了花园，还为犯人和狱警开设了健身课程。

为了能够说服别人和成功扮演沟通能手这一角色，领导者需要与组织中的其他人频繁、轻松地进行沟通。但对

> **行动备忘录**
>
> 作为一名领导者，通过增长知识和与他人建立积极的关系，你可以增加自己的可信度。你还可以充分展现你的计划会如何让下属受益，并利用他们的想象力与情感来谋求支持。

> **行动备忘录**
>
> 完成"领导者自察9-3"中的问题，了解自己的沟通忧惧程度。

有些人而言，沟通得不到回报，因此他们总是有意无意地避免需要沟通的场合。这种回避行为可以用**"沟通忧惧"**（communication apprehension）一词来描述，这一术语的定义为"个人对与他人进行实际或预期沟通的害怕或担忧的程度"。

领导者自察 9-3

沟通忧惧个人测评

下面的问题有关你与他人沟通时的感觉。根据个人情况，选择"基本符合"或"基本不符"。答案没有对错之分。许多陈述之间会有相似之处，但你不要考虑这一点。请快速完成这些题目，用第一印象回答即可。

	基本不符	基本符合
1. 开会时我希望表现自己。	___	___
2. 在小组中表达自己时我会犹豫。	___	___
3. 我希望能有机会在公开场合讲话。	___	___
4. 我与朋友交谈时很流利，但在讲台上却想不起来该说什么。	___	___
5. 我尽量避免在公开场合讲话。	___	___
6. 我觉得与别人交谈时我比大部分人都流利。	___	___
7. 我喜欢参加小组讨论。	___	___
8. 我不喜欢使用夸张的动作和语言。	___	___
9. 我在交谈时会害怕大声说话。	___	___
10. 我很乐意在当地电视台发表演讲。	___	___

计分与解释

第2、4、5、8、9题，每选1个"基本不符"计1分；第1、3、6、7、10题，每选1个"基本符合"计1分。

你的总分：_____

从这项个人测试中，可以看出在各种不同的沟通环境中你的沟通忧惧（害怕或焦虑）程度。小于或等于3分，表示你的沟通忧惧程度高于一般人。大于或等于8，说明你沟通忧惧的程度较低。得4~7分，说明你的忧惧程度中等。

这项测试中的问题可分为4种常见的情形——公众发言、会议讨论、小组讨论和一对一谈话。研究一下各个问题，看看哪些问题最能引起你的沟通忧惧。要成为有效的沟通能手，你应努力克服沟通忧惧。对大多数人来说，一对一的谈话最不容易引起沟通忧惧，其次是小组讨论、会议讨论，最后是公众发言。把你的分数与同学进行比较，看看哪方面的沟通最能引起你的沟通忧惧？你计划怎样来改善它？

资料来源：Adapted from J.C. McCroskey, "Validity of the PRCA as an Index of Oral Communication Apprehension," *Communication Monographs* 45(1978),pp.192-203.Used with permission.

9.4 选择丰富的沟通渠道

有效沟通的关键在于选择正确的渠道来表达信息。**沟通渠道**（channel）是将沟通信息从发送者传递到接收者的媒介。领导者可以通过很多方法传递信息，如与下级面对面地讨论问题、打电话、写备忘录或写信、使用电子邮件、发送手机短信、在博客或网页上发消息、在企业公告栏中写文章等。领导者会根据信息的性质做出不同的选择。

9.4.1 沟通渠道丰富性的连续变化

最近的研究试图解释领导者如何通过选择沟通渠道来改善沟通的效果。研究表明，各种沟通渠道在传达信息的能力上有所不同。**渠道的丰富性**（channel richness）是指在一段沟通期间内可以传递的信息量。图9-5说明了渠道丰富性的等级划分情况。

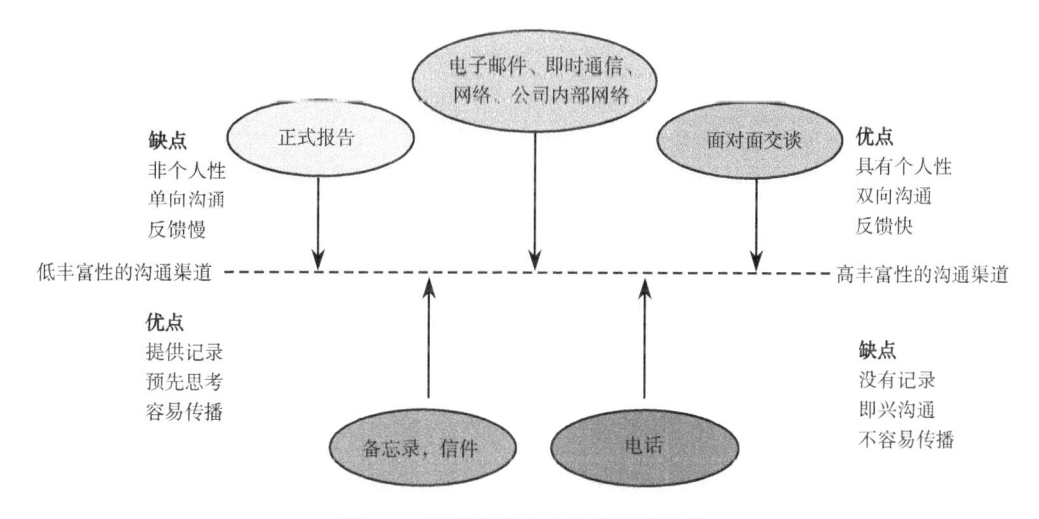

图 9-5 沟通渠道丰富性的连续变化

沟通渠道的丰富性受到3个因素的制约：1）同时处理各种暗示的能力，2）促进快速、双向的反馈的能力；3）为沟通建立个人关注的能力。面对面讨论是最丰富的渠道，因为它能够带来直接的体验，提供多种信息暗示，做出即时反馈，还能带来个人关注。这种渠道有助于将广泛的暗示和对情境深入、感性化的理解结合起来。例如，莱德系统（Ryder Systems）前任首席执行官托尼·博恩斯（Tony Burns）就喜欢以面对面的方式来解决问题："你可以看着一个人的眼睛。你可以从他的眼睛或声音的变化中了解真正的问题是什么，或者知道答案究竟是什么。"电话交谈方式在沟通渠道丰富性等级中位居第二。尽管没有眼接触、姿态及其他肢体语言的暗示，声音仍可以传递大量的情感信息。

电子信息，如电子邮件、手机短信、社交网站等，正被越来越多地应用于过去以电话为主要沟通方式的沟通任务。这些渠道缺乏视觉与听觉上的暗示，但可以迅速获得反馈，并能够体现个人化。而博客可以把信息传递给更广泛的受众，也能收到较为迅速的反馈。

书面沟通媒介，如便条和信件会显得更为个人化一些，但这些方式只能传递纸上所写的信息，提供反馈的速度也比较慢。非个人的书面沟通媒介，包括传单、公告牌和标准的计算机报告，是丰富性最低的沟通渠道。这些沟通渠道没有特定的信息接收者，使用有限的信息暗示，而且几乎不可能得到反馈。

对领导者来说，认识到每种沟通渠道都有各自的优点和缺点，认识到每种渠道在适当的场合中都能成为有效的沟通手段，是非常重要的。沟通渠道的选择取决于所传递的信息是否是常规性信息。常规性沟通，如产品的价格变动，是简单而又直接的。常规性信息传递的是数字或统计信息，也会简单表述成人们都明白并认可的语言。常规性信息可通过丰富性较低的渠道来进行有效沟通。书面或电子形式的沟通在信息接收者地理位置很分散或需要正式沟通并保留永久性记录时是有效的。非常规信息主要包括变化的、容易引起冲突的或复杂的、很可能引起误解的信息。非常规信息经常有时间上的压力，并常会使人感到惊奇。领导者只有选择一个丰富性较强的沟通渠道才能有效传递非常规信息。

领导者应该选择与所传递信息相适应的沟通渠道。例如，在裁员后，公司里留下的人会害怕，担心自己也可能失去工作。许多领导者不知如何是好，便贴出一张书面通知，然后躲进自己的办公室，而优秀的领导者则会懂得面对面沟通才是保证高士气与高效率的方法。某家建筑公司必须裁员，其首席执行官把员工召集到一起，告诉他们信贷危机与住房市场的回落是如何影响公司的。他同时承认不能保证不再裁员。但在他解释时，会议室里的人已经了解了他们需要应对的情况，因此变得更加冷静。大部分领导者所做的沟通从性质上来看都属于非常规沟通。尽管领导者会尽可能利用所有的沟通渠道，但当重要事项处在紧要关头时，他们不会使用其他方法来替代丰富性最强的面对面沟通。

> **行动备忘录**
>
> 作为一名领导者，在面对复杂、带有感情因素或特别重要的问题时，可以选择丰富多样的沟通渠道，如面对面沟通或打电话。对于常规、直接的信息，则可使用书面或电子的形式进行沟通。

9.4.2 有效利用电子沟通渠道

现在，电子沟通已经成为组织中不可或缺的一种沟通方式。新技术提供了高效的沟通方式，而这些方式对常规性沟通尤其有用。手机短信让人们可以即时分享简短的消息，其使用范围迅速扩大，在一些组织中已经比电子邮件更为常用。现在许多领导者使用博客与员工、客户、股东及公众保持更紧密的联系，并重新建立相互之间的信任，下面的例子中也提到了这一情况。

领导进行时

有效利用博客与他人保持紧密联系

"我一直坚信公开而坦诚的谈话能起到很大的作用。"波音综合国防系统集团的总经理詹姆斯·阿尔博（James Albaugh）表示。以前，他的这一观点不为波音公司的其他领导者所认同。国防项目承包商与航空公司通常也的确不以公开著称。但在一系列道德丑闻撼动了这家大型公司之后，领导者们开始采用新的沟通策略。

曾经爱保密的波音公司尝试着营造公开的沟通氛围，公司采用的一个方法便是同时使用外部与内部博客。例如，波音民用飞机集团的市场部副总裁兰迪·巴塞尔开了一个公开博客，分享波音公司对产品的看法及营销策略，同时欢迎别人对其进行评论。博客引来了一些对波音公司的尖锐批评，但领导者们相信公开信息可以带来公司与客户、公司与公众之间更有建设性的谈话。而公司的员工也有了一种更公开的沟通方式。公司也使用内部博客，阿尔博开了一个博客，让公司员工之间有了更多的沟通，而且可以匿名发起讨论或指出问题。

波音公司的经理们使用博客及其他沟通策略能否营造更高效、更公开和更符合道德标准的氛围，现在下结论还为时过早。在以机密工作许可与秘密政府工程为基础的公司中，保密无处不在。有些事情可能必须保密，但是领导者们在努力打破可以被打破的围墙，把更多信息向员工和公众公开，从而预防近年来出现的道德缺失问题，重新赢得人们的信任。

虽然电子沟通有很多优势，但也有劣势。在许多组织中，电子媒体的迅猛发展导致了沟通的贫瘠化。即使两个办公室只是一墙之隔，办公室的员工通常也不会进行面对面的沟通，反而经常发送电子邮件或手机短信。有一位员工曾经说他被经理用一封电子邮件解雇了，而经理与他处于同一办公室。电子沟通还增加了发生沟通错误的潜在可能性。如果领导者试图通过电子邮件来讨论微妙或复杂的事情，他常常会给人留下冷淡、傲慢或麻木的印象。有些事情采用面对面沟通或电话沟通的方式本可以顺利解决，但现在用电子沟通方式导致了大量问题的出现，助长了怨恨、痛苦和反感情绪。

> **行动备忘录**
> 作为一名领导者，你可以避免让电子沟通方式完全取代人与人之间的互动。你可以控制住自己的冲动，不在电子信息中进行批评或抱怨，生气或激动时也绝不要发电子邮件。

一名精神病学家提出了另一个同样令人担心的问题：不断使用先进技术进行沟通给个人和组织都带来了许多潜在的问题，其原因是技术剥夺了人们的"人性化时刻"，而这些时刻对于激励员工、启发员工创造力和维持情感的健康都十分必要。人们需要在真实的环境里与他人进行互动、建立联系，以建立出色的组织。电子沟通方式已经出现并将长期存在。然而对领导者而言，关键在于既要从新技术的效率中获益，同时也要预防随之而来、在其预料之外的问题。下面是一些有效利用电子沟通方式的诀窍。

- 把高技术和高接触结合起来。绝不要让电子沟通代替人们的联系，要让一起工作的员工定期会面。领导者应该在虚拟世界和现实世界中都对自己的员工同样了解。许多采用虚拟网络办公的公司要求员工每月至少来办公室一次，以进行面对面的沟通。波士顿的一家房地产开发商每周都会安排一个"免费比萨日"。在这一天，散布在各处的员工都会到办公室来，坐在办公桌前和同事聊聊天。
- 考虑情境。那些互相熟知又在一起工作了很久的人通常可以通过电子方式讨论更多更复杂的事情，而刚建立工作关系的新人却不能做到这一点。人们如果共事的时间较长，那么产生误解和反感的可能性就比较小。此外，当所有参与方都对讨论的问题有很好的理解时，就可以使用电子渠道来进行有效沟通。因此，成立时间长、运作良好的团队的领导者可以更多地使用电子邮件来沟通，而一个刚成立的团队的领导者就不能这么做。
- 在点击"发送"前把邮件内容读两遍。许多人回复电子信息时都感到有压力，觉得一定要快速回复，这样会产生意想不到的问题。在点击"发送"之前，先停顿片刻，想想这条信息你是不是要发送到网络上——在网络中任何人都可能读到它。不要在你生气或难过时发送电子信息。在这种情况下，你绝对需要丰富性更强的沟通渠道。你至少应把电子信息读两遍才可以发送。要以对待便条或信件的态度来对待你写的电子信息。要对信息接收者表示礼貌，就如同你亲自把这个消息告诉他一样。

图9-6列出了正确使用电子邮件时应该做和不应该做的一些事项。

> **应该做的事**
> - 用电子邮件设定会议，简要概述口头谈话，或者跟踪落实那些已经面对面讨论过的信息
> - 写电子邮件时应简短直接。许多人都使用掌上设备来阅读电子邮件，屏幕通常都很小
> - 用电子邮件通知一群要参加会议的人做准备。例如，可以用电子邮件方便地把同样的文件发给很多人，让他们在会议前先看看这些文件
> - 使用电子邮件发送标准报告
> - 像新闻记者那样行动。用邮件主题迅速引起读者注意，表达信息的主要内容。把最重要的信息放在第一段，在邮件中回答以下问题：谁、什么、时间、地点及怎么做，这些都是相关信息
>
> **不应该做的事**
> - 和只与你相隔一条走廊或过道的同事用电子邮件来讨论事情。应采用旧式方法进行交谈
> - 在电子邮件中说上司、朋友或同事的坏话，转发其他人的恶意评价
> - 使用电子邮件来开始或继续某种不和。如果你收到这样一封电子邮件，使你想用刺耳的话给予回复，马上制止你自己。你可能误解了这封邮件的意思。即使你没有误解，也要冷静对待
> - 在电子邮件中写下任何你不会想发布在报纸上的内容。那些带有敏感或令人尴尬信息的电子邮件会以意想不到的方式泄漏出去

图 9-6　使用电子邮件时应该做和不应该做的事

资料来源：Based on "15 Dos and Don'ts" box in Andrea C. Poe, "Don't Touch that 'Send' Button," *HR Magazine* (July 2001), pp. 74-80; Michael Goldberg, "The Essential Elements of E-Mail," CIO (June 1, 2003), p. 24; and Mary Lynn Pulley and Jane Hilberry, *Get Smart! How E-Mail Can Make or Break Your Career and Your Organisation* (Colorado Springs, CO: Get Smart! Publishing, 2007).

9.5　非语言沟通

领导者不仅仅通过语言来进行沟通。领导者处于众目睽睽之下，其外表、行为、动作和态度对其他人来说都具有象征意义。事实上，**非语言沟通**（nonverbal communication），即通过动作、行为、面部表情和语调来传递信息，在人与人的沟通中所占的比例达到一半以上。甚至可以说，沟通渠道的选择也具有象征意义。换句话说，人们给渠道本身赋予了意义。报告和备忘录通常表达正式的含义，使信息合乎规章制度；领导者的亲自到访可看做团队合作和关心爱护的象征。

许多人并没有意识到他们随时都在沟通。他们并不需要说一句话，只需通过面部表情、肢体语言和行为就已经与别人进行了沟通。例如，玛西娅·芬贝格（Marcia Finberg）在一家医院工作，她与上司的关系一向很好，因此当她发现上司开始回避她时，她就知道出了问题。上司不愿意告诉芬贝格，她就要被解雇，她就要失业了，但他的动作向芬贝格传达了清楚的负面信息。再举一个正面事例。一名新上任的工厂经理利用非语言沟通暗示了节约成本的重要性。在上任后的头几个月里，他注意到管理者在出差时都坐头等舱。他并没有直接发布出差不能坐头等舱这一命令，而是自己总坐经济舱出差。很快，工厂里每个出差的人都改坐经济舱了。

领导者应留意自己在语言信息之外向其他人传达了什

> **行动备忘录**
> 作为一名领导者，你可以用自己的外表、肢体语言、面部表情与日常活动传达出重要的信息。使用"在漫步中管理"会增强效果：你可以走出去，到下属和客户中去，通过非正式观察与交谈，了解他们的想法、问题与需求。

么信号。研究表明，当一个人的语言和非语言沟通所传递的信息不符时，接收者通常会对非语言信息给予更多的关注。在理解领导者的非语言暗示时，追随者会衡量领导者的行为与语言信息的相符程度。如果一名领导者一直在谈论客户服务，却几乎不花时间与客户接触，员工很有可能认为客户服务其实并不重要。如果领导者一直谈论重视员工的反馈，大部分时间却待在关着门的办公室里，员工会怀疑这名领导者的话是否真诚。而用非正式沟通来表达领导者对反馈的重视的一种方法是运用"在漫步中管理"（Management By Wandering Around，MBWA）。这种方法意味着领导者要离开自己的办公室，直接到员工中与他们沟通。这种未经准备的偶遇对下属来讲是一种正面信息，意味着领导者关心他们的想法、意见与感情。

9.6 在危机中沟通

在快速变化发生时、不确定性出现时或危机到来时，领导者的沟通技巧会显得尤为关键。在过去的几年里，危机的数量陡增，范围也有所扩大——从恐怖袭击、可能爆发的流感，到公司垮台、领导者道德丑闻及大范围的经济动荡——使沟通成为领导者需要付出更多努力才能完成的工作。组织每天都要面对小型的危机，如计算机数据的丢失、工厂失火或裁员的需要。当网络鞋店 Zappos 的领导者意识到经济衰退对其公司产生了影响时，首席执行官托尼·谢家华与其他经理召开会议以讨论处理这一情况。会后他们决定公司需从 1 500 名员工中裁员 124 人，并一致同意给予慷慨的遣散费。谢家华为了减轻焦虑与不确定因素，希望迅速散布消息，于是他通过邮件、博客公布了这项决定，而被解雇的员工则单独通知。这是一个艰难的时刻，但被解雇的人与留下的人对公司领导处理这件事的方式普遍给予了积极回应。

在危机中沟通一直都是领导者的责任之一，但世界变化如此之快，事物相互之间的联系非常复杂，有些事件人们无法预料却发生得更加频繁，这些方面造成的结果通常影响更大，给人们带来的痛苦更多。例如，2009 年甲型 H1N1 流感病毒在全球的迅速传播影响了世界各国的领导者与组织。因为媒体把病毒称为"猪流感病毒"，美国全国猪肉生产商协会（U.S.National Pork Producer Council）陷入了一系列的危机之中；猪肉销量迅速下降，各国限制美国猪肉产品的进口，农场主出售的生猪价格也迅速下跌。领导者可以培养下面 4 项技巧，为在危机中进行沟通做好准备。

（1）**保持冷静，更用心地倾听**。领导者的情绪是会传染的，因此领导者必须保持冷静并集中注意力。在危机中，领导者最重要的责任可能就是消除人们的恐惧感和不确定感，这意味着在此刻，倾听比任何时候都要重要。领导者还需要调整自己的信息，在承认危机和困难的同时表现出希望和乐观，这样才能给他人带来安慰、鼓励和希望。"你不能把不确定性传给团队的成员，"1970 年负责使受损的阿波罗 13 号航天飞机安全返回地面的美国航空航天管理局飞行指挥官尤金·克莱兹（Eugene Kranz）说，"不管周围发生了什么，你都必须冷静，冷静，再冷静。"

（2）**要让别人看得到自己**。当人们眼中的世界变得模糊不清、不确定时，他们需要感到有人正在控制局面。在危机中，许多领导者低估了自己出现在他人面前这一举动的重要性。领导者都有一种倾向，想要先躲起来，收集信息，把事情彻头彻尾想清楚，控制住自己的情绪，然后思考处理问题的方法。然而身为领导者，这一身份意味着需要立即站出来，既要安抚追随者，又要对公众做出回应。例如，加拿大出现的李斯特氏菌病曾导致 20 人死亡，有人认为此次事件与枫叶食品公司（Maple Leaf Foods）出售的腐烂肉类有关。公司首席执行官迈克尔·麦凯恩（Michael McCain）马上在电视广告中表达自己的哀痛和由衷的道歉，并承认公司的确存在安全问题。麦凯恩认为沟通的速度比严格的准确性更加重要。与这样坦诚的态度形成对比的是，美国的金融机构在最近爆发的金融危机中，因为没能迅速地站出来而受到了人们尖锐的批评。

（3）**说出真相**。领导者应从尽可能多的渠道收集尽可能多的信息，尽最大努力来确认事实，然后尽快地把"可怕的真相"告诉员工和公众。控制谣言十分关键，下面以杜克大学为例。这所大学在公布真相方面既算是反面教材，也可算是正面例证。

领导进行时

杜克大学与杜克大学医院

几年前，杜克大学医院的医生犯下了现代医学史上最可怕的错误之一——给17岁少女杰西卡·桑蒂兰（Jesica Santillan）移植了不匹配的心脏和肺，致使其死亡。尽管公众已经知晓这一事实，但直到9天之后杜克大学医院的领导者才完全承认了医院所犯下的这一错误。此时，医院的形象已经严重受损，外界评论已经满天飞，盛传此次手术是未经许可的医疗实验，医生不顾家属反对中止手术之类。为了挽回受损的形象，杜克大学医院的健康主管和参与移植手术的外科医生在CBS频道的"60分钟"节目中讲述了事件的全过程，并在公众面前沉痛道歉。

相较于此次的一败涂地，几年后杜克大学对另一事件的处理则取得了好得多的效果。当时，学校网球队的三名队员被指控殴打、掐勒和强暴一名非洲裔脱衣舞女，学校也因此面临巨大危机。这三名队员为了一场聚会雇用了这位舞女，而且他们在聚会上都喝了很多酒。杜克大学校长理查德·布劳德海德（Richard Brodhead）马上宣布对此事负责，表达了他的歉意，并且开始采取纠正措施。他表示在队员们被证明有罪前，强暴事实没有得到确定，他们都是清白的（后来由于受害者改了口，三名队员面临的指控撤销了）。不过布劳德海德承认网球队的几名队员行为确实不当。从事件发生到案件结束，布劳德海德定期通过各种媒体与学生、家长、校友、员工及公众进行沟通。他在"60分钟"里解释说，他意识到"从一开始我就必须负起领导职责，自己处理这个事件"。

（4）**沟通未来的愿景**。团队、组织或集体需要继续发展，大多数人都想为组织发展贡献自己的力量，都想看到希望就在前方。危急时刻也是领导者传达未来愿景的最佳时刻，而愿景能发掘出人们的感情和对美好事物的向往。施乐公司面临破产的时候，首席执行官安妮·马尔卡希（Anne Mulcahy）让员工看了一篇她写的《五年后的〈华尔街日报〉》，描述了5年以后施乐公司的样子，概述了公司想要取得的成就，就好像公司已经实现了这些目标一样，而且她还将公司刻画成一个繁荣、有远见的组织。马尔卡希给了人们愿景与希望，从而为公司的巨大转折打好了基础。

> **行动备忘录**
>
> 作为一名领导者，在面对危机时你可以学着成为一名高效沟通者。你应该保持冷静，集中注意力，了解人们的担忧与恐惧，提供准确及时的信息，从而帮助人们看到更美好的未来。

本章小结

☑ 有效沟通是领导能力的一个关键要素。有效领导者是沟通能手，能鼓舞和团结人们为了共同目标而努力奋斗。有效领导者引导人们进行战略性对话，使他们跨越界限来讨论愿景、关键的战略问题和能够帮助团队或组织实现理想结果的价值观。

- ☑ 战略性对话的六大要素包括开放的沟通环境、提问、积极倾听、辨别、对话与乔哈里资讯窗。开放的沟通不仅对建立信任至关重要，还能为与追随者进行更多的沟通铺平道路，因此它能使组织从所有员工的共同智慧中受益。领导者必须成为积极的倾听者，必须学会辨别那些隐藏的问题和可能给集体或组织带来问题的热点话题。通过倾听和辨别，领导者能明确战略问题的所在，建立富有成效的关系来帮助组织取得成功。当组织中普遍采取有效倾听这一方法时，一种被称为"对话"的沟通类型就产生了。通过对话，人们能发现共同的背景，并一起创造共同意义，而共同意义能使他们理解彼此，分享共同的世界观。领导者使用乔哈里资讯窗可以为人们创造一个开放而坦诚的环境，有助于实现更好的沟通。
- ☑ 领导沟通是以目的为导向的，其中一个重要目的是说服他人，让他人采取行动，实现组织目标，实现组织愿景。实践说服艺术的 4 个步骤包括：建立可信度，以共同背景为基础建立目标，使自己处于有影响力的位置上，以及在感情上与他人建立联系。有效的领导者既会采用丰富性强的沟通渠道，也会使用语言和非语言沟通这两种方式。
- ☑ 电子沟通渠道对领导沟通提出了新的挑战。如果能适当运用，电子沟通渠道有很大优势，但同时这种渠道的使用也增加了沟通错误发生的可能性，而且这些渠道在传递复杂或敏感信息时并不十分有效。
- ☑ 本章强调的最后一个要点是：在世界变化快速和发生危机时，有效沟通变得更加关键。在危机中进行沟通的四大关键技巧包括：保持冷静，让别人看得到自己，说出真相，以及沟通有关未来的愿景。

讨论题

1．你认为领导沟通和传统的管理沟通有何不同？

2．有些公司的董事会成员开辟了新的沟通渠道，让公司股东可以针对高管薪酬与公司管理发表自己的看法。你认为这是个好主意吗？这种公开沟通可能会带来什么样的风险？

3．在一堂沟通课上，一位管理人员说："倾听看起来是沟通者参与程度最低的一种方式，但这种方式似乎又需要做更多工作。"你是否同意他这种说法？试讨论之。

4．对话和讨论有什么区别？根据你的经历分别就这两者举例说明。

5．一些高层管理者认为他们应依赖书面信息和计算机报告，因为这些方法可以给出比面对面沟通更准确的数据。你同意吗？试讨论之。

6．你会分别选择什么沟通渠道来发布公司即将大范围裁员的信息，公司野餐的消息，一项全新的、需要下属在执行任务方式上做出巨大改变的公司质量目标？解释一下你的选择。

7．如果你想与你的团队进行非语言沟通，以建立信任和团队合作精神，你会怎么做？

8．领导者是如何使用沟通来影响和说服他人的？试思考一下在你所认识的人中具有说服技巧的某个人，是什么使这个人成为有效沟通者？

9．如果一名领导者想要改善团队成员之间的沟通，那么对他而言乔哈里资讯窗是一种好的框架吗？你能否想出几个领导者使用乔哈里资讯窗时可能会遇到的潜在问题？

10．思考一个最近发生的危机，如大型金融机构的衰落与垮台、甲型 H1N1 恐慌，或者汶川大地震，讨论一下你认为在危机发生后，领导者应该如何进行沟通。

现实中的领导：像专业人士那样倾听

成为伟大倾听者的最快速的方法就是像专业人士一样倾听，像心理医生在治疗病人时那样倾听。临床医生会放下自己的观点，集中精神聆听病人的想法，并倾听完病人全部的内容，他不会思考自己应如何答复，而是希望发掘出更多的信息。

下一次当你与某个人谈话，而那个人谈论起了某个问题或他所关心的事情时，你可以通过以下方式练习，让自己像专业人士那样倾听：1）静静凝视对方的左眼（不是鼻子或脸，而是左眼）——目光要柔和，不要硬邦邦地盯着对方；2）抛开你对这一谈话的想法和意见——抑制你在心里的自言自语和你想说些什么回应他的愿望；3）停止判断——不要带着批评的眼光去分析对方说的话，要用换位思考的方法，站在别人的角度考虑；4）进行简短提问，变换措辞，总结对方的想法。要练习至少与3个不同的人谈话时使用3次以上的专业倾听方法，直到自己能较为自如地运用这个方法。

你觉得对方对你的倾听有何反应，你自己又觉得如何呢？

对方的反应：
1. _____
2. _____
3. _____

我自己的感受：
1. _____
2. _____
3. _____

课堂练习

教师可以在课堂上把学生分组配对——分成倾听者和谈话者——进行这项练习。教师可以请谈话的学生讲一些前两天遇到的小问题或烦恼，而要求倾听的学生在第一个练习中不能说话，只能温柔地看着谈话者的左眼，用肢体语言（面部表情和点头）做出回应。谈话的学生可以一直说到没有什么可说的，或者他们觉得情绪已经平稳、问题不复存在为止。然后让两名学生互换角色，当他们都扮演了谈话者和倾听者后，教师可以问全班同学都看到了些什么，在这一对话中体会到了什么。

接下来，进行第二次分组配对，用一个新问题重复这项练习，第二次取得的效果不会逊于第一次。唯一的区别在于，这次倾听者所受的限制要少一些，倾听者可以做简单评论，如变换措辞或简短提问。但是倾听者应把评论减到最少，绝对不能提出自己的想法或意见。学生做完练习后，教师可以询问谈话者和倾听者的感受。教师可以提出的主要问题包括：只是倾听而不是对别人所说的内容做出语言上的回应是什么感受？这种专业倾听方式有怎样的重要性？在哪种情况下，这种专业倾听方式会更有效？在哪种情况下，这种方式的效果会不尽如人意？如果教师愿意，还可以把这项练习做第三次，帮助学生更自如地使用这种真正的倾听方式。

资料来源：Adapted from Michael Ray and Rochelle Myers, *Creative in Business* (New York: Broadway Books, 2000), pp. 82-83.

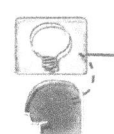

领导力开发：案例分析

督导的指示

教育管理者经常收到来自各个教育层次的创新要求。各种提高数学、自然科学和社会科学教育的方案、州政府责任计划、新的管理方法及其他想法都是由教师、管理者、利益集团、改革家和政府管理者发起的。在一个学校管区中，督导是核心领导者；而在一所学校中，校长是关键领导者。

在卡维利城市学校管区中，督导波特（Porter）负责11所学校——8所小学、2所初中和1所高中。在参加了一个夏季管理培训课程后，波特给每位校长发了一封电子邮件指示，内容如下：

"请要求学校中每位教师为其所教的每门课程制定一套课程目标。在8月10日的上班时间，会安排咨询师指导教师们撰写这些目标。课程目标的书面报告要在9月21日之前交至办公室。"

意尔维斯小学的校长维甘德（Weigand）先生将波特的邮件转发给了他所管理的所有教师，并附上了以下信息：

"请查看我所转发的督导波特的邮件。如他所说，你们需要为所教的每门课程制定课程目标。请在一个月内将课程目标的书面报告交上来。今天下午的会上，有人会指导你们如何撰写这些目标。"

收到该邮件后，该小学的几名教师匆忙回复了邮件。一位德高望重并极具才华的教师写了以下这封电子邮件。他本来想发给他的同事，却不小心将其发给了维甘德先生：

"这简直是无理取闹，我本应该把时间用来准备校董事会批准的新高级英语课程。波特什么都不懂，根本不知道课堂教学的具体要求。他只会告诉我们去完成毫无意义的形式化任务。我要开始寻觅一个会珍惜我时间的学校管区。"

维甘德读了该邮件后目瞪口呆。他担心会失去这样一位受同事及教育系统同仁敬仰且极其重要的教师。他知道这封邮件是在匆忙中写的，而且那位老师如果知道他收到了这封邮件会感到很尴尬。他担心其他老师对他的邮件也是相同的反应。他不知道该如何应对这封充满怨气的邮件，也不知道该如何在新学年开始时提高大家的士气。

问题

1. 评价波特和维甘德的沟通方式。他们在多大程度上有效地传递出了有关新课程目标的信息？如果你是其中一名教师，在收到这样一封邮件后会做何感想？为什么？

2. 如果你是维甘德先生，你将如何应对这位愤怒的教师？详细说明一下你将如何与他沟通及你要说的内容。他可以通过怎样不同的方式向教师传达有关课程目标的信息，从而使大家的反应更积极一些？

3. 指出那名教师在书写及发送其邮件过程中所犯的错误。

The Saddle Creek 熟食店

The Saddle Creek 熟食店位于科罗拉多州的滑雪胜地范尔镇。这个小镇熙熙攘攘，有很多人来这里滑雪，熟食店为他们提供了新鲜可口的三明治与营养丰富的沙拉，价格也十分公道。The Saddle Creek 以舒适的氛围、西部风格的装潢和双层石制壁炉著称，为从滑雪场下来休息的人迅速提供新做好的饭菜，而且距离一个著名的滑雪缆车胜地仅10分钟路程。透过熟食店宽大的窗户，人们可以看到附近壮丽的山峦。不过这家店最吸引顾客的地方，还是高质量的老式冷饮小卖部，里面供应上等的圣代冰激凌与苏打冷饮。

开业7年来，熟食店的规模越做越大。于是店主兼经理理查德·珀维斯决定雇用一位经理，这样他就可以腾出时间来管理其他的生意。经过一个月的招聘与面试，他选中了保罗·麦卡锡，此人以前在附近一个度假酒店的小餐馆里当过经理。

开始工作的前几周，麦卡锡工作起来似乎很有效率。根据他与珀维斯的合同规定，麦卡锡每月领取一定的薪水，再从他每月比上个月节约的开支中按比例领取一定的分红，而其他所有的员工都按小时领取工资。

麦卡锡上任一个月之后，擅自决定实行一个节约开支的计划，用来增加他的个人收入。他换掉了肉类与奶酪的批发商，这样开销是减少了，但产品质量也降低了。他又擅自将熟食店提供的食品分量全部减少，其中包括口味绝妙的圣代冰激凌与苏打饮料。接下来，他还裁掉了部分换岗人员，减少了附加福利。在一次气氛紧张的员工会议上，麦卡锡简短地说："下周开始，你们会发现工作时间有变化，因为我看到太多人在自己的岗位上无所事事。"他随即宣布停止为工作5小时以上的员工供应价值1美元的工作餐，并且取消了员工享受的八折优惠。说完这些话后，麦卡锡问有没有人有问题，可没有人敢吭声。麦卡锡耸了耸肩，快步离开了会议室。

沮丧的员工们从会议室出来，一边走一边小声地发牢骚："为什么不告诉他我们的真实想法呢？"员工们相信麦卡锡已经打定了主意，他们只好为承受这些做法带来的负面效果做好准备。很快，他们就注意到麦卡锡仓促的节约开支计划带来的负面效果。比如，午餐时间熟食店里十分忙乱，顾客为一个三明治等了20分钟后，怒气冲冲地走出了店门。还有人向侍者抱怨食品量过小，留下的小费也只有一点点。许多员工听到顾客抱怨用餐区与卫生间有灰尘与污垢。因为顾客不断抱怨，员工们只能一个人尽量干两个人的活，因此也越来越疲劳。工作气氛越来越紧张，人们对麦卡锡的怨恨与日俱增。

这时候，珀维斯意识到了麦卡锡在食品店所做的改动。他问麦卡锡这些新举措都产生了哪些影响，但麦卡锡矢口否认这对生意有负面效果。

罗恩·夏普是附近一所大学的会计学专业学生。他在麦卡锡来之前，曾经做过5个月的夜班快餐厨师。夏普认真负责、志向远大，因而有良好的工作记录，甚至连他的新上司也认识到他比其他员工更优秀。有一天，珀维斯在邮局看到了夏普，便问他现在店里情况如何。珀维斯听到开支的削减与员工的不满时惊呆了。他不想削弱新经理的权威，自言自语说："我不清楚哪里出问题了，现在该怎么做呢？"

资料来源: Adapted from Bernard A. Deitzer and Karl A. Schillif, Contemporary Incidents in Management (Columbus, OH: Grid, Inc., 1977), pp. 167-168.

问题

1. 你怎么评价 The Saddle Creek 熟食店的沟通氛围？这样的氛围是如何导致服务问题与顾客的抱怨的？
2. 你认为珀维斯应该怎样改善麦卡锡与员工之间的沟通？请给出具体建议。
3. 如果你是 The Saddle Creek 熟食店的经理，你会如何改进开放性与向上沟通？

Chapter 10

第 10 章　领导团队

通过本章的学习，你应该能够：
- 将一群个体凝聚成合作的团队，通过共同的使命和职责来取得好成绩。
- 发现团队工作中存在的挑战并说明为何人们有时对团队工作存在负面情绪。
- 理解和管理团队发展的各阶段，从大小、多样性、相互依赖程度等各方面来设计有效团队。
- 发展和应用个人有效领导团队的才能，使其既能领导传统团队，又能领导虚拟团队和全球团队。
- 处理团队成员之间不可避免的冲突。

"通常情况下，为了共同的利益一起努力不是我们出战美巡赛的职责，"美国职业高尔夫球协会巡回赛球员奥林·布朗（Olin Browne）说，"我们是作为个体参赛的。"但是要在莱德杯赛（Ryder Cup）中打败势头强劲的欧洲队，就意味着12名独立的美国球员不得不作为一个团队协同作战。美国队队长保罗·阿辛格（Paul Azinger）决定把12名球员分成3个小分队，并给每个小分队指定一名副队长。在团队组建专家的帮助下，阿辛格将那些能够相互协作的球员分到同一小分队。3个小分队一起参加所有训练，而在比赛中每个小分队的成员只与其他小分队的成员进行竞争。一切部署完毕，美国队最终出乎意料地战胜了欧洲队。这次胜利在很大程度上要归功于团队合作。这些小分队"无须任何正规训练就能使球员们取长补短、互相帮助……"布朗说，"而在12个人的大团队中，一些性格较为内向的球员可能会在混乱中被埋没。"

体育界充满这样的故事——处于劣势的团队战胜那些个体运动员都很优秀却不能形成优秀团队的队伍，最终获得冠军。对商业组织和非营利组织的领导者而言，创建高效团队同样是提升绩效的关键所在。团队已经逐渐成为各类组织的基本组成单位。

团队能够提高劳动生产率和质量，增加灵活性，提高速度，创建更趋向于扁平化的管理结构，增加员工参与度和满意度，降低人员流动率，最终使组织和员工双方受益。然而对领导者来说，团队结构比以往的传统等级体制更具有挑战性，因此本章探讨的主要内容就是团队领导力。首先我们会界定团队类型，研究团队如何发展并讨论影响团队效率的因素，然后探讨团队凝聚力和绩效，成员的任务和社会情感角色，以及领导者在构建有效团队过程中的个人角色等话题，领导虚拟团队和全球团队面临的新挑战也属讨论之列。本章最后一部分将探讨领导者解决团队矛盾的方法，包括协商。

10.1 组织中的团队

团队并不适用于每种情况,但是组织中的大部分工作都是相互依赖的。这意味着为了完成工作,个体和部门需要依靠其他个体和部门来获取信息或资源。当任务的相互依赖性较高时,创建团队也许是保证协调水平,实现信息共享和资料交流,进而成功完成任务的最好途径了。

10.1.1 什么是团队

团队(team)是由两个或更多人组成的,为了实现一个特定目标而进行互动、相互合作的团体。这个定义由3部分组成。第一,团队由两个或更多人组成。团队规模可以很大,但是大部分团队都不会超过15个人。第二,团队中的人有规律地定期在一起工作。不定期互动的人,如在公司食堂排队或一起乘电梯的人,都不能构成团队。第三,团队成员共同分享一个目标。今天的学生经常被要求以小组的形式完成某项任务。在这种情况下,共同目标就是完成这项任务,取得令人满意的成绩。但在许多情况下,学生小组都规定了组织架构和明确的责任分工,时间安排、活动等也都被预先安排好了。而在现实工作中,这些要素一般比较模糊,团队成员必须共同努力来界定这些要素。

团队是一群人,但一群人并不等于团队。一名教授、一名教练和一个雇主放在一起是一群人,但他们永远不能成为一个团队。例如,2004年奥运会美国篮球队完全由巨星球员组成,但是这些成员并没有融合成一个团队,而是以独立个体的形式比赛。最终这支队伍输给了立陶宛男篮,排名第三。与之形成鲜明对比的是,1980年普莱西德湖冬奥会美国冰球队由一群名不见经传的球员组成,但是这支队伍却击败了苏联队夺得金牌。赫伯·布鲁克斯教练选拔球员依据的是他们的个人融合力——他们在团队协作中的表现——而不是他们的个人能力和自我意识。只有人们将个人需求和渴望进行升华,并将他们的知识、技能和努力都奉献给一个共同目标的时候,他们才成为一个团队。本章的"活学活用的领导之道"展示了团队合作的力量。

活学活用的领导之道

大雁的团队精神

事实1: 每只大雁扇动翅膀飞行都会为雁群创造出一股上升气流,其他大雁会追随这股气流。通过排成"V"字形飞行,雁群飞行的距离比一只独雁要长71%。

领悟: 有共同方向和集体感的人能更快、更容易地实现目标,因为他们可以沿着他人的脚印前进。

事实2: 当一只大雁掉队的时候,它立刻就会感到单独飞行的困难和阻力。因此它会很快赶上雁群,再次获得集体飞行的优势。

领悟: 如果我们能够体会到大雁的感受,那么我们就会留在队形中,和那些在前面带队的人一起去实现我们的目标。我们将会乐于接受别人的帮助,并且慷慨地给予别人帮助。

事实3: 当头雁感到疲倦的时候,它将退到队伍的后面,由其他大雁接替头雁的位置。

领悟：轮流从事比较艰苦的工作、担任领导职位都是有成效的做法。和大雁一样，人们依赖彼此的技巧、能力，以及独特的才能、天赋或资源。

事实 4：大雁一边鸣叫一边飞行，鼓励前面的大雁保持它们的速度。

领悟：我们要了解，彼此间的鼓励是非常有用的。当成员之间彼此鼓励时，生产率就会大大提高。鼓励的力量（坚持自己的真心和核心价值观，并鼓励他人的真心和核心价值观）就是我们所追求的"雁鸣"的本质。

事实 5：当一只大雁生病、受伤或被击落的时候，就会有两只大雁离开队伍，去帮助和保护它。它们会一直待到它死去或能重新飞翔。然后，它们会加入其他雁群，或赶上原来的队伍。

领悟：如果我们能体会大雁的感受，那么我们无论患难还是顺利都会彼此扶持。

资料来源：1991 Organizational Development Network. Original author unknown.

表 10-1 显示了群体和团队的主要区别。团队通过所有成员的努力朝共同目标迈进，在共同领导、目的感和集体责任的推动下实现高水平绩效。团队的特征是平等；在最佳团队中，没有个别"明星"，每个人都将自我意识升华为集体利益。本章"领导者书架"进一步讨论了有利于实现高绩效的团队特征。

所有组织都由很多群体组成，他们一起工作，旨在实现某个特定目标。并不是所有组织都会采用如表 10-1 所示的团队模式，但本章中提出的许多领导观点都可用于领导各种不同的群体。

表 10-1　群体和团队的主要区别

群　　体	团　　队
有一个指定的、强势的领导者	分享或轮换领导角色
个人责任感	相互间的责任和个人责任（对彼此互有责任）
群体和组织有同一目标	特定的团队愿景或目标
工作目标由他人设定	团队自己设定工作目标
在组织内部工作	不受组织限制
个人工作成果	集体工作成果
有组织的会面和委任	相互反馈，开放式讨论，积极解决问题

资料来源：Based on Jon R. Katzenbach and Douglas K. Smith, "The Discipline of Teams," *Harvard Business Review* (March-April 1995), pp. 111-120; and Milan Moravec, Odd Jan Johannessen, and Thor A. Hjelmas, "Thumbs Up for Self-Managed Teams," *Management Review* (July-August 1997), pp. 42-47 (chart on p.46).

10.1.2　团队的困境

如果你所在班级的教师宣布期末成绩部分取决于某个团队项目，你很有可能会听到一些人的抱怨。组织中也一样。领导者应该明白有的人喜欢团队合作，有的人讨厌团队合作，而更多人则对它抱有一种既积极又消极的矛盾态度。团队之所以会让人进退两难，主要是因为以下 3 点。

- 我们不得不放弃自己的独立性。当个人成为团队成员时，个体的成功就要取决于团队的成功。因此，个人要依靠团队中其他人的工作表现，而不仅仅是个体主动性和个人行动，才能取得成功。另外，虽然大多数人觉得为自己的成功做出牺牲没什么，但团队工作要求的是为了团队而做出牺牲。就是说,每个人都要把团体利益放在首位,即使有时候这会损害到个人利益。

- 我们要容忍"免费搭便车者"。团队成员的职业道德各有不同。"免费搭便车者"这个术语是指这样的团队成员:他们身为团队一员,从团队中获益,却没有积极参与团队工作,贡献力量。也许你在学生项目团队中遇到过这种问题,即某成员几乎没有为项目做出什么努力,但是却坐享其成。有时人们把免费搭便车的现象叫做社会性懈怠,因为有些成员没有付出与其他成员相同的努力。一项调查发现40%~60%的人(依性别和年龄而不同)想要通过团队工作向他人学习,但是只有36%的人表示自己想要为完成任务而参加团队工作。免费搭便车的可能性也许是造成这一调查结果的一个原因。
- 团队有时候会发生机能障碍。有些公司依靠团队取得了重大成功,但是也有很多一败涂地的例子。过去几十年的大量研究和团队经验深刻地揭示了团队成败的原因。证据表明,团队管理方式在其中起着最关键的作用。表 10-2 列出了团队中常见的 5 种机能障碍,并描述了与之形成鲜明对比的拥有高效领导者的团队所具备的理想特征。

领导者书架

成功的商业团队:解开高绩效之谜

霍华德 M·格特曼

本书作者,管理顾问霍华德·格特曼(Howard Guttman)认为高效的组织首先要有成功的团队。在《成功的商业团队:解开高绩效之谜》(*Great Business Teams:Cracking the Code for Standout Performance*)这本书中,格特曼研究了诸如强生、欧莱雅、瑞士诺华制药(Novartis)和玛氏饮品(Mars Drinks)等公司几十个高效团队的内部运作机制。

成功团队的特征

格特曼认为,无论是高级领导团队、跨智能型团队还是自我指导型产品研发团队,成功的团队都具有以下 5 个主要特征。

1. 由高效领导者带领。成功团队的领导者把权力下放给团队成员,认为自己的职责就是确保所有团队成员都明确并坚守商业策略和工作目标,了解自己的角色和职责,遵循决策制定和人际交往的具体基本原则。

2. 成员担任领导者。成功团队的成员担任领导者,履行自己的职责,为完成任务发挥作用,并且共同为结果负责。每个人的绩效——即使是领导者的绩效——都要受到审查和反馈。

3. 依工作计划行事。格特曼说职责含混不清会葬送团队工作高效性。要想取得高绩效,每位团队成员都需要明白团队的整体任务、成员的个体职责、团队执行任务的方式及成员间的互动方式。

4. 永远不满足于当下。高效团队的准则就是要自我监控,自我评估,不断提高绩效标准。

5. 拥有有利的绩效管理体系。要想出色地完成团队工作,组织中的绩效管理和奖励体系就必须对符合预期的团队行为予以奖励。

为什么组建团队

格特曼相信,现在的组织及其面临的挑战过于复杂,以至于正式领导者不能制定全面的决策。他认为实行分布式领导可以让公司取得更大的成功。在这种领导模式下,主要决策由各级自我指导型团队制定,由这些团队共同对绩效负责。

Great Business Teams,by Howard Guttman,is published by John Wiley & Sons.

表 10-2 团队中的 5 种机能障碍

机能障碍	高效团队特征
缺乏信任——人们在暴露错误、分享忧虑、表达观点时，会有不安全感	信任——成员在深度的情感层面上相互信任；在人前暴露弱点时不会感到不安
害怕冲突——人们希望和谐相处，不发表不同意见	健康的冲突——在寻找最佳解决方案时，成员会互相反驳、质疑，但不会因此感到不自在
缺乏坚定性——如果人们不敢表达自己真实的想法，那就很难让他们真正坚守决策	坚定性——因为所有观点都摆在了桌面上，人们最终能够围绕重要目标和决策达成真正的共识
逃避责任——人们不想为结果承担责任；遇到问题总是互相指责	责任感——成员之间互相负责，而不是依靠管理者来承担责任
不关注结果——成员将个人抱负或本部门的需求凌驾于集体成就之上	注重结果——成员将个人日程放在一边，注重团队利益，集体成果决定成败

资料来源：Based on Patrick Lencioni, *The Five Dysfunctions of a Team* (New York: John Wiley & Sons, 2002).

10.1.3 团队是如何发展的

顺利运作的团队并不是自动产生的，而需要领导者采取特别行动，使人们走到一起，进而形成团队。对领导者而言，很重要的一点是需要明白团队发展要经历不同的阶段。

研究显示，团队的发展要经历几个阶段。图 10-1 显示了这些发展阶段模型。这 4 个阶段一般是按顺序发展的，不过有时可能会有重叠。团队领导者应该认识到团队发展的不同阶段，帮助团队成功地跨越每个阶段。

组建

组建（forming）阶段是团队开始定位和成员相互熟悉的阶段。成员们要发现别人可以接受什么样的行为，发掘友谊的可能性，并决定任务方向。此时不确定性很高，因为没有人知道基本规则是什么，或者别人对自己的期望是什么。成员们会接受正式或非正式领导者授予的权威或权力。在这一阶段，领导者面临的挑战是促进沟通和成员之间的互动，帮助他们相互熟悉，以及建立团队共同工作的原则。在这一阶段重要的是领导者要尽力使每个人都觉得舒适，使他们觉得自己是团队的一部分。领导者可以特别帮助那些害羞或安静的成员，帮助他们和其他团队成员建立关系。

无序

在**无序**（storming）阶段，每个人的个性表露得更明显。在明确个人角色时，人们会表现得过分自信。这一阶段充满冲突与不和。团队成员对使命或目标的理解可能会互不相同。他们会谋取某个职位或在共同利益的基础上形成小团

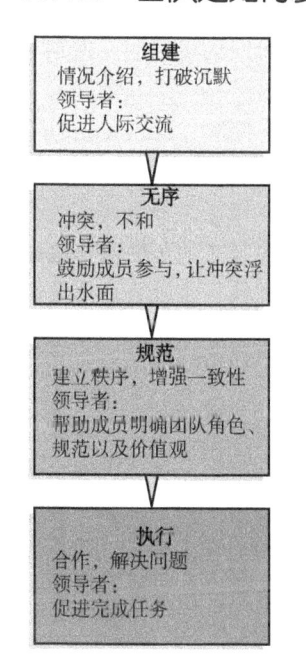

图 10-1 团队发展阶段模型

资料来源：Based on the stages of small group development in Bruce W. Tuckman, "Developmental Sequence in Small Groups," *Psychological Bulletin* 63 (1965), pp.384-399; and B. W. Tuckman and M. A. Jensen, "Stages of Small Group Development Revisited," Group and Organizational Studies 2 (1977), pp.419-427.

组建
情况介绍，打破沉默
领导者：
促进人际交流

无序
冲突，不和
领导者：
鼓励成员参与，让冲突浮出水面

规范
建立秩序，增强一致性
领导者：
帮助成员明确团队角色、规范以及价值观

执行
合作，解决问题
领导者：
促进完成任务

体。此时，团队特征是普遍缺乏团结和一致性。对团队来说，超越这一阶段非常关键，否则他们不可能有高水平的表现。领导者的角色是鼓励每位团队成员参与，帮助他们找到共同的使命和价值观。成员们需要就彼此的想法进行讨论，使冲突表面化，相互辩论，最后克服各种不确定性及对团队任务和目标在理解上不一致的地方。

规范

在**规范**（norming）阶段，冲突得到解决，团队开始显现一致性和和谐场面。团队成员会就谁是团队中天然的领导者达成一致意见，成员的角色分配也清晰起来。大家开始互相理解，彼此接受。不同点得到调和，成员的凝聚力得到加强。这一阶段通常比较短，会很快进入下一阶段。在这一阶段里，领导者应该强调团队里的开放性，不断促进沟通，明确团队角色、价值观和期望。

> **行动备忘录**
>
> 作为一名领导者，你可以指导你的团队跨越各个发展阶段。最开始可以帮助团队成员相互了解，然后鼓励成员参与，帮助他们找到共同目标，接着明确团队目标和期望。最后，你可以集中帮助团队实现高绩效。

执行

执行（performing）阶段的重点是实现团队目标。成员们有责任去实现团队使命。他们频繁互动，协调相互之间的行动，用一种成熟有效的态度解决矛盾。在遇到问题和解决问题时，成员们都从完成任务的角度出发采取行动。在这一阶段，团队领导者应该集中在促进高水平地完成任务上，帮助团队进行自我管理以实现目标。

制作过《星球大战》、《加勒比海盗》和《变形金刚》的卢卡斯影业有限公司（Lucasfilm Ltd.）的领导者深知，要迅速将个体组建成团队，人与人的接触和面对面的沟通至关重要。他们把不同的子公司——如特效工作室工业光学魔术公司（ILM）、卢卡斯艺术电子游戏公司（LucasArts video game company）、卢卡斯电影动画公司（Lucasfilm Animation）及其他子公司全部搬到斥资3.5亿美元建造的一处庞大建筑群里，这样一来团队就能迅速进入执行阶段。卢卡斯影业有限公司会围绕具体项目快速组建多学科团队，团队完成工作后就解散。解散是团队发展模式的最后阶段，即终止。

终止

终止（adjourning）**阶段**出现在那些为执行特定任务而组建并在任务完成之后即被解散的委员会或团队中。这一阶段的重点是结束收尾工作。执行任务已经不再是当务之急，领导者往往关注团队成员的社会情感需求。人们也许会感觉到自己的情感得到升华，凝聚力有所增强，他们还可能会因为团队解散而感到沮丧或遗憾。这时候领导者可能希望以一场典礼或仪式来宣告团队解散，也许还会当场颁发证书或分发奖品以表示完结。

10.2 团队类型和特征

接下来我们将讨论组织中传统上一贯采用的各种团队类型，研究对团队活力和绩效非常重要的一些特征。本章稍后部分将讨论领导虚拟和全球团队的新挑战。

10.2.1 传统的团队类型

今天的组织中有3种基本的团队类型：职能型团队、跨职能型团队和自我指导型团队。图

10-2 列举了这些团队类型。

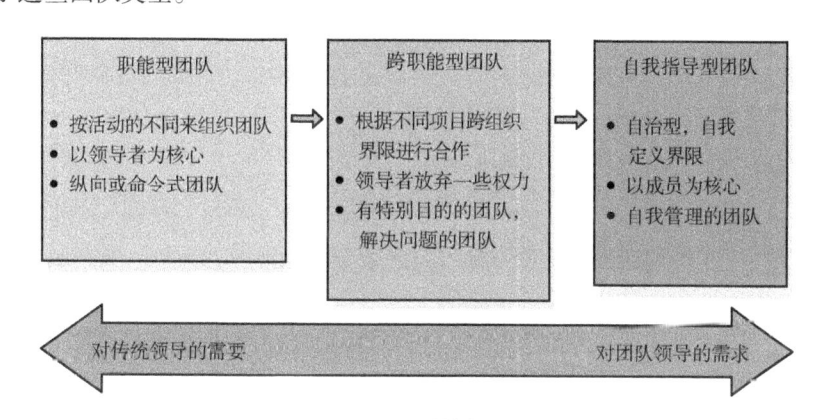

职能型团队	跨职能型团队	自我指导型团队
• 按活动的不同来组织团队 • 以领导者为核心 • 纵向或命令式团队	• 根据不同项目跨组织界限进行合作 • 领导者放弃一些权力 • 有特别目的的团队，解决问题的团队	• 自治型，自我定义界限 • 以成员为核心 • 自我管理的团队

←对传统领导的需要 —————— 对团队领导的需求→

图 10-2　团队和团队领导的演变

职能型团队

职能型团队（functional teams）是传统垂直等级的一部分。这种团队由一名管理者和下级以正式的命令传达链条的方式组成，有时被称为垂直团队或命令团队。职能型团队可能在一个部门中包括三四个不同等级。通常，一个职能型团队就是公司中的一个部门，如一家奶油厂的质量控制部门就是一个职能型团队。这个部门负责检查所有原料成分，保证用这些最好的原料生产出公司的冰激凌。财务分析部门、人力资源部门和销售部门也都是职能型团队或垂直团队。这里的每一个团队都是公司在垂直等级中建立的，通过员工的联合活动来达到特定的目的。每个团队都在组织中以垂直等级存在，通过团队成员的共同行动来实现特定目标。

跨职能型团队

顾名思义，**跨职能型团队**（cross-functional teams）是在组织中由不同职能部门的成员组成的。有时跨职能型团队要跨越垂直界限和水平界限，但大部分员工来自公司的同一层级。跨职能型团队通常由一名领导者来进行跨界限协调，管理各种不同项目，如在制造业公司中开发一种新产品，或者在学校开发一门多学科课程。美国马里兰州北贝塞斯达的乔治城预科学校（Georgetown Preparatory School）曾经运用跨职能型团队来制定流感预防计划。

领导进行时

乔治城预科学校的跨职能型团队

甲型 H1N1 流感（猪流感）爆发的时候，美国最古老的天主教男子中学乔治城预科学校早已做好准备。早在几年前发生禽流感恐慌的时候，乔治城预科学校就开始考虑制定一项流感预防计划。学校领导想要制定一项既可以应对持续威胁人们的季节性流感又可以应对全国性流感（如果发生的话）的计划。"我们对这项计划的讨论丝毫不亚于对课程、教学方法和品德教育的讨论。"乔治城预科学校教务长玛格丽特·弗雷泽（Margaret Frazier）如是说。

为了在全校范围内共享知识、共担责任，校领导组建了一个跨职能型团队，由教师、教练、行政人员、干事及外聘顾问组成。其成果就是制定了流感预防计划。这项计划让每个人都知道自己既作为个人又作为集体中的一员分别可以采取哪些措施抵抗季节性流感，也让他们对其他更致命的疾病有所了解并加以防范。跨职能团队解决了许多难题，如怎样鼓励"缺勤负责制"，是否追踪学生和教职工的国外旅行，假如爆发流感学校在什么情况下要停课，以及怎样利用远程学习等。

很少有学校能将防患工作做得如此到位，所以在2009年对抗甲型H1N1流感时，乔治城预科学校比其他很多教育机构有条不紊得多。"在现在这个全球连通并且急性传染病频发的时代……预防也许是最重要的课题了。"弗雷泽说。流感预防计划不断改进，乔治城预科学校也继续采用跨职能型团队来使校园中的每个人参与进来。

跟乔治城预科学校的流感预防团队一样，跨职能型团队涉及的项目一般会影响几个部门，因此需要集思广益。此类团队为各职能部门间共享信息提供便利，为协调相关部门收集建议，为公司中存在的问题提供新建议和解决方法，并帮助公司提出新的做法或政策。

解决问题或改进程序的跨职能型团队，其成员会自觉地聚在一起讨论提高产品质量、工作效率和改善工作环境的各种方法。他们会向最高管理层提出建议，等待审批。跨职能型团队还经常用于完成不断变化的项目，尤其是新产品开发项目，因为要有效开发新产品和服务需要许多部门进行合作。有时候这些团队被称做特殊项目团队。非营利性组织Healthwise就提供了这样一个例子。它和无数医疗保健组织及韦伯麦德（WebMD）等在线健康网站一起合作。该公司组建了一个由医生、其他保健专家、作家及技术人员组成的特殊项目团队，旨在开发一种叫做HealthMastery Campaign的新产品。HealthMastery是用来给客户发电子邮件的一系列程序，为客户提供有关哮喘、背部疾病或戒烟等话题的信息、调查和提醒。它符合该公司的宗旨，即为客户提供信息以帮助他们做出明智的保健决定。

> **行动备忘录**
>
> 作为一名领导者，你可以组建一个跨职能型团队来处理需要各个部门进行合作的不断变化的项目，如产品创新。利用解决问题或改进程序的团队来激发提高质量和效率的想法。

向自我指导型团队的演变

跨职能型团队可能会逐渐演变为自我指导型团队，这表示团队工作组织方式已发生根本变化。图10-1说明了团队和团队领导的演变。职能型团队在传统组织结构中会聚了具有同样技能和从事同样活动的员工，其领导建立在垂直等级基础上。在跨职能型团队中，团队成员从层级上说有更多自由，但这种团队仍然是以领导者为中心的。领导者通常为部门主管或经理，由组织指派代表团队。但是领导者必须放弃部分控制力和权力，以便于团队可以有效发挥作用。

在演变的最高层次，团队成员不需要管理者、监管或指派的团队领导者的持续指导就可以在一起工作。**自我指导型团队**（self-directed teams）以成员为中心并由成员指导，不再以领导者为中心或由领导者指导。包括ICU医学有限公司（ICU Medical）、联合柴油机公司（Consolidated Diesel）、全食食品公司（Whole Foods）、工业光学魔术公司（Industrial Light and Magic）、梅奥医学中心（Mayo Clinic）、IBM公司和艾德冰激凌公司（Edy's Grand Ice Cream）在内的许多美国公司都采用了自我指导型团队模式。实证研究表明，自我指导型团队与高度工作满足感之间存在联系。工作满足感增强的部分原因是在自我指导型团队中工作能够让员工感受到挑战，找到工作的意义，并与公司培养出强烈的认同感。

自我指导型团队一般由5~20位成员组成，他们可以轮换岗位来生产一件完整的产品或提供完整的服务，或者至少是某个产品或服务的一个完整部分或方面（如发动机的装配或保险索赔程序）。自我指导型团队通常是长期或永久存在的，尽管如今有许多快速成长的公司（如前文提到的卢卡斯影业有限公司）采用临时组建的自我指导型团队来完成特定项目，并在项目结束时解散团队。自我指导型团队通常包括下述 3 个因素。

（1）团队成员具有各种技能和作用，这些技能组合起来对完成组织的某项主要任务是足够的，因此这种团队能消除部门之间的障碍，实现良好的合作。

（2）团队能得到为完成整个任务所需的各种资源，如信息、财务资源、设备、机器和供给。

（3）团队有做决定的权力，这就意味着团队成员可以自由地选择新成员、解决问题、花钱、监控结果和计划将来。

在自我指导型团队里，成员们接管了各种职责，如安排工作日程或假期、订购原材料、评估绩效等。自我指导型团队一般不是完全自治的，因为要由组织领导者制定大方向并定期监察团队工作。但是，这种团队能够在最少的监管下有效工作，并且团队成员集体负责制定决策和解决问题。在全食食品公司，每家商店大约有 8 个自我指导型团队，分别负责诸如海产品、农产品或核查等部门。这些团队在人员安置、制定价格、产品选择等方面都有着惊人的判断力。医疗设备生产商 ICU 医学公司的自我指导型团队甚至在高层领导反对的情况下实施了他们的整改计划。ICU 医学公司创立者兼首席执行官乔治·洛佩兹（George Lopez）说他从没有否决任何一项团队决策。他认为只有人们有权做出重要决定时团队才能生效。ICU 医学公司和全食食品公司的领导者认为关键决策应该由那些与决策的后果息息相关的人来制定。

行动备忘录

领导者可以在成员不需要严格监管也能完成工作时采用自我指导型团队。为团队执行项目或任务提供所需要的金钱、设备、物资和信息，授予团队制定决策的权力。

很多自我指导型团队从自己的成员中选出一名领导者，而这名领导者每年都会更换。有些团队没有指定的领导者，因此根据情况的不同，任何成员都有可能发挥领导者作用。例如，美国马萨诸塞州总医院（Massachusetts General Hospital）的外伤急救团队工作协调性很高，尽管这个团队经常视具体问题更换领导者，却从不产生矛盾。针对每次新的紧急情况，下达指令的可能是医生、实习医师、护士或技师——任何对当时的情况特别有经验的人。

10.2.2　理解团队特征

领导者最重要的任务之一就是考虑团队规模、多样性和相互依赖性，从而对团队进行设计。团队设计的好坏对其成功有重大影响。

团队规模

30 多年前，心理学家伊万·斯坦纳（Ivan Steiner）研究了每次团队规模扩大会产生什么结果，并提出团队绩效和生产力达到顶峰时的规模是 5 位成员——一个相当小的数字。他发现超过 5 人，再加入多余成员会降低积极性，增加合作过程中的问题，导致团队整体绩效下降。从那以后，尽管多数研究人员表示不可能确定团队的最佳规模，许多研究却表明小规模团队的绩效更高。最近一项有关团队规模的调查以 58 个软件开发团队为对象，得出的数据表明绩效最高的团队规模在 3～6 人之间。美国盖洛普民意调查结果显示员工中 82%认为小团队的生产力更高。在一次对白领工作者进行的调查中，54%的调查对象表示他们喜欢在 3 人团队中工作。

团队应该达到一定规模，以便于利用多样化的技能，但又要限制在一定规模以内，以使成员能够感受到团体的亲密关系。对团队规模的研究总结表明，规模小的团队表现出更高的一致性，能提出更多问题，并且可以交换更多的意见和建议。团队成员希望彼此加强联系。小团队能带来更多的个人满足感,进行更多的个人之间的讨论,并且团队成员可以感觉到更多的凝聚力和归属感。规模较大的团队(通常有12位成员或更多)通常存在比较多的不一致和不同观点。大团队中通常会分化出一些小群体,而小群体之间容易产生矛盾和冲突。大团队对领导者的要求更高,因为成员的参与较少。大团队还容易缺少友谊和人情味,不能让成员感觉到自己是一个有凝聚力的共同体的一部分。普遍的规律是,在大团队中更难满足成员们的需求,迫使团队领导者要更努力地保持成员对团队目标的关注和责任感。

多样性

由于一个团队需要多种技能、知识和经验来共同完成工作,具有不同性的团队会更有效,因为成员们在完成项目或解决某个问题时拥有各种不同能力和信息。总的来说,这一观点得到了研究结果的支持。研究表明,具有不同性的团队比同质团队在解决问题方面更富创新性。团队中的多样性是创造力的来源。一位国际商业顾问以20世纪60年代引起轰动的甲壳虫(Beatles)摇滚乐队为例,来说明多样性对于创造性团队的重要性。他指出4名乐队成员的鲜明个性、不同才能及他们之间的内部竞争促成了他们的巨大成功。同样,在组织内,多样性也可能引起积极健康的冲突,最终促使成员制定出更好的决策。例如,在最高管理团队中,冲突较少的团队经常会做出较差的决策。而且,团队冲突较少往往说明成员间不存在多样性。来看看Mark Ⅳ运输物流公司的例子。

领导进行时

杰里·詹帕利亚和Mark Ⅳ运输物流公司

Mark Ⅳ运输物流公司最高管理团队的成员对周末的交际应酬不太感兴趣。他们的生活方式和兴趣差别太大,所以在工作之外没有太多共同语言。但这对首席执行官杰里·詹帕利亚(Jerry Giampaglia)来说并无所谓,因为他亲眼见证了这样一个多样化的团队创造的惊人成果——使公司年收益从300万美元飙升到2 000万美元。"在公司之外我们没有半点共同之处,"詹帕利亚说,"但是一旦走进公司,我们便配合默契。"

Mark Ⅳ公司曾经由一群关系紧密的亲戚朋友管理了10年。这些管理者大多是男士,他们想法相似,行动一致,工作之余还常常一块儿喝酒做运动。这样的工作环境很舒适惬意。问题是,Mark Ⅳ公司墨守成规,和城里其他速递服务公司一样只提供3种基本服务,年收益始终不能突破300万美元大关。詹帕利亚意识到只要公司由这样的同类型最高领导团队管理,就很有可能始终保持现状。因此,他开始用更加多样化的人填补空缺的职位,而这是他从前总是想要避免的。

现在,每次会议总是吵吵闹闹,很难达成一致意见。人们就某些观点反复争辩,并且质疑彼此的设想。这种不一致性激发了新的想法和新的思考方式。现在Mark Ⅳ公司提供定制服务以满足客户的需求。"从前是挑战找上门来,我们就艰难挺过去,"詹帕利亚说,"现在是我们创造挑战并喜欢寻找应对方法。"

杰里·詹帕利亚发现了现在很多领导者都知道的一个事实:团队多样性会引起积极健康的冲突,从而激发创新并且引导人们制定出更好的决策。然而,尽管一些冲突对团队来说非常有价值,但特别激烈的冲突和没有很好处理的冲突都会损害成员的满意度和工作表现。例如,在一家生产和销售高端儿童家具的公司,一个新型产品团队发现,在紧要关头,他们互不相同的看法和工作方式是冲突的根源。需要平静和安宁的成员讨厌那些喜欢播放背景音乐的成员；有洁癖的成员发现跟那些喜欢在杂乱环境中工作的人合作几乎是不可能的。幸运的是，这个团队为了工作项目克服了这些差别性问题。由来自不同种族和不同文化的成员构成的团队在共同工作的过程中会出现很多困难，但强有力的领导者和有效的冲突解决方法能使这些问题在一段时间内消失。

相互依赖性

相互依赖性是指团队成员完成工作所需要的信息、资源或想法的相互依赖程度。例如，在做手术或指挥军事行动时，需要高度的互动和沟通，而有些任务如装配生产线的工作就只需要较少的相互依赖。

3 种类型的相互依赖会影响团队：集中型、有序型和互惠型。

集中型相互依赖（pooled interdependence）是最低层次的相互依赖，团队成员在完成各自的工作时非常独立，他们参与团队工作，但并不是作为一个团队来工作。他们可能共同使用一台机器或同一个秘书，但他们大部分的工作是独立完成的。例如，一个销售团队，每位销售人员负责自己的销售地区和客户，但共用一个秘书。销售人员不需要互动来完成自己的工作，也不需要每天进行合作。

有序型相互依赖（sequential interdependence）是一种连续的相互依赖形式，其中一位成员的成果是另一位成员的投入。上一位成员必须要做好，才能保证下一位成员也能做好，以此类推。因为团队成员必须要交换信息和资源并且相互依赖，这是一种较高水平的相互依赖。例如，在一个汽车工厂中的发动机装配团队，每位团队成员完成一个独立的任务，但他的工作依赖其他团队成员令人满意的工作成果。保持团队平稳运行需要成员之间定期沟通和合作。

互惠型相互依赖（reciprocal interdependence）是最高水平的相互依赖，是指团队成员以互惠方式相互影响。团队成员 A 的成果是团队成员 B 的投入，而团队成员 B 的成果又反过来作为团队成员 A 的投入。互惠型相互依赖存在于大部分以知识为基础的团队中。例如，美国联邦调查局（Federal Bureall of Investigation，FBI）利用网络行动组来打击诸如病毒、蠕虫病毒和其他流氓程序的计算机犯罪。这个团队由特工、计算机鉴证专家和计算机编码专家组成。这种工作不以合乎逻辑、按部就班的方式进行，而更像是在团队成员间的"开放式的、往复的协作，反复，再反复"。在互惠型相互依赖团队中，每位成员都做出自己的贡献，但是团队仍作为一个整体来"对外表现"。

领导者有责任根据团队的相互依赖性程度来促进成员之间所需的合作与沟通。例如，福特汽车公司高层领导者创造条件保证研发翼虎混合动力车的团队中存在高水平的相互依赖性，使成员能在很紧张的日程内完成极其复杂的项目。所有团队成员都被安排在总部的同一楼层，以便于进行密切互动。期间遇到的问题往往在谈话间或在吃午餐时就能得到解决。高层领导者几乎给予了该团队完全的自主权，这样就能够快速制定出决策。要研发出理想的翼虎混合动力车，需要进行上百次反反复复的讨论，对汽车硬件、软件及线路进行成百上千次调节。这款车推出市场之后取得了巨大成功，而这次项目所研发的混合动力技术的应用也是福特未来成功的关键。

真正的团队领导——包括赋予团队做决策和采取行动的权力——在团队相互依赖性很高的时候，对取得高绩效是非常重要的。然而，对那些相互依赖性很低的团队而言，采用传统领导方式、对个人进行奖励、向个人而不是团队授予权力可能是更合适的。

10.3 团队效率

团队效率（team effectiveness）可被定义为获得 4 项成果：创新/适应、效率、质量和员工满意。创新/适应是指团队影响组织的程度，即影响组织快速应对环境需要和变化的能力。效率是指团队是否能用更少的资源帮助组织实现目标。质量是指致力于更少的瑕疵和超越客户期望。满意是指团队通过满足成员个人需求来保持他们的责任感和热情。接下来，我们会讨论影响团队效率的几个因素：团队凝聚力和绩效，团队任务和社会情感角色，团队领导者的个人影响力。

> **行动备忘录**
> 作为一名领导者，你可以通过团队的规模、多样性和相互依赖性来提高团队效率。当团队成员相互依赖性很高的时候，授予其共同制定决策和采取行动的权力。

10.3.1 团队凝聚力和效率

团队凝聚力（team cohesiveness）是指团队成员在对共同目标的追求中坚守在一起，保持团结的程度。具有很强凝聚力的团队成员对团队目标和活动具有责任感，感到自己在参与有意义的事情，当团队成功时他们会觉得很高兴。团队凝聚力不高的团队成员对团队利益不太关注。

团队凝聚力的决定因素

领导者可采用几个因素去影响团队凝聚力，第一个因素是互动。团队成员之间的接触越多，彼此在一起的时间越多，团队的凝聚力就更强。通过频繁互动，成员之间能彼此了解，能更为团队投入。第二个因素是共同的使命和目标。当团队成员就目的和方向达成一致时，他们就会更有凝聚力。那些最有凝聚力的团队使成员们都觉得自己在参与某些非常相关和非常重要的事情——他们一起开始了一次旅程，朝着使这个世界更美好的方向前进。一名宇航管理人员在回忆自己参与某个高级设计团队时说："我们甚至连走路的方式也和别人不同。我们感觉自己就在那里，在整个世界的前面。"第三个因素是个人对团队的吸引力，是指团队成员找到共同愿景，有相同的态度和价值观，喜欢待在一起，成员们喜欢彼此，相互尊重。

组织环境也会影响团队凝聚力。当一个团队与其他团队的竞争适度时，如果这个团队希望获胜，凝聚力就会增强。最后，团队成功和其他人对团队工作的好评会增加凝聚力。当团队获得成功而组织中的其他人也认可这种成功时，团队成员就会感觉很好，他们对团队的责任感也会增强。

> **行动备忘录**
> 作为一名领导者，你可以为成员提供互动和相互了解的机会，增强团队凝聚力。你可以利用跟其他团队的友好竞争来增强凝聚力，并与高层领导协商给团队制定较高的绩效标准。

团队凝聚力的结果

团队凝聚力的结果可以分为两种：士气和工作表现。作为一条普遍规律，凝聚力高的团队中成员的士气也高，因为他们之间的沟通频繁，有一种友好氛围，成员的忠诚度高，成员在决策和行动中有更多参与。高凝聚力的团队对成员的满足感和士气的影响基本上都是正面的。

对团队工作表现而言，团队凝聚力与工作表现一般是正相关的，尽管研究结果表明它们是交互作用的。有凝聚力的团队有时可以释放成员们巨大的精力和创造性。对此的一个解释是，研究发现在团队中的工作可以提高对个人的激励，使他们更好地表现。**社会促进**（social facilitation）是指对团队中某个成员来说，其他人的出现能带给他动力和更好的表现，即仅仅与其他人接触就可以起到激励作用。与此相联系的一个研究表明，当团队相互依赖性很高时，凝聚力就更能促进好的工作表现。相互依赖要求经常接触、合作和沟通，正如本章前面所述。

> **行动备忘录**
>
> 凝聚力一般被看做团队的一个有利特征。"领导者自察10-1"可以衡量你在学习中或工作中所参加团队的凝聚力。

然而，有时候凝聚力可能会削弱工作表现。一个尤其相关的因素是**集体思维**（groupthink），即在凝聚力很高的团队中人们隐瞒相反观点的倾向性。当人们对和谐的渴望超过对决策质量的担心时就陷入了集体思维。当凝聚力很高的团队中的成员把团队和谐放在第一位时，他们有时会审视自己的观点而不愿质疑或挑战别人的看法。

另一个影响工作表现的因素是团队与高层领导者的关系。一项研究调查了200多个团队及其与凝聚力相关的工作表现。结果表明，具有很强凝聚力的团队，当团队成员感觉到公司领导者的支持时，生产效率就会很高，而当他们感觉到领导者的敌意或消极因素时，生产效率就会下降。

领导者自察 10-1

你的团队是否具有凝聚力

想一下你现在正在参与或最近参与过的一个具体团队，无论是在工作中还是学习中。回答下列有关你对该团队的感觉的问题，指出每一项对你来说是"基本符合"还是"基本不符"。

	基本不符	基本符合
1. 成员会很自豪地宣称自己是团队的一部分。	___	___
2. 成员愿意为了团队的成功付出最大努力。	___	___
3. 成员有时候故意让其他团队成员出丑。	___	___
4. 成员愿意为了组织的利益而与其他成员谈论团队工作。	___	___
5. 成员会互相利用对方的错误。	___	___
6. 成员真心在乎团队的成功。	___	___
7. 成员感觉坚持该项目没有太大收获。	___	___
8. 该团队的成员很喜欢待在一起。	___	___

计分与解释

对第3、5、7题每回答1个"基本不符"加1分，对第1、2、4、6题每回答1个"基本符合"加1分。把8个问题的得分加起来：_____。这些问题都有关团队凝聚力——团队成员互相喜欢、信任和尊重的程度及他们追求共同目标过程中的团结程度。这些问题最早是为了评估医院上层管理团队对共同决策的坚定性而设计的。如果你的得分等于或高于6分，那么你的团队的凝聚力就很高——成员互相团结在一起并坚守团队目标。0~2分表示低于平均团队凝聚力。

资料来源：Adapted from Robert S. Dooley and Gerald E. Fryxell, "Attaining Decision Quality and Commitment from Dissent. The Moderating Effects of Loyalty and Competence in Strategic Decision-Making Teams," *Academy of Management Journal* 42, no. 4(1999), pp.389-402.

10.3.2 满足任务和社会情感需求

影响团队效率的另一个重要因素是，确保任务和社会情感需求得到满足。回想一下第 3 章中讨论的情境领导力与分别以任务为导向和以关系为导向的管理行为。以任务为导向的管理行为将注意力主要放在任务和生产上，生产率一般都很高；而以关系为导向的管理行为强调关注追随者和彼此的关系，员工满意度一般更高。

一个团队要想长期获得成功，既要有以任务为导向的管理行为，又要有以关系为导向的管理行为。也就是说，团队必须既保持成员的满足感，又能完成任务。这需要团队领导扮演好两种角色，如表 10-3 所示。角色是指处于某个职位上的人被期望做出的一系列行为，如团队领导者角色。**任务专家角色**（task-specialist role）负责帮助团队完成目标，如提出新想法、评估现状及提出解决方案。**社会情感角色**（socio-emotional role）包括保持人们情感健康，如鼓励他人参与、化解冲突、对他人表示关心及保持团队和谐。

在理想状态下，团队领导者在某种程度上能够承担起任务专家和社会情感双重角色。在万豪酒店（Marriott），团队领导培训的主要目标就是要同时加强以任务为导向和以关系为导向的管理技巧，因为一般来说同时掌握这两种技巧的领导者所带领团队的生产力和创新能力更高。无论如何，团队领导者都有责任确保任务和社会情感这两种需求都得到满足，无论是通过自己的努力还是借助其他团队成员的行为来实现。

> **行动备忘录**
>
> 作为一名领导者，你要确保任务和团队成员的社会情感需求都得到满足，这样人们就既能感受到友好的支持又能感受目标完成时的成就感。

表 10-3　团队领导者的两种角色

任务专家角色	社会情感角色
提出新想法：提出解决方案和新思路	鼓励他人：对成员表示热情和接受，引出他们的想法
发表观点：评价任务解决方案，对他人的建议如实反馈	使他人接受差异：化解冲突，努力缓和紧张情绪，处理不同意见
收集信息：结合现状明确任务、责任和建议	对他人友善并给予支持：关心成员的需求和感受
总结想法：总结与当前问题相关的各种想法；总结建议	向团队看齐：愿意妥协并接受他人的观点；自己遵守并提醒大家遵守已经达成一致的行为规范
鼓励行动：激励其他成员，激励整个团队采取行动	保持和谐：发现并纠正成员不正常行为或团队互动中的问题

资料来源：Based on Robert A. Baron, *Behavior in Organizations*, 2nd ed. (Boston: Allyn & Bacon, 1986); Don Hellriegel, John W. Slocum, Jr., and Richard W. Woodman, *Organizational Behavior*, 8th ed. (Cincinnati, OH: South-Western, 1998), p.244; and Gary A. Yukl, *Leadership in Organizations*, 4th ed. (Upper Saddle River, NJ: Prentice Hall, 1998), pp.384-387.

10.4　团队领导者的个人角色

成功的团队往往从自信和高效的团队领导者开始。哈佛商学院教授对外科手术团队进行研究后发现，团队领导者的态度、行动及其与团队成员互动的程度对团队效率和手术成功有重要影响。领导一个团队要求那些习惯在传统组织中工作、总是由自己做决定的管理者转变自己的思维和行为方式。

大部分人都能够学习团队领导者所需要的新技能和品质，但这并不总是轻而易举的。要成为有效的团队领导者，人们必须愿意改变自己，从自己的舒适领域里走出来，并抛弃以往那些指导自己行为的设想。下面我们将讨论要成为有效团队领导者应该做出的4个改变。

10.4.1 认识共同目标和价值观的重要性

团队领导者需要明确表达一个清晰和有说服力的愿景，这样每个人都能向同一个方向前进。有一个令人信服的目标是有效团队的关键要素之一。要是每位成员都胡乱做事，不知道团队为何存在，也不知道团队的目标，或者大家不是向共同的方向努力，而是向不同的方向使劲，这个团队就不可能成功。

团队领导者也需塑造一个团队的规范和价值观，这些规范和价值观对实现团队愿景有重要意义。**团队规范**（team norm）指团队成员共有的、用来指导自己适当行为的信仰。规范的重要性在于，它界定了什么样的行为是可以接受的，并为成员的行动提供了参考框架。团队领导者的期望值很大程度上影响了团队所采取的规范和价值观，以及团队对这些规范和价值观坚持的程度。例如，美国国家橄榄球联盟专员罗杰·古德尔（Roger Goodell）以制定规范鼓励积极行为、反对不端行为为己任。在今天的环境下，球迷和公众在心理上已经不能接受犯了错就以"男孩子就是这样！"作为借口。最终，罗杰的这些规范被纳入由国家橄榄球联盟与运动员协会共同制定的对运动员品行不端零容忍的政策。这样即使以后某些球员行为不端，这些规范也可以维护橄榄球运动的形象。

10.4.2 建立共识

尽管组织最高管理者可以制定团队的基本目标，但有效的团队领导者却不能只是简单地把这一愿景"传达"下去，并强行规定实现这一愿景的短期目标和手段。好的团队领导者会下工夫大理解团队成员的兴趣、目标、价值观和想法，然后确定并清楚地告诉成员这个团队主张什么，应该怎样运作。好的团队领导者不会凌驾于团队之上，而是虚心听取成员的想法，并在此基础之上努力建立一种共同的团队认同感，指导成员朝着更高的目标前进。有效的团队协作依靠所有成员的合作和支持。如果个体成员能把团队利益当做自己的利益，这个团队就能达到最佳状态。因此，团队领导者的工作是要建立共识，而不是发号施令。好的领导者与成员分享权力、信息和责任，并且让他们自己决定如何做这项工作。他们相信，自己的团队作为一个整体有能力做正确的决定，即使这些决定也许不是领导者个人会做出的。

10.4.3 承认自己的错误

最优秀的团队领导者愿意承认自己不是无所不知的人，而是有弱点的人。有效的团队领导者能够让每个人都能贡献自己独特的技能、才华和想法。领导者可以作为团队**易犯错的表率**（fallibility model），承认自己的无知和错误并向成员寻求帮助，让成员知道他们可以开诚布公地讨论问题、错误和担忧，而不必害怕这样会使自己显得无能。当布鲁斯·莫拉维克（Bruce Moravec）受命领导一个为波音757设计新机

> **行动备忘录**
> 完成"领导者自察10-2"中的练习，评估你的团队领导能力。

身的小组时，他知道自己必须获得成员们的尊重和信心，尽管这些成员已经在这个领域工作多年，他自己却对此知之甚少。"你不能装做你比这些对项目非常熟悉的人懂得更多，"莫拉维克这样建议，"如果那样做，你注定会失败……他们才是专家。"

领导者自察 10-2

评估你的团队领导技巧

阅读下列各题所描述的情境，根据个人情况选择"基本不符"或"基本符合"。

	基本不符	基本符合
1. 领导团队的一个很重要的内容是让成员每天都知道影响他们工作的相关信息。	____	____
2. 我喜欢和团队成员在网上对团队任务进行交流和沟通。	____	____
3. 通常和来自不同文化背景的团队成员沟通时我会略感紧张。	____	____
4. 我通常喜欢和团队成员进行面对面沟通而不是通过电子邮件沟通。	____	____
5. 我喜欢以自己的方式，按照自己的时间安排做事情。	____	____
6. 如果要聘请新成员，我希望由整个团队进行面试。	____	____
7. 和具有不同文化背景的团队成员一起工作时，我会变得不耐烦。	____	____
8. 我会建议每位团队成员都要以自己的方式为团队做贡献。	____	____
9. 如果我离开一周，团队照样能完成大部分重要工作。	____	____
10. 如果一项重要任务不能出任何差错，我很难把它交给别人来干。	____	____
11. 我喜欢与口音各异的团队成员一起工作。	____	____
12. 我有信心领导文化背景不同的团队成员。	____	____

计分与解释

有效团队领导的答案如下。

第1、2、6、8、9、11和12题第回答1个"基本符合"得1分。第3、4、5、7和10题每回答1个"基本不符"得1分。如果你的得分大于等于9，说明你理解成为高效团队领导者的要素。如果你的得分小于等于3，说明你采取的是权威领导方式，或者对领导不同文化背景的团队不太得心应手，或者不适应电子邮件等虚拟沟通方式。

第1、5、6、8、9和10题与权威型或参与型领导方式有关。第3、7、11和12题与文化差异有关。第2、4题与虚拟团队沟通有关。团队领导的哪些方面反映你的领导优势？哪些方面反映你的领导劣势？团队领导要求领导者学会分享权力，信息和责任，包容各种不同的成员，并对电子沟通方式运用自如。

资料来源：Adapted from "What Style of Leader Are You or Would You Be?" in Andrew J. Dubrin, *Leadership: Research Findings, Practice, and Skills*, 3rd ed. (Boston: Houghton Mifflin Company, 2001), pp. 126-127; and James W. Neuliep and James C. McCroskey, "The Development of Intercultural and Interethnic Communication Apprehension Scales," *Communication Research Reports*, 14, no.2 (1997), pp. 145-156.

10.4.4 为团队成员提供支持和指导

好的团队领导者要保证团队成员能够得到培训、发展的机会和需要的资源,当他们为公司做出贡献后能够得到适当的奖励。有效的团队领导者会花时间照顾团队成员,而不总是为自己考虑,如如何得到提升或涨工资。大部分团队成员都迫切需要得到认可和支持。美国维珍移动公司(Virgin Mobile USA)现任首席执行官丹·舒尔曼(Dan Schulman)在自己的事业早期就明白了认可他人贡献的重要性。舒尔曼说,他的妹妹20岁不幸去世那年,他根本无心关注自己的工作,但他的团队成员依旧团结在他周围,确保他们的项目成功运转。舒尔曼最终递交项目报告的时候,他坦白地告诉老板,自己没有对项目做多少贡献,这全是团队的功劳。以后舒尔曼再带领团队时,他总是说他发现承认团队成员的功劳可以让整个团队更有效,更有凝聚力。

> **行动备忘录**
>
> 作为一名领导者,你可以为团队成员指出一个清晰并令人信服的愿景,让他们知道自己的工作是重要并富有意义的。你可以为每个人提供空间,让他们贡献自己的力量,并为他们提供相应的培训、支持和指导,帮助他们取得进步。

尽管我们之前讨论过,团队领导者要让下属专注于完成任务,但研究发现,对建设一个高效团队来说,有助于与团队成员建立积极关系的柔性领导更加重要。如果团队领导者能够为成员提供支持,加强团队意义和身份认同,维持良好的人际关系和团队凝聚力,并为提高成员自身领导力提供培训和指导,那么团队的效率、生产力和学习能力都能得到加强。

10.5 领导者的新挑战:虚拟团队和全球化团队

对领导者而言,当团队成员分布在世界各个地方,被不同的语言和文化分隔开时,领导者面临的挑战更大。虚拟团队和全球化团队是今天许多领导者面临的现实。表10-4列出了传统团队类型与今天的虚拟团队和全球化团队的主要区别。本章前面所讨论的传统团队类型通常处于现实世界进行面对面沟通,团队成员也往往拥有类似的文化背景和特征。与之相对,虚拟团队和全球化团队的关键特征包括:1)空间距离限制了面对面沟通;2)采用高技术手段进行沟通是连接团队成员的主要方式。虚拟团队和全球化团队的成员分布在不同的地方,可能是在同一组织不同的办公室、同一个国家的不同地区或世界各地。大多数沟通是通过电话、传真、电子邮件、即时通信、虚拟文件共享、视频会议和其他媒介来完成的。在有些虚拟团队中,成员们有着共同的文化背景,而全球化团队则经常由文化差异很大的成员组成。因此,全球化团队的领导者所面临的挑战最大,因为不同的文化引起误解和冲突的可能性更大。

表10-4 传统团队与虚拟团队和全球化团队的区别

团队类型	空间距离	沟通	成员文化	领导者面对的挑战
传统团队	处于同一地方	面对面	相同	高
虚拟团队	分散的	通过媒介	相同或不同	很高
全球化团队	广泛分散的	通过媒介	不同	极高

10.5.1 虚拟团队

虚拟团队（virtual team）是指由在地理上分散或在组织中分散的成员组成的，通过先进的信息和通信技术连接在一起，完成共同任务的团队。成员之间很少面对面沟通，而是使用电子邮件、留言系统、视频会议、因特网和局域网技术及其他各种合作软件开展工作。

虚拟团队的应用

虚拟团队，有时也叫分散的团队，可能是为特定项目工作的临时的跨职能型团队，也可能是长期的自我指导型团队。为完成一个项目，虚拟团队有时需要将客户、供应商甚至竞争对手都纳入其中以集思广益。使用虚拟团队可以让组织为一项特定工作选择最优秀的人，而不管这些人身处何地。因此，在面对竞争压力时虚拟团队可以快速做出反应。在 IBM 公司，一旦一个项目需要人，公司会给人力资源部门一份所需的技能清单，然后人力资源部门再给公司一份符合资格的人员名单。团队领导就可以从这份名单中为项目选最合适的人，但这也往往意味着这些人来自不同的地方。IBM 公司估计，公司约 1/3 的员工参加了虚拟团队。

> **行动备忘录**
>
> 作为一名领导者，即使利用有限的控制和监管也可以帮助虚拟团队完成工作。你可以选择在虚拟团队中表现出色的成员，定期安排与他们面对面沟通，从而保证成员清楚工作目标和绩效标准。

领导虚拟团队

尽管虚拟团队有潜在的好处，但有越来越多的证据证明，虚拟团队的效率往往不如成员能面对面沟通的团队高。尽管团队领导者可以对虚拟团队的表现产生很大的影响，但是虚拟团队也给团队领导带来了严峻挑战。传统团队的领导者可以监测成员正在做的事情及事情是否按计划运转，但虚拟团队的领导者却很难看到成员什么时候在工作及以什么方式工作。虚拟团队的领导者必须相信成员即使在没有监管的情况下也会照常工作，他们需要学着更加重视结果，而不是实现结果的过程。对虚拟团队控制太多反而会让整个团队垮掉，因此领导者需要放开自己的控制，同时对成员给予指导、鼓励、支持和培养。前面提到的领导者个人角色也适用于虚拟团队。此外，为了获得成功，虚拟团队领导者也要掌握以下技能。

挑选合适的团队成员。有效虚拟团队领导者会花很多心思找到合适人选组合成虚拟团队。在虚拟环境中，团队成员需要在技术、人际和沟通技能方面合理搭配进行有效合作。除此之外，领导者需要让团队知道每位成员是如何被选入团队的，从而为团队建立信任彼此能力和承诺的基础。选择诚实、开诚布公和可信赖的人也是一种优势。和其他类型的团队一样，小型虚拟团队的凝聚力更强，工作也更有效。同时，观点和经历的多样性也对虚拟团队的成功具有重要意义。虚拟团队一般都具有多样性，因为团队领导者在组建团队时，总是挑选适合这项工作的人选，而不管他们在什么地方，这样团队成员通常都会有不同的背景和观点。

利用技术建立关系。领导者要保证团队成员有机会了解彼此并建立相互信任的关系。在美孚公司（Mobil Corp.），团队领导者会在项目开始时把虚拟团队成员召集到一个地方，让他们建立个人关系，并了解团队的目标和责任。这些高强度的会议可以让团队很快度过我们之前讨论过的组建和无序阶段。对虚拟团队的研究表明，这两个阶段最好在同一时间、同一地点完成。然而，团队领导者也应利用技术建立关系，鼓励与任务无关的沟通，如利用社交网站分享照片、想法和个人经历。在调查哪些技术能够促进虚拟团队成功时，研究人员发现虚拟工作空间得分最高，在这里，团队成员能够 24 小时获得最新资料，获知最后期限和工作日程，追踪他人工作进程并在正式会议之前进行讨论。

就基本原则达成一致。团队领导者应该从一开始就规定清楚每个人的角色、责任和权限。所有成员都需要清楚地了解团队和个人目标、完成期限、团队对自己的参与和业绩表现的期望。在团队成员应扮演的个人角色和团队对他的期望明确时，团队成员之间更容易建立相互信任的关系。同样重要的是，团队领导应该创建一个不受干扰的工作环境，在这里，成员可以自己做决定，监测自己的表现并调整自己的行为以实现目标。另外重要的一点是形成充分公开和互相尊重的规范。团队成员需要对沟通礼仪达成共识，如善意的发火是否可以接受，是否需要对员工之间的在线聊天制定规范，是否对手机短信或电子邮件限制回复的时间等。

随着虚拟团队应用的不断增长，越来越多的人对虚拟团队的成功提出了自己的看法。一些专家建议，团队领导者应该尽量选择那些自愿加入团队的成员，对虚拟团队成员和领导者的采访也显示，真正想加入虚拟团队的成员做事更有效率。在诺基亚（Nokia）公司，大部分虚拟团队都由自愿加入团队的成员组成。

领导进行时
诺基亚公司的虚拟团队

在一项对 15 个大型跨国公司的 52 个虚拟团队进行的研究中，伦敦商学院的研究人员发现，诺基亚公司的虚拟团队跻身效率最高团队之列，尽管团队成员都在跨越时区和文化的不同国家工作。

是什么让诺基亚公司的虚拟团队如此成功？诺基亚的领导者很注意为团队选择具有合作意识的人。他们和自愿加入团队的人一起组成了对任务和项目高度负责的团队。公司也会尽力保证团队的某些成员之间之前有过合作关系，为团队建立互相信任的基础。最大限度地利用技术是关键。除了个团队成员可以 24 小时使用的虚拟工作空间外，诺基亚公司还为成员提供网络空间分享照片和个人信息。团队成员不能了解彼此是提高虚拟团队效率的最大障碍之一，而诺基亚在鼓励和支持社交方面所做的努力让公司得到了回报。

10.5.2 全球化团队

正如诺基亚公司的例子所示，虚拟团队常常也是全球化团队。这意味着团队成员在工作中不仅要克服空间上的障碍，还要克服时间差和语言文化的障碍。**全球化团队**（global teams）是由生活和工作在不同国家、具有不同文化背景并在全球基础上就自己的部分工作与他人进行合作的成员组成的团队。身在英国的 IBM 公司程序员罗伯·尼科尔森（Rob Nicholson）需要与美国和印度的同事共同完成任务。英特尔公司（Intel）的芯片设计团队成员来自以色列、印度和美国。BT 实验室（BT Labs）的研究部门尽管分散在世界各地，但其全球化团队可以对虚拟现实、人工智能和其他先进技术进行研究。一项对 103 个公司的研究发现，近一半的公司如今使用全球化团队进行新产品开发，而且几乎每 5 个团队中就有 1 个是全球化团队。全球化团队有很多优势，但也会给团队领导带来巨大挑战。美国《首席信息官》（*CIO*）杂志执行委员会曾让多位全球公司的首席信息官列出公司面临的最大挑战，结果管理虚拟的全球化团队是让他们感到压力最大的问题。

为什么全球化团队会失败

由于语言和文化障碍,虚拟团队面临的所有困难到全球化团队这里都会放大。当人们有不同的规范、价值观、态度和行为模式时,要在成员间建立信任就成为更大的挑战。团队中很容易滋生"我方对他方"的心态,这和公司建立全球化团队的初衷背道而驰。看看在一个成员来自印度、以色列、加拿大、美国、新加坡、西班牙、布鲁塞尔、英国和澳大利亚的全球化团队中发生了什么。

> "起初……团队成员不愿意向还是陌生人的队员寻求建议,怕对方认为自己没有能力。此外,即使成员向别人寻求帮助,对方也不一定愿意帮助他。一位团队成员坦承,她曾认真计算过自己愿意与他人分享多少信息。在她看来,为了虚拟团队的队员跑到千里之外既费时间又费精力,而且还不能保证对方能给自己回报。"

一项调查发现,在采用全球化团队的公司中,最高管理者都把建立信任和克服沟通障碍看做影响全球化团队成功的两个最重要、同时也最困难的因素。因此,建立有效的全球化团队的最大障碍不是缺乏技术知识或责任心,而是缺少队员与来自不同文化背景的同事打交道的能力。在全球化团队中,沟通障碍可能会让团队举步维艰。全球化团队不仅要应付不同时区和相冲突的日程,还要解决成员们语言不同的问题。即使成员能通过同一种语言沟通,他们也可能因文化差异而产生理解问题。不同国家的成员往往对权威、决策和时间观等概念有不同的理解。例如,在以美国为代表的一些国家,人们时间观念较强,严格遵守日程表,但在其他很多国家,人们的时间观念就随意得多。这种对时间的不同看法会直接影响团队的工作进度、成员沟通和其对最后期限的理解等。

带领全球化团队

人们越来越多地发现,完成一个项目所需的专门技术、知识和技能散布于世界各地。另外,正如我们之前讨论过的,多样性是激发创造力的源泉,同时有助于发现更好的解决问题的办法。以上领导传统团队和虚拟团队的原则也适用于全球化团队。例如,成员如果有一种强烈的目标感,他们就更容易跨越语言和文化的障碍。此外,全球化团队领导者还可以采用下面的方法来提高成功的可能性。

> **行动备忘录**
> 作为一名团队领导者,你可以为全球化团队提供语言和跨文化培训,并带领团队成员摆脱对行为的先入之见。

应对语言和文化障碍。使用全球化团队的组织不能省掉"培训"这一步。对成员进行语言和跨文化培训可以帮助他们跨越语言和文化的障碍。语言培训可以促使成员更自然、直接地沟通,从而省去翻译这一步。成员理解彼此的文化也可以促进沟通和人际关系。全球化团队若想成功,所有成员都要积极接受与自己不同的文化价值和态度。美国俄勒冈州(Oregon)波特兰市(Portland)的一家咨询和设计公司 Xplane 收购了马德里的一家小企业。之后 Xplane 开展了一年的员工沟通项目,在波特兰和马德里租好房子,让具有不同文化背景的员工往返于两地之间,感受当地文化。

拓展思维和行为。随着成员不停地开阔自己的思维,接受文化差异,他们也学会了形成共同的团队文化。在全球化团队中,所有成员都要在某种程度上偏离自己的价值观和规范,为团队建立新的规范。领导者应该和成员们一起努力,为可以接受的行为制定规范和指南。这些指南可以作为强有力的自我约束机制,促进队员的沟通,增加团队内的互动,让团队作为一个整体运作。

10.6 处理团队冲突

大家也许能想到，由于沟通障碍和误解的概率大大提高，全球化团队和虚拟团队中发生冲突的可能性会增大。针对虚拟团队的研究表明，团队处理内部冲突的方式对成功有至关重要的影响，而虚拟团队中更容易出现冲突，冲突出现后也更难解决。另外，虚拟团队的成员也比面对面工作的成员更容易有一些辱骂同事等不良行为。在虚拟环境中，尽管有些成员逃避责任或不尽全力，却照样能在团队中待下去，这也会引发团队冲突。由于成员的文化价值观不同，极少面对面沟通，缺乏现场监督，建立团队一致性和培养责任感变得尤为困难。

只要人们在团队中工作，有些冲突就不可避免。不管是领导虚拟团队还是成员面对面工作的团队，团队领导最重要的任务之一就是让成员把不满开诚布公地讲出来，然后有效地解决这些冲突。

冲突（conflict）是指一部分成员针对另一部分成员的充满敌意或对抗性的行为，这些行为试图妨碍对方的目标。出现冲突是很正常的，不管是在成员之间还是团队之间，任何团队和组织都会出现冲突。但过多的冲突具有破坏性，会割裂成员之间的关系，阻碍成员沟通那些团队发展和团结所需的想法和信息。高绩效团队通常冲突较少，而且这些冲突多是由任务而不是人际关系引起的。此外，一定模式的冲突是健康的，它反映了成员之间高水平的相互信任和尊重。

10.6.1 冲突产生的原因

优秀的领导者能够发现导致成员之间或团队之间发生冲突的几个因素。当团队竞争金钱、信息或物资等稀缺资源时，冲突几乎是不可避免的。任务职责划分不清时也会引起冲突。人们可能会对谁负责某项任务或谁有权使用某种资源产生异议，这个时候需要领导者帮助大家取得一致。冲突的另一个原因是团队中每位成员追求的目标不一致。请看以下案例。

领导进行时

《洛杉矶时报》

很久以来，《洛杉矶时报》（Los Angels Times）都是美国新闻界最受人尊敬的名字之一。这份曾几次获得普利策奖的报纸是美国为数不多的几份拥有全国声誉的报纸之一。但近些年来，该报社却饱受优秀编辑辞职的困扰。不到 4 年时间，《洛杉矶时报》的主编就三易其主，不少高级编辑也是没干多长时间就纷纷离职，而这一切都源自报社节约成本和编辑维持报纸质量之间的冲突。

如今报业形势严峻，没有一份报纸能逃避这一点，但《洛杉矶时报》遭到的打击尤其沉重。早在美国房市低迷和经济衰退重创报纸广告收入之前，《洛杉矶时报》的发行量已经开始逐年减少。因此，报社盈利的一面（削减成本和吸引广告商的目标）和新闻性的一面（提供高质量的新闻）开始了无休止的拉锯战。这些冲突一言难尽，但很多在《洛杉矶时报》工作过的编辑说，报社没完没了地强调削减成本的目标，这同时也把报纸新闻性的一面削减掉了，因此他们只有离开。

2000年购入《洛杉矶时报》的芝加哥论坛媒体公司（Tribune Company）（其下属报纸还有《芝加哥论坛报》）已于2008年年底申请破产保护。尽管困扰《洛杉矶时报》的紧张局势不能完全怪罪到芝加哥论坛媒体公司身上，但由于公司领导没有能力有效处理目标冲突，这让《洛杉矶时报》在横扫媒体公司及整个经济形势的"完美风暴"面前变得愈加脆弱。

引发冲突的最后一个原因是团队成员的性格、价值观和态度等这些基本差异，这一点在第4章已经讲过。有时一个人和另一个人就是无法相处愉快，更不会在任何问题上达成一致。这种情况下，唯一的解决方法是将两人分开，把他们分到不同的团队里，让他们各尽其用。

> **行动备忘录**
>
> 作为一名团队领导者，你需要采取最佳方式解决团队冲突。你可以根据解决冲突所需的独裁和合作的程度，选择以下几种方式：竞争、回避、折中、容纳和协作。

10.6.2 冲突处理方式

在满足自己的需求或他人的需求的基础上，团队和个人都形成了一些处理冲突的方式。图10-3描述了5种处理冲突的方式。个人处理冲突的方式可以通过两个维度来衡量：独裁与合作。由于每种方式只适用于某些特定情况，因此有效的领导者和团队成员应根据不同的情况来改变处理方式。

（1）竞争方式。这种方式是指采用自己相信的方式来解决问题，通常在发生重要事情或罕见情况下需要迅速采取决定性行动时使用，如紧急情况或迫切需要缩减成本的情况。

（2）回避方式。这种方式反映的是不独裁独断也不合作的态度。当事情微不足道时、一方没有获胜机会时、需要延迟时间来收集更多信息或改变现有局面需付出很大代价时，采用回避方式比较合适。

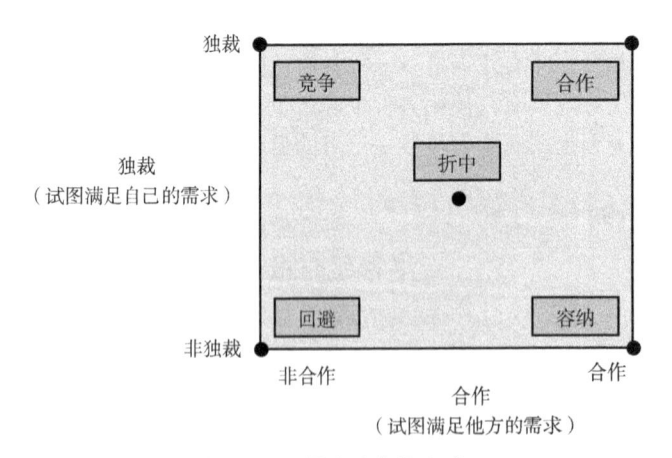

图10-3 解决冲突的方式

资料来源：Adapted from Kenneth Thomas, "Conflict and Conflict Management," in M.D.Dunnette,ed., *Handbook of Industrial and Organizational Behavior*(New York: John Wiley & Sons, 1976),p.900. Used by permission of Marvin D.Dunnette.

（3）折中方式。这种方式反映的是一种既独裁又合作的态度。当双方目标同样重要时，或者对手同样强大且两方都想解决冲突时，或者迫于时间压力双方需要暂时解决问题时，可以使用这种方式。

（4）容纳方式。这种方式反映的是一种非常合作的态度。当双方意识到自己的错误，或者某件事对他人来说比对自己更重要，或者为下次讨论建立互信，或者保持凝聚力非常重要时，这种方式最有效果。

（5）协作方式。这种方式反映的是高水平的独裁和合作。协作方式能让双方都取得成功，但这需要实质性的沟通和协商。当双方的考虑都很重要并且不能妥协时，或者需要将不同人的观点合并成一个总的解决方案时，或者需要双方就自己的责任达成一致时，合作方式就是最好的解决方式。

解决冲突的每种方法都可能有效，这取决于参与人员和具体情况。一项针对虚拟团队的研究发现，竞争和合作方式对团队工作表现有积极的影响。竞争方式是否有效取决于团队是否使用电子设备沟通。如果使用电子设备沟通，团队成员就不会认为他人的行为具有侵略性，也就更愿意尽快解决问题。

10.6.3　其他方式

当个人与他人意见不合时，采用图 10-3 中的各种方式处理冲突会非常有效。但如果团队成员之间发生冲突，团队领导者应该如何做呢？研究表明，以下几种技巧可以帮助解决成员之间或团队之间的冲突。

愿景

一个令人信服的愿景可以让人们团结在一起。这个愿景属于整个团队，单凭个人力量不可能实现。只有冲突各方进行合作才能完成这个愿景。如果领导者能把大家的注意力集中在更大的团队或公司愿景上，冲突就会减少，因为涉及其中的人能够看到全局是怎样的，并且意识到大家只有共同合作才能实现愿景。

讨价还价/磋商

讨价还价和磋商的意思是让冲突双方参加协商讨论，考虑不同的解决方案以便共同做出双方都可接受的决定。冲突双方可以带着不同目的，从不同角度开始谈判，但谈判方式有两种，一种是整合式，另一种是分配式。**整合式磋商**（integrative negotiation）基于双赢的思想，认为各方都愿提出创造性的解决方案让大家受益。在整合式磋商中，人们不把冲突看做一输一赢的争夺，而是从多个角度看待问题，考虑各方的平衡，争取"扩大利益"，而不是分配利益。整合式磋商通过合作和让步解决冲突，还能促进双方互相信任，建立积极的长期关系。与之对应的是**分配式磋商**（distributive negotiation），假定利益是固定的，各方都试图分到更多的利益。如果一方想要成功，另一方就会失败。在这种"一输一赢"方式的指导下，分配式磋商具有竞争性和对抗性，很难带来积极的长期关系。如今，大部分专家强调的都是整合式磋商对今天合作型商业环境的价值。

调解

调解是使用第三方来解决争端。调解人可以是一名管理者、其他团队的领导者、人力资源部门的人员或外界的调查专员。调解人可以与各方讨论现有冲突，然后试图找到解决办法。阿兰·西格亚（Alan Siggia）和理查德·帕萨瑞理（Richard Passarelli）是美国重要气象信息公司（Sigmet）的共同创始人，但两人被这个小公司里的人际纷争弄得筋疲力尽。最近他们与波士顿一家名为"快乐工作在一起"（Work Well Together）的咨询公司签下合同。该咨询公司会派一名协调人到公司倾听员工的问题，并帮助领导者找到解决方法。如果不能找到令各方都满意的解决方法，双方可以把冲突移交给调解人，听从他的解决方案。

促进沟通

减少冲突的最有效方法之一就是促进冲突各方开诚布公地沟通。随着冲突各方不断沟通信息，增进了解，猜疑也会渐渐消失，从而促成团队合作。解决冲突的一个有效途径是对话。正如第9章中所讨论的那样，对话可以让双方暂时搁置自己的观点，在互动中进行更深层次的倾听、分析和理解。彼此的不同会得到承认和尊重，对话的目的不是要分清谁对谁错，而是要找到共同的视角。

这些方法对解决个人或团队之间的冲突都很有帮助。有效的领导者会经常把这些方法结合起来使用——如表述更远大的愿景并不断促进队员沟通——从而将冲突降到最低，使团队不断前进。

> **行动备忘录**
>
> 回答"领导者自察10-3"中的问题，看看你最倾向于采用哪种方法来处理冲突。此外，试着回想一下你遇到过的各种冲突情况，看看哪种方法能够适用。

领导者自察 10-3

你如何处理团队冲突？

回想一下你与某个团队成员、学生小组、管理者、朋友或同事之间的争论。根据你出现某种行为的频率来回答下面的问题。回答没有对错，只需从"基本符合"和"基本不符"两个选项中做出选择。

	基本不符	基本符合
1. 我会回避那些可能引起争论的话题。	____	____
2. 当出现不一致时，我会强烈坚持自己的意见。	____	____
3. 我建议的方案会包含他人的观点。	____	____
4. 如果别人退让，我也会退让一点儿。	____	____
5. 我会避开那些试图讨论可能引起争论的话题的人。	____	____
6. 我会把在争论中提出的想法结合到新的解决方案中。	____	____
7. 我会放弃不同意见，以达成解决方案。	____	____
8. 如果与我争论的人提出了很好的观点，我会马上同意他。	____	____
9. 我只是坚持自己的意见而不会争论。	____	____
10. 我尽量把别人的想法包含在解决方案中，使他们能接受这个方案。	____	____
11. 出现不一致时，我会进行平衡，以最终达成解决方案。	____	____
12. 我会尽力使不一致看起来没那么严重，从而消除它。	____	____
13. 我会保持沉默，而不与别人争辩。	____	____
14. 我会提高声调，使他人接受我的立场。	____	____
15. 出现不一致时，我会牢牢地坚持自己的观点。	____	____

计分与解释

上面的练习测试了解决冲突的5种方式：竞争、回避、折中、容纳和协作。通过比较下面每种方法的得分，你可以看出自己倾向于哪种冲突解决方式。

以下5类每类有3个问题。计算分数时，每选择1个"基本符合"得1分。

竞争（第2、14、15题）_____
回避（第1、5、9题）_____
折中（第4、7、11题）_____
容纳（第8、12、13题）_____
合作（第3、6、10题）_____

简单回顾一下本章有关冲突处理的内容。你最常使用的冲突处理方法是哪种？你觉得哪种方法最难使用？如果你面对的是家庭成员而不是团队成员，你处理冲突的方法会有所改变吗？有没有这样的解决方法，尽管你并不擅长，但在某些情况下却更有效？与同学讨论一下你的得分，同时看看他的得分如何。你们解决冲突的方法有没有相似或不同的地方？

资料来源：Adapted from "How Do You Handle Conflict?" in Robert E. Quinn et al., *Becoming a Master Manager* (New York: John Wiley & Sons, 1990), pp.221-223.

本章小结

- ☑ 如今很多领导者都需要亲自协助团队，而不是仅仅直接听取下属的报告。实现相互依托的任务需要合作和信息分享，而团队恰恰能实现这一点。然而，团队也让许多人陷入矛盾之中。个人需要放弃自己的独立性，有时甚至要为团队利益牺牲自己的利益。而团队其他可能出现的问题还有坐享其成的成员和存在机能障碍的团队。

- ☑ 职能型团队往往是传统组织结构的一部分。跨职能型团队，如解决问题团队、提高进程团队和特殊项目团队，通常代表了公司号召更多团队参与的第一步。跨职能型团队可能转变为自我指导型团队，即以成员为中心，而不是以领导者为中心的团队。随着技术的进步、员工预期的改变和经济全球化，近些年出现了两种新的团队类型——虚拟团队和全球化团队。

- ☑ 团队发展需经历不同阶段并随着时间变化。带领团队经历这些阶段是团队领导的重要部分。此外，团队领导者也要考虑团队规模、多样性和相互依赖性等因素，对团队进行合理设计，扮演好任务角色和社会情感角色。这些考虑能决定团队的效率。领导者的个人角色也很重要，领导者必须自身做出改变才能成为优秀的团队领导者。以下4个原则可以作为团队领导的基础：认识到共同目标和价值观的重要性；建立共识；承认自己的错误；为团队成员提供支持和指导。

- ☑ 以上4个原则也适用于虚拟和全球化团队。不过团队成员分散在不同地理位置，被不同语言和文化阻隔时，团队领导者将面临更严峻的挑战。要建立有效、运作顺利的虚拟团队，领导者需要选择技能和性格适合在虚拟环境中工作，能利用技术建立相互信任的关系并且能就团队基本规范达成共识的成员。对全球化团队来说，领导者必须处理语言和文化的差异，引导成员拓展自己的思维和行动，从而建立一种共同的团队文化。

- ☑ 虚拟团队和全球化团队会增加发生误解和争端的可能。然而，所有团队都会经历冲突，这种冲突产生的原因可能是稀缺的资源、不完备的沟通、目标冲突、权力和地位的不同或个性冲突。这时领导者会使用不同方式解决冲突。此外，领导者应学会使用以下技巧解决冲突：把成员团结在共同愿景的周围，使用讨价还价和磋商技巧，引入调解人，让冲突方开诚布公地沟通，尤其是通过对话沟通。

讨论题

1. "团队"和"团体"有何区别？请根据自己的经历分别加以描述。
2. 跨职能型团队与自我指导型团队之间有什么区别？你是否认为自我指导型团队可以在某种组织中得到有效应用？解释你的观点。
3. 采用虚拟团队和全球化团队对公司来讲有什么主要优势？有什么缺点？
4. 为什么成为有效的团队领导者需要个人做出重大改变？需要做出哪些改变？
5. 描述相互依赖的3个水平，并解释它们是如何影响团队领导的。
6. 本章认为小型团队（如只有3~6个人的团队）能够更好地运作，而且大部分人都喜欢在小型团队里工作。然而，许多公司为了完成像开发新产品这样的复杂任务需要使用100人甚至以上的团队。你认为这种超大规模的团体能够良好运作吗？讨论一下。
7. 团队发展的阶段有哪些？在团队发展的各个阶段，团队领导者应如何促进团队发展？
8. 讨论团队凝聚力和工作表现之间的关系。
9. 你通常使用什么方法来处理冲突？有时也许另一种方法更有效，你能举出这样的例子吗？

现实中的领导：团队反馈

回想一下你最近在团队中工作的经历，不论是公司还是在学校。根据你在团队中的角色来回答以下问题。

团队成员如何评价你的价值？

_____
_____
_____

团队成员从你这里学到了什么？

_____
_____
_____

团队成员能在哪些方面依靠你？

_____
_____
_____

如果有可能，你会如何提高自己对团队的贡献？

_____
_____
_____

评价你的回答。你回答的主题是什么？作为团队成员，你的角色意味着什么？作为团队领导者，你的角色又意味着什么？

___

✎ 课堂练习

学生完成某个特定班级项目或共同完成某项活动后，"团队反馈"可以用来有效地了解学生的反馈。如果学生已经在课堂上认识彼此，但还没有一起进行过活动，教师可以把他们分成小组，就课堂参与而不是课外活动问学生以下问题。

教师首先让每个小组的学生面对面坐成一圈，然后找出自愿做中心人物的一名学生，其他每名学生都要告诉这名学生以下几个方面。

- 我欣赏你的哪些方面。
- 我从你这儿学到了什么。
- 我可以在哪些方面得到你的帮助。
- 我对你作为团队领导者/成员提出的一个改进建议。

小组成员向第一名中心人物反馈结束后，教师再请另一名学生自愿做中心人物，其他学生继续给他反馈。等小组每名学生都得到其他学生给自己做出的反馈后，整个练习结束。

学生学习的关键问题包括：你培养了团队领导者所需的技能和行为方式了吗？如果没有，那对你来说意味着什么？如果你现在是一名正在施展才华的团队领导者，你怎样才能在这方面不断成长进步？

资料来源：Thanks to William Miller for suggesting the questions for this exercise.

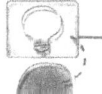

💡 领导力开发：案例分析

Valena 科学公司

Valena 科学公司是一家生产医疗产品的大型企业，医疗产品市场包括医院、临床实验室、大学和企业。公司销售收入的 52% 来自临床实验室。实验室一般分布在医院和诊所，内科医生会在这里进行血液和尿液的检测分析。Valena 科学公司出售给实验室的仪器小到 50 美分一根的试管，大到价值 250 000 美元一台的血液分析仪。

医疗设备行业开始向基因工程转型时，Genentech 公司和 Cetus 科学实验室等公司应运而生，并从大学里雇用了大批微生物学家。这些企业的任务是开发基因分裂技术的潜在商业利益。

Valena 科学公司的高级管理人员注意到这一发展趋势，决定在 2005 年建立一个生物科技研究项目。当时有此技能的微生物学家非常稀缺，因此这一项目组仅由 9 名科学家组成。其中，3 位科学家通晓基因分裂，3 名科学家擅长基因重组，还有 3 名科学家知晓发酵学。他们各自的专长反映出他们所在部门的不同。但是在这个项目中，他们需要以团队的方式完成工作。另有 20 名技术人员被安排到项目中协助科学家的工作。

高层管理者认为生物技术研究项目可以进行自我管理。在工作刚刚展开的 18 个月里，一切都进展顺利。基因分裂、基因重组和发酵领域的科学家中都出现了一位非正式领导者。这 3 位领导共同协调这 3 个小组的工作。比如，工作一般从基因分裂组开始做起，接下来轮到基因重组这一组，最后是发酵组。发酵组的工作是将前两个组培育出的细菌大量繁殖，以达到批量生产的目的。

2008年夏天，生物技术研究项目接到了一项特殊任务。Hoffman-LanRoche研制出具有抗癌作用的白血球干扰素。Valena科学公司与Hoffman-LanRoche签订合同，共同研究可大批量生产干扰素的技术。Valena科学公司只有6个月时间研发这项技术。各个小组的科学家们开始在各自的领域内，从自身专业背景出发，检测他们认为可行的技术。

到了9月，3位非正式领导者碰面，研讨各组工作进程。基因分裂小组领导者艾利森·陈（Alison Chan）得意地宣布："我们组正在使用一项创新研究成果，这项研究是在我的母校麻省理工学院研发出来的。到目前为止，结果都很让人振奋。"基因重组小组的领导者里奇·贝利（Rich Bailey）从座位上跳起来说："现在根本没有时间去实践一个没有经过验证的研究项目。你应该早告诉我们你们的研究方向，这样我们也可以早点阻止你们。我们的研究方向应该是一致的。"会议接下来的时间里，小组领导者开始激烈地辩论，维护自己的立场并拒绝改变自己的研究方向。截止日期之前完成项目是不可能了，贝利发电邮给项目经理，解释各组领导者陷入了怎样的僵局，还抱怨艾利森·陈太傲慢。于是，Valena科学公司管理者决定委任一位正式领导者领导这一项目。

11月15日，管理层聘用了一位斯坦福大学的教授，他是一名DNA重组技术专家，有大量的研究经验。他的头衔是生物技术研究项目首席生物学家，在项目研究期间，所有成员都要向他汇报。

首席生物学家立刻要求9位科学家将项目停下来两天。他把他们安排到3张桌上进行讨论，每张桌上坐着来自不同小组的一名成员，这样他们就必须跨越自己的领域进行讨论。他从大家共同的科学背景开始引导讨论，然后讨论他们对项目的希望和愿景。在大家在项目愿景上达成共识后，小组开始讨论科学问题，并在各自组合的小组里讨论之前各个小组提出的方案。渐渐地，一个有较大成功可能性的方案浮出水面。科学家们达成共识后，首席生物学家决定了干扰素项目将采用的基本研究方法。回到公司后，技术人员被召集到一起，科学家们向他们解释了这一研究方法。与此同时，每个小组都接受了整体研究计划中的一系列指令。根据小组之间的相互依存的研究进程，严格的项目截止时间也确定了下来。他们计划每周召开电话会议，小组领导者的面对面会议也列入日程安排。

在这两天的停顿之后，科学家们的行为发生了巨大变化。小组之间的沟通变得更加频繁。当一个小组发现问题后，他们立刻把信息转达给其他小组，以减少不必要的精力浪费。各小组领导者之间也不断协调各种解决方案。不同小组的成员开始共进午餐或一起喝咖啡。小组领导者和组员每天都要进行讨论，并根据研究需要进行合作。成员对部门和干扰素项目都表现出了极大的热情，凝聚力也空前高涨。

? 问题

1. 研究项目是一个群体还是一个团队？那每个小组呢？如果是一个团队，他们是什么类型的团队（职能型、跨职能型，还是自我指导型）？请说明。

2. 在项目停顿前后，小组工作的规范是什么？在干扰素项目中，各个小组之间的相互依赖性是怎样发生变化的？

3. 在首席生物学家接管整个项目之后，是什么因素使团队凝聚力得到提高？

蒂维洛—迪林集团

项目团队激动万分地跑到纽约第六大道和怀恩大街的交叉口拦了一辆出租车。一番击掌庆祝后，4个人中的3个跳上了出租车的后座准备回全球广告公司蒂维洛—迪林集团（Devereaux-Dering Group）在纽约曼哈顿的办公室（另外两处办公室设在香港和巴黎）。他们迫不及待地想告诉团队领导者库尔特·兰辛（Kurt Lansing）他们早上成功赢得了宝马公司（BMW）的广告项目这一好消息。团队第四位成员布拉德·菲茨杰拉德（Brad Fitzgerald）没有跟着情绪高涨的队友们上车，而是细细研究了一会儿他的黑莓手机，然后拦了一辆出租车去拉瓜迪亚机场，他要赶下午的一趟航班。

两年来，蒂维洛—迪林集团的销售额不断下跌，急需像宝马公司广告这样的大项目。为了推动新业务发展并揽下宝马公司广告这样的高端项目，公司引进了在广告业享有显赫声誉、在沃顿商学院（Wharton）拿到MBA学位的库尔特·兰辛。兰辛的任务就是要带领一个新的商业团队进行市场调研、制定策略，争取大型广告项目。他亲自为团队挑选了四位在各个商业领域表现突出的成员：布拉德·菲茨杰拉德任创意总监，特里什·罗德里克（Trish Roderick）负责客服部，阿德里安娜·沃尔什（Adrienne Walsh）任生产经理，泰勒·格林（Tyler Green）负责品牌策略。

"真是让人震惊！"罗德里克在后座一边给其他人腾位置一边说，"菲茨杰拉德展示出全球宣传策略的最后一套幻灯片之前，客户似乎对我们的展示并不太满意。但最终他们很满意。他最后说关于亚洲市场的结语时，我甚至觉得是他一个人搞定了这个项目。"

"好吧，他是个真正的天才，"格林咕哝道，"他简直就是世界第八大奇迹嘛。"格林深深地叹了一口气，之前的激动已经荡然无存，"没有他我们的确没法拿下这个项目，但我们每个人都做出了贡献。问题是我们谁都不知道他打算展示最后那个全球策略的部分。我知道他昨天晚上为今天的最后这一部分忙到很晚，但今天早上他本来有充足的时间让我们知道有这个部分啊。我讨厌在客户面前出现计划外的'惊喜'。我们拿下了这个项目，但我觉得自己像个傻子。"

"他一直都是救星型的人才，"沃尔什轻声笑道，"在最后一刻力挽狂澜。我想我们应该欣赏他这一点，但他还是太让人生气了。上个星期他冲我大喊大叫，因为我没有告诉他有个客户没及时收到广告策划，有点不高兴。其实我早在进度会议上就提醒他了，但他当时根本就没听进去。他还和以前一样摆弄自己的宝贝黑莓手机。要是他总是心不在焉的话，我们开团队会议有什么意义呢？"

队友对菲茨杰拉德有这么大的意见让罗德里克感到有点儿吃惊。她本以为大家一直配合得很好，但她很快发现团队里有一股厌恶菲茨杰拉德的暗流。这是她第一次知道团队平静的表面下那些若隐若现的冲突。的确，菲茨杰拉德的自我意识很强，而且性格强硬。他以前就是一位成功的企业家，不仅业绩突出，而且雄心勃勃。即使是罗德里克也注意到，菲茨杰拉德并不尊重大家的不同意见，也不在创意上采取合作态度。她也想知道菲茨杰拉德是不是觉得自己的成功比团队的成功更重要。但是，既然他能让团队一起得到好处，和他一样拿到丰厚的红利，她还有什么好抱怨的呢？罗德里克对现状已经感到心满意足了。"其实，"她说，"我们能和他一个在团队中还是很幸运的。"

她凝视着窗外过往的车辆，听着两名队友继续抱怨。"昨天晚上我经过他办公室，看到他和新来的文案员在忙活的时候就应该感觉不对劲了，他们肯定正在准备最后那部分结束语呢，"

格林勉强笑道,"我们不是一个团队吗?还记得吗,团队要比个人重要。他好像一点儿都不关心团队的利益——只顾他自己的利益。"

"看来我们得和这名超级选手好好谈谈了,"沃尔什讥讽地说,"我相信他和我们是志同道合的。我们还要给他讲一遍《团队合作 101 条》这本书。这样,问题就解决了!"出租车停在了路边,车上的人扔给司机一张 20 美元的钞票后就直奔大厦 40 层的办公室。他们要先去见团队领导者库尔特·兰辛。

与此同时,兰辛已经收到了菲茨杰拉德告诉他团队赢得宝马广告项目的短信,正笑得合不拢嘴。他靠在椅背上,觉得自己团队的凝聚力和成功简直是一个奇迹。团队建立共同愿景和信任的努力开始凸显成效了。

❓ 问题

1. 你认为影响上述团队凝聚力的因素有哪些?请解释。

2. 如果你是团队领导者,你会怎样让菲茨杰拉德更加融入团队并与其他成员建立良好关系?

3. 如果你是团队一员,你会怎么做?团队的另外 3 名成员是否应该当面告诉菲茨杰拉德他们的不满?他们是否应该告诉库尔特·兰辛?请解释你的回答。

Chapter 11

第 11 章　培养领导的多元化

通过本章的学习，你应该能够：
- 理解并减少组织中少数族裔面临的困难。
- 鼓励和支持多元化以适应组织需要。
- 扫除阻碍你成为包容的领导者的个人障碍。
- 运用日常生活中对多元化和多元文化问题的重要性的认识。
- 在与不同民族和文化背景的员工打交道时，要考虑到文化价值观和态度等因素的作用。

当迈克·皮彻（Mike Pitcher）初次担任美国 LeasePlan 汽车租赁公司的销售和市场营销主管一职时，他会见了公司的高级客户代表，以了解他们的需求。他惊奇地发现，大部分的代表都是女性。皮彻还注意到，在这个拥有 450 名员工的汽车租赁公司中，女性占了大多数。然而，这个行业传统上历来由男性主导，LeasePlan 当时的领导体制根植于这一行业中的"老同学"关系网。这些现象正是激励该公司的领导者着手努力实现公司的领导层多元化，并改变公司文化的动因之一。如今，皮彻是 LeasePlan 公司的首席执行官，公司 14 位高管中有 6 位是女性。公司每年都会选拔出 30 位女性员工参加一项包括技能评定、职业辅导、沟通活动在内的项目，LeasePlan 还有其他一些旨在帮助少数族裔员工进入领导阶层的项目。皮彻认为公司提倡的多元化是一项战略投资。"我们可持续的竞争优势就是我们的员工。"他这样说。

包括 LeasePlan 在内的许多公司都意识到重视和支持公司员工结构的多元化可以收到很好的效果。今天优秀的领导者认识到多元化可以激发创新的灵感，做出更好的抉择，并且刺激业绩的增长。职业介绍所任仕达（Randstad）将 20 多岁的年轻员工和经验丰富的年长员工搭配成一组，以这样的方式让他们相互学习。美林公司借助全球化团队来消除跨文化交易磋商中的障碍。百事集团现任首席执行官英德拉·努伊（Indra K. Nooyi）是一位出生于印度的女性，该公司的领导者认为在公司 7.4% 的收入增长中，有 1 个百分点归功于新产品，而这些新产品的灵感直接源于公司在多元化发展上所做的努力。随着女性和少数族裔逐渐进驻高层领导岗位，美国的组织面貌开始发生变化，多元化带来的利益便是原因之一。然而要建立具有包容文化的多元化组织仍存在许多挑战。未来几年，领导者面临的中心任务之一就是充分培养多元化领导才能。"美国的任何一个组织中，多元化现象在底层也是屡见不鲜的。" 摩托罗拉副总裁和全球多元化总监罗伯塔·古特曼（Roberta Gutman）说，"但如果要让这种多元化发展到更高层次，就需要领导者拿出自身的影响力，好好施展一番拳脚了。"

本章探讨多元化和多元文化现象。首先，我们将分析领导者在领导不同于自己的人时会遇到的困难。其次，我们将定义多元化，探究多元化对组织发展的重要性，并且考察组织中少数族裔面临的挑战。再次，我们将剖析一种倡导更加包容的工作环境的领导方式，更深入地研究全球多元化，并探索领导者如何提升自身的文化智商。最后，我们将讨论领导者多元化意识的个人发展阶段和领导多元化的工作环境所需的个人特质。

11.1 领导与你不同的人

不久前，你得到了期盼已久、努力已久的升职，你知道这是你应得的。为了管理 Allyn & Freeson 投资公司的新英格兰北区办事处，你不得不搬家，但是你的家人对此还是充满了热情。你的孩子似乎适应了新学校，你的妻子也很喜欢她在当地银行的工作。但愿在 Allyn & Freeson 公司的一切也能如此顺利。可是，现实却不如人意：所有白人职员似乎在各个地方都给你设置了障碍。除非你直接向他们提问，或向他们问候"早上好"的时候，他们不得不回应一下，否则连和你讲话的人都没有。视察分公司时的情况也好不到哪去，甚至许多分公司的经理毫无原因地停止提交他们的周报告。虽然你对此早已有心理准备，知道成为第一个担任区域经理的非洲裔美国人一定会面临挑战，但你的孤立感比预期的要强烈很多。甚至在分公司，你只遇见了两个非洲裔美国人，而且他们也只是在低层岗位上工作。

欢迎来到多元化领导的现实世界。随着更多女性和少数族裔进入管理层，他们通常发现这一路会走得很孤独。尽管其中一些人在低层部门工作时已经或多或少地遭遇过种族歧视和性别歧视，但晋升到高层部门后，他们的遭遇仍会让他们"大开眼界"。种族歧视和性别歧视在工作中常以微妙的方式表现出来：下属对分派的日常事务不予理会；在完成重要任务时缺乏紧迫感；忽视团队会议中提出的意见或建议。许多来自少数族裔的领导者每天都在为如何把权力和责任指派给那些不尊重自己的员工大伤脑筋。

那些少数族裔的经理如何领导团队？女性经理如何领导大部分由男性构成的工作团队？或者说，如果一位 29 岁的年轻人晋升到领导职位，领导大部分年龄已经介于 50 岁和 60 岁之间的中层经理时，情形又将如何？在今天多元化的组织中，这些问题越来越常见。达登餐厅（Darden Restaurants）（旗下有橄榄园餐厅和红龙虾餐厅）的首席执行官克拉伦斯·奥狄斯（Clarence Otis），是极少数能担任《财富》500 强企业首席执行官的非洲裔美国人之一；在丹尼餐厅因歧视问题而遭遇一系列起诉后，瑞琪儿·胡德（Rachelle Hood），这位非洲裔美国女性临危受命，改变了丹尼餐厅种族歧视的不良形象；华盛顿特区警署最高领导者凯茜·拉尼尔（Cathy Lanier），这位白人女性的下属大多是黑人和男性：这些女性与其他同属于少数族裔的领导者同样面临着极大的挑战。

今天，尽管全球化经济发展迅速，组织内部也越来越多元化，但许多组织的文化价值观和组织系统并不真正地支持和重视多元化。在学习本章之后，我们希望你能更好地理解其中一些挑战，同时学会一些领导策略，借助这些策略你可以使组织变得更具包容性，并为所有人提供一个更好的工作环境。

领导者自察 11-1

特质比较

以下每组都包含两种特质，选择其中更符合你的一项。即便两个都符合，你也只能选择其一。

1. 善于分析＿＿＿＿　　有同情心＿＿＿＿
2. 协同合作＿＿＿＿　　果断坚决＿＿＿＿
3. 好胜心强＿＿＿＿　　善于交际＿＿＿＿
4. 忠心耿耿＿＿＿＿　　雄心勃勃＿＿＿＿
5. 足智多谋＿＿＿＿　　适应力强＿＿＿＿
6. 察颜观色＿＿＿＿　　自主独立＿＿＿＿
7. 自力更生＿＿＿＿　　团结一致＿＿＿＿
8. 乐于助人＿＿＿＿　　锲而不舍＿＿＿＿
9. 喜欢冒险＿＿＿＿　　安于现状＿＿＿＿
10. 好奇心重＿＿＿＿　　知识渊博＿＿＿＿
11. 恪尽职守＿＿＿＿　　鼓舞人心＿＿＿＿
12. 圆滑老练＿＿＿＿　　发愤图强＿＿＿＿
13. 坚强有力＿＿＿＿　　温文尔雅＿＿＿＿
14. 积极参与＿＿＿＿　　成就导向＿＿＿＿
15. 行动导向＿＿＿＿　　听从指挥＿＿＿＿

计分与解释

以上每组词汇各代表两种不同的领导特质："合作能力"和"个人主动性"。奇数行的第一个词和偶数行的第二个词代表个人主动性，偶数行的第一个词和奇数行的第二个词代表合作能力。分别统计圈出代表各自特质的词并记录下统计个数：

个人主动性：＿＿＿＿

合作能力：＿＿＿＿

在西方文化中，合作能力代表女性特质，如果你圈出的词中该类型词占多数，你可能低估了自己的个人主动性。个人主动性代表男性特质，如果该种类型词占多数，这意味着你低估了自己的合作能力。如何平衡这两种特质？你将如何领导和你的特质截然不同的人？

性别是多元化的显著特征。男性和女性的特质是如何在组织中普及开来的？继续本章的学习，了解哪些特质是成功的领导者应有的。

资料来源：Based on Donald J. Minnick and R. Duane Ireland, "Inside the New Organization: A Blueprint for Surviving Restructuring, Downsizing, Acquisitions and Outsourcing." *Journal of Business Strategy* 26 (2005), pp. 18-25; and A.B. Heilbrun, "Measurement of Masculine and Feminine Sex Role Identities as Independent Dimensions." *Journal of Consulting and Clinical Psychology* 44 (1976), pp. 183-190.

11.2 今日的多元化

如今，领导者的目标就是认识到每位员工凭借自身各种各样的性格特点，为组织带来价值和优势。组织的领导者设立各种致力于员工多元化发展的项目以促进公司员工结构的多元化，使不同身份背景的人得到雇用、吸纳和提拔，并确保这些差异在工作中得到接受和尊重。

11.2.1　多元化的定义

员工多元化（workforce diversity）是指员工队伍是由能力不同或文化背景多样的员工构成的。从个人角度来说，**多元化**（diversity）是指人们在诸如年龄、种族、婚姻状况、体能、收入水平、生活方式等所有方面的差异。几十年前，大部分的公司仅从有限的几个方面来定义多元化，但今天，组织对多元化的定义更具包容性，它们意识到多元化涵盖了一系列的差异，这些差异影响着员工如何工作、沟通，以及如何从工作中获得满足感，并诠释着他们在组织中的身份地位。

传统模式中展示的多元化范围主要反映的是直观的、天生的差异，如种族、性别、年龄、缺陷等。而更具包容性的多元化模式囊括了人们之间差异的所有方面，包括可以靠后天努力获得或得到改变的因素。这些因素也许没有传统模式中的因素那么有影响力，却能影响个人的自我界定和世界观，同时影响他人对自己的评价。

例如，从战争中退下来的退伍军人，由于受到军队生涯的深刻影响，很可能看起来会与普通人不同；住在贫民区的员工，明显有别于来自富人区的员工；有子女的女性在工作中和无子女的女性也不尽相同。这些工作风格或技能程度之类的次要因素与组织环境尤其相关。

11.2.2　改变对多元化的态度

由于领导者需要应对包括人口结构变化和全球化在内的巨大社会变化，因此他们不得不改变对多元化的态度。在美国，少数族裔人口达到了大约1亿人，这意味着每3个美国公民中就有1个少数族裔。近3 200万人在家使用西班牙语，并且他们中有近半数表示自己的英语说得不好。随着越来越多的妇女、有色人群和移民积极寻找工作机会，美国出生的白人男性在美国劳动人口总数中所占的比例已不到一半。

人们日益接受多元化的另一个因素是全球化。如今的领导者十分强调不同文化之间的相互了解，从而使跨国工作能够顺利进行。"全球商务的迅猛发展正在使多元化不断加速。"波林·宁·布特迪（Pauline Ning Btody）这样说。曾任高露洁—棕榄公司全球销售主管的波林出生于上海，是多元化方面的顾问。今天，在美国、英国和一些其他国家的主要公司中，外籍首席执行官的人数之多是前所未有的。公司需要大量拥有全球化经验并了解文化差异的员工，因为现在几乎每笔业务都会涉及跨国交易。但正如下面的例子所示，公司并非唯一通过寻求多元化的员工来应对全球化挑战的组织。

领导进行时

英国秘密情报局

如果你是詹姆斯·邦德（James Bond，著名的《007》系列电影中的人物——编者注），你就无须申请。英国秘密间谍机构（M16）已经紧锣密鼓地展开了一项招募活动，此次招募对象不再是长久以来代表着M16形象的白人男性，而是一些女性和少数族裔。该机构的招聘网站鼓励女性报名申请（包括已成为母亲的女性），并保证她们不会被用做"诱饵"。同时M16还欢迎残疾人士报名申请。但是开展这项活动的最大目的是为了招募到一些少数族裔，如讲阿拉伯语、波斯语、汉语、乌尔都语、达里语和普什图语的人。

对情报机构来说，多元化被看成一项至关重要的任务。随着恐怖主义成为首要挑战，美国及英国国家安全局正在寻找有多元文化背景的员工，让他们以接待员、语言学家、业务代理员、技术执行官、警卫人员等各种身份执行任务。

对英国的M16来说，积极招募少数族裔的措施已经开始奏效。2007年，在通过公开招募最终被录用的人当中，女性占40%，少数族裔占11%。英国正在向一个新的"平等法案"迈进，这一法案将加强相关法律对歧视的监督与约束，并允许组织赋予少数族裔一定的优先权。M16在这一方面已经捷足先登。首位进入上议院的穆斯林女性保拉·乌丁（Pola Uddin）说，现在该轮到詹姆士·邦德体验一下美国"平权法案"的滋味了。

情报和安全机构认识到，面对日益多元化和瞬息万变的全球形势，拥有理解并适应这种形势的人才十分重要。M16的人力资源部主任曾说："（为了实现多元化，所有）机构不得不表现得十分积极努力，但这对我们来说还远远不够。"

11.2.3 组织多元化的价值

毫无疑问，组织必须根据全球新的现实情况做出改变。然而，领导者之所以想把多元化纳入组织，还有很多其他原因。

最近有研究表明，多元化能为组织带来价值，并能增加组织的竞争优势。一方面，组织能利用内部的多元化去满足多元化客户的需要。在决定产品、娱乐、社会服务及日用品方面，文化能起到重要的作用，因此组织正越来越多地聘用少数族裔员工，因为他们知道不同的人如何生活，他们想要什么和需要什么。此外，拥有多元化的员工可以帮助组织与多元化的客户建立更紧密的联系。"我国消费者背景多种多样，"美国销售和市场营销多元化组织（National Organization for Diversity In Sales and Marketing）的主席雪莱·威林厄姆·欣顿（Shelley Willingham-Hinton）说，"我无法想象，一个没有多元化员工背景的公司要如何取得成功。"当客户在某个公司里遇见和自己相似的人，并与其打交道时，他们会觉得与该公司做生意感觉更好。全美保险公司有意识地雇用在外貌、声音和思维方面与公司客户相似的人。例如，纽约皇后区的恩光社区（Sunnyside）办事处是全美种族最多样的社区，客户经常将销售代表视为家庭成员，会向他们咨询也许与保险无关的问题。因此办事处的主管，本身也出身于移民家庭的麦克·卡尔金（Mike Kalkin），经常从这一社区中聘用员工，因为他们了解当地居民的独特需求。

如果组织支持多元化，人们就会意识到自己为组织所做的贡献受到重视，士气就会高涨。"活学活用的领导之道"中所介绍的家具制造商赫尔曼·米勒（Herman Miller）的故事就说明每个人都有自己的才能和天赋。此外，如果人们具备理解和接受文化差异的能力，在工作中就能建立更良好的人际关系。

最后，正如在前面章节中有关团队的讨论一样，多元化有助于组织内部更好地互相学习，并给予组织更大的灵活性，从而使组织有更好的表现。雇用并重视多元化的个体使组织能吸引并留住最优秀的人才。一项由《纽约时报》授权的调查显示，91%的求职者认为多元化项目让公司拥有更好的工作环境，几乎所有少数族裔的求职者均表示他们更愿在多元化的组织中任职。另一项对工商管理学硕士求职者的调查表明，积极致力于多元化发展的公司能吸引不同种族的求职者。

员工的多元化有助于思想的多元化，而思想多元化对达到高水平的工作表现至关重要。无论是种族、文化背景、身体素质、教育程度、生活方式、年龄、婚姻状况，还是其他各个方面，不同的人容易有不同的观点和想法。思想多元化意味着在解决问题、创造与革新时，公司能有更开阔的思路、更深入的视角和更丰富的相关经验。如果人人想法相同，组织则会陷入困境。正如大西洋贝尔的首席执行官伊万·塞登伯格所说："如果屋子里的每个人都一样，那么争论会大大减少，你所得到的答案也只会更加糟糕。"回顾本章前面有关团队多元化的讨论，我们知道多元化群体往往比单一群体更富有创造力，原因之一就是人们对问题的观点和视角有所不同。一项研究也指出，在创造性和创新力较强的公司里，女性和少数族裔的比例高于那些创新能力较弱的公司。

> **行动备忘录**
>
> 作为一名领导者，你可以雇用和晋升拥有不同文化背景和个人特质的人。你可以借助组织的多元化来提升创造力和改善决策力，更好地为客户服务，并提高组织的灵活性。

11.3 少数族裔面临的挑战

创建包容的组织环境，使得个人感到被尊重和重视，并能够发挥自身独特天赋，这并不是一件易事。**种族优越感**（ethnocentrism），即相信自己的文化和亚文化天生比其他文化优越，是大多数人自然而然的一种倾向。此外，社会心理学家的研究显示，人类总爱将自己归类到某个群体并对其他群体产生抵触情绪和歧视态度。例如，在高中，爱好体育的男孩联合起来与"书呆子"过不去。在医院的自助餐厅，外科医生坐在一处，实习医生坐在另一处。在报社，编辑与负责广告的人是合不来的。这种促使对立的自然力量、种族优越主义观点、关于文化设想与行为的一套标准，共同为属于少数族裔的员工和领导者带来了许多挑战。

11.3.1 偏见、成见和歧视

许多组织中一个显著问题就是**偏见**（prejudice），即在毫无事实根据的情况下形成的反感和否定的态度。有偏见的人易于将与他们不同的人视为有缺陷的。偏见的一个方面就是成见。**成见**（stereotype）是对一组特定人群的死板、夸张、不合理的观点或印象，而且通常是消极负面的。如果领导者把他们的偏见付诸行动，对他们的偏见对象采取有偏见的行为，**歧视**（discrimination）就产生了。男女同工不同酬，这是性别歧视。拒绝录用非本民族的应聘者，这是种族歧视。例如，几年前，一家大银行的兼并和收购部门主管在录用员工时遭到了高层领导者的反对，因为这位主管想要录用的是一个包着头巾的印度求职者。

在美国，这种歧视不仅不道德，也违反了法律。领导者应牢记许多法律都禁止各种形式的歧视。如今沃尔玛（Wal-Mart）正面临一个大型集体诉讼，该指控称沃尔玛阻碍女性晋升至管理层，并且所有职位上女性的薪水都比男性少。

虽然公开的歧视没有过去那么普遍，但消极的偏见（有时是无意识的）仍是工作中的一个严重问题。一份来自美国国家经济研究局（National Bureau of Economic Research）的调查报告（题目为"格雷格和艾米丽比拉奇莎和贾马尔更称职吗？"）指出，雇主有时仅仅是因为求职者简历上的名字听起来像是黑人，便对他们带有歧视，这实际上是一种无意识状态。在该调查之前所进行的访问中，大部分参与调查的人力资源主管都表示他们预计差距会很小，有些主管甚至预计存在逆向歧视。但是结果显示，在技能和经历相同的情况下，名字听起来像白人的求职者得到复试的机会比名字听起来像黑人的求职者要多 50%。偏见深深地扎根于组织和社会之中。社会学家威廉·比厄尔比（William Bielby）提出人类天生存在偏见，如放任不顾，便会很自然地产生歧视。**无意识偏见理论**（unconscious bias theory）指出，就白人男性来说，由于人的决定受到无意识的偏见的影响，因此他们不可避免地会轻视女性和少数族裔。

要改变现状，领导者需要采取一些有意识的行动。领导者可以创造条件以限制在做录用和升职决定时无意识的偏见程度。例如，英国石油公司（BP）和贝克顿-迪金森公司（Becton Dickinson）在其多元化培训项目中运用一些手段来检测无意识及有意识的偏见。

> **行动备忘录**
>
> 作为一名领导者，你应该欣赏不同人的差异，并脱离成见，消除带有偏见的态度。你应该避免歧视并将人与人之间的差异视为有益的或中性的。

11.3.2 不平等期望

科恩·费里国际公司（Korn Ferry International）的一项调查显示，在参与调查的属于少数族裔的主管中，59% 的人曾发现委派任务时存在因种族问题引起的双重标准。他们的观点得到了一项研究的证实。该研究指出属于少数族裔的主管要花更多的时间在"候补区"等待机会，然后在每个新任务来临时还必须一次又一次地证明自己。另一项研究发现白人经理更容易给黑人领导者和白人下属负面的绩效评价，而给白人领导者和黑人下属正面的绩效评价，这恰好也验证了这样一个事实，即人们已经对这些雇员形成了一些固有的看法，并普遍接受了他们所扮演的这种角色。许多少数族裔认为，不论他们取得多少个大学学位，工作多少小时，如何穿着打扮，投入多少努力和热情，他们始终都不会被认为"有足够的能力"。

试图在事业上有所建树的女性经常发现她们受到双重束缚。她们知道，要想成功，她们需要像男人一样行动和思考，但如果她们真的这样做却又会遭到谴责。对女性领导者来说，可被人们接受的行为尺度要比男性领导者窄很多。许多职业女性对凯蒂·库里克（Katie Couric）接手 CBS 晚间新闻时和希拉里·克林顿（Hillary Clinton）在 2008 年总统大选期间受到的苛刻"审查"表示深有同感——人们一方面批评她们太女性化，另一方面却又批评她们过于强悍、野心过大。当女性主管和她们的男性同胞一样果断好胜时，在绩效考核时就会被认为太强硬、粗鲁，或者不得人心。相反，如果她们按人们心中固有的女性方式来关心照顾他人时，却通常又会被认为缺乏竞争力。一项研究显示，女性主管在她们的同事和上级心中不能兼得称职和可爱这两种评价。

11.3.3 "玻璃天花板"

另外一个问题是"**玻璃天花板**"（glass ceiling）。这是一道看不见的障碍，将女性和少数族裔与高层领导职位隔离开来。他们可以透过这道天花板向上张望，然而社会中占主导地位的看法和态度却在无形中阻碍他们的发展。研究结果也证实了"玻璃墙"的存在，它无形中阻碍了公司内部进行重要的横向调职。这道墙阻碍了女性和少数族裔获得诸如生产线管理或全局管理这些领域的经验，从而进一步阻碍了他们晋升到高层职位。

尽管一些女性和少数族裔人士走上了显赫的高层领导职位，但大部分女性和少数族裔人士仍集中在公司的底层。虽然近几年女性在这方面已经取得了突破性进展，但在《财富》500 强公司的高管和董事会中，她们所占的比例仍然很小。2009 年，有 15 位女性担任了《财富》500

强公司的首席执行官,这个数字创下了一个新纪录。历史上只有8位非洲裔美国人曾进入《财富》500强公司的高层,在2009年,这一数字下降到5位。2009年7月,乌苏拉·伯恩期(Ursula Burns)改变了历史,成为首位进入《财富》500强公司高层的非洲裔女性。然而尽管如此,非洲裔的美国男性、女性及西班牙裔美国人在美国的各管理职位中所占比例仍旧很小。

其他国家的领导者也正在努力应对类似的多元化问题。例如,一份关于英国管理人才的报告显示,尽管一线员工的情况表现了21世纪英国丰富的多元化特征,但绝大多数的主管人员都是"男性白种人,他们身体强壮,到了一定年龄……并且在办公桌上摆着一张和妻儿的合照"。虽然随着大部分欧盟成员国缩小了男女员工的薪水差距,德国国内对男女不平等现象的批评之声不断高涨,但在德国男女薪水的差距仍旧悬殊。日本公司也因为担任管理职位的女性人数过少而面对大量的指责。在日本,女性占全部劳动力的41%,但是高级管理职位中女性所占比例则不到3%。

一些女性在遭遇"玻璃天花板"之前就离开了这条快车道,这种现象被称为"自愿退出趋势"(opt-out trend)。一项针对2 500名女性和653名男性的调查显示,37%的高素质女性表示她们在个人事业的某个阶段上选择了自愿退出,而做出了相同选择的高素质男性只有24%。女性领导者有时认为爬到公司高层的位置付出的代价太大。实际上,女性领导者经常放弃自己的私人时间、友谊或爱好,因为她们除了履行自己的工作责任外,还必须担负起照顾孩子和操持家务的大部分责任。图11-1 显示了成就很高的男性和女性投入到家庭责任中的时间存在很大差距,这是根据一项研究得出的。正如下面的"领导者书架"中所描述的那样,现在,越来越多的成功女性正在与公司协商谈判,争取获得更大的灵活性及在工作与生活之间求得平衡,而且这一趋势受到了男性和女性的一致好评。

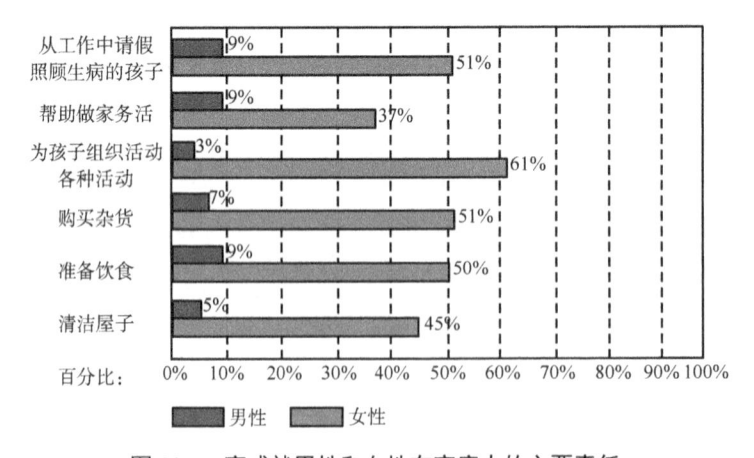

图 11-1 高成就男性和女性在家庭中的主要责任

资料来源:National Parenting Association, as reported in Sylvia Ann Hewlett, "Executive Women and the Myth of Having It All," *Harvard Business Review* (April 2002), pp. 66-73.

领导者书架

女性经济学：写下自己的成功法则
克莱尔·希普曼，凯蒂·凯

《女性经济学：写下自己的成功法则》（Womenomics: Write Your own Rules for Success）意义重大。其一，庆贺女性在美国公司中拥有更多的权利；其二，指导女性如何"从焦头烂额和痛苦挣扎中解脱，开始你想要的生活方式和工作方式"；其三，描述了针对工作中更多的多元化因素，组织如何应变。

建立更理智的工作场所

《女性经济学》的两位作者克莱尔·希普曼（Clair Shipman）和凯蒂·凯（Katty Kay），分别是《早安美国》（Good Morning America）的记者和《英国广播公司世界新闻在美国》（BBC World News America）的主播。她们认为已经向组织证明了自身价值的女性，可以成功地同组织进行协商从而在工作与生活之间更好地寻求平衡。但是，她们在该书中也简述了另一些公司的情况，这些公司的领导者在这方面才刚刚起步。

- 美国第一资本金融公司（Capital One Financial）

美国第一资本金融公司的领导者针对女性员工展开了一项调查，希望了解她们在工作中最需要什么。排在首位的答案是灵活的工作时间。随后对全体员工展开的另一项调查显示，这也正是大部分男性员工最需要的。于是该公司实施了弹性工作安排项目，员工可以和他们的主管协商制定自己的工作时间表。

- 毕马威会计师事务所（KPMG）

工作狂这类员工在这个会计公司不再受到欢迎。毕马威用健康记分卡来监测是否有人工作时间过长或放弃了休假。如果发生上述情况，他们的主管就会介入。同时该公司还利用压缩工作周、弹性工作时间制、远程办公、工作分担、甚至减轻工作量等方式，给员工提供多样化的选择。

- Kaye/Bassman 国际公司（Kaye/Bassman International）

这个位于美国得克萨斯州普莱诺市的猎头公司采取了一个简单的方法：向每位员工询问他们想要什么。无论是在家办公，还是下午休息去陪陪孩子，几乎每个要求都会得到满足。首席执行官杰夫·凯（Jeff Kaye）称弹性工作方法已经大大提高了他们的工作效率。

不再"一刀切"

希普曼（Shipman）和凯（Kay）指出思维模式的转变不仅是因为女性的顾虑，还因为那些抢手的精通专业技能的年轻员工——不论男性还是女性——都要求他们的工作有更大的灵活性。"实行"一刀切"的工作方式行不通，"艾尔弗雷德·P·斯隆基金会（the Alfred P. Sloan Foundation）的凯瑟琳·克里斯滕森（Kathleen Christensen）如是说，"员工越来越觉得有权利说：'我需要并且我想以某种方式工作。'"

Womenomics, by Claire Shipman and Katty Kay, is published by Harper Business.

> **行动备忘录**
>
> 作为一名领导者，你可以和民族优越主义态度做斗争。你可以创造一个环境，让人们重视多元化的思考、不同的穿着和行为方式。你可以帮助消除许多障碍，如不平等的期望、成见、不平等的薪酬和"玻璃天花板"现象。你可以消除机会缺口，让少数族裔拥有同等的获得成功的机会。

尽管一些女性自愿离开快车道，但仍有许多女性一心想升到公司的高层中，但最终却发现她们前进的道路被阻断了。Catalyst公司的调查显示，在受访的女性主管当中，55%表示她们有志于进入高级领导层。此外，一项对曾任职《财富》杂志全球1 000强公司，后自愿放弃管理工作的103位女性的调查显示，公司文化是她们离开的首要原因。对女性领导者来说，最不利的因素主要来源于偏见和以男性为主导的公司文化。当宝洁公司向一些女性管理者（由于工作表现出色，她们的离开被公司视为"令人遗憾的损失"）询问她们辞职的原因时，得到的最普遍的答案就是她们觉得自己没有得到公司的重视。

11.3.4 机会缺口

最后一个挑战是许多少数族裔者缺少机会。在有些情况下，人们可能因为缺乏必要的教育背景和技能而不能在公司中晋升到更高的职位。例如，根据美国全国城市联盟（National Urban League）的一项调查显示，尽管近年来非洲裔美国人受教育的机会增加，但在这个领域里美国黑人的数量仍仅仅是美国白人数量的79%。总体来说，对黑人学生的教育投入大约是白人学生的82%，这导致黑人学生的求学之路更加艰难，辍学率更高，这在年轻人中尤其如此。只有大约60%的西班牙裔美国人完成了高中学业，而且非洲裔美国人和西班牙裔美国人中，读过大学的人数也远少于白人。在完成高中学业的美国印第安人中，只有10%进入大学继续学习，而他们中只有一半最终能顺利毕业。美国教育委员会2008年年度报告显示，西班牙裔美国人和美国印第安族年轻人的受教育程度甚至低于他们的父辈。Optimus公司董事长兼首席执行官埃里克·阿道夫（Eric Adolphe）由于获得了美国全国理事联合会（National Association Council）颁发的少数族裔工程类奖学金而获得了在大学中继续读书的机会。他回忆起小时候一起在纽约长大的同伴们时说："很多人比我更有天分，然而他们却没有做到我这样，不是因为他们缺乏能力，而是因为没有机会。" 一些公司正在倡导保证少数族裔获得全面参与当今经济所必需的教育、技能和机会。下面的例子讲述的就是一些大公司如何努力为非洲裔美国人和其他少数族裔消除机会缺口的。

领导进行时
一些大公司是如何为少数族裔消除机会缺口的

美国银行（Bank of America）的领导者可以自豪地说，早在半个世纪之前该公司就已成为全国城市联盟的赞助商，从那时起公司便一直致力于通过教育改善非洲裔美国人的经济状况。今天，美国银行仍然继续向全国城市联盟及其项目提供赞助。该公司的慈善基金为全美的传统黑人大学提供的赞助和奖学金总额已达1 600万美元。

另外一个向年轻非洲裔美国人提供教育机会的公司是联合利华（Unilever 一个生产食品、个人护理品、家庭护理品的全球制造商）。作为杰基·罗宾逊基金会（Jackie Robinson Foundation）的创始者和持续赞助商，该公司提供两种奖学金：奖励学术精英的拉尔夫·E·沃德成就奖（the

Ralph E. Ward Achievement Award)和奖励卓越团体的联合利华领导遗产奖(the Unilever Legacy of Leadership Award)。联合利华同时还是 INROADS（该公司致力于帮助少数族裔的年轻人创业）的一大赞助商。

安永会计师事务所（Ernst & Young）已经为会计学、信息技术学、工程学、金融学等学科专业的少数族裔大学生和研究生提供了上百万美元的奖学金。该公司还有一个创新计划，称为"你的硕士计划"（Your Master Plan），即让那些大学毕业后继续攻读会计硕士学位的学生有机会到安永实习，而且他们的学费由安永支付。在这个全国最缺少民族多元化的领域，安永正迈着坚定的步伐建立人才输送渠道，力图将今天的少数族裔求职者培养成为明天的领导者。

诸如美国银行、联合利华、安永等公司认识到，为少数族裔学生提供教育机会是确保他们在工作中拥有更多平等晋升机会的一个重要方法。

11.4　女性领导方式

多元化的一个方面是与男性相比，女性的领导风格截然不同，这种现象在当今的组织中尤其突出。随着女性在组织中逐步晋升到更高的职位，人们发现在当今动荡和文化多元化的环境中，女性领导者使用的领导风格通常十分有效。

有证据显示，在美国劳动力大军中，男性的影响力在逐渐减小，而女性正在逐步占据主导地位，因为与男性相比，女性更能适应多元文化环境的需要和价值观。例如，在美国教育中出现了令人惊异的性别逆转，从幼儿园到研究生院，女性几乎占领了每一个领导位置。在获得学士学位和硕士学位方面，所有种族和民族的女性数量也都超过了男性。在过去的一年中，女性在研究生中所占比例达到 58%。在 25～29 岁的人群当中，拥有学士学位的女性为 32%，而男性仅为 27%。女性正在迅速缩小同男性在学士学位和博士学位方面的差距，女性占法律专业学生人数的 1/2，商学专业研究生人数的 1/2，工商管理硕士申请者的 30%。在如工程学、计算机科学等传统上由男性主导的学科中，女性研究生的数量正在急速攀升。此外，研究表明女性学生目标更加明确，她们不会轻易逃课，而是将更多时间用在学习上，因此一般获得更高的成绩。从总体上看，自 20 世纪 50 年代以来，无论是在职业领域还是民政事业领域，女性的参与都在稳步增长，而男性的参与则在缓慢而稳步地减少。

11.4.1　担任领导者的女性

詹姆斯·加伯瑞诺（James Gabarino）是康奈尔大学人类发展学教授，同时又是一名作家。他认为，女性"能更好地表现那些现代社会要求的特质——专心致志，遵守规则，口才优秀，并能很好地处理办公室人际关系"。事实证明了他的观点，在下属眼中，女性管理者普遍在处理人际关系、任务运转、与人沟通、动员他人和完成任务等方面能力更强。如图 11-2 所示，对下属进行的一项调查表明，女性领导者在几个特质上的得分明显高于男性，这些特质对高速发展的、灵活的和学习型的组织至关重要。女性领导者被认为具有更多的理想化影响力，有启发更多灵感的能力，对个体更加关注，并能提供更多智力启发。**理想化影响力**（idealized influence）是指下属认同并乐于效仿领导者；领导者得到信任和尊敬，保持自身的高行为标准，并且人们认为她们的权力来源于她们本身而不是她们的职位。**启发灵感的能力**（inspirational motivation）源于那些在情感上和形象上吸引员工努力工作并帮助组织实现目标的领导者。**个体关注**（individual consideration）意味着领导者把每位员工都当做个体来对待，所有人都受到平等对待；个人需求得到关注，并且将任务委派给下属，以便为他们提供学习机会。辛西娅·卡罗尔（Cynthia Carroll）是全球矿业公司英美资源集团（Anglo American）的首位女性领导者，她的一个特长就是"让每个个体发挥最大潜能"。卡罗尔正为英美资源集团带来新的思维方式，这种思维方式不仅帮助公司以自己的方式变得更加全球化，还反映出一种智力启发。**智力启发**（intellectual stimulation）意味着对当前使用的方法提出质疑并激励员工用新的思维方式思考问题。另外，除了上述这些特质，参与调查的下属还认为，女性领导者工作更有效率、更令人满意，而且她们还能激励员工付出额外的努力。

越来越多的证据显示，与在高层管理职位上女性人数寥寥无几的公司相比，在董事会和高级管理层中女性比例较大的公司业绩更好。Catalyst 公司的一项调查显示，如果将董事会中有 3 位或 3 位以上女性的《财富》500 强公司与那些董事会中女性人数最少的 500 强公司做个比较，那么就会发现前者在股票上的回报比后者平均高出 83%。

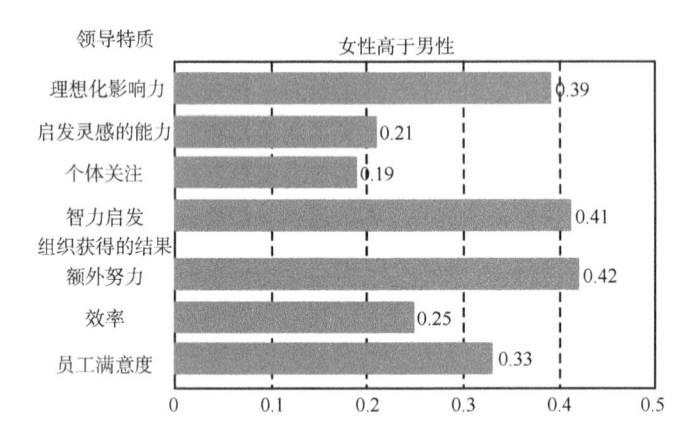

领导特质	女性高于男性
理想化影响力	0.39
启发灵感的能力	0.21
个体关注	0.19
智力启发	0.41
组织获得的结果	
额外努力	0.42
效率	0.25
员工满意度	0.33

图 11-2　下属对男性和女性领导者的评价比较

注：对领导者的评价等级分为 1~5 分。从每个项目标注的数值可以看出，女性领导者的平均得分更高。
资料来源：Based on Bernard M. Bass and Bruce J. Avolio, "Shatter the Glass Ceiling: Women May Make Better Managers," *Human Resource Management* 33，no. 4 (Winter, 1994), pp. 549-560.

11.4.2　领导风格是由性别决定的吗

在美国，一些研究人员已经考察了女性和男性的领导方式是否存在不同这一问题。领导特质在传统上与出生在美国的白人男性联系在一起，这些特质包括激进或专断、理性分析和控制的态度。男性领导者富有竞争意识和个人主义，愿意在等级分明的环境中工作。在和下属打交道时，他们依靠的是权威和地位。

当然有些女性也可能表现出这些领导特质，但研究显示，一般情况下，女性比男性更喜欢竞争压力小的环境，更乐于合作，也更注重人际关系建设、包容、参与及关心。女性领导者，诸如福特汽车公司第一位主管一家汽车装配厂的女性德波拉·肯特（Deborah Kent），戈尔同仁公司（W. L. Gore & Associates）的首席执行官泰丽·凯莉（Terry Kelly），她们往往更乐于与别人分享权力和信息，鼓励员工自我发展，并努力提高员工的自我认同感。"如果你不能倾听员工的意见和想法，那最好不要有多元化的员工队伍，"肯特说，"我希望别人怎么对待我，我就怎么对待别人。"

教授兼作家朱迪·罗森尔（Judy B.Rosener）把女性领导方式称为**互动型领导**（interactive leadership）。这种领导者更喜欢磋商和合作的过程，并且她们的影响力更多地来源于人际关系而不是地位赋予她们的职权和权威。心理学家指出，由于早期经历引起的心理需要不同，女性或许比男性更以人际关系为导向。这种男女之间在人际关系导向上的不同，有时被用来解释妇女为什么不能有效地进行领导，因为她们不懂得运用权力。然而，尽管男性领导者可能将有效领导与等级森严、依靠命令加控制的进程联系在一起，但女性的互动型领导似乎更适合未来多元化和学习型的组织。"领导进行时"中的辛迪·斯扎德基厄斯基（Cindy Szadokierski）运用互动型领导，应对联合航空公司复杂苛刻的运作管理工作。

> **行动备忘录**
>
> 作为一名领导者，你可以采用一种互动合作的领导方式。你可以与下属建立私人关系，让他们感觉到自己是团队中不可或缺的一分子。

领导进行时
辛迪·斯扎德基厄斯基和联合航空公司

25年前，辛迪·斯扎德基厄斯基放弃了高中法语教师的工作，去联合航空公司做了一名机票预订员。如今，她已成为公司副总裁，负责联合航空最大的中心机场——奥黑尔国际机场的运营工作。

自进联合航空起，斯扎德基厄斯基就想负责运营工作，因为她特别喜欢将指挥中心同机场各个角落联系起来的工作。尽管如今她每天要监督4 000名员工的工作情况和600次航班的运营情况，她最喜欢做的却是每周有一个下午的时间在停机坪散步，有一上午的时间漫步于候机大厅。为什么呢？因为这给了她与员工和客户沟通的机会。联合航空的母公司——联合航空集团首席运营官皮特·麦克唐纳（Pete McDonald）说，过去奥黑尔机场在运营方面存在严重问题，于是他们让沟通能力最强的人负责这一工作。斯扎德基厄斯基将之前的许多教学技巧应用其中，如制定规划、设立目标、激发鼓励人们，以及把从技术方面的知识到建立人际关系软层面等一系列事情教授给他们。

她的领导方式更倾向于合作，而非命令和控制。除了每周在停机坪和候机厅散步时向员工和客户学习之外，斯扎德基厄斯基还定期与其领导团队开会讨论工作中的成果和失误，以及怎样解决这些问题。"大家通力合作，小心谨慎地制定计划，"她说，"但如果出现问题，我会与我的团队静下心来，找出问题所在，使各项程序实施到位，这样就不会再犯同样的错误了……我们必须直面我们的失败和问题，这样才能找到解决方案，做得更好。"

与互动型领导方式相联系的价值观，如包容、建立关系和关心照顾，一般都会被看成是"女性的"价值观，然而互动型领导并非女性特有。这些价值观对男性和女性领导者来说，都越来越重要。今天，扁平化和以团队为基础的组织不再需要那种自上而下的权威人物，它们需要更具合作精神、更能采用包容领导方式的领导者。

再次重申，互动型领导风格并非女性独有。只要关注非语言行为并发展这些技能——包括倾听、同情、配合和协作等，任何领导者都能学会这种更加包容的风格。

11.5 全球多元化

多元化迅速发展的根源之一就是全球化，这意味着领导者将在更广的范围内遇到前所未有的多元化问题。当领导者与具有其他文化背景的人沟通时，连握手这样简单的事都变得令人困惑。各国的握手方式如此多样，那么在与外国人或在国外跟人谈生意时经理不知如何表现就不足为奇了。

> **行动备忘录**
> 社会价值观的差异对领导方式、工作关系和组织运行有着重大影响。请回答"领导者自察11-2"中的问题，以更好地理解你的同学或同事的社会价值观。

通过理解社会文化环境，领导者可以应对全球多元化的挑战，通过开发文化智力，领导者可以知道如何才能举止得体。

11.5.1 社会文化环境

社会和文化差异比任何其他因素更有可能带来困难和冲突。例如，在洁百士公司位于内布拉斯加州奥马哈市的一个肉类加工厂，数百名主要来自索马里的穆斯林员工罢工示威，抗议公司不在斋月期间给他们留出额外休息时间做祷告。为此，领导者调整了政策，以便工人们有时间进行祷告。然而，这一政策又引起了非穆斯林员工的抗议，声称这是"优惠待遇"，这使领导者不得不重新考虑政策的可行性。员工之间的紧张关系和冲突差点引发暴动，洁百士公司的领导者仍在努力寻求解决不同宗教员工之间问题的办法。

领导者自察 11-2

社会价值观

说明：我们周围有各种各样不同的社会团体（同事、家庭、专业团体、以及国家的、宗教的和文化团体）。主要关注你认为是同事的团体（如团队成员、合作同事、同学等）。回答下面每个问题，指出其对你的同事团体的重要程度。用5分制回答，其中1代表"完全不重要"，5代表"非常重要"。

	完全不重要			非常重要	
1. 妥协自己的想法而与同事一起行动？	1	2	3	4	5
2. 对同事忠诚？	1	2	3	4	5
3. 遵守同事设定的规范？	1	2	3	4	5
4. 保持稳定的环境而不是"晃动（大家的）这条船"？	1	2	3	4	5
5. 不打破规则？	1	2	3	4	5
6. 成为专家或职业人士而不是一名管理者？	1	2	3	4	5
7. 有机会挣更多钱？	1	2	3	4	5
8. 有机会得到提升，做更高水平的工作？	1	2	3	4	5
9. 与那些能很好与人合作的人一起工作？	1	2	3	4	5

10. 与你的管理者有很好的工作关系？　　　　　　　　　1　2　3　4　5
11. 有一名能给予详细指导的管理者？　　　　　　　　　1　2　3　4　5
12. 会避免与管理者产生不一致？　　　　　　　　　　　1　2　3　4　5

计分与解释

有4组分数用来衡量霍夫斯特德提出的4项社会价值观。关于个人主义和集体主义方面，计算第1、2、3题的平均分。关于不确定性规避方面，计算第4、5、6题的平均分。关于男性主义和女性主义方面，反向计算第9、10题的各自得分（即5=1，4=2，3=3，2=4，1=5），然后计算第7、8、9、10题的平均分。关于权力差距方面，计算第11、12题的平均分。

我的社会价值观平均分是：

个人主义-集体主义（I-C）:_____。

不确定性规避（UA）:_____。

男性主义-女性主义（M-F）:_____。

权力差距（PD）:_____。

在个人主义-集体主义方面，如果平均分大于等于4，就说明在你的同事团体里集体主义是大家的社会价值观，平均分小于等于2则说明个人主义价值观占主导地位。在不确定性规避方面，平均分大于等于4说明你的团体重视模糊性和不确定性的缺乏（高度不确定性规避），得分小于等于2意味着不确定性和不可预见性是受欢迎的。在男性主义-女性主义方面，得分大于等于4意味着在你的同事团体里男性主义盛行，而得分小于等于2则表示女性主义占统治地位。在权力差距方面，得分大于等于4意味着很高程度的权力差距或层级差距，而得分小于等于2则表示较低程度的权力差距或者说是平等性占统治地位。

把你的得分与同学进行比较，弄明白你对同事群体里不同价值观的看法。在这4个价值观中，你认为哪一个得分最高？分析那些你得分特别高或特别低的问题，从而分析你的团体的社会价值观模式。把你的得分向来自不同国家的同学进行解释，说明它们意味着什么。你的同事群体的社会价值观与国际学生群体的有何不同？这些社会价值观在你班上不同国籍的同学之间有什么差异？

资料来源：Adapted from Geert Hofstede, *Culture's Consequences* (London: Sage Publications, 1984); and D. Matsumoto, M. D. Weissman, K. Preston, B.R. Brown, and C. Kupperbausch, "Context-specific Measurement of Individualism-Collectivism on the Individual Level: The Individualism-Collectivism Interpersonal Assessment Inventory," *Journal of Cross-Cultural Psychology* 28, no. 6 (1997), pp. 743-767.

一些美国公司在试图把它们的多元化政策和实践转移到欧洲分部时，管理者遇到了文化方面的因素引起的问题。那些为解决美国的多元化问题而制定的政策并没有考虑欧洲复杂的社会体系和文化体系。例如，在英国，阶级区别与性别、年龄、残疾一样，是多元化的一个重要方面。甚至连多元化这个词语本身都有问题。在许多欧洲语言中，"多元化"最接近的词语意为"分离"而不是美国的多元化计划所提倡的"包容"。在美国做生意的外国公司也在理解和处理多元化问题上遇到了相似的难题。贝斯特食品公司（Bestfoods）的主席兼首席执行官迪克·苏梅特（C.R.Dick Shoemate）说："在一个跨国跨文化的组织中，需要一种特别的领导方式来处理这些不同。"贝斯特食品公司采用跨界任务和广泛的个人指导来培养人们如何在不同文化里进行领导。

11.5.2 社会价值体系

基尔特·霍夫斯特德（Geert Hofstede）对 40 个国家的 IBM 员工进行的调查发现，在处理诸如个人主义和集体主义矛盾这类问题时，思维方式和文化强烈地影响着组织和员工关系，并且在不同文化之间差别很大。表 11-1 列出了若干国家在 4 个主要方面进行的排序。

表 11-1 9 个国家价值体系的 4 个方面的排序

国　　家	权力[a]	不确定性[b]	个人主义[c]	男性化[d]
澳大利亚	7	7	2	5
哥斯达黎加	8	2（并列）	10	9
法国	3	2（并列）	4	7
印度	2	9	6	6
日本	5	1	7	1
墨西哥	1	4	8	2
瑞典	10	10	3	10
泰国	4	6	9	8
美国	6	8	1	4

[a] 1=最大的权力差距；10=最小的权力差距
[b] 1=最高的不确定性规避；10=最低的不确定性规避
[c] 1=最高程度的个人主义；10=最低程度的集体主义
[d] 1=最高程度的男性化；10=最高程度的女性化

资料来源：From Dorothy Marcic, *Organizational Behavior and Cases*, 4th ed. (St. Paul, MN: West, 1995). Based on Geert Hofstede, Culture's Consequences (London: Sage Publications, 1984); and *Cultures and Organizations: Software of the Mind* (New Yonk: McGraw-Hill, 1991).

- **权力差距**。高度的**权力差距**（power distance）是指在机构、组织和个人之间，人们接受权力上的不平等。而较低的权力差距则是指人们要求权力平等。权利差距大的国家有马来西亚、菲律宾和巴拿马，权力差距小的国家则包括丹麦、奥地利和以色列。
- **不确定性规避**。高度**不确定性规避**（uncertainty avoidance）是指社会成员因对不确定性和含糊性反感，而支持那些具有确定性和一致性的主张和行为。低度不确定性规避则是指人们对于缺少规划、模糊含混、无从预料的情况有高度的容忍。高度不确定性规避的文化包括希腊、葡萄牙和乌拉圭，而新加坡和牙买加则是低度不确定性规避国家的典范。
- **个人主义与集体主义**。个人主义（individualism）反映一种松散的社会结构，每个人都需要照顾自己的事情；**集体主义**（collectivism）则更倾向于紧密联结的社会结构，人们互相关照，而组织则保护其成员的利益。提倡个人主义的国家有美国、英国、加拿大，而提倡集体主义的国家则有危地马拉、厄瓜多尔和巴拿马。
- **男性化和女性化**。男性化（Masculinity）反映的是对成就、英雄主义、当机立断、工作中心化和追求物质成功的偏好；而**女性化**（Feminity）则反映了注重人际关系、配合协作、群策群力和生活质量等的价值观。日本、奥地利和墨西哥具有强烈的男性化价值观，而瑞典、挪威、丹麦和前南斯拉夫则有很强的女性化价值观。无论是在男性化还是女性化文化里，男性和女性都服从于占统治地位的价值观。

特里·尼尔（Terry Neill）是一家总部位于伦敦的变革管理公司的管理合伙人，他将霍夫斯特德的发现运用到工作中。根据他和一些国际化公司（如联合利华和英国石油公司）的合作经验。尼尔指出，荷兰人、爱尔兰人、美国人和英国人很适应开放式的讨论。然而，日本和其他一些亚洲国家的员工面对这样直接的表现感觉很不自在，甚至觉得受到了威胁。在许多亚洲国家，领导者把公司看成一个大家庭，强调通过人际关系网进行合作。相比之下，德国和其他中欧国家的领导者总是将公司当成运转良好、非人性化的机器进行管理。领导者如何处理以上问题和对待其他文化差异对多元化员工队伍的满意度和效率有很大影响。

11.5.3 发展文化智力

尽管理解不同的社会文化环境和社会价值观非常重要，但人们不可能事先预知每种可能发生的情况。因此，如果领导者能够灵活轻松地适应新的工作环境和工作方式，那么他就会在多元文化环境中成为佼佼者。换句话说，他们需要具备文化智力。**文化智力**（Cultural intelligence，CQ）是指一个人运用推理和观察技巧理解陌生的肢体语言和情景，并做出恰当回应的能力。培养高文化智力能够让人们快速了解并适应陌生的环境。CQ 并不是简单地罗列"要做什么"和"不要做什么"，它是一种实用的学习方法，以帮助人们摸索出某一文化中普遍的思维方式并找到符合这一文化的应对新情景的方法。

文化智力由 3 部分构成：认知部分、情感部分和生理部分。认知部分包括一个人的观察技能、学习技能和见微知著的能力。情感部分关注个人的自信心和自我激励。领导者必须相信自己有能力去了解和融入不同文化。困难和挫折是更加努力工作的动力，而不是放弃的借口。生理部分是指一个人改变自己的说话方式、表达方式和肢体语言，以便与来自另一种文化的人保持一致的能力。大多数人在这 3 个方面的发展参差不齐，但要最大程度利用文化智力要求他们 3 方面都要均衡发展。

培养高文化智力要求领导者以开放接受的姿态对待新观点和新方法。通用磨坊食品公司（General Mills）的首席执行官肯·波韦尔（Ken Powell）谈到，他在事业初期负责国际性事务时压力很大，但现在回想起来那却是他所完成得最好的工作之一。在异国他乡工作是人们超越自己的极限，培养更为广阔、更为国际化视野的方法之一。一项研究显示，适应国际管理事务最快的人往往在成长过程中就学会了如何去理解不同于自己的人，并跟他们产生共鸣，与他们共事。例如，新加坡人在日常交谈中总是中英结合；荷兰人不得不学会英语、德语、法语和荷兰语，这样才能与在经济上占统治地位的邻国从事贸易；讲英语的加拿大人不仅要通晓美国文化和政治，还要考虑讲法语的加拿大人的观点和想法。那些没有这种多元语言文化经历的人（如大部分美国领导者），通常会在处理国际事务时遇到更多问题。但是无论来自哪个国家，只要管理者们愿意，他们都能敞开胸怀去了解其他观点。

11.5.4 领导暗示

一项对 5 国管理者进行的研究显示，尽管商业全球化看起来导致了管理价值观和态度的集中收敛，但不同国家的管理者在某些领域还是有相当大的区别，这可能给领导带来问题。为了在多元化的全球环境中实行有效领导，领导者应该意识到文化和亚文化差异。第 3 章讨论的**权变理论**说明了领导风格与既定情境之间的关系。对领导者而言，重要的是认识到文化对领导风格和领导情境这两方面均有影响。例如，在高不确定性规避的文化中，如第 3 章里介绍的那种任务结构程度高的领导情境会更受欢迎。反之，在低不确定性规避的文化中，人们更喜欢结构化程度不太高的工作环境。关于权变模式如何应用于跨文化情境的研究非常少。但是，所有领导者都要认识到文化可能产生的影响，并且在与员工的接触中考虑文化价值观。

对行为的感知在不同文化之间也有所不同。一位美国经理差点搞砸与一家韩国公司的生意，因为他直接向对方的高层管理者抱怨从一位韩国经理那里获取所需信息时遇到了麻烦。在美国，这一方式是可以接受的，但在韩国却被看成不尊重上司的表现。结果那个下级韩国经理感到非常不安和难堪，上级经理也觉得受到冒犯。最后，只能由美国方面的高层经理到韩国当面道歉，以示尊重，这场风波才得以平息。还有一个例子，在像美国这样的个人主义社会里，私下当面批评下属被认为是恰当的行为。然而，在日本这样重视集体主义胜过个人主义的国家里，同样的领导方式被看成不妥的行为。对日本员工来说，当面受到上级的批评是颜面扫地的事。人们宁愿从同事那里得到批评，也不愿受到上司的直接批评。

> **行动备忘录**
>
> 作为一名领导者，你可以培养自己的文化智力。你可以学习其他语言和文化，与来自其他国家的人建立关系。你也可以学着对社会价值体系的不同保持敏感，并寻求解决这些棘手的多元化问题的创造性方法。

11.6 成为一名包容的领导者

当今全球化组织的目标之一就是保证所有员工——女性、少数族裔、年轻人、同性恋者、残疾人、老年人——在工作上享有平等的机会。强烈的文化敏感型领导可以使组织向多元化方向发展，使所有人都可以凭自己的独特才能而受到重视和尊敬。

11.6.1 个人对多元化的意识层次

不同的领导者对不同文化、态度、价值观和处事方式的敏感性和开放程度有所不同。图 11-3 显示了个人多元化意识和行为的 5 个发展阶段。这 5 个阶段从防范的、民族中心主义的态度发展到对差异的完全理解和接受，包括了从满足最低法律要求的肯定行为和反对性骚扰，到最高层次的将多元化内化为组织文化的有机组成部分。

处于第一层次的人把差异点看成是对他们习以为常的世界观的威胁，并经常持有有成见的负面态度，或是有偏见的态度。位于该多元化意识层次的领导者认为自己只要没犯法就是成功的。他们将女性和少数族裔视为必须处理的"问题"。通常，此种领导者会晋升几个少数族裔员工进入领导层，但这完全是为了应付法律规定。位于第二层次的人试着缩小员工之间的差异，把注意力放在他们的相同点上。该阶段，无意识的、不易察觉的偏见最为突出，因为人们已经不再公开对少数族裔持偏见态度。领导者没有充分察觉到少数族裔和女性在组织中面临的挑战，也并未对此做出回应。当上升到第三层次时，他们已经认同了文化差异，并意识到不同思维方式和工作方式的价值。此时，领导者承认并认识到解决性别、种族、残疾之类的争议不仅对少数族裔员工很重要，而且也关系到整个公司的健康发展。他们意识到在为新客户开发和营销产品时，妇女和少数族裔员工能提供必需的洞察力，所以他们想办法吸引并留住高素质的少数族裔员工。在处于第三层次的公司里，会有更多的女性和少数族裔走上高级岗位，领导者开始为全体员工提供多元化意识的培训。

第 11 章 培养领导的多元化

最高水平的多元化意识

整合
- 文化多元化的态度——使个人能整合差异，从认识和行为上适应

适应
- 能和其他文化发生共鸣
- 能进行不同文化观点的转换

接受
- 接受行为差异和价值观的基本差异
- 认识到其他思维方式和世界观存在的合理性

尽量减少差异
- 隐藏或减少文化差异
- 集中关注所有人的共同点

防范
- 把多元化当做对自己舒适的世界观的威胁
- 使用消极的旧式思维
- 认为自己的文化比别人优越

最低水平的多元化意识

图 11-3　个人对多元化的意识层次

资料来源：Based on M. Bennett, "A Developmental Approach to Training for Intercultural Sensitivity." *International Journal of Intercultural Relations* 10(1986), pp. 179-196.

当人们发展到第四层次，他们就能够认同与其不同的群体，并可以自如地以不同的文化视角看待问题。这一阶段的领导者会配置大量的资源进行多元化培训和其他举措，引导组织进行改变。领导者开始真正尝试在制定政策和进行实践时兼容并包而不是盲目排外。博思艾伦咨询公司（Booz Allen Hamilton）的领导者就专门为那些离开公司照顾年幼子女的女性建立了一个新项目。该公司选拔优秀的前女员工作为"附属员工"，给她们提供短期项目的工作机会，同时也给予她们事业发展、指导和培训的机会。美国联合包裹服务公司（UPS）的首席执行官也领导公司多元化委员会，因为他相信这会让每位员工严肃地对待多元化问题。

在第五层次，人们就能够融合差异，在认识和行动上加以适应。处于这一层次的领导者能够忽略性别和肤色差异。所有员工都以其能力为标准受到评价，完全消除成见和偏见。没有任何一类员工感到区别对待或歧视。这一层次代表了理想化的组织。虽然它看上去可望而不可及，但今天许多出色的领导者都在努力向多元化意识和接受这一层次努力。要建立一个在各方面都能够包容多元性的组织，最高层领导者的承诺至关重要。

> **行动备忘录**
> 作为一名领导者，你可以使自己的多元化意识和行动发展到更高的层次。你可以尊重多元化，并为每个人提供平等的机会。

11.6.2　提高个人多元化意识的方法

许多组织都有**多元化意识培训**（diversity training）来帮助员工了解自己的文化界限、偏见和成见，培养他们在多元化工作环境中的管理技能和工作技能。领导者也可以自己寻找一些培训项目来提高自己的多元化意识和技能。在多元化背景下工作生活，要求人们不拘泥于只使用通常在自己的小团体里奏效的交际能力，而要使用更多、更不同的交际技巧。

培训的第一步就是让领导者意识到自己做了设想，而且让他们在与和自己不同的人接触时变得更敏感、更开放。在这一领域，个人发展的基本目标就是让人们意识到隐性的或显性的偏见正控制着其对特定个人和群体的看法。如果领导者认识到他们容易对别人有成见，并且在与他人沟通和待人接物时特别注意这一点，那么他们已经向包容性这一方向迈出了重要一步。

下一步就是发展多元化技能了，也就是说，学习怎样在多元化环境中与他人有效沟通和工作。领导者不仅需要提高对多元化的理解和增加敏感度，还要发展能在日常情景中运用的具体技能，如怎样建设性地解决冲突，怎样调整自己的非言语沟通方式（如肢体语言、面部表情）。韦里孙通信公司（Verizon Communications）采用了一种在线培训工具，领导者可以选择各种可能出现的多元化情景，思考恰当的处理方式。除了参加组织提供的培训项目外，领导者也可以借用一系列的网上资源、录像带或 DVD，以及通过咨询公司参加多元化培训。

11.6.3 领导多元化组织需要的个人特质

有 4 种个性特质对成为包容的领导者有重要作用。

- 能够识别和支持多元化组织团体的个人长远眼光。领导者应该有长远计划，计划中要容纳组织中各种不同的种族和文化团体，以及所有级别中各民族、各年龄等各层次的员工。此外，他们通过一些象征和仪式来表达这种立场，从而强化对多元化员工队伍的重视。
- 对多元化内涵的广博知识和对文化多元化的意识。如前文所述，领导者对多元化的主要内涵需要具备基本知识，通过采用包容性语言和尊重文化差异，将这类知识付诸实践。
- 愿意进行自我转变。多元化组织的领导者鼓励员工做出反馈，他们能够接受批评，乐于改进自己的行为。领导者的行为对组织是否真正重视多元化有重要影响。例如，佰特保健公司（Baxter Healthcare Corp.）主席兼首席执行官小哈里·杰森·克里曼（Harry Jansen Kraemer, Jr.）就为公司内网写了一篇名为《CEO 更新》（*CEO Update*）的通讯。他没有只谈论与业务有关的问题，而是加入了一个部分来谈论自己的家庭生活。对那些在事业和家庭之间挣扎的女性职员而言，这是一个清楚的信号：公司重视家庭，认为工作和生活的平衡很重要。
- 对多元化员工进行指导和给他们分配权力。领导者为所有员工积极创造施展才华的机会，并诚恳地予以评价和指导。他们还对公司中尊重文化差异的员工进行奖励。

只要领导者检查和改变自身，他们就能在组织中引导变化。多元化会带来很多挑战，但它也为领导者带来振奋人心的机会。它使领导者有机会把组织整合成一个共同体，共同体中的所有人都觉得受到鼓舞、尊重，并愿意为共同的目标做奉献。看看丹尼餐厅（Denny's Restaurants）的领导者是如何运用多元化培训和文化改变举措，来使公司从种族主义代表转变为多元化模范的吧。

领导进行时

丹尼餐厅

1993 年夏天的一个早上，6 名非洲裔美国人为吃早餐在丹尼餐厅等了 1 个多小时，而他们的白人同事早就开始吃了。就在他们不得不离开的时候，他们点的饭菜才端了上来。这一事件被公开披露后，该餐厅其他歧视非洲裔美国客户和员工的事件也被揭发了出来，随后该餐厅受到了一系列种族歧视的诉讼。13 年后，丹尼餐厅的一位主管却在第 18 届马丁·路德·金周年颁奖典礼上获得了"我们传递梦想"奖。丹尼餐厅是怎样发生如此大的变化的呢？这归功于高层领导的努力，以及一系列致力于增强多元化意识和改进多元化行为的严格训练。

在处理了1994年的几起反歧视诉讼之后，丹尼集团就任命瑞琪儿·胡德（Rachelle Hood）为其第一任多元化总执行官。胡德让公司雇用了100多名多元化教练，在各个层次上对公司进行多元化训练。丹尼餐厅的每位员工——不只是经理、洗碗工和服务生，还包括媒体策划人员和保镖等——都要接受有关多元化意识的培训。这些培训会指导他们在餐饮行业中如何运用对多元化的理解和敏感性。例如，在"我们能做到"培训项目中，员工们学习3步骤模式：1）预防，如怎样的举动能降低客户或同事觉得自己受到歧视的可能性；2）介入，指导员工在发生问题时如何"了解、道歉和行动"；3）管理提升，员工要学习如何真诚倾听，表示同情，以及如何降低对方的怒气和挫败感。丹尼公司每年都要化费几百万美用于构建公司的多元化意识，其多元化培训系统也是该行业中最全面综合的系统之一。

胡德与管理者一起努力，提高供应商的多元性，开展面向少数族裔客户的营销活动，并将经理的奖金与多元化目标实现程度挂钩。这一系列举措都提高了公司的多元化意识。1993年，丹尼餐厅只有一家连锁店的店主来自少数族裔，公司所有供应商都不是来自少数族裔，董事会也主要由白人男性组成。但是今天，情况大不相同。

- 超过40%的丹尼连锁餐厅的店主来自少数族裔。
- 近10年，公司和少数族裔供应商开展的食品和服务方面的业务量高达10亿美元，其中非洲裔美国客户占总人数的48%。这占到公司合同总额的18%，而全国平均数只有3%~4%。
- 董事会44%的成员是女性和有色人种。
- 少数人群分别占公司管理层的41%和全体员工的59%。

由于这些成就，《黑人企业家》（Black Enterprise）杂志将丹尼公司命名为最适宜非洲裔美国人工作的公司之一，《财富》杂志也将丹尼公司连续两年入选为"美国少数族裔工作的50家最佳公司"之列。丹尼公司的转变有力地证明了一个公司能够快速深远地改进自己的领导方式，以更加积极的态度对待文化转变。

本章小结

☑ 本章要点是：多元化是当今社会生活的一部分，领导者可以在公司中进行改革，以适应时代要求。美国的人口、劳动力队伍和用户基础在不断变化。组织还将在一个日渐全球化的世界中运作，这意味着它将在比以往更广的范围内与多元化打交道。

☑ 多元化定义涵盖了人们相互不同的各个方面。近些年来，这一定义已经被进一步扩展，变得更具包容性，也囊括了更多的特征。它不仅包括像性别、种族这样的基本特征，还融入了工作方式、国籍和收入水平等特征。

☑ 组织认识到重视支持多元化的必要性源于以下几个方面。多元化帮助组织与多元客户建立更好的关系，并帮助发掘员工潜力。一个多元化的员工队伍能为组织提供多元化建议，并为开拓创新和解决问题提供一个更广泛、更深入的经验基础。最近多元化引起关注的一方面是女性领导方式，也称为互动型领导方式。互动型领导方式的特征，如兼容并包、关系建立等，对21世纪的男性和女性领导者而言都是宝贵的品质。

☑ 在领导与自己不同的群体方面，当今领导者面临着重大挑战。要领导多元化群体，领导者第一步要做的，就是要理解那些与主流文化不相适应的人们所面临的困难。这些困难包括偏见、成见和歧视、不平等期望、"玻璃天花板"效应及机会差异。
- ☑ 本章的另一个重点是全球多元化。领导应该意识到文化可能带来的影响，理解社会和文化价值观念的差异，并发展文化智力。
- ☑ 人们在多元化意识层次和对其他文化、价值观、工作方式的敏感度方面会有所不同。领导者一般会经历多元化意识和行为的不同发展阶段，这个范围包括从通过最少努力来满足合法行为的准绳，到把多元化看成公司不可分割的一部分。强有力的、文化敏感度高的领导方式是组织通过这些多元化意识阶段不断进步的唯一途径。领导者首先要通过培养支持多元化的个性来完成自我转变，然后再对组织进行改造。21世纪领导者的最终目标是把组织整合成一个共同体，使所有成员得到鼓励和尊重，并为共同目标进行奋斗。

讨论题

1．当公司变得更加多元化时，领导者的角色和责任将如何变化？请解释。

2．为什么思想的多元性对当今的组织如此重要？如果员工来自同一种族，并且年龄和背景相仿，你认为这样的组织会拥有多元化思维吗？

3．什么是互动型领导方式？为什么这种方式在21世纪越来越重要？

4．讨论当下属把较小的权力距离作为社会价值观，而领导者显示出较大的权力距离时，这将如何影响两者的互动？

5．为什么许多女性在追寻更高级别的公司领导权时会自动退出？这是否会不利于组织的长远发展？为什么？

6．怎样领导一群与你不同的人？

7．为什么发展文化智力对当今领导者来说如此重要？你认为一个从没有接触过与自己不同人群的领导者能够顺利地适应不同文化的思维和行为方式吗？试讨论。

8．回顾一下你的某位领导，他的个人多元化意识处于哪个层次？试解释。你的多元化意识又处于哪个层次？

9．你认为人们和组织可能会忽视性别和肤色差异吗？

10．本章中提到过一个肉类加工厂因为给穆斯林员工安排休息时间而引起冲突。领导者要怎样在不冒犯其他员工群体或者说不表现出对某一方偏袒的前提下顾及不同群体的需要呢？

现实中的领导：个人多元化

每个人对其他人重视的行为或期望的感受可能都不尽相同。这反映了人们对多元化的个体感受。这些你所感受的与别人不同的差异可能反映了你的身体特征（身高、年龄、肤色等）的不同，也可能反映了你的思维方式、感觉、个性或行为的不同，尤其当你感受的差异不同于其他人的期望或你所感受到的社会规范时。在下面写出6个你和别人感受不同的方面。

1. _____   4. _____

2. _____   5. _____
3. _____   6. _____

根据你感受的多元化回答下面的问题。

你对与众不同有什么感觉?

_____
_____
_____

多元化的哪个方面使你自豪?为什么?

_____
_____
_____

你希望改变哪个方面,使自己不那么多元化?为什么?

_____
_____
_____

你的不同给学生小组或工作组织带来了什么贡献?

_____
_____
_____

课堂练习

这个练习可在课堂上改成小组讨论,讨论基本的多元化。教师可以让3~5名学生组成一队,围坐成一圈。一名学生(受关注者)可以主动描述他根据前面的列表所感到的自己与他人的差异。其他学生依次给予反馈,指出这些差异对他们来说意味着什么,对团队或课堂参与来说又意味着什么。每名学生依次扮演受关注者,描述自己感受到的个人差异,倾听他人对这些差异的反馈及这些差异带来的影响等。

下面是做这个练习时可以提出的一些关键问题:你从感受到的差异和人际关系中学到了什么?你如何理解"自身的差异对自己(比对别人)来说是被放大的"?个人多元化如何影响团队或组织业绩?(可在黑板上列一个表)

Chapter 12

第 12 章 领导力和影响力

通过本章的学习，你应该能够：

- 使用权力和政治策略帮助组织实现重要的目标。
- 通过贯彻你极其关心并想要与他人分享的某种愿景或想法，在某些方面实施魅力型领导。
- 区分变革型领导与交换型领导的概念，并加以应用。
- 使用联盟型领导方式建立联盟，帮助你为组织达成重要目标。
- 确定组织中权力的类型和来源，知道如何通过政治活动获得更大权力。
- 描述结构参考框架、人力资源参考框架、政治参考框架及象征参考框架，并确认你最主要的参考框架。
- 使用影响力策略——理性说服、友善相处、互惠互利、建立联盟、直接诉求和稀缺性策略。

一个出生在芝加哥内城贫民窟、由单亲妈妈抚养长大的贫穷的黑人女孩，如何成为金融服务业一位响当当的人物？智慧、努力、正直及强烈的职业道德是答案的一部分。但梅洛迪·霍布森（Mellody Hobson）之所以能够在白人男性统治的投资界立足并获得成功，这最终要归功于她的政治技能。霍布森是 Ariel 共同基金投资公司的现任总裁，她在 Ariel 从实习生做起，大学毕业后成为全职员工。然后她开始迅速拓展自己的关系网，广交朋友和支持者，而这些人脉一直保持到今天。霍布森与乔治·卢卡斯（George Lucas）、席亚拉（Ciara）等名流交往，喜欢与芝加哥南区的教师和学生谈话。沃伦·巴菲特、迪克·帕森斯（Dick Parsons）、吉米·戴蒙（Jamie Dimon）也是她的朋友，雅诗兰黛、星巴克和芝加哥公立图书馆的董事会中都有她的一席之位。自巴拉克·奥巴马第一次参加参议院选举以来霍布森就为其主持资金筹集活动，她曾与理查德·戴利（Richard Daley）共事，致力于改进芝加哥公立学校。她还酷爱与 F1 赛车迷往来，和他们一起为刘易斯·汉密尔顿（Lewis Hamilton）——史上第一位黑人赛车手——喝彩。梦工厂的创办者之一大卫·格芬（David Geffen）说："她总是能找到方法跟任何一个人搭上关系。"而霍布森也是梦工厂董事会的成员之一。

霍布森的交际能力帮她取得了自己及 Ariel 投资公司想要的东西。当她还是一名 25 岁的新职员时，她便能影响 Ariel 创办者约翰·罗杰斯（John Rogers）和董事会成员，让他们做出了一个重大的战略决定：将 Ariel 与专注于社会投资的卡尔弗特集团（Calvert Group）分开，提升 Ariel 的影响力，把它打造成价值投资领域的王牌企业（两家公司曾同属一家合资企业）。罗杰斯说一开始他为霍布森的大胆感到震惊，但霍布森运用信息资料、交际关系及个人劝说等手段成功说服了他，让他相信这确实是个正确的决定。"她做了大量艰难的工作，让董事会和我确信这么做是明智的。"

作为一名年轻的 Ariel 职员，梅洛迪·霍布森没有什么正式的权力，但她已经了解到如何使用政治策略和影响力达成目标。像霍布森一样，成功的领导者会花时间在组织内外建立自己的关系网，还会就重要的项目和工作重点进行非正式谈话。所有的领导者都使用权力和影响力对他们所在的组织产生影响。

本章将详细探究领导力和影响力。首先，我们将探讨 3 种有影响力的领导方式。然后，我们会考察权力和影响力的意义，研究影响领导者如何考虑和使用权力的不同领导参考框架，探究权力的一些来源和形式，并给出领导者通过政治活动行使权力和运用影响力的一些方法。最后，我们会简要地讨论使用领导力和影响力时要注意的一些道德方面的问题。

12.1 3种有影响力的领导方式

新领导者常常认为领导者权力是由组织通过领导者的职位授予的。然而，领导者所拥有的权力并不完全局限于工作职权，他们还可以通过各种方式影响人们。在上文中我们提到的 3 种有影响力的领导方式，即变革型、魅力型和联盟型领导，它们基于领导者的个人特点和与他人的关系，而不是某个正式的职权岗位。

12.1.1 变革型领导

变革型领导（transformational leadership）的特征是有能力在其追随者和组织中带来重大变化。变革型领导者有能力在组织愿景、战略和文化方面进行变革，同时促进产品和技术革新。

理解变革型领导的一种方法是将它与交换型领导进行比较。**交换型领导**（transactional leadership）的基础是领导者和追随者之间的交换或互动过程。交换型领导者了解到追随者的需求和愿望，然后明确表示，只要追随者完成特定目标或担负特定责任，这些需求和愿望就能得到满足。因此，追随者得到完成工作的奖励，而领导者也因任务完成而获益。交换型领导者关注当前，擅长使组织顺利而有效地运作。他们擅长计划和预算等传统的管理职能，经常关注工作中非个人的方面。交换型领导可以非常有效，但是它也需要承诺"遵守规定"，因此这种领导方式能够维持组织的稳定性而不是推动变革。

交换型领导技巧对所有领导者来说都很重要。但在当今世界中，成功常依赖不断进行变革，因此组织中还需要变革型领导。变革型领导关注的不是利用规则、指导和激励来分析和控制与追随者之间的具体交换，而是利用诸如愿景、共享价值观和想法这些无形的东西来建立关系，使各自的行为更有意义，并提供共同立场使追随者参与到变革过程中。变革型领导所基于的是个人价值观、信仰和领导者素质，而不是领导者和追随者之间的沟通过程。

研究结果表明，变革型领导对追随者的发展、绩效甚至组织的盈利状况都有积极影响。而且，变革型领导技巧可以通过学习获得，并不是与生俱来的个性特质。变革型

> **行动备忘录**
> 作为一名领导者，你可以效仿变革型领导者，将人们团结在某个鼓舞人心的愿景周围，表达对未来的乐观态度，帮助追随者开发他们的潜力，并授予他们进行变革的权力。

领导与交换型领导有 4 个显著的不同点。

（1）变革型领导使追随者成长为领导者。变革型领导者不会严格控制追随者，而是给予他们更大自由，让其控制自己的行为。变革型领导把人们团结在使命和愿景周围，为下属规定行动范围，使他们有相对的自由来完成组织目标。变革型领导者引起下属对问题和事情的注意，帮助他们用新方法看待事情，从而带来有效的变革。

（2）变革型领导把追随者的需求从较低的物质层次（如安全感等）提升到较高的心理层次（如自尊和自我实现等）。低层次的需求可以通过优厚的工资待遇、安全的工作环境和其他条件得到满足。但是，变革型领导者更重视每个人对成长和发展的需求。因此，这类领导者树立榜样和分配任务不仅仅是为了满足当前需求，更是为了把追随者的需求和能力提升到更高水平，并把它们与组织使命相连。变革型领导者改变追随者，从而使他们有能力改变组织。

（3）变革型领导激励追随者超越自身利益，关注团队利益。变革型领导者激励人们去做比预期更多的工作。他们使追随者意识到改变目标和结果的重要性，因此，也使他们超越自身的直接利益，为整个组织的利益而努力。

（4）变革型领导描绘理想未来的蓝图，并且把它传达出去，使人们相信进行改变的痛苦是值得的。变革型领导者最大的作用是为组织找到一个新的愿景，要明显优于现有愿景，并且使其他人愿意分享这个愿景。这个愿景激励人们采取行动，并为变革型领导的其他行动提供基础。只有当人们有了目标感并了解组织预期的前进方向时，才有可能进行变革。没有愿景，就不可能有变革。

卓有成效的领导者展示出交换型和变革型两种领导模式。他们强调不仅要用自己的能力来设定愿景，授权和激励他人，还要运用交换型领导技巧来设计任务结构、控制系统和奖励机制，以帮助人们实现愿景。

12.1.2 魅力型领导

魅力被称为"点燃追随者激情和奉献精神的熊熊烈火，能够带来远远超越职责的成果"。**魅力型领导者**（charismatic leaders）对人们有情感影响力，能激励人们不顾困难和个人牺牲，去完成比平常更多的事情。他们会激情四溢地宣扬自己正在为某项事业而冒险，让人们感受到不管前面的困难有多大，他们都会坚持下去。不论是在社会上还是组织中，魅力型领导者通常出现在困难时期，因为他们坚忍不拔、善于鼓舞人心的个性能帮助减轻追随者的压力和焦虑。例如，在 21 世纪早期中东危机中，阿姆尔·哈立德（Amr Khaled）就成为埃及年轻而有魅力的穆斯林宗教领袖。哈立德的布道热情洋溢，且富有感染力，深深地触动了那些希望找到一种平和的方式来生活的虔诚的穆斯林教徒。

魅力型领导与变革型领导不同。变革型领导试图使追随者更加投入并授予追随者更多的权力，魅力型领导则一般是向追随者灌输敬畏和服从的思想。追随者对魅力型和变革型两种领导者都很敬重，想要认同和支持他们，并且对他们高度信任。然而，变革型领导能促使人们不仅追随领导者个人，而且相信变革的需要，愿意为实现愿景而做出牺牲，而不仅仅是出于对领导者的钦佩。

行动备忘录

作为一名领导者，你可以通过清楚明确地描绘某个愿景，做出个人牺牲来实现它，并触动人们的情感而非他们的思想，以实施魅力型领导。通过追求你真正热爱的事业，挖掘你的领导魅力潜能。

使用领导者个人魅力产生的结果可好可坏，但如果合理而道德地运用它，可以提升整个组织的活力和绩效水平。魅力型领导者可以使人们意识到新的可能性，激发他们为了团队、部门或组织的利益而舍弃自身利益。尽管魅力本身无法通过学习获得，但魅力型领导中的有些方面却是人人都能运用的。其一，个人魅力来自其所追求的真正热爱的活动。魅力型领导者在日常工作中都投入了自己的感情，这使得他们精力充沛，满腔热忱，并且引人注目。他们对使命的热情能激励人们追随他们，并鼓励人们有所行动。想想马丁·路德·金和他对平等事业的热忱。汤尼·伯格斯（Tony Burgess）少校也是一名拥有这种热情的组织领导者，他是一名美军战术指挥官，曾被派遣到西点军校 C-2 连队任职。伯格斯说他"爱上了领导"，而他对指挥军队的热情在他的领导中得到了展示。

许多研究都发现了魅力型领导者的独特品质，记录了他们对追随者的影响，并且描述了帮助他们取得非凡成就的行为。表 12-1 对比了魅力型领导者和非魅力型领导者之间显著的特征差异。

魅力型领导者营造变革氛围，清楚描述理想中关于更美好未来的愿景。他们能够用清晰明了、令人信服的方式传达出复杂的想法和目标，从而使人们理解并认同他们的要求。魅力型领导者还用非传统方式行动，以超越现状、进行变革。

表 12-1　魅力型领导者和非魅力型领导者之间显著的特征差异

	非魅力型领导者	魅力型领导者
给人好感	共同的观点使领导者给人好感	共同的观点和理想化愿景使领导者给人好感，并成为值得认同和效仿的可敬的英雄
是否安于现状	尽力维持现状	营造变革氛围
未来目标	与现状差别不大的有限目标	与现状有很大差异的理想愿景
阐述	对领导目标和动机的阐述不是很清晰	对领导愿景和动机的阐述强有力而清晰
行为	在现有秩序范围内采取可用的方法来实现目标	采用超越现有秩序的非传统方法
影响	主要权威来自职位和奖励	超越职位，个人权力来自其专业知识和他人对领导者的尊敬及崇拜

资料来源：Jay A. Conger and Rabindra N. Kanungo and Associates, *Charismatic Leadership: The Elusive Factor in Organizational Effectiveness* (San Francisco: Jossey-Bass, 1988), p. 91.

行动备忘录

完成"领导者自察 12-1"中的问题，看看你的主管在变革型领导上能得多少分。然后就你处于领导位置上时将如何表现回答问题。

魅力型领导者的最后一个特征是他们的影响力来自个人品质而不是职位权力。人们钦佩、尊敬并认同这些领导者，希望成为像他们一样的人。尽管魅力型领导者有正式的权威职位，但他们的魅力领导超越了正式的组织职位，因为领导者的影响是基于个人品质而不是组织赋予的权力和权威。

领导者自察 12-1

变革型领导

假设有一名级别高于你的领导者（如老板、教练、教师、团队领导）。看看下列情况对你来说是基本符合还是基本不符。

通常，我的领导会：

	基本不符	基本符合
1. 仔细聆听我担忧的事情。	_____	_____
2. 坚信他自己的价值观。	_____	_____
3. 帮助我集中精力，开发我的强项。	_____	_____
4. 对我们的任务抱有极大的热情。	_____	_____
5. 对我的发展提供指导性建议。	_____	_____
6. 对未来很乐观。	_____	_____
7. 鼓励我的自身发展。	_____	_____
8. 促成我对重要价值观和信仰的清晰认识。	_____	_____
9. 为我的工作表现提供反馈。	_____	_____
10. 用他对未来的计划鼓舞我们。	_____	_____
11. 教导我如何提高我的能力。	_____	_____
12. 赢得他人的信任，使他人愿意为他自己的梦想尽职工作。	_____	_____

计分与解释

上面的问题代表了变革型领导的两个方面。对于"使追随者成为领导者"这一方面，包括第1、3、5、7、9、11题，请算出其中"基本符合"的总数。对于"鼓励追随者超越自身利益"这一方面，包括第2、4、6、8、10、12题，请算出其中"基本符合"的总数。

你的领导的得分是：
使追随者成为领导者_____
鼓励追随者超越自身利益_____

这两个分数代表你如何从变革型领导的两个方面看待你的领导。每一方面5分或以上的是高分，因为领导者在实际的领导或团队工作中，通常不展现他们的变革能力。2分或以下则低于平均水平。对照其他测试者的分数，了解你的领导者对变革型领导方式的践行。你如何解释领导者的得分？

记住，从这个练习中获得经验的是你，而不是你的领导者。分析你的领导者只是一种让你了解变革型领导概念的方法。在"使追随者成为领导者"和"鼓励追随者超越自身利益"这两个方面你能得多少分？这对精通者来说也是很难的技巧。假设你是领导者，回答这12个问题。通过你的12个答案，分析你的变革型领导模式。

资料来源： Adapted from Sherry E. Moss, Enzo R. Valenzi, and William Taggart, "Are You Hiding from Your Boss? The Development of a Taxonomy and Instrument to Assess the Feedback Management Behaviors of Good and Bad Performers", *Journal of Management* 29, no. 4(2003), pp. 487-510. Used with permission.

12.1.3 联盟型领导

变革型与魅力型领导都认为是领导者个人起了催化作用，为达成目标或实现愿景带来了有价值的变化。然而大多数情况下，成功的变革是人们联合一致、共同努力的结果，而非领导者一人努力所得。**联盟型领导**（coalitional leadership）需要建立联盟，联盟里的成员支持领导者的目标，并有助于带动他人贯彻领导者的决定以达成目标。联盟型领导者观察并理解组织中相互作用与影响的方式。他们善于发展广阔的人际网络关系，根据不同的人和状况调整自己的行为与方式。联盟型领导者在组织内外都发展积极的关系，他们花时间了解他人的观点并建立互惠联盟。

有效的联盟型领导通常有 4 个步骤。

（1）联盟型领导者会做很多谈话工作。领导者会与整个组织中的人进行非正式谈话，从而收集信息，清楚了解他们面临的挑战和机遇，问一些开放式的问题并聆听他人，以了解他人的需要和目标，找出相信并支持变革的人，或者可能反对的人和他们为什么反对，以及为实现预定目标提出有利的想法、意见和专业知识的人。除了谈话之外，领导者一旦有机会便会与人们进行融洽的交谈。请思考下面来自 ServiceMaster 的例子。

行动备忘录

完成"领导者自察 12-2"中的小测试，确定自己是否具有成为魅力型领导者的潜力。

领导者自察 12-2

你拥有个人魅力吗

这个小测试可以帮你了解自己是否具有魅力型领导者的特征。选出最能描述你的答案。

1. 在思考_____时，我觉得最轻松。
    a. 共性
    b. 个性
2. 我最担心的是_____。
    a. 当前的竞争
    b. 未来的竞争
3. 我倾向于关注_____。
    a. 自己失掉的机会
    b. 自己抓住的机会
4. 我偏好_____。
    a. 发扬曾在过去带来成功的条件和步骤
    b. 建议采用新的独特方法去处理事情
5. 我倾向于思考_____。
    a. 怎样才能做得更好
    b. 我们为什么要干这个
6. 我相信_____。
    a. 总有办法把风险降到最低
    b. 有些风险的成本太高了
7. 我倾向于运用_____说服大家。
    a. 情感
    b. 逻辑
8. 我偏好_____。
    a. 尊重传统价值观和思维方式
    b. 鼓励非传统的信念和价值观
9. 我更倾向于通过_____进行沟通。
    a. 书面报告
    b. 一页纸的报表
10. 我认为这个调查_____。
    a. 很荒谬
    b. 太棒了

计分与解释

以下答案与魅力型领导有关：1. a；2. b；3. a；4. b；5. b；6. a；7. a；8. b；9. b；10. b。

如果你有 7 个或更多答案与上面相符，那表明你有很高的魅力指数，很有潜能成为魅力型领导者。如果你的答案只有 4 个或更少与上面相符，表明你的魅力指数很低。你认为个人魅力是可以培养的吗？

资料来源：Based on "Have You Got It?" a quiz that appeared in Patricia Sellers, "What Exactly Is Charisma?" *Fortune* (January 15, 1996), pp. 68-75. The original quiz was devised with the assistance of leadership expert Jay Conger.

领导进行时

吉姆·高兹和 ServiceMaster 公司

经历了长达 10 小时的针对公司新项目"六西格玛"（Six Sigma）的举措会议后，吉姆·高兹（Jim Goetz）想做的只是回到宾馆房间。作为 ServiceMaster 公司的首席信息官，高兹想要开发一个基于网络的系统，可以采集、汇报和分享信息，并实现六西格玛的进步。

他怀疑那些习惯于独立开发和完成项目的分公司和分部管理者不会乐意使用集中化的系统。所以，虽然疲惫不堪，高兹还是向大厅和酒店休息室走去。他接近来自各分部的人，边喝饮料，边与他们交谈，试探他们对六西格玛项目的看法，他们的目标和利益，以及他们期望 IT 技术能如何帮助他们实现自己部门的目标。

几小时后，当高兹终于能回到自己的房间里坐下，他明白了自己面临的主要挑战：让分公司员工了解新系统的简单便利，并说服各部门管理者理解集中运作的价值。更重要的是，高兹现在非常清楚谁是他的盟友，而谁强烈反对这个项目。他已经在思索如何将这个项目与其他人的利益结合起来，从而将他们纳入联盟。

（2）联盟型领导者会拜访客户和其他利益相关者。联盟型领导者也会向董事会成员、政府机关、债权人等有权势的潜在利益相关者及客户征集意见和建议。简·弗兰克（Jan Frank）发现自己的主要职责之一是变革加利福尼亚州职工赔偿保险基金会。尽管该基金会收不到纳税人的钱，但仍被视做州政府的部门。当弗兰克在 2007 年任职时，该部门正陷入财务丑闻、不道德行为和一宗犯罪调查。除了跟管理者、职工和董事会成员讨论她重建部门信誉的计划和目标外，弗兰克还经常会见立法者和监管者，就部门运作问题寻求他们的帮助。她知道要实施自己的计划、实现自己想要达到的目标，他们的支持是至关重要的。

（3）联盟型领导者会制定出利益相关者支持情况的示意图。领导者一般会发现，有些人大力支持自己的目标和计划，有些人坚决反对自己，还有一大部分则摇摆不定。图 12-1 绘制了关于某个重要变化的利益相关者的立场。10% 的人是典型的拥护者，这些组织内部和外部的利益相关者是坚决的支持者，会在变革中起带头作用。另外 10% 可以是伙伴，他们支持并鼓励变革，但是不会积极领导变革。20% 是典型的强烈反对变革的人。这些抵抗者甚至可能扰乱或破坏他人为变革的努力。剩下的 60% 被归为观望者，因为他们对领导者提出的想法和变革持中立态度。

（4）联盟型领导者会打破屏障，促进各单位之间的合作。联盟型领导中最后至关重要的一步就是不断打破屏障，促进各部门、各分部及各级之间的协同合作。例如，科林·鲍威尔（Colin Powell）还是美国参谋长联席会议主席时，他经常把陆军、空军、海军及海军陆战队的领导者聚在一起，让他们互相了解彼此的观点。若要实现更远大的愿景，企业间的理解与合作必不可少。

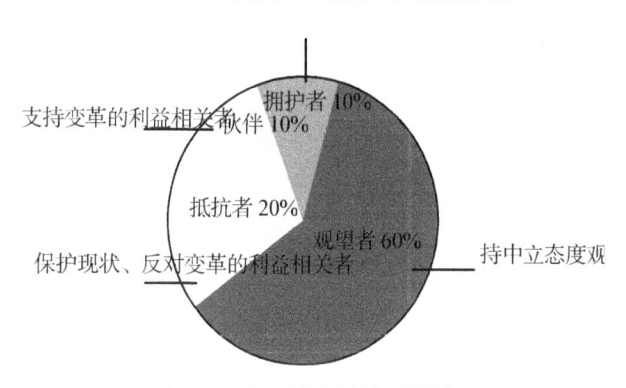

图 12-1 利益相关者立场示意

资料来源：Data are adapted from materials supplied by ExperiencePoint, InC., in conjunction with the GlobalTech simulation, 2007.

12.2 权力、影响力和领导力

所有领导力都依赖使用权力，以影响他人并将事情完成。权力经常被定义为一个人影响其他人执行指令或让他们做一些他们根本不会做的事的潜在能力。另一些定义强调权力是其持有者达成预期目标或结果的能力。这里权力的定义是以预期结果的达成为基础的。**权力**（power）是组织中个人影响其他人以得到其所希望的结果的潜在能力。权力是影响组织内其他人的潜能，其目的在于达到权力持有者理想的结果。通过政治和影响力等途径，潜在权力能得到实现。**影响力**（influence）是指一个人的行动对他人态度、价值观、信仰或行动产生的影响。权力是指引起个人改变的能力，影响力则可以被看成实际改变的程度。例如，当你还是孩子时可能有过这样的经历，有的游戏可能你并不是真正想玩，而是因为受到某个小朋友的影响，大家都按他的意愿开始玩那个游戏了。或许由于受人生中某个很重要的人的影响，你改变过你的大学专业；或许因为受某些政治或宗教领袖的影响，你改变了自己对某些社会问题的看法。

12.2.1 硬权力对软权力

大多数关于权力的讨论包含了 5 种领导者可以使用的权力形式。图 12-2 所示的 5 种领导者权力，可以被归类为硬权力或软权力。硬权力（hard power）大多来源于个人的职权。这种权力使主管能够利用奖励和惩罚来影响下属，允许管理者发出命令并要求下属遵守，让专制的首席执行官可以不顾他人想法强制推行自己的决定。硬权力包括合法权力（legitimate power）、奖赏权力（reward power）和强制权力（coercive power）3 种，它们很大程度上是由组织政策和程序所规定的。但是，需要记住职位权力和领导力是不同的。正如我们在第 1 章所讨论的，一个人可能有正式职位带来的权威，但他未必是一个领导者。

卓有成效的领导者不仅仅依赖他们正式职位的硬权力来影响他人。软权力（soft power）包括专家权力（expert power）和参照权力（referent power），这种权力基于个人特征与人际关系而非权威职位。当今世界，软权力已经成为领导者的工具，这可说是前所未有的。想一想通用电气公司的首席执行官杰夫·伊梅尔特，他认为如果一年之内他运用正式权威的次数超过了 7 次或 8 次，自己其实就失败了。其他时候，伊梅尔特会使用更柔和的手段说服与影响他人，解决对立的想法与意见。甚至连美国军方都在谈论建立关系的重要性，而非使用暴力。例如，美国国防部长罗伯特·盖茨（Robert Gates）说，在为人心而战的境外战争中，美国必须"善于倾听他人"而不是只擅长"踹开别人的大门"，陆军最新的《稳定行动战地参考便览》中便公开谈论了软权力的价值。曾经执行反对塞尔维亚总统斯洛博丹·米洛舍维奇（Slobodan Milosevic）任务的北约前最高统帅韦斯利·克拉克（Wesley Clark）认为，不管是国家领导者还是商界领导者，第一选择都是建立有相同利益的共同体，而非使用威胁、恐吓和赤裸裸的权力。

图 12-2 中所示领导者权力的 5 种类型将在以下段落中一一详细探讨。

硬权力	软权力
合法权力：基于领导者拥有的正式职位或头衔；人们接受领导者发出命令或指导行动的权力	专家权力：基于领导者的专业知识或技能；由于领导者的专业知识，人们信任并尊重他的决定。
奖赏权力：基于领导者给予或撤销奖赏的能力；人们为了获得想要的奖赏而服从	参照权力：基于领导者的个人品质；人们钦佩并尊重领导者，愿意追随他，并且采纳他的观点。
强制权力：基于领导者惩罚或建议惩罚的能力；人们服从命令从而免受惩罚	

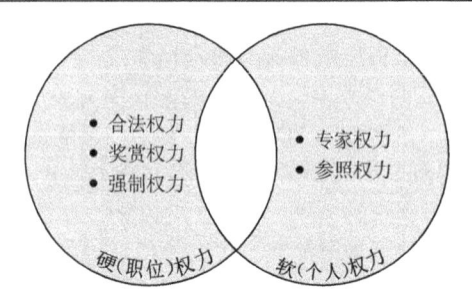

- 合法权力
- 奖赏权力
- 强制权力

- 专家权力
- 参照权力

硬（职位）权力　　软（个人）权力

图 12-2　领导者权力的 5 种类型

合法权力

合法权力（legitimate power）是指从组织的正式职位中获得的权威。例如，一旦某人成为主管，大多数员工就会明白他们有责任在工作中遵守他的指令，尊重他的劳动。个人拥有正式的领导职位，就会获得特定权利、责任和特权。追随者尊重正式领导者的合法权力，接受他们设定目标、制定决策和指导行动。

奖赏权力

奖赏权力（reward power）是指是否给予他人奖赏的决定权。例如，受委派的领导者可以决定正式的奖赏，如加薪或晋升。此外，组织中由最高层领导者往下分配大量资源。领导者控制着资源及其分配。级别较低的职员为了完成自己的任务，在财务和物质上依赖他们的领导者。具有奖赏权力的领导者就可以运用报酬来影响下属的行为。

强制权力

与奖赏权力相对的是强制权力（coercive power）。它指的是惩罚或建议惩罚的权力。如果主管有权解雇、批评

行动备忘录

作为一名领导者，你可以通过开发良好关系、学习先进知识和经验来扩展你的个人权力。你可以用权力让别人全心投入工作，从而实现愿景。在必要时使用职位权力，但不要过度使用。

员工，让员工降级或撤销员工的加薪时，他就具有了强制权力。例如，如果一位销售人员表现得没有预期的那么好，主管就有强制权力去批评、训斥他，在他的表现档案中加一个负面评价记录，取消他加薪的机会。强制权力是合法权力和奖赏权力的负面表现。

专家权力

当领导者具有与下属从事工作相关的专业知识或技能时，他从中获得的权力称为专家权力（expert power）。当领导者是一名真正的专家时，下属会由于他出众的知识而接受其建议。处于主管级别的领导者通常对生产过程有一定经验，而这些经验能带给他们晋升的机会。然而在最高管理层，领导者可能缺乏专家权力，因为下属比他们了解更多技术方面的细节内容。具备专业知识的人可以利用自己的知识去影响或限制上级所做的决策。

参照权力

参照权力（referent power）来自领导者的个人品质，它们可以使追随者对领导者产生认可、尊敬和钦佩，进而想要效仿领导者。当员工出于主管对待他们的方式而尊重主管时，这种影响力就是基于参照权力产生的。参照权力取决于领导者的个人品质，而不是正式头衔或职位，在魅力型领导中尤其明显。例如，史蒂夫·乔布斯作为苹果集团的首席执行官，显然拥有非常大的职位权力，然而，是他的参照权力和专家权力让他成为世界上最著名、最有权力的领导者之一。

领导进行时

史蒂夫·乔布斯和苹果集团

有人把他称做"脾气火暴而又自恋的完美主义者"，也有人把他奉为"沟通大师"、"魅力型领导的典范"、"善于制造悬念的神秘人物"和"历史上最伟大的商业领导者之一"。

如果有哪位商业领导者像摇滚歌星一样受人欢迎，那就是史蒂夫·乔布斯了。1982年，一张乔布斯的照片（满脸胡茬、骑着自行车去上班）出现在《国家地理》（National Geographic）杂志的一组关于微芯片革命的专题写真中。他的个性被描述为一种将要改变世界的文化象征。几十年后，苹果的员工、消费者还有媒体仍旧对乔布斯的事迹津津乐道。他如何从大学退学，如何与人共同创立苹果集团，如何被自己的公司解雇，如何在几年后又重新回来挽救了公司，如何用 iPod 和 iPhone 创建了全新业务从而对苹果公司进行了改革，这些故事可谓是一个又一个的传奇。他对自己的私生活是出了名的讳莫如深，但有成千上万篇新闻报道在刺探、打听这些事，如 2009 年有一段时间他因未公开的健康问题而休假时就是这样（大家后来了解到乔布斯做了肝移植手术）。

尽管乔布斯的脾气让人难以捉摸，苹果集团内外还是有很多人钦佩并尊敬他，有些人甚至崇拜他。人们骄傲地跟别人讲述"史蒂夫·乔布斯当面吼我"的故事。他擅长鼓舞人心的个性还有他拒绝"背叛"的事，让人们愿意围绕在他周围，希望自己能成为像他一样的人。实际上，某杂志上的一篇文章评价说，他在员工心中激起的惊人的忠诚度仿佛让苹果"拥有了成千上万个史蒂夫·乔布斯"。另外，乔布斯证明了自己不但是技术方面的奇才，还是位创新大师，对客户需求也有绝佳的洞察力，这些都赋予了他专家权力和参照权力。

像史蒂夫·乔布斯这样的魅力型领导，深刻地基于领导者与追随者之间的关系上，大大依赖参照权力或专家权力。然而，所有的优秀领导者都会利用多种类型的权力，而不是单单运用职位权力。"活学活用的领导之道"中讨论了参照权力的深远影响。

12.2.2 追随者对权力使用的反应

领导者使用各种权力去影响他人，让他们去完成那些为了实现组织目标必须做的事情。任何试图施加影响的努力能否成功，都是一个度的问题。权力的使用会带来3种不同结果：顺从、抵抗和承诺，如图12-3所示。

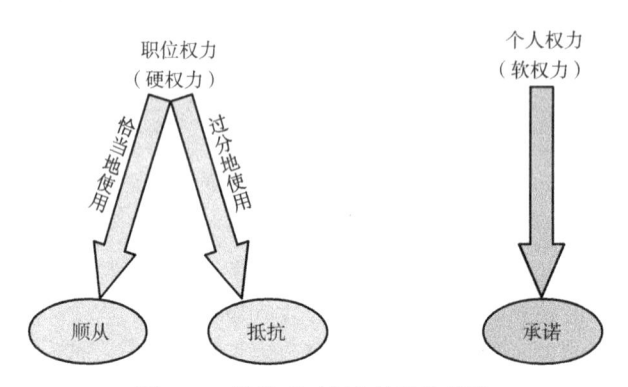

图 12-3　追随者对权力使用的反应

当人们成功使用硬权力或职位权力（合法权力、奖赏权力、强制权力）时，追随者的反应为顺从。**顺从**（compliance）意味着无论人们是否同意领导者的指挥，他们都会遵循领导者的决议。他们会服从命令，执行指示，尽管他们可能并不喜欢。问题在于，很多情况下追随者只会完成相应的工作，以便让领导者满意，但也许并没有充分发挥出他们所有的潜能。回想一下我们在讨论联盟型领导时对观望者的定义。这些人并不会主动抵抗或破坏领导者的努力，但是他们不会全心协助领导者实现愿景。此外，如果使用职位权力，尤其是使用强制权力超过了人们认为的合法水平，那么一些追随者可能会抗拒这种影响力。**抵抗**（resistance）意味着员工会刻意避免执行指令，或者企图违背命令。因此，仅仅依赖职位权力的领导者，其收到的效果是有限的。

追随者对软权力、个人权力、人际权力（专家权力和参考权力）的反应通常是承诺。他们会成为上文谈及的伙伴或拥护者，而不是抵抗者或观望者。**承诺**（commitment）意味着追随者采纳领导者的观点，并热心地执行指令。很明显，承诺要好于顺从或抵抗。虽然顺从对那些例行的公事来说足够了，但在领导者推行变革时，承诺就显得更为重要。变革会带来风险和不确定性，追随者的承诺能帮助克服由变革带来的恐惧和抵抗。成功的领导者会同时行使职位权力和个人权力来影响他人。

12.3　领导者权力的来源

这5种类型的权力为领导者大部分的影响力提供了基础。不过，在组织中，权力和影响力还有其他的来源。

12.3.1 依赖

当一个人可以控制他人想要或需要的某个东西时，他就拥有了权力。如同在其他地方一样，一个人在组织中拥有权力是因为其他人在信息、资源、合作等方面依赖此人。人们对某人的依赖越强，这个人的权力就越大。例如，有权接近首席执行官的行政助理所拥有的权力可能会比副总裁还要多，因为人们只有依赖他才能让最高领导者听到自己的想法。

组织中的领导者之所以有控制员工的权力，一定程度上是因为人们依赖领导者获得自己的工作。然而，在不同的经济形势下，领导者和下属之间的依赖关系的特性会发生变化。当失业率较低，有大量工作时，人们对主管的依赖性就没那么强，而管理者会更依赖员工，因为要替代他们很困难。例如，几年前，工程师和其他技术人员非常缺乏，许多员工可以多方比较，同时收到几家公司的聘请通知，然后向老板要求更高的工资和待遇。而如今经济举步维艰，裁员现象普遍，失业率居高不下，情况已经完全逆转了。组织领导者拥有了更大的权力，因为工作难找，大多数人为了生计要依赖组织。

12.3.2 对资源的控制

组织中的依赖性与个人所控制的资源相关。资源包括诸如工作、报酬、经济支持、专业、知识、物质和时间等。如图 12-4 所示，当资源具有的 3 个特性——重要性（importance）、稀缺性（scarcity）和不可替代性（nonsubstitutability）——都很高时，人们的依赖性就越强，因此领导者和组织就有更多的控制权和权力。组织中的人一定要认识到资源的**重要性**。导致资源变得重要的原因有很多。例如，它们可能是关键产品的关键要素，它们可能直接创造销量，或者它们为组织的最高决策者减少或避免不确定性起了关键作用。对公司和非营利性组织来说，信息技术的作用十分重要，因此许多组织中首席信息官的权力变得很大。同样地，因为道德与法律界官员能帮助减少高层领导者道德丧失和金融渎职的概率，所以他们现在也拥有很大的权力。

稀缺性指的是获得资源的难易程度。与那些能广泛获得的资源相比，一种很难获得的或价格很昂贵的资源会更有价值，并能创造出更多依赖性。领导者和具有专业知识的员工就能说明依赖性的这个特点。在那些准备向电子商务行业发展的传统公司中，具有因特网知识的年轻主管就比那些没有计算机使用经验的资深管理者获得了更多权力。

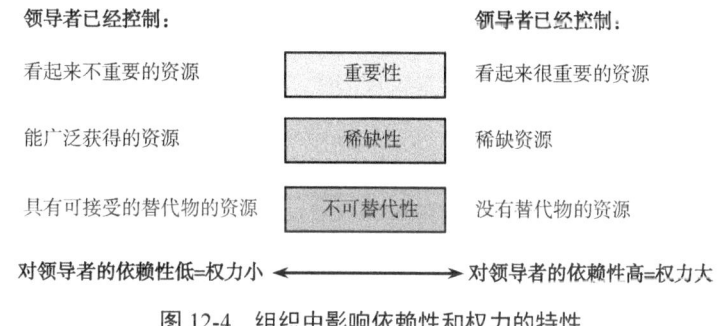

领导者已经控制：		领导者已经控制：
看起来不重要的资源	重要性	看起来很重要的资源
能广泛获得的资源	稀缺性	稀缺资源
具有可接受的替代物的资源	不可替代性	没有替代物的资源

对领导者的依赖性低=权力小 ←――――→ 对领导者的依赖性高=权力大

图 12-4 组织中影响依赖性和权力的特性

不可替代性意味着那些控制了不存在替代品的资源的领导者或员工会拥有更多权力。埃文·斯图加特（Evan Steingart）的消费品公司就是一个比较有趣的例子。那里所有货物的装运都必须经过一名低层的库存管理调配员签字同意。这时，那些平时觉得自己高人一等、总是以恶劣的态度对待那名调配员的销售人员就会发现自己处于劣势，因为库存调配员总是对他们说自己有许多事情要做，忙完之后才有空处理他们的装货单，而这些销售人员别无他法，不得不等。

12.3.3　对信息的控制

组织中一个重要的资源就是信息。尽管向下属授权的趋势越来越流行,信息的共享也越来越广泛,但是一些人总是能够得到比其他人更多的信息。而且,他们可以故意保留或泄露信息以得到他们所希望的结果。一个负面例子就是,美国某些高校负责助学金的领导者在为学生提供的信息中优先推荐某些助学贷款公司,以此为交换,从这些公司收受"咨询费"、学费补助或诸如此类的其他好处。这些助学金领导者控制着许多贷款机构的信息,他们可以有选择地透露信息,引导学生做出最有利于领导者个人利益的决定。但从好的一面来看,总检察长安德鲁·科莫(Andrew Cuomo)在调查这些指控时,有选择性地对公众发布信息,从而影响了大银行和各高校,让他们承认了私下交易,进而促进了相关立法活动的开展,以保护学生免遭利益冲突的纷扰。

对信息的控制,包括获得信息的渠道和对如何分配信息、向谁分配信息的控制权,是领导者权力的重要来源。从某种程度上讲,个人在组织中的职位决定了他获取信息的途径。高层领导者通常会比低层主管或员工获得更多信息,他们可以有选择地公开一些信息来影响其他人,从而控制组织的行动和决策。但是,对信息的控制也可以是低层主管或员工权力的来源。能有独家渠道获取领导者制定决策所需信息的员工必然会因此获得一定权力。例如,高层领导者很可能要靠运营经理对复杂的运营数据进行分析和解释。

> **行动备忘录**
>
> 作为一名领导者,你可以通过控制资源和增长知识来获得权力。你可以用信息做出决策和影响行动。你要留心自己可以通过何种方式帮助组织应对至关重要的不确定性。

12.4　通过政治活动增强权力

权力的获得和使用在很大程度上是一个政治过程。**政治**(politics)是指当选择存在不确定性和分歧时,通过获得、发展及运用权力和其他资源去达成预期目标的各项活动。政治技巧高明的领导者会努力理解别人的观点、需求、愿望和目标,再以其了解到的东西影响别人的行动,从而帮自己达成为团队或组织设定的目标。

例如,大多数组织的领导者都参与一定程度的政治活动,意在影响政府的政策,因为对公司和非营利组织来说,政府的选择代表了不确定性的关键来源。又如某项法律将允许政府监管多种外来的金融工具,尽管多数人同意一定程度的监管还是必须的,但金融公司的领导者很可能会向政府游说,确保改革能"保留其他重要的风险管理工具"。

个人也会参与组织内部的政治活动。尽管有些人对政治抱有消极的看法,但正确运用政治行为能够为组织的目标服务。政治是解决组织内部利益集团之间分歧的天然途径。政治行为可以是积极的力量,也可以是消极的力量。组织中出现不确定性或矛盾冲突是非常自然的事,而政治策略就是完成那些无法单纯通过正式政策或职位权力处理的事务的最佳途径。

12.4.1　领导者参考框架

正确运用权力和政治策略完成工作是领导力很重要的一面。在探究政治策略之前,让我们先思考一下领导者参考框架,想一下政治途径与其他领导哲学是怎样结合在一起的。

框架就是领导者看世界的视角,它会影响领导者决策和行使权力的方式,以及与追随者之间的互动方式。图 12-5 中的 4 级阶梯表明了参考框架的 4 个部分：结构、人力资源、政治和象征。领导者通常以组织的一个有限的结构性视角开始，然后在自己不断成熟和领导水平不断提高的过程中发展出其他的框架，最终获得更加平衡的思维方式和方法。

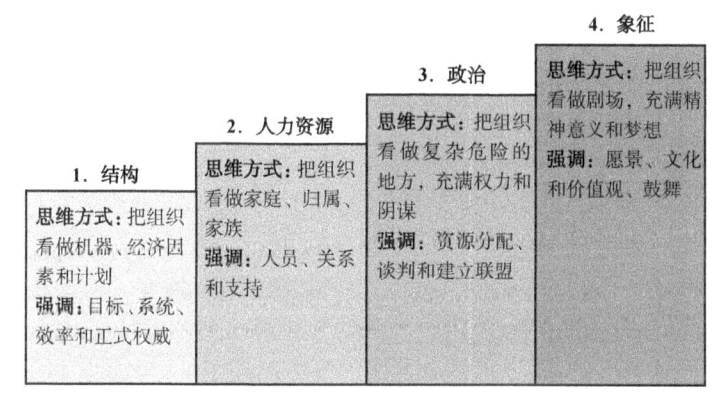

1. 结构
思维方式：把组织看做机器、经济因素和计划
强调：目标、系统、效率和正式权威

2. 人力资源
思维方式：把组织看做家庭、归属、家族
强调：人员、关系和支持

3. 政治
思维方式：把组织看做复杂危险的地方，充满权力和阴谋
强调：资源分配、谈判和建立联盟

4. 象征
思维方式：把组织看做剧场，充满精神意义和梦想
强调：愿景、文化和价值观、鼓舞

图 12-5　4 种领导参考框架

资料来源：Based on Lee G. Bolman and Terrence E. Deal, *Reframing Organizations* (San Francisco: Jossey-Bass, 1991); and L.G. Bolman and T. E. Deal, "Leadership and Management Effectiveness: A Multi-Frame, Multi-Sector Analysis," *Human Resource Management* 30, no. 4 (Winter 1991), pp. 509-534. Thanks to Roy Williams for suggesting the stair sequence.

结构框架

在结构参考框架中，组织最突出的形象就是一台机器。领导者努力实现机器般的效率，重视硬数据，重视在决策前做分析。**结构框架**（structural frame）强调计划、目标设置和明确期望值，以此保证正常秩序、高效率和稳定性。领导者依靠自己在组织中的地位所带来的权力和权威来影响他人（职位权力）。他们也强调清楚的职责描述、确切的政策和程序，还有精简的行政管理系统。结构参考框架将组织看成一个理性系统，努力明确方向，控制结果。

人力资源框架

根据**人力资源框架**（human resource frame），人员是组织最宝贵的资源，这个框架规定了人际间的各种问题和事情，寻找调整组织的方法来满足人员需求。领导者不仅仅依赖其职位权力来发挥影响力，而是要关注人员关系，通过授权和支持来展开领导工作。领导者也会运用人力资源视角让员工参与其中，给予他们个人发展和职业发展的机会。这种观点给人的印象是一种家庭的感觉和归属感，而组织就像是一个大家族。

政治框架

政治框架（political frame）将组织看成一个因稀缺资源的分配而引发矛盾和摩擦的平台。领导者花时间建立人际网络，结成联盟，从而影响决策和行动。正如本章前文所讨论的联盟型领导风格，领导者利用政治框架努力建立权力基础，他们行使职位权力和个人权力来实现想要的结果。政治框架的思维方式认为组织就像一个复杂而危险的"热带丛林"。权力和政治被看做组织生活中一个自然而有益的部分。

象征框架

为了充分利用领导潜能，领导者需要发展第 4 个参考框架——**象征框架**（symbolic frame）。

在这一框架下，领导者将组织看成分享意义和价值观的系统——领导者并不单纯依赖正式权力和政治策略，而是着重于用共同愿景、文化和价值观来影响他人。此框架给人最主要的印象是把组织看做剧院，领导者关心精神和意义，强调以追随者的梦想和愿望为动力，满足组织和组织内所有人的利益。

这4个参考框架都为提高领导效率提供了极大的可能性，但单独的某一个框架又是不完整的。许多新任领导者还未发展出政治框架。领导者可首先弄懂出于自己本能的参考框架，认识其局限性，再学习整合各种框架来完全发挥自己的领导潜能。

12.4.2 维护领导者影响力的策略

领导者的权力是没有用的，除非把它用在影响他人执行决策、促进改革和实现目标等方面，而这就需要技巧和意愿。"领导者书架"对领导者需要影响人们改变行为时可采用的一些策略作出了说明。但是，并不是每次尝试使用权力都能带来实际影响。一些权力的运用会遭到追随者的抵制，尤其是当这些举动被认为是谋私利时。领导者必须通过考虑相关的个人、群体和具体情况，决定运用权力的最佳方式——也就是最能影响他人的方式。此外，他们要理解能引起人们行为或态度改变的基本原则。

领导者通常会把各种影响战略结合起来运用，而那些被认为拥有更大权力和影响力的人总是会采用更广泛的策略。有一项针对几百名领导者的调查显示，领导者可采用4 000多种不同技巧和方法去影响他人，让他们按照领导者的要求去做事。领导者采用的各种成功的影响策略可分为几个基本类型的影响力行动。图12-6列出了7种维护领导者影响力的原则。注意这些原则大部分都包含了运用软权力、个人权力，而不仅仅是依赖硬权力、职位权力或利用奖赏和惩罚。

（1）**使用理性说服**。理性说服或许是最常用的影响力策略，它意味着使用事实、数据和逻辑争论去说服他人接受已提出的想法或请求，这是完成任务或达成预期目标的最好方法。不管是影响上级还是影响下属，或者在平级之间产生影响，理性说服都非常有效，因为大多数人都相信事实和分析。当领导者拥有技术知识和相关的专门技能（专家权力）时，理性说服最为有效，尽管此时参照权力也同样会被使用。很多时候，合理

| 1. 使用理性说服 |
| 2. 让人们喜欢你 |
| 3. 依赖互惠原则 |
| 4. 发展联盟 |
| 5. 要求你想要的 |
| 6. 记住稀缺原则 |
| 7. 用专业知识和可信性延展权威 |

图12-6 维护领导者影响力的7大原则

论点中的某些部分找不到事实和数字支持，因此人们必须相信领导者的可靠性，从而接受他的观点。

（2）**让人们喜欢自己**。众所周知，比起不喜欢的人，人们更愿意对自己喜欢的人说"是"。在一本有关影响力的书中，作者讲述了一个在沙特阿拉伯工作的美国人的故事。这名美国人发现，要从政府部门获得信息或求他们办什么事，最好是装做刚好经过，一起喝茶，再一起聊聊天，这样事情就很容易办成，因为沙特阿拉伯的文化价值观中很强调人际关系。但事实上来自各种不同文化的人都会对友善和关心有所反应。当领导者表现出对他人的关心、信任和尊重，并公平地对待他人时，人们可能会更愿意帮助和支持这名领导者，完成他要求的事情。此外，大多数人会喜欢那种让他们对自己充满信心的领导者。因此领导者绝不能低估表扬的重要性。

第12章 领导力和影响力

（3）**依赖互惠原则**。将权力转变为影响力的一个主要途径是分享拥有的东西——无论是时间、资源、服务或情感支持。许多研究表明，大多数人都认为他们有责任回报那些帮助过自己的人。这就是为什么像美国诺思罗普·格鲁曼（Northrup Grumman）公司、卡夫食品（Kraft Foods）和辉瑞制药（Pfizer）这样的企业要向参、众两院议员最爱的慈善机构捐款的原因。企业的领导者极力讨好立法者，因为立法者的决定会极大地影响企业。这种"不成文的互惠原则"意味着那些愿意帮助别人的领导者也会得到别人的帮助作为回报。领导者可以首先以身作则，向他人示范"合作与分享"，从而引导他人效仿这种行为。有些研究人员认为，交换的概念——用有价值的东西换取你想要的东西——是其他所有影响力策略的基础。例如，"理性说服"这一策略之所以有效是因为其他人认识到了依照计划行事会带来好处，"让别人喜欢你"这一策略能够成功是因为其他人也获得了回报——受到了别人的喜爱和关注。

（4）**发展联盟**。在发展联盟网络时互惠原则也发挥着重要作用。所谓联盟是指能帮助领导者实现目标的人。领导者花时间在正式会议之外与追随者和其他领导者进行交谈，了解他们需要什么、关心什么，同时向他们解释存在的问题，并表达自己的观点，从而影响他人。领导者与他人交换意见，最终在提议的决策、变革或战略上达成一致。领导者可以努力与更多的人建立联系，从而扩大自己的联盟网络。一些领导者通过雇用、调动和提拔过程来扩大自己的网络。明确谁是支持预期成果的人，并把他们安排到关键职位上，可以帮助领导者实现自己的目标。

领导者书架

影响者：权力改变一切

凯里·帕特森，约瑟夫·格瑞尼，大卫·马克斯菲尔德，罗恩·麦克米兰，阿尔·斯维茨勒

为了让别人努力完成需要完成的事情，领导者每天都面临挑战。因为这常常意味着改变别人的态度、习惯和忠诚，以及思维方式。《影响者：权力改变一切》（*Influencer: The Power to Change Anything*）一书的作者认为，人们只有在相信值得那么做和相信自己能够做到别人要求的事情时，才会做出改变。

怎样成功地影响别人

《影响者》一书描述并说明了领导者为满足上述两种要求可以使用的6个策略。"并不是一个劲儿地强调'我'就能让每个人都成为'影响者'，"本书的作者承认，"但是每个人都能学习和应用那些世界上最有影响力的人整天都在运用的方法和策略。"以下是4个策略，其中2个与动机有关，2个与能力有关。

- **把不想要的变成想要的**。领导者需要在个人基础上与他人有所联系，从而了解他们想要什么，帮助他们找到个人目标与组织目标之间的关系。洛克希德·马丁航空航天公司（Lockheed Martin Aeronautics）的现任总裁拉尔夫·希思（Ralph Heath）必须在18个月内让一架新型战斗机从设计阶段进入生产阶段。他花费了数周的时间与各个级别的公司员工进行了面谈，了解他们的需求、不满和抱负。之后，人们愿意听从他的指挥，因为他们知道拉尔夫把他们的需求和目标也纳入了考虑范围。
- **掌控同行压力**。"如果要寻找一个影响力工具，让其对深刻而持久的问题

起作用，最有效的办法是说服那些组成我们社交网络的人。"作者在书中写道。领导者找出那些能够影响别人的人，确保他们在做出符合要求的行为时，能够受到周围人的称赞，得到情感上的支持和鼓励。

- 提高人们的技能。优秀的领导者会确保人们有其所需的技术上、人际关系上及情感上的技巧和能力来开展新的活动。为了树立信心，领导者会把艰巨的任务拆分成几个部分，每个部分的目标都是清晰而且能够达成的。他们还会迅速给出反馈，以减轻恐惧，减少不确定性。
- 改变环境。"鉴于改变事物比改变人要简单得多，而且这些改变了的事物会对人们的行为方式产生永久的影响。"作者提出领导者可以通过改变物质环境来提高人们的能力，实现变革。埃默里空运公司（Emery Air Freight）首创了"使用结实坚固、可重复使用且尺寸统一的集装箱"这个想法。但是，领导者无法让员工做到正确地给集装箱装货。而一个简单的变化就解决了这个问题——在每个集装箱里都画上一道载货线，标明"勿超此线"。

实际运用和支持

本书对商业、医疗保健、社会科学及其他领域的经典案例进行了研究，并交叉呈现了各个策略如何应用于解决实际问题。此外，作者们还为那些想提高自己影响力技能的人提供了一系列额外的工具和方法。

Influencer: The Power to Change Anything, by Kerry Patterson, Joseph Grenny, David Maxfield, Ron Mcmillan, and Al Switzler, is published by McGraw-Hill.

研究发现，政治技巧，特别是建立网络的技巧，对下级如何看待领导者的能力和工作表现及工作单位实际客观的工作表现，都有着积极正面的影响。美国联邦存款保险公司（Federal Deposit Insurance Corporation，FDIC）董事长希拉·拜尔（Sheila Bair）就是凭着拉拢他人、与之结盟的方式，让他们在如何整顿陷入困境的美国金融系统这一问题上支持自己的意见，从而提高了自己的声誉，并巩固了权力基础。

行动备忘录

作为一名领导者，当选择存在不确定性和分歧时，你可以使用政治活动来达成重要的组织目标。你可以通过自愿接受有难度的项目和自愿为委员会工作与有权力的人建立联系。

领导进行时

希拉·拜尔和美国联邦存款保险公司

美国联邦存款保险公司（FDIC）的董事长希拉·拜尔逐渐崭露头角，成为华盛顿最有权力、最有胆量的人之一。她是最早提出帮助苦恼的房主、以变更贷款代替取消赎回权的少数人之一。在遭到众人激烈的指责时，她始终坚持自己的立场。经过她向政府的大力游说，联邦存款保险公司和希拉个人的权力都增长了不少。美国独立社区银行家协会（Independent Community Bankers of America）会长卡门·法恩（Carmen Fine）说道："她很可能是经济危机过后，唯一一位成功提高了自己声望的机构领袖。"2011年总裁任期届满后，拜尔很有可能会被调任其他高层职位。在《福布斯》（*Forbes*）杂志"全球权势女性"排行榜中，贝尔名列第二，仅次于德国总理安吉拉·默克尔（Angela Merkel）。

拜尔是个技巧高明的政治家。在为美国前参议院多数党领袖罗伯特·杜尔（Robert Dole）工作的时候，她第一次学到了发展联盟的重要性。曾与她协商、洽谈过的人说她总是愿意倾听。

"我们有时无法达成一致，"卡门·法恩说，"但她的门总是敞开着，而且她会与每个人都商量。"

尽管表面上美国政府努力想要建立联合阵线，但有关消息人士透露，拜尔和美国财政部长提摩太·盖特纳（Timothy Geithner）在如何收拾美国乱糟糟的金融局面这一问题上有着极大的分歧。拜尔在奥巴马政府中发展的联盟牢不可破，就算是那些曾呼吁撤掉她美国联邦存款保险公司总裁一职的人，据说也已转而支持拜尔的做法。"最后，希拉的计划将会是我们要走的路，"机构风险分析咨询公司（Institutional Risk Analytics）总裁克里斯托弗·惠纶（Christopher Whalen）说道，"她最终可能成为下一任财政部长。"

（5）**提出自己想要的**。希拉·拜尔还用了另一种方法来影响别人：明白自己想要什么，然后公开地要求得到它。她为了达成目标，在适当的时候表现强硬，这一技巧甚至连她的反对者都表示赞赏。拜尔为联邦存款保险公司获得了更大的权力，一部分原因就是她明确地提出了要求。如果领导者不要求，他们很少能得到。只有当领导者的远见、目标和想要的改变都被表述清楚，且组织能对此做出回应时，政治行动才能有效。领导者要敢于表现得坚定和自信，说出自己相信的事情来说服他人。一项清楚的提议会被接受，有可能仅仅是因为他人没有更好的选择。而且，当其他提议的说明不够详细时，人们往往会赞同一项提倡变革的明确提议或为某项决策提出的清晰备选计划。有效的政治行为需要足够的力量和冒险精神才能达成，至少是尝试着达成理想结果。

（6）**谨记稀缺原则**。这项原则意味着人们总是希望能多得到一些他们难以拥有的东西。东西越难以获得，人们就越想得到。有一篇关于批发牛肉的买家怎样做出购买决定的非常有趣的论文曾提到，如果买家被告知由于天气原因，近期进口牛肉很可能出现短缺，他们就会多订购一倍的牛肉。更有趣的是，当得知其他人还不知道这一消息时，买家的订货量就会增加600%。零售商经常运用这一原则。他们把商品减价的消息提前通知给信用卡用户，让用户觉得自己得到了一些大众消费群体不知道的消息。领导者可以学习采用这种方法，通过强调所提供的特殊福利和独家信息，来表达自己的要求或所能提供的好处。其中一种方法就是有选择地透露一些并非人人可得的、并支持领导者的想法或提议的信息，让人们知道他们私下悄悄得到了一些会引起他们兴趣的信息，使他们更愿意拥护领导者的地位。

> **行动备忘录**
>
> 作为一名领导者，你可以通过理性说服、发展联盟及运用专业知识和可信性延展权威来影响别人。记住，人们会回应友善和关心，他们通常觉得有责任回报别人的恩惠。

（7）**用专业知识和信用度提高权威性**。领导者施展影响力的最后一项原则是运用领导者在组织中的合法权威。合法权威是拥有一个极具影响力的地位。然而，研究发现，成功运用正式权威的关键是要知识渊博，信用度高，并值得信赖。与只会一味地发号施令的领导者相比，那些以专业知识著称的管理者、诚实而直率地对待他人的管理者及那些与他人发展关系、能获得信任的管理者所能产生的影响力更为巨大。此外，卓有成效的领导者还会牢记前面提到的6条影响力原则，并意识到影响力主要依赖个人权力而不是职位权力。

领导者可以运用对这些策略的理解来维持自己的影响力，并完成工作。如果领导者忽略政治策略，他们可能会发现自己败得莫名其妙。世界银行行长保罗·沃尔福威茨（Paul Wolfowitz）就是一个典型的例子，因为他在还未建立维持影响力所需的必要人脉前就试图行使自己的权力。

领导进行时

保罗·沃尔福威茨和世界银行

美国前国防部副部长保罗·沃尔福威茨在其尝试成为布什政府的国防部长和国家安全顾问的努力失败之后，欣然接受了成为世界银行新任行长的机会。但沃尔福威茨在世界银行的事业从一开始就注定失败，因为他未能发展好人际关系，未能建立起联盟。

沃尔福威茨上任的时候，世界银行的大多数领导者已经在位数年，就像某位董事会成员说的那样，他们早已习惯"互惠互利，互帮互助"。沃尔福威茨上任以后，完全不考虑别人的利益、想法和目标，就试图坚持自己的主张和目标，想要树立自己的威信。他在关键议题上独断专行，拒绝考虑其他人的见解，很快就疏远了世界银行领导层和董事会里的大部分人。沃尔福威茨非但没有努力说服他人接受他的思考方式，反而以个人方式或让他亲自挑选出的管理者向银行高级官员直接下达命令。不少高级官员与这位新任行长发生了争执，随后辞职离去。

最后，董事会要求沃尔福威茨辞职。"保罗不明白世界银行行长一职本身并没有权力，"某位沃尔福威茨原来的同事说，"只有与银行里的各个下属都建立了联盟，银行行长才能成功。沃尔福威茨没有与他们建立联盟，反而疏远了他们。"

当保罗·沃尔福威茨意识到他应该运用政治策略，而不是试图强迫他人按自己的日程表行事时，一切都为时已晚。即使领导者权力很大，要把权力转变为影响力，政治策略也比强制力更为有效。

12.5 使用权力和政治中的道德考虑

哈里·杜鲁门（Harry Truman）曾经说过，领导是一种让人们愿意去做并喜欢上那些他们本不想做的事情的能力。他的话提出了一个重要问题：领导是一个使用权力和影响力去完成重要组织目标的机会，但是权力也可能被滥用。

有一件需要考虑的事就是个人型和社会型领导者之间的区别——使用权力的方法不同。**个人型领导者**（personalized leaders）自私、感情用事，以自身需要和利益为中心行使权力，不顾组织利益。**社会型领导者**（socialized leaders）行使权力是为更高的目标服务，会给其他人和整个组织带来利益。个人型领导者的特点是注重自我权力的加强，不主张平等主义，好剥削人。社会型领导者则愿意授权给他人，主张人人平等，为别人提供帮助和支持。个人型领导者的行为只会从自己的角度出发，而社会型领导者的行为从重视他人出发。

> **行动备忘录**
>
> 作为一名领导者，在使用权力和策略时你应该有道德。你可以通过建立长期有效的人际关系，促进完成组织目标，使组织受益。

不道德地使用权力的一个方面就是性骚扰，这已经越来越成为组织所关注的问题。人们在组织中相互依赖，尤其依赖领导者，以获得许多资源，包括信息、合作甚至工作。当资源的获得取决于是否答应性要求或忍受性胁迫、性威胁的言论时，不管领导者事实上是否真的控制了资源，处于依赖地位的人就遭到了侵犯。现在，许多组织都制定了政策和程序来保护员工在工作中不受性骚扰，同时建立意见反馈体制，其部分原因是迫于来自法院的压力。性骚扰不仅仅是不道德的，更是违法的，它显然是权力滥用的一个表现。

但是，组织中还有其他很多情况并不是如此清楚明了，有时候领导者也许很难分辨出权力和影响力的运用是道德的还是不道德的。图 12-7 总结了一些评判行为道德与否的准则。第一个也是最重要的问题就是行为是否受个人利益驱使，或者行为是否与整个组织的目标一致。某网络公司有这样一条规定，任何员工如果有损公肥私、损人利己的政治行为，就会被解雇。回答了这个首要问题之后，还有其他几个问题可以帮助领导者判断某个可能产生影响的行为是否是道德的，包括：该行为是否尊重受影响的个人或团体的权利，是否满足公平标准，以及领导者是否希望其他人以同样的方式行动。如果领导者诚实地回答这些问题，它们就可以成为判断一项有意的举动是否符合道德的标准。

但是，在复杂的组织世界里，仍然会存在一些难以解释的情形。对领导者而言，最重要的就是清楚地意识到伴随权力而来的各种道德上的责任，认真使用他们的权力来帮助而不是伤害他人。领导者不应仅仅考虑自己的发展，还要考虑建立长期有效的人际关系，从而促进组织目标的达成，使组织受益。

行动是否与组织的目标保持一致，而不是纯粹受个人利益驱使？ → 行动是否尊重受其影响的个人或团体的权利？ → 行动是否满足公平和平等的标准？ → 如果行动影响到你，你是否希望其他人按同样的方式行动？ → 有道德的选择

图 12-7 道德行为的评判准则

资料来源：Based on G.F.Cavanaugh, D.J.Mobert, and M.Valasques "The Ethics of Organization Politics", *Academy of Management Journal,*(June 1981), pp.365-374; Stephen P. Robbins, *Organizational behavior*, 8th ed.(Upper Saddle River,NJ: Prentice Hall, 1998), 422.

本章小结

- 本章讨论了领导者怎样利用权力和政治途径影响他人，完成工作。然后讨论了 3 种有影响力的领导方式——变革型领导、魅力型领导、联盟型领导，它们都极大地依赖领导者的个人品质和人际关系。魅力型领导者对他人有情感上的影响。他们营造一种变革的氛围，明确表达对未来理想化的愿景，鼓舞人们的信心，燃起他们的希望，同时经常要承担个人风险，以此来影响下级。变革型领导者也营造一种变革的氛围，但他们鼓励追随者不仅要以个人名义追随他们，而且要对愿景充满信心。变革型领导者鼓励追随者超越自身利益，多为集体利益着想。联盟型领导者需要建立联盟，联盟里的人可以影响别人去执行领导者的决定，达到领导者的预期目标。为了有一个广泛的影响力，领导者需要与他人发展关系，了解他人的需求和目标，不断推进合作。

- 所有领导者都使用权力和政治来影响人们，从而达成目标。权力是领导者影响他人达到自己想要结果的能力。最为人熟悉的权力形式有合法权力、奖赏权力、专家权力、参照权力和强制权力 5 种，这些权力通常与领导者职位和个人素质联系在一起。使用权力影响他人主要会带来 3 种不同结果：顺从、抵抗和承诺。职位权力的有效使用会使追随者表现顺从，而过分使用——尤其是强制权力——则可能会导致抵抗。下属对个人权力的反应通常是承诺。

- 权力的一个关键方面是它属于依赖性的功能之一，它与个人对资源和信息的控制相关。当资源非常重要、稀缺并且没有可利用的替代品时，依赖性最大。

- ☑ 通过政治活动能获得、提升并行使权力。从政治观点看待组织十分重要，因为领导者需要利用政治策略来达成重要目标。政治观点可以与其他领导者参考框架结合使用。参考框架影响领导者决策和行使权力的方式，以及其与追随者之间的互动方式。领导者参考框架有 4 种，包括结构框架、人力资源框架、政治框架和象征框架。领导者通常都从结构框架开始，随着领导责任感和洞察力的不断成熟，逐渐发展出其他几种参考框架。
- ☑ 领导者运用的影响力策略有很多，但一般应遵循 7 个原则。这 7 个原则分别是：使用理性说服、让人们喜欢自己、依赖互惠原则、发展联盟、提出自己想要的、谨记稀缺原则及用专业知识和信用度提高权威性。领导者的一个重要考虑就是如何有道德、有责任地使用权力和政治。有道德的领导者使用权力为组织目标服务，尊重个人和团体权利，在与他人的互动中努力做到公平。

讨论题

1．19 世纪末的英国历史学家阿克顿勋爵（Lord Acton）曾说："权力滋生腐败，绝对的权力导致绝对的腐败。"随着权力的增长，人的道德意识就会减弱。你同意这个观点吗？若从这个观点出发，领导者试图扩大自己权力的行为是否道德？请进行讨论。

2．你认为变革型领导和交换型领导之间最大的区别是什么？变革型领导和魅力型领导之间呢？变革型领导与魅力型领导相似的地方又有哪些？

3．假设一家大型金融服务公司要撤换其首席执行官。对下一任领导者而言，解决组织内部问题将是他最迫切的任务。你认为以下哪种领导方式对他更有价值？魅力型，变革型，还是联盟型？而对一所小型民办大学的新任校长来说，又是哪种更重要？请讨论一下。

4．你最为认同哪种领导者参考框架？你认为这种参考框架将为你的领导能力带来什么样的益处和害处？

5．最近，一篇杂志中的文章提到，刚参加工作的年轻大学生拒绝"参与政治游戏"。为什么会这样？如果政治对工作的完成极为重要，那么这些人能成为成功的领导者吗？请讨论一下。

6．为了快速执行某项重要决策，你会使用哪种权力？为了其自身的长期维持，你认为哪种权力最为重要？

7．对信息的控制如何给一个人带来权力？你是否曾通过对信息的控制来影响朋友或同事的决定？请给出解释。

8．描述可能帮助你提升个人权力的方式。

9．在 7 种维护影响力的原则中，你认为哪种最适合一个学习小组的领导者？哪种最适合一个工作小组的领导者？请讨论一下。

10．一位专门研究领导力的学者曾在采访中说道，大多数女性领导者与男性领导者对权力的看法有所不同，她们比较偏好采用协作方式，以关系为导向运用权力。如果是这样，这其中对女性领导者达成目标的能力的阐述表明了什么？对女性领导者升职的能力的描述又表明了什么？请讨论一下。

现实中的领导：影响力圈子

你个人是如何影响他人的？仔细回想一下你如何让别人与自己意见一致或让别人去做你希望他们做的事情。观察自己在团队、家庭或工作中影响他人的方式。在下面写出你的影响策略：

1. _____   4. _____
2. _____   5. _____
3. _____   6. _____

在本章所讨论的影响力和政治策略中，你通常不会使用哪一种？

_____
_____

在未来两天内，你的任务是：1）观察自己通常使用的影响力策略；2）试试自己通常不会使用的一种策略。你要尝试的新影响力策略是：

_____

另一个重要的概念是"影响力圈子"。想想那些对你有影响力的人。这些人就是你的影响力圈子。你有可能在工作、家庭和其他社会生活或职业中各有一个影响力圈子。写下在工作或学校里对你有些影响的人。

_____
_____

这就是你的影响力圈了。

当你确实想影响某人时，这个人的影响力圈子就很重要。如果某人对你试图向他施加的正常影响没有反应，那么你应该考虑找出他的影响力圈子——那些对他有影响力的人。你可以影响"圈子"里的人，从而间接影响那个你试图改变的人。

找一个人，可以是工作中或学校里的，甚至是你的教师，写出他们的影响力圈子。列出那些你认为是他们影响力圈子里的关键人物：

_____
_____

你如何才能获得有关这个人真正的影响力圈子的更多信息？

_____
_____

你如何利用自己了解的这个人的影响力圈子去影响他？采用这种方式去影响某人可能会有什么不足之处？

_____

课堂练习

在课堂上，教师可以请学生3～5人一组，说出自己的影响力圈子。列出各自在工作或学校中的影响力圈子后，学生们还可以谈论在他们的职业、社会或家庭活动中对他们有影响的人。有关这个讨论的关键问题是：在学生的影响力圈子中，共同主题是什么？什么时候及如何运用这种"圈子"观念去影响他人？在试图影响他人时，这种方法可能会被误用甚至事与愿违，它是如何发生的呢？

领导力开发：案例分析

处境不佳的医院

当布鲁斯·里德（Bruce Reid）成为布莱克纪念医院的新院长时，他的任务很明确：改善医院的医疗服务质量，让财务状况变得有序。

当里德努力完成他的预算，并争取在下周董事会会议上通过的时候，他的注意力总会不停地回到一个问题上——6家非定点诊所的未来发展。这些诊所设立于6年前，宗旨是为社区里比较穷的住户提供基本的医疗服务。尽管他们提供了有价值的服务，他们还是从布莱克医院内的服务中转移走了一些资金，而这些内部服务中还有很多也缺乏资金。削减员工和冻结工资会影响医院目前已经下滑的医疗服务质量。另外，撤销这些诊所会节约25.6万美元，而不会危及布莱克医院内部的运营。

但是，这项举动也会带来政治后果。克莱拉·布莱恩特（Clara Bryant）是新任命的卫生健康服务委员，他一直坚持诊所是穷人必需的服务。关闭诊所也可能会影响布莱克医院获得城市基金。外科主任温斯顿·李博士（Winston Lee）强烈要求关闭诊所，设立往来的公车每周将病人送到医院救治。医院门诊部主管苏珊·拉赛尔（Susan Russell）博士考虑到医院对社区的责任，建议用一种全新的方式来提供医疗服务。"医院不是一座建筑，而是一种服务，"她说，"哪里需要服务，医院就应该在哪里。"对布莱克医院而言，这就意味着要资助更多的诊所。拉赛尔建议创建一个以临近社区为基础的中心构成的网络，为周围的邻居、穷人和中等收入的人服务。除了改善医疗服务质量外，这个网络还可以充当为住院病人转诊介绍的系统。里德在考虑这个建议：如果诊所网络能吸引付费公众，创造出更多住院业务，那么这个建议就值得研究。布莱克医院的竞争对手位于富裕的城镇边缘，肯定没有任何创造性的举措。但是无论里德决定采用哪种方式，都会有反对者。

资料来源：Based on Anthony R. Kovner, "The Case of the Unhealthy Hospital", *Harvard Business Review* (September-October 1991), pp. 12-25.

问题

1. 在这种情况下，里德拥有哪种权力来源？你是否认为使用合法权力来执行决定会给布莱克纪念医院带来积极的效果？
2. 如果你担任里德的职务，你打算使用哪种影响策略来解决这个问题？
3. 里德如何采用联盟领导力的方法来解决这个两难问题？

卫特制药公司

卫特制药公司（Waite Pharmaceuticals）是加利福尼亚的一家大型公司，阿米莉亚·莱斯特尔（Amelia Lassiter）是公司的 CIO。在这个行业中，一般需要花费 5 亿美元和 10～12 年时间才能将一种新药引入市场。像卫特这样的公司一直在寻找提高生产率和加快进程的办法。在接手这项工作 8 个月之后，莱斯特尔向公司总裁詹姆士·许（James Hsu）建议设立一个新的全球知识共享应用系统，它可以将开发时间和花费成本削减一半。她针对知识共享系统进行了广泛研究，而且与强大的诺伍提斯（Novartis）公司的 IT 部门经理进行了亲密对话。诺伍提斯公司在制药和动物护理方面处于世界前沿，在其他很多方面的产品也有巨大优势。诺伍提斯 IT 部门的经理认为知识共享系统在整个公司的竞争力方面发挥了重要作用。

许向董事会汇报了这项提议，每个人都同意发展这个项目。他要求莱斯特尔调查能协助公司 IT 部门开发并使用这个知识共享系统的公司，这个系统要与公司目前存在的系统兼容。许希望能在下个月向董事会阐述所需的信息，以便做出决策。

莱斯特尔确定了 3 家她认为有能力处理这项任务的公司，并把她的调查结果总结带到了许的办公室。在那里，她受到了许的行政助理露西·李（Lucy Lee）的欢迎。李是一位年轻、娇小、有吸引力的女子。尽管大家都说李和许的关系看上去很正常，但是除了长得好看，公司里没有人知道她为什么在这里工作。她缺乏才干和经验，使得她成为一个负担而不是一个帮手。她非常顺从许，但对其他人却总是自认为高人一等。李是整个公司所有经理的愤怒和恶意的源头，但毫无疑问的是，李是接触许的唯一方法。李收起莱斯特尔送来的信息，并承诺一定让总裁在两天之内看到。

第二天下午，许将莱斯特尔叫到办公室，询问为什么标准系统公司（Standard Systems）——这是一家小型的本地咨询公司——没有被考虑成为可能的提供商。莱斯特尔很吃惊，标准系统公司被公认为是一家帮助小型公司信息化会计核算系统的公司。她不知道该公司做过任何与知识共享应用系统有关的业务，更别说是基于全球化的了。但在进一步调查这个公司之后，莱斯特尔发现标准系统公司的所有者是露西·李的一个叔叔，才恍然大悟。幸运的是，莱斯特尔还发现这家公司在更复杂的应用系统方面还有点有限的经验。她试图与许私下谈谈他考虑标准系统公司的原因，但许坚持他的所有内部会谈都要有李参加。在他们最近的一次会谈中，许仍然坚持要将标准系统公司作为一个可能的选择对象向董事会汇报。

在接下来的两周里，各个公司的代表与许和他的两个高级管理者及 IT 部门的员工会面，介绍他们的服务，并给出了示范。莱斯特尔建议董事会参与这些介绍，但是许说他们没有时间，他自己会评估每个公司并向董事会进行推荐。在这些会议结束时，莱斯特尔准备了一份最终的评估报告，包括每个公司的优点和不足，并给出了她自己的第一和第二选择建议。标准系统公司排在她列出的名单最后。尽管这家公司有些优秀员工和良好声望，但它完全没有能力处理如此大规模的、复杂的项目。

莱斯特尔主动要求向董事会展示她的调查结果，但又一次被许以时间为由拒绝了她的请求：" 只要我向董事会展示最终推荐意见就好了，那样我们就可以接下来进行其他事情，而不必陷于一大堆的问题和讨论中了。他们都是非常忙的人。"董事会在接下来的一周里举行了。总裁在结束会议后，通知莱斯特尔董事会决定让标准系统公司作为知识共享应用系统项目的咨询公司。

资料来源：Based on "Restview Hospital", in Gary Yukl, *Leadership*, 4th ed .(Upper Saddle River, NJ: Prentice

Hall, 1998), 203-204; "Did Somebody Say Infrastructure?" in Polly Schneider, "Another Trip to Hell," *CIO*, (February 15, 2000), pp. 71-78; and Joe Kay, "Digital Diary", Part I, www.forbes.com/asap/2000/ (accessed on November 19, 2000).

? 问题

1. 你如何解释董事会选择标准系统公司？
2. 讨论在这个案例中三个主要人物权力的类型、来源及权力的相对大小。
3. 莱斯特尔应如何增强她的权力和影响力去影响这项决定？如果你在她的位置上，你会怎么做？

Part Five

第 5 篇　作为社会建筑师的领导者

- 第 13 章　创造愿景和战略方向
- 第 14 章　塑造组织文化和价值观
- 第 15 章　领导变革

Chapter 13

第 13 章　创造愿景和战略方向

> 通过本章的学习，你应该能够：
> - 解释愿景、使命、战略和实行机制之间的相互关系。
> - 创造你个人的领导愿景。
> - 在生活和工作中运用有影响力的愿景的共同主题。
> - 描述出可以通过哪种基本方式来树立一个让你的追随者相信的崇高目标。
> - 理解领导者如何规划和实施战略。
> - 运用有效战略的各个要素。

雷·安德森（Ray Anderson）经营一家地毯公司。如果你想控诉哪个产业对自然环境造成了破坏，那么地毯制造业凭借其大量的化石燃料消耗、过度的水资源消耗及经填埋处理的成吨的残渣，一定会榜上有名。然而几年以前，雷·安德森却有一个不同的想法：倘若他的英特飞公司（Interface Inc.）可以成为一个环境可持续发展的企业典范，那又会如何呢？人们都认为他疯了——一家地毯公司怎么可能成为环保道德的典范？

安德森想要改进这些传统观念，他坚称英特飞公司将于 2020 年消除自己对环境的影响，并在这一过程中仍能赚到钱。在经历了起初的震惊之后，客户与员工逐渐被这个宏伟的愿景所鼓舞。投资者们花了些时间才"看到了绿色效应"，但是持续增长的销售额证明了安德森正在走向胜利。安德森制定的愿景所拥有的情感诉求激发了人们狂热的追随。今天，英特飞公司是这一行业的领头羊，也是环境可持续发展的先行者。从 1994 年到 2008 年，该公司的化石燃料消耗削减了 45%，水资源消耗与垃圾填埋削减了 80%。在经济滑坡前最后一个季度的销售额达到了将近 3 亿美元。最近的经济衰退影响了英特飞公司，领导者们被迫做出一些艰难的商业抉择：包括裁员 500 人及关闭安大略省贝尔维尔的制造厂。

然而，安德森认为对愿景的坚持让英特飞公司平安度过了这次经济下滑的危机。当整个行业的营业额在 2001—2004 年间下降了 37% 的时候，英特飞公司下降的百分比只有这个数字的一半左右，这要部分归功于公司对环境可持续性的关注。安德森正在向员工解释公司目前削减成本的决定，倾听员工的声音，回答他们所关注的问题，引导他们面向未来。

领导者最重要的作用之一就是明确表达和沟通一个吸引人的愿景，从而启发和激励人们为这个愿景努力。雷·安德森关于可持续发展的理想愿景激励了员工并给他们注入了活力，因为员工想要达成一些更大的目标，而不仅仅是为股东们赚钱。好的领导者总是向前看，为未来设定路线，让每个人都朝同一个方向努力。美国弗雷德里克·道格拉斯学院（Frederick Douglass

Academy)前院长，洛林·门罗领导学院(Lorraine Monroe Leadership Institute)的创始人洛林·门罗(Lorraine Monroe)就认为领导者是"乐队指挥，在人们面前高举愿景，不断提醒大家他们要实现的愿景是什么"。"人们会自然地跟随那些有远见的领导者，"门罗说，"当人们看到你热爱自己的工作，他们也想像你一样充满激情和干劲。"

在本章中，我们先概述领导者在开创组织的未来中所起的作用。之后，我们会讨论什么是愿景、有效愿景的共同要素及愿景如何在组织各个层次起作用。我们也会对愿景与使命的区别进行解释。我们还将讨论领导者如何拟定愿景和战略、领导者对实现愿景及使命的贡献等。

13.1 战略领导

优异的组织业绩靠的不仅仅是运气，它极大地取决于领导者所做的选择。高层领导者有责任了解组织的运作环境，考虑未来 5 年或 10 年的环境变化，以及设置一个让每个人都坚信并为之奋斗的方向。战略领导是组织面临的最关键的问题之一。**战略领导**（strategic leadership）意味着预测和设定未来愿景的能力，保持灵活性，进行战略性思考，与他人一起工作来发动变革，从而为组织在未来赢得竞争力。在当今瞬息万变的环境里，领导者面临着眼花缭乱的复杂局面和模糊信息，没有任何两个领导者会从同一角度看问题或做出相同的选择。

环境的复杂性和未来发展的不确定性可以击败一名领导者。因此，许多领导者倾向于把焦点集中在内部组织问题上而不是战略行动上。对领导者而言，处理那些常规的运作问题比较容易和舒服，因为他们可以看见即时效果，并由此得到控制感。此外，今天的许多领导者都被淹没在信息和琐事中。今天的大多数领导者都很难静下心来"思考全局"。一项对各个部门主管花在长期战略活动上的时间的调查结果令人沮丧。在那些被调查的公司中，财务主管84%的时间、信息技术主管70%的时间及营运主管76%的时间都花在了例行公事的日常活动上。另一项研究发现，当今组织中的高级主管在构架组织的未来发展规划上所投入的精力平均还不到3%，在有些公司，这个比例甚至不足 1%。如果没有一个清楚的观点和对未来的规划，任何公司都不会长期繁荣下去。

图 13-1 说明了组成战略领导影响范围的各个层次。战略领导要对外部环境和组织愿景、使命、战略及其实施之间的关系负责。图 13-1 最顶端是组织想要在 5 年或 10 年内达成的清晰、明确又有吸引力的愿景。愿景是对未来的抱负，是对"我们将被引领到何处"这个问题的解答。这个愿景与组织的使命相互配合。第二层——使命，是指组织的核心价值观、目的和存在的原因，回答了"作为组织，我们是谁"这样一个问题。第三层——战略，回答了"我们如何去实现愿景"这样一个问题。战略为把愿景转变为行动提供了指导方向，是建立特定机制以协助组织实现目标的基础。第四层——执行体系，则具体解释了"我们现在该干什么"这一问题。战略是意图，执行是在基本的组织体系（结构、激励）内让事情发生。图 13-1 中的每一层次都支持着其上面的层次。接下来我们将讨论图 13-1 中的每一层次。

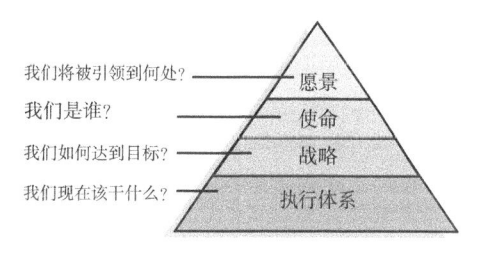

图 13-1 战略领导的影响范围

13.2 领导愿景

愿景（vision）是一个充满吸引力的、理想的未来，它可信但又不易达到。愿景是可以使每位组织成员坚定信念的对未来的雄心壮志，是可以切实达到的优于现实情况的光明前景。在20世纪50年代，索尼（Sony）公司想要"成为一家改变日本产品品质低劣这一全球性观念的著名公司"。从那时起，日本公司开始因其产品的优质而著称，但在当时看来，这却是个激起全民"妄想"和民族自豪感的充满野心的目标。有时愿景表述简练，却很诱人，像口号一样，易于向组织成员传达且易于理解。例如，可口可乐（Coca-Cola）的"成为地球上每个人都触手可及的可乐"，佳能（Canon）的"击败施乐"以及小松公司（Komatsu）的"包围卡特彼勒"都激励着它们的每位员工。

图13-2列举了一些简要的愿景描述，让人们知道组织未来的方向。许多成功的组织没有简短、能轻易沟通的口号，但它们的愿景强大有力，因为领导者为组织的未来描绘出了一幅诱人的画面。民权运动领袖马丁·路德·金在他的演讲《我有一个梦想》（*I Have a Dream*）中所表达的愿景就是一个很好的例子。金表述的愿景包括种族和谐、消除歧视，他还表达出了相信这个愿景总有一天会实现的坚定信念。

> **行动备忘录**
> 作为一名领导者，你应该学会策略性思考，并预想未来，实施变革，让公司能够长盛不衰。

> **行动备忘录**
> 回答"领导者自察13-1"的问题，并想一想你的个人愿景是什么。

领导者自察 13-1

个人愿景

你想有个什么样的未来？你有自己的生活愿景吗？请标注以下各项对你来说是"基本符合"还是"基本不符"。

	基本不符	基本符合
1. 我可以描述出一个很有吸引力的自己将来的形象。	___	___
2. 生活对我来说更加精彩纷呈而非循规蹈矩。	___	___
3. 我已经树立了非常明确的生活目标。	___	___
4. 我觉得自己的存在是非常有意义的。	___	___
5. 在生活中，我找到了自己存在的意义。	___	___
6. 在生活中，我发现了一份令人满意的事业。	___	___
7. 我觉得自己有一个特定的生活目标。	___	___
8. 我知道自己何时会完成我的目标。	___	___
9. 我与他人谈论自己的个人愿景。	___	___
10. 我知道如何利用好自己的创造力与才能。	___	___

计分与解释

"基本符合"选项的数目就是你的得分：_____

7分以上（含7分）表明你对个人愿景有一个非常清晰的轮廓。3分以下（含3分）表明你并未过多思考过自己的个人愿景。4~6分则是一个平均值。

对多数人来说，制定个人愿景是件很难的事情。它不会轻易或自然而然地形成。个人愿

第13章 创造愿景和战略方向

景就如同组织愿景一样，它需要思想集中，艰苦努力。花一些时间，思考一下自己的个人愿景，并把它写下来吧！

资料来源：The ideas for this questionnaire were drawn primarily from Chris Rogers, "Are You Deciding on Purpose?" *Fast Company* (February/March 1998), pp.114-117; and J.Crumbaugh, "Cross-Validation of a Purpose-in-Life Test Based on Frankl's Concepts," *Journal of Individual Psychology* 24(1968),pp.74-81.

苹果：为人类思维的进步制造新的工具，从而为世界做出贡献

联合利华：成为满足人们食品、清洁与个人护理用品等生活必需品的全球最大的公司

里兹卡尔顿（阿米尼亚岛）工程部：勇敢迈入没有旅馆的地方——零缺陷

纽约市运输局：没有涂鸦

英国石油公司：超越石油

亿康先达国际咨询公司：成为高管寻访的全球领导者

图13-2 简短愿景宣言的实例

资料来源：Examples from Pieter Klaas Jagersma, "Aspiration and Leadership," *Journal of Business Strategy* 28,no.1(2007),pp.45-52;Jon R. Katzenbach and the RCL Team, *Real Change Leaders: How You Can Create Growth and High Performance in Your Company*(New York: Times Business,1995),pp.68-70; Andrew Campbell and Sally Yeung, "Creating a Sense of Mission," *Long Range Planning*(August,1991),pp.10-20; Alan Farnham, "State Your Values,Hold the Hot Air," *Fortune*(April 19, 1993), pp.117-124; and Christopher K. Bart, "Sex, Lies, and Mission Statements," *Business Horizons* (November-December 1997),pp.23-28.

强大的、鼓舞人心的愿景与获得更高的组织绩效及提高员工的积极性和满意度相关。员工想要知道组织的走向，以便明确自己该把精力集中在何处。当员工们被组织描绘的一幅未来图景所激励时，他们就可以帮助组织实现它。某生物技术公司的首席执行官告诉一个顾问，说自己在处理问题与优先权时，难以协调所领导团队中的不同意见。该顾问向首席执行官询问公司的愿景是什么，首席执行官这才意识到自己从未提出过这样一个愿景。于是他专门召开了一个会议，讨论创建一个可以引领公司向前迈进的愿景。有了愿景的指导，员工知道了方向所在，一些具体问题自然也就迎刃而解。

一些非营利机构的领导者也需要设立愿景，以便员工们了解这一机构将走向何方。例如，美国大芝加哥地区食品存储中心（Greater Chicago Food Depository）的领导者就有这样一个愿景：将这个仅为饥饿者提供食品的非营利性机构转变成一个彻底消灭饥饿的组织。该机构组织了一项为期12周的活动，旨在向低收入、低技能的工人教授烹饪的基本技能及其他生存技能，如准时、团队精神、奉献、个人职责等，以便每个人都可以找到一份理想的工作。贫穷是一个大问题，它的形成原因复杂多样，但领导者们都很清楚，如果没有工作，就永远不能摆脱贫穷。帮助穷人改变生活的愿景让员工们干劲倍增，这种效果远非仅向低收入者发放食物所能达到的。愿景对像大芝加哥区食品存储中心等非营利组织的重要性，不亚于它对诸如可口可乐、谷歌、通用电气等商业组织的重要性。事实上，非营利性组织甚至比商业组织更需要愿景，因为它们没有盈利或损失这种所谓

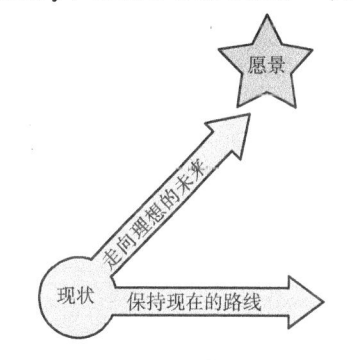

图13.3 愿景的本质

资料来源：Based on William D. Hitt, *The Leader-Manager: Guidelines for Action* (Columbus, OH: Battelle Press,1988).

的反馈。

在图 13-3 中，愿景是一颗启明星，引导着每位成员沿同一条路径走向未来。愿景是以现实为基础的，但它关注的是完全不同于现状的未来。把团体或组织带上这条通向愿景的道路需要领导。把领导和理性管理进行比较（见第 1 章），后者只会引向现实情况。

13.2.1 愿景的作用

愿景通过许多重要途径起作用。一个有效的愿景能在现在和未来之间搭起一座桥梁，为员工未来的奋斗注入活力，使他们的工作更富有意义，同时在组织中建立一套卓越与完善的标准。

连接现在与未来

愿景把组织的现状和企及的目标紧密联系在一起。它总是面向未来，却要始于足下。在谷歌，员工们被这样一条愿景所引导：统一世界各地的数据与信息，直至有一天完全清除因特网语言障碍。他们提供满足用户现在需求的服务，同时也努力展望未来愿景，不断创新产品和服务来吸引更多的用户。

在组织中，最后期限迫近、要完成大规模销售、解决紧急问题、完成特定项目等都是真实的任务。有人建议，今天的领导者需要**"双焦愿景"**（bifocal vision）——既能满足当前需要，完成当前任务，又可着眼于未来。这种双层运作能力在许多成功公司中都有体现，如杜邦公司。许多公司的高层管理者与管理人员常规性地回顾短期运作目标，反映目前的焦点问题。相比之下，杜邦公司长久以来不断成功的原因在于领导者能洞悉未来情势，能迅速抓住新的机会。从最开始，杜邦的业务组合就已经从生产火药转为生产精细化工品。现在，公司正在进军生物技术和生命科学领域。

> **行动备忘录**
>
> 作为一名领导者，你可以清晰、明确地为未来描述一个积极的愿景，激励人们做出自己最大的努力。完成"领导者自察 13-2"中的问题，评估一下自己有没有潜力成为有远见的领导者。

愿景为员工注入活力并取得他们的承诺

人们希望对自己的工作充满热情。许多人心甘情愿地为自己信奉的工作付出时间和努力——这份工作可能是一场政治运动、收养无家可归和饥饿的人、环境保护等。而另外一些人却常常在工作中提不起精神和热情，因为工作中没有什么让人振奋的事。一项由合益集团发起的针对 120 万名员工的调查显示，企业失去优秀员工的其中一个原因就是缺少一个可以提供明确方向的愿景。此外，员工不会仅仅为了增加利润而热心工作。愿景不仅仅与组织盈利有关，因为员工愿意甚至热切地希望为那些真正值得的、能为他人带来美好生活或改善国家或地区现状的信念而工作。想想亨利·福特最初对福特公司设想的愿景：

> "我将为大众制造一种汽车……这种车的价格要足够低，让那些没有很高收入的人也有能力拥有一辆，能够和家人一起在上帝创造的开阔天地中驰骋，分享数小时的快乐……当我过世之后，每个人都有能力买一辆车，而且每个人都有一辆车。马匹将从公路上消失，汽车将取而代之，（我们将给许多人）提供有不错薪水的就业机会。"

员工们被福特的愿景所激励，因为他们看到了能使自己和别人生活得更好的机会。

领导者自察 13-2

有远见的领导力

假设你在一个团队中扮演领导者角色。试想你作为一名领导者将会如何表现。如下陈述从何种程度上描述了你的领导能力？请标注以下各项对你来说"基本不符"还是"基本符合"。

	基本不符	基本符合
1. 对于整个团队何去何从，我有一个清醒的认识。	____	____
2. 我可以团结其他人致力于我们既定的目标。	____	____
3. 我主动与他人讨论我想要大家一起创造的未来是什么样。	____	____
4. 我可以向他人表明，他们的利益将如何通过一个共同的愿景得以实现。	____	____
5. 我会向前看并预测我期望有什么样的将来。	____	____
6. 我确定我经营的活动会被分解成若干可操作的小部分。	____	____
7. 我会为团队寻找未来的挑战。	____	____
8. 我花时间和精力去确认大家是否坚持着他们已达成一致的价值观与结果。	____	____
9. 我会以自己对未来的想法鼓舞他人。	____	____
10. 当他人的工作与愿景一致时，我会给予特别的认同。	____	____

计分与解释

奇数项问题是关于为团队创造一个愿景的剖问题。偶数项问题是关于实施愿景的。请计算你每组问题的得分，哪一组更高呢？与其他同学比较你的得分。

这项调查与有远见的领导力的两个方面相关。创造愿景与你是否展望未来、是否对未来感到兴奋、是否将他人也纳入对未来的考虑之中息息相关。实施愿景则是关于你如何沟通、分配工作，以及怎样为完成愿景的活动提供回报的。哪个方面对你来说更简单呢？你的分数与你对自己优缺点的理解一致吗？你会为提高自己的分数做些什么呢？

愿景使工作富有意义

人们需要在工作中寻找尊严和意义。即使是那些从事日常工作的人，一旦感到自己的工作可以为更大的目标服务，他们也会对自己的工作感到自豪。例如，一名认为自己的工作是"处理理赔要求"的职员，与一名认为他的工作是帮助火灾受害者或被盗者恢复有秩序的生活的职员，他们的感受就有很大不同。"人们想要完成伟大的事情。"美国联合包裹服务公司前首席执行官克尔·埃斯丘（Michael L. Eskew）这样说道，"他们想要做一些意义重大的事情。领导者要告诉他们'这是我们的方向所在'，然后告诉他们'这就是组织需要你们的原因'。"人们会被那些给予他们机会做有意义的事情的组织吸引。今天，有远见的员工在面试时都会问关于组织愿景的问题，因为他们想知道组织的立场是什么，他们自己将如何或是否能适应组织的愿景。

愿景建立了一套有关卓越与完善的标准体系

一个强有力的愿景可以通过给员工带来挑战让他们摆脱平庸，激励他们将自己的能力发挥到极致。此外，愿景为员工所做的贡献提供了一个衡量标准。大多数员工都希望有机会了解自己的工作为整体利益做出了怎样的贡献。今天复杂的、快速变化的商业环境经常看起来就像模糊的焦距，而愿景就是聚焦点。它明确了未来的前景，让员工们知道该如何做出贡献。愿景意味着挑战，需要人们进入以前从未到过的领域。拥有一个挑战传统思维的强有力的愿景，是许多排在《商业周刊》(Business Week)杂志评出的世界前50名高效企业的共同特点。吉里德科技公司（Gilead Sciences）正是基于一个领导愿景，才连续4年榜上有名。

领导进行时

约翰·马丁和吉里德科技公司

很多制药公司都将提供艾滋病治疗视做一项必要的公共服务。因为大多数艾滋病病毒携带者生活在发展中国家且无力负担高额的药费。很多制药公司的领导者认为没必要花费大量的研发成本来改进标准的治疗，而在标准治疗下，病人一天得吃一大堆药片。

但是吉里德科技公司的约翰·马丁（John Martin）与其他领导者却有不同的想法。他们决定在吉里德开发一种比标准用药更廉价、更方便的艾滋病治疗方案。马丁激励公司的科研人员，希望他们开发出成本较低的单一剂量治疗方案。最初的4次努力都失败了，但最终吉里德推出了 Atripla，在睡前吃一片，就可以合成大量的化合物，它会在不同时间释放到流动的血液中去。

Atripla 一个月需花费1 300美元——当然也贵，但是要比标准治疗便宜。吉里德与其他公司继续寻找艾滋疫苗；同时，新的治疗方案一方面改善了病人的生活，另一方面也为吉里德带来了盈利。公司的利润4年间增至原先的3倍。

吉里德科技公司阐明了愿景并与公司的核心价值与努力目标联系在一起，从而为员工们建立了一套正直的标准体系。一个好的愿景通过阐明组织的重要价值观、说出员工的心声、让员工成为重要工作的一部分，从而使员工的能力发挥到极致。因为好的愿景提出挑战，鼓励员工更具创造性，勇于承担风险，用非常规的模式思考问题，开辟全新的行事方式。本章"活学活用的领导之道"中将讨论一个强大的愿景能激发出的三大特质。

> **行动备忘录**
>
> 作为一名领导者，你可以勾画一个愿景，树立卓越与完善的标准，连接核心价值，并帮助员工找到工作中的意义。

13.2.2 愿景的组成要素

强有力而有效的愿景有五大组成要素：有广泛的吸引力，能帮助组织应对变化，能激发对未来的信念和希望，能反映组织的伟大理想，确定了组织的终极目标及实现的基本规则。

愿景有广泛的吸引力

尽管愿景只有通过人们的实际执行才能实现，但许多愿景却未能得到员工的充分参与。孤立的领导者往往提出一些让员工们觉得荒谬的建议，或者他们忘记了实现愿景要靠整个组织的理解与奉献。例如，1994年，大多数认为雷·安德森把一家地毯公司变成一个环保领头者的想法是疯狂的。如果他不将经理、工程师、低层员工、客户和投资者都纳入愿景之中，那么这将永远不会成为现实。愿景不是领导者个人的财产。理想的愿景能被整个组织所认同，而非只是单个领导者或高级领导层的事。它"能抓住每个人的心"，激励他们向同一个终极目标前进。它允许个人独立行动，但要保持一致的方向。

愿景能帮助组织应对变化

有效的愿景能帮助组织实现大胆的变化。美国国家残疾人教育研究所已存在了 25 年，它为一小部分人提供教育服务。领导者制定了一个伟大的愿景，那就是到 2020 年，扩大办学机构规模，为 100 万名残疾人学生提供服务。这个所谓的"2020 愿景"提出了一个巨大的挑战，它需要领导者和员工们充分发挥他们的才智并改变他们的服务方式。变化会令人害怕，但明确的方向能帮助大家面对变化过程中可能遇到的困难和不确定性。当员工们有了一个指导愿景，那么他们每天所做的决定与行动都会努力去解决当下的问题，面对挑战、面向未来而不是保持现状。

愿景能激发对未来的信念和希望

愿景只存在于想象之中——它是一幅无法事先观察或验证的图画。未来是由那些对之充满信念的人塑造的，强有力的愿景帮助人们相信他们有能力完成任务，他们能通过个人的奉献和行动实现一个更美好的未来。愿景是一种针对人类基本需求和愿望的感召力——使个人感到自身的重要性和价值，让其相信自己能在这个世界上起到独一无二的作用。约翰·肯尼迪（John F. Kennedy）为美国国家航空航天局制定的愿景就是在 20 世纪 60 年代末把人类送上月球。这个愿景如此强大有力，它激起了世界上成千上万人的信念——虽然这个目标在当时遥不可及。

愿景反映组织的伟大理想

好的愿景是理想化的。当愿景展现出一个振奋人心的未来时，它将拥有启发和激励人们的强大力量。当肯尼迪宣布"让人类登上月球"的愿景时，美国国家航空航天局只有一小部分有关如何完成这一壮举的知识，但这个愿景在 1969 年 7 月就成为现实。20 世纪 60 年代在美国国家航空航天局工作的威廉·鲍尔（William F. Powers）后来帮助福特汽车公司制定了一个理想化的愿景，就是生产出世界上第一辆高容量、空气动力型、以节约燃料为特色的汽车（即 20 世纪 80 年代的 Taurus）。当时公司的事业正值低谷期，这样做的风险很大。但是公司领导者认为这确实是一个机会，不仅可以挽救公司，而且可以为汽车工程开辟一条全新的道路。这个愿景激发了员工们的理想。

愿景确定了组织的终极目标与实现途径

好的愿景包括组织想要达到的特定目标，也包括帮助组织实现目标的各种潜在价值观。例如，一所民办商学院的特定目标可能是"进入商学院排名前 20 名"、"让 90%的学生都能参加暑期实习"、"让 80%的毕业生在 6 月就能找到工作"等。在实现这些特定目标的过程中，这所商学院应帮助学生增加有关商业、道德价值观、团队合作的知识，也应帮助他们为终身学习做好准备。此外，这一愿景还会支持那些潜在的价值观——诸如学科之间互相融合渗透、师生之间密切接触、对学生福利的真正关注及增加商业知识等。一个好的愿景不仅包括理想的未来成果，还包括能为实现这些成果制定规则的潜在价值观。

13.2.3 愿景在组织各层次中的作用

到目前为止，我们谈到的大多数愿景都是为组织整体制定的。但组织中各个部门和个人也有愿景，它们同样重要和有力。成功人士通常对自己的愿景是什么及怎么实现它都有一幅清晰的图像。对未来没有清晰想法的人成功的可能性极小。在"领导进行时"中，3 名美国佩珀代因大学（Pepperdine University）的毕业生创立了一家公司，专门为年轻人寻找并制定他们个人的愿景。

领导进行时

"驾车旅行"制作团队

几年前,迈克·马里纳(Mike Marriner),内森·格布哈特(Nathan Gebhard)与布莱恩·麦卡利斯特(Brian McAllister)驾驶着一辆荧光绿色的弗利特伍德(Fleetwood)房车开始了他们史诗般的旅程,他们想要知道自己究竟想要什么样的生活。但有一点他们是明确的:他们不乐意也不愿意走那些所谓"求稳"的道路,不想跟随他人的期望而从事医药、咨询及家族事业。

仅仅带着一部摄像机,3个人采访了许多行业中的成功领导者,向他们询问了诸如此类的问题:"当您在我们这个年龄的时候,都想些什么呢?""您是如何获得今天的成就的呢?"麦卡利斯特说,这些回答都可以归纳为一条简单的信息,即摒弃外界声音,真正为启迪自己的前途铺路。在3个月内跨越了全美17 342英里的旅程之后,他们创立了"驾车旅行"制作团队,帮助其他年轻人体验自己的旅程,发现自己的愿景。目前"驾车旅行"已经逐渐发展成美国公共广播公司的一个电视系列节目,出版了3本书,建立了一个网上社区。它还与英、美两国众多高校的就业指导中心建立了合作伙伴关系。

"驾车旅行"的创建者们坚信,很多年轻人都在拼命地寻找自己工作的意义所在,却不知如何寻找或在寻找的过程中缺乏信心。马里纳认为大多数人骨子里都知道自己热衷于什么,却缺乏追寻这一愿景的信心和勇气。他们已经习惯于寻找安全的道路,在找工作、做职业规划或追求其他的东西时,也挑选自己有信心成功的领域。然而,星巴克的总裁、前首席执行官霍华德·舒尔茨(Howard Schultz)在接受采访时说,成功不应被认为是追寻的目标,成功来源于对愿景的追寻。

"驾车旅行"告诉人们做初步的职业选择仅仅是个人愿景的一个方面,而愿景会随着时间的推移而发展变化。一些成功的组织要求员工写下自己的个人愿景,因为领导者知道心怀愿景、清楚自己人生走向的人工作效率更高。此外,这也可以让领导者了解如何让员工的个人愿景和组织的愿景相得益彰。

组织的愿景也会不断地成长和变化。在组织中,最高领导者将组织作为一个整体来制定愿景。与此同时,一位比首席执行官低5级的项目负责人则会根据他负责的新产品为团队成员制定愿景。功能部门、团队的领导者和最高领导者一样,都可以让愿景发挥同样积极的作用。愿景已经成为一条线,牵动着组织的每个人,让员工全身心投入到组织的发展中。在有创新力的组织中,只要符合组织的整体方向,每个团体和部门都可以建立自己的愿景。

> **行动备忘录**
>
> 作为一名领导者,你应该创造一个共同的愿景,以便于每个个人、团队、部门都朝着同一个方向前进。你可以让员工看到实现愿景的价值、活动和目标。

当每个人都理解并接受愿景时,组织就具有了自我适应性。尽管个人是独立行动的,却都是向同一方向努力。在新兴科学中,这被称为自参照原则。**自参照**(self-reference)是指当系统中每个元素都理解整个系统的使命时,他们会为整个系统的目标服务。所以,愿景能引导和控制员工为个人及组织的利益而工作。

为了形成共同的愿景,领导者要和他人分享自己的愿景,并鼓励员工表达自己对未来的梦想。这一切需要开放的氛围、良好的聆听技巧及与他人在情感方面沟通的勇气。领导者的最终责任就是了解推动员工前进的希望和梦想，建造一个平台，把个人梦想和组织愿景连接起来。正如一名成功的高层领导者所言："我最基本的工作就是聆听来自组织内部的声音，然后确保它能有力地表达出来。"另一名成功的领导者认为领导就是"发现公司的命运并有勇气去追随它"。

13.3 使命

使命与愿景不同，尽管二者在一起发挥作用。**使命**（mission）是组织核心的、广泛的目的及其存在的根本原因。它确立了组织的核心价值观和存在的原因，为创造愿景提供基础。愿景是对未来的有抱负的期望，而使命是组织在更高层面上的"立场"。

13.3.1 使命的作用

愿景是不断发展变化的，而使命在面对不断变化的技术、经济情况或其他环境变迁时却能保持不变。它就像黏合剂一样在变化无常的时期仍将组织紧紧团结在一起，并不随时间的变化而有所改变，同时给出对未来的战略性选择与决策。使命定义了组织经久不变的特征——精神DNA，可当做领导力工具来帮助员工找到工作的真正意义。有强烈使命感的组织可以让员工了解工作的目标。例如，美国美敦力（Medtronic）公司的"为了让人们重建完整的生命及恢复健康"和利宝互助保险公司（Liberty Mutual Company）的"让人们生活得更有安全感"等诸如此类的口号，吸引了更出色的员工，让他们与外界保持更加良好的关系，并且能够在市场上长期表现良好。特别在当今的环境中，人们更加愿意进入一个目标明确的、不仅仅是为股东增加财富的组织。"领导者书架"中就举出了一些例子，一些组织把价值取向和指导原则定为"为客户提供更好的商品"，而不是为股东创造财富。

回忆第 8 章讨论的内部奖励。当人们把自己的工作与更高的目标联系起来时，工作本身就成为一个很大的动因。盖洛普 Q12 调查也发现，当员工相信组织使命使自己的工作变得重要时，他们就会更主动地投入到工作中，有更强的自豪感和更高忠诚度，并且更有效率。图 13-4 比较了两类人，一类觉得组织使命使他们的工作变得很重要，另一类则不这么认为。两者的差别令人吃惊。比如，认为使命使自己的工作变得重要的受访者中有 60%说他们对工作很投入，而那些觉得组织使命没有让自己觉得工作很重要的受访者则没有一个人觉得自己对工作很投入。66%的第一类人说他们会向别人推荐自己公司的产品和服务，而第二类人中只有 20%愿意这么做。

Leadership

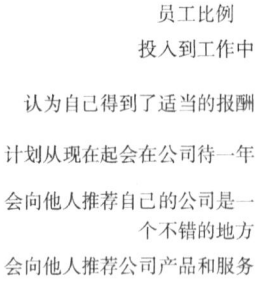

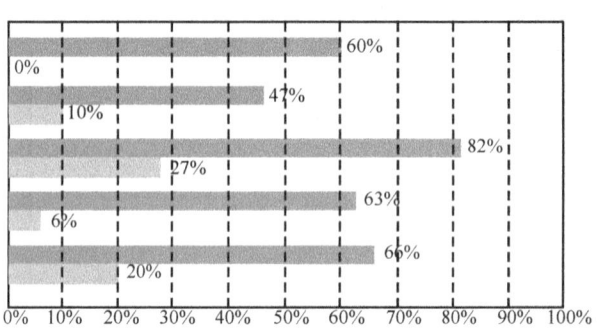

员工比例		
投入到工作中	60% / 0%	
认为自己得到了适当的报酬	47% / 10%	
计划从现在起会在公司待一年	82% / 27%	
会向他人推荐自己的公司是一个不错的地方	63% / 6%	
会向他人推荐公司产品和服务	66% / 20%	

■ 同意公司使命使自己的工作变得很重要
□ 不同意公司使命使自己的工作变得很重要

图 13-4　强大使命的作用

资料来源：Susan Ellingwood, "On a Mission," *Gallup Management Journal* (Winter 2001), pp.6-7.

领导者书架

友爱的公司：卓越的公司如何靠热情和目标赚钱

拉金德拉·西索迪亚，戴维·沃尔夫，杰格迪什·谢斯

在《友爱的公司：卓越的公司如何靠热情和目标赚钱》（*Firms of Endearment: How World-Class Companies Profit from Passion and Purpose*）一书中，拉金德拉·西索迪亚、戴维·沃尔夫与杰格迪什·谢斯认为，世界已进入了"超越的时代"。在这个时代，人们都在找寻生命的价值，而这种价值超越了"大部分传统组织定义的物质世界"。作者列举了那些倡导"新人文主义愿景"的领导者和公司，他们的愿景提倡为大众谋福利，而不只是想方设法为股东创造财富。

分享的不是钱包，而是心灵

"友爱的公司"是指公司里的领导者关切所有利益相关者的利益，这些利益相关者除了包括股东之外，还有社会、合作伙伴、投资者、客户、员工。以下是这类公司的一些价值观和经营理念。

- **执行官的薪水相对适中。** 2005年，标准普尔500指数所涉及公司的首席执行官年平均报酬为1 175万美元左右（写本书时的最新数据）。而好市多（Costco，美国最大的连锁会员制仓储量贩店——编者注）付给首席执行官吉姆·辛尼格（Jim Sinegal）的薪水为35万美元外加20万美元奖金。同年，好市多的销售额为570亿美元；截止到2006年7月，两年内公司的股票市值增长了40%。

- **情系客户，充满热情。** 美国新百伦（New Balance）与其他主要的运动鞋类公司相比，它为客户提供更多运动鞋尺寸的选择，因为公司的价值理念就是舒适与理疗。合脚舒适、适合运动要比风格样式重要。"关爱自己，实现平衡"是公司的口号，正好满足了客户在生活中追求平衡和意义的需要。

- **员工的成长至关重要。** 美国康泰纳连锁店（Container Store）的员工第一年要接受235小时的业务培训，之后每年的培训时间都不少于160小时。美国联合包裹服务公司有一个"边赚钱边学习"的项目，投资数百万美元为

- **尊重法规的精神，不流于形式，在世界各地统一执行严格的操作标准。** 本田公司（Honda）要求各项设施减少尾气排放，节约能源，做好原材料的再利用及制造原料的回收。本田公司在世界各地都执行严格的环境管理标准。
- **让世界更加美好。** 美国天伯伦公司（Timberland）的首席执行官杰弗里·斯沃茨（Jeffrey Swartz）表示公司的使命是"让世界更加美好"。在某种程度上，《友爱的公司》一书中提到的公司全部都在朝这个目标迈进。作者指出这本书讲的是优秀的领导力能让公司表现卓越，能在给投资者带来高额回报的同时实现更高的目标。

Firms of Endearment: How World-Class Companies Profit from Passion and Purpose, by Rajendra S. Sisodia, David B. Wolfe, and Jagdish N. Sheth, is published by Wharton School Publishing.

一般来说，使命由两个重要部分组成：核心价值观和核心目的。不管发生什么事，核心价值观都会引导组织。正如强生公司前首席执行官拉尔夫·拉森（Ralph Larsen）对它的解释："在我们的信条里，核心价值观可能是一种竞争优势，但这不是为什么我们有核心价值观的原因。我们之所以要有它是因为它确立了我们的基本立场。即使在某些特定情况下它也许会变成竞争劣势，我们仍要坚持。"强生公司在核心价值观的引导下，不惜自主从市场上撤走所有的泰诺（Tylenol）药品，因为有一些泰诺药品使用者报告有氰化物中毒现象，虽然这样做使公司损失超过1亿美元。

使命也包括组织的核心目的。核心价值观和核心目的经常会在使命中加以表述。图13-5给出了杜邦加拿大公司的使命、愿景和核心价值。思考一下杜邦加拿大公司的具体愿景是如何从公司使命中得出的，以及是如何与公司使命一起发挥作用的。

13.3.2 高尚目标的框架

有效的使命不仅描述产品或服务，它更让人们了解组织存在的意义，从而产生理想的动机。大多数成功公司的使命都会表明某种类型的高尚目标，如玫琳凯（Mary Kay）的"让女性生活丰富多彩"和沃尔玛的"让普通人有机会像富人一样买东西"。

我们的使命
可持续的增长：在尽量避免破坏环境的同时增加股东收益与社会价值
我们的愿景
我们的愿景是要成为世界上最有活力的科技公司，为各地的人们不断创造更美好、更安全、更健康的生活。我们要在经营的各个方面成为先行者，我们承诺要不断提供高价值的产品和服务来满足加拿大国内外人们的需求
我们的核心价值观
公司最高的价值观是要确保大众的安全，关心爱护大众，保护环境，保持公司及员工诚实、正直的作风，绝不折中
生活，因杜邦科技而更加美好

图13-5　杜邦加拿大公司的使命、愿景和价值观

资料来源："DuPont Mission, Vision, and Values," DuPont Canada Web site, "Our Company; Company at a Glance: Our Mission, Vision, Values," http://www.2.dupont.com/Our_Company/en_CA/glance/vision (accessed April 10, 2007).

行动备忘录

领导者要始终牢记组织广义上的立场——它的核心目的和价值观，并围绕中心使命提出愿景。

领导者有责任确立一个高尚的目标，以此来激励和引领追随者更好地表现，并且帮助组织保持竞争优势。人们都希望自己做的事情有意义，对世界有积极的影响。

表13-1介绍了领导者制定组织目标时采取的4种基本方法，组织目标能够激发人们的奉献精神，使人们认识自己的工作价值。下面详细介绍这几种方法。

表 13-1　高尚目标的领导者框架

目　　标	说　　明	行动基础
探索发现	不断求新	开拓者、创业者
追求卓越	成为最好	成就感
利他主义	提供服务	幸福感
英雄主义	行动有效	成功

资料来源：Nikos Mourkogiannis, *Purpose: The Starting Point of Great Companies* (New York: Palgrave Macmillan, 2006); and Nikos Mourkogiannis, "The Realist's Guide to Moral Purpose," *strategy+business Issue* 41(Winter 2005), pp.42-53.

探索发现

发现或创造新事物的机遇令许多人精神振奋。探索发现本身就是一个高尚的目的，正如在谷歌公司，员工们致力于攻克既刺激又充满挑战的技术难题，从而获得精神上的满足。三星电子也是如此，领导者为了激发公司的活力，鼓励员工要致力于发现而不是模仿，要致力于将公司打造成世界领先的创新者而不是价格低、质量差的仿制品生产者。这种目的的转变使三星取得了惊人的成果。探索发现能让员工感受到工作的刺激，体会开拓创新的乐趣。

追求卓越

追求卓越与探索发现不同，它强调无论是个人还是组织都要成为最好的。MP3播放器和智能手机并不是苹果公司的发明创造，但它却尽可能生产这类产品中最好的机型。另外，"卓越"是由工作本身而不是由客户定义的。事实上，追求卓越的公司宁愿得罪客户，也不愿牺牲质量。苹果公司一直在生产质量一流、设计巧妙的计算机，却只占有个人计算机市场不到10%的份额。虽然领导者希望增加市场份额，却不愿放弃对高质量和出众技术的追求。将追求卓越作为指导目标的组织视管理者和员工为宝贵的资源，支持他们做到最好。体验内心的满足，取得个人的成就，这样的机会能够激发人们的热情。

利他主义

利他主义这一崇高目标是许多非营利性组织的基础，因为这些组织都强调服务他人，但是商业公司也同样可以这样做。美国达乐公司（Dollar General）强调要多为低收入者服务，而不只是强调销售、赚钱。本田汽车公司（Honda）的领导者也怀有这一崇高目的。

领导进行时

岩村哲夫、本·奈特和本田汽车公司

北美区本田汽车公司领导人本·奈特（Ben Knight）提到，20世纪70年代，公司领导人提出"给孩子们一片蓝天"，并将其作为未来汽车发展的指导方针。20年后，竞争者通过制造

体积大、耗油高的皮卡及多用途跑车，赚取了大量的利润，而本田汽车公司仍然在恪守使命，制造像雅阁、思域、飞度等耗油低的环境友好型汽车。过去 15 年，本田汽车公司在其所有汽车系列中，都是汽车制造商中平均燃油量最低的一家。

如今，本田汽车公司终于因为坚持低燃油量而得到回报。在汽油价格一路飙升的情况下，本田汽车公司的汽车销量仍在不断增加，而包括丰田公司在内的其他汽车公司的汽车销量却在降低。本田汽车公司的汽车几乎供不应求，而其他公司却在挖空心思处理像皮卡、多用途跑车等这类汽车的存货。北美区本田汽车公司总裁岩村哲夫（Tetsuo Iwamura）说："本田汽车公司是一家恪守原则的公司。尽管当时多用途跑车和皮卡非常赚钱，但这与公司的生产理念不符。"

20 世纪 90 年代中期，大型车很受欢迎，一些经销商向本田汽车公司施压，要求生产同样尺寸的皮卡和 V 型八缸汽车，但本田汽车公司领导者认为这样会损害公司的长远利益。尊重自己的目的比快速盈利更重要。岩村说："我们常说，我们想让本田公司成为社会希望存在的公司"。

显然，本田汽车公司将利他主义这一范畴列入了自己的指导目标。任何高度重视客户利益的公司都可以归入这一范畴。例如，万豪国际集团（Marriott）在其广告语"服务至上"中表达出了它的目标。实现利他主义这一目标的基础在于提高人们的幸福感。大部分人都会因帮助别人，或是让社区和世界变得更美好而感到快乐。

英雄主义

英雄主义是指组织的目标基于坚定的信念、不断进取的精神和有效的执行。怀有这一崇高目标的组织几乎都表现出一种渴望获胜的狂热。比尔·盖茨让每一台个人计算机都装上视窗操作系统的目标渗透了整个微软公司。通用电气公司的前任首席执行官杰克·韦尔奇希望公司在经营的各个领域都成为第一或第二。美国西南航空公司创建时提出了一个大胆的目标，那就是要战胜像美国航空和达美航空这样的比自己大得多的公司。实现英雄主义这一目标的基础在于人们渴望实现和体验自我效能（第 8 章中已经提到）。人们希望感受到自己有能力进行高效的工作并取得积极成果。

凡是长久保持成功的组织都有用崇高目标来领导员工的高级行政官。一个恰当的崇高目标能够调动员工和客户的热情，引起他们的共鸣，并且能够鼓舞士气，激发更大的创造力，使组织和员工取得更高的绩效。

13.4 战略行动

反映崇高目标的强大使命和指导愿景都非常重要，但这并不足以构造一个强有力的组织。组织要想成功，需要寻找把愿景、价值观和目标转变为行动的途径——这就是战略所起的作用。**战略管理**（strategic management）是一系列帮助规划和实施具体战略的决定和行动，这些战略使组织与周围环境更好地融合，以确保实现组织目标。

领导者的工作就是要找到这个融合点并把它贯穿到实施行动当中。当领导者把愿景和战略行动联系起来后，他们就能让组织的未来大大不同。研究表明，战略设想和计划能积极影响一个组织的业绩和财务。另一项研究显示，很多大公司 44% 的利润变化与战略领导有关。

13.4.1 如何实现愿景

战略（strategy）可以定义为描述资源配置及其他协调外部环境来帮助组织达到目标、实现愿景的活动的总计划。规划战略时，领导者需要提出的问题包括：组织现在处于什么位置？组织想要往什么方向发展？竞争环境中的变化和趋势是什么？哪些行动能帮助组织实现愿景？

> **行动备忘录**
> 领导者要根据当前环境的变化趋势为未来做好准备，不要害怕激进的想法，可以随着条件的变化来调整战略。

制定有效的战略要求领导者积极听取来自组织内外的声音，同时观察环境的变化趋势及不连续性以便获得先机。战略领导者不应被动地应对环境变化，而应该研究已经发生的事件并预测未来可能的情况，从而采取行动。美国前进保险公司（Progressive Insurance）率先提出在线费用报价。其他公司同样清楚个人计算机与因特网的发展情况，却没有想到这一点，没有利用这项新技术。好的领导者根据当前环境的变化趋势来预测未来，向前看，并为未来做好准备，这一切常常需要激进的想法。

创新想法需要承担很多风险。有时，领导者需要不断调整战略才能最终形成创新想法。此外，战略需要随时间改变以适应环境的变化。为了提高成功的可能性，领导者规划战略时需要关注三大特质：核心竞争力、发展协同作用和为客户创造价值。

组织的**核心竞争力**（core competence）是指与对手相比组织最擅长的地方。领导者要设法找到组织特有的优势，也就是使自己的组织不同于行业中其他组织的力量。L.L. Bean 公司赖以成功的核心竞争力是卓越的客户服务和出色的质量保证。客户可以随时无条件退货并得到退款。公司发生过这样一件事：经理走向一位带着小男孩的母亲，说小男孩穿的 L. L. Bean 夹克的袖口和衣领已经磨损。这位母亲说这并不奇怪，因为已经穿过很多次了。但是经理回答道："这种夹克不该磨损，我们需要为您调换。"

当组织各部门相互作用产生的共同作用大于单个部门作用的总和时，**协同作用**（synergy）就产生了。协同作用的结果就是组织可能在成本、市场控制力、技术或员工技能方面获得特定优势。与其他公司建立联盟和伙伴关系是发挥协同作用的一种途径。北方综合医院（North General Hospital）是美国哈莱姆地区的一所小型社区医院，主要收治穷人和老人。医院自从 1979 年成立之日起，就一直亏损。直到 2005 年，领导者采用了新的战略，其中就包括与纽约最知名的教学医院西奈山医疗中心（Mount Sinai Medical Center）进行合作。北方综合医院需交纳年费，作为回报，西奈山医疗中心的内科及外科医生可以为北方综合医院实施专业的手术，帮助治疗非洲裔美国人频发的疾病。由于北方综合医院向病情复杂的病人进行举荐，来西奈山医疗中心治疗的人也更多了，收入也不断增加。

重视核心竞争力与获得协同作用可以帮助公司为客户创造价值。**价值**（value）是客户所得利益和所付费用的结合。美国帕内拉面包公司（Panera Bread）生产三明治和食品饮料等产品的成本并不是同行业中最低的，但它却想方设法营造客户向往的环境。公司首席执行官罗恩·萨什（Ron Shaich）说道："同样是提供给客户需要的食物，在喜欢的环境就餐，客户会愿意再多花一两美元，而且也会专门再来。"为客户创造价值是战略的核心部分。

战略规划（strategy formulation）将组织环境、愿景、使命与核心竞争力整合起来，以取得协同作用和为客户创造价值。当这些因素被综合利用时，组织就有更多的机会在充满竞争的环境中取得成功。但要获取成功，领导者必须确保战略的执行——组织内的切实行动要能反映预期的方向。

13.4.2 如何执行战略

战略执行（strategy execution）要通过特定机制、技巧或工具，协调组织资源，来完成战略目标。这是组织内事情如何完成的基本构架。战略执行也叫贯彻实施，是战略管理中最重要也是最困难的部分。为了获得预期的结果，领导者必须自始至终认真监督战略执行的过程。一项调查显示，在过去3年中只有57%的公司认为经理制定的新战略得到了成功的执行。另一项研究估计，约有70%的商业战略从来没有被执行过，这也反映出执行的复杂性。

战略执行包括运用几种工具或组织的某些部分，调整它们从而能把战略付诸行动。强有力的领导是战略执行的重要工具之一。员工需要对组织的战略目标有清楚的认识，也就是说他们需要理解什么是目标并知道该如何为达成目标做出自己的贡献。领导者明确提出一个愿景，列出具体的战略目标，公开分享信息，并让员工参与决策的制定，这样大家就能看到个人行动对实现更大目标的价值。另外，公开的沟通与员工的参与能够增强信任感，而如果人们信任自己的领导者，他们就会更支持战略，并对战略执行付出更多努力。

战略执行也可以通过一些组织要素实现，如结构设计、薪酬或奖励制度、预算分配、组织规定、政策或程序等。领导者决定结构、制度、政策等的改变，以支持公司的战略方向。然而领导者要注意这些决定应能推动员工更好地履行社会道德责任，而不是鼓励他们不择手段地实现目标。例如，美国富国银行（Wells Fargo）提出了为少数民族客户和社区提供金融服务的战略目标，并因此受到称赞。然而，近来的指控让银行的领导者脸面尽失。前任员工指出公司鼓励信贷官员在少数民族社区积极推动次贷抵押。还有人指出，银行领导者发放奖金给信贷官员，鼓励其引导本来有资格获得基本贷款的人去申请次级贷款。

举一个更典型的例子。家得宝公司的首席执行官弗兰克·布莱克（Frank Blake）放宽了政策，修改了程序，将奖励制度转向强调高质量的客户服务，使公司回到自己的根本，即不仅提供产品，还提供信息和帮助。前任首席执行官鲍勃·纳德利（Bob Nardelli）的战略是占领家居建材产品批发业务，结果销售额虽然增长很快，却导致士气低落，客服不佳。布莱克取消了供应部，开始全力打造一支零售队伍。

领导者每天都在做决策——或大或小的决策——来支持公司战略。图13-6为领导者如何做战略决策提供了一个简单模型。考虑的两个维度是特定的选择是否对业务有或高或低的战略影响，以及执行这个决策是否容易。一个将产生很大战略影响又很容易执行的改变将是领导者把战略变为现实时的首选。例如，美国佩雷斯鞋业（Payless Shoe Source）改变了公司的战略，想方设法利用流行的款式和合理的价格去吸引年轻、时髦的女性，正如首席执行官马特·鲁贝尔（Matt Rubel）所言，"让时尚大众化"。第一步就是让店面焕然一新。笨拙拥挤的铁丝架子换成了低台面，鞋按照款式而不是鞋码摆放。墙壁设计成了曲线形，充满了动感与活力。就连照明设备也极富新意，充满现代气息的白色吊灯映照着整个鞋店，照明灯烘托着时尚的产品。鲁贝尔说："这样一来，12美元的鞋看起来就像20美元的了。"重新设计店面很容易执行，并且已经产生了很大的战略影响。一位追求时尚的客户说道："一切看起来都漂亮多了，这是佩雷斯吗？"

然而有些战略决定执行起来要困难得多。例如，通过并购寻求增长就有很多困难，包括合并生产过程、会计程序、公司文化，以及两个组织的其他方面，要把所有这些方面组合成有效运作的整体。其他的高风险战略决策还包括结构重组，如向扁平化团队转变或将公司拆分为独立的几部分。领导者常常不顾风险和困难发起这样的大变革，这是因为潜在的战略回报是很高的。

领导者有时候也会寻求一些战略影响低但很容易执行的活动。对产品、生产过程或技术的改良就是这样的例子。随着时间的推移，改良将会对组织产生巨大影响。此外，小的改变对于组织内的人来说象征着进步和成功。对领导者而言，快速的、明显的进步对于鼓舞士气、保持人们对大变革的投入或让追随者关注愿景都是很重要的。例如，采购部经理想要通过重新制定采购流程来提高效率和改善与供货商的关系。他希望订货单和发票能在几天内处理完而不是拖好几个星期才处理。员工们怀疑该部门是否能够达到这个新标准，他们指出目前一些待处理的发票几乎已经等了2个月了。经理决定对纸面工作流程和员工责任进行一些简单改变，这样就可以把所有旧发票处理掉，确保剩下的发票等待处理的时间不会超过一周。这个"小小的胜利"激励了员工，使他们对更大的目标产生关注。积极的态度使执行更大的改革更顺利了。

图 13-6 所示的最后一类是既难以执行、战略影响又很低的变化。这类决策的一个例子就是新的管理层试图在一个很成功的邮购衣物公司里实行团队工作方式。在这个例子里，这个决策没有支持一项新的战略方向，而是仅仅简单地提出了一种新的管理方向，最终惨败，耗费了组织很多时间、金钱和员工士气，而最后团队只有解散。有效领导者应该避免这种类型的决策。

	执行难易度	
	困难	容易
战略影响 大	影响大，难执行 大变革，但潜在回报也大	影响大，易执行 简单的改变，但能产生很大的战略影响，应首先采纳
战略影响 小	影响小，难执行 困难的改变，有一点或没有潜在的回报，要避免这类决策	影响小，易执行 不断的改良，"小胜利"；寻求成功的象征性价值

图 13-6 领导者做出战略决定的模型

资料来源：Adapted from Amir Hartman and John Sifonis, with John Kador, *Net Ready: Strategics for the New Economy* (New York: McGraw-Hill, 2000), p.95.

13.5 领导者的贡献

尽管优秀的领导要调动每个人积极参与，但领导者最终还是要通过愿景和战略来明确组织方向。如果领导者不能为组织提供方向，就意味着组织的失败。通用汽车公司就是一个正反两方面的例子。

领导进行时

通用汽车公司

20世纪20年代，阿尔弗雷德·斯隆（Alfred P. Sloan）提出了一个愿景，制定了创新的战略，要让通用汽车公司成为世界上最大的汽车制造商。靠着"为每个钱包和每种用途都造一辆车"的理念，通用汽车公司在1932年超越了福特公司，到20世纪50年代末，占领了美国50%的汽车市场。整个50年代和60年代通用汽车公司生产的汽车一直都是市场上的宠儿，当年Beach Boys等流行乐队的许多歌曲就受到了通用汽车的启发。

转眼到了 2009 年，通用汽车公司申请破产，生存状况举步维艰，甚至到了恳求客户购买公司产品的地步。但是这一切并不是突然发生的。早在 20 世纪 70 年代，由于油价的急剧上涨和国外公司的强力竞争，通用汽车公司斥巨资打造多样性的战略就开始出现问题了。但领导者并没有审时度势，集中应对，而是玩起了各种把戏。有人倡导创新，有人要求控制成本，内部矛盾不断加剧。抢夺公司控制权的斗争导致领导者不能根据环境的变化及时提出清晰的愿景，制定出有效的战略。

通用汽车公司就这样在缺乏明确方向的情况下，跌跌撞撞运营了 30 多年。公司花了几十亿美元去开发创新，如开始于 20 世纪 70 年代的混合工艺技术，80 年代的土星小型汽车公司，90 年代的 EV1 电动汽车。但是这些项目都因为成本太高，又无法立即获得盈利，资金不足而最终宣告失败。

由于领导者之间不能达成一致来为组织制定一个清晰的目标，通用汽车公司迷失了方向。创新一度是公司的灵魂，后来却让位于效率。因为没有明确的战略目标，公司的资源严重分散。例如，土星汽车最初获得了成功，但是公司连续 5 年都没有开发新的车型，白白葬送掉了这个前景可观的部门。2009 年 6 月初通用汽车公司申请破产，新一代领导者把全部资源都集中到了 4 个核心品牌上，试图挽救这个昔日极富盛名的汽车公司。

为了保持组织的竞争力，领导者必须要专注于一个愿景，并采取统一的战略，确保每个人都朝着正确的方向前进。

13.5.1 激励愿景和行动

在一个优雅的湖边餐厅的等候长廊里，有一块小牌子上写着："未来没有希望，现在就没有力量。"主人解释说，这个小牌子述说了他自己的故事。他的风景如画的小村庄为了一项防洪工程不得不让居民牺牲自己的家园和生意。当抵抗政府决定的努力失败后，大部分经营者放弃了在这里的事业。很快，只有到这个村庄来的少数人才到这个可爱的餐馆就餐，而这个仍然努力工作的餐厅老板成了大家的笑柄。当他决定在村子后的小山上建一个更大更华丽的餐馆时，大家纷纷嘲笑他。但防洪工程完工后，他的餐馆却成了唯一一家坐落在美丽的、新建的湖边的餐馆，吸引了众多游客。当初任何人都能像他一样发现未来防洪湖的湖边会在何处，而大多数经营者却没有像他一样的长远眼光。餐馆老板有自己的远见，并对此采取了行动。

对未来的希望和梦想是激励人们前进的动因。然而，领导者要想有所作为，就必须把这些梦想和战略行动联系起来。愿景必须转化为特定目标、目的和计划，这样才能使员工了解应如何迈向理想的未来。一段启迪生命的英国的古老谚语同样可以运用于组织。

没有愿景的生活是乏味的。
没有行动的愿景是苍白的梦。
由愿景指导的行动才是欢乐，是希望。

> **行动备忘录**
>
> 战略管理是领导者最关键的工作之一，但领导者会有不同的战略风格。"领导者自察 13-3"介绍了给战略管理带来创造性的两种重要方法，能够帮助领导者认清自己的优势。

图 13-7 说明了领导者在确定方向时可能扮演的 4 种角色。根据他们对愿景和行动的关注可分为 4 种不同的领导者。既不能很好地提供愿景又不能激发行动的人可称为事不关己者，这种人根本不是真正的领导者。注重行动而没有远见的领导者是一个实干家。他可能是一个努力工作的人，为工作和组织奉献自己，但实干家是工作盲。他们没有目的感和方向感，行动没有切实意义，并不能真正为组织、员工或团体服务。而一个梦想家善于提出大胆的想法，对自己和他人都有意义。这样的领导者可用愿景有效激励他人，但他不善于实施战略行动。梦想家的愿景只是一个幻想，因为它几乎不可能变成现实。要成为有效的领导者，不仅要敢于有伟大的梦想，还要善于通过自己的行动或通过雇用其他能有效执行愿景和战略的人，把梦想变成实际的战略行动。

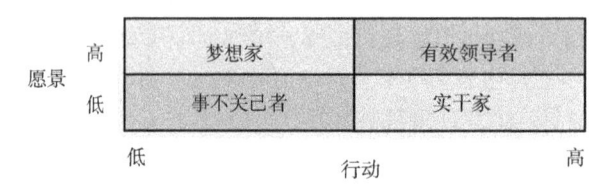

愿景		
高	梦想家	有效领导者
低	事不关己者	实干家
	低　　　　　行动　　　　　高	

图 13-7　联系战略愿景与战略行动

资料来源：Based on William D. Hitt, *The Leader-Manager: Guidelines for Action* (Columbus, OH: Battlle Press, 1988), p. 7.

领导者自察 13-3

你的战略风格是什么

想想你在当前或最近一份工作中如何处理挑战和有关问题。然后根据下列各题的表述，选出更接近你的行为的选项。答案没有对错之分。

1. 当需要记录时，我总是_____。
   a. 对文件记录非常小心仔细　　　　b. 对文件记录比较随便
2. 如果我领导一个小组或项目，我_____。
   a. 有一个大概的想法，会让其他人去找出完成任务的办法
   b. 试图找出特定目标、时间界限和期望的结果
3. 我的思维方式可被准确地描述为_____。
   a. 线性思维，从 A 到 B 到 C
   b. 思维像蝗虫一样跳跃，从一个想法跳到另一个想法
4. 在我的办公室或家里，东西_____。
   a. 堆得到处都是　　　　　　　　　b. 整齐地摆放，至少是合理有序的
5. 我以_____而自豪。
   a. 找到方法克服解决方案的障碍　　b. 找到问题潜在原因的新假设
6. 我通过确认_____来最大限度地帮助战略实施。
   a. 对广泛的假设和想法采取开放的态度　　b. 非常彻底地执行新想法

7. 我的优势之一在于_____。
   a. 承诺能完成事情
   b. 承诺为未来构建梦想
8. 对我来说要尽最大努力工作,更重要的是_____。
   a. 自治
   b. 确定性
9. 当_____时我能工作得最好。
   a. 提前做好工作计划
   b. 能自由应对计划之外的情况
10. 当我强调_____时我工作最有效。
    a. 创造新颖的解决方案
    b. 做出实际的改善

计分与解释

针对战略创新风格,第2、4、6、8、10题中选择a的各题得1分,第1、3、5、7、9题中选择b的各题得1分。针对战略适应风格,第2、4、6、8、10题中选择b的各题得1分,第1、3、5、7、9题中选择a的各题得1分。你的这两项得分哪项高?高多少?得分高的那项代表了你的战略风格。

战略创新和战略适应是领导者给战略管理带来创造性的两种重要方法。具有适应风格的领导者倾向于在给定环境中工作,通过使工作更高效和可靠来得到改善。他们依靠自己所知道的真实的并已得到验证的东西获得成功。具有创新风格的领导者会推动新的模式,希望找到做事的新方法。创新者喜欢探究未知领域,寻找巨大突破,可能很难接受正在实施的战略。创新型和适应型风格对战略管理都至关重要,但它们的方法各不相同。战略适应者会问:"我怎样才能把这件事做得更好?"战略创新者会问:"我怎样才能把这件事做得不同?"战略创新者经常运用自己的技巧来制定完整的新战略,而战略适应者则经常进行战略改进和战略执行。

如果两项得分之间的差距只有2分或更低,说明你的战略适应和战略创新风格各占一半,你在两个领域里都做得很好。如果差距为4~6分,得分高的那个是你相对较强的领域,你可能在这个领域发挥得最出色。如果得分差距为8~10分,表明你的强势风格非常明显,你非常愿意在自己具有优势的领域工作,而不是在相反的领域进行发挥。

资料来源:Adapted from Dorothy Marcic and Joe Seltzer, *Organizational Behavior: Experience and Cases* (Cincinnati: South-Western, 1998), pp. 284-287; and William Miller, *Innovation Styles* (Dallas, TX: Global Creativity Corporation, 1997). The adaptor-innovator concepts are from Michael J. Kirton, "Adaptors and Innovators: A Description and Measure," *Journal of Applied Psychology* 61, no. 5 (1976), p.623.

13.5.2 领导者如何决策

为了决定未来的战略方向,领导者需要从组织里向内看,向外看,向前看。领导者考虑组织内外的情况来为组织认清趋势、威胁和机会。

组织需要宽广、鼓舞人心的愿景,并需要关于如何实现它的基本计划。为了决定和描绘战略方向,领导者要根据技术、人口状况、政府政策、价值观和生活方式等趋势来努力培养行业远见,从而帮助自己明确新的竞争优势。领导者为未来制定发展道路的一个方法就是严格分析。例如,**情境分析**(situation analysis),包括SWOT分析,是对影响组织业绩的优势(strength)、劣势(weakness)、机会(opportunity)和威胁(threat)进行分析。领导者采用情境分析获得外部信息,其来源包括客户、政府报告、供应商、咨询顾问或各种会议等。他们获得内部优势和劣势信息的来源包括预算、财务比率、损益表和员工调查等。规划战略的另一个方法是迈克尔·波特（Michael Porter）发明的"**五种动力分析法**"（a five-force analysis）。通过对大量公司的研究，他发现，战略通常是5种竞争力作用的结果——行业的潜在进入者、买家的竞价能力、供货商的竞价能力、替代品的威胁及竞争者之间的对抗。认真分析这5种因素，领导者就能制定出保持竞争力的有效战略。

愿景和战略必须基于牢固的事实基础，但过多的理性会阻碍创造吸引人的愿景。领导者也会进行理性分析，但成功的愿景也会反映出他们的个人经历与理解。当领导者只把目光放在正式战略规划、对手分析或市场研究上时，他们就会失去新的机遇。例如，在20世纪70年代，当特德·特纳（Ted Turner）首次提议建立一个24小时的新闻信息频道时，许多人嘲笑说这只是个妄想。任何一类传统专家，从市场调查到广播电视专业人士都认为这个愿景是疯狂的，注定要失败。但特纳抓住了正显现出的社会和人口发展趋势，凭着直觉创立了全球电视频道，获得了高达35%的利润。

要制定愿景，领导者要考虑自己的希望和梦想，同时也要倾听追随者的希望和梦想。远见卓识和看到未来各种可能性的能力不仅来自传统的战略规划工具和方法，还来自好奇、直觉、感情、深刻思考、个人经验和希望等。为了连接人们心中对伟大事物的热望，愿景可以超越理性。尽管愿景建立在现实的基础上，但它来自人们的心灵而不是头脑。

> **行动备忘录**
>
> 领导者应把愿景与行动联系起来。团队或组织会因心怀梦想并将梦想付诸战略性的行动而变得大大不同。

本章小结

- ☑ 领导者通过愿景和战略确定组织的方向。他们有责任研究组织环境，思考未来蓝图，设置一个让人信服的方向。共同愿景是一个充满吸引力的理想未来，具有可信度却又不能一蹴而就。一个清晰强大的愿景显示了现实行动和决策如何推动组织实现长期目标，从而搭起一座沟通现实与未来的桥梁。愿景给员工注入了奋斗活力，给他们描绘了一幅激动人心的未来蓝图，使他们渴望能投入其中。愿景还能使人们的工作富有意义，通过挑战所有员工做到最好来建立一套关于优秀的标准体系。
- ☑ 使命包括公司的核心价值观、核心目的和存在意义。愿景会变化，而使命是持久的——就像公司持久的品质一样。有效的领导者能够构建一个高尚目标并以此来激励追随者，帮助组织保持竞争优势。为了构建一个可以帮助员工认识到自己工作价值的组织目标，领导者可以从下面4个概念中选择一个或几个作为目标的基础：探索发现、追求卓越、利他主义和英雄主义。
- ☑ 战略管理是把愿景和使命转变为行动的严谨工作。战略是行动总计划，包括资源配置及其他应对环境、帮助组织达到目标的活动。和愿景一样，战略也会变化，但成功的公司的战略注重核心竞争力，发挥协同作用，为客户创造价值。战略通过体制和结构来得到执行，而结构是组织中如何完成事情的框架。
- ☑ 领导者根据理性分析、直觉、个人经验、希望和梦想来决定组织方向。当领导者把愿景和战略行动联系起来时，组织就会大大不同，愿景就不再仅仅是一个梦想。优秀的组织业绩不是靠运气，而是取决于领导者的决策。

讨论题

1. 一位管理咨询人士认为，战略领导者应关心愿景和使命，战略管理者则应更多关注战略。你同意这种说法吗？

2. 愿景可用于个人、家庭、大学课程、职业或装修一间公寓。思考一些你希望其未来不同于现在的事，然后描述出一个愿景。

3. 如果你为像苹果或谷歌这样有强大的愿景的公司工作，与那些没有愿景的公司相比，有愿景的情况将如何影响你？

4. 你同意白参照原则吗？换句话说，你认为如果人们知道公司发展方向时，他们会做出支持公司理想结果的决定吗？

5. 愿景包括过程和目的，这意味着什么？

6. 许多愿景都被书写出来并挂在墙上。你认为这种类型的愿景有价值吗？要让个人牢记组织愿景需要做什么？

7. 使命和愿景有什么区别？你能各举一个例子吗？

8. 你是否认为每个组织为了获得长远的成功都需要一个高尚目标？请讨论并列举一个能够反映本章所描述的高尚目标的组织。

9. 有效领导者既需要战略愿景，又需要战略行动。你认为你擅长做什么？为什么？

10. 既然愿景非常重要，为什么当组织面临困境时，新任首席执行官会因注重规划组织的愿景而遭到分析家和评论家的批评？

现实中的领导：未来思维

思考一些你现在生活中的难题，可以是在学校、家庭或工作中你想要解决的难题，用几句话总结一下。

现在针对你所总结的难题回答下面的问题。（不要提前看下面的 4 个问题。如果按顺序回答问题，结果会更有用。）

1. 我为什么会有这个难题？

2. 谁/什么原因引发了这个难题？

3. 是什么阻碍了解决方案的实施？

4. 我有多大可能来解决这个难题？

当你回答完这4个问题后,写下你对这个难题的感受。

现在,针对同一个难题,对下面4个问题进行简短回答。

1. 我不想被这个难题缠身,但我真正想要的是什么?(你的回答等于你想要的未来结果。)

___

2. 我如何知道我已经实现了这个未来结果?(我将看到、提到和感受到什么?)

___

3. 为了实现这个未来结果,我需要哪些资源?

___

4. 要实现这个结果,第一步我该怎么办?

___

回答完这4个问题后,你对自己的难题有什么感受?

___

人类思维在关注问题、分析错误及应该责备谁等方面非常有效。第一组4个问题就反映了这种做法,称为问题关注性思维。

第二组4个问题反映了一种不同的方法,称为结果导向思维。它将思维集中在未来结果和可能性上,而不是引起问题的原因上。与回答第一组4个问题相比,回答第二组4个问题之后大部分人觉得情绪更积极,更能启发创造性的想法,对解决问题也更乐观。改变对未来的思维方式所带来的力量与愿景激发创造力和激励人们向前的作用一样。未来思维是将未来愿景的想法用于更小的日常范围中。

课堂练习

在课堂上,每名学生都写下一个自己的问题,然后相互询问彼此的问题,这样做会非常有效果。学生们应该两人一组——其中一名扮演领导者,另一名扮演下属。下属描述他的问题(1分钟),领导者简单地询问第一组4个问题(把问题中的"我"变为"你"),然后倾听答案(4分钟)。然后两名学生交换角色,重复这个过程。教师可以收集学生在回答这4个问题时的感受。

然后,学生可以再找一个合作伙伴,配对扮演领导者和下属。下属还是向领导者陈述自己的同一个问题,但是这次领导者要询问第二组4个问题(结果导向性思维,还是把"我"换为"你")。当下属回答完问题后,两名学生再次调换角色,重复这个过程。然后教师可以询问学生在回答这4个问题时的感受与回答第一组4个问题时有何不同。学生的反映通常是比较正面的。学生需要考虑的关键问题是:与问题导向的第一组问题相比,这些有关未来结果的问题如何影响你解决问题的创造性思维?作为领导者,你能在日常生活中运用未来导向的问题为更具创造性的解决方案形成自己的想法并影响他人的想法吗?

资料来源: This approach to problem solving was developed by Robert P. Bostrom and Victoria K. Clawson of Bostrom and Associates, Columbia Missouri, and this exercise is based on a write-up appearing in *Inside USAA*, the company newsletter of USAA (September 11, 1996), pp. 8-10; and Victoria K. Clawson and Robert P. Bostrom, "Research-Driven Facilitation Training for Computer-Supported Environments," *Group Decision and Negotiation* 5 (1996), pp. 7-29.

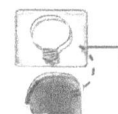

领导力开发：案例分析

大都会警察局

我们经常会在晚间新闻中看到一名当地记者正在采访一些人，这些人抱怨警察滥用职权，行事粗暴。过去3年，这类报道在新闻媒体中出现得越来越多。有些观察家认为，这类问题是警察部门的独裁作风造成的。警察局管理者倡导准部队价值观，强化"他们和我们作对"的观念。现在这支警察队伍注意仪表，追求效率，拒绝愚蠢。城市管理者相信一支高度职业化并且特立独行的警察力量是城市秩序最好的保障，于是更加侧重训练警察的技巧，比如正确使用枪支和新技术，却没有告诉他们如何和市民相处。一些市民已经在针对警察的诉讼中获得了胜利，其中不少诉讼都来自少数民族群体。批评家认为最主要的问题出在警察局局长身上。他鼓励警察行事强硬，漠视公众对警察滥用职权的批评。他拒绝像其他政府部门那样采取贴近社区、与人为善的态度。人们认为警察局局长对少数民族态度冷漠，还在公开场合发表过蔑视非洲裔美国人、妇女和西班牙裔美国人的言论。

一位批评家坦言，警察行事粗暴与警察局局长制定的愿景及其道德领导模式有关，局长应该为警察滥用职权的事件负责。另一位批评家认为，这位局长不恰当的言论与警察的行为存在关联。

假设你受邀去参加面试，竞争警察局局长的职位。市长和一些议会代表准备解雇现任局长，提名一位新局长。你正在考虑如果接手这项工作，该怎么做。

问题

1. 列出你认为应该是构成警察部门愿景的要素。
2. 如果你得到这份工作，你将怎样让你的愿景获得认可？你将实施哪些变革来支持新愿景和新价值观？
3. 你对成为大都会警察局局长这个挑战感兴趣吗？为什么？

空想的领导者

弗兰克·科尔曼（Frank Coleman）开始在高技术飞机结构公司（Hi-Tech Aerostructures）担任总裁时，大多数经理和员工充满希望，备感激动。高技术飞机结构公司是一家有着50年历史的家族制造公司，生产飞机零部件。公司创立者兼所有者一直担任总裁，直到他的健康出现问题。他认为需要从外面聘用人才以获得新的视角。的确应该如此。在过去几年里，公司一直步履维艰。

科尔曼虽然来自一家规模较小的公司，但他完全有资格在先进的飞机技术行业成为领导者。他设定的愿景是把公司打造成一家世界级的制造工厂。除了推行前沿技术之外，该愿景还包括改变无生气、家长式的公司文化，使公司更具活力，适应性更强，并且授权给员工，使他们工作更积极，更具责任感。经历了年复一年循规蹈矩的工作之后，副总裁大卫·迪根（David

Deacon）因新总裁的到来而感到兴奋不已。当科尔曼要他负责改革项目时，他非常激动。

迪根和同事们花了很多时间与科尔曼交谈，聆听他对公司未来的设想。他使整个团队相信改革是他优先考虑的事，用他们对公司甚至整个飞机制造业将要产生的巨大影响来鼓舞他们。整个团队共同精心制作了关于愿景的表述，然后分发给所有员工并张贴在整栋楼的每个角落。在午餐时间，公司自助餐厅里都是谈论新愿景的声音。当着装潇洒的年轻总裁几周一次出现在自助餐厅时，仿佛一个摇滚巨星走了进来。

在团队和科尔曼的第一次会议上，迪根表达了他们提出的一些不同想法和概念，并解释了每种想法都有什么优势，能够帮助公司摆脱过去的影响，意气风发地进入 21 世纪。然而，这些提议却好像都无法满足科尔曼对这个项目的雄心——他认为所有建议要么太常规，要么令人费解。3 小时后，团队离开科尔曼办公室，开始重新规划蓝图。听了科尔曼可能会改变整个行业甚至整个世界的总结后，每个人都更有激情了。

第二天一大早，科尔曼让迪根到他的办公室，把自己关于该项目应如何推进的广义上的想法解释给他听。"还不赖"，迪根一边想，一边拿着笔记本计算机回到团队，"我们可以采纳这个广义的概念，真正地把一些计划付诸实施。"接下来几个月里，团队的工作总体上充满活力，激动人心。每当科尔曼参加会议时，他都会建议改变一些特定计划和目标，但不可思议的是，改革计划开始成形了。团队给同事和外部咨询专家发送了一份最后形成的草稿，反馈大多数都是正面的。

该计划在星期三早上发给了科尔曼。迪根在星期五下午以前还没有听到任何消息，他开始着急了。迪根知道科尔曼正在忙于接洽一个大客户，但他曾表明会马上审核该计划。最后，在下午6点，科尔曼让迪根到他的办公室。"恐怕我们不能执行这个计划，"他边说边把团队数月来辛勤工作的成果扔到桌上，"这个计划不错，但是不适合公司。"

迪根大受打击。当他把科尔曼的反馈报告给团队其他人时，他们的反应也一样。另外，公司开始传言改革项目不会顺利进行。自助餐厅的谈话大多都是抱怨的内容，认为目前没有任何事有助于改进公司境况。但是，科尔曼向团队保证，他对改革投入的热情不减；他们只是需要采用不同的方法。迪根要求科尔曼尽可能多地参加会议，帮助团队采用正确的方式工作。在此后将近一年的时间里，团队期待着科尔曼对修改的计划做出回应。

周五晚上科尔曼给待在家里的迪根打了个电话。"我们星期一早上首先讨论这个项目。"他说，"我认为我们需要进行一些调整，尽管我们似乎正朝着正确的方向前进。"迪根挂电话的时候都有想哭的冲动。他知道星期一早上等待他的是什么。科尔曼会传达他的愿景，然后让团队重新开始。

资料来源：Based on "The Vision Failed,"Case 8.1 in Peter G.Northouse, *Leadership—Theory and Practice*, 2nd ed. (Thousand Oaks, CA: Sage, 2001), pp.150-151; Joe Kay, "My Year at a Big High Tech Company," *Forbes ASAP* (May 29, 2000), pp.195-198; "Digital Diary (My Year at a Big High Tech Company),"http://www.forbes.com/asap/2000 (accessed on November 19, 2000) T;and "Digital Diary, Part two: The Miracle," *Forbes ASAP* (August 21, 2000), pp.187-190.

? 问题

1. 你怎么评价科尔曼这种空想的领导者的效率？
2. 你会把科尔曼归为图 13-7 中的哪种领导类型？迪根呢？
3. 如果你是迪根，你会怎么做？

Chapter 14

第 14 章 塑造组织文化和价值观

> **通过本章的学习，你应该能够：**
> - 理解为什么塑造组织文化是领导的关键职能之一。
> - 了解适应性的组织文化相对于非适应性的组织文化的特点。
> - 了解和学习领导者如何通过各种庆典、故事、象征符号、专用语言、选拔、社会化和日常行动来塑造组织文化和价值观。
> - 识别与适应性、成就、部族和官僚文化相联系的文化价值观，以及与上述因素相联系的环境条件。
> - 成为一名道德领导者，逐渐在组织文化上建立道德价值观。
> - 运用精神领导的原则帮助人们发现更深层的人生意义，让人们在工作中找到归属感。

身为网上鞋业零售商 Zappos.com 的首席执行官，托尼·谢家华（Tony Hsieh）的首要目标并不是在网上销售最多的鞋子，而是让员工和客户感到快乐和满足。大部分 Zappos 的员工都是电话呼叫中心的小时工，他们的收入低于业内平均水平（连谢家华本人的年收入也只有 36 000 美元），也没有高额津贴，不过谈起公司时他们的语气里却总是充满着虔诚教徒一般的热情。公司虽没有健身中心，却有休息室供人小憩，还有一位全职的生活教练。如果他们需要指导、建议或心情不好，可以随时找这位教练倾诉。公司鼓励员工在工作中尽情展现自己的个性，允许他们自己决定该采用何种方法来吸引客户。公司还有 10 条用来引导员工的核心价值观，包括"创造欢乐和新奇"、"保持谦虚"和"追求进步、不断学习"等。公司要求管理人员每天花 10%～20% 的时间和下属喝茶聊天，打成一片，员工们下班后会聚在一起找点乐子，甚至还经常开睡衣晚会。公司领导面试求职者时，更加注重创造力、个性和积极的态度，同时他们也会创造条件，让这些优秀品质得以发扬光大。Zappos 这种独特的公司文化使得公司的销售额和利润增长迅速，更使其在《财富》杂志"最佳雇主"排行榜中名列第 23 位，而且在入选的新进公司中位列榜首。谢家华表示："只要我们建立了正确合理的文化，那么其他大部分的问题，如品牌和客户服务，就都会水到渠成了。"

在前面的章节中，我们讨论了创造激励性愿景及制定相应的策略来推动其实现。成功的领导者能够意识到，文化是推动组织实现战略目标和愿景的核心因素。领导者可以影响组织文化，塑造对员工士气和工作表现有决定作用的组织环境，使员工的立场和组织愿景保持一致。公司文化的性质非常重要，因为它对公司产生的影响可好可坏。很多成功的大公司，如谷歌公司、美国西南航空公司和苹果公司等就经常将它们的成功归功于领导者推动创立的良好组织文化。另一方面，不良的组织文化或错误的文化价值观也成了某些公司问题重重的原因，诸如安然公司、贝尔斯登公司和通用汽车公司等公司。

本章研究组织文化和价值观问题，以及领导者在塑造组织文化和价值观时所发挥的作用。大部分领导者认为，文化是一个吸引、激励和留住人才的重要机制，也是展现组织整体优势的最佳能力。一项长期研究表明，从几个主要的财务业绩指标来看，拥有强大文化的组织与文化薄弱的组织相比，取得的业绩要高出一倍。本章第一部分将描述组织文化的特性及其对公司的重要性。然后我们将探讨共同价值观如何帮助一个组织保持竞争力，以及领导者如何通过影响文化价值观来创造高绩效。依据相应的组织情况，领导者会强调特定的文化价值观。本章最后一部分将简单讨论组织中的道德价值观和精神价值观，以及基于价值观的领导将如何塑造组织的文化氛围。

> **行动备忘录**
>
> 有的领导者把精神价值观归为公司文化的一部分。在阅读本章余下的内容前，请先完成"领导者自察14-1"。

14.1　组织文化

世界正变得越来越不稳定，"文化"这一概念对组织领导者而言已显得日益重要，因为新的环境必然需要新的价值观和新的行事方法。大部分领导者现在已经了解到，当组织文化与外部环境及公司的发展战略相适应时，员工们就能够建立一个强大且不会被轻易击垮的公司。

14.1.1　何谓文化

有人认为文化就是组织的特性或个性。当进入某个组织时，你所看到的或感觉到的就是其组织文化的展现。例如，如果你去参观某一大型石油公司，迈进门的那一刻你便会感觉到一种正式的氛围。员工们身着职业套装，办公桌整洁有序，公司上下充满了竞争的氛围，行事时都会用谨慎的方法进行分析。一名石油行业的分析员表示："他们的工作可不是寻找快乐，而是创造利润。"然而在Zappos这样以快乐为核心价值观的公司，员工们可能会身穿牛仔裤、运动鞋，嘴唇或鼻子上带着运动时受的伤，桌子上放着空的比萨盒、咖啡杯和饮料瓶。这两家公司都取得了巨大的成功，但其潜在的文化却截然不同。

文化（culture）可被定义为一套关键的价值观、假设、理解和规范，它被组织成员共享，而且被当做正确的东西教给新成员。规范是共享的标准，它规定了一群人中被接受的、理想的行为。从最基本层面上看，文化是一种共享的假设、信仰模式，限定了人们在某个组织中应该如何行事。当组织成员遇到内部和外部问题时，就形成了共享的假设和行为规范，并以此教会新成员在遇到相关问题时用正确的方式去思考、感觉和行动。

我们可以认为文化包含了3个层次，每个层次之间的界线已经变得越来越不明显了，如图14-1所示。表层水平是可观察到的人造物品，如穿着式样、行为模式、实体符号、组织仪式及办公室布置等，即组织成员可以看到、听到和观察到的一切东西。我们可以拿约翰-路易斯（John Lewis）这家成功的英国零售商为例，来观察一下文化的可视部分：在约翰-路易斯工作的人通常比业内其他公司的人年龄要大，而且他们被称做"合伙人"而不是"员工"；所有人共享公司的利润，每个人在公司的经营方面都有发言权；公司领导者的办公室入口一点都不奢华，都是精小实用型的；每一家店铺都展现出简约、平和、有序的风格。而较深层次的文化则体现为那些表述出来的价值观和信仰,人们无法直接观察到它们,但能从对自身行为的解释中觉察出来。这些都属于组织成员有意识地保持的价值观。例如,约翰-路易斯的"合伙人"就都很清楚地知道,他们的公司文化高度重视可靠性、服务和质量,并会为此提供丰厚的奖励。

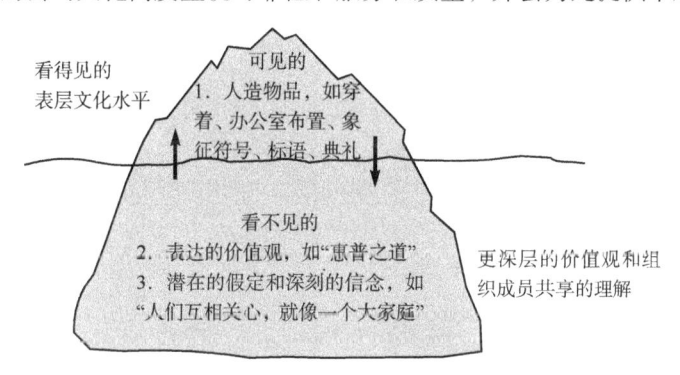

看得见的表层文化水平

可见的
1. 人造物品,如穿着、办公室布置、象征符号、标语、典礼

看不见的
2. 表达的价值观,如"惠普之道"
3. 潜在的假定和深刻的信念,如"人们互相关心,就像一个大家庭"

更深层的价值观和组织成员共享的理解

图 14-1 公司文化层次

某些价值观深深根植于组织文化之中,以至于组织成员可能意识不到它们的存在。这些基本的、潜在的假设是组织文化真正的精髓。在约翰-路易斯,这些假定可能包括:1)公司关心员工,希望员工也像这样关心客户;2)每位员工都应该自己思考,做自己认为正确的事来为客户提供非凡的服务;3)信任和诚实是维持成功的商业合作关系的重要因素。这类假定通常在开始时仅是一些表述出来的价值观,但随着时光流逝,它们越来越深地植根于文化中,受到的质疑也越来越少。组织成员将它们的存在视做理所当然,而且通常意识不到这些指导着他们行动、语言和社交活动的假设。

领导者自察 14-1

精神对你的影响有多大?

想一想你现在的生活,判断以下描述是否符合你的状况。

	基本不符	基本符合
1. 我经常思考人生的意义。	___	___
2. 我希望找到一个能让我的精神自由发展的环境。	___	___
3. 为了让世界变得更美好,我做出了一些个人牺牲。	___	___
4. 有时审视一件很平常的事情,我会觉得自己第一次对它有了全新的认识。	___	___
5. 有时在放松的时候,我脑海里会突然闪现某种领悟或理解。	___	___
6. 对我来说,在这个世界中找到自己存在的意义和使命很重要。	___	___
7. 在与周围人相处时,我常常能感受到某种强烈的统一感和联系感。	___	___
8. 我曾有过一些经历,这些经历让我明白了自己在生活中的角色。	___	___
9. 在长时间地思考某件事情后,我意识到应该相信自己的感觉而不是逻辑。	___	___

10. 我经常因为大自然的美丽而惊叹不已。　　　　　　　　

计分与解释

精神领导使人们追求更高层次的价值观和使命，并致力于创造一种基于关爱和团结而不是恐惧和疏离的组织文化。精神领导并不是每个人都能做到的，但是当领导者受到精神理念的指引时，他就能创造出优秀的文化。稍后，本章将对基于价值观的领导和精神领导进行讨论。

统计基本符合的答案得分：　　　　　。7分或7分以上表明你非常相信精神的力量，很有可能会成为一名以价值观为基础的领导者或精神领导者。4~6分表明你对精神领导的认可程度一般。0~3分表明你可能对培养精神意识持有怀疑的态度。

资料来源：Based on Kirsi Tirri, Petri Nokelainen, and Martin Ubani, "Conceptual Definition and Empirical Validation of the Spiritual Sensitivity Scale", *Journal of Empirical Theology* 19, no.1 (2006), pp.37-62; and Jeffrey Kluger,""Is God in Our Genes?" *Time* (October 25, 2004), pp. 62-72.

14.1.2　文化的重要性

当人们在其所从事的行业中取得成功时，那些帮助他们取得成功的思想和价值观就会被保留下来成为制度，成为组织文化的一部分。文化赋予员工一种组织认同感，并使员工努力践行某些特定的价值观和行事方法。文化在组织中发挥着两方面的重要作用：1）它将组织成员整合起来，使他们相互联系；2）它可以帮助组织适应外部环境。

内部整合

文化帮助组织员工建立一种集体身份，并让他们知道应如何在一起进行卓有成效的工作。它指导着组织中日常的工作关系，决定人们在组织中如何进行沟通，确定可接受行为和不可接受行为之间的界限，还决定着组织中权力和地位的分配。文化可以让组织员工将一系列不成文的规定铭记于心，而这些规则可以极大地影响员工的行为，进而影响组织绩效。

很多组织都越来越强调建立一种鼓励团队合作和互相信任的强大文化。在互相信任的环境中，人们会更喜欢交流想法，会更有创造力，也会更愿意慷慨地分享自己的知识和才能。

> **行动备忘录**
>
> 作为一名领导者，你应该重视公司文化，并充分意识到文化价值观、规范和信仰会如何影响组织成员的行为。

外部适应性

文化还对整个组织如何完成目标及如何与外部人员相处有决定性影响。正确的文化价值观可以帮助组织迅速地对客户需求或竞争对手的行动做出反应。它还能激励员工努力实现组织的核心目标和特定目的，并鼓励他们努力采用基本方法去完成目标。

文化应该体现那些可以促使组织在其所处环境中取得成功的价值观和假设。举例来说，如果竞争环境要求速度和灵活性，那么文化就应该体现出那些支持适应性、跨部门合作及对客户需求和环境变化做出快速反应的价值观。下面我们来思考一下思科系统（Cisco Systems）的文化价值观是如何鼓励内部员工做出行动以满足竞争环境需要的。

领导进行时

约翰·钱伯斯和思科系统

思科系统被称为因特网的"管道工",主要生产路由器、开关,并提供先进的因特网技术,保障全球范围内数据信息的不间断传递。21世纪初,因特网经济泡沫破灭,思科从世界上最有价值的公司骤然变成了一家濒临破产的公司。在经历了最初的震惊后,公司首席执行官约翰·钱伯斯(John Chambers)和领导层开始思考未来的出路,其中就包括进行文化改革——把公司曾经鼓励员工为了权利、资源和个人成功而互相竞争、互相阻碍、各自为战的"牛仔文化"转变为互相协调合作的文化。

新的竞争环境对协调合作、快速应对变化的技术需求提出了更高的标准。信任和开放成为新的核心价值观。在如今的思科,拒绝分享自己的意见、知识和资源的行为是让人难以接受的。公司主管能否获得奖励有赖于整个公司的业务状况而不是单一的部门业绩,因此每个人都对他人的成功负有责任。公司授权给由跨职能、跨部门、跨级别的人员组成的委员会或小组对新业务的开展进行审核、批准,因此员工们的倡议或建议并不会递交到高管们的手中。这样的方式促使员工们共同合作,从而加速了公司创新。例如,一些自称"运动狂人"的员工们自愿组成小组,开发了一款叫做"StadiumVision"的产品。这款产品可以向体育场馆内的体育爱好者们播放视频和影像等广告。现在,StadiumVision已经价值几百万美元,但当时开发只用了不到4个月的时间,而且公司首席执行官从未参与任何相关决策。钱伯斯断言,命令和控制已经成为了过去,世界的未来属于那些能在整个组织中建立领导体系的公司。

这一变化可以说是来之不易,20%的公司主管离开了思科,因为他们无法适应新的文化价值观,而留下来的人则认为,如今的世界联系日益紧密,必须要消除公司内部及公司与客户、合作伙伴和供应商之间的隔阂。现在,思科不仅为客户提供技术服务,还能为其他公司在如何转型、如何建立更加协调合作的工作方式方面提供咨询服务。钱伯斯表示:"我们成功地将文化纳入了公司的核心竞争力中。"

在思科公司,强大的文化把员工凝聚到了一起,组织成为一个团队,而不仅仅是单个员工组成的集合。此外,为了使组织保持健康、持续盈利,公司文化还鼓励员工适应外部环境。本章"活学活用的领导之道"就强调了个人学习和适应性的重要性。正如人一样,组织文化也必须不断成长、变化才能应对新的挑战。

活学活用的领导之道

请思考下面这些话。

1. 你会得到一个身体。

不论你喜不喜欢它,这个身体都将伴随你一生。

2. 你会学到各种人生课程。

你成为一所全日制、非正式学校的学生,这所学校叫做人生。在这所学校里,你每天都有机会学习到人生的各种课程。你可能会喜欢这些课程,也可能会认为它们都无关紧要,甚至愚蠢至及。

3. 没有错误,只有教训。

成长就是一个试验—犯错—再试验的过程。在这一过程中，那些"失败"的试验和最终"成功"的试验扮演着同样重要的角色。

4．课程会不断地重复，直到你真正学会为止。

每门课程都会以各种不同的形式呈现在你眼前，直到你真正掌握为止；然后你才能继续学习下一门课程。

5．学无止境。

人生中的每一阶段都会安排课程。只要你还活着，就有需要学习的东西。

6．知足常乐。

曾经"梦寐以求的东西"现在终于属于你了，但你又会发现另一个"梦寐以求的东西"，比你现在拥有的还更为美好。

7．其他人不过是你的镜子。

你喜欢或厌恶别人的某一方面，是因为它反映出了你对自己这一方面的喜欢或厌恶。

8．你的人生会如何发展完全取决于你自己。

你拥有自己需要的一切工具和资源，怎样运用它们则完全取决于你自己——选择权掌握在你手里。

9．答案就在你心中。

人生中各种问题的答案其实就在你心中，你需要做的就是去观察、倾听、相信。

10．如果你认为自己能行，那你就能行；如果你认为自己不行，那你就不行。无论你怎样给自己定位，最终往往都会成为现实。好好思考一下吧。

14.2 文化强度、适应性和绩效

文化强度（culture strength）是指员工对特定价值观和行为方式重要性的认同程度。如果组织中存在广泛的共识，那么文化就是强大且富有凝聚力的；如果组织中仅有很少的人达成了一致，那么文化就是软弱无力的。然而，强大的文化带来的影响并不总是积极的。有时强大的文化会促使错误的价值观形成，并对组织和成员造成伤害。想想贝尔斯登公司，为了追求最大的利润，它奉行一种强大且极具竞争性的文化。这种文化把一切推向极限，只要员工能够为公司赚钱，领导者就采取放任自流的态度，这导致越来越多的冒险甚至不道德行为的出现。贝尔斯登破产后，公司被摩根大通部分收购。然而已经习惯了贝尔斯登"冒险"文化的某位员工在为现任雇主摩根大通工作时，感到难以适应新公司重视责任和义务的文化。

因此，虽然强大的文化能增强员工凝聚力和对价值观、目标和战略的责任感，但是组织有时也会出现一些不道德的或对组织有害的价值观，因为它们不适应环境的需要。哈佛大学对200多家公司的文化进行了研究，发现强大的公司文化并不一定能确保成功，除非这种文化同时鼓励公司积极健康地适应外部环境。一种强大但不鼓励与外部环境相适应的文化与一种软弱无力的文化相比，前者会对组织产生更为严重的破坏。举例来说，通用公司现在的最大股东美国政府面临的首要任务，就是要改变通用原来过于保守、过于等级森严的公司文化。多年以来，任何一个进入通用公司后试图推行改革的外来领导者，最终都会被排挤出去或满怀失望地自行离去。产品积压、决策延迟，许多问题从来没有真正解决，这些都是通用的公司文化反对不同意见、抑制团队的协调合作、过于细致的研究和档案记录所造成的。白宫的首席顾问在谈及汽车制造业时对政府建议说："在我们目前的任务里，处理文化问题同处理资产负债表和资金问题同样重要。"

14.2.1 适应性文化

和非适应性的组织文化相比，适应性的组织文化有很多不同的价值观和行为。在**适应性文化**（adaptive cultures）中，领导者关心客户，关心内部员工，关心组织流程及那些能带来有用变化的程序；而在**非适应性文化**（unadaptive cultures）中，领导者只关心自己或自己的特殊项目，他们的价值取向不鼓励冒险和改变。因此，只有强大的文化是不够的，因为不健康的文化可能会导致组织朝着完全错误的方向发展；而健康的文化则能帮助组织适应外部环境。

组织文化也许不会总是和外部环境的需要保持一致。价值观和行事方式可能只反映出那些过去发挥过作用的方面。这种理想的价值观和行为与实际之间的差距就是所谓的**文化缺口**（culture gap）。许多组织都有某种程度的文化缺口，不过领导者经常意识不到这点。将文化朝着更具适应性的价值观方向转变的一个重要步骤，就是要在人们坚持错误价值观或没有努力奉行重要的价值观时察觉到这些情况。

文化缺口可能十分巨大，特别是在组织兼并的情况下。例如，美国联邦快递和金考（Kinko's）这两家公司合并后遇到了很多困难，因为它们各自的公司文化相差甚远。金考的公司文化十分自由，曾经在那里工作过的员工表示："我就曾经梳过玉米辫，染过绿头发，那里根本没人介意。"联邦快递的公司文化却是以结构、统一和纪律为基础的。这导致了联邦快递在收购金考这家复印公司5年之后，仍然在为推行其认为必要的文化变革而苦苦挣扎。

> **行动备忘录**
>
> 如果想要提高你对适应性文化和非适应性文化的理解，请参阅"领导者自察14-2"，并评估一下你曾经工作过的某机构的文化价值观。

尽管兼并和收购是一种很流行的组织战略，但是这种做法很多都以失败告终。麦肯锡、合益集团等咨询公司所做的很多研究都表明，大约20%被收购的公司在合并后出现了业绩下滑的现象。一些专家称，90%左右的公司合并都没有达到预期的效果。造成这种现象的原因之一就是整合公司文化十分困难。组织领导者应该谨记，人力资源系统，尤其是组织文化中的规范和价值观，既能带来、也能破坏组织的改革创新。在跨国公司之间或跨文化背景下发生兼并、收购时，整合公司文化会带来更广泛、更复杂的问题。

领导者自察 14-2

在适应性文化中工作

回想一下你曾经做过的一份全职工作。根据你对上级领导的感受来判断下面的描述是否符合你的情况。

	基本不符	基本符合
1. 我的上级会郑重考虑员工提出的好主意。	_____	_____
2. 我的上级对我这个级别的员工提出的想法和建议很感兴趣。	_____	_____
3. 我的上级对别人所提的建议会给予公正的评价。	_____	_____

4. 我的上级并不期待我去挑战或改变现状。
5. 上级特别鼓励我为公司带来一些改进。
6. 上级会根据我这个级别的员工提出的建议采取行动。
7. 当我解决了一些问题时，上级会对我给予奖励。
8. 上级清楚地表示，希望我改善工作小组的工作程序和行事方法。
9. 我能自由地向上级提议改变现有的做法。
10. 我的上级很难接近，因此好的想法并不能很好地向上传达。

计分与解释

计分方法：第4、10题，如果你的答案是"基本不符"，那每题得1分，如果是"基本符合"则不得分；其余的问题，如果你的答案是"基本符合"，那么每题得1分，如果是"基本不符合"则不得分。将所得分数相加，你的总分为：___。

适应性文化是由高层和中层管理者的价值观和行为塑造而成的。当管理者积极鼓励和欢迎下级员工提出的改革创新时，组织就会充满支持变革的价值观。上面的10个问题反映了你的上级对变革的开放态度，平均分是4分。如果你的平均分大于或等于5，说明你工作的组织有较强的适应性文化价值观。如果平均分小于或等于3，则代表该组织文化是非适应性的。

回想你的工作，你是否认为你测出的管理者对变革的开放程度与该组织的情况相符？为什么？把你的分数与另一位同学的分数比较，两人轮流描述一下为上司工作时的感受。你认为在工作满意度和上司对变革的开放程度之间有联系吗？哪些具体的管理层特征和公司价值观直接影响了这两家公司的开放程度？

资料来源：Based on S.J.Ashford, N.P.Rothbard, S.K. Piderit, and J.E. Dutton, "Out on a Limb: The Role of Context and Impression Management in Issue Selling," *Administrative Science Quarterly* 43(1998), pp. 23-57; and E.W. Morrison and C.C. Phelps, "Taking Charge at Work: Extrarole Efforts to Initiate Workplace Change," *Academy of Management Journal* 42, (1999), pp. 403-419.

14.2.2 高绩效文化

文化在组织风气的形成中发挥着重要的作用。这里的组织风气指的是一种激励成员不断学习，并帮助他们在面临挑战、强大的威胁或新的机遇时做出快速反应的环境氛围。提倡适应性和变革的强大文化能通过各种方式来提高组织的绩效，如激励员工、将有共同目标和更高使命的成员团结在一起、塑造和指引员工的行为等。而这些方式能确保每个人的行为都与组织的战略目标保持一致。因此，在组织内创造并影响适应性文化是领导者最重要的工作之一。正确、适合公司的文化能够提高组织的绩效。

很多研究发现，文化会对绩效产生积极影响。詹姆斯·L·赫斯克特（James L.Heskett）和约翰·P·科特（John P.Kotter）在《企业文化与经营业绩》（*Corporate Culture and Performance*）一书中证实，同不重视文化的公司相比，注重对文化价值观进行管理的公司拥有更为出色经营业绩。有的公司已经开发出系统性的方法来评估和管理文化对公司业绩的影响。在卡特彼勒公司（Caterpillar Inc.），领导者利用一种名为"文化评估流程"（Cultural Assessment Process）的工具向公司高管提供硬性数据，这些数据记录着他们直接利用文化因素为公司节省的资金数目。甚至连美国政府也意识到了文化和绩效之间的联系。例如，美国联邦人事管理局（U.S. Office of Personnel Management）推出了组织评估调查（Organizational Assessment Survey），以帮助联邦机构对文化的各个层面进行评估，帮助联邦机构转变其价值观以创造出更高的组织绩效。

有利于提高组织绩效的强大的适应性文化通常涵盖以下几种价值观。

（1）整体大于部分，各部分间的隔阂被最小化。组织成员对整个体系有清楚的认识，了解每个环节如何互相配合，并且明白组织各部门间的关系。所有成员都会考虑自己的行为将给其他部门乃至整个组织造成什么样的影响。通过强调整体的重要性，既能减少组织内部的隔阂，又能拉近与其他组织之间的距离。尽管组织中也会出现一些次要文化，但是组织的主要文化可以从每个人的基本态度和行为方式中反映出来。人员、思想和信息的自由流通使得协调行动和持续学习成为可能。

（2）平等、信任成为首要的价值观。适应性文化让人们感觉生活在集体之中并能互相关怀。适应性组织则为人们提供了建立关系网络的平台，让人们愿意去承担风险、发掘自己最大的潜力。对"关怀、尊重每个人"的强调能创造出一种安全感和信任感，允许人们不断试验、犯错和学习。管理者强调用诚实、公开的沟通来建立互信。

（3）适应性文化鼓励冒险、变化和提高。对假设的不断质疑能打开通往创新、进步之路的大门，因此一个基本的价值观便是敢于质疑现状和勇于为组织和股东的利益冒险。适应性文化奖励、称赞那些创造出新思想、新产品和新工作流程的成员，还可能会为了凸显勇于冒险的重要性而奖励那些以学习和成长为目的但最终失败的组织成员。

此外，高绩效文化对价值观和稳定的业绩都极为重视，对这二者的强调能推动组织取得成功。领导者把价值观和组织的日常运营结合起来，而这种结合体现在组织招聘、绩效管理、预算控制、升职奖励标准等流程中。美国博斯艾伦咨询公司（Booz Allen Hamilton）和阿斯彭研究所（Aspen Institute）共同进行了一项关于组织价值观的研究，发现那些财务状况较好的组织的领导者都极为重视价值观，并把价值观与自己的经营方式直接联系了起来。例如，前面讲到的思科系统，该公司的绩效评估和奖励系统在经过改革后，充分体现出了对协作、开放和信任的重视及强调。

14.3 文化领导

只有当人们成为组织的一部分，并由他们来塑造和解释组织文化及其特征时，组织才会存在。也就是说，组织并不是客观实体；不同的人可能会以不同的方式来理解"组织"这一概念，并以不同方式把自己与组织联系在一起。而领导者则尤其需要形成关于组织的个人观点，并树立起能帮助人们实现组织使命、愿景和战略目标的价值观。因此，领导者会发布他们认为最有利于组织成功的某个观点及一系列价值观。如果领导者希望通过影响规范和价值观来推动高绩效文化的形成，那么他们采用的最主要的方式就是"文化领导"（cultural leadership）。

文化领导者会定义一些信号和象征符号，并对其加以应用来影响公司文化。这主要体现在以下两个方面。

（1）文化领导者会清楚地阐释出一个能让员工相信的有关组织文化的愿景。这意味着领导者会定义、传达一些能让员工相信并齐力支持的核心价值观，而这些价值观与该组织明确且让人信服的使命或核心目标有着紧密的联系。

（2）文化领导者经常关注那些有利于提升文化愿景影响力的日常行为。领导者要确保工作流程和奖励体系与价值观相符，并能促进价值观影响力的提升。然而行动比言语更具说服力，因此文化领导者还需言行一致，说到做到。

领导者每天都应以身作则，践行那些对组织起指引作用的价值观。在这方面，加拿大西捷航空（West Jet Airline）就是个很好的例子。在一项调查中，该公司连续3年被认为拥有加拿大最值得钦佩的公司文化。员工（在西捷被称做"人们"）经常能看到公司总裁克莱夫·贝多（Clive Beddoe）和其他高层领导者把公司价值观付诸实践，这些价值观包括人人平等、团队合作、积极参与、客户服务等。例如，每次航班结束时，所有空闲的人员，甚至包括总裁，都会一起帮忙收拾垃圾。很多时候，领导者会和员工或客户随性地交谈。他们还定期给那些做了额外工作的员工邮寄感谢卡。圣诞节时，公司高管们还常常去客户服务中心帮忙，或是感谢员工们在节日里仍坚持工作。领导者的津贴并不比其他员工多。公司里没有划分好的固定车位，也不讲究俱乐部会员资格。西捷航空的每个人都享受着一流的待遇，正如公司领导者希望员工们为每一位乘客提供一流的服务一样。

如今的大环境不太稳定，工作场所也在不断改变，要创造和维持一种高绩效文化并不是一件容易的事。然而，文化领导者能通过他们的言语，尤其是行动，让每位组织成员了解什么才是真正重要的。他们运用一些特殊的方法，如组织的典礼、故事、象征符号、专用语言等来推广、宣传文化价值观。此外，他们强调对新员工进行仔细选拔，帮助其实现社会化，以此来维持强大的文化。或许最重要的一点是，领导者会通过自己的日常行为来体现他们希望在组织中逐步建立的文化价值观。

> **行动备忘录**
>
> 作为一名领导者，你可以通过很多方式建立起强大的、有适应性的高绩效文化。这些方式包括关心外部环境中的客户和股东，支持那些能够带来变革的成员和项目等。你还需意识到文化缺口的存在，并通过影响价值观来消除这些缺口。

14.3.1 典礼

典礼（ceremony）是一项为特殊事件而筹划的、通常是从参与者的利益出发举办的活动。领导者可以安排一些典礼，并在典礼上提供生动的例子来阐释组织所重视的价值观。这是因为典礼可以强化特定的价值观，通过让员工共同参与重要事件而让他们建立一种相互联系，并对那些代表着组织重大成就的员工进行褒奖和表示祝贺。

典礼通常包括颁发各种奖项。玫琳凯可算是世界上最善于有效利用典礼的公司之一了，其领导者在每年一次精心安排的颁奖典礼（玫琳凯称之为"研讨会"）上给业绩突出的销售咨询师颁发奖品，包括珠宝、皮草和豪华轿车。在介绍那些最成功的咨询师时，他们采用了娱乐圈颁奖礼中提名候选人的方式——用大屏幕播放候选人的电影或视频片段。这些典礼是对那些高绩效员工的认可和祝贺，同时也是将销售人员联系在一起的纽带。尽管有时他们知道自己并未获奖，但咨询师们仍盼望着每年的"研讨会"，因为通过这个典礼员工之间可以建立一种感情联系。

14.3.2 故事

故事（Story）是指基于真实事件的叙述。这种叙述经常被人重复，且在员工中广为流传。

领导者可以用这些故事来阐述组织主要的价值观。丽思卡尔顿酒店（Ritz-Carlton）的领导者时常讲述一个在沙滩工作的服务员的故事。故事发生的那天晚上他正在叠椅子，一位客人问他能不能留下两把。原来这位客人想在当天晚上回到沙滩上向女朋友求婚。那位服务员马上要下班了，但他不仅留下了桌椅，还待到很晚——他穿着燕尾服，陪这对情侣走到桌边坐下，为他们送上鲜花，倒满香槟，甚至点上了蜡烛。这个故事后来在酒店里广为流传，它体现了愿意为满足客户需求而做些超出自己本职工作的事情的价值观。

有的故事也许没有事实依据，但它们与组织的价值观和信念是一致的。例如，在美国诺德斯特龙（Nordstrom）连锁百质店，领导者不会否认发生过客户因为轮胎有瑕疵而向公司提出退款的故事，尽管诺德斯特龙根本不卖轮胎。这个故事强调了公司无条件退货的政策。

14.3.3　象征符号

另一个能传达文化价值观的工具是象征符号。**象征符号**（symbol）指的是可以向他人传递某种意义的物体、行为或事件。在某种意义上，故事和典礼也是象征符号，但领导者还可以利用实物来象征重要的价值观。例如，Mother 广告公司一向因其强大的文化和标新立异的广告而为人所知。然而，该公司的伦敦总部里找不到一间私人办公室，事实上除了休息室外，整个总部连一扇门也没有。这样的设计象征并加强了该公司的文化价值观——公开沟通、协调合作、创新创造及人人平等。

14.3.4　专用语言

语言可以塑造和影响组织的价值观和信念。领导者有时会用口号或格言来传达组织的核心价值观。员工很容易就能记下口号，还会经常重复提到这些口号。例如，Averitt 快递公司（Averitt Express）的口号是"人是我们前进的动力"，这一口号适用于所有客户和员工。该公司的文化强调，推动公司成功的不是高管，而是司机和客户。领导者也可通过书面的公开陈述，如对组织使命的阐述或其他能表达出组织核心价值观的正式陈述，来传达和加强组织文化价值观。1999 年，西德尼·扎雷尔（Sidney Taurel）出任礼来公司（Eli Lilly and Company）的董事长兼总裁。他希望创造一种更具适应性、能对全球市场的需求做出迅速反应的文化。于是，他和公司其他领导者一起发表了一篇关于如何把公司的核心价值（诚信至上、追求卓越、以人为本）付诸实践的正式声明，其中包括一些描述或格言，如"展示风采，践行价值观"，"正直第一，活力至上，速度为先——一切为了激励行动"，"以人为本，助人成功。"

14.3.5　选拔和社会化

领导者为了维持文化价值观使其经久不衰，强调对新进员工进行仔细**选拔**（selection），并帮助其实现社会化。有着强大、健康文化的公司，如基因技术公司（Genentech）、诺德斯特龙、及本章开篇时提到的 Zappos，通常都有严格谨慎的招聘流程。基因技术公司是研究生物技术的公司，其领导者想要确保他们的员工有着正确的价值观，因此很多时候应聘者要参加多达 20 次的面试。公司总裁阿特·莱文森（Art Levinson）表示："我们非常不喜欢论资排辈，穿着也很随意。人们从不会称我们为'某某博士'。"如果一名候选人问了太多关于薪水、头衔和个人晋升的问题，那么他很快就会被拒之门外。基因技术公司需要的不是那些只在乎豪华办公室和诱人头衔的人，而是热爱科学、关心公司使命的员工。

一旦录用了合适的人，下一步就是让他们熟悉并融入到公司文化中去，即将他们社会化。**社会化**（socialization）是指人们学习那些能够帮助他们成功参与到某个团体或组织中去的价值观、规范、观点和预期行为的过程。社会化起作用之后，人们能够了解并采纳某个团体的价值观和规范，真正"融入"其中。社会化能传递组织文化并保证组织文化经久不衰，因此在领导中发挥着关键性作用。公司领导者则为新进员工树立榜样，展示他们希望新进员工树立的价值观。他们为员工提供正式的培训项目，可能还会在培训中将新进员工与已树立所需价值观的重要员工分为一组。

新进员工通过观察其他员工、注意领导者所留意和奖励的内容，了解到公司所倡导的价值观。然而，优秀的领导人会将社会化的内容切实化、正规化。例如，Zappos公司为新进员工安排为期4周的培训，内容之一就是公司价值观。华特迪士尼公司（The Walt Disney Company）则要求全体新进员工参加培训，学习迪士尼独特的公司文化，如在公司中员工们被称为"剧组成员"，工作性质分为"台前"和"幕后"两种，工作服则是"戏服"而非制服，等等。初次培训之后，公司会安排一位能起模范作用的员工与新进员工分为一组，进一步将新进员工社会化。

正式的社会化培训所达到的效果十分显著。有人曾研究过英国陆军（British Army）招募的新兵，分别对新兵入伍第一天和第8周之后的情况进行调查，并将调查结果与一组经验丰富的老兵的调查结果进行比对。调查人员发现，经过8周的训练，新兵的行为规范和价值观都开始与老兵们保持一致。有人也曾对来自多个组织的约300人做过另一项实地调查，发现参加过正式培训的新进员工与参加过非正式培训的员工相比，前者所承受的压力较小，对预期职责和行为的了解更为清晰，工作满意度更高，责任心更强，对所在组织的认同感也更强。

14.3.6　日常行为

组织领导者通过自身的**日常行为**（daily action），突显并支持重要的文化价值观，这是他们树立并保持组织所需文化的重要方式之一。员工们会观察领导者重视和嘉奖哪些态度与行为，观察领导者怎样应对组织危机，以及领导者自身行为是否与其支持的价值观相符，从而了解组织最重要的价值观。以美源伯根公司（Amerisource）为例，其首席执行官戴夫·约斯特（Dave Yost）以身作则，亲自接听电话，乘飞机时只选择经济舱，不享受高额津贴，不过分奢华装修办公室，通过这些方面表现出他支持节俭和平等的价值观。优秀的领导者知道，员工对自己的观察可谓细致入微。

领导者也可以通过自己的行动来改变组织原有的非适应性文化（unadaptive cultures）。以万豪酒店为例，该酒店与其他许多同行业酒店一样致力于为客户提供全天候优质服务，逐渐形成了一种根深蒂固的"露面时间"（face time）文化——管理者投入的时间越多越好。然而到了20世纪90年代后期，这种公司哲学致使万豪很难找到并留住优秀人才。于是领导者希望通过采取措施，为公司注入一种鼓励工作和生活平衡、强调工作结果而非工作时间的价值观，其中最重要的措施之一就是鼓励员工尽量早下班。但刚开始的时候，鼓励低层管理人员缩短工作时间的措施并没有收到什么效果，直到高层领导者亲自用行动实践这种新的价值观后，这一措施的成效才逐渐显露出来。

领导者通过运用典礼、故事、象征符号、专用语言、选拔和社会化及身体力行的实践，塑造了组织文化。在为适应环境或更顺利地实现内部整合而需要改变组织文化时,领导者有责任逐渐建立新的文化价值观。

14.4 采用竞争价值观塑造组织文化

组织价值观(organizational values)是指持久不变的各种信念,对组织而言有着非凡的价值和重要的意义。组织道德观和责任心的丧失引发了全球性的经济危机,曾经盛极一时的组织纷纷破产,这些事件把价值观问题推到了大家面前。不健康的价值观是导致这些组织出现问题的重要原因。因此我们将在本章后面部分讨论道德价值观。工作性质的改变、全球化的出现、劳动力越来越多样化及其他社会因素的变化都使得领导者更加关注价值观这一话题。他们通常面临如下问题:我如何决定哪些文化价值观是重要的?某些价值观会比其他价值观"更好"吗?组织文化如何提高我们的竞争力呢?

领导者在思考哪些价值观对组织较为重要时,通常会考虑外部环境、组织愿景和战略措施。不同组织的文化可能有很大差别,而同一行业中的组织价值观通常会比较相似,因为它们运作的环境相差无几。核心价值观应该体现出能提高组织运营效率的因素。领导者寻找的不是"好的"或"坏的"价值观,而是适合组织的价值观组合。如果文化价值观、组织战略和外部环境之间形成了恰当的关系,那么就可以帮助提高组织的业绩。

组织文化可以用很多标准来评价,如合作程度、与其相对应的员工之间和部门之间的孤立程度、控制的重要性和控制的集中领域、组织的时间导向是短期还是长期等。我们在这里主要关注两个范畴:1)竞争环境所要求的灵活性或稳定性程度;2)组织的战略关注程度,以及组织优势是倾向于内部还是外部。图14-2列出了4种不同文化在这两方面的区别,它们分别是:适应性文化、成就文化、部族文化和官僚文化。这4种文化与文化价值观、战略、结构和环境之间的相互适应性有关,每种文化都强调某些特定的价值观,如图14-2所示。

行动备忘录
请完成"领导者自察14-3"中的练习,确定你自己的文化偏好。

一个组织所包含的文化价值观可能不止一种,甚至有可能分属以上4种类型。然而,拥有强大文化并已取得成功的组织会更多地倾向于某种特定文化类型。

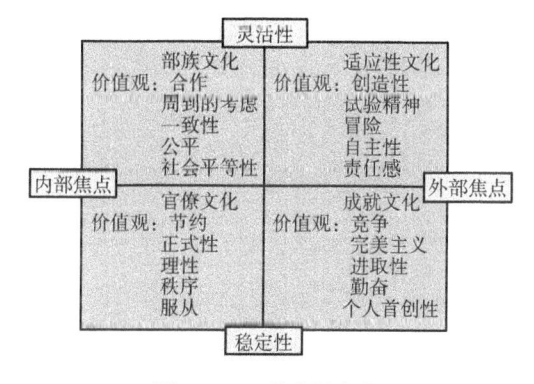

```
                    灵活性
        ┌─────────────────┬─────────────────┐
        │ 部族文化         │ 适应性文化       │
        │ 价值观:合作      │ 价值观:创造性    │
        │ 周到的专虑       │ 试验精神         │
        │ 一致性           │ 冒险             │
        │ 公平             │ 自主性           │
        │ 社会平等性       │ 责任感           │
内部焦点 ├─────────────────┼─────────────────┤ 外部焦点
        │ 官僚文化         │ 成就文化         │
        │ 价值观:节约      │ 价值观:竞争      │
        │ 正式性           │ 完美主义         │
        │ 理性             │ 进取性           │
        │ 秩序             │ 勤奋             │
        │ 服从             │ 个人首创性       │
        └─────────────────┴─────────────────┘
                    稳定性
```

图14-2 4种公司文化

资料来源:Based on Paul McDonald and Jeffrey Gandz, "Getting Value from Shared Values", *Organizational Dynamics* 21, no.3 (Winter 1992), pp.64-76; Deanne N. Den Hartog, Jaap J. VanMuijen, and Paul L. Koopman,

"Linking Transformational Leadership and Organizational Culture", *The Journal of Leadership Studies* 3, no.4（1996）, pp. 68-83; Daniel R Denison and Aneil K. Mishra, "Toward a Theory of Organizational Culture and Effectiveness", *Organizational Studies* 6, no.2（March-April 1995）, pp. 204-223; Robert Hooijberg and Frank Petrock, "On Cultural Change: Using the Competing Values Framework to Help Leaders Execute a Transformational Strategy", *Human Resource Management* 32, no.1（1993）, pp. 29-50; R.E. Quinn, *Beyond Rational Management: Mastering the Paradoxes and Competing Demands of High Performance*（San Francisco: Jossey-Bass, 1998）.

14.4.1 适应性文化

适应性文化（adaptability culture）的特点在于：战略领导者鼓励那些能够支持组织理解环境变化，并将其转变为新的行动反应的价值观。员工能自主做决定，自由采取行动以满足新的需求，他们对客户的责任感得到高度评价。领导者通过鼓励和奖励创造性、勇于试验和冒险的精神来积极创造变化。谷歌公司就是反映一个适应性文化的例子，其公司价值观鼓励员工发挥个人能动性，勇于试验和冒险，培养企业家精神。

领导进行时

谢尔盖·布林、拉里·佩奇和谷歌公司

谷歌公司的两位创始人谢尔盖·布林（Sergey Brin）和拉里·佩奇（Larry Page）曾经写下过样一句名言："谷歌不是一家传统企业。"为了使公司能不断创新突破，谷歌一直鼓励员工在思考时打破传统模式。例如，公司总部每一个厕所门上都贴有题为"厕验"的传单，以挑战软件工程师的思维能力（"厕验"的内容每隔几周更换一次），谷歌对创新的强调由此可见一斑。

《财富》杂志将这种文化称为"凌乱之中出设计"，《华盛顿邮报》则将其称为"无畏的文化"。不管人们怎样称呼它，谷歌的公司文化确实发挥了积极作用。公司内部很有大学校园的气氛：一群天资聪颖的毕业生聚在一起长时间地卖力工作，一起度过欢乐的时光，把学术问题当做全球重大事件进行讨论。员工们可以带宠物上班，在公司洗衣物、健身，学习汉语、日语、西班牙语和法语等外语。公司里还设有 11 家美味自助餐厅，对员工全部免费。工程师们就是这一学院式公司中的"重要人物"，他们拿出 20% 的时间来思考自己的想法。公司鼓励所有人不断提出突破传统、富有雄心的想法，并会安排工作小组研究那些想法的可行性。尽管很多想法不太可行，但也有一些想法被付诸实践，并取得了显著的成果。

谷歌公司设计了特定的招聘流程，以确定应聘者是否够"谷歌"。"这一说法并不准确"，公司首席文化官斯泰西·沙利文（Stacy Sullivan）表示，这一说法的基本含义是指"应聘者不应太过传统，不应受到其他公司传统做法的限制"。

领导者自察 14-3

文化倾向测试

下面的清单中列举了 14 套组织领导者需要面对的典型价值观或情形，清单中每个问题都有 4 个答案。每个问题的答案可能符合你的心意，也可能不太符合你的心意，而你的任务就是将每题中的 4 个答案按照你的偏好进行分级。假设你是公司中某个主要部门或分支的管理者，并按照你对将这 4 个答案纳入自己部门中去的渴望程度进行评级。答案无所谓对错，分数只反映你对不同答案的偏好。

使用下面的标准对每题中的4个答案进行评级。
在给每题的4个答案评级时，1、2、4、8这四个数字分别只能使用一次。
1=一点也不喜欢　2=偶尔可能会喜欢　4=通常都比较喜欢　8=最喜欢

	I	II	III	IV
1.	____进取心	____节约成本	____试验精神	____公平
2.	____尽善尽美	____服从	____冒险精神	____一致性
3.	____追求未来目标	____解决目前问题	____保持灵活性	____发展员工事业
4.	____采用详细分析	____依靠已证实的方法	____寻找创新方法	____寻求共识
5.	____主动性	____理性	____响应度	____协作性
6.	____精干	____效率和准确	____接受头脑风暴	____对团队负责
7.	____在所处领域中是最好的	____有稳定工作	____认同革新	____平等的地位
8.	____快速决定和行动	____按计划和优先	____拒绝受压	____提供指导和支持级行动
9.	____现实性	____系统性	____广泛和灵活	____对其他人的需求很敏感
10.	____精力充沛，有抱负	____礼貌而正式	____思想开明	____易达成一致且自信
11.	____使用关键事实	____使用准确和完整的数据	____广泛吸取各种意见	____使用有限的数据和个人见解
12.	____竞争性	____服从纪律	____富于想象	____支持的
13.	____挑战任务	____对其他人	____实现创造性	____为组员所接受产生影响
14.	____最好的解决方案	____好的工作环境	____新方法和新思想	____自我实现

计分与解释

将I、II、III、IV这4列的分数各自相加，得分总和应为210分。如果你的总和不等于210分，检查你的评级是否符合要求或计算是否出现错误。

这些得分代表了你对I——成就文化、II——官僚文化、III——适应性文化和IV——部族文化的偏好。虽然你可能像有的组织一样同时拥有这4种价值观，但你的个人价值观与你分数最高的那一列所反映的文化是一致的。作为领导者，你所采用的文化价值观依赖团队所在的环境，特别是外部环境的需求。将自己的得分与其他同学进行比较，并分析其意义。你对自己的文化倾向满意吗？你认为自己的得分能否准确描述你的价值观呢？

资料来源：Adapted from Alan J. Rowe and Richard O. Mason, *Managing with Style: A Guide to Understanding, Assessing, and Improving Decision Making* (San Francisco: Jossey-Bass, 1987).

随着谷歌公司的快速成长，公司文化表现出了不堪重负的迹象。公司从总部仅有几百人的小公司壮大成为在全球拥有众多分公司、员工人数超过20 000人的大企业，而管理这一大企业所需的各种流程在一定程度上降低了其创造性和灵活性。此外，由于世界经济普遍低迷，公司采取了更为严格的、自上而下的管理方式，对风险和成本也进行了更多的控制。为了寻找合适的方法，保证公司顺利渡过这一困难时期，谷歌领导层正逐步改变对员工放任自流的公司文化。但与此同时，他们也在有意识地努力，希望能完整保留下公司文化中的核心部分。正如一名谷歌领导者所说："谷歌之所以成为谷歌，独特的公司文化功不可没。"很多与谷歌类似的网络技术公司，以及市场营销、电子和化妆品领域的公司都采用了适应性文化，原因就在于这几类公司必须不断快速转变，以满足客户的需求。

14.4.2 成就文化

成就文化（achievement culture）的特点在于：对组织所要实现的目标有一个清晰明确的愿景，领导者关注的是特定目标的实现，如销售增长、利润率或市场份额等。如果组织关注的是为外部环境中的特定客户提供服务，而对灵活性和快速变化没有要求，那该组织就适合运用成就文化。这是一种结果导向型的文化，强调竞争性、进取心、个人首创性，以及为实现目标而长时间工作的意愿。强调获胜是组织内部团结一致的黏合剂。

Netflix 公司就是一个成功运用成就文化的例子。公司创始人兼首席执行官里德·哈斯汀斯（Reed Hastings）聘用他能找到的最佳人选，为他们提供优渥的工资和不菲的津贴，还保证他们在工作时享有产出良好绩效所必需的自主性。公司立志成为且已经成为世界最大的在线影片提供商，在这一过程中哈斯汀斯始终认为："招聘人才的时候，千万不要在乎钱。"对那些工作表现好的员工，他大幅提高工资，给他们分红，而且从不限制他们休假的长短。但如果他的员工不能达到公司设定的高标准，他则会拿出一笔丰厚的解聘金让他们离开公司。这种公司文化被 Netflix 公司的销售经理希瑟·麦哈尼（Heather McIlhany）称为一种既严苛又令人满意、"完全成熟的成年人式"文化。

14.4.3 部族文化

部族文化（clan culture）关注的是组织内部员工在外部环境要求组织进行变革时的参与情况。与其他文化相比，这种文化更强调满足组织成员的需求。一般来说，运用部族文化的组织氛围很友善，是工作的好地方，员工们看起来就像一家人。领导者强调合作，强调兼顾员工和客户两方面，同时注意避免地位差异。他们还格外注重公平，努力和其他人达成一致意见。

> **行动备忘录**
> 作为一名领导者，你可以将组织文化与组织战略和外部环境的需求联系在一起。你可以依据外部环境的要求和组织的战略重心，选择建立合适的文化（适应性文化、成就文化、部族文化或官僚文化）。

美国快餐公司 In-N-Out Burger 就成功地运用了部族文化，该公司在美国西部拥有 232 个网点。公司创始人哈里·斯奈德（Harry Snyder）和爱斯特·斯奈德（Esther Snyder）拥有共同的理念——为公司第一线的员工提供合理的待遇，他们以这一理念为基础建立了 In-N-Out Burger 的公司文化。公司最重要的价值观就是关爱员工，提供一切能使他们满意、能提高生产率的东西。本章的"领导者书架"中将会进一步探讨 In-N-Out Burger 独特的公司文化。

领导者书架

In-N-Out Burger 的成功秘诀：深入解析快餐连锁店如何打破所有成规

斯泰西·珀曼

1948 年，哈里·斯奈德（Harry Snyder）和爱斯特·斯奈德（Esther Snyder）共同创立了 In-N-Out Burger 公司。时至今日，他们在公司中建立的价值观——质量第一、服务客户和优待员工等——依然是公司文化的重要组成部分。这本斯泰西·珀曼（Stacy Perman）所写的极富趣味的图书不仅深入地讲述了 In-N-Out Burger 公司的历史，还简要地介绍了该公司有别于其他快餐公司的独特文化。

优待员工

In-N-Out Burger 深受客户喜爱，甚至是近乎狂热的追捧。每当 In-N-Out Burger 新店开张时，都会发生"汉堡抢购热"。斯奈德夫妇认为，只有优待员工，才能为客户提供良好的服务。他们建立起了一种强大的、以员工为中心的公司文化，以下是他们采用的两个领导原则。

- 逐渐培养员工的自豪感。在公司中，被统一称为"伙伴"的员工会将自己看做这一重要企业的一分子。他们接受大量的培训和反馈，并有机会不断提升自己。珀曼指出，很多本来只是想在夏季做兼职的人最后都留了下来，在公司开始了自己的长期事业。公司相信，提升应从内部开始，80%的分店经理都是从公司最底层的职位——清理桌子、收拾垃圾开始的。分店经理感觉自己就是分店的所有者，有些经理已经在公司待了 20 年甚至更久。

  有一次过圣诞节，经理们一起去观看芭蕾舞剧《胡桃夹子》。当时公司的总裁、已故的里奇·斯奈德先生要求他们都身穿燕尾服。"他认为，公司愿与任何一名有潜力的经理并肩前进，并希望他们也能有这样的感受。"

- 把钱用在员工身上。一直以来，In-N-Out Burger 付给员工的月薪都超过最低工资标准 23 美元，有些分店经理的年薪甚至超过了 100 000 美元。几年之前，曾有顾问向公司领导层建议，如果他们大幅削减员工工资的话，能"节省一大笔钱"。听到这个建议，里奇·斯奈德先生勃然大怒。公司的福利也十分优厚，兼职员工的福利包括养老保险和带薪假期，全职员工则享受卫生医疗、牙齿保健和愿景计划。里奇·斯奈德先生还建立了一个传统，即定期举行公司野餐和其他家庭式的活动。如果分店经理完成了既定目标，公司还会提供头等舱的机票，送他们去欧洲旅行。

公司文化的成果

In-N-Out Burger 是美国快餐业中人员流动率最低的一家企业，从分店平均销量来看，更是超越了汉堡王和麦当劳。公司至今仍属于斯奈德家族所有，领导层既没有公开发行股票，也没有引入特许经销商，因为他们不愿让公司发展过快，失去其独特的公司文化。

In-N-Out Burger: A Behind-the-Counter Look at the Fast-Food Chain That Breaks All the Rules, by Stacy Perman, is published by HarperBusiness.

14.4.4 官僚文化

官僚文化（bureaucratic culture）关注组织内部，且一贯倾向于稳定不变的外部环境。这种文化支持有条理、有理性、有秩序的工作方法。运用这种文化的组织倡导遵守规则和注意节俭的精神，因高度的整体性和高效率取得成功。

Safeco 保险公司通过运用官僚文化，使公司运行良好。员工们在指定时间内停工休息，享受咖啡。他们的穿着也有具体规定——男性员工必须穿白衬衣和西服，而且不能留胡须。然而，员工们喜欢这种文化——十分可靠而且不需要加班。对保险公司来说，官僚文化是适用的，而 Safeco 的成功正是因为人们相信它会执行约定好的保险条款。然而，如今的世界变化无常，很少有组织能在稳定的外部环境中运行，大多数领导者也了解到组织的灵活性需要增强，因此他们正在进行变革而不再运用官僚文化。

运用以上这 4 种文化都有可能获得成功。对不同文化价值观的强调是根据组织的战略重心和外部环境的需求来确定的。领导者可能会倾向于与某种文化有关的价值观，但他们要学会参照组织的需要，对自己所仿效和提倡的价值观进行调整。领导者有责任确保组织不被那些曾经发挥过作用但现在已经不适用的文化"困住"。当环境条件和战略发生变化时，领导者要逐渐建立起新的文化价值观，以帮助组织满足新的需求。

14.5 组织中的道德价值观

在构成组织文化的各种价值观中，道德价值观对领导者而言尤为重要。在如今这个道德沦丧、财务丑闻随处可见的时代，人们开始重新重视起道德价值观。然而，道德是很难被清楚地定义的，一般来说，道德是指从对与错的角度来支配个人或集体行为的道德准则和价值观。道德设定了一系列的标准来衡量人们的行为和决定是好是坏。许多人认为只要不触犯法律，就应该算是合乎道德规范的，但道德所影响的范围通常比法律大得多。法律是一套由人制定，为社会所普遍接受，且在法庭上可以强制实行的原则和规定。尽管现行法律经常反映最低程度的道德标准，但法律中并不包括所有的道德标准。举例来说，在华尔街因成百上千万美元的不良次级贷款而崩溃之前，没有任何法律禁止抵押贷款公司向借款人提供所谓的"忍者贷款"（即借款人无收入、无工作、无房产），然而有道德的领导者则会认为，为了提高公司的借款数额而向很可能无还款能力的人发放贷款是一种不道德的行为。

大多数长期以来不断获得成功的组织都拥有这样的领导者——他们将道德价值观纳入正式的组织政策和非正式的组织文化之中。例如，很多评论员在谈及 2008 年的次贷危机时指出，此次危机的出现很大程度上是因为公司缺乏指导员工行为的道德价值观。"技术经济学在解析此次危机时确实发挥了非常关键的作用，但我们对它的强调有些言过其实了，"一位评论员表示，"人们称次贷为'骗子贷款'，从中我们就能隐约看出，问题并不仅仅存在于技术层面。"一些商科院校和商科学生也对这一次贷危机做出了自己的回应，他们正在以一种新的视角审视培养未来商界领导者的方式。

领导进行时
大学生的商界领导者道德价值观

哈佛大学商学院 2009 级毕业班的一些学生做了一件非同寻常的事。他们签署了一份学生自发的保证书，表示商业领袖的目标应是"服务大众"，并承诺他们会以负责任的态度和合乎道德的标准约束自己的行为，保证不以牺牲他人为代价追求自己"狭隘的野心"。

不少商学院的学生突然对以个人或组织责任为重心的道德课程产生了浓厚的兴趣，也组织了很多相关的活动，哈佛商学院也不例外。很多学生和教育者都开始意识到，未来的领导者不应该只知道如何赚钱，他们需要更深入地了解如何实现道德领导。哥伦比亚大学商学院要求学生必须学习一门道德课程，学生还组建了一个很受欢迎的"领导和道德委员会"，负责主办讲座和相关活动。耶鲁大学管理学院已经在其核心课程安排中编入了与 2008 年经济危机相关的内容。学院还与阿斯彭研究所合作，开设了一门新课程，旨在教学商科学生如何在工作中践行自己的价值观。目前，这门课程已被大约 55 所商学院作为试点项目部分或全部引进。

宾夕法尼亚大学沃顿商学院的戴安娜·C·罗伯逊（Diana C. Robertson）教授表示，她发现了一个跨时代的转变——现在的学生对组织如何影响社区、员工生活及自然环境这些话题表现出了更为浓厚的兴趣。"我们都希望自己的人生更有意义，希望以'服务大众'为目的来管理组织。"哈佛保证书签署活动的组织者之一马克思·安德森（Max Anderson）表示，"没有人希望自己未来会因不道德行为而遭到批评。"

改变未来领导者受教育的方式是解决目前组织机构中道德普遍缺失这一问题的关键。已退休的美敦力公司首席执行官比尔·乔治曾表示："如今的商界领导者都泥足深陷，其贪婪程度令我震惊。我们错误地将某些领导者奉为偶像，错误地将公司形象与领导力联系在一起，还将股价与公司价值观混为一谈。"一个组织的道德行为标准既体现在每位员工身上，也体现在该组织本身。有人曾对工作场合的不道德行为进行调查，其中超过半数的受访者都认为管理层的领导不力是不道德行为出现的原因之一。当然，领导者也可以为所有员工创造并维持一种新的工作氛围，强调道德行为的重要性。

14.6 基于价值观的领导

基于价值观的领导是组织发展和加强道德价值观的主要途径。它是领导者和追随者之间的一种关系，其基础是领导者支持、践行的价值观，领导者和员工共有的、坚信不疑的价值观。领导者通过表现个人道德观和实践精神领导对员工的道德价值观产生影响，他们还会将自己深信不疑的价值观与组织的目标联系在一起，以此向自己的追随者传达自己的思想。

14.6.1 个人道德标准

员工通过观察领导者的言行举止来学习相关的价值观。基于价值观的领导者可以让员工对自己高度信任、尊敬，形成这种信任和尊敬的基础不仅是领导者曾阐释过的价值观，更多的是领导者在坚持这些价值观时所表现出的勇气、决心和自我牺牲精神。举例来说，Steelcase 公司的首席执行官吉姆·哈克特（Jim Hackett）希望建立一种"诚实守信、永不屈服"的公司文化，但当公司面临一个有关防火产品的选择时，他个人的诚信受到了考验。Steelcase 曾生产过一系列新型镶板，既可用于搭建小隔间，也可用于覆盖从天花板到地板的所有墙面。但是公司很快发现，在建材装修领域，关于墙面的规定比对小隔间的规定更为严格，因而在某些地区，新产品可能无法达到更高的防火要求。当时，哈克特要求对此进行调查，但因为美国不同地区的防火规定差异很大，一些公司高层（甚至一些客户）都建议他忽视这件事情。然而，哈克特知道将他的价值观付诸实践的时候到了。尽管他的决定所费不菲，且耗时长久，他仍秘密召回了那批镶板，换上了一批符合最严格的防火规定的镶板，这导致了哈克特和其他一些高层主管没有领到当年的年终奖金。美国国防部也安装了一批 Steelcase 生产的镶板，在 2001 年 9 月 11 日五角大楼遭受恐怖袭击之后，国防部的一些高层官员告诉哈克特，如果他们没有使用新型防火材料的话，袭击造成的火势可能会"蔓延更广，造成的损失也会比现在严重得多"。

有几个因素会对领导者个人的道德立场产生影响。每个人都会将个人信念、价值观、个人特征和行为特点带到工作中去。领导者的家庭背景和精神信仰通常都会为他们的行事方法提供原则支持。领导者的个性特征，如自信、强烈的自我意识和独立意识，都会使他们做出符合道德标准的决定，哪怕这些决定可能并不受人欢迎。

我们在第 6 章中已经讨论过，领导者的道德发展阶段是一项重要的个人因素，会影响其将价值观转化为行动的能力。比如说，有些人在做决定和采取行动时，仅仅是为了获得奖励或避免惩罚。另一些人则学会了按照社会所定义的良好行为准则来行事，使自己符合社会期望，这就意味着他们愿意遵纪守法，愿意回应他人的期望。道德发展的最高水平是，人们都按照发自内心的高标准、高要求来引导自己的行为。这些自我选择的道德准则并不受奖励或惩罚的左右。领导者应努力发展并坚持高水平的道德准则，这样才能在日常行为中体现出重要的道德价值观。

领导者必须发掘自己的个人道德价值观，并通过语言和行动向他人积极展示这些观念。在面临艰难决策时，坚持价值观的领导者深知自己的立场，并且有勇气按照自己的原则办事，Steelcase 公司的吉姆·哈克特就是很好的例子。此外，通过清晰传达和展示那些希望其他人达到的道德标准，领导者可以授权组织成员，让他们在组织的道德框架内进行自主决策。

14.6.2 精神价值观

如果一名管理者既能做好传统意义上的心理、行为层面的领导工作，又能把精神价值观融入管理中，那么他很有可能成为一名成功的领导者。一般来说，被认为与理想化精神状态相符的价值观和行为包括：诚实正直、谦逊有礼、尊重他人、肯定他人、平等待人和个人反思。如今，很多人无法很好地将自己的精神生活和工作结合在一起，因此培养精神价值观是培养领导力的一种有效途径。有些公司专门聘请专业顾问，帮助员工解决工作内外的问题。美国润滑油连锁企业 American Lubefas 公司的所有者蒂姆·恩布里（Tim Embry）表示："人们每天工作 8 ~ 10 小时，工作就是人们的主要活动，因此他们需要得到关怀。"

有民意调查显示，组织中的管理者和员工都希望从工作中获得更多的满足感。也有证据表明，人们若在工作中参加了精神修养方面的课程，其心理和生理的健康及个人价值感都会有所增强，个人的成长也更为显著。员工的缺勤率和组织的人事变更率一旦降低，生产率就会随之上升，组织便能从中受益。

组织的领导者即使没有为员工提供正式的精神修养方面的课程，也可以利用精神价值观领导组织。举例来说，美国人力资源公司 Kforce 的首席执行官曾表示，Kforce 在选择一家新的软件供应商时,就受到了精神价值观的指引。竞标中,虽然有一家公司的报价较其他公司更高,但因其公司领导者的道德观更强,最终赢得了竞标。

精神领导其实是对某些价值观、态度和行为的展示。它们能发挥必要作用,从内心真正激励自己和他人通过责任感和集体感表达精神诉求,正如图14-3所示。首先,精神领导者可以从创造组织愿景入手,让组织的参与者从中体会到责任感,让他们觉得自己的工作是有价值的。适宜的愿景可以吸引广泛关注,反映高尚理想,并设立衡量优秀与否的标准。其次,精神领导者以无私关爱他人为基础,建立组织文化,关爱他人的具体内容包括:原谅他人、真诚关心、同情他人、与人为善、诚实正直、做人耐心、有勇气且会赞赏他人,这都能使人们产生参与感,体会到被人理解的感觉。再次,精神领导者能通过希望和信念帮助组织实现想要的结果。信念表现在人们的行动之中,指的是人们相信自己有能力做到出类拔萃、自我控制、努力奋斗并取得个人最好成绩。领导者应具备以下信念:不屈不挠,坚韧不拔,为了目标长期奋斗,清楚地了解自己必须通过努力取得成功。精神领导行为让员工产生责任感,通过工作为他们的生活赋予更深的意义。精神领导还能让身处工作环境的员工产生参与感,让他们感受到他人的理解和赞赏。通过以上方法,员工的奉献精神和组织的生产率都会有所提升。

> **行动备忘录**
>
> 作为一名领导者,你可以在日常行为中遵守道德规范,依照较高的道德准则行事。你还可以践行精神领导,帮助他人在工作中找到更大的成就感。

领导进行时

桑吉夫·达斯和花旗抵押贷款公司

2008年7月,印度裔的桑吉夫·达斯(Sanjiv Das)出任花旗抵押贷款公司(CitiMortgage)总裁兼首席执行官。当时正值房地产危机,他为此制定了两个主要目标:1)鼓舞员工士气,因为他管理的10 000名员工既要应对房地产危机带来的痛苦,又要面对公众对房地产业的尊重大大降低这一情况;2)帮助人们保住房子。他认为这两个目标是相互关联的。他让员工集中精力,努力帮助深受金融危机影响的人减轻财务压力,从而也帮助员工找回了生活目的、工作意义和自尊心。

和很多公司一样,花旗抵押贷款公司必须帮助多期房贷未缴、以至无法重新调整贷款的借款人渡过这段艰难的时期。但与其他公司不同的是,花旗做出了更大的让步。达斯率先制定了一项前所未有的计划,即暂时降低分期付款数额,并不再向失去工作的借款人追讨利息和罚金。花旗还制定了另一项计划,预先与约50 000名从未迟交贷款,但如果不接受帮助可能会在将来迟交贷款的业主取得了联系。"通常这些业主会觉得太尴尬或顾虑太多,又或者他们只是不知道应该怎样寻求……帮助。"达斯说。他相信早期干预是降低抵押收回率、帮助人们保住房子、帮助处境艰难的社区和刺激经济复苏的有效方法之一。

达斯从小在德里(Delhi)长大,他表示自己的领导方法就是以他在德里成长时学到的精神价值观为基础的,这些价值观包括:即使处境艰难,也要为人正直;不能放弃目标;应该努力帮助他人,而不是为自己争取更多物质财富,等等。"我对员工所说的首要的事情就是指客户。每天,我的工作就是不惜一切代价帮他们保住房子,因为我就是在这样的价值观熏陶下长大的。"

显而易见，桑吉夫·达斯作为领导者，面临着十分困难的局面。花旗抵押贷款公司也和金融业、房地产业的很多公司一样，经历着生死攸关的时刻。然而，达斯的精神领导鼓舞了员工士气，提高了公司业绩。此前，公司员工因为焦虑感和失败感而士气低落，而现在达斯的做法有效地改善了这一状况。

精神领导可以显著地减少组织成员时而出现的负面感受、消极情绪甚至是冲突。组织中的四种主要破坏性情绪有：1）恐惧，包括焦虑和担忧；2）愤怒，包括敌意、忿恨和嫉妒；3）失败感，包括气馁和抑郁；4）自傲，包括偏见、自私和自负。如果一个人失去了重要的东西，或者没有获得他想要的，通常就会产生这些破坏性情绪。但如果以互相关怀为基础，建立起一个鼓励对他人付出更多关爱的氛围，就能够减少甚至消除这些消极情绪，为个人的健康和幸福打下更为坚实的基础。

精神领导与第8章中提到的动力和第6章中提到的道德领导都有关联。精神领导者解决的是追随者要求实现参与感和个人成就感的更高要求。精神领导能让员工对工作产生兴趣，在工作中感到快乐，因而也是激发员工内在动力的最佳途径。如果人们对接到的任务很感兴趣，觉得任务有意义或有趣的话，他们就会积极地参与其中。通常在这种内在动力的推动下，人们学习的效果更好，表现更好，幸福感也会增强。精神领导者经常会给员工很大的自主权和自我管理空间，如让员工加入赋予实权的团队，负责指导、安排组织的活动，承担重要且有意义的工作等。员工的任务由其个人或团队控制分配，从而通过工作成果、工作表现和解决工作中的问题等为员工提供反馈，让他们获得个人满足感。第6章提到的服务型领导者认为商业组织可以对员工和社区产生积极影响。精神领导者为员工安排既有意义又能服务他人的工作，这与服务性领导者有相似之处。

本章小结

- ☑ 领导者影响组织文化和道德价值观。文化可被定义为一套关键的价值观、规范和假设，它被组织成员共享，而且被当做正确的东西教给新成员。组织文化有两个重要作用：使组织成员团结一致，帮助他们了解如何与他人建立联系；帮助组织不断适应外部环境。
- ☑ 强大的适应性文化能够为组织的工作成果带来积极的影响。恰当的文化能够促使组织获得高绩效，因此创建并影响适应性文化是十分重要的。通过强调价值观和扎实的商业运作对组织成功的驱动作用，领导者能建立起一种高绩效组织文化。
- ☑ 如果组织文化与外部环境及组织战略的需求不相适应，那么文化缺口就会出现。领导者通过典礼、故事、象征符号、专用语言、选拔和社会化过程，逐步建立并增强组织所需要的文化价值观。另外，领导者可以利用日常行为来使自己对文化价值观的影响力最大化。
- ☑ 领导者在决定哪些价值观对组织较为重要时，通常会综合考虑外部环境、公司愿景和公司战略。组织中大致存在4种文化，分别是适应性文化、成就文化、部族文化和官僚文化。每种文化所强调的价值观都有所不同，但一个组织可能同时具有两种或更多的文化种类。
- ☑ 在所有构成组织文化的价值观中，道德价值观是最为重要的一类。道德是从对与错的角度支配个人或团体行为的道德准则和价值观。领导者通过实行以价值观为基础的领导来塑造道德价值观，而领导者的个人道德观则受其个人信仰和道德发展水平的影响。

领导者如果希望组织的运行符合道德标准，就必须在日常行动中公开并始终坚持依照道德标准行事。很多优秀的领导者在工作中实行精神领导，即展示自己的价值观、态度和行为，激励员工通过使命感和集体感表达自己的精神诉求。精神领导中的各项原则既能提高组织业绩，也能增强组织成员的幸福感。

讨论题

1. 描述一个你熟悉的组织文化，并找出其表面的和潜在的价值观和假设。你从中学到了什么？

2. 从新闻中找出一两家拥有强大文化的公司，并描述该文化对公司的影响是积极的还是消极的。讨论强大的文化是如何对组织产生积极或消极影响的。

3. 如果你是一名领导者，你对文化差异有何认识？当需要时，你可以使用什么方法来影响和改变文化价值观？

4. 对比一下成就文化和部族文化。强大的部族文化可能带来哪些不利因素？强大的成就文化又如何呢？

5. 如果你是一家小型技术公司的领导者，为了在公司内建立高绩效文化，你会采取何种措施让员工铭记表14-1中所展示的有关适应性文化的价值观？请具体说明你的想法。

6. 结合精神领导，讨论使命感和参与感的含义。找出应用这两个观念的组织或领导者。在你曾经工作过的组织中，这两种观念的应用到了哪种程度？

7. 如果一名女性领导者在管理她的医疗保健公司时，严格按照下属医院的盈利状况来奖励医院管理者，是否可以说这名领导者在道德层面上尽到了自己的责任？请就此进行讨论。

8. 一些抵押贷款公司的领导者曾表示，公司向人们提供抵押贷款的目的十分高尚，即为贫穷的人提供机会，帮助他们实现"美国梦"，拥有自己的房子。讨论你对这一解释的看法。

9. 有人认为所有优秀的领导在本质上都是精神领导，也有人认为在工作中倡导精神价值观是行不通的。讨论这两种相对立的观点。

10. 有人对来自俄罗斯、土耳其、美国及16个欧洲国家的20 000人进行过调查。其中55%的受访者都表示，如今的商业欺诈行为比10年前更为普遍了。你认为这是事实吗？或者你能想出其他的解释吗？请就此进行讨论。

现实中的领导：行为与语言（言行一致）

在组织中，文化通常代表了人们的语言和行为特征。在这种情况下，领导者支持的价值观和组织中实际运用的价值观之间会出现缺口。举例来说，领导者支持"让员工享有生活和工作间的平衡"这一价值观，而实际上为了完成业绩目标，管理者和员工都不得不在晚上和周末加班。这就是组织中行为和语言的差别。

你的任务是思考你的学生生活或工作经历中出现的这种"言行不一"的情况。你认为这种缺口是怎样出现的？然后再采访4个人，请他们谈谈这种情况，同样问问他们对这种不一致情况产生的原因有什么看法。把你的采访结果填在下面。

我的例子（及原因）：
_____
_____
_____

第 1 个人的例子（及原因）：
_____
_____
_____

第 2 个人的例子（及原因）：
_____
_____
_____

第 3 个人的例子（及原因）：
_____
_____
_____

第 4 个人的例子（及原因）：
_____
_____
_____

在这些回答中你发现了什么模式和问题？这种"言行不一"的问题是否有共性？它们发生的共同原因是什么？什么才是真正的文化——领导者支持的价值观还是组织中实际运用的价值观？

课堂练习

在课堂上，学生可以分成小组完成上面的练习。每个人都可以根据自己的学生生活或工作经历谈谈这种"言行不一"的情况，并解释出现这种情况的原因。教师可以把好的例子写在黑板上，请学生帮助找出原因，从而发现真正的问题。学生可以通过讨论一些关键问题来理解"言行不一"情况，比如，当你在组织中发现类似情况时，这对你意味着什么？什么真正代表了组织文化，是领导者支持的价值观还是组织中实际运用的价值观（或者二者都是）？言行不一致是否更有可能存在于适应性文化中？还是更有可能存在于更强大的文化中？象征符号、故事、庆典或其他组织文化信号是否真正代表着它们暗示的含义？

领导力开发：案例分析

丽莎·贝纳维茨和森林国际

丽莎·贝纳维茨（Lisa Benavides）不久前受聘于森林国际公司（Forest International），担任人力资源副总监一职。此前，该公司仅有一名人力专员和一名员工福利专家，他们的主要工作包括处理求职申请、管理各种员工福利表格，并计算员工的休假和病假时间。然而，该公司新任首席执行官认为人力资源管理在公司运营中占有重要的战略地位，因此上任不久后他聘请了一直在某著名人力咨询公司工作的贝纳维茨。这位新任首席执行官有很多关于组织授权、领导权共享、团队合作的理念，他希望这些想法最终能在公司推行。

森林国际公司从事的是世界上最危险的行业之一。造纸厂、锯木厂、胶合板厂里充斥着持续不断的噪声，到处都是巨大的齿状锯条、腐蚀性化学物品，还有载着数吨木材的斜槽。

可即便在这个因危险而闻名的行业里，森林国际的安全纪录仍算得上糟糕透顶。4年时间里，共有29名工人在作业中死亡。每年平均100名工人中就有9名受重伤。此外，公司近年来的生产力不断下降，导致其竞争对手的市场份额逐年增加。贝纳维茨上任后，新任首席执行官给她的主要工作之一就是对如何改善公司的安全纪录和提高生产率提出一些建议。

森林国际公司位于佐治亚州亚特兰大市的郊区，拥有45 000名员工，每年的营业额达110亿美元。许多员工的父母甚至祖父母都曾经在森林国际的工厂工作过。对许多工人来说，失去一两根手指是荣誉的象征，而冒险就是一种能证明自己是真正的"森林好汉"（Forest-man）的方式（尽管公司现在拥有为数不少的女工，但这个称谓一直沿用至今。）。在午饭或休息时间，工人们常常聚在一起，大谈某次自己几乎送命的经历，或者讲述自己的父母、祖父母在锯刃前或装卸木材时遭遇险情的故事。

贝纳维茨清楚地意识到工人们的态度是造成事故高发的原因之一，但是她怀疑管理层的态度也有部分的影响。在这样一个利润微薄的行业，工厂停产会造成时间和金钱上的大量损失。因此生产经理总是强调要保持生产线不间断作业，无论发生任何情况都要保证产品顺利出厂。这就导致了在碰到微小问题的时候，生产线上大部分的工人总是冒险把手伸进正在运行的设备里去调试，而不是去找监督员暂时关闭生产线。贝纳维茨在和工人谈话时发现，大部分工人认为管理者更关心的是生产率和利润，而不是他们的安全。

工人上晚班时发生的一起事故充分地证实了这一点。森林公司实行两班轮换的工作制度，某天晚班时，为了给一台一吨重的压块机更换皮带，一个精疲力竭的三人小组停下了一条生产线。他们用千斤顶把压块机撑了起来，但是那个千斤顶突然开始摇晃，于是小组长杰克·泰勒（Jack Taylor）就喊道："把压块机放下来，我们必须重新调整千斤顶。"但是一个附近的监督员跑了过来，用比旁边锯条锯木头的噪声还大的嗓门叫嚷道："快把生产线重新打开，这批货必须在午夜前送到码头去。"泰勒赶上前去和监督员解释，说他们担心那个千斤顶的稳定性，需要重新调试一下压块机。但是那个监督员抱着双手示意泰勒别再多说话，并心不在焉地说道："这我可不管。"为了赶在最后期限前交货，泰勒和组员们也备感压力，于是就继续让那个不太稳固的千斤顶支撑着压块机，并暗自祈祷一切顺利。然而几分钟后，压块机从摇摇晃晃的千斤顶上倒了下来，两名工人被压在下面，受了重伤。

后来空中医疗救护人员把两名受伤的工人送到了医院，泰勒坐在休息室里，心中充满了内疚。"我本来应该把那条线停下来、稳住那个千斤顶的。他们当时很可能会死在那里。如果监督员们再听不进我们的话，总有一天会有人丧命的。"

第二天，贝纳维茨找泰勒谈话，收集了更多关于事故的信息。她与泰勒的这次谈话非常具有启发性。泰勒说他有几点建议可以提高生产线的安全水平，但是都没有得到管理层的重视。他说："他们从不理会我们所说的话，只是一味地希望我们能够听从安排。"他还很沉痛地说道："他们并不在乎我们的安全，只会想尽办法多运出一批货。"

资料来源：Based in part on information in Anne Fisher, "Danger Zone," *Fortune* (September 8,1997), pp.

165-167; and Robert Galford, "Why Doesn't This HR Department Get Any Respect?" *Harvard Business Review* (March-April 1998), pp. 24-26.

❓ 问题

1. 你怎样从内部整合和外部适应的角度来描述森林国际的公司文化？
2. 你是否认为由于森林国际的新任首席执行官大力推行变革，公司的文化变革就会很容易实现？原因何在？
3. 如果你是丽莎·贝纳维茨，你会向新任首席执行官提出什么建议呢？

5 Star 电子公司和 Amtech 电子公司

5 Star 电子公司（5 Star Electronics）和 Amtech 电子公司（Amtech Electronics）都生产集成电路和其他电子元件，都是业内大公司的转包商。两家公司都坐落在俄亥俄州，因此经常在合同竞标时互相竞争。20 世纪 90 年代电子工业繁荣发展，这两家转包商都从中获益不少，并且希望能进一步成长和扩张。5 Star 年销售额约为 1 亿美元，雇员人数 950 名。Amtech 年销售额约为 8 000 万美元，雇员人数 800 名。总的来说，5 Star 公布的净收益高于 Amtech。

5 Star 总裁约翰·泰勒（John Tyler）认为，5 Star 比 Amtech 优秀得多。他认为自己公司的管理者能够使公司像一艘"紧密有序的船"一般运作，因此与 Amtech 相比经营效率更高。5 Star 制定了详尽的组织章程和工作职位描述。泰勒认为，每位员工所承担的工作职责都应具体明确，所负责的工作内容都应有详细规定，这会使他们工作更有效率，也会帮助公司获得高额利润。大多数员工都很满意他们在 5 Star 里的工作，只有部分管理者希望有机会获得更高的职权。

Amtech 的总裁吉姆·罗尔斯（Jim Rawls）不相信组织章程能发挥实质作用。在他看来，组织章程只会在专家之间设置人为障碍，而专家们本应在一起工作。他不提倡写书面备忘录，而是鼓励员工们进行面对面的沟通。Amtech 机械工程部门的负责人表示："吉姆花了太多的时间来确保每位员工都理解我们正在做什么，也会花很多时间来倾听各种建议。"罗尔斯很关心员工的满意度，希望每位员工都将自己看做公司的一员。为了使员工熟悉整个公司业务和活动，公司会经常安排员工在各个部门之间轮岗。尽管 Amtech 的利润不如 5 Star 的高，但 Amtech 的员工尽心尽责，员工之间的合作也很默契完美，因此能够更迅速地将新产品投入生产，更准确地找出新设计中的缺点并生产出更高质量的产品。

就在今年 5 月底，5 Star 的总裁约翰·泰勒宣布了即将并购 Amtech 电子的消息。两家公司的管理层都为自己的公司文化感到骄傲，但并不看好对方的公司文化。两家公司都有一批忠实顾客，它们的技术也能相互兼容，因此泰勒相信，两家公司合并后将能获得更高的效益，特别是考虑到如今的技术和产品日新月异，新公司的工作业绩将会更为突出。

Amtech 的管理层反对 Amtech 被 5 Star 兼并，但约翰·泰勒已下定决心，准备在今年年底之前将两家公司迅速合并，提高新公司的市场地位，并为生产线注入新的活力。

资料来源：Adapted from John F. Veiga, "The Paradoxical Twins: 5 star and Amtech Electronics," in John F. Veiga and John N. Yanouzas, *The Dynamics of Organization Theory*(St. Paul: West,1984), pp. 132-138; and "Alpha and Amtech," Harvard Business School Case 9-488-003, published by the President and Fellows of Harvard College, 1988.

❓ 问题

1. 参照图 14-2 中的竞争价值观模型，你认为在 5 Star 公司中占主导地位的文化属于哪一种（适应性、成就、部族或官僚）？在 Amtech 公司中占主导地位的文化又属于哪一种呢？你的理由是什么?

2. 两家公司中是否存在文化缺口？你认为哪种公司文化更适合合并后的新公司？为什么？

3. 如果你是约翰·泰勒，为防止出现文化缺口，你会在整合和塑造公司文化时采用哪些方法？

Chapter 15

第 15 章　领导变革

通过本章的学习，你应该能够：
- 认识当今组织变革的社会及经济压力。
- 实施 8 阶段的计划变革模型。
- 使用肯定式探询方法，关注积极方面，从成功中吸取经验，促进员工创造变革。
- 提升自己和他人的创造力，促进组织创新。
- 通过沟通、培训和参与等方式克服对变革的抵制。
- 有效而人性化地消除变革的负面影响。

过去两年间，美国金融服务业的各大公司共裁员 400 000 人，仅 2008 年第四季度，也就是金融危机最严重的时候，裁员人数就高达近 150 000 人。一些银行，如独立国家房贷公司（IndyMac）由联邦存款保险公司接管重组。另外一些银行，如庞大的花旗集团，形式上虽未改变，但也接受了美国政府数十亿美元的救助金，当然之前要接受政府的审查和干预。10 年前，花旗银行创建了全球金融超级市场，重新书写了金融业的规则，而如今的花旗却是前途未卜。但有一点毫无疑问——花旗集团需要变革。几十年来花旗不断扩张，如今花旗的领导者却开始采取收缩策略，以期让公司缩小至可控规模。他们重新使用"花旗银行"这一名称，并回到银行业的核心业务。一位银行业专家说："曾经的'花旗集团'只是……随意组合在一起，并没有以市场为基础。"花旗现任首席执行官维克拉姆·潘迪特（Vikram Pandit）（正面临着来自联邦存款保险公司的辞职压力），领导着手下的高管们努力降低成本，减少风险资产百分比，整合领导者能力，制定有侧重点的战略，以使集团重回正轨。

花旗集团并不是个例。次贷危机和华尔街风暴之后，大多数金融服务公司都迫切需要进行重大变革。但是许多资深管理人员和交易师都不再青睐那些声名显赫的大公司，转而关注有创新精神的新兴公司或外国银行，因为后者不像大公司那样面临着严苛的政府监管。这也使得美国众多大型金融公司面临的挑战更为严峻。

本章将探讨类似花旗集团这种公司的领导者是如何推动变革、加强创新并提升创造力的。首先，我们会简单地讨论当前组织变革的必要性，以及领导变革的一个分步模型，研究什么是肯定式探询技巧，如何运用它来领导重大变革和正在进行的日常变革。然后，我们会探讨领导者如何通过培养有创造力的员工和组织来推动变革。最后一部分将讨论人们为什么会抵制变革，领导者怎样克服这种抵制情绪，以及如何帮助人们应对变革可能带来的负面影响。

15.1 变革还是毁灭

回想本书对领导力的定义，我们能够明白——领导力注重的不是维持现状，而是不断变革。近年来，世界变化的速度急剧加快，为了跟上外部环境的转变，领导者面临着巨大的挑战。

组织想要生存发展就必须进行变革，经济的急剧衰退要求各行各业的领导者重新思考经营之道。近来的经济危机不仅要求领导者反思公司的经济状况，还导致了社会态度的变化，需要领导者做出与以往不同的回应。无论是花旗集团、通用汽车公司这样引人瞩目的大公司，还是美国证券交易委员会、美国中央情报局这样的政府机构，抑或是小型公司、专科学校、综合型大学，乃至非营利性机构，每个领导者都意识到了变革的必要性。对变革管理的迫切需要反映到现实中就是许多组织聘任了"变革官员"（transformation officers），对整个组织或主要部门进行彻底的反思和重建。甚至美国海军近年来都进行了重大变革以应对新的战争方式。相比于以前的"全面进攻"，海军渐渐懂得了"与敌人战斗时，调动力量越多，行动的效果其实越差"，这一点同组织中的"新反叛乱主义"如出一辙。

外部环境力量，如快速的技术革新、经济全球化、不断变化的地缘政治、逐步增强的政府监管、基于因特网的快速信息传播，都给当今的领导者带来越来越多的挑战，同时也为他们带来了更多机遇。今天，组织面临的一个主要问题是不能适应环境的所有变化。尽管导致这一问题的原因多种多样，但是一个最基本的解决方案便是用更好的方式领导变革。领导者作为进行变革的主要榜样，要激励员工并和他们沟通，以确保员工能不断努力地进行变革。强大而富有责任感的领导对成功的变革至关重要，通过对一些成功完成变革项目的领导者进行研究，人们发现了他们所具备的一些重要特点。

> **行动备忘录**
> 在阅读以下章节之前，先完成"领导者自察15-1"，看看在生活中你的创新能力如何。

- 他们都确定自己是进行变革的领导者而不是只想维持现状的人。
- 他们都显示出了自己的勇气。
- 他们相信员工拥有承担责任的能力。
- 他们能理解和表述那些提倡适应性的价值观。
- 他们能意识到自己的错误并从中进行学习。
- 他们能应对复杂性、不确定性和模糊性。
- 他们有愿景，并能用生动的语言来描述这些对未来的愿景。

在华盛顿特区警察局局长凯茜·拉尼尔（Cathy Lanier）身上，我们就能看到许多变革型领导者所应具备的特征。

领导进行时

凯茜·拉尼尔和华盛顿特区警察局

华盛顿特区警察局副局长阿尔·达勒姆（Al Durham）说："过去，警察执行公务时会殴打违法者或给他们戴上手铐；但今天我们的问题是如何防患于未然，杜绝这类事情的发生。"这一态度的变化很大程度上要归功于新任警察局局长凯茜·拉尼尔的领导。

拉尼尔是一位单身母亲，也是迄今为止全美主要城市中仅有的三位警界女性高官之一。她从来不满足于维持现状。她刚接手警察局局长的工作时就定下目标,要对警界打击犯罪的文化进行变革。拉尼尔努力避免让负责监督的官员在自己和巡逻警察之间造成隔阂,而且要求部门内所有人员尽量多接触涉案人员和受害者。拉尼尔说:"就算是一个巡逻警察,只要肯努力工作,全力以赴,你也可以每天都给人们的生活带来重大变化。"

拉尼尔经常把她的名片甚至是私人手机号码送给她结识的每个人,并且积极寻求身处打击犯罪前线的警察们的意见。拉尼尔在谈到她的领导风格时说:"我讨厌命令链。"她试图确保部门内外的每个人都能直接向她表达自己的担忧、不满,或者提供建议。尽管拉尼尔的一些决策受到猛烈抨击,但是她不在乎。她在乎的是同当地社区之间建立互信、打击犯罪。在某晚特立尼达(Trinidad)社区发生极端暴力事件之后,拉尼尔做出了一个颇受争议的决定——设立街角检查站。华盛顿市长阿德里安·芬蒂(Adrian Fenty)谈到这一点时说:"她从不因循守旧,而是同大家一起坐在屋里说'我们想点新东西出来吧',虽然她为此承受了巨大的压力,却依然坚持自己的立场"。

拉尼尔信任并支持部门内各个层级的人,清楚表述了自己的价值观——建立信任、防止犯罪,鼓足勇气去做自己认为正确的事情,从而为华盛顿特区警察局带来了重大的变化。

变革并不是件容易的事,但优秀的领导者能促进变革,帮助组织对外部威胁和新的机遇进行适应和调整。一个人想要成为变革型领导者,并不意味着他必须是最优秀的领导者。下面我们将讨论领导变革的框架,在本章后面的部分,我们还将讨论领导者如何克服对变革的抵制。

领导者自察 15-1

你的创新能力有多少

想想你目前的生活,判断以下描述对你是基本不符还是基本符合。

	基本不符	基本符合
1. 我做事情总是寻找新方法。	___	___
2. 我认为我的想法和行动都富于创造性和原创性。	___	___
3. 我接受新想法比较慢。	___	___
4. 除非我周边的人亲自验证过,否则我很少相信新事物。	___	___
5. 通常,我是所有人中最晚接受新事物的人。	___	___
6. 我认为做事情的老方法是最好的方法。	___	___
7. 在团队中或工作中,我总是质疑新方法。	___	___
8. 我总是比别人先买新食物、新设备等创新商品。	___	___
9. 我的行为会带动其他人去尝试新事物。	___	___
10. 我喜欢花时间尝试新事物。	___	___

计分与解释

创新精神代表对创新必要性的认知和对创新的积极态度。创新精神也可用来衡量个人愿意比同龄人更早尝试创新的程度。对今天的领导者来说,创新是件积极的事,因为组织和个人都需要不断创新。

将第1、2、8、9、10题中你认为基本符合的题目数量相加,将3、4、5、6、7中你认为基本不符的题目数量相加，两者总分即为你的分数。

8分或以上说明你非常具有创新精神，很可能是最早开始创新的人；4~7分说明相对于其他人你的创新精神处于或略高于平均水平；4分以下说明你更欣赏可靠的事物，接受新观点和创新通常比较慢，而且会对其持怀疑态度。

资料来源：Based on H. Thomas Hurt, Katherine Joseph, and Chester D Cook, "Scales for the Measurement of Innovativeness," *Human Communication Research* 4, no.1(1977),pp.58-65

15.2 领导变革的框架

在领导一项重大变革项目时，领导者必须意识到变革过程是分阶段进行的，每个阶段都非常重要，而且可能耗时长久。领导者有责任在变革过程中引导员工和组织。

约翰·科特（John Kotter）发明了8阶段变革规划模型。要成功地实施变革，领导者就必须仔细注意每个阶段。跳过某个阶段或在任一阶段犯下重大错误都会导致变革的失败。

（1）在第1阶段，领导者要建立一种急需变革的紧迫感。危机或威胁可以降低人们对变革的抵制。例如，通用汽车公司和全美汽车工人联合会之间关系的转变。通用汽车公司的领导者想与全美汽车工人联合会建立更为紧密的关系，但一直受到来自全美汽车工人联合会领导者的阻碍。直至通用汽车公司破产，双方才意识到彼此间加强密切合作的紧迫性。此前全美汽车工人联合会一直想追回通用汽车的欠款，但如今考虑到通用汽车的状况，全美汽车工人联合会转为购买通用汽车公司17.5%的股份；同时金融危机的发生还促使全美汽车工人联合会在谈判桌前做出让步，承诺2015年前不再发动罢工，给通用汽车公司一个更好的喘息机会，这是一个很好的例子。但是在很多情况下，危机并不是显而易见的，这时领导者必须"提出一个战斗口号"，使员工明白变革的必要性。领导者需要仔细研究外部环境和内部情况——观察竞争环境、市场地位，社会、技术及人口发展趋势，收益和损失，运营情况及其他因素。在发现潜在危机或问题后，领导者应当设法广泛和生动地传播这些信息。

（2）第2阶段包括建立一个强大的指导联盟，授予该联盟足够的权力，以引导变革过程，并在群体中培养团队合作精神。为了保证变革成功，组织必须在内部达成共识，让员工意识到变革的必要性和可能性。中层管理者可以寻求联盟中高层管理者的支持。当然低层管理者的参与也同样重要。组织可以通过一些方法，如集体出游，把员工聚在一起，帮助他们建立起关于分析问题及解决方法的一种共识。在MasterBrand工业公司，变革就是从由约75个核心管理者在公司外举行的会议开始的。在这次会议中，领导者研究了变革的必要性，并探讨了如何将公司转变成一个以团队为基础的组织。

（3）第3阶段需要建立一种具有吸引力的愿景和战略。领导者有责任建立并清楚地表达一种令人向往的愿景以引导变革过程，并制定能帮助实现该愿景的战略。领导者还能通过描绘这极为诱人的前景来促使人们进行改变。大卫·达佛普（David Davoudpour）是Shoney's公司的所有者、董事长和首席执行官。Shoney's是一家休闲餐厅连锁店，也是美国第一家供应自助沙拉和自助早餐的餐厅，其连锁店成立于20世纪40年代，最兴盛时在全美拥有1200家分店。但由于领导者未能与时俱进，现在的分店还不足300家，濒临破产。为了扭转败局，达佛普不断用重拾公司往日辉煌的愿景来激励管理者和分店店主，其战略包括重新装修店面，提供更新鲜、更健康的食物，准备更应季的菜单，而且努力通过总部连贯一致的领导来确保各分店的服务优质统一。

（4）在第4阶段，领导者使用各种可能的方法广泛地传播愿景和战略。在这一阶段，变革策划者联盟需要通过示范新的行为准则为员工树立榜样。他们要付出比自以为必要的至少多10倍的努力来传达与变革相关的信息。只有当组织中大多数人愿意参与变革并提供协助时，变革才有可能成功，而这种协助通常会涉及个人牺牲。比尔·佐拉斯（Bill Zollars）是耶路货运系统（Yellow Freight System）的首席执行官，他经常到公司在全国各地的分支机构视察，与员工们沟通他的愿景——将耶路从传统的货运公司转变为满足客户多样化的物流运输需求的一站式服务公司。"不断重复很重要，尤其是当你想要改变公司员工对本公司的认知方式时，"佐拉斯这样建议，"事实上你正在试图建立一种新的行为模式。"

（5）第5阶段包括授予员工根据愿景行动的权力。这意味着排除变革的障碍，或许会涉及修正那些妨碍或破坏变革努力的制度、结构或程序。人们得到授权，获得了所需的知识、资源和决定权，能让想法变成现实。例如，前面讲过的耶路货运公司，领导者投资引入了一套高端的综合信息系统，从而能迅速为一线员工提供帮助客户解决问题所需的信息。此外，领导者也对管理制度进行了变革，让员工可以在面临问题时自主决策，而不需要等待上司慢慢审查。

（6）在第6阶段，领导者需要创造短期胜利。领导者策划能明显提高业绩的改革，促使它们发生，并对参与改进活动的员工进行奖励。重大变革往往耗时长久，如果员工没有在短期内取得成绩，并使自己获得认同或与他人共同庆祝，他们就会丧失变革的动力。美国造币厂的菲利普·蒂尔（Philip Diehl）想把这个庞大繁杂、运行缓慢的政府机构转变为一个反应敏捷且富有活力的组织。员工要充满热情地为客户服务，尤其是对那些硬币收集者。蒂尔公开宣布了一个初步的目标，即在6周内处理95%的订单。尽管对今天这个瞬息万变的商业世界来说，这个处理速度听起来实在是慢得让人恼火，但对美国造币厂来说，它已经是一个非常了不起的进步了。这个目标的完成非常有效地激发了员工的热情，使他们愿意付出更多努力来推动变革的不断发展。一个非常明显和成功的短期成果能提高整个变革过程的可信度，重新激发员工的责任感和热情。

（7）第7阶段是在短期胜利所带来的信誉和发展势头的基础上，保持紧迫感，以应对更大的挑战。成功的变革领导者不会在短期胜利后就宣布成功并趋于自满。相反，他们会借助勇气和毅力，让员工保持精力和力量来应对更棘手的问题，这通常包括变革制度、结构和政策，以及雇用和提拔那些能够在组织中宣传变革愿景的员工，并保证员工有所需的时间、资源和授权来实现愿景。例如，一家公司的领导者在尝试加强合作，按时完成短期目标后，公司的按时、全单发货率从50%提升到99%，而这时候员工的精力开始有所下降。于是领导者决定投入大量时间和金钱对工厂进行重组，加大生产过程和管理人员的互动，从而创造出集体意识，并显著地促进了变革的持续发展。

（8）在第8阶段，领导者应巩固变革成果。只有将革新后的成果深深植根于组织中，变革才算真正完成。领导者不断地推广新的价值观、态度和行为，这样员工就不会再把变革视为新的东西，而是将它们视为组织正常运营中不可或缺的一部分。这个阶段可以使用我们在14章中探讨过的许多变革组织文化的方法，如激发员工的感情、讲述一些新兴组织生动的故事、宣传新兴组织成功的原因、选拔并帮助员工社会化以使其适应组织提倡的文化、依照新的价值观采取行动，从而使员工了解领导者关心的是什么，对什么行为有嘉奖。领导者也可以

> **行动备忘录**
>
> 作为一名领导者，你可以通过发展个人特点使自己成为变革型领导者。要推进重大变革的成功，领导者可以遵循领导变革的8阶段模型，每个阶段都要投入足够的时间、精力和资源。

表扬或提升依照新价值观工作的下属。此外，这一阶段还要求建立一种能确保领导力发展和传承的方法，使新的价值观和行为能够由下一代领导者继承。

变革过程的各个阶段通常有部分是重叠的，但是每一阶段对于成功的变革都至关重要。在进行一项重大的变革时，领导者可以将这8个阶段视为导航图，从而为成功打下坚实的基础。

15.3 肯定式探询

肯定式探询（Appreciative Inquiry，AI）是一种最激励人心的领导变革的方法。肯定式探询在个人、团队或整个组织中强调积极信息，注重从成功中吸取经验，从而实现变革。在面临某一情形时，AI强调的不是什么地方出错了，责任应该归咎于谁，而是以一种积极肯定的方式研究"什么是有可能的？我们想达到什么目标"。例如，面对销售额的下降，AI不强调下降这个问题本身，而是研究怎样做可以提高销售额。确定一个合适的主题，继而研究什么是对的，而非什么是错的，这对于肯定式探询的成功是非常重要的，这样做可以使人们免于互相指责、防卫他人或忙于否认，从而为变革建立一个积极的架构。正如AI理论的创始人之一大卫·库伯瑞德（David Cooperrider）所言："对真理和美好的事物及人类系统中的可能性关注得越多，你开展积极变革的能力也就越强。"AI理论对重大变革和小规模变革都同样适用。

15.3.1 领导重大变革

AI通过在变革过程中积极调动大批人员来推动大范围的组织变革。这些人包括领导者、员工或组织外部的人员，如客户、委托人、合作伙伴和其他股东。

确定研究主题后，组织就开始遵循4阶段的肯定式探询过程。

（1）发现优势。在此阶段，人们找出"现有的优势"，也就是组织的核心优势和最佳实践。这个阶段旨在发现组织内部有助于成功的独特品质。领导者同员工交谈，请他们讲述在组织中最好的经历。例如，在美国运通公司关于构筑"成功文化"的一场AI讨论中，领导者要求员工描述在公司中最骄傲的时刻。人们根据这些故事一起确定共同的主题。

（2）构筑梦想。接下来，人们思考在新知探索阶段学到了什么，想象如果这些最棒的经历成为常态会怎么样？例如，在美国运通公司，如果员工每天都可以感受曾经最骄傲的时刻会怎么样？构筑梦想阶段就是在业已存在的现实基础上，想象"会怎么样"，创造一种对最美好未来的共同愿景。AI让人们有机会表达自己对未来的梦想，从而激发人们对变革的憧憬，让人们充满力量进行变革。

（3）组织设计。组织设计阶段要求制定行动计划，将梦想变为现实。这就需要人们做出决定，明确知道为了实现梦想组织需要做什么？以美国运通公司为例，人们明确了同组织所需文化相符的价值观，找到了可以推行并支持这些价值观的领导行为，还确立了能保证新文化价值观继续推广的结构、系统和流程。

（4）把握命运。AI的最后一个阶段就是将前三阶段确定的想法转化为具体的行动，最终创造出组织的命运。这包括促进"现有最美好事物"的发展，通过开展特定项目、活动来推动梦想转变为现实，运用一些有形力量执行"设计"，确保从探询阶段开始的变革持续进行。在美国运通公司，这一阶段的变革内容就包含了培训项目、绩效评估和奖励体系。

在大规模变革中使用AI理论，可能仅在几天内就需要数百年的参与，也可能会在工作场所之外的地方进行，以便使人们全身心投入创造未来的活动中。许多不同的组织都已经在大规模变革中运用了 AI 理论，如企业、教育系统、教堂和宗教组织、社区、政府机构和社会服务组织。例如，为了构筑"优秀授权文化"，美国海军就充分运用了 AI 理论，他们收集了 300 多个优秀的领导案例，并确定其中 7 个主题作为变革基础，包括让士兵学会承担责任、视错误为学习机会、倡导学习之风、为他人的发展投资、为士兵提供不断超越、改变现状的机会、赏识并认可他人、加强团队合作。

15.3.2 领导日常变革

一些领导者也可以将 AI 应用在小规模变革中。领导的本质在于不断用许多微小的方式影响他人。优秀的领导者会在日常工作中逐渐改变员工对预期的未来的态度、设想和行为。如果组织中每名领导者都努力进行日常变革，那么累积起来就会取得显著的效果。

领导者可以将 AI 理论应用在许多不同的日常变革中，如培养追随者、加强团队合作、解决特定工作问题、化解矛盾。需要强调的是，AI 是要以积极的方式界定问题，促使人们关注进步而非错误。吉姆·古斯塔夫森（Jim Gustafson）就为人们提供了一个运用 AI 理论进行日常变革的好例子。

领导进行时
吉姆·古斯塔夫森和 U.S. Cellular 公司

吉姆·古斯塔夫森现任 U.S. Cellular 公司战略领导研发部主管。在他办公室的墙上，刻着一句甘地的名言："欲变世界，先变自身。"（你在这个世界上想看到什么样的改变，就那样去改变。）

古斯塔夫森一直坚信领导意味着服务他人，在日常工作中他运用指导下属，帮助他们开发潜能，做出个人最大的贡献。例如，古斯塔夫森刚刚接任了一家电器制造商的销售和市场营销部主管，在他在和即将离职的前任主管进行交接时，他看到了数位员工的绩效评估结果，发现该主管对其中两名员工既不尊重也不感兴趣，因为他给了他们极差的评价。古斯塔夫森却开始认真对待他们，仿佛他们是组织成功的关键，并给予他们贡献力量和不断进步的机会。他们两人没有辜负领导的更高期望，最终都获得了提升，在其他部门担任领导。

古斯塔夫森对 AI 理论的运用是促成员工行为改变的关键。他问了他们一些问题，如"过去 6 个月你做了什么最令你骄傲的事""你在工作中感到满足的主要原因是什么""什么激励你进步"等。他还同下属一起研究如何才能使员工感到满意、工作富有成效，如何继承优良传统，开创美好未来。AI 理论带来了更为公开坦诚的沟通，提高了员工绩效，创造了彼此信任、合作的环境。古贾斯塔夫森不断运用 AI 理论，激励员工学习、变革，营造一个员工互帮互助、协同合作的环境。他说："团队绩效比个人绩效之和要大得多。一旦人们明白这一点，他们就会憧憬更加远大的理想，为更高的可能性而奋斗。"

15.4 领导创新

美国管理协会（American Management Association, AMA）进行了一项调查，请 500 名首席执行官回答"为了在 21 世纪生存，我们必须做什么"。排在第一位的答案就是"发挥创造力，不断创新"。但是，令人担忧的是，自从经济衰退以来，组织降低成本的首要途径就是削减创新投入。2009 年《经济周刊》（Business Week）和波士顿咨询公司（Boston Consulting Group）

共同开展的调查表明,与2005年首次进行该项调查时相比,更多的被调查者认为公司在创新上的投入并未增加甚至有所下降。

但是,也有许多组织的领导者采用一些创新的方式来鼓励和支持新想法的产生和实施。成功的领导者找到各种方法来激励那些最需要创造力的各部门。举个例子,一些组织,如医院、政府机构和非营利性组织,可能需要不断地改变政策和程序,因此领导者必须激发行政人员的创造力。对依靠新产品的组织来说,领导者需要激励创意的产生和在部门间的分享,甚至是在外部的分享。在那些最成功的组织里,领导者希望每位员工在组织内外都能不断地探索新想法,以解决问题,满足客户需要。

对领导者来说,实现不断变革的最好方法之一就是建立一个培养创造力的环境。**创造力**(creativity)是指提出能够提高组织效率和效益的有用的新想法的能力。拥有创造力的人能够提出许多想法满足其感知到的需求,解决问题,把握机会,因此这些想法会被组织采用。然而,创造力本身是一个过程而不是一个结果,是一段旅程而不是目的地。今天的领导者面临的一个最重要任务就是运用所有员工的创造力来激发创新,进一步实现组织的利益。

15.4.1 创新型组织

领导者可以创造一种环境来鼓励人们发挥创造力,使得组织更富创新精神。表15-1列出了创新型组织的五大要素,我们会在下面进行讨论。这些要素与创新型个人的性格特征相对应。

合作

为了使对组织有益的创新行为能不断涌现,所有员工的利益和行动都应该与组织的宗旨、愿景和目标保持一致。领导者必须明确地阐释组织立场,不断宣传愿景,并且阐明具体目标。此外,他们应当做出时间、精力和资源上的承诺,保障那些促使员工关注创新的活动能顺利开展。许多组织都成立了独立的创新部门或风险投资团队。其中一个越来越普遍的做法是**创意孵化器**(idea incubator)。创意孵化器为组织成员提出的各种创意提供了一个安全港湾,使这些创意能够得到发展而不会受到组织官僚机制或政治活动的影响。雅虎公司就在公司总部之外设立了一个名为"Brickhouse"的创意孵化器,来加速创意的产生。Brickhouse坐落在旧金山的一个比较新潮的地区,每月有200个左右的新创意被提交到上级部门,然后由专家小组筛选出其中最好的5~10个。Brickhouse的主管萨利姆·伊斯梅尔(Salim Ismail)说:"我们的目标是产生和发展创意,并确保高级管理者及时看到这些创意。"

表15-1 创新型组织和创新型个人的特点

创新型组织	创新型个人
合作	责任感 有所侧重的方法
创新价值观	相互依存 坚持 精力
非正式活动	自信 打破陈规 好奇

续表

创新型组织	创新型个人
开放的文化	思维开放 思维流畅 喜欢多样性
团队合作	社交能力强 善于表达感情 热爱他人

资料来源：Based on Alan G. Robinson and Sam Stern, *Corporate Creativity: How Innovation and Improvement Actually Happen* (San Francisco: Berrett-Koehler, 1997); Rosabeth Moss Kanter, "The Middle Manager as Innovator," *Harvard Business Review*, (July-August 1982),pp. 104-105; and James Brian Quinn, "Managing Innovation: Controlled Chaos," *Harvard Business Review*, May-June 1985, pp.73-84.

创新价值观

大多数孩子都有一种天生的探索欲和创造欲。但不幸的是，由于教师强调学生应当严格遵守规则，因此这种天性常常在童年时期就被扼杀了。领导者的责任是释放员工深藏在心中的对创造和创新的渴望。在因 Gore-Tex 纺织品而出名的戈尔公司（W.L.Gore），领导者废除了大部分规则，员工们可以自由探索和试验。在戈尔公司没有什么所谓的老板，每个人都可以独立探索自己的新想法，还可以将认为这个创意可行、并愿意为之付出努力的人召集起来组成团队。这也就是为什么戈尔公司能将其业务拓展至牙线、自行车闸线和吉他弦等领域。通过在组织内倡导某些价值观，鼓励人们保持好奇的心态，富有探索精神，以及在消息灵通的前提下勇于冒险，领导者可以帮助组织成员培养开拓者精神。这种组织内的开拓者精神（corporate entrepreneurship）可以带来超过平均水平的创新，其中一个重要结果就是促进了创意能手的产生。**创意能手**（idea champion）是指那些对创意充满热情和信心，积极奋斗，能克服他人对创意的天然抵制，并说服他们接受创意的真正价值的人。变革不会自动发生。要成功推动一个新创意，需要个人付出精力和努力。创意能手会确保有价值的创意被接受并得到执行。

非正式活动

为了产生创意，员工需要拥有在日常工作之外进行试验和想象的机会。领导者可以给员工一定的自由时间进行那些没有受到官方禁止的活动。一项对创造力的研究发现，几乎每次创新的精髓都来自"非正式"的时间。想象时间能够使组织发现它们从来没有预期到的事情。一个非常经典的例子是 3M 公司五大最成功的产品之一——便条纸。便条纸起源于一个工程师利用业余时间对其他员工的"失败"结果进行试验——一种不够黏的胶水。3M 公司允许员工将 15% 的时间用于他们自选的项目，而且不需要经过管理层的批准。另外一家鼓励非正式活动的公司是位列《商业周刊》2009 年"最具创新力企业"榜单第二位的谷歌公司。他们的工程师有 20% 的时间用于常规工作之外的项目。谷歌的创立者们发现创意管理的成功源自许多未获上级指导或支持的尝试，而且非正式活动中产生的创意成功率通常更高。

开放的文化

创新能力强的组织都具有一种开放的文化，并且通过各种渠道寻找新创意。领导者可以通过实行轮岗制，允许员工有时间参加志愿者活动，或者让他们有机会接触不同的人群，以此来激励开放的文化。一家航空公司用"走出堪萨斯！"（Get out of Kansas！）这句话来强调在公司以外的世界寻找新创意的重要性。组织也可以为员工提供与客户、供应商和其他行业的人一起工作的机会，从而保证有源源不断的新创意产生。例如，Productos Cementos Mexicanos 公司的高管们会开着水泥卡车四处收集有关客户需求的创意；斯隆-凯特琳癌症中心（Sloan Kettering Cancer Center）采用 IDEO 公司的创意，让医疗人员在病人家中进行陪护治疗，大大改善了对患病者的护理水平。当今最成功的公司都将客户、战略合作伙伴、供应商等外部人员直接纳入其创新体系，这也就是开放的创新。卡夫食品、通用磨坊（General Mills）、乐高玩具（LEGO）、无限 T 恤（Threadless）和标致汽车（Peugeot）等公司都非常欢迎人们在网上提出新创意。苹果公司允许大批的第三方软件开发商研发 iPhone 的应用程序，并直接提供给用户。专营消费品的宝洁公司将其创新成功率提升了 85%，而这一成就主要归功于开放性创新。在"领导者书架"中，我们会进一步阐述宝洁公司在创新领域大获成功的秘诀。

团队合作

虽然许多人单独提出的想法都很有创意，但大多数的创新还是由一批人共同完成的。聪明的领导者不会让人们固守在部门内部，他们总是试图打破部门界限，促进员工沟通和合作。一家公司的领导者曾表示，他们的许多员工都能想出好点子来，但这仍然不能算是创新。为了开展跨部门合作，公司举办了一场户外活动，将不同专长的员工聚集在一起，让技能上能够互补的人们互相沟通。每个人都有一张电子铭牌，记录着员工所擅长的技能和感兴趣的领域。当有人靠近有互补技能的人时，铭牌就会亮起来，并闪出一句类似这样的欢迎词："嗨，苏珊，咱们来讨论讨论生物化学吧。"许多公司用内部网络来促进组织内的跨部门合作。例如，英国工程服务公司 Arup 集团（Arup Group）就研发了一种在线"知识地图"，标明公司所擅长的各项领域，以及各部门和员工如何就重要信息流在该地图上进行互相关联，彼此沟通。

谷歌、Arup 和宝洁等公司的领导者都采用创新型组织的五大特征（合作、创新价值观、非正式活动、开放的文化和团队合作）来激发某些部门或整个组织的创造性。

许多鼓励创新的组织也在努力征召那些展示出创造力的人，他们需要具备如表 15-1 中"创新型个人"拥有的那些特质。有创造力的个人通常思维开放、好奇、独立、自信、坚持，通过有所侧重的方法解决问题。显然，有的人在这些方面的能力要优于其他人。然而，一项关于创造力的研究发现，每个人的创造潜力基本相同，但问题是许多人不会利用他们的潜能，而领导者则可以帮助员工和组织变得更富创造力。

> **行动备忘录**
>
> 作为一名领导者，你应该帮助组织提高创新能力。你应该鼓励好奇心、娱乐精神和探索心理，给予员工进行非正式活动的时间，促进组织内形成开放的文化。你应该建立相关机制，实现组织内部的跨职能合作和信息共享。

领导者书架

游戏颠覆者

A·G·雷富礼，拉姆·查兰

A·G·雷富礼（A.G. Lafley）将他的整个职业生涯都奉献给了宝洁公司。当他成为公司的首席执行官时，这一巨大的消费品公司正面临衰败，没有几个观察家认为这位把毕生都献给了公司的老总能够完成急需的变革，重振宝洁公司。然而几年之后，雷富礼成功地将这家公司转变为商界中最闪耀的明星之一。他是怎么做到的呢？雷富礼说："将创新融入到我们所做的每一件事中"。在雷富礼和管理顾问拉姆·查兰（Ram Charan）合著的《游戏颠覆者》一书中，雷富礼将向你描述怎样成为一名创新高手。

怎样成为一位游戏颠覆者

不是所有公司都能像宝洁一样，每年投入2亿美元用于研发。但是雷富礼和查兰认为，每个人都可以创造一种组织结构和组织文化来孕育和支持创新。以下是几点指导意见。

- **让消费者成为老板**。雷富礼说："不论创新的最初来源是什么，消费者自始至终都应位于创新过程的中心。"在一个名为"感受生活"的创意酝酿过程中，宝洁公司的研发者要在消费者家中住上几天，直接从消费者的需要中产生创意。研发者曾在墨西哥城一个低收入家庭中体验生活，这一体验促使宝洁开发出了织物柔顺剂 Downy Single Rinse，特别适用于"漂洗、柔顺、清洗"的简单洗衣过程。宝洁公司发现墨西哥的许多妇女都习惯使用柔顺剂，但是大部分洗衣机都需要人工加水、排水，许多住在乡村的人要到一英里外甚至更远的地方挑水洗衣。因此宝洁公司就将通常洗衣的6个步骤简化为3个，为许多家庭提供了便利。

- **开放**。雷富礼通过转变结构和系统，将宝洁员工的思维方式进行了彻底的转变。以前员工的态度比较保守，不愿意接受"非我发明"；而现在的宝洁员工能以一种开放的心态对待公司其他人、甚至竞争对手的创意，并且愿意与他们开展合作。2000年，雷富礼和研发部门的主管吉尔·克洛伊德（Gil Cloyd）设定了一个目标：要在2010年以前，实现从公司外获得50%的创意。在当时，这一数字只有10%，因此雷富礼说他怀疑自己在有生之年能否看到这50%目标的实现，但实际上宝洁在2007年就实现了这一目标。

- **构筑4个"C"与1个"O"文化**。创新型文化的构建是非常重要的。这也就意味着除了1个O——开放（Openness）之外，创新型文化还需要4个C：连通（Connectedness）、合作（Collaboration）、好奇（Curiosity）和勇气（Courage）。雷富礼以自己为反例，通过宣扬他所谓的"雷富礼11大创新失败案例"来鼓励员工勇往直前。他说："创新过程中有成功，也有失败，或者会遇到各种不确定因素，这时候，勇气和更强的目标意识可以让人们保持旺盛的精力。"

一本适合所有领导者阅读的书

《游戏颠覆者》一书中除了讲述宝洁公司的案例外，还讲述了其他创新型公司如诺基亚、三星、谷歌、丰田等大量丰富的实例，使得这本书的内容生动有趣，发人深省。而且这本书每章结尾都有一个部分叫做"在周一早上问问自己"，其中列出了一系列问题，让领导对自己提问，判断自己是否正致力于创造一种鼓励变革和创新的环境。

The Game Changer, by A.G. Lafley and Ram Charan, is Pubulished by Crown Business.

15.4.2 领导创新人才

如今，组织领导者需要员工源源不断地提供新的创意来应对新的挑战，因此他们有令人信服的理由来鼓励员工培养创造力。人们如果思维开阔、有好奇心或乐于冒险，则可能更有创意。领导者可以通过鼓励头脑风暴、培养员工的横向思维和创造性直觉来提升员工的个人创造力。

头脑风暴

头脑风暴（Brainstorming）是领导者激发员工创造力的一个好方法。假设你所在的组织正面临难题，如不知道该如何减少偷窃行为给商店造成的损失，如何加快结账速度，如何减少食品浪费或如何降低机房噪声。头脑风暴法能以面对面互动小组的形式，自发引导员工提出各种各样富有创意的解决方法。以下几点是头脑风暴得以有效开展的关键所在。

（1）不予批评。在员工自发形成创意的过程中，小组成员不应以任何方式批评或评价他人提出的创意——所有的创意都应该受到重视。

（2）畅所欲言。不管小组成员有多么奇怪或异想天开的创意，都应该表达出来。参加讨论的成员要大胆说出自己的创意，一位直觉公司（Intuit）的全职创意研发者就曾说过，"想出最愚蠢的点子并在此基础上进行构建总比没有任何想法要好"。

（3）多多益善。头脑风暴的目标就是要想出尽可能多的创意，越多越好。因为创意越多就越容易找到解决问题的最佳方案。此外，也可以将不同的创意组合在一起。所有的构想创意都归小组所有，因此只要有可能，小组成员就应该对这些创意进行修改和拓展。

人们对头脑风暴的过程也进行了改良，其中一项就是让成员在真正思考之前先将自己的想法写在纸上，讨论后再立刻把新的创意写下来。有了每个人在讨论前和讨论后写下的想法，所得创意的数量便可以增加。实践证明，头脑风暴可以快速有效地提供大量富有创意的选择。当陈述完、记录完所有创意后，小组还会再组织一次会议，对所得的创意或创意组合进行讨论评估，最后选出解决问题的最佳方案。

一些公司正以时下十分受欢迎的电视真人秀为基础，将头脑风暴法应用到了极致。为了获得创意，这些公司把相关人员集中到一起，并让他们相处较长的一段时间。例如，惠而浦公司（Whirlpool）开展了一项名为"真实惠而浦世界"的计划。计划挑选了8名销售人员组成一个团队，让他们用惠而浦生产的烹饪电器和清洁电器共同生活了7个星期。百思买也采用过类似方案。公司让一些之前互不相识的员工组成几支团队，让他们在洛杉矶的复式公寓里生活了10周。他们在一次会议中为公司直接策划了一个创意，公司依据该创意开发了一项新的服务——百思买工作室（Best Buy Studio），可以为小型企业提供网络设计咨询服务。

最近又出现了另一种方法，叫做电子头脑风暴法（electronic brainstorming），也叫书面头脑风暴法（brainwriting）。这种方法可以借助计算机网络把人们组成一个个沟通互动小组。小组成员不但可以提出自己的创意，还可以阅读并拓展其他人的创意。总部位于得克萨斯州奥斯汀的广告公司GSD&M创意城就开展了这样的电子头脑风暴会议，允许公司外部人员和员工一样加入到讨论当中，以便更快地征集到广告创意。该公司领导者表示，因特网讨论会可以带来成千上万个创意，而且每个人都是匿名参加，这使得"公司领导和新进员工拥有同样的发言权"。研究表明，电子头脑风暴法比个人思考所产生的创意要多40%，比常规讨论组多25%~200%，差别的大小取决于常规讨论组规模的大小。为什么会有这样的差别？主要是因为匿名参加时，人们可以毫无顾忌地说出自己的创意。另外，参与者还可以及时写下自己的创意，避免了在面对面讨论组中等待发言时好的创意悄然溜走的可能，这样一来，他们的创造力会也随之增强。

利用电子头脑风暴法征集创意，避开了社会禁忌和顾虑，使得更多人可以参与到讨论中，所以无论是害羞自卑的人还是外向自信的人都有同样的机会表达自己的观点。这种方法还有另外一大优势，即可以让世界各地的公司员工和外部人员共同加入到讨论小组中来，使得创意更加多样化。例如，GSD&M创意城就经常邀请背景相差很大的外部人员参加讨论，他们当中既有经济学家也有视频游戏玩家,并请他们为美巡赛、美国西南航空公司、美国电话电报公司(AT&T)、美国空军及其他客户征集广告创意。

横向思维

大部分人的思维方式都遵循从一点到另一点的线性定式,但是线性思维往往无法带来思想上的创造性突破。人们进行线性思维时,只会从某个问题或某个想法出发进行思考。相比之下,横向思维则更具创造性。横向思维是一套系统化技巧,用以打破陈旧的思维方式和认知方式,建立全新的思维方式和认知方式。人们进行横向思维时,会试着"旁敲侧击",尝试用不同的认识、理念和切入点来找到解决问题的新办法。因此,横向思维似乎是用非正统甚至从表面上看不合逻辑的方式来解决问题。但是,横向思维所产生的独特思维关联与解决问题的各种可行办法却是密切相关的。

当今世界,全球环境瞬息万变。不少产品多样化的公司,如波音、诺基亚、IBM 和雀巢(Nestlé),都已对员工进行了训练,使他们掌握横向思维能力,以帮助组织应对这一环境下的挑战。为了促进员工横向思维的发展,领导者给员工提供了各种机会来运用他们大脑的不同区域,进而创造出新颖独特且极具创造性的关联。员工如果暂时停止思考某个需要解决的问题,转而去做其他事情,就很可能会刺激大脑的其他区域开始工作。问题的答案也许不能在大脑正在工作的区域中找到,反而会在员工受新经验刺激开始活跃的另一区域中找到。举例来说,1990年,美国宇航局的一位科学家在德国一家宾馆里洗澡。他一边洗一边考虑如何修复变形的哈勃望远镜镜片。那时,没人能找到把矫正镜安装到轨道望远镜内部难以触及的区域的方法。这位科学家注意到宾馆里的欧式喷头是嵌在可调拉杆上的。将这一点与哈勃望远镜的问题联系在一起,他意识到可以用类似的折叠臂把矫正镜放进哈勃望远镜内部。就像这样,横向思维最终成功解决了问题。

> **行动备忘录**
> 作为一名领导者,你可以通过使用头脑风暴法、横向思维和创造性直觉这些方法,来开发自己和他人的创造性潜力。

为了激发员工的创意灵感,一些管理者常常进行人员重组,让员工尝试不同的工作,负责不同的任务;或者雇用阅历差异较大、覆盖面较广的人来公司工作。虽然频繁变换工作岗位可能会使员工感到不安,但这也会让他们一直保持清醒的头脑和创新的精神。例如,让一个曾在房地产业工作过的人管理一家银行的分行会给问题的解决带来全新的视角。能力广泛的人在制定策略或回应客户时,也更容易打破常规。

在思考问题时,可以借助改变个人行为习惯的方式拓展思维,如调整作息时间、改变上班路线、阅读不同报纸、收听不同广播、结交新朋友、品尝新菜式、更换常去的餐厅、开展新的娱乐活动、培养新的阅读习惯等。所有这些都可能会刺激大脑尚未开发的区域,进而引发横向思维反应(lateral response)。举例来说,联合利华食品有限公司(Unilever Best Foods)每年要对客户进行两次回访,要求公司 1 500 名管理人员离开办公室、实验室和工厂,用 3 天时间去拜访客户并了解更多与客户相关的信息。美国礼品公司(American Greetings)的卡片设计师可以自由变更工作地点,任意使用藏有大量杂志和图书的图书馆,还可以同汽车制造业和电器制造业等其他行业的设计师共同讨论、交换意见。

头脑风暴法的创始人亚历克斯·奥斯本(Alex Osborn)发明了很多富有创意的技巧,其中有一种非常有效,被广泛应用于对横向思维的开发之中,如表 15-2 所示。当组织现有产品或服务需要改进时,这张表似乎最能发挥它的作用。例如,现有一问题,需要修改一款手机的设计来增加其销量，表 15-2 中所列出的动词可以激发参与者提出大量有关被分析项的不同见解。

表 15-2　横向思维列表

动　词	解　释
用于其他方面？	这一事物是否还有新的用途？如果对其进行修改，是否会产生新的用途？
改进？	是否还有类似事物？这一事物能否引发新的创意？
修正？	改变其内涵、颜色、动作、声音、气味、结构、形状，还是改变其他方面？
扩大？	可增加的内容：增大频率？加固？加大？添加原料？夸张？
缩小？	可减少的内容：删除？减小？减慢？降低？缩短？减轻？拆分？降低频率？
替换？	改变人物？改变事物？改变地点？改变时间？
重组？	改变布局？改变顺序？改变速度？
颠倒？	调换正负极？尝试相反的事物？倒退？上下颠倒？转换角色？
结合？	结合不同事物？整合各个小组？联合各自目标？融合各种魅力？结合更多创意？

资料来源：Based on Alex Osborn, *Applied Imagination* (New York:Charles Scribener's Sons, 1963)

练习"思考反义词"这一方法也可以帮助拓展横向思维。在物理学中，反义词包括前/后、大/小、软/硬、快/慢；在生物学中，反义词包括年轻/年老、生病/健康、男性/女性、乌龟/兔子；在管理学中，反义词包括官僚/商业、自上而下/自下而上；商业术语中的反义词则包括买/卖、盈利/亏损、雇用/解雇等。

行动备忘录

现在，你是否能想出另外 3 组物理学、生物学、管理学和商业领域中的反义词？试着从事物的反面出发来拓展你的思维，解决你所面对的问题。

创造性直觉

实际上，领导者想要唤醒的创造性洞察力是创造力的第二阶段。创造力的第一阶段是数据采集阶段。在这一阶段，人们的大脑不停地在收集信息，特别是当人们在分析待解决问题的背景资料时，这种活动最为明显。随后，创造性洞察力会如直觉般从潜意识深处涌现出来。在很多商业领导者眼中，这似乎毫无根据，因此这种与直觉相关的过程很难被人接受。但是，人们潜意识里记录着所有显意识已经遗忘的经历。因此，在利用直觉分析问题时，所触及的领域要远远超过任何只针对当前问题的分析过程。

你会在什么地点或什么时间想到最好的创意呢？最常见的答案是"在洗澡的时候"。有个人总能在洗澡的时候想到好办法。所以如果他每次大约洗 20 分钟，那么在这 20 分钟里他的大脑里能涌现出很多创意。因此，他买了一片透明塑胶板和润滑脂铅笔，用来记录他在"智囊宝箱"里想到的创意。创造力往往会在大脑暂停思考时或时而紧张时而放松时发挥作用。人在洗澡、锻炼、开车、走路或沉思时，大脑会回归到一种平衡的、注意力相对不集中的状态。在这种状态下，大脑很容易重新开始思考之前没有解决的问题。即使是一个相对简单且无意识的临时活动，也有可能引发出深藏在人潜意识里的创意和灵感。相反，如果大脑善于分析问题的区域过于专注、活跃，潜意识所在的区域就会停止运转。因此，大脑如果处于半放松的"暂停"状态，善于分析的左脑就会暂停工作，为统领直觉的右脑让路，找到埋藏在潜意识里的答案。《纳尼亚传奇》的作者 C·S·刘易斯（C.S. Lewis）很喜欢在长时间的漫步中独自沉思，尽情发挥他的创造力。LPK 商标设计公司的总裁兼首席执行官杰里·卡瑟曼（Jerry Kathman）也有相似的经历。他说，他的很多创意都是在晨跑时想到的。所以，我们通常认为锻炼是一种让人自由思考的好方法。一项研究显示，大学生即使只参加一项有氧运动，大脑也会高速运转几个小时。因此体育锻炼和洗澡一样，可以有效将大脑引入适宜的放松状态，帮助创造性直觉打破常规、想出创意。

思考下面的问题，了解你自己的创造性直觉。这组词有一个共同之处，但不要做太多分析，你只需让自己的大脑放松，看看那个共同点会不会突然从你的直觉里冒出来。

  青春痘   牙膏   公交车   牛奶

不要急着去找答案，给你的潜意识足够的时间找出答案。解决这些问题后，再来思考下面这个问题吧。如果你去面试微软的某个职位，很可能会被问到这个问题：你怎样在不使用任何称重工具的情况下，测出一架喷气式飞机的重量？回答这个问题需要将逻辑思维和直觉结合起来。在阅读下面的内容之前，想一想，你可以借助怎样的在技术上可行的办法估算出飞机的重量，哪怕这种方法也许并不实际？

下一个问题是从下面的图中移走3个火柴使之变成数字4。这个问题看上去似乎无解，但你的直觉可以让你恍然大悟，原来答案竟是如此明显！

$$M$$

接下来这个问题，你可能要用你大脑的其他区域来找出答案了。图中是由10根火柴组成的一个罗马数字的等式，但是这个等式是不成立的。在不移动、不增加、不拿掉任何一根火柴的前提下，你能使等式成立吗？

$$XI+I=X$$

你已经给你的直觉足够的时间来解决这些问题了吗？这些问题考查的是创造力，其答案如下。

第一组词的正确答案是："挤——挤青春痘，挤牙膏，挤公交车，挤牛奶"。

称出喷气式飞机重量的一个可行方案是让飞机滑行到一艘足够支撑它的大船上，然后在船身做个标记，接着把飞机移走，再把一些已知重量的物品装到船上，直到船身下沉到标记的位置，那么船上物品的重量就等于喷气式飞机的重量了。

解开第一个火柴算术题要看你如何理解"4"这个数字：你不需要在最后数出四根火柴，只需移走上面、下面和右面的火柴，答案就显而易见了——罗马数字Ⅳ。至于第二个问题，其实你从另一个角度看这个问题就可以找到答案——把纸倒过来。创造性直觉帮你找到正确的答案了吗？

15.5 实施变革

领导者经常将创新、变革和创造视为增强组织实力的方法，但很多人都认为变革带来的只有痛苦和破坏。要领导人们顺利适应变革，很重要的一点是要理解人们对变革产生抵制是很自然的，抵制变革的理由很多时候是合情合理的。本章"活学活用的领导之道"将用一种轻松的方式带领读者了解在某些过度官僚化的组织中，员工为什么会抵制变革。

员工抵制变革的潜在原因在于变革破坏了员工和组织之间的**私人契约**（personal compact）。私人契约指的是员工和组织之间互惠互利的义务和承诺。私人契约界定了员工和组织之间的关系，主要包括工作任务、业绩要求、评价程序和薪金明细。这些方面通常会在私人契约中规定得清楚明确，而且可能以书面形式出现，其他方面则不一定如此。私人契约还包括许多要素，如相互信任、相互依靠、共同的价值观等。如果员工认为某种变革破坏了私人契约，他们就很可能会抵制这种变革。例如，达拉斯-沃斯堡万豪酒店（Dallas-Fort Worth Marriott）一位新上任的总经理想要改变奖励制度，将奖金发放与酒店财务状况联系到一起，但是员工们反对这项改革。这位经理说："他们认为'坏女巫要来抢走我的东西啦'。"不过，还是有一些办法可以让领导者来推动创新变革的实施的。

活学活用的领导之道

如何处理一匹死马

古代的智者说，如果你发现自己骑的马死了，最好的策略就是下马。然而，政府机关和其他过度官僚化的组织却采取了很多不同的方法。以下是人们最喜欢的几种处理"死马"问题的策略。

1. 换一个骑手。
2. 买一根更好的鞭子。
3. 更狠地打马。
4. 大声呵斥并威胁这匹马。
5. 指定一个委员会研究这匹马。
6. 去其他地方参观，看那些地方是如何处理死马问题的。
7. 提高骑死马的标准。
8. 指定一个委员会让死马复活。
9. 举办培训课程，提高骑手的技术。
10. 调查在当今环境下死马的状态。
11. 改变要求，使死马不再满足死亡的标准。
12. 雇用外部顾问，演示如何骑一匹死马。
13. 通过同时使用几匹死马来提高速度。
14. 增加投资以提高马的性能。
15. 宣布没有死了不能骑的马。
16. 提供资金支持研究，以确定外包是否会降低骑死马的成本。
17. 购买计算机软件，提高死马的性能。

18. 宣布保留一匹死马的成本比保留一匹活马的成本低。
19. 建立一个工作组发现死马的用途。

    最后……如果上面所有的措施都没有作用……
20. 将死马提升到管理者职位。如果在大公司里，可以让它做副总裁。

资料来源：Author unknown. Another version of this story may be found at http://www.abcsmallbiz.com/funny/deadnorse.html.

15.5.1 实施变革的方法

领导者可以参照本章之前讨论过的 8 阶段模型来提高变革成功的概率，采用 AI 理论来应对大大小小的变革。此外，领导者还可以从情感和理智两方面入手，动员人们参与变革。成功的领导者会利用各种要素向员工宣传自己倡议的变革，这些要素包括故事、比喻、幽默及与员工在情感方面建立联系等。领导者若要说服和影响他人，建立情感联系至关重要。因此，领导者不能忽视情感因素在克服对变革的抵制中发挥的重要作用。

> **行动备忘录**
>
> 作为一名领导者，你应该能够理解员工为什么抵制变革，并能够使用沟通、培训及员工参与等方式克服这种抵制。强制只能在需要实施紧急变革时，作为最后手段使用。

领导者还可以采用如下一些实施变革的特定技巧，以保证变革顺利进行。

- **沟通和培训**。开放和诚实的沟通可能是唯一一种能够有效克服人们对变革抵制的方法，因为这种方法能减少不确定性，让人们感觉事情在掌握之中，明确变革带来的益处，并建立起信任关系。一项研究组织变革的调查发现，说到变革失败的原因，人们最常提到的一点是员工从公司外部人士那里了解到与变革相关的消息。高层领导者十分关注与公众和股东保持沟通，却没有和那些受变革影响最直接的人——公司员工传达与变革相关的信息。领导者不应仅仅通过公司通信、便函或电子沟通工具传达信息，而应该与员工面对面进行沟通，这一点十分重要。举例来说，一名信息技术公司的首席执行官在着手对公司进行重大调整之前，召开了一次全体员工大会，向员工说明变革的内容，解答他们的疑问，并向他们保证变革绝不会导致他们失业。

  员工还需要经常进行培训，以获得在变革过程中发挥应有作用或承担新的职责所需的技能。优秀的变革领导者会确保员工接受了他们所需的培训，能得心应手地应付新的任务。举例来说，加拿大国际航空（Canadian Airlines International）在着手改革整个机票预订、机场、货运和财务制度前，花了整整一年半时间对员工进行培训，让他们熟悉所有新的流程。

- **参与和关联**。参与是指让员工参与到对变革的计划安排中来。虽然这种方法比较费时，但是可以让员工感觉到自己能够控制变革活动，因此能取得相应的成效。通过这种方法，员工可以更好地理解变革，并会努力付出，推动变革取得成功。举例来说，一项研究对比了两家公司实施和采用新的计算机技术的过程，发现利用参与法引入变革的公司，其整个实施过程要比没有利用参与法的公司顺利得多。

- **强制**。强制是克服员工对变革的抵制的最后一种无奈之举。领导者通过威胁让员工失去工作、失去晋升机会或威胁对其解雇或调任，强迫员工实施变革。当组织面临危机、需要做出快速反应时，也许采取强制方法是必要的。举例来说，可口可乐公司的一名新任首席执行官为恢复公司活力实施变革，此举遭到了几名高层主管的反对，公司不得不解雇他们或让他们主动请辞。如果需要实施自上而下的行政变革，如缩减员工数量，可能也需要运用强制性手段。但是一般来说，这种方法会使员工对领导者心存怨恨，员工可能会蓄意阻碍变革的成功实施，因此这种方法是不可取的。

雷神导弹系统公司（Raytheon Missile Systems）的领导者急需开展变革，但是他们意识到与强行让员工接受变革相比，利用参与、沟通和培训等方法取得的效果要好得多。这是非常明智的。

领导进行时

雷神导弹系统公司

在21世纪刚开始的几年里，雷神导弹系统公司的领导者面临着4家公司合并所带来的挑战。这4家公司的员工来自不同地域，使用不同的工作程序、方式和工具，信守不同的公司文化价值和准则，甚至对同一产品或技术的称呼也不一致。

公司的高层领导组建了一个核心变革工作组，负责撰写明确的变革目标，以使整个公司的生产操作过程整齐划一、流畅顺利。这个小组还制定了一个有力的变革程序，其中包括极为详细的行动步骤，可以使工厂实现提高生产的目标。然而，领导者意识到，自上而下强行实施这些变革可能会引起强烈的抵制。因此，他们在工厂外又设立了3个工作坊，从公司各个部门抽调员工参与其中，将这些员工分成一个个改良小组，并请他们描述出达到精良制造工艺所需要采取的步骤措施。在变革工作组的协助下，工作坊对精良制造工艺的描述几乎与变革工作组最初的描述相同，而且内容比变革工作组更加丰富详尽。

接下来，公司领导者要求各个工厂的管理者积极参与到变革中去，安排他们对彼此工厂的运作情况进行评估。各个工厂管理者迅速越过了界限，实现了互相帮助，在整个公司范围内实施起了最优良的生产方式。公司领导者还为每个工厂设定了长远的改良目标，制定了5年改良计划。但同时他们也允许工厂管理者自己决定改良计划中每年需要改善的具体内容。公司还为工厂管理者和改良小组提供了培训，以帮助他们更快实现目标。

雷身导弹系统公司的变革历程并不是没有遇到过挑战，但是通过与员工进行沟通、允许员工参与变革、要求厂长积极参与及为员工提供培训等措施，领导者克服了大部分抵制行为，使得变革的实施更加顺利。实施变革两年后，公司决定申请新乡奖（Shingo Prize）下设的优秀生产品质奖（Excellence in Manufacturing），以衡量公司取得的进步。令人惊讶的是，雷神导弹系统公司第一次申请就赢得了这个奖项，这不仅说明雷神导弹系统公司取得了很大的成就，也是对工厂管理者辛勤劳动的赞扬与回报。

15.5.2 变革的两面性

领导者面临的最严峻的挑战之一是实施有效且富有人情味的领导变革。在当今环境下，变革的本质和节奏可能会让人感到兴奋，但它同时也可能带来不便、痛苦甚至恐惧。特别是受近来经济萧条的影响，人们都非常害怕和紧张忧虑。因此即使一项变革看起来可能对员工个人或组织整体都有益处，但如果在实施过程中处理不当，也可能会导致员工士气低落、责任感降低甚至失去对组织的信任。此外，某些变革可能从组织利益的角度来看是必须进行的，但可能会对员工造成负面的影响。在变革过程中，员工可能会承受沉重的压力，不得不在短时间内了解之前从未做过的任务，掌握全新的工作方式，甚至还有可能会失去工作。

最困难的一些变革都与结构有关，如重新界定职位和责任、重组公司、重新安排工作、重新设置部门及其分部、缩减组织规模。在很多情况下，这种类型的变革会给员工带来很严重的伤害，因为这意味着他们会失去工作。近年来，无数公司进行了大规模的裁员，这是领导者面临的最严峻的挑战之一：他们必须妥善处理裁员问题，缓解被解雇员工的痛苦和压力，并且必须保证留在组织中的员工继续信任组织、士气依旧高涨且工作表现依旧良好。

15.5.3 领导和缩减规模

缩减规模（downsizing）是指有意地缩减组织劳动力的规模。本书第1章中已经讨论过，在华尔街崩盘、全球经济危机出现之后，大量裁员已经成为组织渡过危机的常用方式之一。2008年，不仅处境艰难的金融服务业和汽车制造业大量裁员，电子商行、软件公司、运输公司、传媒组织、电信公司及各大高校等机构也纷纷出现了大规模缩减员工人数的现象。紧随其后，仅2009年1月的一个周一，全球各大公司就宣布裁员75 000人，其中全球最大的工程机械和矿山设备制造商卡特彼勒公司裁员20 000人，美国无线服务供应商斯普林特Nextel公司（Sprint Nextel）裁员8 000人，家居用品零售商家得宝公司裁员7 000人。

尽管一些专家发现，大规模裁员通常不能实现预期的收益，甚至在一些案例中还会对整个组织造成极大的伤害，但近年来，对某些组织来说，裁员已经成为帮助公司生存下来的必要手段。其他一些组织为了避免裁员，都竭力寻找创造性的方式摆脱困境，包括冻结工资、削减工资和奖金、缩短工作时间、实施工作共享计划、要求员工无薪休假等。美国联邦快递公司为了避免裁员，缩减了包括高层领导在内的36 000名受薪雇员的工资。其中首席执行官弗雷德·史密斯减薪幅度最大，高达20%，其他高级主管减薪8%~10%，普通受薪雇员减薪5%。

即使是在经济繁荣时期，组织如果经过了深思熟虑，决定进行资产重组或其他重大变革，裁员也可能是必要的措施之一。领导者一旦做出裁员决定，就要准备好应对冲突压力增加，员工对变革的抵制更加强烈，员工的士气、对公司的信任和责任感降低这一情况。领导者可以采取很多方法使缩减规模的过程更加容易，缓解离开组织和继续留在组织的员工承受的压力。首先，领导者即使不确定将会发生什么事情，也应坦率诚实地公开即将开始的裁员计划。举例来说，美国安移通网络公司（Aruba Networks）的领导者召开过全体员工大会，向员工解释为了挽救公司，公司不得不做出裁员的决定。领导者应该事先向可能被裁掉的员工提供尽可能多的信息，也应该牢记裁员必须符合法律规定。领导者还可以让员工参与制定标准，决定哪些职位应该废除，哪些员工应该被解雇。当然还有其他方法，比如为选择自行离开的员工提供奖励政策，或者为员工提供其他的工作安排，如分担工作和兼职工作等。

组织应该向被解雇员工提供包括培训计划、解雇补偿金、额外补偿、裁员转职协助在内的帮助，并为被解雇员工及其家人提供心理咨询服务，以缓解失去工作对员工和其家人造成的心理创伤。另外，这样做既能向未被解雇的员工表明领导者对员工的关心，也可以帮助他们缓解在同事被解雇之后会产生的疑惑、内疚、愤怒和悲伤。许多组织还向未被解雇的员工提供心理咨询，帮助他们解决裁员带来的各种情绪问题。

在不稳定的环境中，即使管理得最好的组织有时也可

行动备忘

作为一名领导者，你在实施将会对组织中的员工造成伤害的变革，如缩减规模时，应该表现出同情心。你可以向被解雇的员工提供帮助，并要记得满足未被解雇的员工的情感需求，帮助他们保持积极性和创造力。

能需要解雇员工。如果领导者在处理缩减规模这一问题时，能够让"幸存者"保持工作动力、继续高效工作并为未来努力奋斗，那么领导者就会获得较为理想的结果。

本章小结

- ☑ 本章重点介绍了几种有助于领导者提高员工创造力、鼓励创新和管理变革的工具和方法。变革是不可避免的，而全球环境变化速度的不断加快也对领导者提出了更严峻的挑战，要求他们帮助组织适应环境的变化。组织不能适应全球化环境变革的一个主要原因是缺乏有效的变革领导。那些曾成功进行变革的领导者经常把自己看做变革型领导者，他们会用生动的词汇描述未来愿景，清楚地传达出那些能促进变革、增强组织适应性的价值观。变革型领导者充满勇气，能够应对错综复杂的情况和各种不确定因素。他们相信，追随者有能力承担责任应对变革，并能从错误中吸取教训。

- ☑ 实施重大变革时会遇到特别大的困难，但领导者可以通过遵循 8 阶段模型来确保变革的成功实施：建立一种紧迫感，建立一个强大的联盟，构建出能引起别人兴趣的愿景和战略，沟通愿景，授予员工行动的权力，创造短期的胜利，保持干劲、努力奋斗以解决更大的问题，在组织文化中将变革制度化。

- ☑ 一种应对变革管理的有趣方法叫做肯定式探询。这种方法通过强化积极信息、注重从成功中吸取经验这一手段，让个人、团队甚至整个组织参与到变革的设计中来。肯定式探询并不是从是非对错的角度来考虑问题，而是采取积极肯定的方式，按照发现优势、构筑梦想、组织设计和把握命运的顺序分阶段来解决问题。无论是重大变革还是较小的日常改变，肯定式探询都是很有帮助的。

- ☑ 对现在的领导者来说，领导变革是非常具有挑战性的。有一种方法能帮助他们取得成功，那就是在某些特定部门或整个组织内建立一种有助于培养创造力的环境。创新型组织的五大要素是：合作、创新价值观、非正式活动、开放的文化和团队合作。这些要素分别对应创新型人才的性格特征，而创新型人才更容易接受变革。尽管从表现上看，有些人的创造力比别人更强，但研究显示每个人的创造潜能是大致相等的。领导者可以鼓励员工利用头脑风暴、横向思维和创造性直觉等方法提高个人创造力。

- ☑ 对于任何变革而言，实施部分都是十分关键的一环。领导者应该努力理解员工抵制变革的原因。他们可以通过沟通和培训、参与及"最后的无奈之举"（强制法）来克服员工对变革的抵制。领导者应当认识到，变革既能带来正面影响，也能产生负面影响。他们面临的最大困难之一是缩减规模。领导者可以采取措施缓解被解雇员工的压力和痛苦，同时保持未被解雇员工的士气和信任。

讨论题

1. 讨论 8 阶段变革模型与肯定式探询有哪些相同点和不同点，并进行说明。
2. 从工作、学习或生活中，找出一种你认为有问题且想要改变的情况，并说明你将如何运用肯定式探询的方式设计主题、实现变革。
3. 你是否认为创新型个人和创新型组织之间有相同的特点？试就此进行讨论。
4. 在解决问题时，你如何想出更多新颖实用的办法？
5. 对于一名想提高其部门创新能力的领导者，你会给予什么建议？

6. 如果一名领导者要对公司实施变革，而这种变革将会使一些员工丢掉工作。那么，在处理员工抵制变革这一问题上，你会给这名领导者什么建议？

7. 为什么人们普遍认为创意能手在创新中发挥着至关重要的作用？你认为这类人在哪类组织中会发挥更为重要的作用？大型组织还是小型组织？试就此进行讨论。

8. 有计划的变革通常被视为一种理想的变革方式。你认为没有计划的变革是否也有可能取得成效？试讨论之。你能举一个相应的例子吗？

9. 今天的世界与过去相比，是的确变化更快了，还是这仅仅是人们的错觉？

10. 你认为最近出现的华尔街经济危机会给美国金融服务机构带来了影响深远的变革吗？在你的想象中，可能会发生哪些影响深远变革？其他行业的公司又能发生哪些变革呢？

现实中的领导：组织变革角色扮演

假设你是哈帕斯·加登斯（Harpeth Gardens）非营利护理站新上任的负责人。哈帕斯·加登斯是富兰克林居民护理中心下属的20家老人护理中心之一，目前有56名病人。该护理中心负责为病人提供良好的卫生、营养和日常娱乐活动。其中许多病人能自己行走，但有少数几名病人需要别人帮助他们吃饭、穿衣和在护理中心内活动。值日班时，护士长和其管理的4名持有资格证书的护理助手会在护理中心工作，护理助手负责不同的楼层。晚班则由一名注册护士负责，另外3名护理助手也会协助工作。到了周末，上班的护理助手也是3名，护士长和注册护士中的一位会随时待命。

你直接管理的员工还有几名，他们是维护部门、图书管理/信息管理系统及自助餐厅的负责人。随时待命的医生一周都会来一次查看病人情况。你一共有26名全职和兼职员工，他们负责不同的职务，按照不同的轮班工作。

在你应聘负责人这一工作时，你了解到上一任负责人做事要求非常严格。他坚持只有遵照严格的规定和程序，才能为护理中心的病人提供最好的服务。虽然他并没有医学学位，但他几乎会亲自批准每项决定，甚至包括对如何护理病人的决定。当时护理中心的人员流动率非常高，而雇用新员工、培训新员工需要时间，因此总有几张床位空着。而同一地区其他的老人护理中心却总是人满为患，很多想进去的人不得不等待。

在哈帕斯·加登斯护理中心，非护理部门与护理部门相互之间的接触很少。内勤人员除了上班和回家，不会做别的事情。总体看来，你觉得哈帕斯·加登斯的工作环境十分沉闷。人们似乎已经忘记：对病人来说同情心至关重要，对在医疗护理环境中工作的人来说同情心也很重要。你认为如果要使员工更具责任心、提高员工士气、减少人员流动率和填满那些空床位，需要采用新的战略，建立新的组织文化。你已经阅读过有关组织变革的内容，希望你能应用一些新的创意，使哈帕斯·加登斯的组织文化更具创造性、民主化和参与性。你决定先尝试两个想法：让员工参与到决策中来和鼓励部门之间增强直接合作。如果这两个想法都能行之有效，你就会开始实施其他变革。

在你上任的第一个星期，你会见了所有员工，从他们身上你证实了你对前任负责人严格做法的理解是正确的。你将在下周五下午召开会议，请所有员工参会。

在这个练习中，你的任务就是决定你将用何种方式实施变革和你在员工会议上的讲话内容。首先，你要决定你将如何完成图15-2的模型中列出的前3个步骤。写下你对下面这3个问题的回答。

1. 你如何使员工感到有一种紧迫感?
___
___

2. 你将如何组建指导联盟?该联盟会包括哪些人?
___
___

3. 你将提出怎样的愿景引起员工的兴趣?
___
___

你的下一个任务是准备向你的员工做一次有关愿景的演讲,向员工介绍你将实施哪些变革。在演讲中,你需要向员工展示你对哈帕斯·加登斯美好未来的憧憬和实施变革的紧迫性,向他们详细介绍你认为变革应该包含哪些内容,他们为什么应该同意进行变革,并帮助你实施变革。简单列出你在演讲中将要提到的观点。
___
___

课堂练习

在课堂上,教师可以将学生分成小组,讨论第1~3题的答案,并用头脑风暴法思考在愿景演讲中可能提到的要点。各个小组决定好这名负责人的发言内容后,教师可以请一些小组中自愿发言的同学进行实战演练,做一次即将开启哈帕斯·加登斯向学习型组织转型的演讲。做这次演讲的关键问题包括:演讲是否谈到了那些能鼓舞员工、使员工推动变革实施的关键点?演讲是否传达出了崇高的目标感和紧迫感?演讲是否联系了员工的个人实际?是否指出了哈帕斯·加登斯面临的现实问题?

领导力开发:案例分析

美国工模具公司

秋日清新的早晨,太阳徐徐升起。密西西比州图珀洛市外的一个小型机场跑道上,凯利·慕勒(Kelly Mueller)乘坐的Learjet飞机已经降落,缓缓滑行至机库。在那儿,欢乐的人们正期待着丰田首席执行官的到来。这天早晨,密西西比州州长、当地政界人士及汽车行业的领军人物齐聚一堂,参加丰田蓝泉镇(Blue Springs)新工厂的动工仪式。这家新工厂占地1 700英亩,汉兰达SUV的年产量将达到150 000辆。当地经济受到了经济衰退的影响,新工厂的建立将给当地人民带来极大的希望,因此人们都充满了热情和干劲。

慕勒的父亲文斯·布劳弗特(Vince Brofft)是美国工模具公司(American Tool &Die,以下简称AT&D)的现任首席执行官,但AT&D目前由慕勒掌管。她此行的目的就是为该公司考察新的商机。慕勒曾在两家美国汽车制造公司担任共15年的工程师，于1998年加入AT&D。在担任公司的首席运营官7年后，思维活跃、精力充沛的慕勒说服了父亲，让他认可自己已经具备了成为公司总裁的能力。总是活力四射、仿佛不知疲倦的慕勒终于正式接管了这家直接向美国三大汽车制造商供应制动和点火系统的公司。AT&D拥有195名员工，公司坐落在美国中西部北部，密歇根州的法明顿山（Farmington Hills）上。其他几十家汽车零部件供应商也聚集在这里。AT&D公司由慕勒的叔祖父在1912年创建，在法明顿山地区算是有些历史了。慕勒经常与员工聊天，听他们讲述自己的父亲或祖父在这家工厂工作时的故事。这家工厂是该市保留下来的最后一家创建于此的企业。

慕勒在密西西比进行调研，目的是想把AT&D的工厂迁至比较靠近外国汽车制造商的地方。这些外国汽车制造商，特别是本田（Honda）和丰田两家公司已经从美国三大汽车巨头那里快速抢走了很大一部分市场份额，再加上经济衰退的影响，三大汽车巨头又明显削减了产量。随着汽车销售商积压的存货明显增加，制造商因市场需求急剧下跌削减了产量，然后开始压低零部件的价格。因此AT&D的领导者明显感到了压力，公司的业绩也越来越惨淡。

要在经济衰退中让公司存活下来，拯救自己的家族企业，慕勒面临着前所未有的挑战。她恳请父亲布劳弗特考虑创新，改变公司现状，以避免破产。慕勒计划同外国汽车制造商合作开拓新的市场。这需要关闭AT&D在密歇根州的工厂，在密西西比州靠近丰田新建工厂的地方建立新的AT&D工厂。尽管知道自己女儿是对的，布劳弗特还是坚决反对这一计划。慕勒在最近给父亲发了一条短信，对父亲解释说："爸爸，密西西比对我们是个机会，固守密歇根是没有未来的。我们不能坐着干等三大巨头重振旗鼓！适者生存，不适者灭亡！"

在法明顿山的工厂里，布劳弗特认真思考着女儿说的那句"适者生存，不适者灭亡"，考虑有没有其他方法可以避免将工厂迁至密西西比。因为工厂的195位员工住在一个紧密联系的小社区内，如果工厂迁移，员工的这种生活就结束了。一想到自己家族亲手建立的工厂将被拆除，要解雇这些已经亲如家人的员工，布劳弗特就感到非常痛苦。如果想让工厂不迁移，布劳弗特就要找到使工厂继续留在密歇根州的方法。但唯一可行的方法就是大幅度的减薪。而这一点需要取得当地工会的支持。

布劳弗特将工厂的管理人员和工会领导召集一起开会，向他们说明了AT&D目前糟糕的财务状况。他希望工会能够在员工补偿金协议方面做出让步，因为只有这样才能使公司免于破产的厄运。布劳弗特提出了三项策略来保证公司财务能够正常运行：（1）削减员工工资10%为期一年。（2）12月末员工无薪休假两周。（3）裁员30%。工会领导者被激怒了，他们几乎无法控制自己愤怒的情绪，坚决反对这三项提议。但是，除了愤怒之外，布劳弗特还感觉到了隐藏在工会代表粗暴表情下的恐惧。他能够感觉到他们的脆弱，却无法打破这种脆弱之外的保护壳，让他们同意自己的提议。如果工会领导拒绝合作，工厂将被迫迁移，法明顿山的每个人都将受到牵连。

同时，慕勒向密西西比当地的丰田管理层进行了几次成功的展示。她在给父亲布劳弗特的邮件中说："爸爸，我已经取得了一些进展，这将是一个漫长持久的过程，但是丰田对我们的产品和过去的实力印象很深，他们同意下个月再进行一次会谈。"

资料来源：Karen E. Klein, "Survival Advice for Auto Parts Suppliers," *Business Week* (June 16, 2009), http://www.businessweek.com/pri.t/magazine/content/09_62/s0902015954839.htm (accessed November 12, 2009); Amy Barrett, "Auto-Parts Suppliers Brace for Downturn," *Business Week* (February 13, 2009); http://www.businessweek.com/smallbiz/content/jun2009/sb20090616_816915.htm (accessed November 12, 2009); and Toyota, http://www.toyota.com

(accessed November 12, 2009).

? 问题

1. 如果你是文斯·布劳弗特，希望采取一定的变革来拯救这家工厂。请描述你如何根据图15-2提供的前三阶段模型采取具体的行动？
2. 简述你准备克服工会领导抵制情绪的三种策略。
3. 如果你是凯利·慕勒，你怎样激发AT&D员工的创新思考？你会采取什么策略来鼓励他人接受大胆的变革？

河滨市儿科诊所

五年前，阿尔维罗·桑切斯（Alvero Sanchez）医生和乔希·赫德森（Josh Hudson）医生在加利福尼亚州河滨市开了一家小型儿科诊所。他们是多年的好朋友，毕业于同一所医学院，都一直梦想着在当地社区开一家儿科诊所，为社区里的儿童提供一流服务，最终他们如愿以偿。这家诊所共有五名医生、六名护士和一名会计，他们凭借体贴的服务和认真的工作态度很快建立了良好的声誉。他们还和当地的一些组织合作来为贫困人群提供服务，还在当地的基督教青年会为人们免费注射流感疫苗、做健康检查。桑切斯和赫德森实现了经营自己小诊所的梦想，并受到社区人们的尊敬，因此他们二人都干劲十足。然而，随着诊所业务的迅速膨胀，他们的梦想开始受到破坏。由于附近拉丁美裔社区的人口迅速增加，前来就诊的患者也越来越多，虽然桑切斯和赫德森一直梦想着经营一家大型且利润丰厚的诊所，但是当时他们意识到自己尚未准备好应对这一前所未有的增长。新来的患者人数急剧上升，但河滨诊所的医务人员还没有准备好应对这汹涌而来的人流。各个候诊室都拥挤不堪，医护人员的脾气变得越来越暴躁，员工之间的沟通也越来越少。电子病历系统等内部系统超负荷运作，致使患者的健康记录丢失。病人就诊时间安排混乱，导致很多患者要花大量时间候诊。曾经为小诊所提供坚实支撑的系统和程序再也无法承受患者数量迅速增长所带来的压力了。

诊所的两位创始人管理日益增长的业务所用的时间越来越多，护理患者所用的时间越来越少，他们因此也越来越沮丧。他们发现自己最初的设想——在舒适的环境下为儿童提供优质的护理，正与他们渐行渐远。更严重的是，他们对自己的工作越来越不满意。他们不再为患者做检查，不再与病人进行沟通，而是花费更多的时间监管诊所业务的扩张和增长，包括面试和雇用新的医生和护士，监督事务所的扩建工程，培训新雇员熟悉诊所的工作流程等。他们似乎早已忘记了开这家诊所的初衷。

随着压力不断增大，员工的士气开始变得低落。员工之间经常发生激烈争吵，还经常会有员工大发脾气。一位曾担任主要职务的护士对诊所的混乱状况感到无能为力，最终选择了辞职；另一位护士也因与一位疲惫的家长争吵而被开除。甚至连桑切斯和赫德森也开始在工作中感到灰心丧气、情绪低落。当他们二人在休息室里急匆匆地吃午餐时，赫德森对桑切斯这样倾诉道："曾经有段时间，我们找到了工作的意义。那时我们刚刚开始，但我觉得浑身充满了活力；而现在我们只是为了跟上改变的步伐而疲于奔命。最终使我们既没有跟上改变的步伐，还逐渐远离了对我们而言最重要的事情——为患者提供优质的护理。"

他们的午餐被一阵敲门声打断了，会计走了进来，带来了他们始料未及的坏消息。会计告诉他们，财政报告显示，这一季度诊所的财政状况并不乐观。这个季度仍然延续了近期的一贯状况——收入下降且支出增加。一场财政危机即将发生，这会对诊所的资金流动和经济效益都产生影响。会计还解释说，为了改善诊所的财务状况，必须尽快采取行动。她说："我们的诊所存在三个问题——保险公司赔偿减少、患者拖欠医药费、医疗用品和实验室工作的成本增加。"她停顿了一下，又补充道："我们的计费软件过时了，根本不能管理如此大规模的一家诊所。"

桑切斯从他的处方笺上撕下一张纸，在背面潦草地写下了一段话："为了生存下去，河滨儿童护理诊所必须要提高对患者及其家人的服务质量，加强员工间的相互尊重并促进合作沟通，节省开支，及时向患者收取医药费，鼓励员工发挥创造力，解决常规问题。"他将所列内容递给了桌子对面的赫德森，问道："我们怎样才能实现这些目标呢？"

资料来源：Based on Caroline Carter et al., "An Appreciative Inquiry Approach to Practice Improvement and Transformative Change in Health Care Settings," *Q Manage Health Care* 16, no. 3 (© 2007 Wolters Kluwer Health; Lippincott Williams and Wilkins), pp. 194-204.

问题

1. 假设你是桑切斯或赫德森，打算立即在诊所内实施变革，你会从哪些方面着手？你会采取哪些措施？

2. 会计建议桑切斯和赫德森考虑运用肯定式探询这一方式，推动在诊所内部实施积极变革。请具体说明你会如何实施肯定式探询的4个步骤？在实施发现优势和构筑梦想这两个步骤时，你预期会发生什么情况？

3. 桑切斯和赫德森既是内科医生又是诊所的领导者，所以他们身处一种进退两难的境地。你会给他们提供什么建议来摆脱这一困境？为了领导诊所实施积极变革，桑切斯和赫德森需要展现出哪些领导品质？